Die Verwaltungsgerichtsbarkeit
in der amerikanischen und britischen Zone

Mit besonderer Berücksichtigung der amerikanischen Zone

Von

Dr. FRANZ HUFNAGL

Oberverwaltungsgerichtsrat, München

1950

J. SCHWEITZER VERLAG BERLIN UND MÜNCHEN

Satz, Druck und Bindearbeiten:
Dr. F. P. Datterer & Cie. (Inh. Sellier), Freising

Vorwort

Aus der Tatsache, daß sich gewisse Ideale und Anschauungen durch Jahrtausende mehr oder weniger unverändert erhalten, kann wohl mit Recht geschlossen werden, daß sie im menschlichen Wesen so tief verankert sind, daß sie bereits einen Bestandteil des menschlichen Wesens ausmachen. Dazu gehört die hohe Meinung, die seit altersher dem Richtertum als solchem gezollt wurde, und die ideale Anschauung, die man allgemein und zu allen Zeiten von der richterlichen Gewalt hatte. Prüft man näher, was das eigentlich Hohe und Edle im Richtertum ist, so ist es die richterliche Unabhängigkeit nach oben und unten. Das Nicht-nach-rechts- oder -links-Schauen, das Bejahen des Rechtes als solches, der Gerechtigkeit ohne Rücksicht auf die etwa entstehenden Folgen: ,,Fiat justitia, pereat mundus" ist der — allerdings mißverstandene und überspitzte — Ausdruck dieser Anschauung. Und es ist eigentümlich und ein Beweis für die Ewigkeit dieser Bewertung des Richtertums, daß all die vielen Entartungen, die das Richtertum im Laufe der Zeiten wie jede menschliche Einrichtung hat an sich erfahren müssen, wie z. B. die Folter, Inquisition, Kabinettjustiz, das endlose Verfahren vor der neuen ZPO., Sondergerichte usw., ihm im Wesen haben nicht schaden können und der Glaube an eine unparteiische Justiz bzw. die Sehnsucht nach einer solchen unverrückbar weiter besteht. Der ,,Müller von Sanssouci" lebt heute noch und wird wohl immer leben.

Der Richter hat, ganz abgesehen von seiner verfassungsrechtlich begründeten Stellung, gegenüber anderen Organen des Staates einen gewaltigen Vorteil für sich, nämlich eben diese geistige Einstellung der Bevölkerung, die mit seiner Unparteilichkeit und Unabhängigkeit als einer Selbstverständlichkeit rechnet und an dieser in keiner Weise zweifelt.

Dies ist eine Tatsache, die immer im Auge behalten werden muß.

Der Richter lebt von diesem Ansehen und seine Stellung beruht darauf, und es kommt wenig auf die Person an, die das Amt bekleidet: das Vertrauen wird dem Richtertum als solchem entgegengebracht.

Viel schwieriger in dieser Richtung ist die Stellung des Verwaltungsbeamten. Ich möchte beinahe sagen, daß jeder Verwaltungsbeamte sich seine Stellung immer wieder neu schaffen und erringen muß und von dem Ansehen seiner Stellung allein nicht lange Zeit zehren kann. Sicherlich verbindet sich mit dem Posten eines Landrates, Regierungspräsidenten, Oberfinanzpräsidenten an und für sich, ohne Rücksicht auf die Person, ein gewisses hohes Ansehen, aber dieses liegt auf einer anderen Ebene, es ist die Würde des Regierenden, die Würde des Mannes, der einschneidend in die Schicksale des einzelnen einzugreifen die Macht hat und von dem der einzelne in mancherlei Belangen abhängig ist. Der Richter ist — im ganzen gesehen — mehr anonym, besonders wenn es sich um Kollegialgerichte handelt, der Verwaltungsbeamte aber mehr persönlich.

Dem Richter kommt stets als Angehörigen des Richtertums das Ansehen dieses Richtertums zugute; der Verwaltungsbeamte kann sich hingegen lange nicht so auf das Ansehen der Verwaltung als solcher stützen, schon deshalb nicht, weil die Verwaltung im heutigen Sinne verhältnismäßig jungen Datums ist und eben jenes allgemeine Ansehen nicht oder noch nicht hat.

Auch dies ist eine Tatsache, mit der gerechnet werden muß.

Und dann leidet die Verwaltung immer noch an dem Fluche der Vergangenheit. So wie in bäuerlichen Gegenden die Erinnerung an die Zeit der Leibeigenschaft gegenüber dem adeligen Großgrundbesitzer unbewußt noch wach ist, so ist auch heute noch nicht die Erinnerung an den willkürlichen Polizeistaat im Unterbewußtsein der Bevölkerung erloschen, zumal sie durch die Entwicklung der letzten Jahre wieder neu erweckt wurde.

Während der Zeit des aufgeklärten Absolutismus und der Zeit des sog. Polizeistaates war die Verwaltung grundsätzlich frei, d. h. es bestanden keine eigentlichen gesetzlichen Schranken und kein Forum, das in unparteiischer Weise über Beschwerden hätte entscheiden können. Die Möglichkeit, das, was wir heute Verwaltungssachen nennen, vor die ordentlichen Gerichte zu bringen, war nicht groß und im Effekte gering. Es war darum naheliegend, daß unter den Einwirkungen der französischen Revolution und des Freiheits- und Gleichheitsgedankens der Ruf nach Einschränkung der willkürlichen, d. h. gesetzlich nicht beschränkten Verwaltung laut wurde, zumal die Verwaltung als solche sehr oft den Stempel der Willkür trug.

Als dann das Prinzip der Gewaltenteilung immer allgemeiner im Bewußtsein der Völker Verbreitung fand und die Idee des Rechtsstaates sich anbahnte, war es naheliegend, daß die Forderung aufgestellt wurde, auch die Verwaltung unter Kontrolle zu bringen und ihr inneres Wesen den neuen Gedanken und Anschauungen anzugleichen.

Als erstes Mittel erschien die Möglichkeit, die Tätigkeit der Verwaltung, soweit sie in Bereiche der Staatsbürger eingriff, der Überprüfung durch Gerichte zu unterwerfen. Man dachte ursprünglich an die bereits bestehenden — ordentlichen — Gerichte, erst später brach sich die Überzeugung Bahn, daß eigene Verwaltungsgerichte wegen der Wesensverschiedenheit der zu beurteilenden Angelegenheiten besser am Platze wären. Das zweite Mittel ist das Prinzip der „Gesetzmäßigkeit der Verwaltung", daß nämlich die Verwaltung sich nur innerhalb gewisser, durch ein Gesetz bestimmter Schranken bewegen darf bzw. jede Verfügung auf einer gesetzlichen Grundlage beruhen muß. Ob dies im Einzelfall geschehen ist, soll aber durch Gerichte geprüft werden.

Aus dieser Entwicklung geht hervor, daß die Einsetzung von Verwaltungsgerichten — die in der zweiten Hälfte des 19. Jahrhunderts in Deutschland und Österreich vor sich ging — sich als eine Reaktion gegen die bestehende Schrankenlosigkeit und die naturgemäß daraus entstehende Willkür der Verwaltung darstellte und auf der allgemeinen Überzeugung beruhte, daß die Verwaltung eben Schranken haben und eine Überprüfung, ob diese Schranken eingehalten werden, möglich sein muß. Daß aber Gerichte hierzu berufen wurden, fußte auf der oben bereits erwähnten allgemeinen Überzeugung, daß nur von Gerichten eine unparteiische Überprüfung zu erwarten ist.

Ich persönlich bin überzeugt, vielleicht weil ich selbst aus der Verwaltung hervorgegangen bin, daß auch von den Ministerien auf Grund der fachlichen Ausbildung und charakterlichen Eignung der Beamten eine unparteiische Überprüfung erwartet werden könnte, aber dies ist, besonders in einem Parteienstaat, in keiner Weise die allgemeine Meinung und wie gesagt, haben nur die Gerichte diese Voraussetzung für sich. Vox populi, vox dei. Und da das Vertrauen der Bevölkerung in jedem Staate, mag seine Verfassung wie immer sein, die wichtigste Grundlage für jede Einrichtung ist, so kann kein Zweifel darüber bestehen, daß die Verwaltungsgerichte die richtige Lösung bedeuten.

Wie erwähnt, stellte sich die ursprüngliche Schaffung der Verwaltungsgerichte als eine Reaktion gegen die Schrankenlosigkeit und Willkür der Verwaltung dar. Es ist nun die Frage, ist diese Motivierung auch heute noch am Platze?

Es wäre eine Beleidigung der deutschen Verwaltung, wenn man ihr allgemein Willkürlichkeit vorwerfen wollte. Gewiß, es kommen solche Fälle vor und man sieht hin und wieder Methoden, die an Gauleiter erinnern, aber im großen und ganzen ist die Verwaltung trotz des Krieges intakt.

Schrankenlosigkeit? Der Vorwurf, den man vor hundert Jahren erhoben hat, daß die Verwaltung durch keine gesetzlichen Schranken gehemmt ist, wäre heute nicht mehr am Platze, denn es gibt vielleicht allzuviel Gesetze und es gibt kaum einen Bereich des menschlichen Lebens, der nicht durch ein Gesetz oder eine Verordnung geregelt wäre.

Aber das ist es eben, die gesetzlichen Schranken sind selbst „schrankenlos". Es ist klar, daß da die Verwaltung sehr oft in Konflikt kommen muß mit den Interessen des einzelnen, und die Abwägung, wo das subjektive Recht dem öffentlichen Interesse weichen muß bzw. wo überhaupt noch ein subjektives Recht besteht, wird bei der ungeheuren Menge der das Einzelleben regelnden und einschränkenden Vorschriften oft sehr schwer sein. Hierzu kommt, daß die Verwaltung, wie jede mit einer Machtfülle ausgestattete Einrichtung, zu allen Zeiten das Bestreben haben wird, die Macht auszudehnen und jede Schranke, die sich diesem Streben entgegenstellt, als mißliebig und dem Wesen der Verwaltung widerstreitend ansehen wird. Das ist kein Vorwurf, sondern die Feststellung einer Tatsache, erhärtet durch die Erfahrung zu allen Zeiten. Jede Macht, also auch die der Verwaltung naturgemäß einzuräumende Machtfülle strebt nach möglichster Bindungslosigkeit!

Und hier liegt der Keim des Widerstreites zwischen dem ebenfalls naturgegebenen Freiheitsdrang des Staatsbürgers und der Verwaltung. Wo ist das subjektive öffentliche Recht, das die Schranke bildet, und wo der Punkt, wo dieses Recht dem durch die Verwaltung zu schützenden öffentlichen Interesse weichen muß und wann liegt dieses öffentliche Interesse vor? — Es ist klar, daß die Verwaltung, die dabei, was niemals übersehen werden darf, auch zum Schutze der subjektiven Rechte berufen ist, schwer in eigener Sache Richter sein kann, besonders in Grenzfällen.

Dies ist nun Aufgabe der Verwaltungsgerichte. Es wird immer ein Zeichen des herrschenden Zeitgeistes sein, ob der Schutz der subjektiven Rechte im Vordergrunde steht oder nicht. Der Liberalismus betont (überbetont) den Schutz der subjektiven Rechte, während er beim Faschismus, Bolschewismus und wohl auch beim sozialistischen Staate in den Hintergrund tritt. Wenn aber die Freiheitsrechte in der Verfassung besonders betont und besondere Gerichte zum Schutze der subjektiven Rechte errichtet werden und dieser Schutz gegenüber der Zeit vor 1933 noch erweitert wird (Generalklausel an Stelle des Enumerationsprinzips), so kann darin wohl ein Fingerzeig erblickt werden, daß jetzt dem subjektiven Rechte wieder eine besondere Rolle zufallen soll.

Und hier liegt die besondere Bedeutung der Verwaltungsgerichte. Nicht nur der Schutz der allgemein anerkannten subjektiven Rechte ist ihre Aufgabe, sondern sie haben auch die Möglichkeit, im Geiste der Demokratie dort subjektive Rechte anzuerkennen, wo deren Vorhandensein zweifelhaft erscheinen kann, natürlich wo der Wortlaut der betreffenden Vorschrift eine Handhabe bietet. Ich denke da an die sog. „Kann-Vorschriften". In vielen Gesetzen über die Verwaltungsgerichtsbarkeit waren Angelegenheiten des freien Ermessens von der Überprüfung durch die Verwaltungsgerichte ausgeschlossen. Die Folge davon war, daß sehr viele Gesetze, um eine Überprüfung zu verhindern, „Kann-Vorschriften" enthielten und eine „Kann-Vorschrift" der Einräumung des freien Ermessens gleichgesetzt wurde. Aber nicht bei jeder „Kann-Vorschrift" ist dies der Fall, es hängt öfters nur von dem Standpunkte ab, den der Beurteiler einnimmt und von seiner Einstellung zum Problem der subjektiven Rechte. Zumindest kann in vielen Fällen ein zweckgebundenes Ermessen angenommen werden, wo dann der Behörde doch sehr enge Grenzen gesetzt werden können und für die verwaltungsgerichtliche Überprüfung genügend Spielraum bleibt. Nur dann kann von einem wirklichen Schutz der Rechte des Staatsbürgers im wohlverstandenen Sinne der Demokratie die Rede sein, wenn durch Auslegung das Gebiet des sog. unbeschränkten freien Ermessens so weit als möglich eingeschränkt wird. Je größer und umfangreicher der Katalog der subjektiven Rechte, um so näher kommt man dem Ideal des Rechtsstaates.

Es ist auch nicht so, wie immer behauptet wird, daß die Verwaltung, um erfolgreich arbeiten zu können, einen möglichst weiten, von Vorschriften nicht eingeengten Spielraum haben muß.

Gewiß gehört zur Tätigkeit der Verwaltung der Bau von Landstraßen, die Errichtung von Krankenhäusern und dergleichen. Aber ein großer, vielleicht der größte Teil ihrer Tätigkeit, und gerade nur dieser kommt für die Verwaltungsgerichtsbarkeit in Betracht, erschöpft sich in der Entscheidung über gestellte Anträge und Ansuchen und in Verfügungen, die dem Staatsbürger bestimmte Verpflichtungen auflegen, kurz in der Erlassung von Verwaltungsakten. Was tut hier der Verwaltungsbeamte? Er prüft, ob ein Tatbestand für die Herbeiführung eines bestimmten gewünschten oder erforderlichen Ergebnisses auf einem Rechtsgebiete, das durch eine Rechtsvorschrift geregelt ist, geeignet ist, mit anderen Worten, er subsumiert einen bestimmten Tatbestand unter eine bestimmte Rechtsnorm und spricht aus oder ordnet an, was sich als logische Folge dieser gedanklichen Arbeit ergibt, was in diesem Falle Rechtens ist. Seine Tätigkeit unterscheidet sich jedenfalls dort, wo der Verwaltungsbeamte über erhobene Ansprüche zu „entscheiden" hat, von der Tätigkeit des Richters nur dadurch, daß er bei seiner Entscheidung auch das öffentliche Interesse zu berücksichtigen hat und daß die Gesetze, an die die Richter gebunden sind, in der Regel eindeutiger sind als die Verwaltungsgesetze.

Die Entwickelung der letzten Jahre hat es mit sich gebracht, daß die Zeiten des allmächtigen Obrigkeitsstaates endgültig vorbei sind, außer es käme wieder ein totalitäres Regime wie das bolschewistische. Von jener Einstellung muß sich sowohl der Verwaltungsbeamte, als auch der Verwaltungsrichter frei machen. Ist aber die Tätigkeit des Verwaltungsbeamten in den angeführten Bereichen eine dem eigentlichen Wesen nach judizierende, „richterliche", so ist nicht recht einzusehen, warum ein großer Spielraum des freien Ermessens die Tätigkeit der Verwaltung erleichtern oder gar bedingen sollte. Im Gegenteil, je kenntlicher die Grenzen sind, in denen sich die Entscheidung bewegen soll, desto leichter ist die Tätigkeit des Verwaltungsbeamten, desto seltener wird er mit den Interessen und Wünschen der Bevölkerung in Konflikt geraten, da diese im vorhinein sich die Erfolgsaussichten eines Ansuchens leichter errechnen, die Zulässigkeit eines Eingriffes besser beurteilen kann. Wenn man vom „Obrigkeitsgefühl" absieht, würde dadurch die Stellung der Verwaltung nur gefestigt werden. Natürlich gibt es auch hier Gebiete, wo dem freien Ermessen ein gewisser Spielraum eingeräumt werden muß, aber in der Regel kann man sagen, je weniger freies Ermessen, desto näher dem Rechtsstaat. Die im Zuge befindliche Entwicklung wird wohl auch dazu führen müssen, daß man — in Verneinung des Obrigkeitsstaates — den Verwaltungsakten nicht nur formale, sondern auch materielle Rechtskraft zubilligt, wie es in Österreich schon lange der Fall ist. In den angegebenen Richtungen den Weg zu weisen, könnte eine lohnende Aufgabe der Verwaltungsgerichte sein.

Und noch ein Argument, das für die Erweiterung des Katalogs der subjektiven Rechte und für die Einschränkung des Gebietes des freien Ermessens spricht.

Peters handelt in seinem „Lehrbuch der Verwaltung" auf S. 25 vom Einfluß der Weltanschauung auf die Verwaltung und führt hier aus: „Gibt der Staat, wie der liberale, allen ihn nicht gerade verneinenden und bekämpfenden Gruppen die gleiche Chance, so werden dann die einzelnen Parteien versuchen, möglichst viele ihrer Angehörigen in maßgebende Verwaltungsstellen zu bekommen, da sie damit rechnen können, daß solche Beamte aus ihrer Weltanschauung heraus den Raum des freien Ermessens in der dieser Gruppe eigenen Anschauung ausfüllen werden; mit anderen Worten, es soll damit ein möglichst großer Teil des Weltanschauungsgutes einer solchen Gruppe in der öffentlichen Verwaltung durchgesetzt werden."

Diesen Ausführungen Peters pflichte ich voll bei, aber damit ist auch aufgezeigt, welche Gefahren für die Allgemeinheit und den Staat, die ein Interesse an einer unparteiischen Verwaltung haben, im freien Ermessen liegt. Die Gefahr ist um so größer, da jetzt in Bayern die Landräte nicht mehr Berufsbeamte sind, sondern gewählt werden und dadurch eine Politisierung der Verwaltung angebahnt wurde.

Und noch eine Bedeutung der Verwaltungsgerichte möchte ich betonen, die selten erkannt wird.

Die Verwaltungsrechtswissenschaft ist eine verhältnismäßig junge Wissenschaft. Der hervorragendste Vertreter der neueren Zeit, Otto Mayer, hat einen nicht genug zu wertenden Einfluß auf die Entwicklung dieses Wissenszweiges und auf die Rechtsprechung der Verwaltungsgerichte, insbesondere des sächsischen Oberverwaltungsgerichtes gehabt. Umgekehrt wieder hat diese Rechtsprechung auf die Entwicklung des Verwaltungsrechtes befruchtend gewirkt und es gibt kein Werk auf diesem Gebiete, das nicht diese Rechtsprechung beachten und auswerten würde. In Österreich sind es z. B. Herrnritt und Tezner, die völlig auf der Judikatur des österreichischen Verwaltungsgerichtshofes fußten und die dort ausgesprochenen Gedanken zu einem System ausbauten. Walter Jellinek geht ähnlich vor, befruchtet aber wieder seinerseits durch die daraus gewonnenen Erkenntnisse die Entwicklung des Verwaltungsrechtes und die Rechtsprechung der Verwaltungsgerichte. Es ist somit eine rege Wechselwirkung zwischen Wissenschaft und Verwaltungsgerichten, die für die weitere Entwicklung des Verwaltungsrechtes nicht zu missen ist.

Und noch eines. Es wäre traurig, wenn die Verwaltung in den Verwaltungsgerichten einen Gegner und unbequemen „Vorgesetzten" erblicken sollte. Beide, Verwaltung und Verwaltungsgerichte, dienen dem gleichen Zwecke, dem Schutze der Rechtsordnung auf dem Gebiete des öffentlichen Rechtes, nur die Wege sind — aber nur zum Teil — verschiedene. Der Verwaltungsrichter betrachtet jeden Streitfall gewissermaßen von einer höheren Warte, während der Verwaltungsbeamte mitten im täglichen Betriebe steht. Nur vertrauensvolle Zusammenarbeit, wobei einer vom anderen lernen kann und soll, kann zu dem gemeinsamen Ziele führen.

Wenn man einen Kommentar zur Hand nimmt, so sucht man gewöhnlich die Antwort auf eine ausgefallene und verzwickte Frage — und findet sie nicht. Auch bei der größten Phantasie ist es nicht möglich, alle nur möglichen Fälle zu konstruieren und nach bestem Wissen zu lösen zu versuchen, das tägliche Leben ist immer noch phantasievoller.

Ich fürchte, auch dieses Werk wird dieses Schicksal teilen. Ich habe mich bemüht, alle mir erreichbare Rechtsprechung, die ja die Grundlage für jeden Kommentar bilden soll, heranzuziehen und zu verwerten. Aber die Rechtsprechung ist noch sehr jung und unvollständig. Wenn nun jemand vergebens in diesem Buche etwas sucht, so möge er nicht den Stab über mich brechen, denn ich bin mir selbst der Lückenhaftigkeit meiner Arbeit bewußt.

Das Buch ist für den Praktiker bestimmt. Darum habe ich mich wenig bei den rein organisatorischen Bestimmungen über die Zusammensetzung der Verwaltungsgerichte usw. aufgehalten, denn diese spielen für den Praktiker keine Rolle. Auch die Parteistreitigkeiten sind schlecht davongekommen, denn diese bilden, wie die Statistik lehrt, nur einen ganz geringen Hundertsatz der Tätigkeit der Verwaltungsgerichte. Ausführlicher behandelt sind nur diejenigen Bestimmungen, die vom theoretischen Standpunkt ein allgemeines Interesse beanspruchen und auch im praktischen Rechtsleben von Bedeutung sind, oder die bezüglich ihrer Tragweite zu Zweifeln Anlaß geben.

Ich war über zwanzig Jahre beim Obersten Verwaltungsgericht in Prag und mein Chef als erster Präsident war der nachmalige unglückliche Staatspräsident Hácha, neben seinem enormen juristischen Wissen — ich gedenke seiner als meines Lehrers mit Dankbarkeit — durch seine scharfe Zunge bekannt. Als ihm einmal ein Kollege einen von ihm verfaßten Kommentar zum Verwaltungsgerichtsgesetz überreichte, meinte er: „Besser ein schlechter Kommentar als gar keiner." Dieser Ausspruch gab mir Mut, mich an die Arbeit heranzuwagen.

Ich bin im österreichischen Recht aufgewachsen, denn die alten österreichischen Gesetze wurden von der Tschechei übernommen und das Prager Oberste Verwaltungsgericht bemühte sich, ganz im Geiste des Wiener alten VGH. zu arbeiten. Die Unterschiede gegenüber dem Deutschen Recht sind recht beträchtlich, wie ich immer mehr merkte und es ist nicht einfach, sich umzustellen. Da aber die Generalklausel seit jeher in Österreich bestand und diese die Grundlage für eine neue Stellungnahme bedeutet, fühlte ich mich doch berechtigt, zur Herausgabe dieses Buches zu schreiten. Ich bin mir dessen wohl bewußt, daß manche meiner Ausführungen befremdend wirken und auf Widerspruch stoßen werden. Sie mögen als Versuch gelten, andere Gesichtspunkte aufzuzeigen und einen Anlaß zur Diskussion bilden. Man wolle sie mir aber nicht als Eigenwilligkeit und Besserwissenwollen ankreiden.

Trotzdem ich mich immer mit der deutschen Fachliteratur befaßt habe — Otto Mayer, Fleiner, W. Jellinek wurden auch in Prag immer wieder zu Rate gezogen — so fühlte ich mich doch nach meiner Berufung zum Bayerischen Verwaltungsgerichtshof auf etwas schwankendem Boden. Ich bin darum Herrn Oberverwaltungsgerichtsrat Dr. Georg Ziegler besonders verbunden, daß er mir in langen Debatten beigestanden ist und mich mit wertvollen Ratschlägen unterstützt hat, und es ist mir ein Bedürfnis, ihm hier an dieser Stelle meinen Dank auszusprechen. Danken will ich auch den übrigen Herrn des VGH., denn in anregenden und fruchtbringenden Beratungen habe ich manche Anregung empfangen und — so hoffe ich wenigstens — etwas gelernt. Und zum Schluß will ich auch meiner lieben Tochter Illy v. Gamm danken, die mir beim Lesen der Korrekturen und auch sonst viel Arbeit abgenommen hat.

Und wenn es mir durch dieses Buch vergönnt wäre, etwas bei dem Wiederaufbau meines geliebten Deutschland mitzuwirken, so wäre dies mein schönster Lohn.

München, im Jänner 1950.

Inhaltsverzeichnis

Vorwort III
Verzeichnis der Abkürzungen XIII
Verzeichnis der einschlägigen Abhandlungen XIV
Text des VGG. 1
Text der Ausführungsverordnungen 47
Text der VO. Nr. 165 62
Kommentar zum VGG. 96
Erster Abschnitt. Verwaltungsgerichtshof und Verwaltungsgerichte (§§ 1 bis 20) 96
Zweiter Abschnitt. Zuständigkeit (§§ 21—27) 108
Dritter Abschnitt. Allgemeine Vorschriften über das Verfahren (§§ 28—34) 144
Vierter Abschnitt. Anfechtungssachen 160
I. Verfahren bis zum Urteil (§§ 35—77) 160
II. Urteil (§§ 78—84) 275
Fünfter Abschnitt. Parteistreitigkeiten (§§ 85—100). 292
Sechster Abschnitt. Berufung, Beschwerde, Wiederaufnahme des Verfahrens 297
I. Berufung (§§ 101—115) 297
II. Beschwerde (§§ 116—121) 314
III. Wiederaufnahme des Verfahrens (§ 122) 318
Siebenter Abschnitt. Kosten (§§ 122—133) 323
Achter Abschnitt. Schluß- und Übergangsbestimmungen (§§ 134 bis 139) 336
Sachregister 339

Abkürzungen

AV.	=	Ausführungsverordnung.
BBürgerm.	=	Bayerischer Bürgermeister.
BGB.	=	Bürgerliches Gesetzbuch.
DRZ.	=	Deutsche Rechtszeitschrift.
DVerw. oder DV.	=	Deutsche Verwaltung.
DurchfVO.	=	Durchführungsverordnung.
GVBl.	=	Gesetz- und Verordnungsblatt.
GSB.	=	Gesetz zur Beschaffung von Siedlungsland und zur Bodenreform.
Hess.	=	Hessisch.
HessStaatsanz.	=	Hessischer Staatsanzeiger.
MDR.	=	Monatsschrift für Deutsches Recht.
NJW.	=	Neue Juristische Wochenschrift.
OVG.	=	Oberverwaltungsgericht.
ÖffVerw.	=	Öffentliche Verwaltung.
RGBl.	=	Reichsgesetzblatt.
SJZ.	=	Süddeutsche Juristen-Zeitung.
VA.	=	Verwaltungsakt.
VerwBehörde	=	Verwaltungsbehörde.
VerwGericht	=	Verwaltungsgericht.
VO.	=	Verordnung.
WohnG.	=	Wohnungsgesetz.
ZPO.	=	Zivilprozeßordnung.

Einschlägige Abhandlungen

ADAM: Wiederaufbau der VerwGerichtsbarkeit. BBürgerm. 1948 S. 21.
BACHEL: Zur Entwicklung der VerwGerichtsbarkeit in Wohnungssachen (US-Zone). DV. 49 S. 646.
BACHOF: VerwGerichtsbarkeit u. Justiz. SJZ. 49 Sp. 377.
BACHOF: AnfKlage auf Rückgabe erfaßter Wohnräume. ÖffVerw. 49 S. 212.
BACHOF: Die verwaltungsgerichtliche Ermessenskontrolle. SJZ. 48 Sp. 742.
BACHOF: Aussetzung der Vollziehung und einstweilige Verfügung im Verwaltungsprozeß. NJW. 1949 S. 328.
BACHOF: Zur Zulässigkeit von AnfKlagen gegen Entscheidungen in Besatzungsschädensachen in der US-Zone. NJW. 1949 S. 615.
BALLES: Hinweise für den Anwalt zum verwgerichtlichen Verfahren. DV. 49 S. 581.
BAUER: Die Beiladung nach dem VGG. in der US-Zone. ÖffVerw. 49 S. 189, 226.
BETTERMANN: Verwgerichtliche Generalklausel, ordentlicher Rechtsweg und nichtiger VerwAkt. MDR. 49 S. 394.
BÖHM: Vereinfachung der VerwRechtspflege in Bayern. DV. 49 S. 577.
DAHS: Die Stellung des Richters im Bonner Grundgesetz. NJW. 49 S. 688.
ECKNER: Zur Frage der Zuständigkeit für Klagen aus dem Beamtenverhältnis. DV. 49 S. 573.
EIBL: Verfassungs- und verwaltungsrechtlicher Schutz der gemeindlichen Selbstverwaltung nach bayerischem Recht. BBürgerm. 49 S. 148, 178, 206.
FACHINGER: Überschreitung und Fehlgebrauch des Verwaltungsermessens. NJW. 49 S. 244.
FECKER: Verwaltungsrechtsschutz und Gewaltentrennung im Rechtsstaat. DV. 49 S. 57.
FOITZIK: Die VerwGerichtsbarkeit im brit. Sektor Berlins. DV. 49 S. 607.
FREYTAG: Änderung des Ges. über die VerwGerichtsbarkeit in Hessen. DV. 49 S. 456.
FREYTAG: Aus der Praxis der Hess. VerwGerichte. NJW. 49 S. 95.
FRÖHLER: Erledigung der Hauptsache im Anfechtungsprozeß. DV. 49 S. 397
FRÖHLER: Der beschwerende VerwAkt. BBürgerm. 48 S. 295.
FRÖHLER: Einige Fragen zur Anwendung des § 42 II VGG. BBürgerm. 49 S. 111.
GAEDKE: Einspruch und Beschwerde nach der VO. Nr. 165. DV. 49 S. 643.
HESS: Zur Frage der VerwGerichtsbarkeit in Streitfällen nach dem Reichsjugendwohlfahrtsgesetz und dem BJugendamtgesetz. BBürgerm. 49 S. 125.
HUFNAGL: Überprüfbarkeit nichtiger VA. vor dem 15. 10. 1946. DV. 49 S. 399.

HUFNAGL: Die Reform der VerwGerichtsbarkeit. DV. 49 S. 60.
HÜTTENHEIN: Bemerkungen zum VerwRechtsschutz. DRZ. 48 S. 49.
JELLINEK: Die VerwGerichtsbarkeit in der amer. Zone. DRZ. 48 S. 269.
JELLINEK: Die VerwGerichtsbarkeit in der brit. Zone. DRZ. 48 S. 470.
KAMMER: Bemerkungen zum entscheidenden Teil des Urteils im VerwStreitverfahren nach VO. Nr. 165. DV. 49 S. 677.
KERSTEN: Die VerwGerichtsbarkeit in der brit. Zone im neuesten Gewande. NJW. 49 S. 208.
KLEINRAHM: Bedürfnisprüfung und Grundgesetz. DV. 49 S. 537.
KLEINRAHM: Gesetzlosigkeit als Nichtigkeitsgrund? DV. 49.
KLÜBER: VerwGerichtsbarkeit im Übergang. DV. 49 S. 238.
KOHLMEIER: Der Vertreter des öff. Interesses bei den VerwGer. ÖffVerw. 49 S. 105.
KRAEMER: Währungsreform und Anwaltsgebühren. SJZ. 48 Sp. 477, Sp. 781.
KRÖNIG: Das VerwGericht als Rekursisntanz und die Nachprüfung von Ermessensentscheidungen in Rekurssachen nach Erlaß der VO. 165. DV. 48 S. 106.
KRÖNIG: Die Zuständigkeit des Hamb. VerwGerichts. MDR. 47 S. 112. Verwaltungsrechtliche Klagefristen MDR. 47 S. 221.
KRÖNIG: Verwaltungsrechtliche Nachprüfung von Ermessensentscheidungen. MDR. 48 S. 130.
LANGENSIEPEN: Zum Beschwerdeverfahren in Wohnungssachen unter Berücksichtigung der VO. Nr. 165. DV. 49 S. 375.
LEHMANN: Die Entwicklung der VerwGerichtsbarkeit in der brit. Zone. DV. 48 S. 101, 133.
LEINEN: Das Recht auf Einsicht in die Akten der VerwBehörden. NJW. 49 S. 609.
LOENING: Die VO. Nr. 165 und der Rechtsstaat. DV. 49 S. 85.
LOEWENHEIM: Zur Frage der Wiedereinsetzung i. d. v. St. bei Verschulden des Rechtsanwalts. NJW. 48 S. 516.
LUETGEBRUNE: Die VerwGerichtsbarkeit in der brit. Zone. Zur Einführung der Generalklausel. SJZ. 48 Sp. 558.
MANNZENN: Die Bindung des Richters an Gesetz und Recht. SJZ. 48 Sp. 646.
MARTIN: Umwandlung der Inanspruchnahme zur Verfügung in eine solche zur Benutzung durch die VerwGerichte. DV. 49 S. 381.
MOSER: Vermögenskontrolle und VerwGerichtsbarkeit in der US-Zone. NJW. 49 S. 241, 616.
MÜLLER: Rechtsmittel und Rechtsmittelbelehrung bei VerwAkten. ÖffVerw. 49 S. 247.
NAUMANN: Wiedereinsetzung und Vertreterverschulden im verwaltungsgerichtlichen Verfahren. DV. 49 S. 9.
NAUMANN: Rechtsmittelbelehrung und Zustellung bei VA. DV. 48 S. 137.
NÖLDECKE: Die Stellung des Richters zum Gesetz. MDR. 49 S. 537.
RIETDORF: Wahlprüfung und verwger. Generalklausel. DV. 49 S. 665.
ROEMER: Wiederaufbau der VerwGerichtsbarkeit — ein Rückblick. SJZ. 47 Sp. 93.
SIEG: Das VerwGericht als Rekursinstanz und die Nachprüfung von Ermessensentscheidungen in Rekurssachen nach Erlaß der VO. 165. DV. 49 S. 66.
SIEVEKING: VerwGerichtsbarkeit auf Grund der VO. Nr. 141 und 165 der Brit. Militärregierung. MDR. 48 S. 315.

STRÖSSENREUTHER: Nebeneinander von formeller Verwaltungsbeschwerde und AnfKlage. BBürgerm. 49 S. 155.
STRUCKSBERG: Zur Frage der Zulässigkeit des Rechtswegs. DV. 49 S. 547.
SCHÄTZEL: Gegenwartsfragen des richterlichen Prüfungsrechts. NJW. 48 S. 450
SCHMIDT-BRÜCKEN: Verwaltungsermessen. ÖffVerw. 49 S. 41.
SCHMIDT-BRÜCKEN: Gesetzmäßigkeit der öff. Verwaltung. ÖffVerw. 49 S. 299.
SCHMITT: Die Beiladung in verwger. Verfahren. NJW. 49 S. 611.
SCHNEIDER: Die neue VerwGerichtsbarkeit in ihrer verfassungsrechtlichen Bedeutung. DV. 49 S. 142.
SCHOEN: Besondere Verwaltungsgerichte? (Befaßt sich mit der Frage, ob die Spruchausschüsse und Spruchkammern der Arbeitslosenversicherung bes. VG. sind). ÖffVerw. 49 S. 446.
SCHOLZ: Die VerwGerichtsbarkeit im amer. Sektor Berlins. DV. 49 S. 604.
SCHOLZ: Treu und Glauben in der VerwGerichtsbarkeit. DV. 49 S. 505.
SCHOLZ: VerwGerichtsbarkeit und Rechtsstaat. DV. 49 S. 377.
SCHOLZ: Der wichtige Grund. SJZ. 49 Sp. 1.
SCHULZE: Die gerichtliche Nachprüfung von VA. vor dem 1. 4. 1948. DV. 49 S. 95.
THOMAS: Zur Klage auf Bescheidung eines förmlichen Rechtsmittels. DV. 49 S. 674.
ULE: Gesetzlosigkeit als Nichtigkeitsgrund? DV. 49 S. 365.
VOIGT: Aus der Praxis der VG. Niedersachsens. DV. 49 S. 201, 236.
WEBER: Verwaltungsweg und Rechtsweg bei Eigenbedarf des Vermieters. DV. 49 S. 33.
WEINMAYER: Über die aufschiebende Wirkung des Einspruchs und der AnfKlage in Fürsorgesachen. SJZ. 49 S. 201.
WEIPERT: Inhalt und Schranken der Befugnis der VerwGerichte zur Änderung von VA. ÖffVerw. 49 S. 68.
WERNER: Rechtsweg und Verwaltung. DV. 48 S. 29.
WITTEN: Subj. Recht und Ermessen. DV. 49 S. 339.
WOLFF: Die verwaltungsgerichtliche Legitimation der Verwaltungen des Vereinigten Wirtschaftsgebietes. MDR. 49 S. 266.

Bayern.

GESETZ NR. 39
über die Verwaltungsgerichtsbarkeit.

Vom 25. September 1946 (GVBl. S. 281)
in der Fassung des Gesetzes vom 30. September 1949 (GVBl. S. 258)

Württemberg-Baden.

Gesetz vom 16. Oktober 1946 (RegBl. S. 221).

Hessen.

Gesetz vom 15. November 1946 (GVBl. S. 194)
in der Fassung des Gesetzes vom 30. Juni 1949 (GVBl. S. 79).

Erster Abschnitt.
Verwaltungsgerichtshof und Verwaltungsgerichte.

§ 1.

(1) Die Verwaltungsgerichtsbarkeit wird durch unabhängige, nur dem Gesetz unterworfene Gerichte (Verwaltungsgerichtshof und Verwaltungsgerichte) ausgeübt.

(2) Ihre Zahl und ihr Sitz werden durch Verordnung bestimmt. Sie gehören zum Geschäftsbereich des Ministers des Innern.

§ 2.

Die Dienstaufsicht über den Verwaltungsgerichtshof steht dem Ministerpräsidenten zu, die Dienstaufsicht über die Verwaltungsgerichte dem Präsidenten des Verwaltungsgerichtshofes.

§ 3.

(1) **Die Mitglieder des Verwaltungsgerichtshofes und die beamteten Mitglieder der Verwaltungsgerichte müssen entweder nach den Vorschriften des Gerichtsverfassungsgesetzes die Befähigung zum Richteramt oder auf Grund des Studiums der Rechtswissenschaft an einer Universität sowie einer mehrjährigen praktischen Vorbereitung im öffentlichen Dienst durch Ablegung der vorgeschriebenen Prüfungen die Befähigung zum höheren Verwaltungsdienst erworben haben oder ordentliche öffentliche Lehrer der Rechtswissenschaft an einer deutschen Hochschule sein oder gewesen sein.**

(2) **Auf die persönliche Rechtsstellung der hauptamtlichen Mitglieder und auf die der nebenamtlichen Mitglieder als Richter sind die für die Richter der ordentlichen Gerichtsbarkeit geltenden Vorschriften entsprechend anzuwenden.**

(3) **Die hauptamtlichen Mitglieder des Verwaltungsgerichtshofes können zur Ausbildung und Prüfung der Referendare herangezogen, im übrigen aber im Verwaltungsdienst nicht beschäftigt werden.**

Hessen: Abs. 1 enthält den Zusatz, daß die Ernennung durch die Landesregierung erfolgt.

Im Abs. 3 sind auch die Mitglieder der Verwaltungsgerichte angeführt.

Zusammensetzung des VGH.

§ 4.

(1) **Der Verwaltungsgerichtshof besteht aus dem Präsidenten, den etwa erforderlichen Senatspräsidenten und weiteren ordentlichen Mitgliedern (Räten) sowie Stellvertretern.**

(2) **Das Präsidium des Verwaltungsgerichtshofs besteht aus dem Präsidenten, den Senatspräsidenten und den beiden dienstältesten hauptamtlichen Räten.**

(3) **Der Präsident und mindestens drei Räte, bei Bildung mehrerer Senate der Senatspräsident und mindestens zwei Räte eines jeden Senats, werden hauptamtlich auf Lebenszeit ernannt.**

(4) Die übrigen Räte und die Stellvertreter werden aus den ständigen Richtern des Obersten Landesgerichts, den Mitgliedern des Obersten Rechnungshofes oder den ordentlichen Universitätsprofessoren des öffentlichen Rechts für die Dauer ihres Hauptamtes ernannt. Als ordentliche Mitglieder und als Stellvertreter können auf bestimmte Zeit, die zwei Jahre nicht unterschreiten darf, auch Ruhestandsbeamte bestellt werden, die früher ordentliche Mitglieder des Verwaltungsgerichtshofes waren oder eines der in Satz 1 genannten Ämter oder ein entsprechendes der allgemeinen Verwaltung bekleidet haben.

(5) Durch Verordnung kann bestimmt werden, daß, abgesehen von den Universitätsprofessoren, alle Mitglieder hauptamtlich auf Lebenszeit zu ernennen sind.

(6) Auf die Stellvertreter ist erst zurückzugreifen, wenn bei Verhinderung ordentlicher Mitglieder nicht andere ordentliche Mitglieder als Ersatzrichter herangezogen werden können.

In Württemberg-Baden und Hessen lautet Abs. 4:

(4) Die übrigen Räte und die Stellvertreter werden aus den ständigen Richtern der Oberlandesgerichte, den Mitgliedern der obersten Rechnungsprüfungsbehörden oder den ordentlichen Universitätsprofessoren des öffentlichen Rechts für die Dauer ihres Hauptamtes ernannt.

§ 5.

(1) Vor Ernennung eines Senatspräsidenten, eines Rats oder eines Stellvertreters ist die Vollversammlung des Verwaltungsgerichtshofes zu hören.

(2) Die Vollversammlung besteht aus allen ordentlichen Mitgliedern des Verwaltungsgerichtshofes. Sie ist bei Anwesenheit von zwei Drittel der Mitglieder beschlußfähig.

§ 6.

(1) Der Verwaltungsgerichtshof verhandelt und entscheidet in der Besetzung von fünf Mitgliedern einschließlich des Vorsitzenden.

Beschlüsse werden in der Besetzung von drei Mitgliedern einschließlich des Vorsitzenden erlassen.

(2) Der Vorsitzende kann, insbesondere bei Verhandlungen

von längerer Dauer, weitere Mitglieder als Ergänzungsrichter zuziehen, die der Verhandlung beizuwohnen und für ein verhindertes Mitglied einzutreten haben.

(3) **Bei der Beratung und Abstimmung dürfen außer den nach Abs. 1 und 2 berufenen Mitgliedern nur die beim Verwaltungsgerichtshof zu ihrer Ausbildung beschäftigten Personen zugegen sein, soweit der Vorsitzende ihre Anwesenheit gestattet.**

(4) **Die Entscheidungen werden mit Stimmenmehrheit gefällt. Die Reihenfolge der Abstimmung richtet sich nach dem Dienstalter, bei gleichem Dienstalter nach dem Lebensalter. Der Jüngere stimmt vor dem Älteren, der Vorsitzende zuletzt.**

In Württemberg-Baden fehlt der zweite Satz des Abs. 1.

In Hessen lautet Abs. 1:

(1) **Der Verwaltungsgerichtshof verhandelt und entscheidet in der Besetzung von 5 Mitgliedern einschließlich des Vorsitzenden, jedoch bei Vorbescheiden und Beschlüssen in der Besetzung von 3 Mitgliedern einschließlich des Vorsitzenden.**

Veröffentlichung der Entscheidungen.

§ 7.

Der Verwaltungsgerichtshof veröffentlicht seine Entscheidungen, soweit sie grundsätzliche Bedeutung haben. Die Auswahl trifft das Präsidium (§ 4 Abs. 2).

Abweichung von der veröffentlichten Rechtsansicht.

§ 8.

Will in einer Rechtsfrage ein Senat von einer nach § 7 veröffentlichten Entscheidung des Verwaltungsgerichtshofs abweichen, so entscheidet über die streitige Rechtsfrage die Vollversammlung (§ 5 Abs. 2). Den Beteiligten ist vorher Gelegenheit zu schriftlicher Äußerung zu geben. Die Entscheidung ergeht ohne mündliche Verhandlung. Sie ist in der anhängigen Streitsache bindend.

Gutachten.

§ 9.

Der Verwaltungsgerichtshof erstattet der Staatsregierung auf Verlangen Gutachten über Gesetzentwürfe.

§ 10. Geschäftsordnung.

Der Verwaltungsgerichtshof gibt sich eine Geschäftsordnung, die das Präsidium beschließt. Sie bedarf der Genehmigung der Staatsregierung.

§ 11. Zusammensetzung der Verwaltungsgerichte.

(1) Das Verwaltungsgericht besteht aus dem Präsidenten, den etwa erforderlichen Kammervorsitzenden und weiteren beamteten Mitgliedern, den ehrenamtlichen Mitgliedern und Stellvertretern.

(2) Das Präsidium des Verwaltungsgerichts besteht aus dem Präsidenten und den beiden dienstältesten beamteten Mitgliedern.

(3) Der Präsident sowie mindestens ein weiteres beamtetes Mitglied des Gerichts und, wenn mehrere Kammern gebildet sind, der Vorsitzende sowie mindestens ein weiteres beamtetes Mitglied einer jeden Kammer werden hauptamtlich auf Lebenszeit ernannt.

(4) Die übrigen beamteten Mitglieder sowie die Stellvertreter der beamteten Mitglieder werden aus den planmäßigen Richtern der bürgerlichen Gerichte, den höheren Verwaltungsbeamten oder den Universitätsprofessoren des öffentlichen Rechts für die Dauer ihres Hauptamtes ernannt. Als beamtete Mitglieder und als Stellvertreter können auf bestimmte Zeit, die zwei Jahre nicht unterschreiten darf, auch Ruhestandsbeamte bestellt werden, die früher eines der in Satz 1 genannten Ämter bekleidet haben. Auf die Stellvertreter ist erst zurückzugreifen, wenn bei Verhinderung beamteter Mitglieder nicht andere beamtete Mitglieder als Ersatzrichter herangezogen werden können.

In Württemberg-Baden und Hessen fehlt in Abs. 4 der zweite Satz.

In Hessen heißt der „Präsident" **„Verwaltungsgerichtsdirektor"**.

§ 12.

Vor Ernennung des Präsidenten des Verwaltungsgerichts ist der Präsident des Verwaltungsgerichtshofes, vor Ernennung eines sonstigen beamteten Mitglieds oder Stellvertreters der Präsident des Verwaltungsgerichts zu hören.

Wahl der ehrenamtlichen Mitglieder.

§ 13.

Die ehrenamtlichen Mitglieder werden für die Dauer von vier Jahren gewählt. Das Nähere bestimmt ein Gesetz. Bis zum Inkrafttreten dieses Gesetzes werden sie von der Staatsregierung ernannt. Sie müssen deutsche Staatsangehörige sein und das dreißigste Lebensjahr vollendet haben.

Rechtsstellung der ehrenamtlichen Mitglieder.

§ 14.

(1) Die ehrenamtlichen Mitglieder haben bei der Ausübung ihres Amtes alle Rechte und Pflichten richterlicher Beamter. Sie sind vor ihrem Amtsantritt auf die Erfüllung der Obliegenheiten des ihnen übertragenen Amtes eidlich zu verpflichten. Sie erhalten Aufwandsentschädigung, Ersatz der Fahrtkosten und des Verdienstausfalles in gleicher Weise wie die Schöffen.

(2) Bei Verlust der deutschen Staatsangehörigkeit stellt das Präsidium des Verwaltungsgerichts (§ 11 Abs. 2) das Ausscheiden aus dem Amte fest.

In Württemberg-Baden und Hessen lautet Abs. 1:

(1) Auf die Rechtsstellung und eidliche Verpflichtung der ehrenamtlichen Mitglieder sind die für die Handelsrichter erlassenen Vorschriften der §§ 107, 111 und 112 des Gerichtsverfassungsgesetzes in der Fassung vom 22. März 1924 (Reichsgesetzblatt I S. 299) entsprechend anzuwenden.

In Hessen ist hinter „§ 107" eingefügt „Absatz (1)". Außerdem wurde dort noch Abs. 3 eingefügt:

(3) Die ehrenamtlichen Mitglieder erhalten eine Entschädigung für Verdienstausfall und Ersatz ihrer Auslagen nach den Vorschriften für die Entschädigung der Schöffen und Geschworenen.

§ 15.

(1) Das Verwaltungsgericht verhandelt und entscheidet in der Besetzung von einem Vorsitzenden, zwei beamteten und zwei ehrenamtlichen Mitgliedern als Beisitzer. Bei Entscheidungen, die ohne mündliche Verhandlung ergehen, wirken die ehrenamtlichen Beisitzer nicht mit. § 6 Abs. 2 und 3 ist anzuwenden.

(2) Die Entscheidungen werden mit Stimmenmehrheit gefällt. Die ehrenamtlichen Mitglieder stimmen vor den beamteten Mitgliedern. Die Reihenfolge ihrer Abstimmung richtet sich nach dem Lebensalter. Im übrigen gilt § 6 Abs. 4.

§ 16. Geschäftsordnung der Verwaltungsgerichte.

Der Präsident des Verwaltungsgerichtshofes erläßt für jedes Verwaltungsgericht eine Geschäftsordnung. Das Präsidium des Verwaltungsgerichts ist vorher gutachtlich zu hören.

In Hessen:

Jedes Verwaltungsgericht gibt sich eine Geschäftsordnung, die der Genehmigung der Staatsregierung bedarf.

§ 17. Ablehnung und Ausschließung der Mitglieder des VGH. und der VG.

Für die Ausschließung und Ablehnung eines Mitgliedes des Verwaltungsgerichtshofes oder des Verwaltungsgerichts, des Schriftführers oder des Urkundsbeamten der Geschäftsstelle gelten die Vorschriften der Zivilprozeßordnung in der ungeänderten Fassung vom 13. Mai 1924 (RGBl. I S. 437) entsprechend. Von der Ausübung des Richteramtes ist auch ausgeschlossen, wer bei dem Verwaltungsakt, der den Gegenstand einer Anfechtungsklage bildet, oder bei der Entscheidung über einen dagegen eingelegten Einspruch oder eine Beschwerde mitgewirkt hat.

§ 18. Vertreter des öffentlichen Interesses.

(1) Die Staatsregierung kann beim Verwaltungsgerichtshof und bei den Verwaltungsgerichten einen ständigen Vertreter des öffentlichen Interesses bestellen. § 3 Abs. 1 gilt auch für ihn.

(2) Der Vertreter des öffentlichen Interesses hat mitzuwirken, daß das Recht sich durchsetzt und das Gemeinwohl keinen Schaden erleidet. Er ist an die Weisungen der Staatsregierung gebunden.

§ 19. Geschäftsstelle.

Beim Verwaltungsgerichtshof und bei jedem Verwaltungsgericht besteht eine Geschäftsstelle. Näheres wird durch Verordnung bestimmt.

§ 20. Rechtshilfe.

Die Amtsgerichte, Verwaltungsgerichte und Verwaltungsbehörden haben dem Verwaltungsgerichtshof und den Verwaltungsgerichten auf Ersuchen Rechtshilfe zu leisten.

Zweiter Abschnitt.

Zuständigkeit.

Verwaltungsgerichtshof.

§ 21.

Der Verwaltungsgerichtshof entscheidet über die Rechtsmittel der Berufung und Beschwerde gegen die Entscheidungen der Verwaltungsgerichte, außerdem im ersten und letzten Rechtszug in den gesetzlich besonders bestimmten Fällen.

Sachliche Zuständigkeit der Verwaltungsgerichte.

§ 22.

(1) Das Verwaltungsgericht entscheidet über die Anfechtung von Verfügungen der Verwaltungsbehörden und von sonstigen Verwaltungsakten (Anfechtungssachen) sowie in anderen Streitigkeiten des öffentlichen Rechts (Parteistreitigkeiten), soweit nicht besondere Verwaltungsgerichte oder Schiedsgerichte oder die bürgerlichen Gerichte zu entscheiden haben. Parlamentarische Wahlprüfungen und sonstige in den Bereich der Verfassungsgerichtsbarkeit fallende Streitsachen gehören nicht zur verwaltungsgerichtlichen Zuständigkeit.

(2) Die Klage vor dem Verwaltungsgericht wird nicht dadurch ausgeschlossen, daß nach bisherigem Recht eine Verwaltungsbehörde endgültig entscheidet.

In Hessen:

§ 22a.

Gegen eine auf Grund des Reichsmietengesetzes oder anderer preisrechtlicher Bestimmungen durch die Preisbehörde erfolgte Mietpreisfestsetzung können die Beteiligten binnen zwei Wochen nach Zustellung des Festsetzungsbescheides das Amtsgericht anrufen, das auf Grund mündlicher Verhandlung entscheidet. Gegen diese Entscheidung ist binnen zwei Wochen nach Zustellung die Rechtsbeschwerde an das Landgericht zulässig. Die Vorschriften des Reichsgesetzes über die Angelegenheiten der freiwilligen Gerichtsbarkeit vom 17. Mai 1898 (RGBl. S. 189) sind entsprechend anzuwenden.

§ 23. Klageberechtigung — Legitimation.

Soweit gesetzlich nicht etwas anderes bestimmt ist, kann nur klagen, wer ein ihm zustehendes Recht geltend macht oder eine ihm angesonnene Verbindlichkeit bestreitet. Die Zugehörigkeit zu einem öffentlichen Verbande und die persönliche Rechtsstellung stehen einem Rechte gleich.

§ 24. Feststellungsklage.

(1) Auf Feststellung des Bestehens oder Nichtbestehens eines Rechtsverhältnisses kann im Wege der Parteistreitigkeit Klage erhoben werden, wenn der Kläger ein berechtigtes Interesse daran hat, daß das Rechtsverhältnis durch richterliche Entscheidung alsbald festgestellt wird.

(2) Die Feststellung ist ausgeschlossen, soweit die Anfechtungsklage gegen einen eine Feststellung enthaltenden Verwaltungsakt oder wegen Versagens eines solchen Verwaltungsaktes erhoben werden kann.

§ 25. Normenkontrolle.

(1) Im Rahmen der sachlichen Zuständigkeit der Verwaltungsgerichte entscheidet der Verwaltungsgerichtshof auf Antrag durch Beschluß über die Gültigkeit einer Verordnung oder einer sonstigen, im Range unter dem Gesetz stehenden Rechtsvorschrift. Den Antrag kann eine Behörde sowie jedermann stellen, der durch Anwendung der Rechtsvorschrift in absehbarer Zeit eine Benachteiligung zu gewärtigen hat.

(2) Die Entscheidung ist allgemein verbindlich. Sie ist öffentlich bekanntzumachen.

(3) Das Nähere wird durch Verordnung bestimmt.

§ 26. Örtliche Zuständigkeit.

(1) Örtlich zuständig ist:

1. bei Klagen, nach denen über Rechte oder Pflichten in Beziehung auf ein Grundstück oder ein ortsgebundenes

Recht zu entscheiden ist, ausschließlich das Verwaltungsgericht der belegenen Sache;

2. bei Klagen, die von öffentlichen Verbänden gegen ihre Angehörigen als solche oder von diesen gegeneinander erhoben werden, das Verwaltungsgericht, in dessen Bezirk der Verband seinen Sitz hat;

3. bei Anfechtungsklagen vorbehaltlich Nr. 1 das Verwaltungsgericht, in dessen Bezirk der beschwerende Verwaltungsakt erlassen wurde; wurde der beschwerende Verwaltungsakt von einer Behörde erlassen, deren Zuständigkeit sich auf mehrere Verwaltungsgerichtsbezirke erstreckt, so ist das Verwaltungsgericht zuständig, in dessen Bezirk der Verwaltungsakt gegen den Beschwerten hauptsächlich wirkt;

4. in allen anderen Fällen das Verwaltungsgericht, in dessen Bezirk der Beklagte wohnt oder die den Beklagten vertretende Behörde oder Stelle ihren Sitz hat.

(2) **In Ermangelung eines nach diesen Vorschriften zuständigen Verwaltungsgerichts sowie in den Fällen des § 36 der Zivilprozeßordnung bestimmt der Verwaltungsgerichtshof das zuständige Gericht.**

In Württemberg-Baden lautet Ziff. 3:

3. bei Anfechtungsklagen das Verwaltungsgericht, in dessen Bezirk der beschwerende Verwaltungsakt erlassen wurde;

In Hessen:

3. bei Anfechtungsklagen das Verwaltungsgericht, in dessen Bezirk der beschwerende Verwaltungsakt erlassen wurde; ist die Verwaltung eines Sachgebietes für die Bezirke mehrerer Verwaltungsgerichte bei einer Behörde zusammengefaßt, so gilt der von dieser erlassene Verwaltungsakt als dort erlassen, wo er gegenüber dem Beschwerten seine wesentliche Wirkung ausübt; im Zweifel ist dies der Fall am Wohnsitz des Beschwerten.

§ 27.

Vereinbarungen der Parteien über die Zuständigkeit des Verwaltungsgerichtshofes oder der Verwaltungsgerichte haben keine rechtliche Wirkung.

Dritter Abschnitt.

Allgemeine Vorschriften über das Verfahren.

§ 28.

Soweit in diesem Gesetz nichts anderes bestimmt ist, sind die Vorschriften der Titel 14 bis 16 des Gerichtsverfassungsgesetzes über Öffentlichkeit, Sitzungspolizei, Gerichtssprache, Beratung und Abstimmung auf das Verfahren vor dem Verwaltungsgerichtshof und den Verwaltungsgerichten entsprechend anzuwenden; doch richtet sich das Beschwerderecht ausschließlich nach den Bestimmungen des vorliegenden Gesetzes.

§ 29.

Entscheidungen des Gerichts, die nicht Urteile sind, können ohne mündliche Verhandlung ergehen.

§ 30.

(1) **Anordnungen und Mitteilungen des Gerichts oder des Vorsitzenden sind zuzustellen, verkündete Entscheidungen jedoch nur in den gesetzlich bestimmten Fällen.**

(2) **Die Zustellungen geschehen von Amts wegen nach den Vorschriften der §§ 208 bis 213 der Zivilprozeßordnung. Sie können auch durch einen eingeschriebenen Brief gegen Rückschein sowie in der Weise bewirkt werden, daß der Urkundsbeamte oder ein anderer damit beauftragter Beamter das Schriftstück gegen Empfangsbescheinigung aushändigt.**

§ 31. **Fristenberechnung**

Die Fristen werden nach den Vorschriften des Bürgerlichen Gesetzbuches berechnet. Fällt das Ende einer Frist

auf einen Sonntag oder allgemeinen Feiertag, so endigt die Frist mit Ablauf des nächstfolgenden Werktags.

§ 32.

Die Frist für ein Rechtsmittel oder einen sonstigen Rechtsbehelf beginnt nur dann zu laufen, wenn der Beteiligte über den Rechtsbehelf, die zuständige Behörde mit Angabe ihres Sitzes und die einzuhaltende Frist belehrt worden ist.

Einsetzung in den vorigen Stand.

§ 33.

(1) Wer glaubhaft macht, daß er ohne Verschulden verhindert gewesen ist, eine gesetzliche Frist einzuhalten, innerhalb der ein Antrag zu stellen oder von einem Rechtsbehelf Gebrauch zu machen war, ist auf seinen Antrag in den vorigen Stand einzusetzen. Mit dem Antrag muß die versäumte Handlung nachgeholt werden.

(2) Die Einsetzung muß binnen zwei Wochen nach Beseitigung des Hindernisses beantragt werden. Nach Ablauf eines Jahres seit dem Ende der versäumten Frist ist der Antrag ausgeschlossen, es sei denn, daß höhere Gewalt vorliegt.

(3) Über den Antrag auf Einsetzung in den vorigen Stand beschließt nach Anhörung der Beteiligten das Gericht, dem die Entscheidung über die nachgeholte Handlung zusteht.

(4) Richterliche Fristen können jederzeit verlängert werden.

Gesetzeslücken — Gestaltung des Verfahrens.

§ 34.

Wo dieses Gesetz keine Bestimmungen über das Verfahren enthält und nicht anzunehmen ist, daß dessen Gestaltung dem pflichtmäßigen richterlichen Ermessen überlassen werden sollte, sind, soweit die grundsätzlichen Unterschiede der beiden Verfahrensarten es zulassen, die Vorschriften der Zivilprozeßordnung ergänzend heranzuziehen.

Vierter Abschnitt.

Anfechtungssachen.

I. VERFAHREN BIS ZUM URTEIL.

§ 35.

Zulässigkeit der Anfechtungsklage.

(1) **Die Anfechtungsklage ist gegeben, wenn jemand behauptet, durch einen Verwaltungsakt in seinen Rechten verletzt zu sein.**

(2) **Sie ist auch gegen die Unterlassung einer beantragten Amtshandlung zulässig, auf deren Vornahme der Antragsteller ein Recht zu haben behauptet. Als Unterlassung gilt es, wenn die Behörde den Antrag auf Vornahme der Amtshandlung ohne zureichenden Grund binnen angemessener Frist nicht beschieden hat.**

In Württemberg-Baden und Hessen lautet Abs. 2:

(2) **Sie ist auch gegen die Unterlassung einer beantragten Amtshandlung zulässig, auf deren Vornahme der Antragsteller ein Recht zu haben behauptet. Als Unterlassung gilt es, wenn die Behörde den Antrag auf Vornahme der Amtshandlung ohne zureichenden Grund nicht beschieden hat. Die Unterlassung ist dann einer Ablehnung gleich zu achten.**

§ 36.

Ermessenssachen.

Soweit Behörden ermächtigt sind, nach ihrem Ermessen zu befinden, kann die Anfechtungsklage, wenn nicht gesetzlich etwas anderes bestimmt ist, nur darauf gestützt werden, daß von diesem Ermessen nicht im Sinne des Gesetzes Gebrauch gemacht sei, insbesondere, daß Ermessensmißbrauch vorliege.

§ 37.

Die Anfechtungsklage ist nicht gegeben:

1. Bei Unzulässigkeit des Verwaltungsrechtsweges (§ 22);
2. bei Parteistreitigkeiten (§ 85);
3. gegen Anordnungen der Gerichte.

Einspruch, Beschwerde.

§ 38.

(1) Vorbehaltlich anderer gesetzlicher Regelung kann die Anfechtungsklage erst erhoben werden, nachdem der Klageberechtigte erfolglos Einspruch eingelegt hat. Für das Einspruchsverfahren gelten die Vorschriften der §§ 38, 39, 40.

(2) In den Fällen der §§ 20, 21 der Gewerbeordnung wird der Rekurs durch Erhebung der Anfechtungsklage ohne vorhergehendes Einspruchsverfahren eingelegt. Das Verwaltungsgericht prüft dann die Ermessensfrage in vollem Umfang.

(3) In den Fällen des § 35 Abs. 2 braucht kein Einspruch eingelegt zu werden.

Einspruch-(Beschwerde-)Frist.

§ 39.

(1) Der Einspruch muß einen bestimmten Antrag enthalten. Die Beschwerdepunkte und die zur Begründung dienenden Tatsachen und Beweismittel sollen angegeben werden.

(2) Der Einspruch ist binnen zwei Wochen nach Eröffnung oder Zustellung des beschwerenden Verwaltungsaktes, in deren Ermangelung nach Kenntnisnahme, bei der Behörde einzulegen, die den Verwaltungsakt erlassen hat. Die §§ 32 und 33 finden Anwendung.

Einspruchs-(Beschwerde-)Bescheid.

§ 40.

(1) Die Behörde erläßt nach nochmaliger Prüfung den Einspruchsbescheid.

(2) Er ist zu begründen und mit einer Belehrung über den Rechtsbehelf (§ 32) zu versehen.

In Hessen lautet Abs. 2:

(2) Ein abweisender Bescheid ist zu begründen und mit einer Belehrung über den Rechtsbehelf (§ 32) zu versehen.

In Hessen folgt dann:

§ 40a.

(1) Über Einsprüche gegen Verfügungen des Landrats, des Oberbürgermeisters oder des Magistrats entscheiden

Ausschüsse. Diese Ausschüsse bestehen aus einem Vorsitzenden und zwei Beisitzern. Vorsitzender ist der Landrat oder der Oberbürgermeister oder ein von ihnen Beauftragter mit der Befähigung zum Richteramt oder höheren Verwaltungsdienst. Die Beisitzer sind in den Landkreisen vom Kreisausschuß und in den Städten von der Stadtverordnetenversammlung zu wählen und zu den Sitzungen der Ausschüsse nach Maßgabe ihrer vom Kreisausschuß oder der Stadtverordnetenversammlung zu beschließenden Geschäftsordnung heranzuziehen.

(2) Der Ausschuß entscheidet über den Einspruch auf Grund mündlicher Verhandlung. Von der mündlichen Verhandlung kann in besonderen Fällen abgesehen werden, es sei denn, daß der Beschwerte sie beantragt. § 40 Absatz (2) ist anzuwenden.

(3) Einen Beschluß des Ausschusses, der die Gesetze verletzt oder in dem er von dem der Verwaltungsbehörde zustehenden Ermessen nicht im Sinne des Gesetzes Gebrauch macht, kann der Landrat oder der Oberbürgermeister mit aufschiebender Wirkung sofort beanstanden. Die Beanstandung ist mit der schriftlichen Entscheidung des Ausschusses bekanntzugeben; sie verliert ihre Wirkung, wenn der Landrat oder der Oberbürgermeister nach der Beschlußfassung des Ausschusses nicht binnen zwei Wochen die Entscheidung des Verwaltungsgerichts unter Angabe der Gründe beantragt. Der Antrag hat die Wirkung einer Anfechtungsklage des Beschwerten gegen den Verwaltungsakt mit dem letzten im Einspruchsverfahren gestellten Antrag als Klageantrag.

§ 41.

Die Befugnis der übergeordneten Behörden, den Verwaltungsakt einer nachgeordneten Behörde von Amts wegen oder auf Anrufung (Aufsichtbeschwerde) zu ändern oder aufzuheben, bleibt unberührt.

§ 42.

Frist für die Anfechtungsklage.

(1) Die Anfechtungsklage muß binnen zwei Wochen erhoben werden, soweit nicht gesetzlich etwas anderes bestimmt ist. Die Frist beginnt mit der Eröffnung oder Zustellung des Einspruchsbescheids.

(2) **Hat die Behörde ohne zureichenden Grund den Einspruch binnen einer angemessenen Frist nach seiner Erhebung nicht beschieden, so gilt dies als ablehnender Einspruchsbescheid. Die Erhebung der Anfechtungsklage ist in diesem Fall nach Ablauf von sechs Monaten seit Einlegung des Einspruchs ausgeschlossen.**

In Hessen lautet der 2. Satz des Abs. 1:

„Die Frist beginnt mit der Eröffnung oder Zustellung des Einspruchs- oder Beschwerdebescheides."

Im Abs. 2 beträgt die Frist zur Erhebung der Klage **ein Jahr.**

§ 43.

Ist nach dem Vorbehalt des § 38 Abs. 1 oder nach § 38 Abs. 2 die Anfechtungsklage unmittelbar gegeben, so ist sie binnen zwei Wochen nach Eröffnung oder Zustellung des beschwerenden Verwaltungsaktes, in deren Ermangelung nach Kenntnisnahme zu erheben. Bei Unterlassung einer beantragten Amtshandlung (§ 35 Abs. 2) ist die Anfechtungsklage an keine Frist gebunden.

Erfordernisse der Anfechtungsklage.

§ 44.

Die Anfechtungsklage soll als solche bezeichnet werden. Sie muß einen bestimmten Antrag enthalten. Die Anfechtungspunkte und die zur Begründung dienenden Tatsachen und Beweismittel sollen angegeben werden.

Gegenstand der Anfechtungsklage.

§ 45.

Gegenstand der Anfechtungsklage sind der beschwerende Verwaltungsakt und der Einspruchsbescheid, in den Fällen, in denen die Anfechtungsklage unmittelbar gegeben ist, der beschwerende Verwaltungsakt.

Anfechtungsgegner.

§ 46.

(1) **Die Anfechtungsklage ist gegen den Staat als Anfechtungsgegner zu richten. Ist aber die Behörde, die den Verwaltungsakt erlassen hat, keine staatliche Behörde, so ist Anfechtungsgegner die Körperschaft, der diese Behörde angehört.**

(2) Die Vertretung des Anfechtungsgegners liegt unbeschadet des § 47 Abs. 1 der Behörde ob, die den Verwaltungsakt erlassen hat.

§ 47. Ständiger Vertreter des öffentlichen Interesses

(1) Hat die Staatsregierung einen ständigen Vertreter des öffentlichen Interesses bestellt (§ 18), so kann ihm durch Verordnung die Vertretung des Staates allgemein zugewiesen werden. Er kann einen Beamten der Behörde, die den Verwaltungsakt erlassen hat, zuziehen oder ihm die Vertretung übertragen.

(2) Ist die Anfechtungsklage nicht gegen den Staat, sondern gegen eine andere Körperschaft zu richten (§ 46), so kann die Verordnung bestimmen, ob und mit welchen Befugnissen der ständige Vertreter des öffentlichen Interesses am Verfahren der beiden Rechtszüge zu beteiligen ist. Die Verordnung kann ihm jedoch die Befugnis, die Körperschaft zu vertreten, nicht einräumen.

§ 48.

(1) Durch Verordnung kann bestimmt werden, daß in den Fällen, in denen dieses Gesetz die Erhebung der Anfechtungsklage von der vorherigen Einlegung eines Einspruchs abhängig macht, statt des Einspruchs Beschwerde zur Aufsichtsbehörde einzulegen ist.

(2) Durch Verordnung kann ferner bestimmt werden, daß in allen Fällen, in denen gegen Verwaltungsakte einer Behörde die förmliche Beschwerde im Verwaltungsverfahren eingeräumt ist, diese Beschwerde statt des Einspruchs einzulegen ist.

(3) Für die Beschwerden nach Abs. 1 und 2 gelten die Vorschriften für den Einspruch (§§ 39, 40 Abs. 2, 42 und 45) sinngemäß.

(4) Durch Verordnung kann auch bestimmt werden, daß die Erhebung der Anfechtungsklage in den Fällen des § 35 Abs. 2 von der vorherigen Anrufung der Aufsichtsbehörde abhängig ist, wenn eine Behörde den Antrag auf Vornahme einer Amtshandlung ohne zureichenden Grund binnen angemessener Frist nicht beschieden hat. Die Erhebung der Anfechtungsklage ist dann, abweichend von § 43 Satz 2, nach Ablauf von 6 Monaten seit Anrufung der Aufsichtsbehörde ausgeschlossen.

In Württemberg-Baden und Hessen lautet § 48:

§ 48.

(1) **Durch Verordnung kann bestimmt werden, daß in den Fällen, in denen dieses Gesetz die Erhebung der Anfechtungsklage von der vorherigen Erhebung eines Einspruchs abhängig macht, statt des Einspruchs Beschwerde zur nächst höheren Behörde einzulegen ist.**

(2) **Das Nähere wird durch Verordnung bestimmt.**

In Hessen folgt:

§ 48a.

(1) **Gegen Verwaltungsakte einer dem Landrat nachgeordneten oder seiner Aufsicht unterstehenden Behörde ist an Stelle des Einspruchs die Beschwerde an den Landrat einzulegen.**

(2) **Auf das Beschwerdeverfahren finden die Vorschriften der §§ 39 bis 42, 45 über das Einspruchsverfahren sinngemäß Anwendung.**

(3) **Die Beschwerde kann bei der Behörde, die den Verwaltungsakt erlassen hat oder bei dem Landrat mit der Wirkung eingelegt werden, daß die Frist des § 39 Absatz (2) gewahrt wird.**

(4) **Die Behörde, die den Verwaltungsakt erlassen hat, ist berechtigt, der Beschwerde stattzugeben. Wenn sie nach nochmaliger Prüfung den Verwaltungsakt aufrecht erhalten will, legt sie die Akten mit ihrer Stellungnahme dem Landrat vor. Über die Beschwerde entscheidet der nach § 40a zuständige Ausschuß.**

Wo ist die Klage einzubringen?

§ 49.

(1) **Die Anfechtungsklage ist bei dem zuständigen Verwaltungsgericht (§ 26) schriftlich oder zu Protokoll des Urkundsbeamten der Geschäftsstelle zu erheben. Durch rechtzeitige Erhebung bei der Behörde, die den Verwaltungsakt oder die den Beschwerdebescheid erlassen hat, wird die Frist gewahrt.**

(2) **Die Klagen und die weiteren Schriftsätze nebst Anlagen sollen in so vielen Stücken eingereicht werden, daß jedem Beteiligten eine Ausfertigung, dem ständigen Vertreter des öffentlichen Interesses jedoch zwei Ausfertigungen zugestellt werden können.**

In Württemberg-Baden und Hessen fehlt Abs. 2.

§ 50.

Anfechtungsklage zum VGH.

Erläßt ein Minister oder eine andere durch Verordnung bestimmte Behörde den Verwaltungsakt oder im Falle des § 48 den Beschwerdebescheid, so ist die Anfechtungsklage beim Verwaltungsgerichtshof einzureichen. Dieser entscheidet im ersten und letzten Rechtszug. Die für das Verwaltungsgericht geltenden Vorschriften dieses Abschnitts sind auf den Verwaltungsgerichtshof sinngemäß anzuwenden.

In Hessen ist dieser Paragraph jetzt gestrichen.

§ 51.

Aufschiebende Wirkung — Aussetzung der Vollziehung

(1) **Einspruch, Beschwerde (§ 48) und Anfechtungsklage haben aufschiebende Wirkung. Die Behörde, die den Verwaltungsakt erlassen hat, kann jedoch dessen Vollziehung anordnen, wenn sie es im öffentlichen Interesse für geboten hält.**

(2) **Die aufschiebende Wirkung entfällt bei Streitigkeiten über öffentliche Abgaben und Kosten, doch kann die Behörde die Aussetzung der Vollziehung anordnen.**

(3) **Die Befugnis, eine Aussetzung der Vollziehung anzuordnen, steht außer der mit der Beschwerde befaßten Behörde nach Erhebung der Anfechtungsklage auch dem Gericht zu. Die Anordnung des Gerichts geht den Anordnungen der Behörde vor. Sie wirkt, wenn das Gericht nichts anderes bestimmt, bis zur endgültigen Erledigung des Rechtsstreits. In dringenden Fällen kann der Vorsitzende des Gerichts eine vorläufige Aussetzung der Vollziehung anordnen; die Anordnung wirkt, bis sie durch Gerichtsbeschluß ersetzt oder aufgehoben wird.**

(4) **Die aufschiebende Wirkung von Einspruch, Beschwerde und Anfechtungsklage sowie die Aussetzungsbefugnis des Gerichts entfallen gegenüber vorsorglichen behördlichen Anordnungen, die bei Gefahr im Verzuge, insbesondere bei drohenden Nachteilen für Leben, Gesundheit oder Eigentum, im öffentlichen Interesse ergehen, eine zeitraubende Prüfung der Rechtslage nicht gestatten und als Notstandsmaßnahmen bezeichnet sind.**

In Württemberg-Baden fehlt der letzte Satz des Abs. 3.

In Hessen:

Abs. 4: **„In dringenden Fällen kann der Vorsitzende Anordnungen nach Absatz (3) allein beschließen.“**

Abs. 5: „Die aufschiebende Wirkung von Einspruch, Beschwerde und Anfechtungsklage sowie die Aussetzungsbefugnis des Gerichts und des Vorsitzenden gegenüber vorsorglichen behördlichen Anordnungen, die bei Gefahr im Verzuge, insbesondere bei drohenden Nachteilen für Leben, Gesundheit oder Eigentum, im öffentlichen Interesse ergehen, eine zeitraubende Prüfung der Rechtslage nicht gestatten und als Notstandsmaßnahme bezeichnet sind."

Beteiligte.

§ 52.

Im Anfechtungsverfahren haben die Beteiligten (Anfechtungskläger und Anfechtungsgegner) grundsätzlich die gleichen Rechte und Pflichten.

Parteifähigkeit.

§ 53.

(1) Beteiligter (§ 52) kann sein, wer rechtsfähig ist.

(2) Personenvereinigungen können, auch ohne Rechtsfähigkeit zu besitzen, Beteiligte sein.

Prozeßfähigkeit.

§ 54.

(1) Fähig zur Vornahme von Verfahrenshandlungen sind:

1. die nach bürgerlichem Recht Geschäftsfähigen;
2. die nach bürgerlichem Recht in der Geschäftsfähigkeit Beschränkten, soweit sie durch Vorschrift des bürgerlichen oder des öffentlichen Rechts für den Gegenstand des Verfahrens als geschäftsfähig anerkannt sind.

(2) Für einen hiernach Prozeßunfähigen handelt der gesetzliche Vertreter.

Vorbescheid.

§ 55.

(1) Die Anfechtungsklage kann ohne weiteres durch einen mit Gründen versehenen Vorbescheid, der auch dem Anfechtungsgegner zuzustellen ist, abgewiesen werden, wenn:

1. ein wesentliches Erfordernis fehlt und der Kläger innerhalb einer vom Gericht zu bestimmenden Frist den Mangel nicht beseitigt;
2. die Klagefrist versäumt ist oder der Einspruch oder die Beschwerde wegen Versäumung der Frist zurückgewiesen worden war;
3. das Gericht offenbar unzuständig ist;

4. die Klage aus anderen Gründen offenbar unzulässig oder offenbar unbegründet ist.

(2) Der Anfechtungskläger kann binnen einem Monat nach Zustellung des Vorbescheids mündliche Verhandlung beantragen; er ist im Vorbescheid auf dieses Recht hinzuweisen. Wird der Antrag rechtzeitig gestellt, so gilt der Vorbescheid als nicht ergangen; andernfalls gilt er als rechtskräftiges Urteil.

In Hessen lautet Ziff. 4:

4. „die Klage offenbar unbegründet ist."

In Württemberg-Baden fehlt Ziff. 4.

§ 56.

Zustellung der Klage an den Anfechtungsgegner.

Wird kein Vorbescheid erlassen oder gilt der Vorbescheid als nicht ergangen, so stellt das Verwaltungsgericht die Anfechtungsklage dem Anfechtungsgegner mit dem Ersuchen zu, sich innerhalb einer bestimmten Frist zur Klage zu äußern.

§ 57.

Weitere Erklärungen.

(1) Soweit es zur Aufklärung der tatsächlichen und rechtlichen Verhältnisse geboten ist, kann das Verwaltungsgericht auch im weiteren Verfahren die Beteiligten unter Setzung einer Frist zu Erklärungen und Gegenäußerungen auffordern.

(2) Unabhängig hiervon können die Beteiligten in jeder Lage des Verfahrens Anträge stellen oder sonstige Erklärungen abgeben.

(3) Die weiteren Erklärungen und Gegenäußerungen sind vom Gericht der Gegenseite zuzustellen.

§ 58.

Urkunden von größerem Umfang, die der Anfechtungskläger, der Anfechtungsgegner oder ein sonstiger Beteiligter eingereicht hat, sind bei der Geschäftsstelle zur Einsichtnahme durch die Beteiligten niederzulegen.

§ 59.

Zurückverweisung an die Verwaltungsbehörde.

(1) Bringen die Beteiligten neue Tatsachen oder Beweismittel vor, so kann das Verwaltungsgericht die Sache nach

Anhörung der Beteiligten durch Beschluß an die Behörde, die den Verwaltungsakt erlassen hat, oder an die Beschwerdebehörde (§ 48) zur nochmaligen Prüfung und Entscheidung zurückverweisen. Gegen die Entscheidung dieser Behörden sind die nach dem vorliegenden Gesetze zulässigen Rechtsbehelfe gegeben.

(2) Das Gericht hat sich im Verweisungsbeschluß die Entscheidung über die Kosten vorzubehalten.

Beiladung.

§ 60.

(1) Das Verwaltungsgericht beschließt von Amts wegen oder auf Antrag, daß andere Personen, deren rechtliche Interessen durch die Entscheidung berührt werden, beizuladen sind. Den Antrag kann auch stellen, wer beigeladen zu werden wünscht.

(2) In dem Beiladungsbeschluß sollen der Stand der Sache und der Grund der Beiladung angegeben werden.

(3) Der Beschluß wird den Beteiligten, den Beigeladenen und dem Antragsteller (Abs. 1 Satz 2) zugestellt.

(4) Durch den Beschluß erhalten die Beigeladenen die Rechtsstellung von Beteiligten. Die Entscheidung über die Anfechtungsklage ist auch ihnen gegenüber wirksam (§ 84).

In Württemberg-Baden und Hessen im Abs. 1 nach „beschließt" noch die Worte: „**nach Anhörung der Beteiligten —.**"

Vertretung durch Bevollmächtigte.

§ 61.

(1) Die Beteiligten können sich in jeder Lage des Verfahrens durch Bevollmächtigte vertreten lassen. Die Vollmacht ist schriftlich zu erteilen oder zu bestätigen und kann nachgereicht werden; das Verwaltungsgericht kann hierfür eine Frist bestimmen.

(2) Ist ein Bevollmächtigter bestellt, so sind die Mitteilungen des Gerichts an ihn zu richten.

(3) In der mündlichen Verhandlung können die Beteiligten auch in Begleitung von Beiständen erscheinen.

(4) Als Bevollmächtigte und Beistände sind ohne weiteres zugelassen Rechtsanwälte, Verwaltungsrechtsräte und Vertreter beruflicher, genossenschaftlicher und gewerkschaftlicher Vereinigungen für den von ihnen in dieser Eigenschaft vertretenen Personenkreis. Andere Personen können vom

Gericht zurückgewiesen werden, wenn sie die Vertretung geschäftsmäßig betreiben oder zum geeigneten Vortrag unfähig sind.

(5) Das Verwaltungsgericht ist befugt, mehreren Beteiligten mit gleichen Interessen die Bestellung eines gemeinsamen Bevollmächtigten aufzutragen.

In Württemberg-Baden in Abs. 4 statt „Verwaltungsrechtsräte" „Verwaltungsräte".

§ 62.

Verzicht auf mündliche Verhandlung.

(1) Das Verwaltungsgericht entscheidet über die Anfechtungsklage auf Grund mündlicher Verhandlung.

(2) Hält das Verwaltungsgericht eine Anfechtungssache nach Klärung des Sachverhalts für spruchreif, so kann es dies den Beteiligten mit dem Anfügen mitteilen, daß es sich vorbehalte, ohne mündliche Verhandlung zu entscheiden, wenn ein Beteiligter diese nicht binnen zwei Wochen nach Zustellung der Mitteilung ausdrücklich beantragt. Geht ein solcher Antrag nicht ein, so kann das Gericht ohne mündliche Verhandlung entscheiden.

In Württemberg-Baden und Hessen statt des Abs. 2 enthält Abs. 1 noch folgenden Satz:

Einer solchen bedarf es nicht, wenn alle Beteiligten ausdrücklich auf sie verzichten.

§ 63.

Erforschung des Sachverhaltes — Offizialprinzip.

Das Verwaltungsgericht erforscht unter Heranziehung der Beteiligten den Sachverhalt von Amts wegen. Es ist an das Vorbringen und die Beweisanträge der Beteiligten nicht gebunden.

§ 64.

Beweiserhebung.

Das Verwaltungsgericht erhebt den nach seinem Ermessen erforderlichen Beweis in der mündlichen Verhandlung. Es kann ihn schon vorher durch eines seiner Mitglieder als beauftragten Richter erheben lassen oder mit Begrenzung auf genau bestimmte Punkte und Personen ein anderes Gericht oder eine Verwaltungsbehörde um die Erhebung ersuchen.

§ 65.

Akteneinsicht.

(1) Auf die Einsicht in die Prozeßakten ist § 299 Abs. 1 und 3 der Zivilprozeßordnung entsprechend anzuwenden.

(2) Akten einer Behörde, die vom Gericht zum Streitverfahren zugezogen worden sind, können den Beteiligten zur Einsicht oder Abschrift nur so weit überlassen werden, als die Behörde oder auf Beschwerde die Aufsichtsbehörde (§ 41) nicht ausdrücklich widerspricht. Wird die Einsichtnahme verweigert, so dürfen die Akten der Entscheidung nur soweit zugrunde gelegt werden, als ihr Inhalt vorgetragen und zum Gegenstand der Verhandlung gemacht worden ist.

In Württemberg-Baden und Hessen lautet der erste Satz des 2. Absatzes:

(2) Akten einer Behörde, die vom Gericht zum Streitverfahren zugezogen worden sind, können den Beteiligten zur Einsicht oder Abschrift nur soweit überlassen werden, als die Behörde oder auf Beschwerde die übergeordnete Behörde (§ 41) es ausdrücklich gestattet.

Augenschein, Zeugen, Sachverständige.

§ 66.

Das Verwaltungsgericht kann Augenschein einnehmen, Zeugen und Sachverständige eidlich oder uneidlich vernehmen, den Anfechtungsgegner um Entsendung eines Behördenvertreters ersuchen sowie Urkunden beiziehen. Um Rechtshilfe ersuchte Verwaltungsbehörden dürfen Zeugen und Sachverständige nur auf Anordnung des Verwaltungsgerichts beeidigen.

Anordnung des persönlichen Erscheinens.

§ 67.

(1) Das Verwaltungsgericht kann das persönliche Erscheinen des Anfechtungsklägers und eines Beigeladenen sowie die Vorlegung der in ihren Besitz befindlichen Urkunden anordnen und für den Fall der Nichtbefolgung eine bestimmte Geldstrafe im Rahmen von 3—1000 DM. oder eine Haftstrafe von bestimmter Dauer im Rahmen von 1 bis 14 Tagen androhen. Bei verschuldetem Ungehorsam setzt das Gericht durch Beschluß die angedrohte Strafe fest. Androhung und Festsetzung der Strafe können wiederholt werden, bis ihr Zweck erreicht ist.

(2) Ist Beteiligter eine juristische Person oder eine nichtrechtsfähige Personenvereinigung (§ 53), so ist die Strafe dem nach Gesetz oder Satzung Vertretungsberechtigten anzudrohen und gegen ihn festzusetzen.

(3) Ist ein Beteiligter prozeßunfähig (§ 54), so kann das Gericht außer dem persönlichen Erscheinen des gesetzlichen Vertreters auch das des Prozeßunfähigen anordnen. Die Strafe ist dem gesetzlichen Vertreter anzudrohen und gegen ihn festzusetzen.

§ 68.

Vorlage von Urkunden durch die Behörde.

Eine Behörde ist zur Vorlegung von Urkunden nicht verpflichtet, soweit die Vorlegung nach Erklärung der übergeordneten Behörde öffentliche Belange erheblich gefährden würde.

§ 69.

Reichen die vorhandenen Beweismittel nicht aus, so können Anfechtungskläger und Beigeladene zur Versicherung an Eides Statt zugelassen werden.

§ 70.

Die Beteiligten werden von allen Beweisterminen (§ 64) benachrichtigt und können der Beweisaufnahme beiwohnen. Sie können an Zeugen und Sachverständige sachdienliche Fragen richten oder richten lassen. Wird eine Frage beanstandet, so entscheidet das Gericht endgültig.

§ 71.

Vernehmung eines Zeugen unter Ausschluß der Öffentlichkeit.

(1) Das Verwaltungsgericht kann beschließen, einen Zeugen in der mündlichen Verhandlung unter Ausschluß der Öffentlichkeit und in Abwesenheit der Beteiligten, ihrer Bevollmächtigten und Beistände zu vernehmen, wenn erhebliche Gründe die Annahme rechtfertigen, daß der Zeuge in Gegenwart der Beteiligten mit der Wahrheit zurückhalten würde. Nach Beendigung dieser Vernehmung ist die Aussage des Zeugen den Beteiligten bekanntzugeben. Diese sind berechtigt, an den Zeugen sachdienliche Fragen zu richten oder richten zu lassen. § 70 Satz 3 gilt auch hier.

(2) Erfolgt die Beweiserhebung außerhalb der mündlichen Verhandlung durch ein Mitglied des erkennenden Gerichts als beauftragten Richter (§ 64), so gilt Abs. 1 sinngemäß.

(3) Ein Zeuge, der nach Absatz 1 oder 2 in Abwesenheit der Beteiligten vernommen worden ist, darf erst nach Gegenüberstellung mit den Beteiligten beeidigt werden.

§ 72.

(1) Auf die Verpflichtung, einer Ladung als Zeuge oder Sachverständiger Folge zu leisten, ein Zeugnis abzulegen oder ein Gutachten zu erstatten, auf die Ablehnung von Sachverständigen sowie auf die Vernehmung und Beeidigung von Zeugen und Sachverständigen sind die Vorschriften der Zivilprozeßordnung entsprechend anzuwenden.

(2) Für die Ladung von Zeugen und Sachverständigen und die Folgen ihres Ungehorsams gegenüber gerichtlichen Anordnungen, die ihr Erscheinen vor Gericht oder ihre Vernehmung betreffen, gilt § 67 Abs. 1 entsprechend.

Termin der mündlichen Verhandlung.

§ 73.

Der Termin der mündlichen Verhandlung ist den Beteiligten bekanntzugeben. Mit der Bekanntgabe ist der Hinweis zu verbinden, daß bei ihrem Ausbleiben nach dem Stande der Verhandlungen entschieden werden könne.

Mündliche Verhandlung.

§ 74.

(1) Der Vorsitzende eröffnet und leitet die mündliche Verhandlung.

(2) Nach Aufruf der Sache trägt der Berichterstatter den wesentlichen Inhalt der Akten vor.

(3) Hierauf erhalten die Beteiligten das Wort. Sie können ihre tatsächlichen und rechtlichen Ausführungen ergänzen oder berichtigen.

(4) Anschließend erhebt das Gericht den noch erforderlichen Beweis.

§ 75.

(1) Der Vorsitzende hat die Streitsache mit den Beteiligten allseitig zu erörtern. Es hat darauf hinzuwirken, daß sie unklare Anträge erläutern, sachdienliche Anträge stellen, ungenügende Angaben tatsächlicher Art ergänzen sowie alle für die Feststellung des Sachverhalts erheblichen Erklärungen abgeben.

(2) Der Vorsitzende hat jedem Beisitzer auf Verlangen zu gestatten, sachdienliche Fragen zu stellen. Wird eine Frage beanstandet, so entscheidet das Gericht endgültig.

(3) Nach genügender Erörterung der Streitsache erklärt der Vorsitzende die mündliche Verhandlung für geschlossen. Das Gericht kann ihre Wiedereröffnung beschließen.

§ 76.

(1) Zur mündlichen Verhandlung und zu jeder Beweisaufnahme wird ein beeidigter Schriftführer zugezogen. Die wesentlichen Vorgänge der Verhandlung sind in einer Niederschrift aufzunehmen, die von dem Vorsitzenden oder Vernehmenden und dem Schriftführer zu unterzeichnen ist.

(2) Die Niederschrift über die Aussagen von Zeugen und Sachverständigen ist ihnen vor der Unterzeichnung vorzulesen. Entsprechendes gilt, wenn die Aussage eines Beteiligten aufgenommen wird. Bei Vernehmungen außerhalb der mündlichen Verhandlung soll auch der Vernommene seine Aussage unterschreiben.

§ 77. Zurücknahme der Anfechtungsklage.

(1) Die Anfechtungsklage kann bis zum Eintritt der Rechtskraft des Urteils zurückgenommen werden, nach Beginn der mündlichen Verhandlung aber nur mit Einwilligung des Anfechtungsgegners. Die Zurücknahme geschieht durch Erklärung vor dem Verwaltungsgericht oder, nach Einlegung der Berufung, vor dem Verwaltungsgerichtshof. Ein in der Sache ergangenes, noch nicht rechtskräftiges Urteil wird durch Zurücknahme der Klage unwirksam.

(2) Hat der Vertreter des öffentlichen Interesses nach § 47 Abs. 2 an der mündlichen Verhandlung teilgenommen, so bedarf es auch seiner Einwilligung.

II. URTEIL.

§ 78.

(1) Das Gericht entscheidet nach seiner freien, aus dem Inhalt der Verhandlung und dem Ergebnis der Beweisaufnahme geschöpften Überzeugung durch Urteil.

(2) Der Entscheidung dürfen nur solche Tatsachen und Beweisergebnisse zugrunde gelegt werden, über die den Beteiligten Gelegenheit zur Äußerung gegeben war.

§ 79.

(1) Soweit das Gericht die Anfechtungsklage für begründet hält, hebt es den Einspruchs- oder Beschwerdebescheid und den angefochtenen Verwaltungsakt auf; hat der Verwaltungs-

akt vorher durch Zurücknahme oder auf andere Weise seine Erledigung gefunden, so spricht das Gericht auf Antrag aus, daß der Verwaltungsakt unzulässig war.

(2) Ist in einer angefochtenen Verfügung eine Leistung von Geld oder sonstiger vertretbarer Sachen auferlegt oder nur eine Feststellung getroffen worden, so kann das Verwaltungsgericht den Betrag der Leistung in anderer Höhe festsetzen oder die Feststellung durch eine andere ersetzen.

(3) Hält das Gericht die gegen die Versagung einer Amtshandlung gerichtete Anfechtungsklage für begründet und die Sache in jeder Beziehung für spruchreif, so hebt es die Versagung auf und spricht zugleich die Verpflichtung der Verwaltungsbehörde aus, die beantragte Amtshandlung vorzunehmen.

(4) Hält das Gericht als Rekursbehörde im Sinne der §§ 20, 21 der Gewerbeordnung eine Anfechtungsklage für begründet, die sich gegen die Versagung einer Genehmigung richtet, so erteilt es selbst die Genehmigung.

(5) Hält das Gericht die gegen die Unterlassung einer beantragten Amtshandlung gerichtete Anfechtungsklage (§ 35 Abs. 2) für begründet, so spricht es die Verpflichtung der Verwaltungsbehörde aus, den Antrag zu bescheiden. Abs. 3 gilt entsprechend.

In Württemberg-Baden und Hessen lautet Abs. 1:

(1) Soweit das Gericht die Anfechtungsklage für begründet hält, hebt es den Einspruchs- oder Beschwerdebescheid und den angefochtenen Verwaltungsakt auf. Hat der Verwaltungsakt vorher durch Zurücknahme oder auf andere Weise seine Erledigung gefunden, so spricht das Gericht im Urteil aus, daß der Verwaltungsakt unzulässig war.

Reformatio in pejus.

§ 80.

Liegt ein erhebliches öffentliches Interesse vor, so kann das Gericht auf Antrag des Anfechtungsgegners den Verwaltungsakt und den Einspruchs- oder Beschwerdebescheid auch zum Nachteil des Anfechtungsklägers ändern.

Urteilsverkündung.

§ 81.

(1) Das Urteil ist am Schlusse der mündlichen Verhandlung oder in einem späteren den Beteiligten bekanntgegebenen Termin zu verkünden.

(2) **Das Urteil ist zu begründen und von den Richtern, die bei der Entscheidung mitgewirkt haben, zu unterzeichnen. Ist ein Richter verhindert, so ist dies zu vermerken. Die Geschäftsordnung bestimmt Näheres über die äußere Form des Urteils.**

(3) **Der Urkundsbeamte der Geschäftsstelle erteilt Ausfertigungen des Urteils und stellt sie den Beteiligten zu.**

In Württemberg-Baden Zusatz zu Abs. 1:

„An Stelle der Verkündung ist die Zustellung einer Ausfertigung des Urteils zulässig."

§ 82.

Entscheidet das Gericht ohne mündliche Verhandlung (§ 62), so ergeht das Urteil durch Zustellung an die Beteiligten.

§ 83. **Berichtigung.**

Schreibfehler, Rechenfehler und ähnliche offenbare Unrichtigkeiten im Urteil kann das Gericht jederzeit durch Beschluß berichtigen.

§ 84. **Rechtskraft.**

Rechtskräftige Urteile binden die Beteiligten und ihre Rechtsnachfolger für den Streitgegenstand.

Fünfter Abschnitt.

Parteistreitigkeiten.

§ 85.

(1) **Parteistreitigkeiten sind Streitigkeiten des öffentlichen Rechts zwischen gleichgeordneten Rechtsträgern. Gleichgeordnet in einer Streitsache sind zwei Rechtsträger dann, wenn weder die Geltendmachung noch die Ablehnung des Anspruchs durch einen der beiden Rechtsträger eine verbindliche Entscheidung über den Anspruch enthält.**

(2) **Durch Verordnung kann für einzelne Arten von Streitsachen bestimmt werden, ob sie als Anfechtungssachen oder als Parteistreitigkeiten zu behandeln sind.**

§ 86.

Auf die Parteistreitigkeiten sind die für die Anfechtungssachen geltenden Vorschriften entsprechend anzuwenden, soweit im folgenden nichts anderes bestimmt ist.

§ 87.

Durch Verordnung kann für alle oder für einzelne Arten von Parteistreitigkeiten bestimmt werden, daß einer Klage der Schlichtungsversuch einer Verwaltungsbehörde vorangehen muß oder daß nach Anhörung der Beteiligten das mit der Klage befaßte Gericht eine Verwaltungsbehörde mit einem Schlichtungsversuch betrauen kann. Die Verordnung regelt auch das Schlichtungsverfahren. Ein vor der Schlichtungsbehörde abgeschlossener Vergleich hat die Wirkung eines gerichtlichen Vergleichs (§§ 99, 126).

§ 88.

(1) Die Klage ist gegen den zu richten, von dem eine Leistung oder Unterlassung verlangt wird oder dem gegenüber das Bestehen oder Nichtbestehen eines Rechtsverhältnisses festgelegt werden soll (Beklagter).

(2) Der Kläger soll die schriftlich erhobene Klage und ihre Anlagen sowie die weiteren Erklärungen in so vielen Stücken einreichen, daß jedem Beteiligten eine Ausfertigung zugestellt werden kann.

§ 89.

In der Klage ist der Beklagte zu bezeichnen und ein bestimmter Antrag zu stellen. Der Gegenstand des Anspruchs und die zur Begründung dienenden Tatsachen und Beweismittel sollen angegeben werden.

§ 90.

(1) Hat die Staatsregierung einen ständigen Vertreter des öffentlichen Interesses bestellt (§ 18), so kann sie durch Verordnung bestimmen, ob und mit welchen Befugnissen er am Verfahren der beiden Rechtszüge zu beteiligen ist. Die Verordnung kann ihm jedoch die Befugnis, eine Partei zu vertreten, nicht einräumen.

(2) Ist ein ständiger Vertreter des öffentlichen Interesses nicht bestellt, so kann die Staatsregierung oder die von ihr ermächtigte Behörde für eine anhängige Streitsache einen Vertreter bestimmen, der von den Terminen der beiden Rechtszüge zu benachrichtigen und in diesen mit seinen Ausführungen zu hören ist.

§ 91.

Für die Beteiligung Dritter am Rechtsstreit gelten außer § 60 dieses Gesetzes die Vorschriften der Zivilprozeßordnung über Streithilfe und Streitverkündung entsprechend.

§ 92.

Der Beklagte kann Widerklage erheben, wenn deren Gegenstand mit dem der Klage in rechtlichem Zusammenhang steht. In diesem Fall ist das Gericht der Klage auch für die Widerklage örtlich zuständig.

§ 93.

Das Verwaltungsgericht kann mehrere bei ihm anhängige, den gleichen Gegenstand betreffende Streitsachen zu gemeinsamer Verhandlung und Entscheidung verbinden. Es kann anordnen, daß mehrere in einem Verfahren erhobene Ansprüche in getrennten Verfahren verhandelt und entschieden werden.

§ 94.

(1) Das Verwaltungsgericht stellt die Klage dem Beklagten mit der Aufforderung zu, sie innerhalb einer bestimmten Frist zu beantworten.

(2) Die Klagebeantwortung wird dem Kläger zugestellt, gegebenenfalls mit der Aufforderung zu weiterer Erklärung.

(3) Die Klagebeantwortung und die weiteren Erklärungen sollen in der erforderlichen Anzahl von Stücken (§ 88 Abs. 2) eingereicht werden.

§ 95.

Eine Klageänderung ist nur zulässig, wenn der Beklagte einwilligt oder das Verwaltungsgericht sie für sachdienlich erachtet.

§ 96.

Die Vorschriften der §§ 67—69 über das persönliche Erscheinen von Beteiligten, die Vorlegung von Urkunden und die Zulassung zur Versicherung an Eides Statt gelten auch für den Beklagten.

§ 97.

Hält das Verwaltungsgericht eine Streitsache nach Klärung des Sachverhalts für spruchreif, so kann es dies den Parteien und sonstigen Beteiligten mit dem Anfügen mitteilen, daß es sich vorbehalte, ohne mündliche Verhandlung zu entscheiden, wenn ein Beteiligter sie nicht binnen zwei Wochen nach Zustellung der Mitteilung ausdrücklich beantragt. Geht ein solcher Antrag nicht ein, so kann das Gericht ohne mündliche Verhandlung entscheiden.

§ 98.

(1) Hält das Verwaltungsgericht eine Streitsache zwischen Fürsorgeverbänden nach Klärung des Sachverhalts für spruchreif, so kann es seine Entscheidung auch ohne vorgängige Benachrichtigung der Beteiligten in der Form eines mit Gründen versehenen Bescheides treffen.

(2) In dem Bescheid ist den Beteiligten zu eröffnen, daß sie befugt seien, innerhalb eines Monats nach der Zustellung entweder mündliche Verhandlung zu beantragen oder Berufung einzulegen.

(3) Hat ein Beteiligter mündliche Verhandlung beantragt, ein anderer Berufung eingelegt, so wird nur dem Antrag auf mündliche Verhandlung stattgegeben.

(4) Wird der Antrag auf mündliche Verhandlung rechtzeitig gestellt, so gilt der Bescheid als nicht ergangen; andernfalls gilt er, wenn nicht Berufung eingelegt ist, als rechtskräftiges Urteil.

§ 99.

Zur Voll- oder Teilerledigung des geltend gemachten Anspruchs können die Parteien vor dem Verwaltungsgericht einen Vergleich abschließen, soweit sie über den Gegenstand der Klage verfügen können.

§ 100.

Die Vorschriften der Zivilprozeßordnung über die Rechtskraft (§§ 322, 323, 325 bis 327) gelten für das Urteil des Verwaltungsgerichts entsprechend.

Sechster Abschnitt.

Berufung, Beschwerde, Wiederaufnahme des Verfahrens.

I. BERUFUNG.

§ 101.

Gegen Urteile des Verwaltungsgerichts steht den Beteiligten, insbesondere auch dem Vertreter des öffentlichen Interesses, die Berufung an den Verwaltungsgerichtshof zu.

Ausschluß der Berufung.

§ 102.

Durch Verordnung kann für Streitigkeiten über öffentliche Abgaben, Kosten, Strafen und für alle oder für einzelne Arten von Parteistreitigkeiten die Zulässigkeit der Berufung davon abhängig gemacht werden, daß der Streitwert mindestens 300 DM beträgt. Die Berufung ist ohne Rücksicht auf den Streitwert zulässig, wenn in dem Streitverfahren eine Frage von grundsätzlicher Bedeutung zu entscheiden ist. Ob dies zutrifft, entscheidet der Verwaltungsgerichtshof vorweg ohne mündliche Verhandlung durch Beschluß.

In Württemberg-Baden lautet der erste Satz:

Durch Verordnung kann für Streitigkeiten über öffentliche Abgaben und Kosten und für alle oder für einzelne Arten von Parteistreitigkeiten die Zulässigkeit der Berufung von einem Mindeststreitwert abhängig gemacht werden, der 100 Deutsche Mark nicht übersteigen darf.

In Hessen hat § 102 folgenden Wortlaut:

(1) **In Streitigkeiten über öffentliche Abgaben, Kosten, Strafen und Fürsorgeleistungen sowie in Parteistreitigkeiten**

ist die Berufung nur zulässig, wenn der Streitwert mindestens 300 DM beträgt.

(2) In Streitigkeiten auf dem Gebiete des Preisrechts und des Kontrollratsgesetzes Nr. 18 (Wohnungsgesetz) ist die Berufung ausgeschlossen.

(3) In den Fällen der Absätze (1) und (2) ist die Berufung gleichwohl zulässig, wenn sie das Verwaltungsgericht im Urteil zugelassen hat. Das Verwaltungsgericht hat die Berufung zuzulassen, wenn sein Urteil auf einer Rechtsfrage beruht, die von grundsätzlicher Bedeutung ist und noch der Klärung bedarf. Die Berufung ist auf jeden Fall zulässig, wenn das Verwaltungsgericht in einer Rechtsfrage von einer Entscheidung des Verwaltungsgerichtshofes abweicht.

(4) Hat das Verwaltungsgericht die Berufung nicht zugelassen, so ist dagegen Beschwerde zulässig. Läßt das Verwaltungsgericht die Berufung zu, so beginnt die Berufungsfrist mit der Zustellung dieses Beschlusses.

§ 103.

Berufungsfrist.

(1) Die Berufung ist beim Verwaltungsgericht binnen einem Monat nach Zustellung des Urteils schriftlich oder zu Protokoll des Urkundsbeamten der Geschäftsstelle einzulegen. Für die Anzahl der einzureichenden Stücke gilt § 88 Abs. 2 entsprechend. Die Berufungsfrist ist auch gewahrt, wenn die Berufung rechtzeitig beim Verwaltungsgerichtshof eingeht.

(2) Die Berufungsschrift muß das angefochtene Urteil bezeichnen und einen bestimmten Antrag enthalten. Die zur Begründung dienenden Tatsachen und Beweismittel sollen angegeben werden.

§ 104.

Das Verwaltungsgericht legt die Berufungsschrift mit den Akten dem Verwaltungsgerichtshof vor.

§ 105.

Vorbescheid.

(1) Hält der Verwaltungsgerichtshof die Berufung wegen Fristversäumnis oder aus sonstigen Gründen für offenbar unzulässig, oder für offenbar unbegründet, so kann er sie ohne weiteres durch einen mit Gründen versehenen Vorbescheid, der auch dem Berufungsbeklagten und den sonstigen Beteiligten zuzustellen ist, zurückweisen.

(2) Der Berufungskläger kann binnen einem Monat nach Zustellung des Vorbescheids mündliche Verhandlung beantragen; er ist im Vorbescheid auf dieses Recht hinzuweisen. Wird der Antrag rechtzeitig gestellt, so gilt der Vorbescheid als nicht ergangen, andernfalls gilt er als Urteil.

In Württemberg-Baden fehlen im Abs. (1) die Worte: „oder für offenbar unbegründet".

Zustellung der Berufung an die Beteiligten.

§ 106.

Wird kein Vorbescheid erlassen oder gilt er als nicht ergangen, so stellt der Verwaltungsgerichtshof die Berufungsschrift dem Berufungsbeklagten und den sonstigen Beteiligten mit der Aufforderung zu, sich innerhalb einer bestimmten Frist zu äußern.

Zurücknahme der Berufung.

§ 107.

(1) Die Berufung kann bis zum Beginn der Verkündung oder, wenn keine Verkündung stattfindet, bis zur Zustellung des Berufungsurteils durch Erklärung vor dem Verwaltungsgerichtshof zurückgenommen werden, nach Beginn der mündlichen Verhandlung aber nur mit Einwilligung des Berufungsbeklagten.

(2) Hat der Vertreter des öffentlichen Interesses nach § 47 Abs. 2, § 90 Abs. 1 an der mündlichen Verhandlung teilgenommen, so bedarf es auch seiner Einwilligung. Versagt er seine Einwilligung, so trägt die Staatskasse die weiteren Kosten.

Anschlußberufung.

§ 108.

Der Berufungsbeklagte und die sonstigen Beteiligten können sich, auch im Laufe der mündlichen Verhandlung, selbst wenn sie auf die Berufung verzichtet hatten, der Berufung anschließen. Geschieht dies nach Ablauf der Berufungsfrist, so verliert die Anschlußberufung ihre Gültigkeit mit der wirksamen Zurücknahme der Berufung oder deren Zurückweisung wegen Unzulässigkeit.

Klageänderung.

§ 109.

Eine Klageänderung ist nur dann zulässig, wenn hierdurch die Rechtsstellung der übrigen Beteiligten nicht we-

sentlich beeinträchtigt wird oder wenn ihre Zulassung im öffentlichen Interesse gelegen ist.

In Hessen der Zusatz:

„Widerklage ist ausgeschlossen."

§ 110. Vorbringen neuer Tatsachen.

Der Verwaltungsgerichtshof berücksichtigt auch neu vorgebrachte Tatsachen und Beweismittel. Hätten sie nach seinem Ermessen schon im ersten Rechtszuge geltend gemacht werden können, so trägt der Säumige die durch das verspätete Vorbringen entstandenen Kosten.

§ 111. Ohne mündliche Verhandlung.

Die mündliche Verhandlung kann unterbleiben, wenn alle Beteiligten ausdrücklich auf sie verzichten oder § 62 Abs. 2 oder § 97 angewendet wird.

In Württemberg-Baden und Hessen:

Die mündliche Verhandlung kann nur dann unterbleiben, wenn alle Beteiligten ausdrücklich auf sie verzichten, bei Parteistreitigkeiten außerdem im Falle des § 97.

§ 112. Aussetzung der Vollziehung. Vorläufige Vollstreckbarkeit.

(1) **Die Befugnis, eine Aussetzung der Vollziehung zu verfügen, steht auch dem Verwaltungsgerichtshof zu. Dies gilt nicht bei vorsorglichen behördlichen Anordnungen (§ 51 Abs. 4).**

(2) **Der Verwaltungsgerichtshof kann in Parteistreitigkeiten das Urteil des Verwaltungsgerichts auf Antrag für vorläufig vollstreckbar erklären.**

§ 113. Umfang des Prüfungsrechts.

Der Verwaltungsgerichtshof prüft den Streitfall im gleichen Umfang wie das Verwaltungsgericht.

§ 114. Zurückverweisung.

Der Verwaltungsgerichtshof kann durch Urteil die Entscheidung des Verwaltungsgerichts aufheben und die Sache an dieses zurückverweisen, wenn:

1. das Verwaltungsgericht die Klage abgewiesen hat, ohne in der Sache selbst zu entscheiden;
2. das Verfahren vor dem Verwaltungsgericht an einem wesentlichen Mangel leidet;
3. neue Tatsachen oder Beweismittel bekannt werden, die das Verwaltungsgericht nicht berücksichtigen konnte und die für die Entscheidung wesentlich sind.

§ 115.

Auf das Verfahren vor dem Verwaltungsgerichtshof sind die für das Verwaltungsgericht geltenden Vorschriften entsprechend anzuwenden, soweit im Vorstehenden nichts anderes bestimmt ist.

II. BESCHWERDE.

§ 116.

(1) Gegen Entscheidungen des Verwaltungsgerichts, die nicht Urteile sind, und gegen Entscheidungen des Vorsitzenden des Verwaltungsgerichts steht den Beteiligten und den sonst von der Entscheidung Betroffenen die Beschwerde an den Verwaltungsgerichtshof zu.

(2) Die Beschwerde ist insbesondere dann gegeben, wenn die angefochtene Entscheidung die Ablehnung eines Richters oder Sachverständigen (§§ 17, 72 Abs. 1), die Einsetzung in den vorigen Stand (§ 33), die Zurückverweisung an die Verwaltungsbehörde (§ 59), die Zuziehung weiterer Beteiligter (§§ 60, 91), die Zulassung von Bevollmächtigten und Beiständen (§ 61), die Festsetzung von Strafen (§§ 28, 67, 72 Abs. 2), die Kosten (§ 129), das Armenrecht (§ 133) zum Gegenstande hat.

(3) Aufklärungsanordnungen nach §§ 57, 67, 75, Beschlüsse über eine Vertagung oder die Bestimmung einer Frist, Beweisschlüsse einschließlich der Art und Weise ihrer Ausführung, Beschlüsse über Ablehnung von Beweisanträgen sowie über die Verbindung von Streitsachen und Trennung von Ansprüchen können mit der Beschwerde nicht angefochten werden. Gleiches gilt für die von diesem Gesetz für endgültig erklärten Entscheidungen.

In Württemberg-Baden statt „§ 129“ § 128 Abs. 1 Satz 3.

In Hessen statt „§ 129" § 128 Abs. 1 Satz 2. Außerdem Absatz 4:

(4) **Für Streitigkeiten nach § 102 Abs. (1) und (2) ist die Beschwerde gegen Anordnungen des Verwaltungsgerichts nach § 51 Abs. (3) ausgeschlossen.**

§ 117. **Beschwerdefrist.**

Die Beschwerde ist beim Verwaltungsgericht binnen zwei Wochen nach Bekanntgabe der Entscheidung schriftlich oder zu Protokoll des Urkundsbeamten einzulegen. Die Beschwerdefrist ist auch gewahrt, wenn die Beschwerde rechtzeitig beim Verwaltungsgerichtshof eingeht.

§ 118. **Abhilfe oder Vorlage.**

Erachtet das Verwaltungsgericht oder der Vorsitzende, dessen Entscheidung angefochten wird, die Beschwerde für begründet, so haben sie ihr abzuhelfen; andernfalls ist die Beschwerde binnen zwei Wochen dem Verwaltungsgerichtshof vorzulegen.

§ 119. **Grundsätzlich keine aufschiebende Wirkung.**

Die Beschwerde hat nur dann aufschiebende Wirkung, wenn sie die Festsetzung einer Strafe zum Gegenstand hat. Das Verwaltungsgericht oder der Vorsitzende, dessen Entscheidung angefochten wird, kann auch in anderen Fällen bestimmen, daß die Vollziehung der angefochtenen Entscheidung einstweilen auszusetzen ist. Die gleiche Befugnis steht dem Verwaltungsgerichtshof zu.

§ 120. **Entscheidung durch Beschluß.**

Der Verwaltungsgerichtshof entscheidet über die Beschwerde durch Beschluß.

§ 121.

(1) **Wird die Änderung einer Entscheidung des beauftragten oder ersuchten Richters, einer ersuchten Verwaltungsbehörde oder des Urkundsbeamten der Geschäftsstelle verlangt, so ist binnen zwei Wochen zunächst die Entscheidung des Verwaltungsgerichts nachzusuchen. Das Gesuch hat nur dann aufschiebende Wirkung, wenn es die Festsetzung einer Strafe zum Gegenstande hat.**

(2) Gegen die Entscheidung des Verwaltungsgerichts ist im Rahmen des § 116 die Beschwerde gegeben.

(3) Die Bestimmung des 1. Abs. gilt auch für den Verwaltungsgerichtshof.

III. WIEDERAUFNAHME DES VERFAHRENS.

§ 122.

(1) Das durch rechtskräftiges Urteil geschlossene Verfahren kann unter den in den §§ 579, 580 Ziff. 2 bis 7, 581 Abs. 1, 582 der Zivilprozeßordnung bezeichneten Voraussetzungen wieder aufgenommen werden. Den in § 580 Ziff. 3 genannten Zeugen werden die Beteiligten gleichgestellt, wenn sie zur Versicherung an Eides Statt zugelassen waren.

(2) Auf das Wiederaufnahmeverfahren sind die Vorschriften der Zivilprozeßordnung entsprechend anzuwenden. Hat die Staatsregierung einen ständigen Vertreter des öffentlichen Interesses bestellt (§ 18), so steht die Befugnis zur Erhebung der Nichtigkeitsklage und der Restitutionsklage auch ihm zu.

(3) Die Kosten des erfolgreichen Wiederaufnahmeverfahrens können der Staatskasse auferlegt werden, soweit sie nicht durch das Verschulden oder den unbegründeten Widerspruch eines Beteiligten entstanden sind.

Siebenter Abschnitt.

Kosten.

§ 123.

Parteien im Sinne dieses Abschnittes sind in Anfechtungssachen der Anfechtungskläger und der Anfechtungsgegner, in Parteistreitigkeiten der Kläger und der Beklagte.

§ 124.

(1) Der unterliegende Teil trägt die Kosten des Verfahrens. Hierzu gehören in Anfechtungssachen auch die Kosten des Verfahrens über den Einspruch oder die Beschwerde.

(2) Wenn die Parteien teils obsiegen, teils unterliegen, werden die Kosten gegeneinander aufgehoben oder verhältnismäßig geteilt. Werden die Kosten gegeneinander aufgehoben, so fallen die Gerichtskosten jeder Partei zur Hälfte zur Last. Einer Partei können die Kosten ganz auferlegt werden, wenn die Zuvielforderung der anderen Partei verhältnismäßig gering ist.

(3) Kosten, die durch Verschulden des obsiegenden Teils entstanden sind, fallen diesem zur Last.

(4) Wird die Klage, die Berufung oder ein sonstiger Rechtsbehelf zurückgenommen, so trägt der Zurücknehmende die durch den Rechtsbehelf verursachten Kosten.

§ 125.

Die Kosten des Verfahrens auf Einsetzung in den vorigen Stand trägt der Antragsteller, soweit sie nicht durch einen unbegründeten Widerspruch des Gegners entstanden sind.

§ 126.

Wird der Rechtsstreit durch Vergleich erledigt, so gelten im Verhältnis der Parteien die Kosten als gegeneinander aufgehoben, sofern nicht im Vergleich etwas anderes bestimmt ist.

§ 127.

Besteht der zur Kostentragung verpflichtete Teil aus mehreren Personen, so gelten die Vorschriften des § 100 der Zivilprozeßordnung entsprechend. Sind Nebenparteien vorhanden, so verteilt das Gericht die Kosten nach seinem Ermessen.

§ 128.

(1) **Das Gericht hat im Urteil über die Kosten zu entscheiden. Im Falle des § 79 Abs. 4 entscheidet es auch über die Kosten des Verwaltungsverfahrens. Ergeht kein Urteil in der Hauptsache, so entscheidet es durch Beschluß.**

(2) **Haben der Anfechtungskläger oder in Parteistreitigkeiten die Parteien den Rechtsstreit in der Hauptsache als erledigt erklärt, so entscheidet das Gericht über die Kosten unter Berücksichtigung des bisherigen Sach- und Streitstandes nach billigem Ermessen durch Beschluß.**

(3) **Wer dem Gericht gegenüber die Kosten übernommen hat, haftet für die Gerichtskosten neben der zur Kostentragung verpflichteten Partei als Gesamtschuldner.**

In Württemberg-Baden fehlt Abs. 2, in Abs. 1: § 79 Abs. 3.

In Hessen lautet Abs. 2:

(2) **Ist die Hauptsache erledigt, und wird ein Antrag nach § 79 Absatz (1) Satz 2 nicht gestellt, so entscheidet das Gericht über die Kosten unter Berücksichtigung des bisherigen Sachstandes nach billigem Ermessen durch Beschluß. Der Beschluß ist unanfechtbar.**

§ 129.

Kosten sind die Gerichtskosten und die zur zweckentsprechenden Rechtsverfolgung oder Rechtsverteidigung notwendigen Aufwendungen der Parteien (§§ 130 bis 132).

§ 130.

Auf die Entschädigung der Zeugen und Sachverständigen sind die Vorschriften der Reichsgebührenordnung für Zeugen und Sachverständige entsprechend anzuwenden.

§ 131.

Der Urkundsbeamte des Gerichts, bei dem die Streitsache beendet wird, setzt die Gerichtskosten und auf Antrag den Betrag der notwendigen Aufwendungen der Parteien fest.

§ 132.

(1) Entschädigung für Zeitversäumnis und Reisekosten wird nur gewährt, wenn das Gericht das persönliche Erscheinen einer Partei angeordnet hatte oder für angemessen hält. Hierüber ist im Urteil zu entscheiden.

(2) Aufwendungen, die durch Zuziehung eines Bevollmächtigten oder eines Beistandes verursacht sind, gelten als notwendig, wenn die Partei die Zuziehung für erforderlich halten durfte. Entschädigungen können auch Beigeladene (§§ 60, 91) erhalten. Hierüber ist im Urteil zu entscheiden.

(3) Legt eine Partei, nachdem das Gericht die Ladung eines von ihr benannten Sachverständigen abgelehnt hatte, ein vom gleichen Sachverständigen später verfaßtes Privatgutachten vor und hält das Gericht das Gutachten für erheblich, so sind die hierfür aufgewendeten Kosten bis zu dem Betrage erstattungsfähig, den das Gericht dem Gutachter bei seiner Heranziehung als Sachverständiger zugebilligt hätte.

In Württemberg-Baden und Hessen fehlt der zweite Satz des Abs. 2.

§ 133. **Armenrecht.**

Auf die Bewilligung des Armenrechts sind die Vorschriften der Zivilprozeßordnung entsprechend anzuwenden; doch richtet sich das Beschwerderecht ausschließlich nach den Bestimmungen des vorliegenden Gesetzes. Der Partei, der das Armenrecht bewilligt ist, kann auf Antrag nach Ermessen des Gerichts zur unentgeltlichen Wahrnehmung ihrer Rechte ein Vertreter beigeordnet werden.

Achter Abschnitt.

Schluß- und Übergangsbestimmungen.

§ 134.

Dieses Gesetz tritt, soweit es sich um die zur Vorbereitung seiner Durchführung erforderlichen Maßnahmen handelt, sofort, im übrigen am 15. Oktober 1946 in Kraft.

§ 135.

(1) Mit dem Inkrafttreten dieses Gesetzes treten alle den gleichen Gegenstand betreffenden Vorschriften früherer Gesetze und Verordnungen außer Kraft, insbesondere

1. das Gesetz über die Errichtung eines Verwaltungsgerichtshofs und das Verfahren in Verwaltungsrechtssachen vom 8. August 1878 (GVBl. S. 369) in der zuletzt geltenden Fassung, die vor allem bestimmt ist durch
   a) Art. 29 des Gesetzes vom 18. August 1879, die Entscheidung der Kompetenzkonflikte zwischen den Gerichten und den Verwaltungsbehörden oder dem Verwaltungsgerichtshof betr. (GVBl. S. 991);
   b) das Gesetz über die Änderung des Gesetzes vom 8. August 1878, die Errichtung eines Verwaltungsgerichtshofs betr. vom 7. März 1924 (GVBl. S. 65);
   c) die Schulbedarfsgesetze vom 14. August 1919 (GVBl. S. 489) Art. 78 und vom 11. Januar 1939 (GVBl. S. 12) Art. 21;
   d) Art. 56 des Fürsorgegesetzes vom 14. März 1930 (GVBl. S. 38) in der Fassung des Gesetzes vom 9. April 1932 (GVBl. S. 197);

e) §§ 78 und 79 der Angleichungsverordnung zur deutschen Gemeindeordnung vom 1. April 1935 (GVBl. S. 180);

f) § 9 der Anpassungs- und Überleitungsverordnung zu den Realsteuergesetzen vom 4. Februar 1937 (GVBl. S. 13);

2. das Gesetz über das Verwaltungsstreitverfahren vom 13. Juni 1910 (GVBl. S. 287);
3. die k. Deklaration vom 18. Juni 1898, die Wahrung der Beschwerdefrist betr. (GVBl. S. 294);
4. die Verordnung vom 31. August 1879, den Verwaltungsgerichtshof betr. (GVBl. S. 1007);
5. die Vollzugsvorschriften vom 25. Januar 1901 zu dem Gesetz vom 8. August 1878 betreffend die Errichtung eines Verwaltungsgerichtshofs und das Verfahren in Verwaltungsrechtssachen (GVBl. S. 41) in der Fassung vom 25. Juni 1923, 7. März 1924, 13. April 1937 und 4. März 1939 (GVBl. 1923, S. 233, 356; 1924 S. 67; 1937 S. 180; 1939 S. 41).

(2) **Durch Verordnung können Verfahrensvorschriften früherer Gesetze und Verordnungen aufrechterhalten oder dem vorliegenden Gesetz angepaßt werden.**

In Württemberg-Baden lautet Abs. 1:

(1) **Mit dem Inkrafttreten dieses Gesetzes treten alle den gleichen Gegenstand betreffenden Vorschriften früherer Gesetze und Verordnungen, insbesondere das Württembergische Gesetz über die Verwaltungsrechtspflege vom 16. Dezember 1876 (RegBl. S. 485) samt Änderungsgesetzen, sowie die Badischen Gesetze vom 24. Februar 1880, den Verwaltungsgerichtshof und das verwaltungsgerichtliche Verfahren betreffend (GuVBl. S. 29) und vom 14. Juni 1884, die Verwaltungsrechtspflege betreffend (GuVBl. S. 197), je samt Änderungsgesetzen und die zugehörigen Verordnungen außer Kraft.**

In Hessen:

(1) **Mit dem Inkrafttreten dieses Gesetzes treten alle den gleichen Gegenstand betreffenden Vorschriften früherer Gesetze und Verordnungen außer Kraft.**

§ 136.

Über die Weiterbehandlung der beim Inkrafttreten dieses Gesetzes anhängigen Verwaltungsstreitsachen trifft der Präsident des Verwaltungsgerichtshofes nähere Bestimmungen.

§ 137.

Durch Verordnung können die Verwaltungsgerichte und der Verwaltungsgerichtshof bei Änderungen im Bestande öffentlicher Verbände für die Vermögensauseinandersetzung und die sich daraus ergebenden Rechte und Pflichten als Schiedsgerichte bestellt werden, die unter freier Beurteilung der Rechts- und Sachlage nach billigem Ermessen entscheiden und dingliche Rechtsänderungen vornehmen können. Bei der Regelung des Verfahrens ist die Verordnung an die Grundsätze dieses Gesetzes gebunden.

§ 138.

Als besondere Verwaltungsgerichte im Sinne des § 22 Abs. 1 gelten auch die auf Grund des Gesetzes zur Befreiung von Nationalsozialismus und Militarismus vom 5. März 1946 errichteten Spruch- und Berufungskammern.

§ 139.

Die Staatsregierung wird ermächtigt, die zur Ausführung dieses Gesetzes erforderlichen Rechtsverordnungen zu erlassen. Sie erläßt auch die nötigen Verwaltungsvorschriften.

In Württemberg-Baden lautet § 139:

„Die Staatsregierung wird ermächtigt, die zur Ausführung dieses Gesetzes erforderlichen Rechtsverordnungen zu erlassen. Sie kann namentlich anordnen, daß vorerst nur dem Verwaltungsgerichtshof berichtet wird, der im ersten und letzten Rechtszug entscheidet. Sie erläßt auch die nötigen Verwaltungsvorschriften."

München, den 25. September 1946.

Der Bayerische Ministerpräsident
Dr. Wilhelm Hoegner.

Bayern.

Verordnung Nr. 85 zur Ausführung des Gesetzes über die Verwaltungsgerichtsbarkeit vom 25. September 1946 (GVBl. S. 281).

Vom 27. September 1946

in der Fassung der Zweiten Ausführungsverordnung vom 30. September 1949 (GVBl. S. 260).

Auf Grund des § 139 des Gesetzes über die Verwaltungsgerichtsbarkeit vom 25. Sept. 1946 (GVBl. S. 281) wird zur Ausführung dieses Gesetzes bestimmt:

Art. 1.

Zu § 1 Abs. 2 des Gesetzes:

(1) **Der Verwaltungsgerichtshof hat seinen Sitz in München.**

(2) **Die Verwaltungsgerichte haben ihren Sitz am Sitz der Regierungen. Ihre Gerichtsbezirke decken sich mit den Regierungsbezirken.**

Art. 2.

Aufgehoben.

Art. 3.

Zu §§ 18, 47, 90 und 107 des Gesetzes:

(1) **Zur Vertretung des öffentlichen Interesses wird bei dem Verwaltungsgerichtshof und den Verwaltungsgerichten eine Staatsanwaltschaft aufgestellt. Die Geschäfte der Staatsanwaltschaft werden durch hauptamtliche Staatsanwälte geführt. Bei den Verwaltungsgerichten können sie auch von Beamten der Regierungen im Nebenamt wahrgenommen werden.**

(2) **Der Staatsanwaltschaft ist von jeder vorbereitenden Verfügung und vor jeder Entscheidung Gelegenheit zu geben, sich zu äußern. Sie kann darauf verzichten, an Terminen teilzunehmen oder sich zu äußern.**

(3) **Ist die Anfechtungsklage gegen den Staat gerichtet, so vertritt die Staatsanwaltschaft den Staat. Ist die Anfechtungsklage gegen eine andere Körperschaft gerichtet oder liegt eine Parteistreitigkeit vor, so ist die Staatsanwaltschaft am Verfahren als beteiligt anzusehen.**

Art. 4.

Zu §§ 22 und 35 des Gesetzes:

Die Anfechtungsklage ist zulässig gegen die Verletzung von Rechten durch Verwaltungsakte insbesondere in folgenden Angelegenheiten:

1. **Staatsangehörigkeit und Entlassung aus dem Staatsverband;**
2. **Freizügigkeit und Aufenthalt;**
3. **Auflösung von Vereinen: Auflösung und Verbot von Versammlungen;**
4. **Entziehung der Rechtsfähigkeit eines Vereins und Einspruch der Verwaltungsbehörde gegen die Eintragung eines Vereins und der Satzungsänderung;**
5. **Auflösung einer Genossenschaft nach § 81 des Reichsgesetzes betreffend die Erwerbs- und Wirtschaftsgenossenschaften vom 1. Mai 1889 (RGBl. S. 55);**
6. **Auflösung einer Gesellschaft nach § 62 des Gesetzes betreffend die Gesellschaften m. b. H. vom 20. April 1892 (RGBl. S. 477);**
7. **Unterbringung oder Verwahrung Unzurechnungsfähiger nach Art. 80 Abs. 2 PolStGB. vom 26. Dezember 1871 (GVBl. 1872 S. 9);**
8. **Anwendung polizeilicher Zwangsmittel und Kosten der Ersatzvornahme nach Art. 21 PolStGB.;**
9. **Unterbringung in einer Anstalt oder sonstigen Arbeitseinrichtung zur Arbeit und Entlassung hieraus nach § 20 der VO. über die Fürsorgepflicht vom 18. Februar 1924 (RGBl. I S. 100) und den hieran sich anlehnenden Vorschriften sowie § 28 des Fürsorgegesetzes vom 23. Mai 1939 (GVBl. S. 185);**
10. **Verfügungen der Baupolizeibehörden;**
11. **Widerruf der Bestellung von Bezirksschornsteinfegermeistern nach § 39 Abs. 4 RGewO. i. d. F. des Art. 1 des Reichsgesetzes vom 3. April 1935 (RGBl. I S. 508) und der Verordnung über das Schornsteinfegerwesen vom 28. Juli 1937 (RGBl. I S. 831);**
12. **Verfügungen nach dem Fischereigesetz;**
13. **Verfügungen nach dem Wassergesetz, dem Wasserverbandgesetz vom 10. Februar 1937 (RGBl. I S. 188) und der ersten Verordnung über Wasser- und Bodenverbände vom 3. Sept. 1937 (RGBl. I S. 933);**
14. **Die Verweigerung oder die Notwendigkeit der Zustimmung der Forstpolizeistelle zur Verteilung gemeinschaftlicher Privatwaldungen oder im Miteigentum mehrerer Gemeinden stehenden Waldungen auf gesondertes Eigentum der Miteigentümer nach Art. 20 des Forstgesetzes für das rechtsrheinische Bayern vom 28. März 1852/4. Juli 1896;**
15. **Fixierung, Sicherung, Veränderung und Ablösung von Forstberechtigungen;**
16. **Zwangsabtretung von Grundeigentum oder Belastung mit Erbbaurechten oder Dienstbarkeiten;**
17. **Abmarkungspflicht, Art und Gültigkeit der Abmarkung und Erhaltung von Grenzzeichen;**
18. **Entscheidungen über den Umlegungsplan nach Art. 34 des Gesetzes über die Erschließung von Baugelände vom 4. Juli 1923 (GVBl. S. 273);**
19. **Staatsaufsicht über die Gemeinden, Gemeindeverbände, Zweckverbände, Landkreise, Bezirke und die kirchlichen Stiftungen, wenn diese behaupten, eine Verfügung der Staatsaufsichtsbehörde ver-**

letze ihr Selbstverwaltungsrecht oder belaste sie mit einer gesetzlich nicht begründeten Leistung;

20. öffentlich-rechtliche Gefälle der Gemeinden, Gemeindeverbände, Zweckverbände, Landkreise und Bezirke und sonstige öffentlich-rechtliche Leistungen an diese Körperschaften, soweit das Rechtsmittelverfahren vor den Finanzbehörden nicht Platz greift;
21. Benützung der öffentlichen Einrichtungen von Gemeinden, Gemeindeverbänden, Zweckverbänden, Landkreisen und Bezirken sowie Entrichtung von Zwangsgeldern und Duldung der Ersatzvornahmen zugunsten von Einrichtungen dieser Körperschaften;
22. Wahlrecht und Wählbarkeit zu Ämtern der Gemeinden, Gemeindeverbände, Zweckverbände, Landkreise und Bezirke; Gültigkeit der Wahlen; Verpflichtung zur Übernahme dieser Ämter; Berechtigung und Verpflichtung zum Austritt;
23. Bescheide der Versicherungskammer in Angelegenheiten der Gebäudebrandversicherung nach Art. 62 des Versicherungsgesetzes vom 7. Dezember 1933 (GVBl. S. 467);
24. Versagung und Zurücknahme der Approbation und Untersagung der Berufsausübung eines Arztes nach dem bayerischen Ärztegesetz vom 25. Mai 1946 (GVBl. S. 193) oder eines Tierartzes nach § 10 der Reichstierärzteversorgung vom 3. April 1936 (RGBl. I S. 347) und der 1. Durchführungsverordnung hierzu vom 25. Juli 1936 (RGBl und der 1. Durchführungsverordnung hierzu vom 25. Juli 1936 (RGBl. I S. 571);
25. Zurücknahme der Bestallung als Apotheker nach der Reichsapothekerordnung vom 18. April 1937 (RGBl. I S. 457) und der Bestallungsordnung für Apotheker vom 18. Okt. 1937 (RGBl. I S. 1118);
26. Zurücknahme der Anerkennung als Hebamme nach dem Hebammengesetz vom 21. Dezember 1938 (RGBl. I S. 1893) und der 1. Durchführungsverordnung hierzu vom 3. März 1939 (RGBl. I S. 417);
27. Entziehung des Badertitels nach § 9 der Verordnung vom 31. März 1899 (GVBl. S. 111);
28. Anspruch auf Entschädigung für Viehseuchenverluste nach Art. 5 des bayerischen Ausführungsgesetzes vom 13. August 1910 zum Reichsviehseuchengesetz vom 26. September 1909 (GVBl. S. 615);
29. gewerberechtliche Fälle, in denen gemäß den bisherigen Bestimmungen nach §§ 20, 21 RGewO. zu verfahren ist oder das Verfahren diesen Vorschriften genügen muß oder nach den bisherigen Reichsvorschriften das Verwaltungsstreitverfahren an Stelle des Verfahrens nach §§ 20, 21 RGewO. Platz greift;
30. Eintragung, Ablehnung oder Löschung der Eintragung in der Handwerkerrolle;
31. Errichtung oder Verlegung von Anlagen, deren Betrieb mit ungewöhnlichem Geräusch verbunden ist, nach § 27 RGewO.;
32. Gewerbepolizeisachen im Sinne des Art. 9b des Gesetzes über das Gewerbswesen vom 30. Januar 1868 (GBl. S. 309);
33. Kirchensteuer nach dem Gesetz über die Erhebung von Kirchensteuer vom 1. Dezember 1941 (GVBl. S. 169) in der Fassung der Verordnung über Kirchensteuer vom 21. Dezember 1945 (GVBl. 1946 S. 22);

34. **Fixierung, Sicherung, Veränderung und Ablösung der auf dem Zehentrecht lastenden kirchlichen Baupflicht, Fixierung, Umwandlung und Ablösung von Reichnissen zum Einkommen der Schulstellen sowie von Stolgebühren und verwandter Abgaben;**
35. **Umwandlung des Zwecks oder Aufhebung einer Stiftung nach § 87 BGB.;**
36. **Verbindlichkeit zur Errichtung neuer Schulen und Lehrstellen;**
37. **Verfügungen nach dem Ödlandgesetz vom 6. März 1923 (GVBl. S. 89);**
38. **Ausübung und Ablösung von Weiderechten auf fremdem Grund und Boden nach dem Weidegesetz vom 28. Mai 1852 (GBl. S. 601);**
39. **Ersatzansprüche nach dem Gesetz vom 20. Mai 1906 betreffend die Ausführung des Reichsgesetzes über die Bekämpfung der Reblaus vom 6. Juli 1904 (GVBl. S. 193);**
40. **Versagung und Entziehung der Fahrerlaubnis gemäß § 5 des Gesetzes über den Verkehr mit Kraftfahrzeugen vom 3. Mai 1909 (RGBl. S. 437).**

Art. 5.

Zu §§ 22 und 85 des Gesetzes:

Für Klagen in Parteistreitigkeiten kommen insbesondere folgende Gegenstände in Betracht:

1. **Wasserrecht, soweit die Streitigkeiten nicht unter Art. 4 dieser Verordnung fallen oder ein besonderes Entschädigungsverfahren (Art. 195 des Wassergesetzes) vorgeschrieben ist;**
2. **Anspruch eines Fischereiberechtigten gegen den Wassereigentümer oder sonst am Gewässer Berechtigten nach Art. 79 des Fischereigesetzes vom 15. August 1908 (GVBl. S. 527);**
3. **Zugehörigkeit von Grundstücken zu einer Gemeindemarkung oder einer abgesonderten Markung;**
4. **Aufhebung und Ablösung von Nutzungsrechten an Gemeindevermögen;**
5. **Ansprüche auf allgemeine und besondere Nutzungen des Gemeindevermögens und die damit zusammenhängenden Verpflichtungen;**
6. **öffentliche Eigenschaft eines Weges mit Zuhörungen, einer Brücke oder eines Abzugskanals; Herstellung und Unterhaltung der nicht in die Klasse der Autobahnen, Staatsstraßen oder Landstraßen gehörigen öffentlichen Wege, Brücken, Fähren, Stege und Abzugskanäle;**
7. **Genuß oder Mitgenuß von Stiftungen; Rechte in bezug auf die Stiftungsverwaltung und Verleihung des Stiftungsgenusses;**
8. **Ansprüche von Fürsorgeverbänden gegeneinander oder gegen den Staat auf Ersatz von Aufwendungen für die öffentliche Unterstützung Hilfsbedürftiger; Ersatzansprüche von Personen, die ohne Rechtspflicht und ohne Auftrag eines Fürsorgeverbandes Hilfe geleistet haben;**
9. **Ersatzpflicht des Unterstützten und seiner Erben sowie des Ehegatten und der Eltern des Unterstützten;**
10. **Kosten der Fürsorgeerziehung nach dem Jugendamtsgesetz vom 20. Juli 1925 (GVBl. S. 211) i. d. F. vom § 13 des Gesetzes vom 1. Aug. 1930 (GVBl. S. 267);**
11. **kirchliche Simultanverhältnisse;**

12. **Zugehörigkeit zu einem Pfarrverband oder einem Kirchengemeindeverband; Pfarrsprengelgrenzen; Grenzen eines sonstigen Kirchengemeindebezirks, eines Haupt- oder Fernbezirks;**
13. **Ansprüche und Verbindlichkeiten aus dem Kirchen- und Pfarrverband; Dienste und andere Leistungen für kirchliche Zwecke mit Ausnahme der Kirchensteuer, Verbindlichkeit zur Entrichtung besonderer Vergütungen für die Benützung kirchlicher Anstalten und Einrichtungen; Rückvergütung solcher Leistungen;**
14. **Ansprüche auf Interkalargefälle erledigter kirchlicher Pfründen, Verteilung der Diensteserträgnisse und Lasten bei Erledigung von kirchlichen Pfründen unter den Beteiligten;**
15. **Haftung der kirchlichen Pfründebesitzer aus der Verwaltung oder Nutznießung des kirchlichen Pfründevermögens einschließlich der Haftung aus der baulichen Unterhaltung der Pfründegebäude (Baufallschätzungen); Ansprüche der Genannten wegen des Aufwands für Verbesserungen;**
16. **Ansprüche und Reichnisse aus dem israelitischen Kultusverband;**
17. **Ansprüche hinsichtlich der Besetzung von weltlichen Kirchendienststellen;**
18. **Zugehörigkeit zu einer Volksschule, Schulsprengelgrenzen;**
19. **Verbindlichkeit zu Leistungen für den persönlichen und sächlichen Schulbedarf, besonders für die Bau- und Unterhaltungskosten der Schulhäuser und der Gebäude, die zugleich Schul- und Mesnerhäuser sind, sowie für die Einrichtung und Beheizung der Schulräume;**
20. **Verteilung und Aufbringung des Schulbedarfs in Schulverbänden;**
21. **Streitigkeiten aus Art. 68 des Schulbedarfsgesetzes vom 14. August 1919 (GVBl. S. 109) in der Fassung des Art. 20 Abs. 1 des Schulbedarfsgesetzes vom 11. Januar 1939 (GVBl. S. 12);**
22. **Streitigkeiten nach § 21 Abs. II des Gesetzes über die Unfallfürsorge für Gefangene vom 30. Juni 1900 (RGBl. S. 536).**

Art. 6.

Zu § 25 Abs. 3:

(1) **Der Antrag ist an keine Frist gebunden.**

(2) **Antragsgegner ist die Körperschaft, deren Vertretung die bestrittene Rechtsvorschrift erlassen hat.**

(3) **Die Staatsanwaltschaft ist als beteiligt anzusehen. Ist eine von einer Staatsbehörde erlassene Rechtsvorschrift angegriffen, so vertritt die Staatsanwaltschaft den Staat.**

(4) **Die öffentliche Bekanntmachung der Entscheidung kann auf den Entscheidungssatz beschränkt werden.**

(5) **Die Entscheidung ist in der gleichen Weise öffentlich bekanntzumachen, wie die bestrittene Rechtsvorschrift veröffentlicht war.**

Art. 6a.

Zu § 48 des Gesetzes in der Fassung nach Art. 6 Nr. 2 des Gesetzes zur Änderung des Gesetzes Nr. 39 über die Verwaltungsgerichtsbarkeit vom 30. September 1949 (GVBl. S. 258):

(1) **Gegen Verwaltungsakte einer Behörde, die nicht unmittelbar einem Staatsministerium nachgeordnet ist, kann die Anfechtungsklage erst erhoben werden, nachdem der Klageberechtigte erfolglos Beschwerde**

zur Aufsichtsbehörde eingelegt hat. Das gleiche gilt für Verwaltungsakte aller Behörden, gegen die eine förmliche Beschwerde im Verwaltungsverfahren eingeräumt ist.

(2) **Wenn in den Fällen des § 35 Abs. 2 der Antrag auf Vornahme der Amtshandlung ohne zureichenden Grund binnen angemessener Frist nicht beschieden wurde, kann die Anfechtungsklage erst erhoben werden, nachdem der Klageberechtigte erfolglos die Aufsichtsbehörde angerufen hat.**

Art. 7.

Zu § 50 des Gesetzes:

Die Anfechtungsklage ist unmittelbar beim Verwaltungsgerichtshof zu erheben gegen Entscheidungen oder Verfügungen:

1. **der Spruchausschüsse in Flurbereinigungssachen;**
2. **des Oberbergamts nach dem Berggesetz;**
3. **der Stellen, gegen deren Verfügungen oder Entscheidung das Reichsverwaltungsgericht in seiner Eigenschaft als Nachfolger des Reichswirtschaftsgerichts bisher angerufen werden konnte.**

Art. 8.

Zu § 87 des Gesetzes:

(1) **Das Verwaltungsgericht kann im anhängigen Verfahren eine Kreisverwaltungsbehörde oder einen Bürgermeister mit einem Schlichtungsversuch betrauen.**

(2) **Die Schlichtungsbehörde hat den Termin zur mündlichen Verhandlung den Beteiligten bekanntzugeben.**

(3) **Die Schlichtungsbehörde kann Augenschein einnehmen, Zeugen und Sachverständige unbeeidigt vernehmen sowie Urkunden beiziehen. Auf die Verpflichtung, einer Ladung als Zeuge oder Sachverständiger Folge zu leisten oder ein Gutachten zu erstatten und auf die Ablehnung von Sachverständigen sind die Vorschriften der ZPO. entsprechend anzuwenden. Wird eine Urkunde, deren Vorlage die Schlichtungsbehörde angeordnet hat, nicht vorgelegt, so kann das Verwaltungsgericht nach § 67 Abs. 1 des Gesetzes vorgehen. Die gleiche Befugnis hat das Verwaltungsgericht gegenüber dem Ungehorsam von Zeugen und Sachverständigen, die von der Schlichtungsbehörde geladen werden.**

(4) **Die Kosten des Verfahrens vor der Schlichtungsbehörde gelten als Teil der Kosten des verwaltungsgerichtlichen Verfahrens.**

Art. 9.

Zu § 102 des Gesetzes in der Fassung nach Art. 14 des Gesetzes zur Änderung des Gesetzes Nr. 39 über die Verwaltungsgerichtsbarkeit vom 30. September 1949 (GVBl. S. 258):

(1) **In Streitigkeiten über öffentliche Abgaben, Kosten und Strafen sowie in Parteistreitigkeiten ist die Berufung nur zulässig, wenn der Streitwert mindestens 300 DM beträgt.**

(2) **Die Berufung ist ohne Rücksicht auf den Streitwert zulässig, wenn in dem Verfahren über eine Frage von grundsätzlicher Bedeutung zu entscheiden ist. Ob dies zutrifft, entscheidet der Verwaltungsgerichtshof vorweg ohne mündliche Verhandlung durch Beschluß.**

Art. 10.

Die Zwangsvollstreckung ist zulässig:

1. Aus rechtskräftigen und vorläufig vollstreckbaren Urteilen,
2. aus gerichtlichen Straffestsetzungen,
3. aus gerichtlichen Vergleichen (§ 99 des Gesetzes) oder aus Vergleichen, die vor einer Schlichtungsbehörde abgeschlossen sind (§ 87 des Gesetzes),
4. aus Kostenfestsetzungsbeschlüssen (§ 131 des Gesetzes).

Art. 11.

(1) Die Zwangsvollstreckung obliegt den Kreisverwaltungsbehörden, soweit sie nicht durch Gesetz anderen Behörden übertragen ist.

(2) Sie kann von Amts wegen oder von den Beteiligten betrieben werden.

(3) Für den Vollzug gilt, wenn es sich um Geldleistungen handelt, Art. 4 bis 9 des bayerischen Ausführungsgesetzes zur ZPO. und KO. vom 26. Juni 1899 (GVBl. S. 401).

(4) Handelt es sich um die Erwirkung der Herausgabe von Sachen oder die Erwirkung von Handlungen oder Unterlassungen, so sind §§ 883 und 896 ZPO. entsprechend anzuwenden.

(5) Über die bei den Verwaltungsbehörden nach Art. 7 Abs. 2 AGZPO. und KO. geltend zu machenden Einwendungen wird im Verwaltungsrechtsweg entschieden.

Art. 12.

Zu § 135 Abs. 1 und 2 des Gesetzes:

(1) Außer Kraft treten alle Bestimmungen von Gesetzen und sonstigen Rechtsvorschriften, die eine verwaltungsgerichtliche Zuständigkeit der Kreisverwaltungsbehörden und der Regierungen (Senate) begründen.

(2) Ihre bisherigen Zuständigkeiten gehen, soweit es sich um Parteistreitigkeiten handelt, auf die Verwaltungsgerichte über.

(3) Die Kreisverwaltungsbehörden behalten ihre Zuständigkeit in den bisher zu Verwaltungsrechtssachen erklärten Gegenständen, wenn sie bisher durch einen verwaltungsgerichtlichen Akt ein Rechtsverhältnis gestaltet oder festgestellt oder eine Verpflichtung auferlegt haben, üben jedoch nunmehr diese Zuständigkeit im Verwaltungswege aus.

(4) Soweit die Regierungssenate Verwaltungsakte der aktiven Verwaltung in der Form einer verwaltungsgerichtlichen Entscheidung vorzunehmen hatten, geht die Zuständigkeit hierfür auf die Regierungen über.

Art. 13.

Zu § 135 Abs. 1 und 2 des Gesetzes:

(1) Nach den Grundsätzen des Art. 12 treten insbesondere außer Kraft:

1. § 19 Buchst. b der Verordnung vom 17. Dezember 1825, die Formation, den Wirkungskreis und den Geschäftsgang der obersten Verwaltungsstellen in den Kreisen betreffend (Formationsverordnung, Reg.Bl. S. 1049);
2. Art. 47 und 50 des Weidegesetzes vom 28. Mai 1852 (GBl. S. 601), soweit dort die Zuständigkeit zur Entscheidung von Irrungen und Streitigkeiten geregelt ist;

3. Art. 31 des Gesetzes betreffend das Gewerbswesen vom 30. Januar 1868 (GBl. S. 309);
4. Die Sätze 2, 3 und 4 des Gesetzes vom 28. November 1889 betreffend die Ausführung des Reichsgesetzes vom 1. Mai 1869 über Erwerbs- und Wirtschaftsgenossenschaften (GVBl. S. 581);
5. § 7h Satz 1, § 8 Abs. 2, § 20, § 21 Abs. 2 und § 53 der Verordnung vom 29. März 1892, den Vollzug der Reichsgewerbeordnung betreffend (GVBl. S. 61);
6. Die Sätze 2, 3 und 4 des Gesetzes vom 22. Mai 1892 betreffend die Ausführung des Reichsgesetzes vom 20. April 1892 über die Gesellschaften mit beschränkter Haftung (GVBl. S. 119);
7. § 9 Abs. 2 der Verordnung über die Verhältnisse der Bader vom 31. März 1899 (GVBl. S. 111);
8. Art. 4 Satz 2 bis 4 des Ausführungsgesetzes zum Bürgerlichen Gesetzbuch vom 9. Juni 1899 (GVBl. Beilage S. 1);
9. Art. 3 des Gesetzes vom 20. Mai 1906 zur Ausführung des Reichsgesetzes über die Bekämpfung der Reblaus vom 6. Juni 1904 (GVBl. S. 193);
10. Art. 177 und Art. 189 Abs. 4 nun in der Fassung vom 23. Juli 1931 (GVBl. S. 189) Abs. 3 des Wassergesetzes vom 23. März 1907 (GVBl. S. 157);
11. Art. 1 und 2 des Gesetzes vom 6. Juli 1908, den Vollzug des Vereinsgesetzes betreffend (GVBl. S. 351);
12. Art. 96 des Fischereigesetzes vom 15. August 1908 (GVBl. S. 527) in der Fassung des Art. 11 Abs. 2 des Gesetzes vom 7. März 1924 (GVBl. S. 65);
13. § 2 Abs. 3 der Verordnung über die Bezirksämter vom 21. Dezember 1908 (GVBl. S. 1122);
14. Art. 5 Abs. 3 des Ausführungsgesetzes vom 13. August 1910 zum Reichsviehseuchengesetz (GVBl. S. 615);
15. § 1 Abs. 2 der Verordnung über das Apothekenwesen vom 27. Juni 1913 (GVBl. S. 343);
16. Art. 35 des Gesetzes über die Erschließung von Baugelände vom 4. März 1923 (GVBl. S. 273);
17. Art. 75 Abs. 4 nun 3 (s. Vereinfachungsgesetz vom 27. Juli 1931) und Art. 83 des Ödlandgesetzes vom 6. März 1923 (GVBl. S. 89);
18. Art. 39 des Jugendamtgesetzes vom 20. Juli 1925 (GVBl. S. 211);
19. § 22 Satz 2 bis 5 und § 23 der Verordnung vom 12. September 1931 (GVBl. S. 251) zum Vollzug des Gaststättengesetzes vom 28. April 1930 (RGBl. I S. 146);
20. Art. 20, Abs. 2, 3, Art. 21, Art. 22 Satz 2, Art. 23, Art. 28 Abs. 5 und Art. 37 Abs. 2 Satz 2 des Fürsorgegesetzes vom 23. Mai 1939 (GVBl. S. 185);
21. Art. 73 Abs. II—IV des Flurbereinigungsgesetzes vom 11. Februar 1932 (GVBl. S. 73) in Verbindung mit dem Gesetz Nr. 24 vom 15. Juni 1946 (GVBl. S. 185);
22. Art. 20 des Almgesetzes vom 28. April 1932 (GVBl. S. 237);
23. Die Verordnung über den Vollzug der Reichsärzteordnung und der Reichstierärzteordnung vom 19. August 1936 (GVBl. S. 153); Art. 2 Abs. 4 Satz 3 und Art. 3 Abs. 4 Satz 3 der Bayerischen Ärzteordnung vom 25. Mai 1946 (GVBl. S. 193);

24. **Die Verordnung über den Vollzug der Bestallungsordnung für Apotheker vom 5. Januar 1938 (GVBl. S. 38);**
25. **Die Verordnung über den Vollzug des Hebammengesetzes vom 13. Mai 1939 (GVBl. S. 197);**
26. **Ziff. 1 der Verordnung zur Vereinfachung des Fürsorgerechts vom 7. Oktober 1939 (RGBl. I S. 2002);**
27. **Art. 8 Abs. 2 und 3 und Art. 14 Abs. 2 des Gesetzes über die Erhebung von Kirchensteuern vom 1. Dezember 1941 (GVBl. S. 169) in der Fassung der Verordnung vom 21. Dezember 1945 (GVBl. 1946 S. 22).**

(2) **§ 2 der Verordnung vom 29. März 1892, den Vollzug der Reichsgewerbeordnung betreffend (GVBl. S. 61) erhält folgende Fassung:**
In den Fällen, in denen nach §§ 20 und 21 der Gewerbeordnung zu verfahren ist, bilden die Verwaltungsgerichte die kollegiale Behörde.

(3) **Art. 19 Abs. 1 des Gesetzes über die Abmarkung der Grundstücke vom 30. Juni 1900 (GVBl. S. 553) erhält folgende Fassung:**
Streitigkeiten über die Abmarkungspflicht und die Art der Abmarkung, über ihre Gültigkeit und über die Erhaltung der Grenzzeichen entscheiden die Verwaltungsgerichte.
In Art. 20 und 21 des Abmarkungsgesetzes werden die Worte „Distriktsverwaltungsbehörde" ersetzt durch „Verwaltungsgericht".

(4) **Ziff. 1 Abs. 2 der Bekanntmachung zum Vollzug der Schornsteinfegerordnung vom 4. Mai 1935 (GVBl. S. 425) erhält folgende Fassung:**
Über den Rekurs gegen den Widerruf der Bestellung zum Bezirksschornsteinfegermeister entscheidet das Verwaltungsgericht.

Art. 14.

Zu § 137 des Gesetzes:

(1) **Der Verwaltungsgerichtshof ist zuständig zur Entscheidung von Berufungen gegen Schiedssprüche der Regierungen und Landräte, durch die im Falle der Änderungen im Bestande von Gemeinden, Gemeindeverbänden oder Schulverbänden, Landkreise, Kirchengemeinden oder kirchlichen Friedhofsverbänden, ferner bei Ablösungen nach Art. 86a der Kirchengemeindeordnung eine nicht erzielbare gütliche Einigung unter den Beteiligten über die Teilung oder die Auseinandersetzung ihrer Vermögen oder über ihre Rechte und Pflichten in bezug auf bestehende Anstalten oder über die Ablösung ersetzt werden.**

(2) **Die Vorschriften des Gesetzes über die Parteistreitigkeiten sind entsprechned anzuwenden.**

(3) **Die Staatsanwaltschaft ist hierbei als beteiligt anzusehen.**

München, den 27. September 1946.

Der Bayerische Ministerpräsident
Dr. Wilhelm Hoegner.

Die Zweite Durchführungsverordnung vom 30. September 1949, gezeichnet vom Bayerischen Ministerpräsidenten Dr. Hans Ehard, ist am 1. November 1949 in Kraft getreten.

Württemberg-Baden.

Das VGG. ist laut Nr. 11 der VO. Nr. 111 mit Wirkung vom 15. Oktober 1946 in Kraft getreten.

Zweite Verordnung des Staatsministeriums zur Ausführung des Gesetzes über die Verwaltungsgerichtsbarkeit.

Vom 11. Februar 1947 (RegBl. S. 2).

Auf Grund von § 139 des Gesetzes Nr. 110 über die Verwaltungsgerichtsbarkeit vom 16. Oktober 1946 (RegBl. S. 221) wird zur Ausführung des Gesetzes folgendes verordnet:

Nr. 1 — Zu § 1 Abs. 2 —.

1. Die Verwaltungsgerichtsbarkeit wird durch den Württembergisch-Badischen Verwaltungsgerichtshof und die Verwaltungsgerichte ausgeübt.

2. Der Verwaltungsgerichtshof hat seinen Sitz in Stuttgart. Für den Landesbezirk Baden wird eine Außenstelle mit dem Sitz in Karlsruhe eingerichtet.

3. Die Verwaltungsgerichte haben ihren Sitz in Stuttgart und Karlsruhe.

Nr. 2 — Zu §§ 4, 10, 11ff. und 16 —.

1. a) Bei dem Verwaltungsgerichtshof werden zwei Senate gebildet, von denen der eine seinen Sitz in Karlsruhe erhält. Den Vorsitz im Senat in Stuttgart führt der Präsident, im Senat in Karlsruhe der Vizepräsident des Verwaltungsgerichtshofes, der zugleich die Außenstelle leitet. Im Vorsitz der Senate vertreten sich der Präsident und der Vizepräsident gegenseitig. Sind beide verhindert, so geht die Vertretung an den ältesten Richter des Senats über. Wo in dringenden Fällen eine einstweilige Anordnung durch den Vorsitzenden zulässig ist, kann sie im Fall seiner Verhinderung auch durch seinen Stellvertreter erlassen werden.

b) In der Leitung des Verwaltungsgerichtshofes vertreten sich der Präsident und der Vizepräsident gegenseitig. Bei Verhinderung des Stellvertreters übernimmt in dringenden Fällen der älteste Richter die Stellvertretung.

2. a) Bei den Verwaltungsgerichten werden nach Bedarf Kammern gebildet, erforderlichenfalls auch an Orten außerhalb des Gerichtssitzes.

b) Der Präsident des Verwaltungsgerichts wird im Falle seiner Verhinderung durch den ältesten Richter vertreten.

Nr. 3 — Zu §§ 26, 101 und 116 —.

1. Gerichtsbezirk im Sinne des § 26 ist für den Stuttgarter Senat des Verwaltungsgerichtshofes und das Stuttgarter Verwaltungsgericht der Landesbezirk Württemberg, für den Karlsruher Senat des Verwaltungsgerichtshofes und das Karlsruher Verwaltungsgericht der Landesbezirk Baden.

2. Werden bei einem Verwaltungsgericht mehrere Kammern gebildet, so wird bei der Errichtung auch ihr Bezirk bestimmt.

3. Über die Rechtsmittel der Berufung und der Beschwerde gegen Entscheidungen der Verwaltungsgerichte entscheidet der Senat, in dessen Bezirk das Verwaltungsgericht seinen Sitz hat.

Nr. 4 — Zu §§ 18, 47 und 90 —.

1. Ein ständiger Vertreter des öffentlichen Interesses kann für jeden Senat des Verwaltungsgerichtshofes und für jedes Verwaltungsgericht bestellt werden.

2. Insoweit ein ständiger Vertreter des öffentlichen Interesses bestellt ist, obliegt ihm, neben den ihm nach Art. 18 Abs. 2 zukommenden Aufgaben, die Vertretung des Staates in Anfechtungssachen, es sei denn, daß die Staatsregierung allgemein oder für einzelne Sachgebiete etwas anderes bestimmt. Der Senat oder das Verwaltungsgericht, bei dem der Vertreter des öffentlichen Interesses bestellt wird, ist von einer Beschränkung seiner Vertretungsbefugnis zu unterrichten.

3. Soweit dem Vertreter des öffentlichen Interesses die Vertretung des Staates obliegt, kann er einen Beamten der Behörde, die den Verwaltungsakt erlassen hat, oder sofern der Erhebung der Klage die Ein legung einer Beschwerde vorangehen muß, einen Beamten der Beschwerdebehörde zuziehen oder ihm die Vertretung übertragen.

4. Ist die Anfechtungsklage nicht gegen den Staat, sondern gegen eine andere Körperschaft gerichtet, so kann sich der Vertreter des öffentlichen Interesses am Verfahren beteiligen. Dabei hat er die gleichen Befugnisse wie die übrigen Beteiligten, mit Ausnahme der Befugnis, die Körperschaft zu vertreten.

5. Die in Abs. 4 genannten Befugnisse stehen dem Vertreter des öffentlichen Interesses auch in Parteistreitigkeiten zu.

6. Vor der mündlichen Verhandlung und, wenn das Verwaltungsgericht oder der Verwaltungsgerichtshof ohne mündliche Verhandlung entscheidet, vor Erlassung der Entscheidung, sind die Akten dem Vertreter des öffentlichen Interesses zur Einsicht mitzuteilen.

7. Das Verwaltungsgericht oder der Verwaltungsgerichtshof können den Vertreter des öffentlichen Interesses auch dann, wenn dieser am Verfahren nicht beteiligt ist, um seine Stellungnahme ersuchen.

Nr. 5 — Zu §§ 21, 135 Abs. 2 und 139 —.

Wo in Gesetzen, die vor dem 16. Oktober 1946 erlassen wurden, vom Verwaltungsgerichtshof oder von Verwaltungsgerichten die Rede ist, bestimmt sich die Zuständigkeit nunmehr ausschließlich nach den Vorschriften des Gesetzes Nr. 110 über die Verwaltungsgerichtsbarkeit und dieser Verordnung.

Nr. 6 — Zu § 25 Abs. 3 —.

1. Der Antrag ist an keine Frist gebunden.

2. Der Antragsgegner ist der Staat oder, wenn die bestrittene Rechtsvorschrift von den Organen einer anderen Körperschaft erlassen wurde, diese Körperschaft.

3. Ist die bestrittene Rechtsvorschrift von einer Staatsbehörde erlassen worden, so entscheidet der Senat, in dessen Bezirk diese Behörde, im übrigen der Senat, in dessen Bezirk die Körperschaft ihren Sitz hat, welche die Rechtsvorschrift erlassen hat.

4. Ist ein ständiger Vertreter des öffentlichen Interesses bestellt, so ist er am Verfahren zu beteiligen. Für die Vertretung des Staates gelten die Vorschriften der Nr. 4 dieser Verordnung.

5. Die Entscheidung des Verwaltungsgerichtshofes ist in der gleichen Weise öffentlich bekanntzumachen, wie die bestrittene Rechtsvorschrift veröffentlicht worden ist. Die Bekanntmachung kann auf den Entscheidungssatz beschränkt werden.

Nr. 7 — Zu § 38 Abs. 2 —.

Gegen Verwaltungsakte der Ministerien und des Präsidenten des Landesbezirks Baden findet die Anfechtungsklage ohne vorherigen Einspruch statt.

Nr. 8 — Zu § 48 —.

1. Wird der Verwaltungsakt einer der Aufsicht des Landrats unterstellten Gemeinde angefochten, so ist in den Fällen, in denen das Gesetz die Erhebung der Anfechtungsklage von der vorherigen Erhebung eines Einspruchs abhängig macht, statt des Einspruchs Beschwerde bei der nächsthöheren Verwaltungsbehörde einzulegen. Nächsthöhere Verwaltungsbehörde ist der Landrat, soweit nicht durch besondere Vorschriften eine andere Behörde als Beschwerdebehörde bestimmt ist.

2. Die Bestimmungen des Gesetzes über den Einspruch gelten für die Beschwerde sinngemäß mit den folgenden Abweichungen und Ergänzungen:

a) Durch rechtzeitige Einlegung der Beschwerde bei der Beschwerdebehörde wird die Beschwerdefrist gewahrt.

b) Will die Gemeindebehörde nicht selbst der Beschwerde abhelfen, so leitet sie diese innerhalb eines Monats zur Entscheidung an die Beschwerdebehörde weiter.

c) In Angelegenheiten der Selbstverwaltung kann die Beschwerdebehörde, vorbehaltlich besonderer gesetzlicher Vorschriften, die angefochtene Verfügung nur aufheben oder ändern, soweit sie den Betroffenen gesetzwidrig beeinträchtigt oder auf gesetzwidrigem Gebrauch des freien Ermessens beruht.

3. Die Vertretung des Anfechtungsgegners liegt in den Fällen des Abs. 2 der Beschwerdebehörde ob. Ist die Beschwerdebehörde eine Staatsbehörde, so gelten die Bestimmungen der Nr. 4 dieser Verordnung. Die Beschwerdebehörde oder der Vertreter des öffentlichen Interesses kann den Bürgermeister der beteiligten Gemeinde zuziehen oder ihm die Vertretung übertragen.

Nr. 9 — Zu § 50 Abs. 1 —.

Die Anfechtungsklage ist unmittelbar beim Verwaltungsgerichtshof zu erheben, wenn ein Ministerium oder der Präsident des Landesbezirks Baden den Verwaltungsakt erlassen hat.

Nr. 10 — Zu § 102 Satz 1 —.

In Streitigkeiten über öffentliche Abgaben und Kosten, sowie in Parteistreitigkeiten ist die Berufung nur zulässig, wenn der Streitwert mindestens DM 100.— — einhundert Deutsche Mark — beträgt. § 102 Satz 2 und 3 des Gesetzes über die Verwaltungsgerichtsbarkeit bleibt unberührt.

Nr. 11 — Zu § 129 —.

1. Bezüglich der Gerichtskosten (Gebühren und Auslagen) sowie der Gebühren und Auslagen der Rechtsanwälte bleibt es bei den bisher am Sitz des erkennenden Gerichts geltenden Vorschriften.

2. Die Vorschriften über die Kosten, die sich auf das Verfahren vor dem Verwaltungsgerichtshof beziehen, sind im Verfahren vor den Verwaltungsgerichten entsprechend anzuwenden.

Nr. 12 — Vollstreckung —.

Die Vollstreckung der Entscheidungen der Verwaltungsgerichte und des Verwaltungsgerichtshofes richtet sich nach den bisher am Sitz des erkennenden Gerichts für den Verwaltungszwang und die Zwangsvollstreckung wegen öffentlich-rechtlichen Geldforderungen im Bereich der inneren Verwaltung geltenden Vorschriften.

Nr. 13 —.

1. Die Verordnung tritt mit Wirkung vom 15. Januar 1947 in Kraft.

2. Sie tritt an die Stelle der Vorschriften in Nr. 1 bis 10 der Verordnung Nr. 111 vom 16. Oktober 1946 zur Ausführung des Gesetzes über die Verwaltungsgerichtsbarkeit (RegBl. S. 237).

3. Alle bis zum Inkrafttreten dieser Verordnung beim Verwaltungsgerichtshof anhängig gewordenen Klagen werden von diesem weitergeführt. Dabei sind die Voraussetzungen einer Anfechtungsklage gegeben, wenn sie den Anforderungen entweder der Ersten oder der Zweiten Ausführungsverordnung genügen. Für die Zuziehung eines Vertreters des öffentlichen Interesses gelten in allen Fällen die Vorschriften der Nr. 4 dieser Verordnung. In Streitigkeiten, die bis zu diesem Zeitpunkt als Anfechtungssachen galten und nunmehr als Parteistreitigkeiten zu behandeln sind, ist nach den für diese geltenden Vorschriften zu verfahren.

Stuttgart, den 11. Februar 1947.

Das Staatsministerium:

Dr. Reinhold Maier
J. Beyerle
Simpfendörfer
Dr. H. Köhler
Fritz Ulrich
Kohl
Otto Steinmayer

Hessen.

Hessische erste Verordnung zur Ausführung des Gesetzes über die Verwaltungsgerichtsbarkeit vom 26. Februar 1947

(Staats-Anz. S. 117).

Auf Grund des § 139 in Verbindung mit den §§ 1, 19, 48 und 102 des Gesetzes über die Verwaltungsgerichtsbarkeit vom 31. Oktober 1946 (GVBl. S. 194ff.) wird hierdurch verordnet:

Artikel 1 (zu § 1).

Es werden errichtet:

1. der Verwaltungsgerichtshof für das Land Hessen mit dem Sitz in Kassel;
2. drei Verwaltungsgerichte
   a) für den Regierungsbezirk Darmstadt mit dem Sitz in Darmstadt,
   b) für den Regierungsbezirk Kassel mit dem Sitz in Kassel,
   c) für den Regierungsbezirk Wiesbaden mit dem Sitz in Wiesbaden.

Artikel 2 (zu § 19).

Bei dem Verwaltungsgerichtshof und bei jedem Verwaltungsgericht wird eine Geschäftsstelle eingerichtet.

Jede Geschäftsstelle wird mit einem oder mehreren Urkundsbeamten sowie den erforderlichen weiteren Beamten und Hilfskräften besetzt. Einer der Beamten wird als Leiter der Geschäftsstelle bestellt. Das Nähere über den Geschäftsgang bestimmt die Geschäftsordnung des Gerichts.

Artikel 3 (zu § 48).

§ 1.

An Stelle des Einspruchs ist Beschwerde einzulegen, wenn der Landrat oder der Kreisausschuß die nächsthöhere Behörde ist.

§ 2.

Auf das Beschwerdeverfahren finden die Vorschriften der §§ 39—42, 45 über das Einspruchsverfahren sinngemäße Anwendung.

§ 3.

Die Beschwerde kann bei der Behörde, die den Verwaltungsakt erlassen hat, oder bei dem Landrat oder bei dem Kreisausschuß mit der Wirkung eingelegt werden, daß die First des § 39 Abs. 2 gewahrt wird.

§ 4.

Die Behörde, die den Verwaltungsakt erlassen hat, ist berechtigt, der Beschwerde stattzugeben. Wenn sie nach nochmaliger Prüfung den Verwaltungsakt aufrechterhalten will, legt sie die Akten mit ihrer Stellungnahme dem Landrat bzw. dem Kreisausschuß vor.

§ 5.

Der Beschwerdebescheid ist zu begründen.

Artikel 4 (zu § 102).

Die Berufung gegen Urteile in Streitigkeiten über öffentliche Abgaben und Kosten sowie in Parteistreitigkeiten, die einen Geldanspruch betreffen, ist nur zulässig, wenn der Streitwert mindestens 100.— DM berägt, es sei denn, daß in dem Streitverfahren eine Frage von grundsättzlicher Bedeutung zu entscheiden ist.

Artikel 5.

Diese Verordnung tritt am Tage der Verkündung in Kraft.

Für den Herrn Ministerpräsidenten der Minister des Innern — 26. Februar 1947.

(Verordnungsblatt für die Britische Zone. 1948. Ausgegeben in Hamburg, 13. September 1948 Nr. 41 S. 263.)

Militärregierung Deutschland — Britisches Kontrollgebiet.

VERORDNUNG Nr. 165
Verwaltungsgerichtsbarkeit in der britischen Zone.

Das Kontrollratsgesetz Nr. 36 hat

1. **die Wiedereinrichtung der Verwaltungsgerichte in allen Besatzungszonen angeordnet,**
2. **die Zonenbefehlshaber beauftragt, die Verfassung und die Zuständigkeit dieser Gerichte und das von ihnen anzuwendende Verfahren zu ordnen,**
3. **die Zonenbefehlshaber ermächtigt, entsprechende Verordnungen zu erlassen.**

Auf Grund dieser Ermächtigung wird folgendes verordnet:

TEIL I.
VERFASSUNG UND ZUSTÄNDIGKEIT DER VERWALTUNGSGERICHTE.

Abschnitt I.
AUFBAU DER VERWALTUNGSGERICHTE.

§ 1.

(1) **Die Verwaltungsgerichtsbarkeit wird von unabhängigen, nur dem Gesetz unterworfenen und von den Verwaltungsbehörden getrennten Gerichten ausgeübt.**

(2) **Die Gerichte dürfen die Anwendung einer bestehenden gesetzlichen Vorschrift nicht deshalb ablehnen, weil sie nach**

ihrer Ansicht der Billigkeit oder übergesetzlichen Grundsätzen widerspricht.

§ 2.

Die Verwaltungsgerichtsbarkeit üben in jedem Lande aus
a) die Landesverwaltungsgerichte;
b) ein Oberverwaltungsgericht.

§ 3.

(1) Jedes Landesverwaltungsgericht besteht aus dem Präsidenten, den Verwaltungsgerichtsdirektoren und Verwaltungsgerichtsräten als Richtern sowie aus ehrenamtlichen Mitgliedern.

(2) Die Landesverwaltungsgerichte verhandeln und entscheiden in Kammern, die mit zwei Richtern einschließlich des Vorsitzenden und drei ehrenamtlichen Mitgliedern besetzt sind.

(3) Der Vorsitzende bestimmt die jeweils mitwirkenden ehrenamtlichen Mitglieder aus einer für jede Kammer aufzustellenden, mindestens neun Namen enthaltenden Liste.

§ 4.

(1) Jedes Oberverwaltungsgericht besteht aus dem Präsidenten, den Senatspräsidenten und Räten als Richtern.

(2) Die Oberverwaltungsgerichte verhandeln und entscheiden in Senaten, die mit drei Richtern einschließlich des Vorsitzenden besetzt sind.

(3) Die Länder können durch Gesetz bestimmen, daß in jedem Senat eines Oberverwaltungsgerichts neben den drei Richtern zwei ehrenamtliche Mitglieder mitwirken. In diesem Falle gilt § 3 Abs. (3) entsprechend.

§ 5.

(1) Falls es die Geschäftslage erfordert, kann die zuständige oberste Dienstaufsichtsbehörde bei allen Verwaltungsgerichten Hilfsrichter bestellen. Hilfsrichter müssen für eine bestimmte Zeit bestellt werden und dürfen nicht vorher abberufen werden. Hilfsrichter können nicht zum Vorsitzenden bestellt werden.

(2) Bei den Oberverwaltungsgerichten können nur planmäßig angestellte Richter anderer Gerichte zu Hilfsrichtern bestellt werden.

§ 6.

Die Landesregierung bestimmt nach Anhörung der Präsidenten der beteiligten Gerichte durch Verordnung

a) die Zahl der Landesverwaltungsgerichte und die Abgrenzung ihrer Gerichtsbezirke;
b) den Sitz der Landesverwaltungsgerichte und des Oberverwaltungsgerichts. Einzelne Kammern und Senate können auch an anderen Orten eingerichtet werden.

§ 7.

Das Präsidium eines jeden Verwaltungsgerichts besteht aus dem Präsidenten, den Verwaltungsgerichtsdirektoren oder Senatspräsidenten und den beiden dem Dienstalter nach, bei gleichem Dienstalter der Geburt nach ältesten Räten.

§ 8.

(1) Der Präsident eines jeden Verwaltungsgerichts bestimmt nach Anhörung des Präsidiums

a) die Zahl der Kammern oder Senate;
b) die Geschäftsverteilung zwischen den Kammern oder Senaten;
c) die Verteilung der Vorsitzenden, sonstigen Richter und ehrenamtlichen Mitglieder sowie ihrer ständigen Vertreter auf die einzelnen Kammern oder Senate.

(2) Die Bestimmung gilt im allgemeinen für die Dauer eines Geschäftsjahres. Sie darf vor Ablauf der vorgesehenen Zeit nur geändert werden, wenn es wegen Überlastung einer Kammer oder eines Senats oder wegen Wegfalls oder langdauernder Verhinderung eines Mitglieds des Gerichts erforderlich ist.

(3) Die Vorschriften der §§ 66, 67 und 69 des Gerichtsverfassungsgesetzes gelten entsprechend, mit der Maßgabe, daß an Stelle des Präsidiums der Präsident, an Stelle der Landesjustizverwaltung die oberste Dienstaufsichtsbehörde tritt.

§ 9.

(1) Der Präsident eines jeden Verwaltungsgerichts übt die Dienstaufsicht über dieses Gericht aus.

(2) Übergeordnete Dienstaufsichtsbehörden sind

a) der Präsident des Oberverwaltungsgerichts für die Landesverwaltungsgerichte;
b) der Ministerpräsident für die Landesverwaltungsgerichte und das Oberverwaltungsgericht.

(3) Die Dienstaufsicht erstreckt sich zugleich auf die bei dem Gericht angestellten oder beschäftigten Beamten, Angestellten und Arbeiter.

§ 10.

Jede Landesregierung kann bei den Landesverwaltungsgerichten und dem Oberverwaltungsgericht ständige Vertreter des öffentlichen Interesses bestellen, deren Vorbildung den in § 13 Abs. (1) für Richter gestellten Anforderungen entsprechen muß. Die ständigen Vertreter sind an die Weisungen der vorgesetzten Behörde gebunden.

§ 11.

Bei jedem Verwaltungsgericht wird eine Geschäftsstelle eingerichtet. Sie wird mit der erforderlichen Zahl von Urkundsbeamten besetzt. Das Nähere bestimmt die oberste Dienstaufsichtsbehörde.

§ 12.

(1) Den Verwaltungsgerichten ist von anderen Verwaltungsgerichten und den ordentlichen Gerichten Rechtshilfe zu leisten.

(2) Die Verwaltungsbehörden sind den Verwaltungsgerichten zur Amtshilfe verpflichtet.

Abschnitt II.

RICHTER UND EHRENAMTLICHE MITGLIEDER.

§ 13.

(1) Die hauptamtlichen Richter und die Hilfsrichter der Verwaltungsgerichte müssen entweder die Befähigung zum Richteramte nach den Vorschriften des deutschen Gerichtsverfassungsgesetzes in der Fassung vom 22. März 1924 (RGBl. I, 299) besitzen oder durch Ablegung gesetzlich vorgeschriebener Prüfungen die Befähigung zum höheren Verwaltungsdienst in einer Weise erlangt haben, die zum mindesten den Erfordernissen des am 30. Januar 1933 in

irgendeinem Teil Deutschlands in Geltung gewesenen Rechts entspricht. Sie müssen die deutsche Staatsangehörigkeit besitzen.

(2) Sie müssen ferner mindestens drei Jahre, nachdem sie eine der in Abs. (1) vorgeschriebenen Befähigungen erlangt haben, entweder

a) im Dienste der Reichs- oder einer Landesverwaltung oder der Verwaltung einer Gemeinde oder eines Gemeindeverbandes oder

b) als hauptamtliches Mitglied eines ordentlichen oder eines sonstigen Gerichts oder

c) als Rechtsanwalt mit verwaltungsrechtlicher Praxis tätig gewesen sein.

§ 14.

(1) Hauptamtlich ernannt werden

a) sämtliche planmäßigen Richter bei den Landesverwaltungsgerichten;

b) die Präsidenten, Senatspräsidenten und mindestens die Hälfte der sonstigen planmäßigen Richter jedes Oberverwaltungsgerichts.

(2) Mindestens die Hälfte der hauptamtlichen Mitglieder eines jeden Verwaltungsgerichts soll den Anforderungen des § 13 Abs. (2) a) entsprechen.

(3) Die hauptamtlichen Mitglieder werden auf Lebenszeit ernannt.

§ 15.

Zu nebenamtlichen Richtern können Personen ernannt werden, die hauptamtlich als Richter an einem anderen Gericht oder als Rechtslehrer an einer deutschen Universität oder einer anderen deutschen Hochschule tätig sind. Sie werden für die Dauer ihres Hauptamtes ernannt.

§ 16.

Die Richter der Verwaltungsgerichte werden von der Landesregierung ernannt.

§ 17.

(1) Auf die persönliche Rechtstellung der Richter der Verwaltungsgerichte sind die für die Richter der ordentlichen

Gerichte geltenden Vorschriften entsprechend anzuwenden mit der Maßgabe, daß an Stelle der Obersten Justizverwaltung die oberste Dienstaufsichtsbehörde tritt.

(2) Die Richter der Verwaltungsgerichte dürfen sich nicht politisch betätigen. Unberührt bleibt ihr Recht, bei gesetzlich vorgeschriebenen Wahlen und Abstimmungen ihre Stimme abzugeben.

§ 18.

(1) Die ehrenamtlichen Mitglieder müssen

a) deutsche Staatsangehörige sein;
b) das dreißigste Lebensjahr vollendet haben;
c) zum Landtag wählbar sein;
d) während eines Zeitraums von zwei Jahren vor ihrer Wahl ihren dauernden Aufenthalt innerhalb des Gerichtsbezirks gehabt haben.

(2) Als ehrenamtliches Mitglied können nicht berufen werden

a) Mitglieder eines Rates, der öffentliche Aufgaben für einen über die Grenzen eines Landes hinausreichenden Bezirk wahrnimmt, oder Mitglieder einer anderen mit solchen Aufgaben betrauten Stelle;
b) Mitglieder eines Landtages oder einer Landesregierung;
c) Mitglieder einer Verwaltungsbehörde, Verwaltungsbeamte oder Angestellte bei einer Verwaltungsbehörde;
d) Mitglieder eines anderen Gerichts;
e) Rechtsanwälte, Verwaltungsrechtsräte, Notare, zugelassene Steuerberater und Rechtsbeistände, die ihre Praxis ausüben.

§ 19.

(1) Die ehrenamtlichen Mitglieder werden für das einzelne Gericht für die Dauer von fünf Jahren durch einen Ausschuß gewählt. Der Ausschuß besteht aus dem Präsidenten des Gerichts als Vorsitzenden, einem von der Landesregierung zu bestimmenden Verwaltungsbeamten des Landes und sieben gewählten Vertrauensleuten, welche die in § 18 Abs. (1) bezeichneten Voraussetzungen erfüllen müssen. Zur Beschlußfähigkeit des Ausschusses genügt die Anwesenheit des Vorsitzenden, des Verwaltungsbeamten und dreier

Vertrauensleute. Der Ausschuß faßt seine Beschlüsse mit Stimmenmehrheit, bei Stimmengleichheit entscheidet die Stimme des Vorsitzenden.

(2) Durch Landesgesetz sind die für die Wahl der Vertrauensleute zuständigen Körperschaften, die Art ihrer Wahl und die Dauer ihres Amtes in der Weise zu bestimmen, daß eine angemessene Vertretung der Bewohner des Gerichtsbezirks durch die Vertrauensleute gewährleistet ist.

(3) Die Vertrauensleute und ehrenamtlichen Mitglieder sind auf Grund ihrer sachlichen Eignung, nicht auf Grund ihrer politischen Einstellung zu wählen.

(4) Durch Landesgesetz kann bestimmt werden, daß bestimmte Gruppen von Personen die Berufung zum Amt eines ehrenamtlichen Mitgliedes ablehnen dürfen.

(5) Der Ausschuß kann in Härtefällen eine Person von der Verpflichtung befreien, das Amt eines ehrenamtlichen Mitgliedes zu übernehmen oder weiter auszuüben.

§ 20.

(1) Die ehrenamtlichen Mitglieder erhalten Tage- und Übernachtungsgelder sowie Ersatz der verauslagten Fahrtkosten nach den für Landesverwaltungsgerichtsräte geltenden Bestimmungen. Jedoch erhält jedes ehrenamtliche Mitglied, auch wenn es am Sitz des Gerichts wohnt, für jeden Sitzungstag mindestens ein volles Tagegeld.

(2) Ein ehrenamtliches Mitglied ist seines Amtes zu entheben, wenn sich herausstellt, daß das Mitglied gemäß § 18 Abs. (1) oder (2) zur Zeit seiner Wahl unfähig zu dem Amt war oder es später geworden ist, oder wenn das Mitglied seine Amtspflichten gröblich verletzt hat. Die Entscheidung trifft auf Antrag des Präsidenten des Gerichts ein durch die Geschäftsverteilung zu bestimmender Senat des Oberverwaltungsgerichts.

§ 21.

Vor Antritt des Amtes hat jeder Richter und jedes ehrenamtliche Mitglied nach seiner Wahl entweder einen Eid zu leisten oder eine diesem gleichzustellende Versicherung abzugeben. Die Form des Eides und der ihn ersetzenden Versicherung werden von der Landesregierung festgesetzt.

Abschnitt III.

AUFGABEN DER VERWALTUNGSGERICHTE.

§ 22.

(1) Die Landesverwaltungsgerichte entscheiden über die Anfechtung von Verwaltungsakten sowie über andere Streitigkeiten des öffentlichen Rechts mit Ausnahme von Verfassungsstreitigkeiten.

(2) Die Klage wird nicht dadurch ausgeschlossen, daß ein Verwaltungsakt nach deutschen Vorschriften endgültig ist oder nicht vor einem Gericht angefochten werden kann.

(3) Die Zuständigkeit der Landesverwaltungsgerichte ist ausgeschlossen in Angelegenheiten, die durch Gesetz den ordentlichen Gerichten oder einem anderen bestehenden Gericht zugewiesen sind.

§ 23.

(1) Die Anfechtung eines Verwaltungsaktes kann nur darauf gestützt werden, daß der Verwaltungsakt den Kläger in seinen Rechten beeinträchtige, weil er rechtswidrig sei. Die Klage ist auch bei Nichtigkeit des Verwaltungsaktes zulässig.

(2) Als rechtswidrig ist ein Verwaltungsakt auch anzusehen, wenn die Tatsachen, die ihn gerechtfertigt hätten, nicht vorhanden waren.

(3) Sind die Verwaltungsbehörden ermächtigt, nach ihrem Ermessen zu handeln, so kann die Anfechtung insoweit nur darauf gestützt werden, daß die gesetzlichen Grenzen des Ermessens überschritten seien, oder von dem Ermessen in einer dem Zweck der Ermächtigung nicht entsprechenden Weise Gebrauch gemacht worden sei.

(4) Ist einem Kläger infolge einer von ihm begangenen Rechtsverletzung eine Strafe oder ein anderer Rechtsnachteil auferlegt worden, so unterliegt auch die Bemessung dieses Rechtsnachteiles der Nachprüfung und Änderung durch das Verwaltungsgericht.

§ 24.

(1) Eine Klage auf Vornahme eines beantragten Verwaltungsaktes kann nur darauf gestützt werden, daß der Kläger einen Rechtsanspruch auf die Vornahme habe und

daß die Verwaltungsbehörde den Antrag abgelehnt oder ohne zureichenden Grund innerhalb von zwei Monaten nicht beschieden habe.

(2) Die Vorschriften des § 23 Abs. (2) und (3) gelten entsprechend.

§ 25.

(1) Verwaltungsakt im Sinne dieser Verordnung ist jede Verfügung, Anordnung, Entscheidung oder sonstige Maßnahme, die von einer Verwaltungsbehörde zur Regelung eines Einzelfalles auf dem Gebiete des öffentlichen Rechts getroffen wird. Ausgenommen sind die Verwaltungsakte auf dem Gebiete des Zivilprozesses, des Strafprozesses einschließlich des Strafvollzuges, der freiwilligen Gerichtsbarkeit und des Entnazifizierungsverfahrens.

(2) Verwaltungsbehörde im Sinne dieser Verordnung ist jede mit Aufgaben der öffentlichen Verwaltung im Geltungsbereich dieser Verordnung betraute deutsche Stelle, ohne Rücksicht auf ihre Rangstufe oder Besetzung, jedoch mit Ausnahme der Gerichte und Amtsstellen der Religionsgesellschaften.

§ 26.

Ein Land kann durch Gesetz für einen Zeitraum von höchstens einem Jahr Gruppen von Fällen von der Gerichtsbarkeit seiner Verwaltungsgerichte ausnehmen. Der Erlaß eines solchen Gesetzes kann wiederholt werden.

§ 27.

Die Oberverwaltungsgerichte entscheiden

a) über das Rechtsmittel der Berufung gegen die Urteile der Landesverwaltungsgerichte;
b) über das Rechtsmittel der Beschwerde gegen andere Entscheidungen der Landesverwaltungsgerichte;
c) über die Rechtsmittel der Berufung und der Beschwerde gegen erstinstanzliche Entscheidungen besonderer Verwaltungsgerichte, gegen die nach den gegenwärtig geltenden Vorschriften kein Rechtsmittel bei einem anderen bestehenden Gericht eingelegt werden kann;
d) in erster und letzter Instanz über Verfassungsstreitigkeiten innerhalb eines Landes, in dem kein anderes Gericht zu ihrer Regelung besteht.

§ 28.

(1) Die Verwaltungsgerichte entscheiden bindend über die Zulässigkeit des Verwaltungsrechtsweges. Hat jedoch ein ordentliches Gericht vorher die Zulässigkeit des ordentlichen Rechtsweges rechtskräftig bejaht, so ist diese Entscheidung bindend.

(2) Hat sowohl ein Verwaltungsgericht als ein ordentliches Gericht seine Gerichtsbarkeit rechtskräftig mit der Begründung verneint, daß der Rechtsweg vor dem anderen Gericht zulässig sei, so wird das zuständige Gericht auf Antrag eines Beteiligten endgültig von dem auf Grund der Verordnung Nr. 98 der Militärregierung errichteten Deutschen Obersten Gerichtshof bestimmt. Der Antrag muß innerhalb eines Monats nach Rechtskraft der letzten Entscheidung gestellt werden.

§ 29.

(1) Örtlich zuständig ist

a) in Angelegenheiten, die sich auf unbewegliches Vermögen beziehen, ausschließlich das Landesverwaltungsgericht, in dessen Bezirk das Vermögen belegen ist;

b) in allen anderen Fällen das Landesverwaltungsgericht, in dessen Bezirk der Beklagte seinen Wohnsitz oder die beklagte juristische Person, Behörde oder Stelle ihren Sitz hat.

(2) In Ermangelung eines nach diesen Vorschriften zuständigen Landesverwaltungsgerichts sowie in den Fällen des § 36 der Zivilprozeßordnung bestimmt der Deutsche Oberste Gerichtshof das zuständige Gericht. Die Entscheidung kann ohne mündliche Verhandlung erfolgen.

§ 30.

Ist durch eine öffentlichrechtliche Vereinbarung oder Satzung die Entscheidung durch einen oder mehrere Schiedsrichter vorgesehen, so finden die Vorschriften des 10. Buches der Zivilprozeßordnung entsprechende Anwendung. Zuständig für gerichtliche Entscheidungen ist das Landesverwaltungsgericht, das für das Verwaltungsstreitverfahren zuständig sein würde, falls kein schiedsrichterliches Verfahren vorgesehen wäre.

TEIL II.

VERFAHREN.

Abschnitt I.

ALLGEMEINE VORSCHRIFTEN.

§ 31.

Soweit in dieser Verordnung nichts anderes bestimmt ist, sind die Vorschriften der Titel 14 und 15 des Gerichtsverfassungsgesetzes über Öffentlichkeit, Sitzungspolizei und Gerichtssprache auf das Verfahren vor den Verwaltungsgerichten entsprechend anzuwenden.

§ 32.

(1) **Das Verwaltungsgericht entscheidet, soweit nicht etwas anderes bestimmt ist, auf Grund mündlicher Verhandlung.**

(2) **Die mündliche Verhandlung ist nicht erforderlich, wenn alle Beteiligten auf sie verzichten.**

(3) **Entscheidungen des Gerichts, die nicht Urteile sind, können ohne mündliche Verhandlung ergehen.**

§ 33.

(1) **Anordnungen und Entscheidungen des Gerichts oder des Vorsitzenden, durch die eine Frist in Lauf gesetzt wird, sowie Terminsbestimmungen und Ladungen sind zuzustellen.**

(2) **Für das Zustellungsverfahren gelten, soweit diese Verordnung nichts Abweichendes bestimmt, die Vorschriften der Zivilprozeßordnung über Zustellungen von Amts wegen entsprechend.**

(3) **Die Zustellung kann auch durch eingeschriebenen Brief mit Rückschein oder durch Übergabe des zuzustellenden Schriftstückes an den Zustellungsempfänger gegen schriftliche Empfangsbestätigung erfolgen.**

(4) **Hat ein Beteiligter einen Vertreter oder einen Zustellungsbevollmächtigten bestellt, so ist diesem zuzustellen.**

§ 34.

Die Fristen werden nach den Vorschriften des Bürgerlichen Gesetzbuches berechnet.

§ 35.

Die Frist für ein Rechtsmittel oder einen sonstigen Rechtsbehelf beginnt nur dann zu laufen, wenn der Beteiligte über den Rechtsbehelf, die zuständige Behörde mit Angabe ihres Sitzes und die einzuhaltende Frist belehrt worden ist.

§ 36.

(1) Nachsicht wegen Versäumung einer gesetzlichen Frist kann beantragen, wer ohne eigenes Verschulden verhindert war, die Frist einzuhalten.

(2) Über den Antrag auf Nachsicht entscheidet im Einspruchs- oder Beschwerdeverfahren (§§ 44, 49) die zuständige Verwaltungsbehörde, in den übrigen Fällen das Gericht, das über die versäumte Rechtshandlung zu entscheiden hat.

(3) Der Antrag auf Nachsicht ist innerhalb von zwei Wochen nach Ablauf des Tages zu stellen, an dem er zuerst gestellt werden konnte. Die Tatsachen, die den Antrag begründen sollen, sind anzuführen und glaubhaft zu machen. Innerhalb der Antragsfrist ist die versäumte Rechtshandlung nachzuholen. Ist das geschehen, so kann die Nachsicht auch ohne Antrag bewilligt werden.

(4) Nach Ablauf eines Jahres seit dem Ende der versäumten Frist darf Nachsicht nicht mehr gewährt werden, es sei denn, daß höhere Gewalt vorgelegen hat oder die versäumte Rechtshandlung innerhalb der Antragsfrist nachgeholt worden ist.

§ 37.

Richterliche Fristen können auf Antrag verlängert werden.

§ 38.

Für die Ausschließung und Ablehnung eines Mitgliedes eines Verwaltungsgerichtshofes, Schriftführers oder des Urkundsbeamten der Geschäftsstelle, gelten die Vorschriften der Zivilprozeßordnung entsprechend. Von der Ausübung des Amtes eines Mitgliedes des Gerichts ist auch ausgeschlossen, wer bei dem Verwaltungsakt, der den Gegenstand einer Klage bildet, oder in einem Vorverfahren mitgewirkt hat oder aber als Mitglied dem Rat oder einer anderen Vertretung einer Gemeinde oder eines Gemeindeverbandes angehört, die Beteiligte in dem Verfahren sind.

§ 39.

(1) Beteiligte am Verfahren sind:

a) der Kläger;

b) der Beklagte;

c) der Beigeladene (§ 41);

d) der Vertreter des öffentlichen Interesses (§ 10).

(2) Der Vertreter des öffentlichen Interesses gilt nicht als Beteiligter, wenn er ausdrücklich erklärt, daß er sich an dem Verfahren nicht beteilige oder wenn er auf die Zustellung der Klageschrift verzichtet hat.

§ 40.

Nicht rechtsfähige Vereine können Beteiligte sein.

§ 41.

Das Verwaltungsgericht beschließt auf Antrag oder von Amts wegen über die Beiladung von Personen oder Behörden, deren rechtliche Interessen durch die Entscheidung in dem anhängigen Verfahren berührt werden. In dem Beschluß ist der Gegenstand und die Lage des Verfahrens anzugeben. Er ist unanfechtbar und allen Beteiligten zuzustellen.

§ 42.

(1) Die Beteiligten können sich in jeder Lage des Verfahrens durch Bevollmächtigte mit schriftlicher Vollmacht vertreten lassen.

(2) In der mündlichen Verhandlung können die Beteiligten auch in Begleitung von Beiständen erscheinen.

§ 43.

Den schriftlichen Anträgen und Erklärungen sind Abschriften für die übrigen Beteiligten beizufügen. Auf Anordnung des Vorsitzenden sind fehlende Abschriften unverzüglich nachzureichen.

Abschnitt II.

VERFAHREN VOR DEN LANDESVERWALTUNGSGERICHTEN.

§ 44.

(1) Soweit nicht anderes gesetzlich vorgeschrieben ist, kann ein Verwaltungsakt durch Klage erst angefochten wer-

den, nachdem der Klageberechtigte erfolglos Einspruch eingelegt hat. Der Einspruch ist auch erforderlich, bevor Klage auf Vornahme eines abgelehnten Verwaltungsaktes erhoben wird.

(2) Des Einspruchs bedarf es nicht, wenn der angefochtene Verwaltungsakt oder die Ablehnung eines Verwaltungsakts durch eine Kollegialbehörde in einem förmlichen Verfahren beschlossen worden ist.

§ 45.

Der Einspruch ist innerhalb eines Monats, nachdem der Verwaltungsakt oder dessen Ablehnung dem Einspruchsberechtigten bekannt geworden ist, bei der Behörde einzulegen, die den Verwaltungsakt erlassen oder abgelehnt hat.

§ 46.

(1) Die Behörde erläßt nach nochmaliger Prüfung einen Einspruchsbescheid.

(2) Der Bescheid ist zu begründen und mit einer Belehrung über den Rechtsbehelf zu versehen.

§ 47.

Die Befugnis übergeordneter Behörden, den Verwaltungsakt einer Behörde von Amts wegen oder auf Antrag zu ändern oder aufzuheben, bleibt unberührt.

§ 48.

(1) Die Klage muß innerhalb eines Monats nach Eröffnung oder Zustellung des Einspruchsbescheides erhoben werden, soweit nicht gesetzlich etwas anderes bestimmt ist.

(2) Hat die Behörde den Einspruch nicht innerhalb einer Frist von einem Monat endgültig oder durch einen Zwischenbescheid und nach einem solchen nicht innerhalb eines weiteren Monats endgültig beschieden, so gilt der Einspruch als abgelehnt. Die Erhebung der Klage ist in diesem Falle nur bis zum Ablauf von sechs Monaten seit der Einlegung des Einspruchs zulässig.

§ 49.

(1) Eine als Voraussetzung der Klage gesetzlich vorgesehene Beschwerde an eine höhere Verwaltungsbehörde

tritt an die Stelle des Einspruchs. Für die Einlegung der Beschwerde gilt in allen Fällen die Frist des § 45.

(2) **Die Landesregierung kann durch Verordnung bestimmen, daß in Fällen, in denen diese Verordnung die Erhebung der Klage von der vorherigen Einlegung eines Einspruchs abhängig macht, statt des Einspruchs Beschwerde an eine höhere Verwaltungsbehörde einzulegen ist.**

(3) **§ 48 Abs. (2) gilt entsprechend.**

§ 50.

Die Klage ist gegen die Behörde zu richten, die den angefochtenen Verwaltungsakt erlassen oder den beantragten Verwaltungsakt abgelehnt oder sonst unterlassen hat. Ist statt des Einspruchs gemäß § 49 Beschwerde gegeben, so ist die Klage gegen die Beschwerdebehörde zu richten.

§ 51.

(1) **Einspruch, Beschwerde und Klage haben aufschiebende Wirkung. Die Behörde, die den angefochtenen Verwaltungsakt erlassen hat, kann jedoch dessen Vollziehung anordnen, wenn sie es im öffentlichen Interesse für geboten hält.**

(2) **Die aufschiebende Wirkung entfällt bei Streitigkeiten über öffentliche Abgaben und Kosten.**

(3) **Auf Antrag eines Beteiligten kann das Verwaltungsgericht die Vollziehung aussetzen. Es kann diese Anordnung von der Leistung einer Sicherheit oder von anderen Auflagen abhängig machen.**

§ 52.

Auf Feststellung des Bestehens oder Nichtbestehens oder des Inhalts eines öffentlichen Rechtsverhältnisses kann Klage erhoben werden, wenn der Kläger ein berechtigtes Interesse daran hat, daß die Feststellung durch verwaltungsgerichtliche Entscheidung alsbald getroffen wird.

§ 53.

(1) **Die Klage ist bei dem zuständigen Landesverwaltungsgericht schriftlich oder zu Protokoll des Urkundsbeamten zu erheben.**

(2) Durch rechtzeitige Einreichung der Klageschrift bei der Behörde, die einen mit der Klage angefochtenen Verwaltungsakt oder einen Einspruchs- oder Beschwerdebescheid erlassen hat, wird die Frist gewahrt.

§ 54.

(1) Die Klageschrift muß die Beteiligten und den Klagegegenstand ausreichend bezeichnen und einen bestimmten Antrag enthalten. Die zur Begründung dienenden Tatsachen und Beweismittel sollen angegeben werden.

(2) Entspricht die erhobene Klage diesen Anforderungen nicht in vollem Umfange, so hat der Vorsitzende den Kläger zu der erforderlichen Ergänzung innerhalb einer bestimmten Frist aufzufordern.

(3) Sind der Klageschrift nicht die erforderlichen Abschriften für die übrigen Beteiligten beigefügt, so kann der Kläger zur nachträglichen Einreichung mit dem Hinweis aufgefordert werden, daß das Verfahren erst nach Einreichung fortgesetzt werde.

§ 55.

(1) Die Klage kann durch einen mit Gründen versehenen Vorbescheid des Vorsitzenden abgewiesen werden, wenn

a) ein wesentliches Erfordernis in der Klageschrift fehlt und der Kläger innerhalb einer ihm bestimmten Frist den Mangel nicht beseitigt hat;
b) die Klagefrist versäumt ist oder der Einspruch oder die Beschwerde wegen Fristversäumung mit Recht zurückgewiesen worden war;
c) der Verwaltungsrechtsweg unzulässig ist;
d) das Gericht unzuständig ist.

(2) Der Kläger kann innerhalb eines Monats nach Zustellung des Vorbescheides mündliche Verhandlung beantragen. Wird der Antrag rechtzeitig gestellt, so gilt der Vorbescheid als nicht ergangen; andernfalls gilt er als rechtskräftiges Urteil.

§ 56.

Wird kein Vorbescheid erlassen oder gilt der Vorbescheid als nicht ergangen, so stellt das Gericht die Klage dem Beklagten mit der Aufforderung zu, sich innerhalb einer Frist von zwei Wochen zur Klage unter Beifügung der erforderlichen Abschriften und aller Unterlagen schriftlich zu äußern. Die Frist kann auf begründeten Antrag verlängert werden.

§ 57.

(1) Erscheint durch die Erklärung der Beteiligten das Sach- und Rechtsverhältnis genügend geklärt, so kann das Gericht oder namens desselben der Vorsitzende auch ohne mündliche Verhandlung seine Entscheidung in der Form eines begründeten Bescheides fällen.

(2) Jeder Beteiligte kann innerhalb eines Monats nach Zustellung entweder die Anberaumung der mündlichen Verhandlung beantragen oder dasjenige Rechtsmittel einlegen, welches zulässig wäre, wenn das Gericht auf Grund mündlicher Verhandlung entschieden hätte.

(3) Wird von einem Beteiligten rechtzeitig mündliche Verhandlung beantragt, so gilt der Bescheid als nicht ergangen; ein von einem anderen Beteiligten eingelegtes Rechtsmittel gilt als nicht eingelegt.

(4) Wird weder mündliche Verhandlung beantragt noch das Rechtsmittel eingelegt, so gilt der Bescheid als rechtskräftiges Urteil.

§ 58.

(1) Der Termin zur mündlichen Verhandlung ist den Beteiligten von Amts wegen bekannt zu geben. Mit der Bekanntgabe ist der Hinweis zu verbinden, daß bei ihrem Ausbleiben nach dem Stande der Verhandlungen entschieden werden könne.

(2) Zwischen der Zustellung der Terminsbestimmung und dem Verhandlungstermin muß eine Frist von mindestens einer Woche liegen. In eiligen Sachen kann die Frist durch eine mit der Terminsbestimmung zuzustellende Verfügung des Vorsitzenden abgekürzt werden.

§ 59.

Das Gericht kann beim Vorliegen eines besonderen Grundes das persönliche Erscheinen eines Beteiligten anordnen. Es kann auch einer beteiligten Behörde aufgeben, zu der mündlichen Verhandlung einen schriftlich bevollmächtigten und über die Sach- und Rechtslage ausreichend unterrichteten Beamten zu entsenden.

§ 60.

(1) Der Vorsitzende eröffnet und leitet die mündliche Verhandlung.

(2) Nach Aufruf der Sache trägt der Vorsitzende oder der Berichterstatter den wesentlichen Inhalt der Akten vor.

(3) Hierauf erhalten die Beteiligten das Wort. Sie können ihre tatsächlichen und rechtlichen Ausführungen ergänzen oder berichtigen.

§ 61.

Das Gericht erforscht den Sachverhalt von Amts wegen. Es ist an das Vorbringen und die Beweisanträge der Beteiligten nicht gebunden.

§ 62.

(1) Das Gericht erhebt den nach seinem Ermessen erforderlichen Beweis in der mündlichen Verhandlung. Es kann insbesondere Augenschein einnehmen, Zeugen und Sachverständige eidlich oder uneidlich vernehmen sowie Urkunden beiziehen.

(2) Das Gericht kann, in geeigneten Fällen schon vor der mündlichen Verhandlung, durch eines seiner Mitglieder als beauftragten Richter Beweis erheben lassen oder mit Begrenzung auf genau bestimmte Punkte und Personen ein anderes Gericht oder eine Verwaltungsbehörde um die Erhebung ersuchen.

(3) In der mündlichen Verhandlung können auch Beteiligte eidlich vernommen werden.

(4) Das Gericht kann eine Beweisaufnahme von einem Gerichtskostenvorschuß abhängig machen.

§ 63.

Auf die Beweiserhebung durch Vernehmung von Zeugen und Sachverständigen oder eines Beteiligten finden die Vorschriften der Zivilprozeßordnung entsprechende Anwendung.

§ 64.

Die Beteiligten werden von allen Beweisterminen benachrichtigt und können der Beweisaufnahme beiwohnen. Sie können an Zeugen und Sachverständige sachdienliche Fragen richten lassen. Wird eine Frage beanstandet, so entscheidet das Gericht endgültig.

§ 65.

(1) Der Vorsitzende hat die Streitsache mit den Beteiligten allseitig zu erörtern. Er hat darauf hinzuwirken, daß sie sachdienliche Anträge stellen, unklare Anträge erläutern, ungenügende Angaben tatsächlicher Art ergänzen sowie alle für die Feststellung des Sachverhalts erheblichen Erklärungen abgeben.

(2) Der Vorsitzende hat jedem Beisitzer auf Verlangen zu gestatten, sachdienliche Fragen zu stellen. Wird eine Frage beanstandet, so entscheidet das Gericht endgültig.

(3) Nach genügender Erörterung der Streitsache erklärt der Vorsitzende die mündliche Verhandlung für geschlossen. Das Gericht kann ihre Wiedereröffnung beschließen.

§ 66.

(1) Die wesentlichen Vorgänge der mündlichen Verhandlung und jeder Beweisaufnahme sind in eine Niederschrift aufzunehmen, die von dem Vorsitzenden oder dem vernehmenden Richter und, falls ein beeidigter Schriftführer zugezogen ist, auch von diesem zu unterzeichnen ist.

(2) Die Niederschrift über die Aussage eines Zeugen, Sachverständigen oder Beteiligten ist diesem vor der Unterzeichnung vorzulesen. Bei Vernehmung außerhalb der mündlichen Verhandlung soll auch der Vernommene seine Aussage unterschreiben.

§ 67.

Eine Änderung der Klage ist nur zulässig, wenn der Beklagte einwilligt oder das Gericht sie für sachdienlich erachtet.

§ 68.

Zur Voll- oder Teilerledigung des geltend gemachten Anspruches können die Beteiligten vor dem Gericht einen Vergleich abschließen, soweit sie über den Gegenstand der Klage verfügen können. Insoweit ist das Verfahren durch Beschluß einzustellen.

§ 69.

(1) Die Klage kann bis zum Eintritt der Rechtskraft des Urteils zurückgenommen werden. Die Zurücknahme erfolgt durch Erklärung an das Gericht, vor dem der Rechtsstreit

anhängig ist. Ein in der Sache ergangenes, noch nicht rechtskräftiges Urteil wird durch Zurücknahme der Klage unwirksam.

(2) **Wird die Klage zurückgenommen, so stellt das Gericht das Verfahren durch Beschluß ein und verlautbart in dem Beschluß die sich nach dieser Verordnung ergebenden Rechtsfolgen der Klagezurücknahme.**

§ 70.

(1) **Die Vorschriften des § 299 Abs. 1, 3 der Zivilprozeßordnung über die Einsichtnahme in die Prozeßakten gelten für alle Beteiligten entsprechend.**

(2) **Akten einer Behörde, die vom Gericht zugezogen worden sind, dürfen den Beteiligten nur soweit zur Einsicht vorgelegt werden, als die Behörde es ausdrücklich gestattet. Wird die Einsichtnahme verweigert, so dürfen die Akten der Entscheidung nur soweit zugrunde gelegt werden, als ihr Inhalt vorgetragen und zum Gegenstand der Verhandlung gemacht worden ist.**

Abschnitt III.

URTEILE UND ANDERE ENTSCHEIDUNGEN.

§ 71.

Über die Klage wird, soweit nichts anderes bestimmt ist, durch Urteil entschieden.

§ 72.

(1) **Das Gericht entscheidet nach seiner freien, aus dem Gesamtergebnis des Verfahrens gewonnenen Überzeugung.**

(2) **Das Urteil darf nur auf Tatsachen und Beweisergebnisse gestützt werden, zu denen die Beteiligten sich äußern konnten.**

§ 73.

(1) **Über die Zulässigkeit des Verwaltungsrechtswegs sowie über die sachliche oder örtliche Zuständigkeit des Gerichts kann durch Zwischenurteil vorab entschieden werden.**

(2) **Das Zwischenurteil kann selbständig angefochten werden.**

(3) **An das Zwischenurteil ist das Gericht bei der Entscheidung über die Hauptsache gebunden.**

§ 74.

Das Gericht darf über das Klagebegehren nicht hinausgehen, ist aber an die Fassung der Anträge nicht gebunden.

§ 75.

(1) Soweit das Gericht die gegen einen Verwaltungsakt gerichtete Klage für begründet hält, hebt es den Einspruchs- oder Beschwerdebescheid (§§ 44, 49) und den angefochtenen Verwaltungsakt auf oder erklärt ihn für nichtig. Hat der Verwaltungsakt vorher durch Zurücknahme oder auf andere Weise seine Erledigung gefunden, so spricht das Gericht auf Antrag im Urteil aus, daß der Verwaltungsakt rechtswidrig oder nichtig gewesen sei, sofern der Kläger ein berechtigtes Interesse an dieser Feststellung hat.

(2) Ist in dem angefochtenen Verwaltungsakt eine Leistung von Geld oder sonstigen vertretbaren Sachen auferlegt oder eine Feststellung getroffen worden, so kann das Gericht den Betrag der Leistung in geringerer Höhe festsetzen oder die Feststellung durch eine solche geringeren Umfanges ersetzen.

(3) Hält das Gericht die Ablehnung oder sonstige Unterlassung einer Amtshandlung für rechtswidrig und die Sache in jeder Beziehung für spruchreif, so spricht es die Verpflichtung der Verwaltungsbehörde aus, die beantragte Amtshandlung vorzunehmen.

§ 76.

(1) Das Gericht entscheidet mit Stimmenmehrheit. Die Richter stimmen nach dem Dienstalter, bei gleichem Dienstalter nach dem Lebensalter; die ehrenamtlichen Mitglieder stimmen nach dem Lebensalter. Der Jüngere stimmt vor dem Älteren. Die ehrenamtlichen Mitglieder stimmen vor den Richtern. Wenn ein Berichterstatter ernannt ist, so stimmt er zuerst. Zuletzt stimmt der Vorsitzende.

(2) Bei der Beratung und Abstimmung darf außer den Mitgliedern des Gerichts niemand zugegen sein. Der Vorsitzende kann indessen Personen, die dem Gericht zur juristischen Ausbildung überwiesen sind, die Anwesenheit gestatten.

(3) Im übrigen finden die Vorschriften der §§ 192, 194, 195, 196 Abs. (1) und (2) und § 198 des Gerichtsverfassungsgesetzes entsprechende Anwendung.

§ 77.

(1) Das Urteil ist schriftlich abzufassen und von den Richtern, die bei der Entscheidung mitgewirkt haben, zu unterzeichnen. Ist ein Richter verhindert, seine Unterschrift beizufügen, so wird dies unter Angabe des Verhinderungsgrundes von dem Vorsitzenden und, bei dessen Verhinderung, von dem dienstältesten beisitzenden Richter unter der Urkunde vermerkt.

(2) Das Urteil enthält:

a) die Bezeichnung der Beteiligten, ihrer gesetzlichen Vertreter und der Prozeßbevollmächtigten nach Namen, Stand oder Gewerbe, Wohnort und ihrer Stellung im Verfahren;

b) die Namen der Mitglieder des Gerichts, die bei der Entscheidung mitgewirkt haben;

c) die Urteilsformel;

d) die von der Urteilsformel äußerlich zu sondernde Begründung der Entscheidung.

(3) Der Urkundsbeamte der Geschäftsstelle erteilt die Ausfertigungen des Urteils.

§ 78.

(1) Eine Verkündung des Urteils ist nicht erforderlich.

(2) Das Urteil ist den Beteiligten zuzustellen, auch wenn es in der mündlichen Verhandlung verkündet worden ist.

§ 79.

Schreibfehler, Rechenfehler und ähnliche offenbare Unrichtigkeiten im Urteil kann das Gericht jederzeit durch Beschluß berichtigen. Für die Berichtigung des Tatbestandes und die Ergänzung des Urteils gelten die §§ 320, 321 der Zivilprozeßordnung entsprechend.

§ 80.

Rechtskräftige Urteile binden die Beteiligten und ihre Rechtsnachfolger für den durch die Urteilsbegründung rechtlich bestimmten Streitgegenstand.

§ 81.

(1) Die Vorschriften der §§ 72, 74, 76 und 79 gelten entsprechend für Beschlüsse und andere Entscheidungen, die nicht Urteile sind.

(2) **Beschlüsse, die durch Rechtsmittel angefochten werden können oder über ein Rechtsmittel entscheiden, sind zu begründen.**

(3) **Nicht verkündete Entscheidungen und Anordnungen sind den Beteiligten zuzustellen.**

Abschnitt IV.

RECHTSMITTEL.

A. BERUFUNG.

§ 82.

Für das Verfahren in der Berufungsinstanz gelten die Vorschriften des Teils II, Abschnitt I—III, soweit sich nicht aus den Vorschriften dieses Abschnittes etwas anderes ergibt.

§ 83.

(1) **Die Berufung ist bei dem Gericht, dessen Entscheidung angefochten wird, innerhalb eines Monats nach Zustellung des Urteils schriftlich oder zur Niederschrift des Urkundsbeamten der Geschäftsstelle einzulegen. Die Berufungsfrist ist auch gewahrt, wenn die Berufung innerhalb der Frist beim Oberverwaltungsgericht eingeht.**

(2) **Die Berufungsschrift muß das angefochtene Urteil bezeichnen und einen bestimmten Antrag enthalten. Die zur Begründung dienenden Tatsachen und Beweismittel sollen angegeben werden.**

§ 84.

(1) **Die Berufung kann durch einen mit Gründen versehenen Vorbescheid des Vorsitzenden verworfen werden, wenn**

a) ein wesentliches Erfordernis in der Berufungsschrift fehlt und der Berufungskläger innerhalb einer vom Vorsitzenden bestimmten Frist den Mangel nicht beseitigt;

b) wenn die Berufung wegen Versäumung der Berufungsfrist oder aus anderen Gründen unzulässig ist.

(2) **Der Berufungskläger kann innerhalb eines Monats nach Zustellung des Vorbescheides mündliche Verhandlung**

beantragen. Wird der Antrag rechtzeitig gestellt, so gilt der Vorbescheid als nicht ergangen; andernfalls gilt er als rechtskräftiges Urteil.

§ 85.

Die Berufung kann bis zum Beginn der Verkündung oder, wenn keine Verkündung stattfindet, bis zur Zustellung des Berufungsurteiles durch Erklärung an das Oberverwaltungsgerichts zurückgenommen werden.

§ 86.

Der Berufungsbeklagte und die sonstigen Beteiligten können sich, auch im Laufe der mündlichen Verhandlung, selbst wenn sie auf die Berufung verzichtet haben, der Berufung anschließen. Wird die Anschlußberufung erst nach Ablauf der Berufungsfrist eingelegt oder hatte der Beteiligte auf die Einlegung der Berufung verzichtet, so wird die Anschlußberufung mit der Zurücknahme der Berufung oder deren Verwerfung wegen Unzulässigkeit unwirksam.

§ 87.

Eine Änderung der Klage ist nur mit Einwilligung des Beklagten zulässig.

§ 88.

Das Oberverwaltungsgericht berücksichtigt auch neu vorgebrachte Tatsachen und Beweismittel. Hätte ein Beteiligter sie nach Ermessen des Gerichts schon im ersten Rechtszuge geltend machen müssen, so trägt er die durch das verspätete Vorbringen entstandenen Kosten.

§ 89.

Das Oberverwaltungsgericht kann das Urteil des erstinstanzlichen Gerichts auf Antrag für vorläufig vollstreckbar erklären.

§ 90.

(1) Das Oberverwaltungsgericht kann durch Urteil die angefochtene Entscheidung aufheben und die Sache an die Vorinstanz zurückverweisen, wenn

a) diese die Klage abgewiesen hat, ohne in der Sache selbst zu entscheiden;

b) das Verfahren in der Vorinstanz an einem wesentlichen Mangel leidet;
c) neue Tatsachen oder Beweismittel bekannt werden, die für die Entscheidung wesentlich sind.

(2) Die Vorinstanz ist an die rechtliche Beurteilung gebunden, die der Aufhebung der angefochtenen Entscheidung und der Rückverweisung zugrunde liegt.

B. BESCHWERDE.

§ 91.

(1) Gegen Entscheidungen der Landesverwaltungsgerichte, die nicht Urteile sind, und gegen Entscheidungen der Vorsitzenden dieser Gerichte, mit Ausnahme der Vorbescheide und der Bescheide nach § 57, steht den Beteiligten und sonst von der Entscheidung Betroffenen die Beschwerde zu.

(2) Aufklärungsanordnungen, Beschlüsse über eine Vertagung oder die Bestimmung einer Frist, Beweisbeschlüsse, Beschlüsse über Ablehnung von Beweisanträgen sowie über Verbindung von Streitsachen und Trennung von Ansprüchen können mit der Beschwerde nicht angefochten werden.

(3) Die Vorschriften der Abs. 1 und 2 gelten auch für Entscheidungen besonderer Verwaltungsgerichte, gegen die nach gegenwärtig geltendem Recht kein Rechtsmittel bei einem anderen bestehenden Gericht eingelegt werden konnte.

§ 92.

Die Beschwerde ist bei dem Gericht, dessen Entscheidung angefochten wird, schriftlich innerhalb von zwei Wochen nach Bekanntgabe der Entscheidung einzulegen, soweit nicht in anderen Gesetzen eine längere Frist vorgesehen ist. Die Beschwerdefrist ist auch gewahrt, wenn die Beschwerde innerhalb der Frist beim Beschwerdegericht eingeht.

§ 93.

Erachtet das Gericht oder der Vorsitzende, dessen Entscheidung angefochten wird, die Beschwerde für begründet, so haben sie ihr abzuhelfen; andernfalls ist die Beschwerde innerhalb einer Woche dem Beschwerdegericht vorzulegen.

§ 94.

(1) Die Beschwerde hat nur dann aufschiebende Wirkung, wenn sie die Festsetzung einer Strafe zum Gegenstand hat. Die Vorschrift des § 178 des Gerichtsverfassungsgesetzes bleibt jedoch unberührt.

(2) Das Gericht oder der Vorsitzende, dessen Entscheidung angefochten wird, kann auch in anderen Fällen bestimmen, daß die Vollziehung der angefochtenen Entscheidung einstweilen auszusetzen ist. Die gleiche Befugnis steht dem Beschwerdegericht zu. Die Vorschrift des § 51 Abs. (3) Satz 2 findet Anwendung.

§ 95.

Wird die Änderung einer Entscheidung des beauftragten oder ersuchten Richters, einer ersuchten Verwaltungsbehörde oder des Urkundsbeamten der Geschäftsstelle verlangt, so ist innerhalb von zwei Wochen zunächst die Entscheidung des Gerichts nachzusuchen. Das Gesuch hat nur dann aufschiebende Wirkung, wenn es die Festsetzung einer Strafe zum Gegenstand hat; die Vorschrift des § 178 des Gerichtsverfassungsgesetzes bleibt jedoch unberührt.

Abschnitt V.

WIEDERAUFNAHME DES VERFAHRENS.

§ 96.

Ein rechtskräftig beendetes Verfahren kann unter denselben Voraussetzungen wiederaufgenommen werden wie ein Zivilprozeß. Auf das Verfahren finden die Vorschriften der Zivilprozeßordnung entsprechende Anwendung.

Abschnitt VI.

VERFAHREN VOR DEN OBERVERWALTUNGSGERICHTEN IN VERFASSUNGSSTREITIGKEITEN.

§ 97.

Für das Verfahren vor den Oberverwaltungsgerichten in Verfassungsstreitigkeiten (§ 27d) gelten die Vorschriften über das Verfahren vor den Landesverwaltungsgerichten sinngemäß. Die Landesgesetzgebung kann das Verfahren abweichend regeln; sie ist dabei an die leitenden Grundsätze dieser Verordnung gebunden.

Abschnitt VII.

KOSTEN.

§ 98.

(1) Der unterliegende Teil trägt die Kosten des Verfahrens.

(2) Die Kosten eines ohne Erfolg eingelegten Rechtsmittels fallen dem Beteiligten zur Last, der das Rechtsmittel eingelegt hat.

§ 99.

(1) Wenn ein Beteiligter teils obsiegt, teils unterliegt, werden die Kosten in angemessenem Verhältnis geteilt. Die Kosten können auch in diesem Falle einem Beteiligten ganz auferlegt werden, wenn er nur zu einem geringen Teil obgesiegt hat.

(2) Kosten, die durch Verschulden eines Beteiligten entstanden sind, müssen diesem auferlegt werden.

(3) Wer einen Antrag, eine Klage, ein Rechtsmittel oder einen sonstigen Rechtsbehelf zurücknimmt, hat die entstandenen Kosten zu tragen.

(4) Kosten, die durch einen Antrag auf Nachsicht entstehen, fallen dem Antragsteller zur Last, soweit sie nicht durch unbegründeten Widerspruch eines anderen Beteiligten entstanden sind.

§ 100.

(1) Besteht der kostenpflichtige Teil aus mehreren Personen, so finden die Vorschriften des § 100 der Zivilprozeßordnung Anwendung.

(2) Einem Vertreter des öffentlichen Interesses oder Beigeladenen können Kosten nur auferlegt werden, wenn er Anträge gestellt oder Rechtsmittel eingelegt hat.

§ 101.

Haben die Beteiligten in einem Vergleich Bestimmungen über die Kosten getroffen, so hat es dabei sein Bewenden.

Andernfalls werden die Gerichtskosten geteilt und jede Partei trägt ihre außergerichtlichen Kosten selbst.

§ 102.

(1) Das Gericht hat im Urteil über die Kosten zu entscheiden. Ergeht kein Urteil, so entscheidet es durch Beschluß.

(2) Der Urkundsbeamte des Gerichts erster Instanz setzt auf Antrag den Betrag der zu erstattenden Kosten fest.

§ 103.

(1) Kosten sind die Gerichtskosten und die zur zweckentsprechenden Rechtsverfolgung oder Rechtsverteidigung notwendigen Aufwendungen der Beteiligten einschließlich der Kosten des Vorverfahrens.

(2) Die Gebühren eines Rechtsanwalts oder eines Verwaltungsrechtsrats, in Steuersachen auch eines Steuerberaters, sind in jedem Falle erstattungsfähig.

§ 104.

(1) Auf die Gerichtskosten finden die in bürgerlichen Rechtsstreitigkeiten geltenden Vorschriften entsprechende Anwendung, soweit diese Verordnung nicht etwas anderes bestimmt.

(2) Die Prozeßgebühr wird nur zur Hälfte erhoben, wenn ohne mündliche Verhandlung entschieden ist.

(3) Die Urteilsgebühr wird zur Hälfte erhoben, wenn durch Vorbescheid oder einen Bescheid nach § 57 entschieden ist. Die Gebühr wird auf die für ein Urteil der gleichen Instanz zu erhebende Gebühr angerechnet.

(4) Vorschriften, nach denen das Reich, die Länder, Gemeinden oder Gemeindeverbände oder andere juristische Personen des öffentlichen Rechts sowie Behörden und sonstige bestimmte Beteiligte von der Zahlung der Gerichtskosten ganz oder teilweise befreit sind, sind nicht anzuwenden.

§ 105.

Auf die Ansprüche der Zeugen und Sachverständigen sowie auf die Gebühren und Auslagen der Rechtsanwälte sind die in bürgerlichen Rechtsstreitigkeiten maßgebenden Vorschriften entsprechend anzuwenden.

§ 106.

Die Anfechtung eines Kostenansatzes oder einer Wertfestsetzung richtet sich ausschließlich nach den Vorschriften dieser Verordnung.

§ 107.

Auf die Bewilligung des Armenrechts sind die Vorschriften der Zivilprozeßordnung entsprechend anzuwenden. Dem Beteiligten, dem das Armenrecht bewilligt ist, kann das Gericht auf Antrag zur unentgeltlichen Wahrnehmung seiner Rechte einen Vertreter beiordnen.

Abschnitt VIII.

ZWANGSVOLLSTRECKUNG.

§ 108.

(1) **Die Zwangsvollstreckung aus Urteilen, vor Gericht geschlossenen Vergleichen und Kostenfestsetzungsbeschlüssen erfolgt nach den bisher für die Zwangsvollstreckung aus Entscheidungen der Verwaltungsgerichte geltenden Vorschriften.**

(2) **Die Landesregierung kann durch Verordnung das Vollstreckungsverfahren abweichend von den in Abs. 1 bezeichneten Vorschriften regeln.**

TEIL III.

ÜBERGANGSVORSCHRIFTEN.

§ 109.

(1) **Bis zur Errichtung der Landesverwaltungsgerichte gemäß § 6 Abs. (1) dieser Verordnung üben die in den früheren Provinzen Nordrhein, Westfalen und Hannover bestehenden Bezirksverwaltungsgerichte, das Landesverwaltungsgericht in Schleswig-Holstein, der Verwaltungsgerichtshof in Braunschweig, das Oberverwaltungsgericht in Oldenburg und das Verwaltungsgericht in Hamburg unter der Bezeichnung „Landesverwaltungsgericht“ an ihren gegenwärtigen Sitzen und in ihren gegenwärtigen**

Gerichtsbezirken die Aufgaben eines Landesverwaltungsgerichts nach den Vorschriften dieser Verordnung aus. Die in Detmold bestehende Nebenstelle des Bezirksverwaltungsgerichts in Minden erhält die Bezeichnung „Landesverwaltungsgericht in Minden, Kammer für Lippe".

(2) Das Oberverwaltungsgericht Hamburg bleibt bestehen und gilt als Oberverwaltungsgericht im Sinne dieser Verordnung, wenn nicht ein Hamburger Gesetz etwas anderes bestimmt.

§ 110.

(1) Die Stadt- und Kreisverwaltungsgerichte in Oldenburg werden als Verwaltungsgerichte aufgelöst. Die bei Inkrafttreten dieser Verordnung anhängigen Sachen gehen auf das bisherige Oberverwaltungsgericht als Landesverwaltungsgericht über.

(2) Das Landesverwaltungsgericht Oldenburg bleibt als Berufungsgericht zuständig für die beim Inkrafttreten dieser Verordnung bei ihm anhängigen Sachen, und für die Sachen, in denen ein Urteil eines Stadt- oder Kreisverwaltungsgerichts beim Inkrafttreten dieser Verordnung noch nicht rechtskräftig geworden ist.

(3) Die in der Berufungsinstanz ergehenden Entscheidungen des Landesverwaltungsgericht Oldenburg sind endgültig.

§ 111.

Die Errichtung der Landesverwaltungsgerichte gemäß § 6 gilt als Veränderung in der Einrichtung der Gerichte oder ihrer Bezirke im Sinne des § 8 Abs. (3) des Gerichtsverfassungsgesetzes.

§ 112.

Jedes Land kann durch Gesetz bestimmen, daß von der Errichtung eines Oberverwaltungsgerichts bis auf weiteres abgesehen wird.

§ 113.

Ehemalige deutsche Staatsangehörige, die durch Maßnahmen der nationalsozialistischen Regierung aus politischen, rassischen oder religiösen Gründen die deutsche Staatsangehörigkeit verloren haben und keine andere Staatsangehörigkeit besitzen, gelten im Sinne des § 13 Abs. (1) Satz 2 als deutsche Staatsangehörige.

§ 114.

Bis zum Inkrafttreten des auf Grund des § 19 Abs. (2) zu erlassenden Landesgesetzes werden die ehrenamtlichen Mitglieder nach den bestehenden Vorschriften berufen.

§ 115.

Aufgehoben werden

a) Artikel I—VI, X und XI der Verordnung Nr. 141 der Militärregierung über die Gerichtsbarkeit in Verwaltungssachen sowie die auf Grund des Artikels X der genannten Verordnung erlassenen Bestimmungen;
b) Verordnung Nr. 2 des Regional Commissionar für das Land Niedersachsen, betreffend den Verwaltungsgerichtshof in Braunschweig;
c) alle deutschen Gesetze und Verordnungen, soweit ihre Vorschriften mit der gegenwärtigen Verordnung nicht vereinbar sind.

TEIL IV.

SCHLUSSVORSCHRIFTEN.

§ 116.

Die Vorschriften dieser Verordnung werden von den Landesregierungen ausgeführt, soweit diese Verordnung nichts Abweichendes bestimmt. Jedes Land hat die für seine Verwaltungsgerichte erforderlichen Mittel zur Verfügung zu stellen.

§ 117.

Die in dieser Verordnung enthaltenen Verweisungen auf Vorschriften des Gerichtsverfassungsgesetzes und der Zivilprozeßordnung beziehen sich, soweit nichts Abweichendes bestimmt ist, auf die im Bereich dieser Verordnung jeweils geltenden Fassungen dieser Gesetze.

§ 118.

(1) Für die Anwendung dieser Verordnung gilt die Hansestadt Hamburg als Land, ihr Bürgermeister als Ministerpräsident, ihr Senat als Landesregierung und ihre Bürgerschaft als Landtag.

(2) Im übrigen findet diese Verordnung auf die Hansestadt Hamburg mit folgender Maßgabe Anwendung:

a) die bestehende Verbindung zwischen den Verwaltungsgerichten und den ordentlichen Gerichten der Hansestadt bleibt unberührt;

b) die Vorschriften des § 19 Abs. (1) und (2) finden keine Anwendung. Die ehrenamtlichen Mitglieder werden auf die Dauer von fünf Jahren von der Bürgerschaft gewählt. Die Art der Wahl wird durch Hamburger Gesetz geregelt. Die Senatskommission für die Justizverwaltung entscheidet an Stelle des Ausschusses in den Fällen des § 19 Abs. (5).

§ 119.

Während der Besetzung ist die vorstehende Verordnung mit den sich aus der Anlage ergebenden Abweichungen anzuwenden.

§ 120.

Diese Verordnung tritt am 15. September 1948 in Kraft.

§ 121.

Der deutsche Wortlaut dieser Verordnung ist der maßgebende Wortlaut. Auf ihn finden die Bestimmungen der Militärregierungs-Verordnung Nr. 3 und des Militärregierungs-Gesetzes Nr. 4, Artikel II Ziffer 5, keine Anwendung.

ANLAGE.

BESONDERE VORSCHRIFTEN FÜR DIE ZEIT DER BESETZUNG.

§ 1.

Gesetze, Verordnungen und andere Rechtsvorschriften, die auf Grund dieser Verordnung erlassen werden, bedürfen zu ihrer Gültigkeit der Zustimmung der Militärregierung.

§ 2.

Die Gerichte dürfen

a) Rechtsvorschriften, Verwaltungsmaßnahmen oder alle sonstigen Anweisungen, Handlungen oder Unterlassungen des Kontrollrats oder der Militärregierung,

b) Gesetze, Verordnungen, Anordnungen, sonstige Handlungen oder Unterlassungen deutscher Stellen, soweit sie auf einer ausdrücklichen Anordnung der Militärregierung beruhen,

weder als ungültig oder unrechtmäßig behandeln noch sie so bezeichnen.

§ 3.

(1) Das Gericht hat einen Bescheid der Militärregierung nachzusuchen, wenn

a) es im Zweifel über die Auslegung, Erheblichkeit oder die Rechtsfolgen einer der in § 2a) aufgeführten Rechtsvorschriften, Verwaltungsmaßnahmen oder sonstigen Anweisungen, Handlungen oder Unterlassungen ist oder einer der Beteiligten einen Bescheid darüber beantragt;

b) es eines Beweises bedarf, daß eine Rechtsvorschrift, Anordnung, sonstige Handlung oder Unterlassung einer deutschen Stelle auf einer ausdrücklichen Anordnung der Militärregierung beruht.

(2) In dem Gesuch um einen solchen Bescheid hat das Gericht schriftlich die wesentlichen von ihm getroffenen tatsächlichen Feststellungen, die in Betracht kommenden Rechtsfragen und die Gründe für das Gesuch anzugeben.

(3) Das Gericht hat seine Entscheidung bis zum Empfang des Bescheides auszusetzen. Der Inhalt des Bescheides ist der Entscheidung zugrundezulegen.

(4) Die Vorschriften der Absätze (1) bis (3) finden auch Anwendung, wenn das Gericht Zweifel darüber hat, ob eine deutsche, vor dem 8. Mai 1945 erlassene Vorschrift im Hinblick auf Vorschriften des Kontrollrats oder der Militärregierung noch in Geltung ist.

§ 4.

(1) Die Vorschriften des Artikels V Nr. 9 des Artikels VII und des Artikels VIII des Gesetzes Nr. 2 der Militärregierung bleiben unberührt.

(2) Mit Zustimmung der Militärregierung kann die Landesregierung im Einzelfalle eine Person, die das gesetzlich vorgeschriebene Höchstalter überschritten hat, zum Richter an einem Verwaltungsgericht ernennen oder durch besondere Anordnung im Amt eines Verwaltungsrichters belassen.

§ 5.

(1) **Die Vorschrift des § 10g des Artikels VI des Gesetzes Nr. 2 der Militärregierung, in der Fassung der Verordnung Nr. 29 der Militärregierung, findet auf die der Verwaltungsgerichtsbarkeit unterliegenden Sachen keine Anwendung.**

(2) **Ist durch Urteil, Vorbescheid oder Bescheid gemäß § 57 ein Land, eine andere juristische Person des öffentlichen Rechts oder eine öffentliche Behörde zur Zahlung einer Geldsumme verurteilt worden, so ist die Zwangsvollstreckung nur mit Zustimmung der Militärregierung zulässig. Die Zustimmung kann für bestimmte Gruppen von Fällen allgemein erteilt werden.**

GESETZ Nr. 39
über die Verwaltungsgerichtsbarkeit.

Vom 25. September 1946 (GVBl. S. 281)

in der Fassung des Gesetzes vom 30. September 1949 (GVBl. S. 258).

Erster Abschnitt.

Verwaltungsgerichtshof und Verwaltungsgerichte.

§ 1.

(1) **Die Verwaltungsgerichtsbarkeit wird durch unabhängige, nur dem Gesetz unterworfene Gerichte (Verwaltungsgerichtshof und Verwaltungsgerichte) ausgeübt.**

(2) **Ihre Zahl und ihr Sitz werden durch Verordnung bestimmt. Sie gehören zum Geschäftsbereich des Ministers des Innern.**

Abs. 1 entspricht seinem Inhalte nach Art. 85 Bayer. Verfassung, der lautet: „Die Richter sind nur dem Gesetz unterworfen." Das gleiche steht im Art. 97 Abs. 1 des Grundgesetzes für die Bundesrepublik Deutschland: „Die Richter sind unabhängig und nur dem Gesetz unterworfen."

Unter „Gesetz" ist das Gesetz im materiellen, nicht im formalen Sinne gemeint und ist darunter jede allgemeine gültige Rechtsnorm zu verstehen (vgl. Nawiasky-Leusser, Die Verfassung des Freistaates Bayern S. 166). Die allgemein anerkannten Grundsätze des Völkerrechts gelten als Bestandteile des einheimischen Rechts (Art. 84 BayerVerf.). Zu verweisen ist auch auf Art. 1 Abs. 3 GG.: „Die nachfolgenden Grundrechte binden Gesetzgebung, Verwaltung und Rechtsprechung als unmittelbar geltendes Recht." Zu den Gesetzen gehört auch das Gewohnheitsrecht, Kirchenrecht wohl nur insoweit, als es ausdrücklich als innerstaatliches Recht anerkannt ist. Die Geltung des sogenannten Naturrechts, für die nach dem Zusammenbruch sich viele Stimmen erhoben, wäre m. E. abzulehnen. Die VO. Nr. 165 hat dies in erfreulicher Weise klar ausgedrückt.

Hält das Gericht, nicht der einzelne Verwaltungsrichter, ein Gesetz, auf dessen Gültigkeit es bei der Entscheidung ankommt, für verfassungswidrig, so hat es die Entscheidung des Verfassungsgerichtshofes einzuholen (Art. 100 GG., Art. 92 BayerVerf.). Siehe auch Bemerkung zu § 22.

An eine Verordnung oder an eine sonstige, im Range unter dem Gesetze stehende Rechtsvorschrift ist das Verwaltungsgericht nicht gebunden, sondern kann deren Gültigkeit prüfen (incidenter). Gelangt es zu der Ansicht, die betreffende Vorschrift sei, da durch das Gesetz nicht gedeckt, ungültig, so wendet es diese Norm nicht an und hebt die darauf ausschließlich gestützte Verfügung der Verwaltungsbehörde auf. Die Vorschrift überhaupt für ungültig zu erklären mit der Wirkung, daß sie aufgehoben würde, kann das Verwaltungsgericht nicht, seine Entscheidung gilt nur für den Einzelfall. Der VGH. hat das Recht der objektiven Normenkontrolle unter den Voraussetzungen des § 25 VGG. Ob ein Verwaltungsgericht als „Behörde" angesehen werden kann, die gemäß § 25 VGG. den Antrag auf Normenkontrolle stellen könnte, ist zu bezweifeln.

Daß die Verwaltungsgerichte keinerlei Weisungen unterworfen sind, ist eine Selbstverständlichkeit. Die Besatzungsmacht konnte zwar auf Grund des Gesetzes Nr. 2 Urteile der Verwaltungsgerichte aufheben, sie konnte ihnen aber keine Weisungen erteilen, wie in einem Einzelfall zu entscheiden ist. Nach dem jetzt geltenden Besatzungsstatut ist eine Aufhebung nicht mehr möglich, Ges. Nr. 2 ist aufgehoben.

In Bayern ist Sitz des VGH. München, in Württemberg-Baden Stuttgart mit Außenstelle in Karlsruhe, in Hessen Kassel.

Verwaltungsgerichte gibt es in Bayern derzeit sechs: Ansbach, Augsburg, Bayreuth, München, Regensburg, Würzburg.

In der britischen Zone entscheiden in erster Stufe die Landesverwaltungsgerichte, in zweiter das Oberverwaltungsgericht.

§ 2.

Die Dienstaufsicht über den Verwaltungsgerichtshof steht dem Ministerpräsidenten zu, die Dienstaufsicht über die Verwaltungsgerichte dem Präsidenten des Verwaltungsgerichtshofes.

Die Dienstaufsicht betrifft selbstverständlich nur die Verwaltung des Gerichtes, nicht aber die richterliche Tätigkeit als solche.

Mitglieder des VGH. und der VerwGerichte.

§ 3.

(1) Die Mitglieder des Verwaltungsgerichtshofes und die beamteten Mitglieder der Verwaltungsgerichte müssen entweder nach den Vorschriften des Gerichtsverfassungsgesetzes die Befähigung zum Richteramt oder auf Grund des Studiums der Rechtswissenschaft an einer Universität sowie einer mehrjährigen praktischen Vorbereitung im öffentlichen Dienst durch Ablegung der vorgeschriebenen Prüfungen die Befähigung zum höheren Verwaltungsdienst erworben haben oder ordentliche öffentliche Lehrer der Rechtswissenschaft an einer deutschen Hochschule sein oder gewesen sein.

(2) Auf die persönliche Rechtsstellung der hauptamtlichen Mitglieder und auf die der nebenamtlichen Mitglieder als Richter sind die für die Richter der ordentlichen Gerichtsbarkeit geltenden Vorschriften entsprechend anzuwenden.

(3) Die hauptamtlichen Mitglieder des Verwaltungsgerichtshofes können zur Ausbildung und Prüfung der Referendare herangezogen, im übrigen aber im Verwaltungsdienst nicht beschäftigt werden.

In Hessen besteht eine Abweichung insoweit, als Abs. 1 den Zusatz enthält, daß die Ernennung durch die Landesregierung erfolgt. Im Abs. 3 sind auch die Mitglieder der Verwaltungsgerichte angeführt.

Zusammensetzung des VGH.

§ 4.

(1) Der Verwaltungsgerichtshof besteht aus dem Präsidenten, den etwa erforderlichen Senatspräsidenten und weiteren ordentlichen Mitgliedern (Räten) sowie Stellvertretern.

(2) Das Präsidium des Verwaltungsgerichtshofs besteht aus dem Präsidenten, den Senatspräsidenten und den beiden dienstältesten hauptamtlichen Räten.

(3) Der Präsident und mindestens drei Räte, bei Bildung mehrerer Senate der Senatspräsident und mindestens zwei Räte eines jeden Senats, werden hauptamtlich auf Lebenszeit ernannt.

(4) Die übrigen Räte und die Stellvertreter werden aus den ständigen Richtern des Obersten Landesgerichts, den Mitgliedern des Obersten Rechnungshofes oder den ordentlichen Universitätsprofessoren des öffentlichen Rechts für die Dauer ihres Hauptamtes ernannt. Als ordentliche Mitglieder und als Stellvertreter können auf bestimmte Zeit,

die zwei Jahre nicht unterschreiten darf, auch Ruhestandsbeamte bestellt werden, die früher ordentliche Mitglieder des Verwaltungsgerichtshofes waren oder eines der in Satz 1 genannten Ämter oder ein entsprechendes der allgemeinen Verwaltung bekleidet haben.

(5) Durch Verordnung kann bestimmt werden, daß, abgesehen von den Universitätsprofessoren, alle Mitglieder hauptamtlich auf Lebenszeit zu ernennen sind.

(6) Auf die Stellvertreter ist erst zurückzugreifen, wenn bei Verhinderung ordentlicher Mitglieder nicht andere ordentliche Mitglieder als Ersatzrichter herangezogen werden können.

In Württemberg-Baden und Hessen lautet Abs. 4:

„Die übrigen Räte und die Stellvertreter werden aus den ständigen Richtern der Oberlandesgerichte, den Mitgliedern der obersten Rechnungsprüfungsbehörden oder den ordentlichen Universitätsprofessoren des öffentlichen Rechts für die Dauer ihres Hauptamtes ernannt."

§ 5.

(1) Vor Ernennung eines Senatspräsidenten, eines Rats oder eines Stellvertreters ist die Vollversammlung des Verwaltungsgerichtshofes zu hören.

(2) Die Vollversammlung besteht aus allen ordentlichen Mitgliedern des Verwaltungsgerichtshofes. Sie ist bei Anwesenheit von zwei Drittel der Mitglieder beschlußfähig.

§ 6.

(1) Der Verwaltungsgerichtshof verhandelt und entscheidet in der Besetzung von fünf Mitgliedern einschließlich des Vorsitzenden. Beschlüsse werden in der Besetzung von drei Mitgliedern einschließlich des Vorsitzenden erlassen.

(2) Der Vorsitzende kann, insbesondere bei Verhandlungen von längerer Dauer, weitere Mitglieder als Ergänzungsrichter zuziehen, die der Verhandlung beizuwohnen und für ein verhindertes Mitglied einzutreten haben.

(3) Bei der Beratung und Abstimmung dürfen außer den nach Abs. 1 und 2 berufenen Mitgliedern nur die beim Verwaltungsgerichtshof zu ihrer Ausbildung beschäftigten Per-

sonen zugegen sein, soweit der Vorsitzende ihre Anwesenheit gestattet.

(4) Die Entscheidungen werden mit Stimmenmehrheit gefällt. Die Reihenfolge der Abstimmung richtet sich nach dem Dienstalter, bei gleichem Dienstalter nach dem Lebensalter. Der Jüngere stimmt vor dem Älteren, der Vorsitzende zuletzt.

In Württemberg-Baden fehlt der zweite Satz des Abs. 1.

In Hessen lautet Abs. 1:

„Der Verwaltungsgerichtshof verhandelt und entscheidet in der Besetzung von 5 Mitgliedern einschließlich des Vorsitzenden, jedoch bei Vorbescheiden und Beschlüssen in der Besetzung von 3 Mitgliedern einschließlich des Vorsitzenden."

In der britischen Zone verhandeln und entscheiden die Oberverwaltungsgerichte in Senaten, die mit drei Richtern einschließlich des Vorsitzenden besetzt sind; die Länder können durch Gesetz bestimmen, daß in jedem Senat neben den drei Richtern zwei ehrenamtliche Mitglieder mitwirken. (§ 4 der VO. Nr. 165). Während das VGG. eine Mitwirkung des Laienelementes beim VGH. nicht kennt, ist diese in der britischen Zone möglich.

Zwischen Bayern und Hessen einerseits und Württemberg-Baden andererseits besteht der wichtige Unterschied, daß in letzterem Lande stets fünf Mitglieder bei einer Entscheidung mitwirken müssen. In Bayern genügen bei Beschlüssen drei Mitglieder, in Hessen außerdem auch bei Vorbescheiden.

Veröffentlichung von Entscheidungen.

§ 7.

Der Verwaltungsgerichtshof veröffentlicht seine Entscheidungen, soweit sie grundsätzliche Bedeutung haben. Die Auswahl trifft das Präsidium (§ 4 Abs. 2).

Eine diesbezügliche Bestimmung fehlt in der VO. Nr. 165.

Abweichen von der veröffentlichten Rechtsansicht.

§ 8.

Will in einer Rechtsfrage ein Senat von einer nach § 7 veröffentlichten Entscheidung des Verwaltungsgerichtshofs abweichen, so entscheidet über die streitige Rechtsfrage die Vollversammlung (§ 5 Abs. 2). Den Beteiligten ist vorher Gelegenheit zu schriftlicher Äußerung zu geben. Die Entscheidung ergeht ohne mündliche Verhandlung. Sie ist in der anhängigen Streitsache bindend.

Nicht direkt ausgesprochen aber vorausgesetzt ist hier, daß der Senat grundsätzlich an die Rechtsansicht gebunden ist, die in der gemäß § 7 veröffentlichten Entscheidung (Urteil, Beschluß) ausgesprochen wurde. Solange eine Entscheidung nicht gemäß § 7 veröffentlicht ist, kann der Senat von der in dieser Entscheidung ausgesprochenen Rechtsansicht abweichen, auch wenn diese vom Präsidium zur Veröffentlichung ausgewählt war.

Bei den veröffentlichten Entscheidungen ist der sogenannte Leitsatz an die Spitze gestellt, worauf die nähere Begründung folgt. Der Leitsatz stellt gewissermaßen den Extrakt, die kurze Zusammenfassung der folgenden Rechtsausführungen dar. Aber nicht nur an die im Leitsatz gelöste Rechtsfrage ist der Senat gebunden, sondern auch an die Rechtsansicht, die in der veröffentlichten Begründung enthalten ist, ohne in dem Leitsatz zum Ausdrucke zu kommen. Bindend ist aber nur die Beantwortung einer Rechtsfrage, nicht aber auch die in der Entscheidung enthaltene Beurteilung des Tatbestandes.

Nicht sehr glücklich ist die Bestimmung, daß den Beteiligten (somit dem Anfechtungs- bzw. Berufungskläger, Anfechtungsgegner, Staatsanwaltschaft, Beigeladenen) vorher Gelegenheit zu schriftlicher Äußerung gegeben werden muß, denn daraus erfahren sie bereits vorweg die Rechtsansicht des erkennenden Senates. Jura novit curia und es ist wohl Sache des VGH., sich über eine Rechtsfrage schlüssig zu werden, ohne bei den Parteien Belehrung suchen zu müssen.

Das Gesetz enthält keine Bestimmung, was zu geschehen hat, wenn der Senat die Entscheidung der Vollversammlung nicht einholt und in seiner Entscheidung von der Rechtsansicht der veröffentlichten Entscheidung abweicht. Die Entscheidung ist zweifellos wirksam und für die Beteiligten bindend. (Vgl. Van Husen, Gesetz über die Verwaltungsgerichtsbarkeit S. 18.)

Es ist wohl selbstverständlich, daß die in der Rechtsansicht nunmehr abweichende Entscheidung gemäß § 7 veröffentlicht werden muß.

§ 9.

Erstattung von Gutachten.

Der Verwaltungsgerichtshof erstattet der Staatsregierung auf Verlangen Gutachten über Gesetzentwürfe.

Die Verpflichtung des VGH. zur Erstattung von Gutachten bezieht sich nur auf Gutachten über Gesetzentwürfe. Die Erstattung anderer Gutachten, z. B. über den Entwurf einer Durchführungsverordnung, eine bestimmte Rechtsfrage, kann der VGH. ablehnen und wird es in der Regel tun, um sich nicht irgendwie festzulegen, denn über die Gültigkeit einer Verordnung oder eine bestimmte Rechtsfrage entscheidet der erkennende Senat in voller richterlicher Unabhängigkeit, sobald die Sache durch Anfechtungsklage, Berufung oder Antrag auf Normenkontrolle an ihn herangetragen wird.

Van Husen ist der Ansicht, daß ein Gutachten nur von der Staatsregierung angefordert werden kann; es kann aber fraglich sein, ob nicht auch der Landtag oder der Senat hierzu berechtigt wäre.

Geschäftsordnung.

§ 10.

Der Verwaltungsgerichtshof gibt sich eine Geschäftsordnung, die das Präsidium beschließt. Sie bedarf der Genehmigung der Staatsregierung.

Zusammensetzung der Verwaltungsgerichte.

§ 11.

(1) **Das Verwaltungsgericht besteht aus dem Präsidenten, den etwa erforderlichen Kammervorsitzenden und weiteren beamteten Mitgliedern, den ehrenamtlichen Mitgliedern und Stellvertretern.**

(2) **Das Präsidium des Verwaltungsgerichts besteht aus dem Präsidenten und den beiden dienstältesten beamteten Mitgliedern.**

(3) **Der Präsident sowie mindestens ein weiteres beamtetes Mitglied des Gerichts und, wenn mehrere Kammern gebildet sind, der Vorsitzende sowie mindestens ein weiteres beamtetes Mitglied einer jeden Kammer werden hauptamtlich auf Lebenszeit ernannt.**

(4) **Die übrigen beamteten Mitglieder sowie die Stellvertreter der beamteten Mitglieder werden aus den planmäßigen Richtern der bürgerlichen Gerichte, den höheren Verwaltungsbeamten oder den Universitätsprofessoren des öffentlichen Rechts für die Dauer ihres Hauptamtes ernannt. Als beamtete Mitglieder und als Stellvertreter können auf bestimmte Zeit, die zwei Jahre nicht unterschreiten darf, auch Ruhestandsbeamte bestellt werden, die früher eines der in Satz 1 genannten Ämter bekleidet haben. Auf die Stellvertreter ist erst zurückzugreifen, wenn bei Verhinderung beamteter Mitglieder nicht andere beamtete Mitglieder als Ersatzrichter herangezogen werden können.**

In Württemberg-Baden und Hessen fehlt im Abs. 4 Satz 2.

In Hessen heißt der „Präsident" **„Verwaltungsgerichtsdirektor"**.

Verfassungsrechtliche Bedenken können bezüglich der Bestimmung des Abs. 4 auftauchen, daß die übrigen beamteten Mitglieder sowie die Stellvertreter der beamteten Mitglieder aus ...... den höheren

Verwaltungsbeamten ...... für die Dauer ihres Hauptamtes ernannt werden. Daraus ergibt sich, daß diese höheren Verwaltungsbeamten nur nebenamtlich als Verwaltungsrichter, hauptamtlich aber weiter als Verwaltungsbeamte tätig sein sollen. Als Verwaltungsbeamte sind sie jedoch an Weisungen gebunden und versetzbar, es fehlt ihnen in dieser Richtung jedenfalls die richterliche Unabhängigkeit und es ist schwer, Haupt- und Nebenamt zu trennen und sie im Nebenamt als unabhängig anzuerkennen, wenn es auch nur formalrechtlich geschieht. Die Bayer. Verfassung kennt keine nebenamtlichen Richter; ob unter den „Richtern der ordentlichen Gerichtsbarkeit" (Art. 87 Abs. 2) nur die Richter der bürgerlichen Gerichte oder auch die der Verwaltungsgerichte zu verstehen sind, mag dahingestellt bleiben. Das Grundgesetz billigt im Art. 97 Abs. 2 die Unabsetzbarkeit nur den hauptamtlich und planmäßig endgültig angestellten Richtern zu, während die Unabhängigkeit allen Richtern, somit auch den nebenamtlichen zugebilligt wird. Zur richterlichen Unabhängigkeit gehört eine sich in vollem Umfange auswirkende Unabsetzbarkeit und Unversetzbarkeit, diese ist aber bei den oben erwähnten nebenamtlichen Richtern nicht gegeben.

Siehe auch den Artikel von Schoen: „Besondere Verwaltungsgerichte" in ÖffVerw. 49 S. 446.

§ 12.

Vor Ernennung des Präsidenten des Verwaltungsgerichts ist der Präsident des Verwaltungsgerichtshofes, vor Ernennung eines sonstigen beamteten Mitglieds oder Stellvertreters der Präsident des Verwaltungsgerichts zu hören.

§ 13.

Wahl der ehrenamtlichen Mitglieder.

Die ehrenamtlichen Mitglieder werden für die Dauer von vier Jahren gewählt. Das Nähere bestimmt ein Gesetz. Bis zum Inkrafttreten dieses Gesetzes werden sie von der Staatsregierung ernannt. Sie müssen deutsche Staatsangehörige sein und das dreißigste Lebensjahr vollendet haben.

§ 14.

Rechtsstellung der ehrenamtlichen Mitglieder.

(1) **Die ehrenamtlichen Mitglieder haben bei der Ausübung ihres Amtes alle Rechte und Pflichten richterlicher Beamter. Sie sind vor ihrem Amtsantritt auf die Erfüllung der Obliegenheiten des ihnen übertragenen Amtes eidlich zu verpflichten. Sie erhalten Aufwandsentschädigung, Ersatz der Fahrtkosten und des Verdienstausfalles in gleicher Weise wie die Schöffen.**

(2) **Bei Verlust der deutschen Staatsangehörigkeit stellt das Präsidium des Verwaltungsgerichts (§ 11 Abs. 2) das Ausscheiden aus dem Amte fest.**

In Württemberg-Baden und Hessen lautet Abs. 1:

(1) **Auf die Rechtsstellung und eidliche Verpflichtung der ehrenamtlichen Mitglieder sind die für die Handelsrichter erlassenen Vorschriften der §§ 107, 111 und 112 des Gerichtsverfassungsgesetzes in der Fassung vom 22. März 1924 (Reichsgesetzblatt I S. 299) entsprechend anzuwenden.**

In Hessen wurde im Absatz 1 hinter „§ 107" eingefügt „Absatz (1)". Neu eingefügt wurde Abs. 3.

„(3) **Die ehrenamtlichen Mitglieder erhalten eine Entschädigung für Verdienstausfall und Ersatz ihrer Auslagen nach den Vorschriften für die Entschädigung der Schöffen und Geschworenen.**"

§ 15.

(1) **Das Verwaltungsgericht verhandelt und entscheidet in der Besetzung von einem Vorsitzenden, zwei beamteten und zwei ehrenamtlichen Mitgliedern als Beisitzer. Bei Entscheidungen, die ohne mündliche Verhandlung ergehen, wirken die ehrenamtlichen Beisitzer nicht mit. § 6 Abs. 2 und 3 ist anzuwenden.**

(2) **Die Entscheidungen werden mit Stimmenmehrheit gefällt. Die ehrenamtlichen Mitglieder stimmen vor den beamteten Mitgliedern. Die Reihenfolge ihrer Abstimmung richtet sich nach dem Lebensalter. Im übrigen gilt § 6 Abs. 4.**

Wichtig ist die Bestimmung, daß bei Entscheidungen, die ohne mündliche Verhandlung ergehen, somit auch bei Urteilen, wenn die Beteiligten auf mündliche Verhandlung verzichtet oder im Falle des § 65 Abs. 2 VGG. nicht ausdrücklich mündliche Verhandlung beantragt haben (Beschlüssen, Vorbescheiden), die ehrenamtlichen Mitglieder nicht mitwirken.

Geschäftsordnung der Verwaltungsgerichte.

§ 16.

Der Präsident des Verwaltungsgerichtshofes erläßt für jedes Verwaltungsgericht eine Geschäftsordnung. Das Präsidium des Verwaltungsgerichts ist vorher gutachtlich zu hören.

Hessen:

Jedes Verwaltungsgericht gibt sich eine Geschäftsordnung, die der Genehmigung der Staatsregierung bedarf.

§ 17.

Ausschließung und Ablehnung der Mitglieder des VGH. und der VG.

Für die Ausschließung und Ablehnung eines Mitgliedes des Verwaltungsgerichtshofes oder des Verwaltungsgerichts, des Schriftführers oder des Urkundsbeamten der Geschäftsstelle gelten die Vorschriften der Zivilprozeßordnung in der ungeänderten Fassung vom 13. Mai 1924 (RGBl. I S. 437) entsprechend. Von der Ausübung des Richteramtes ist auch ausgeschlossen, wer bei dem Verwaltungsakt, der den Gegenstand einer Anfechtungsklage bildet, oder bei der Entscheidung über einen dagegen eingelegten Einspruch oder eine Beschwerde mitgewirkt hat.

Die einschlägigen Vorschriften der ZPO. lauten:

§ 41.

„Ein Richter ist von der Ausübung des Richteramtes kraft Gesetzes ausgeschlossen:

1. *in Sachen, in welchen er selbst Partei ist, oder in Ansehung welchen er zu einer Partei in dem Verhältnisse eines Mitberechtigten, Mitverpflichteten oder Regreßpflichtigen steht;*
2. *in Sachen seines Ehegatten, auch wenn die Ehe nicht mehr besteht;*
3. *in Sachen einer Person, mit welcher er in gerader Linie verwandt, verschwägert oder durch Adoption verbunden, in der Seitenlinie bis zum dritten Grad verwandt oder bis zum zweiten Grad verschwägert ist, auch wenn die Ehe, durch welche die Schwägerschaft begründet ist, nicht mehr besteht;*
4. *in Sachen, in welchen er als Prozeßbevollmächtigter oder Beistand einer Partei bestellt oder als gesetzlicher Vertreter einer Partei aufzutreten berechtigt ist oder gewesen ist;*
5. *in Sachen, in welchen er als Zeuge oder als Sachverständiger vernommen ist;*
6. *in Sachen, in welchen er in früherer Instanz oder in schiedsgerichtlichen Verfahren bei der Erlassung der angefochtenen Entscheidung mitgewirkt hat, sofern es sich nicht um die Tätigkeit eines beauftragten oder ersuchten Richters handelt.“*

§ 42.

„Ein Richter kann sowohl in den Fällen, in welchen er von der Ausübung des Richteramts kraft Gesetz ausgeschlossen ist, als auch wegen Besorgnis der Befangenheit abgelehnt werden.

Wegen Besorgnis der Befangenheit findet die Ablehnung statt, wenn ein Grund vorliegt, welcher geeignet ist, Mißtrauen gegen die Unparteilichkeit des Richters zu rechtfertigen.

Das Ablehnungsrecht steht in jedem Fall beiden Parteien zu.“

§ 43.

„Eine Partei kann einen Richter wegen Besorgnis der Befangenheit nicht mehr ablehnen, wenn sie bei demselben, ohne den ihr bekannten Ablehnungsgrund geltend zu machen, in eine Verhandlung sich eingelassen oder Anträge gestellt hat."

§ 44.

„Das Ablehnungsgesuch ist bei dem Gerichte, welchem der Richter angehört, anzubringen; es kann vor der Geschäftsstelle zu Protokoll erklärt werden.

Der Ablehnungsgrund ist glaubhaft zu machen; zur Versicherung an Eides Statt darf die Partei nicht zugelassen werden. Zur Glaubhaftmachung kann auf das Zeugnis des abgelehnten Richters Bezug genommen werden.

Der abgelehnte Richter hat sich über den Ablehnungsgrund dienstlich zu äußern.

Wird ein Richter, bei welchem die Partei in eine Verhandlung sich eingelassen oder Anträge gestellt hat, wegen Besorgnis der Befangenheit abgelehnt, so ist glaubhaft zu machen, daß der Ablehnungsgrund erst später entstanden oder der Partei bekannt geworden ist."

§ 45.

„Über das Ablehnungsgesuch entscheidet das Gericht, welchem der Abgelehnte angehört; wenn dasselbe durch Ausscheiden des abgelehnten Mitgliedes beschlußunfähig wird, das im Instanzenzuge zunächst höhere Gericht."

Abs. 2 kommt nicht in Betracht.

§ 46.

„Die Entscheidung über das Ablehnungsgesuch kann ohne vorgängige mündliche Verhandlung erfolgen.

Gegen den Beschluß, durch welchen das Gesuch für begründet erklärt wird, findet kein Rechtsmittel, gegen den Beschluß, durch welchen das Gesuch für unbegründet erklärt wird, findet sofortige Beschwerde statt."

§ 47.

„Ein abgelehnter Richter hat vor Erledigung des Ablehnungsgesuchs nur solche Handlungen vorzunehmen, welche keinen Aufschub gestatten."

§ 48.

Das für die Erledigung eines Ablehnungsgesuches zuständige Gericht hat auch dann zu entscheiden, wenn ein solches Gesuch nicht eingebracht ist, ein Richter aber von einem Verhältnis Anzeige macht, welches seine Ablehnung rechtfertigen könnte, oder wenn aus anderer Veranlassung Zweifel darüber entstehen, ob ein Richter kraft Gesetzes ausgeschlossen sei.

Die Entscheidung erfolgt ohne vorgängiges Gehör der Parteien."

Rechtsprechung.

Es genügt für die Besorgnis der Befangenheit eines Richters, wenn ein vernünftiger Grund vorliegt, welcher die Partei von ihrem Standpunkt aus befürchten lassen kann, daß der Richter in der Sache nicht unparteiisch entscheiden würde. Auf den Nachweis einer tatsächlichen parteiischen Einstellung des Richters kommt es nicht an. Bestehen zwischen Richter und Partei gespannte Verhältnisse, so ist — selbst wenn diese noch nicht zu einer offenen Feindschaft ausgeartet sind — für die Partei die Besorgnis gegeben, daß der Richter der Streitsache nicht unbefangen gegenübersteht.

HessVGH., Beschl. vom 4. August 1948 — B 47/48; ÖffVerw. 49 S. 459.

§ 18.

Vertreter des öffentlichen Interesses.

(1) **Die Staatsregierung kann beim Verwaltungsgerichtshof und bei den Verwaltungsgerichten einen ständigen Vertreter des öffentlichen Interesses bestellen. § 3 Abs. 1 gilt auch für ihn.**

(2) **Der Vertreter des öffentlichen Interesses hat mitzuwirken, daß das Recht sich durchsetzt und das Gemeinwohl keinen Schaden erleidet. Er ist an die Weisungen der Staatsregierung gebunden.**

§ 19.

Geschäftsstelle.

Beim Verwaltungsgerichtshof und bei jedem Verwaltungsgericht besteht eine Geschäftsstelle. Näheres wird durch Verordnung bestimmt.

§ 20.

Rechtshilfe.

Die Amtsgerichte, Verwaltungsgerichte und Verwaltungsbehörden haben dem Verwaltungsgerichtshof und den Verwaltungsgerichten auf Ersuchen Rechtshilfe zu leisten.

Gemäß § 64 VGG. kann das Verwaltungsgericht den erforderlichen Beweis mit Begrenzung auf genau bestimmte Punkte und Personen dadurch erheben, daß es ein anderes Gericht oder eine Verwaltungsbehörde um die Erhebung ersucht. § 65 VGG. regelt die Zuziehung von Akten einer anderen Behörde. § 66 die Einvernahme von Zeugen durch um Rechtshilfe ersuchte Verwaltungsbehörden. § 68 die Vorlage von Urkunden. § 20 VGG. bietet die rechtliche Grundlage für diese Maßnahmen und die Verpflichtung der Behörden, die Rechtshilfe in dem in den folgenden Bestimmungen bestimmten Grenzen zu leisten.

Während alle Verwaltungsbehörden, mag es sich nun um solche erster Instanz oder um Ministerien, um staatliche oder kommunale Stellen oder sonstige öffentlich-rechtliche Körperschaften handeln, zur Rechtshilfe verpflichtet sind, bezieht sich die Verpflichtung bei den bürgerlichen Gerichten nur auf die Amtsgerichte.

Ein Mangel, der baldigst abgeschafft werden sollte, liegt darin, daß gegenüber Gerichten und Behörden anderer deutscher Länder kein Rechtshilfeanspruch besteht.

Zweiter Abschnitt.

Zuständigkeit.

Verwaltungsgerichtshof.

§ 21.

Der Verwaltungsgerichtshof entscheidet über die Rechtsmittel der Berufung und Beschwerde gegen die Entscheidungen der Verwaltungsgerichte, außerdem im ersten und letzten Rechtszug in den gesetzlich besonders bestimmten Fällen.

§ 27. VO. Nr. 165.

Die Oberverwaltungsgerichte entscheiden

a) über das Rechtsmittel der Berufung gegen die Urteile der Landesverwaltungsgerichte;

b) über das Rechtsmittel der Beschwerde gegen andere Entscheidungen der Landesverwaltungsgerichte;

c) über die Rechtsmittel der Berufung und der Beschwerde gegen erstinstanzliche Entscheidungen besonderer Verwaltungsgerichte, gegen die nach den gegenwärtig geltenden Vorschriften kein Rechtsmittel bei einem anderen bestehenden Gericht eingelegt werden kann;

d) in erster und letzter Instanz über Verfassungsstreitigkeiten innerhalb eines Landes, in dem kein anderes Gericht zu ihrer Regelung besteht.

Von der Berufung handeln die §§ 101ff., von der Beschwerde die §§ 116ff.

Die Zuständigkeit des VGH., in erster und letzter Stufe zu entscheiden, ist im § 50 VGG. geregelt.

In Hessen ist jetzt § 50 VGG. gestrichen.

In der britischen Zone entscheiden die Oberverwaltungsgerichte in erster Stufe niemals in Anfechtungssachen und Parteistreitigkeiten, sondern nur in Verfassungsstreitigkeiten, soweit in dem betreffenden Lande kein besonderes Verfassungsgericht errichtet ist.

Sachliche Zuständigkeit der Verwaltungsgerichte.

§ 22.

(1) **Das Verwaltungsgericht entscheidet über die Anfechtung von Verfügungen der Verwaltungsbehörden und von**

sonstigen Verwaltungsakten (Anfechtungssachen) sowie in anderen Streitigkeiten des öffentlichen Rechts (Parteistreitigkeiten), soweit nicht besondere Verwaltungsgerichte oder Schiedsgerichte oder die bürgerlichen Gerichte zu entscheiden haben. Parlamentarische Wahlprüfungen und sonstige in den Bereich der Verfassungsgerichtsbarkeit fallende Streitsachen gehören nicht zur verwaltungsgerichtlichen Zuständigkeit.

(2) **Die Klage vor dem Verwaltungsgericht wird nicht dadurch ausgeschlossen, daß nach bisherigem Recht eine Verwaltungsbehörde endgültig entscheidet.**

Gemäß § 138 VGG. gelten auch die auf Grund des Gesetzes zur Befreiung vom Nationalsozialismus und Militarismus vom 5. März 1946 errichteten Spruch- und Berufungskammern als besondere Verw.-Gerichte.

In Württemberg-Baden: In Abs. 1 vor den Worten „die bürgerlichen Gerichte" die Worte: **„nach Reichsrecht"**.

In Hessen: statt „Verfassungsgerichtsbarkeit" **„Staatsgerichtsbarkeit"**.

In Hessen wurde außerdem nach § 22 folgender § 22a eingefügt:

„Gegen eine auf Grund des Reichsmietengesetzes oder anderer preisrechtlicher Bestimmungen durch die Preisbehörde erfolgte Mietpreisfestsetzung können die Beteiligten binnen zwei Wochen nach Zustellung des Festsetzungsbescheides das Amtsgericht anrufen, das auf Grund mündlicher Verhandlung entscheidet. Gegen diese Entscheidung ist binnen zwei Wochen nach Zustellung die Rechtsbeschwerde an das Landgericht zulässig. Die Vorschriften des Reichsgesetzes über die Angelegenheiten der freiwilligen Gerichtsbarkeit vom 17. Mai 1898 (RGBl. S. 189) sind entsprechend anzuwenden."

§ 22. VO. Nr. 165.

(1) **Die Landesverwaltungsgerichte entscheiden über die Anfechtung von Verwaltungsakten sowie über andere Streitigkeiten des öffentlichen Rechts mit Ausnahme von Verfassungsstreitigkeiten.**

(2) **Die Klage wird nicht dadurch ausgeschlossen, daß ein Verwaltungsakt nach deutschen Vorschriften endgültig ist oder nicht vor einem Gericht angefochten werden kann.**

(3) **Die Zuständigkeit der Landesverwaltungsgerichte ist ausgeschlossen in Angelegenheiten, die durch Gesetz den ordentlichen Gerichten oder einem anderen bestehenden Gericht zugewiesen sind.**

§ 25. VO. Nr. 165.

(1) **Verwaltungsakt im Sinne dieser Verordnung ist jede Verfügung, Anordnung, Entscheidung oder sonstige Maßnahme, die von einer Verwaltungsbehörde zur Regelung eines Einzelfalles auf dem Gebiete des öffentlichen Rechts getroffen wird. Ausgenommen sind die Verwaltungsakte auf dem Gebiete des Zivilprozesses, des Strafprozesses einschließlich des Strafvollzuges, der freiwilligen Gerichtsbarkeit und des Entnazifizierungsverfahrens.**

(2) **Verwaltungsbehörde im Sinne dieser Verordnung ist jede mit Aufgaben der öffentlichen Verwaltung im Geltungsbereich dieser Verordnung betraute deutsche Stelle, ohne Rücksicht auf ihre Rangstufe oder Besetzung, jedoch mit Ausnahme der Gerichte und Amtsstellen der Religionsgesellschaften.**

Diese Bestimmung unterscheidet zwischen „Anfechtungssachen" und „Parteistreitigkeiten" und umschreibt die Zuständigkeit der Verwaltungsgerichte teils positiv, teils negativ.

Für beide Gruppen gilt die sogenannte Generalklausel zum Unterschied vom Enumerationsprinzip. Nach diesem war nur auf bestimmten Rechtsgebieten, die in den einzelnen Gesetzen aufgezählt waren, die Anrufung der Verwaltungsgerichte möglich, während jetzt gegen jeden Verwaltungsakt und auf jedem Gebiet des Verwaltungsrechtes der Verwaltungsgerichtsweg offensteht. In den Deutschen Ländern galt die Generalklausel vor dem 1. Weltkrieg nur in Württemberg, Sachsen und Lübeck, nachher in Hamburg und Bremen bzw. Thüringen; in Österreich war sie seit dem Jahre 1876 in Geltung. Die Generalklausel entspricht auch Art. 93 BayerVerf., denn dieser bestimmt ganz allgemein, daß verwaltungsrechtliche Streitigkeiten die Verwaltungsgerichte entscheiden und enthält keinerlei Einschränkung.

A. Positive Abgrenzung.

Das VGG. spricht von Verfügungen der Verwaltungsbehörden und sonstigen Verwaltungsakten, ohne eine Definition dieser Begriffe zu geben. Im weiteren Text ist von beschwerendem Verwaltungsakt und vom Einspruchs- bzw. Beschwerdebescheid die Rede. In Schrifttum und Rechtsprechung wurde der Begriff des VA. eingehend, wenn auch nicht restlos, geklärt und das VGG. geht offensichtlich von dieser Begriffsbestimmung aus.

Zum Unterschied davon definiert § 25 der VO. Nr. 165 selbst den Begriff des VA. und der Verwaltungsbehörde, im wesentlichen im Einklange mit dem Schrifttum und der Rechtsprechung und es besteht kein Bedenken, auch für den Bereich der Geltung des VGG. davon auszugehen.

Schon vorher hat der Entwurf einer Verwaltungsrechtsordnung für Württemberg, der leider nicht Gesetz wurde, den Versuch einer Legaldefinition des Verwaltungsaktes gemacht. Es heißt in Art. 61 dieses Entwurfes: „Verwaltungsakte im Sinne dieses Gesetzes sind die von einer Verwaltungsbehörde in Ausübung der öffentlichen Gewalt zur Ordnung bestimmter Verhältnisse im Einzelfall erlassene Verfügungen und Entscheidungen. Ausgenommen sind jedoch Verfügungen und Entscheidungen innerhalb eines besonderen Gewaltverhältnisses (Dienstgewalt, Amtsgewalt)." Letztere Einschränkung kommt jedoch hier für den § 22 VGG. nicht in Betracht.

Die Begründung zu diesem Artikel enthält eine erschöpfende Zusammenfassung der Lehrmeinungen und bildet eine Fundgrube für jeden, der sich darüber näher belehren will. (Verlag W. Kohlhammer, Stuttgart 1931 S. 207ff.)

Es kommt nicht darauf an, wie sich die betreffende Willensäußerung der Behörde benennt, ob Verfügung, Entscheidung, Bescheid, Anordnung, Beschluß, sie muß jedoch für den Einzelfall ergangen sein. Allgemeine Rechtssetzungsakte (Verordnung, Satzung) fallen nicht unter den Begriff des VA. im Sinne des § 22 VGG., ebensowenig allgemeine Anweisungen im Innenverhältnis der Behörde (Dienstverordnungen, Verwaltungsvorschriften). Andererseits muß der VA. nicht an eine einzelne Person oder eine bestimmte Mehrheit von Personen gerichtet sein, er kann sich auch an eine unbestimmte Personenmehrheit wenden, wenn er bestimmte Verhältnisse in einem Einzelfall regelt (Widmung einer Sache als öffentliche und Aufhebung dieser Eigenschaft, Feststellung, Änderung und Aufhebung eines Ortsbauplanes u. dgl.).

Im allgemeinen kann gesagt werden, daß ein VA. vorliegt, wenn durch eine Willensäußerung der Behörde ein Recht oder ein Rechtsverhältnis begründet, abgeändert, aufgehoben oder festgestellt wird. Auch die Ablehnung eines Antrages, mit dem ein bestimmtes Vorgehen der Behörde angestrebt wird, ist ein VA., wohl zu unterscheiden von der Unterlassung einer beantragten Amtshandlung. Bei letzterer wird die Behörde überhaupt nicht tätig, während sie bei der ersteren ihren Willen ausdrücklich kundgibt, nicht in der verlangten Richtung tätig werden zu wollen. Kein VA. ist eine blosse Bescheinigung, Bestätigung, wohl aber die Ablehnung der Ausstellung einer solchen. Kein VA. ist auch die bloße Äusserung des Standpunktes der Behörde auf eine ergangene Anfrage.

Die auf eine Dienstaufsichtsbeschwerde ergangene Entscheidung wird nach der herrschenden Meinung nicht als VA. im Sinne des § 22 VGG. anerkannt, der mittels Anfechtungsklage angefochten werden könnte, obwohl er alle Merkmale eines solchen aufweist, außer wenn sie die Verfügung, gegen die sich die Aufsichtsbeschwerde richtet, zuungunsten des Beschwerdeführers ändert. Dieser Auslegung ist aus praktischen Gründen beizupflichten, denn wäre auch eine Anfechtungsklage zulässig, so wäre sie in jedem Falle unbegründet, da auf die Ausübung des Aufsichtsrechts kein Anspruch besteht und durch die Ablehnung kein Recht verletzt werden kann (Rechtsprechung des öst. VGH.).

Da das VGG. sich nur auf das Land bezieht, für das es erlassen wurde, so können unter Verwaltungsbehörden nur solche verstanden werden, die in dem betreffenden Land ihren Sitz haben und deren Wirksamkeit sich auf Grund des entsprechenden Gesetzes auf dieses Land bezieht. Es sind darunter sowohl staatliche als auch Selbstverwaltungsbehörden zu verstehen; Voraussetzung ist, daß sie mit einer hoheitlichen Macht ausgestattet sind. Auch in Zwangsvollstreckungsverfahren kann gemäß Art. 11 der AusfVO. Nr. 85 der Verwaltungsrechtsweg beschritten werden, und zwar über die bei den Verwaltungsbehörden nach Art. 7 Abs. 2 des Bayer. Ausführungsgesetzes zur ZPO. und KO. vom 26. 6. 1899 (GVBl. S. 401) geltend zu machenden Einwendungen.

Strittig ist folgender Fall: Gemäß § 21 der DurchfVO. Nr. 115 zum WohnG. (KRG. Nr. 18) hat die Beschwerde keine aufschiebende Wirkung, es sei denn, daß die mit der Beschwerde befaßten Behörden die Aussetzung der Vollstreckung anordnen. Es kann nun die Frage auftauchen, ob gegen den Bescheid der Verwaltungsgehörde zweiter Stufe (Beschwerdebehörde), mit dem die Aussetzung der Vollstreckung verweigert wurde, Einspruch und Anfechtungsklage zulässig sind. Dies dürfte zu verneinen sein, denn es handelt sich im Wesen um prozeßleitende Verfügungen und die Frage der Aussetzung der Vollstreckung ist im gen. § 21 und in § 51 VGG. erschöpfend in dem Sinne geregelt, daß der Betroffene nach Erhebung der Anfechtungsklage in der Sache selbst beim Verwaltungsgericht den Antrag auf Aussetzung der Vollstreckung stellen und das Gericht selbst die Anordnung treffen kann, somit kein Bedürfnis besteht, daß gegen die Anordnung der Verwaltungsbehörde eine selbständige Anfechtungsklage zulässig wäre. Dasselbe gilt auch dort, wo die Verwaltungsbehörde den sofortigen Vollzug gemäß § 51 VGG. angeordnet hat.

Mit der Frage, ob auch sogenannte beliehene öffentliche Unternehmen als Verwaltungsbehörden anzusehen sind, hat sich das Hamburgische VG. in dem Urteil vom 24. 4. 1948 VG. 174/48 befaßt und sie bejaht (Giesges, Die Verwaltungsgerichtsbarkeit in der Britischen Zone, S. 30). Die Handwerkskammern in Bayern sind, gleich anderen wirtschaftlichen Körperschaften, gemäß Art. 179 mit 34 und 154 der BayerVerf. keine öffentlichen Behörden und dürfen keine staatlichen Machtbefugnisse ausüben (BayerVGH., Beschluß v. 1. 7. 1947 Nr. 17 S. 47; VerwRechtspr. Bd. 1 Nr. 36).

VA., die auf unmittelbaren, auf den Einzelfall abgestellten Befehl der Militärregierung erlassen wurden, unterliegen nicht der Überprüfung durch die Verwaltungsgerichte, denn sie stellen sich ihrem Wesen und Inhalt nach nicht als Akte einer deutschen Verwaltungsbehörde dar, sondern als Akte der Militärregierung, die sich bloß der deutschen Behörden als Mittel zum Zweck bedient hat (vgl. BayerVerfGerH. 12. 4. 1948 Vf. 10-VI-47; VerwRechtspr. Nr. 3). Daß es sich aber tatsächlich um einen solchen Befehl handelt, ist nachzuweisen, wenn dies nicht schon aus der Fassung der betreffenden Verfügung klar hervorgeht. Davon ist aber der Fall zu unterscheiden, wo die deutschen Behörden auf Grund einer allgemeinen Anordnung der Militärregierung handeln, denn hier werden die deutschen Behörden auf Grund der ihnen durch diese Anordnung verliehenen Zuständigkeit tätig oder bildet diese Anordnung in sachlicher Beziehung die Grundlage für ihre Entscheidung, mit anderen Worten, sie handeln im Rahmen einer allgemeinen Rechtsverordnung, aber doch als deutsche Behörden und das Verwaltungsgericht hat zu prüfen, ob der VA. im Rahmen der Zuständigkeit liegt und durch jene Anordnung gedeckt ist.

Ob auch VA. bizonaler Behörden von den Verwaltungsgerichten der Länder überprüft werden können, verneint Prof. Hoepfner (DVerw. 1949 S. 65), während die Rechtsprechung teilweise zu anderen Ergebnissen gelangt. (Siehe auch Wessel, Der Verwaltungsrechtsweg gegen bizonale VA., DVerw. 1949 S. 232). Bezüglich der Bundesbehörden ist die gesetzliche Regelung abzuwarten.

B. Negative Abgrenzung.

Zu verweisen ist hier vor allem auf den Artikel von Carl-Hermann Ule: „Die neue Verwaltungsgerichtsbarkeit und das Verhältnis von Justiz und Verwaltung" in Deutsche Rechts-Zeitschrift 1949, erschienen auch als 10. Beiheft dieser Zeitschrift.

Von der Zuständigkeit der Verwaltungsgerichte sind diejenigen Streitsachen ausgeschlossen, über die die bürgerlichen Gerichte zu entscheiden haben. Auch § 13 GVG. bestimmt die Zuständigkeit der ordentlichen Gerichte negativ, indem er besagt: „Vor die ordentlichen Gerichte gehören alle bürgerlichen Rechtsstreitigkeiten und Strafsachen, für welche nicht entweder die Zuständigkeit von Verwaltungsbehörden oder Verwaltungsgerichten begründet ist oder reichsgesetzlich besondere Gerichte bestellt oder zugelassen sind."

Beim öffentlichen Recht handelt es sich um die Regelung der Beziehungen des einzelnen zu Staat und öffentlichen Verbänden und der Beziehungen dieser untereinander unter dem Gesichtspunkt der Über- und Unterordnung; das Privatrecht regelt die Verhältnisse der einzelnen Rechtsgenossen als einzelner unter dem Gesichtspunkte grundsätzlicher Gleichberechtigung. Privatrecht ist Recht für beliebige einzelne, es ist das Recht der eigennützigen Machtverhältnisse (Lehmann, Allg. Teil des Bürgerlichen Gesetzbuches, 5. Aufl., Einleitung).

W. Jellinek (Verwaltungsrecht S. 53) kommt zu folgender Schlußfolgerung: „Ursprünglich-öffentlichrechtlich ist immer ein VA. als Tatbestand und jedes Rechtsverhältnis, kraft dessen ein VA. vorgenommen werden soll oder kann. Abgeleitet-öffentlichrechtlich ist ein Rechtsverhältnis, das mit einem ursprünglich-öffentlichrechtlichen durch Einheitlichkeit oder Umkehrung oder Abwicklung zusammenhängt. Was danach öffentlich-rechtlich ist, kann auch nicht auf Umwegen privatrechtlich gemacht werden."

Es darf nicht übersehen werden, daß das öffentliche Recht im Fortschreiten begriffen ist und infolge der Änderung der allgemeinen Verhältnisse durch die beiden Weltkriege und deren Nachwirkungen Gebiete erfaßt, die vorher ohne Einschränkung dem Privatrecht zugerechnet wurden. Man denke nur an das Wohnungsgesetz, an die Bewirtschaftung der meisten Güter usw.; überall da werden im öffentlichen Interesse hoheitliche Eingriffe in ausgesprochene Privatrechtsverhältnisse vorgenommen und dadurch das Gebiet des öffentlichen Rechtes erweitert. Für das Weitergreifen des öffentlichen Rechts ist z. B. die Auffassung lehrreich, daß jetzt die Tätigkeit der Post als eine öffentlich-rechtliche angesehen wird. (Vgl. die Anmerkung von Schuster in DVerw. 1949 S. 438.) Die Unterscheidung wird immer schwieriger.

Ganz allgemein gesehen, ohne feinere Unterscheidung wird dem Praktiker es in den meisten Fällen genügen, daß dort, wo eine Verwaltungsbehörde einen Verwaltungsakt setzt, auch die Zuständigkeit der Verwaltungsgerichte gegeben ist, selbst wenn der Gegenstand der Regelung durch die zugrunde gelegte Norm dem Wesen nach ein privates Rechtsverhältnis bildet, es sei denn, daß ausdrücklich die Zuständigkeit der ordentlichen Gerichte in der betreffenden Norm ausgesprochen wird. Wird z. B. nach § 15 Reichsleistungsgesetz ein Gegenstand in Anspruch genommen und einem Dritten zur Verfügung, d. h. zu Eigentum übereignet, so ist das Ergebnis der Verlust und Erwerb von Eigentum, somit eine rein privatrechtliche Folge. Trotzdem sind die Verwaltungsgerichte zuständig, denn das RLG. liegt auf öffentlich-rechtlichem Gebiet, über die Inanspruchnahme entscheiden Verwaltungsbehörden durch Verwaltungsakte und die Zuständigkeit der ordentlichen Gerichte ist nicht ausdrücklich festgelegt. Ebenso ist es im Enteignungsrecht, denn die Enteignung erfolgt im öffentlichen Interesse und wird von Verwaltungsbehörden mittels hoheitlichen Verwaltungsaktes ausgesprochen, obgleich es auch hier um den Verlust und Erwerb von Grundeigentum geht. Lediglich die Entscheidung über die Entschädigung ist den ordentlichen Gerichten vorbehalten.

Gemäß § 17 GVG. entscheiden die Gerichte über die Zulässigkeit des Rechtsweges.

Die VO. Nr. 165 bestimmt in § 28 Abs. 1: „Die Verwaltungsgerichte entscheiden bindend über die Zulässigkeit des Verwaltungsgerichtsweges. Hat jedoch ein ordentliches Gericht vorher über die Zulässigkeit des ordentlichen Rechtsweges rechtskräftig entschieden, so ist diese Entscheidung bindend."

Eine entsprechende Vorschrift fehlt im VGG.

Bei einem Kompetenzkonflikt hat ein hierzu errichteter Gerichtshof zu entscheiden.

Eine Übersicht der Fälle, in denen der Rechtsweg zulässig oder unzulässig ist, enthält der Kommentar zur ZPO. von Baunbach, 18. Auflage, S. 1604ff.

Art. 19 Abs. 4 des Bonner Grundgesetzes bestimmt: „Wird jemand durch die öffentliche Gewalt in seinen Rechten verletzt, so steht ihm der Rechtsweg offen. Soweit eine andere Zuständigkeit nicht begründet ist, ist der ordentliche Rechtsweg gegeben." Infolge der Generalklausel ist die allgemeine Zuständigkeit der Verwaltungsgerichte begründet, somit bei Akten der Verwaltungsbehörden der ordentliche Rechtsweg jetzt ausgeschlossen, außer es bestünde eine besondere Vorschrift.

Ordnungsstrafbescheide in Preissachen unterlagen bisher der Anfechtung vor den Verwaltungsgerichten. Darin ist jetzt eine Änderung eingetreten durch das Gesetz zur Vereinfachung des Wirtschaftsstrafrechts (Wirtschaftsstrafgesetz) vom 26. 7. 1949 (Gesetzblatt der Verwaltung des Vereinigten Wirtschaftsgebietes Nr. 27 S. 193), in Kraft getreten am 1. 10. 1949. Zuständig sind nunmehr die Strafgerichte.

Besondere Verwaltungsgerichte sind z. B. Finanzgerichte, das Reichsversicherungsamt und die Spruch- und Berufungskammern. In neuerer Zeit die gemäß § 7 der VO. zum GSB. vom 26. 2. 1947 (GVBl. S. 92) errichteten Spruchausschüsse bei den Oberen Siedlungsbehörden. Der BayerVGH. hat in seinem Beschluß vom 14. 7. 1949 Nr. 263 II 48 deren Rechtmäßigkeit anerkannt.

Besondere Verwaltungsgerichte können gemäß Art. 86 Abs. 2 der Bayer. Verfassung nur kraft besonderer gesetzlicher Bestimmungen errichtet werden.

In der Bayer. Verfassung sind diejenigen Angelegenheiten aufgezählt, die in die Zuständigkeit des Bayer. Verfassungsgerichtshofes fallen (Art. 62—67 und § 2 des VerfGerH.-Gesetzes). Da darunter auch die Entscheidung über die Gültigkeit der Wahl der Mitglieder des Landtages (Art. 63 mit 33) genannt ist, ist die Bestimmung, daß parlamentarische Wahlprüfungen nicht zur verwaltungsrechtlichen Zuständigkeit gehören, eigentlich überflüssig. Eine gewisse Bedeutung könnte diese Vorschrift vielleicht bei den Wahlen in die Bundesversammlung haben.

Von großer Bedeutung ist jedoch die weitere Bestimmung für die nach dem Zusammenbruch von vielen Seiten aufgeworfene Frage, ob der Richter verfassungsmäßig zustande gekommene und gehörig kundgemachte Gesetze gebunden ist, oder ob er sie auch in bezug auf seine Verfassungsmäßigkeit und den Einklang mit den überstaatlichen Grundsätzen prüfen darf oder soll.

Was Gesetze vor dem Inkrafttreten der Bayer. Verfassung anlangt, so ist die Sache klar. Gesetze, die der Verfassung widersprechen, sind gemäß Art. 186 BayerVerf. aufgehoben und der Verwaltungsrichter prüft hier, ob sie noch in Geltung sind. Denn nur ein geltendes Gesetz darf er anwenden; die Frage der Verfassungswidrigkeit ist hier nur eine Vorfrage, deren Beantwortung er für die Hauptfrage, ob das betreffende Gesetz nicht aufgehoben wurde, bedarf.

Die Prüfung der Frage der Verfassungsmäßigkeit eines nach dem Inkrafttreten der Bayer. Verfassung (8. 12. 1946) erlassenen Bayerischen

Landesgesetzes ist dem Verfassungsgerichtshof vorbehalten und darum der Zuständigkeit der Verwaltungsgerichte enthoben (Art. 65 BayerVerf.).

Wenn die Verfassungswidrigkeit eines Gesetzes, auf das der angefochtene Verwaltungsakt sich gründet, vom Anfechtungskläger behauptet wird und das Verwaltungsgericht diese Bedenken teilt, oder es selbst Zweifel in dieser Richtung hegt, so kann es lediglich gemäß Art. 92 BayerVerf. einen diesbezüglichen Antrag an den Verfassungsgerichtshof stellen und dessen Entscheidung herbeiführen. Es kann aber niemals selbst das Gesetz für verfassungswidrig und deshalb für ungültig oder unbeachtlich erklären und deshalb den angefochtenen Verwaltungsakt, der sich darauf stützt, aufheben.

Hält das Verwaltungsgericht das betreffende Gesetz für verfassungswidrig, so kann es dies niemals urteilsmäßig aussprechen, denn dadurch würde es in die Zuständigkeit des Verfassungsgerichtshofes eingreifen, es kann es aber meines Erachtens auch nicht in der Begründung tun, denn auch damit würde es sich eine fremde Kompetenz anmaßen. Liegt eine derartige Einwendung des Anfechtungsklägers vor, so könnte die Antwort nur dahin lauten, daß das VG. zur Entscheidung über die Verfassungsmäßigkeit des Gesetzes nicht berufen ist und keinen Anlaß gefunden hat, den Verfassungsgerichtshof zur Entscheidung anzurufen.

Giesges (Die Verwaltungsgerichtsbarkeit in der britischen Zone S. 18) hält ein Prüfungsrecht hinsichtlich der Verfassungsmäßigkeit eines Gesetzes in der britischen Zone für zulässig.

Was das sogenannte Naturrecht anlangt, bestimmt die VO. Nr. 165 in § 1 Abs. 2: „Die Gerichte dürfen die Anwendung einer bestehenden gesetzlichen Vorschrift nicht deshalb ablehnen, weil sie nach ihrer Ansicht der Billigkeit oder übergesetzlichen Grundsätzen widerspricht." Dies muß auch für die amerikanische Zone gelten.

Daß Anordnungen der Militärregierung nicht daraufhin überprüft werden können, ob sie mit der Verfassung im Einklang sind, ist selbstverständlich. Der Verwaltungsrichter kann aber auch nicht prüfen, ob ein Gesetz oder eine Anordnung der Militärregierung mit einem Kontrollratsgesetz im Einklange steht.

Nunmehr kann aber das Verwaltungsgericht, wenn es Zweifel an der Gültigkeit oder bezüglich des Inhaltes oder der Tragweite einer Anordnung usw. der Besatzungsbehörde hat, gemäß Art. 3 Abs. 2 des Ges. Nr. 13 des Rates der Alliierten Hohen Kommission vom 25. 11. 1949 (Amtsblatt der Hohen Alliierten Kommission 1949 Nr. 6 S. 54) die Frage der Rechtsverbindlichkeit der Besatzungsbehörde zur Entscheidung vorlegen.

C. Die Bestimmung, daß die Klage nicht dadurch ausgeschlossen wird, daß nach bisherigem Recht eine Verwaltungsbehörde endgültig entscheidet, ist mehr oder weniger überflüssig, und dient nur der Klarstellung, denn durch das VGG. sind alle früheren Verfahrensvorschriften aufgehoben und durch die Generalklausel der Weg zum Verwaltungsgericht gegen alle Verwaltungsakte eröffnet. Es ist aber fraglich, ob durch ein späteres Gesetz die Zulässigkeit der Anfechtungsklage ausgeschlossen werden könnte. Denn dies würde Art. 93 BayerVerf. widersprechen.

D. Verwaltungsakte vor dem 15. 10. 1946 (1. 4. 1948).

Sämtliche Verwaltungsgerichte in der amerikanischen und britischen Zone sind sich in ihrer Rechtsprechung darüber einig, daß Verwaltungsakte, die vor dem Inkrafttreten des VGG. (15. 10. 1946 bzw. der VO. Nr. 165, 1. 4. 1948) formal abgeschlossen waren und nach den damals geltenden Verfahrensvorschriften nicht mehr angefochten werden konnten, nicht mehr Gegenstand einer Anfechtungsklage sein können.

Gegenteiliger Ansicht ist lediglich Dr. Werner Schulze in Deutsche Verwaltung 1949 S. 95.

Ein Unterschied wird jedoch gemacht, wenn es sich um nichtige Verwaltungsakte handelt, die vor dem 15. 10. 1946 (1. 4. 1948) liegen.

Die überwiegende Anzahl der Verwaltungsgerichte in der amerikanischen und britischen Zone ist der Ansicht, daß die Nichtigkeit eines VA. jederzeit mittels Anfechtungsklage geltend gemacht werden kann.

Der Bayer. Verwaltungsgerichtshof nimmt hier eine abweichende Stellung ein. Die Überprüfung eines VA., auch in bezug auf die Nichtigkeit, kann nur auf Grund einer zulässigen Anfechtungsklage erfolgen. Zulässig ist die Anfechtungsklage gemäß § 38 VGG. jedoch nur dann, wenn ihr ein Einspruch bzw. eine Beschwerde vorangeht und ein Einspruchs-(Beschwerde-)Bescheid vorliegt. (§ 46 VGG.) Ist ein VA. vor dem 15. 10. 1946 formal unanfechtbar geworden, sei es, daß überhaupt kein Rechtsmittel zulässig war oder dieses abgewiesen wurde, so sind etwaige Einsprüche, Beschwerden usw. dagegen nicht als „Einspruch" im Sinne des § 38 VGG. zu werten und ein über derartige Gegenvorstellungen ergehender Bescheid ist kein Einspruchsbescheid im Sinne des VGG. Eine Anfechtungsklage ist darum aus formalen Gründen unzulässig und eine Überprüfung kann überhaupt nicht stattfinden, auch wenn die Nichtigkeit des ursprünglichen Verwaltungsaktes eingewendet wird. Um eine Überprüfung in dieser Richtung zu ermöglichen, müßte der Betroffene eine Entscheidung der Verwaltungsbehörde hervorrufen, daß der vor dem 15. 10. 1946 liegende VA. nichtig ist und wenn die Behörde die Nichtigkeit nicht anerkennt, gegen diesen Entscheid Einspruch erheben und gegen den Einspruchsbescheid erst die Anfechtungsklage einlegen.

(Siehe auch meinen Artikel in Deutsche Verwaltung 1949 S. 399.)

Nichtigkeit.

Ein VA. ist, mag er auch noch so fehlerhaft sein, im Zweifel nicht unwirksam (Jellinek, Verwaltungsrecht, 3. Auflage S. 268). Als nichtig und somit rechtlich unwirksam können nur solche VA. angesehen werden, die mit einem ganz besonders schwerwiegendem Mangel behaftet sind.

Nichtigkeit bedeutet, daß ein äußerlich zustande gekommener VA. rechtliche Wirkungen nicht erzeugt, nicht verbindlich geworden ist, daß also nur der Schein eines VA. vorliegt und deshalb weder von den Betroffenen oder von Dritten, noch von den Verwaltungsbehörden oder von Gerichten beachtet zu werden braucht. Der VA. kann, wenn er verpflichtender Natur ist, nicht vollstreckt werden. (Ver. Ordnung f. Württemberg S. 264.)

In dem Urteil des HessVGH. v. 16. 4. 1948 VGH. OS. Nr. 7/48 (DVerw. 1948 S. 119) heißt es: „Ein VA. ist dann als nichtig anzusehen, wenn ihm so wesentliche Grundlagen fehlen, daß ihm bei einer dem Sinn und Wesen jeder Verwaltungshandlung, aber auch des betreffenden Aktes in besonderen entsprechenden Betrachtung keinerlei Rechtswirksamkeit zuerkannt werden kann. Insbesondere können danach Akte reiner Willkür und Akte, die gegen gesetzliche Verbote verstoßen, ebenso als nichtig erscheinen wie Akte absolut unzuständiger Behörden."

Das LVG. Hannover befaßt sich in den Urteilen v. 11. 3. 1949 und 28. 1. 1949 (ÖffVerw. 1949 S. 237) ebenfalls mit der Frage der Nichtigkeit und führt aus: „Fehlerhafte VA. sind in der Regel nur anfechtbar, aber nicht nichtig. Lediglich in Fällen, in denen ein behördlicher Akt derartige Mängel aufweist, daß er nach Sinn und Zweck des Gesetzes nicht mehr als beachtliche Willensäußerung einer Behörde anerkannt werden kann, liegt Nichtigkeit vor. So werden Akte einer absolut unzuständigen Behörde als nichtig angesehen. Desgleichen hat die Verletzung wesentlicher gesetzlich vorgeschriebener Form- und Verfahrensvorschriften, sowie tatsächliche und rechtliche Unmöglichkeit seine Nichtigkeit zur Folge."

Der bereits erwähnte Entwurf einer Verwaltungsrechtsordnung für Württemberg führt in den Art. 74—77 die Fälle der Nichtigkeit an, wobei er sich auf die herrschenden oder überwiegenden Lehrmeinungen stützt. Danach sind nichtig VA., die nicht in der durch Rechtsvorschrift bestimmten Form erlassen sind, sofern der Formmangel nicht als unwesentlich anzusehen ist. Weiters die von einer sachlich unzuständigen Behörde erlassen sind. Örtliche Unzuständigkeit bewirkt die Nichtigkeit nur dann, wenn der Akt sich auf Grundstücke bezieht. Schließlich bestimmt Art. 77: „Ist ein begünstigender VA. nur beim Vorliegen einer bestimmten Eigenschaft einer Person oder Sache zulässig und hat der nachträgliche Wegfall einer solchen nach Rechtsvorschrift den Wegfall der Begünstigung zur Folge, so ist ein ohne Vorliegen dieser Eigenschaft erlassener VA. nichtig."

Ule behandelt in dem vorerwähnten Artikel auch die Frage, ob ein VA., der der gesetzlichen Grundlage entbehrt, nichtig sei, und verneint sie. Ein derartiger Akt sei bloß anfechtbar. Diesen Ausführungen ist beizustimmen.

Ergänzend ist hierzu zu bemerken, daß auch VA., die einer zwingenden Rechtsvorschrift widersprechen, als nichtig angesehen werden.

Welche Vorschrift als „zwingend" (kogent) zu gelten hat, ist durch Auslegung der betreffenden Norm festzustellen. Eine bloße Gesetzwidrigkeit begründet nur die Anfechtbarkeit der VA. Diese Ansicht ist jedoch nicht unbestritten. Widerspruch mit einer nicht zwingenden Vorschrift begründet zwar das Recht der Behörde auf Zurücknahme (Widerruf), dürfte jedoch keine Nichtigkeit beinhalten. Nichtig sind ferner VA., deren Inhalt derart widerspruchsvoll ist, daß der wahre Wille der Behörde nicht erkennbar erscheint, die tatsächlich oder rechtlich unmöglich sind. Auch der Widerspruch gegen die guten Sitten kann als Nichtigkeitsgrund gelten.

Ansonsten wird sich jedoch große Vorsicht bei der Annahme der Nichtigkeit empfehlen.

Das Verwaltungsgericht und der Verwaltungsgerichtshof haben ihre Zuständigkeit von Amts wegen zu prüfen und mangelt es an dieser, die Anfechtungsklage als unzulässig zurückzuweisen bzw. zu verwerfen. Dies kann auch mittels Vorbescheides geschehen (§ 55 Abs. 1 Ziff. 3, § 105 Abs. 1 VGG.). Hat das Verwaltungsgericht sachlich entschieden, obwohl es unzuständig war, so hebt der VGH. auf Berufung das Urteil auf und weist die Anfechtungsklage als unzulässig zurück.

Rechtsprechung.

1. Zuständigkeit ist gegeben:

a) Gegen Ordnungsstrafbescheide in Preissachen ist der Rechtsweg vor den Verwaltungsgerichten gegeben.

b) Das Übergangsgesetz des Wirtschaftsrates über Preisbildung und -Überwachung schließt den Verwaltungsrechtsweg nicht aus.

HessVGH., Urt. v. 10. 11. 1948, GS. Nr. 52/48. VRechtspr. Nr. 108; DVerw. 49, S. 221. — Jetzt überholt.

Die Versagung der Genehmigung zum Amtsantritt eines zum Bürgermeister Gewählten unterliegt grundsätzlich richterlicher Nachprüfung.

Einzelne Gemeindevertreter sind dabei nicht klageberechtigt, wohl aber der zum Bürgermeister Gewählte selbst.

HessVGH., Urt. v. 26. 1. 1949, OS. 81/84; VRechtspr. Nr. 102; DVerw. 49 S. 247.

Die Entpflichtung eines Hochschullehrers kann mit der Anfechtungsklage angegriffen werden, da Art. 90 der Württ.-Bad. Verfassung die Anrufung der Verwaltungsgerichte gegenüber amtlichen in die Rechtssphäre des Betroffenen eingreifenden Anordnungen und Verfügungen gewährleistet und damit über § 22 VGG. hinausgeht.

WürttBadVGH. (Karlsruhe), Urt. v. 7. 11. 1947 Nr. 8/47; VRechtspr. Nr. 60; ÖffVerw. 48, S. 46.

Mit der Errichtung staatlicher höherer Unterrichtsanstalten und mit ihrer Führung erfüllt der Staat eine staatliche Aufgabe. Seine Tätigkeit zur Erfüllung dieser Aufgabe ist Verwaltungstätigkeit, seine die Erziehungsberechtigten oder die Schüler berührenden Maßnahmen und Anordnungen auf diesem Gebiete sind Verwaltungsakte im Sinne der §§ 22 und 35 VGG.

(Es handelt sich hier um die Verweigerung der Bewilligung zum Überspringen einer Schulklasse durch das Staatsministerium für Unterricht und Kultus.)
BayerVGH., Urt. v. 18. 8. 1949 Nr. 281—I—48.
(Vgl. auch BayerVfGH. Entsch. v. 2. 9. 1948 Nr. 13—VI—48.)

Für Streitigkeiten nicht vermögensrechtlicher Art aus dem öffentlichen Dienstverhältnis sind die Verwaltungsgerichte zuständig.
HessVGH., Urt. v. 30. 6. 1948 Nr. 3/48; ÖffVerw. 48, S. 121.
Da der Widerruf eines Beamtenverhältnisses ein VA. ist, steht dagegen der Rechtsweg vor den Verwaltungsgerichten offen.
HessVGH., Urt. v. 11. 2. 1949; HessStaatsanz. 49 S. 211.

Gegen Versetzung steht einem Beamten seit der Beamtenrechtsnovelle vom 24. 3. 1948 (GVBl. S. 53) der Verwaltungsrechtsweg offen.
HessVGH., Urt. v. 20. 6. 1948 — O. 3/48; ÖffVerw. 49 S. 477.

Gegen eine Verpflichtung auf Grund des Gesetzes vom 18. 4. 1947 über die staatsbürgerliche Pflicht zur Mitarbeit bei der Durchführung des Entnazifizierungsgesetzes ist der Verwaltungsrechtsweg gegeben.
HessVGH., Urt. v. 17. 12. 1947 Nr. 31/47; DVerw. 48 S. 90.

Hat eine beamtenrechtliche Verfügung einer Behörde neben vermögensrechtlichen Folgen auch einen Eingriff in Nichtvermögensrechte zur Folge, so steht es dem betroffenen Beamten frei, nach seiner Wahl den Sachverhalt den Verwaltungsgerichten oder den bürgerlichen Gerichten zu unterbreiten.
HessVGH., Urt. v. 11. 2. 1948; Archiv f. öff. R. 74/3 S. 351 mit Anm. von Prof. Grewe.

Der Widerruf des Beamtenverhältnisses kann nur im Wege der Anfechtungsklage vor den Verwaltungsgerichten auf seine Gültigkeit nachgeprüft werden. Das Arbeitsgericht ist bei Entscheidungen vermögensrechtlicher Ansprüche an die diesbezügliche Auffassung des Verwaltungsgerichts gebunden, bis zu dessen rechtskräftiger Entscheidung das arbeitsgerichtliche Verfahren gegebenenfalls ausgesetzt werden muß.
LVG. Frankfurt a./M., Urt. v. 31. 3. 1949; NJW. 49 S. 632.

Über die Rechtmäßigkeit eines VA., mit dem ein Beamter entlassen wurde, haben nach der Bestimmung des § 71 des MilRegGes. Nr. 15 die Verwaltungsgerichte zu entscheiden.
WürttBadVGH. Stuttgart, Urt. v. 4. 8. 1949 III Nr. 22/1949.
Gegenteiliges Zwischenurteil des LG. Stuttgart v. 30. 6. 1949. I O 110/49. DVerw. 49 S. 592.

Ist ein VA. zwar nicht wirksam geworden, aber mit Rechtsfolgen in die Außenwelt gedrungen (z. B. eine Inanspruchnahme nach RLG. ist dem Pflichtigen nicht zugestellt, der erfaßte Pkw. auf Grund der Verfügung weggenommen worden), so hat der Betroffene ein Recht auf dessen formelle Bestätigung im Verwaltungsstreitverfahren. Er kann also nicht wegen verbotener Eigenmacht des Begünstigten vor das ordentliche Gericht verweisen werden.
HessVGH., Urt. v. 12. 1. 1949 — OS. 160/48; aus ÖffVerw. 49 S. 459.

Die Entscheidungen der auf Grund der Hess. VO. v. 7. 2. 1947 (StAnz. S. 153) gebildeten Schiedsstellen (Kündigung von Heimgartenpachtverträgen) sind keine Schiedsurteile, sondern Verwaltungsakte. Da es für die Einrichtung der Schieds-

stellen an einer gesetzlichen Grundlage fehlt, so sind ihre Entscheidungen, da von einer unzuständigen Behörde erlassen, nichtig.
HessVGH., Urt. v. 29. 6. 1948 — OS. 25/48; aus ÖffVerw. 49 S. 459.

Wird ein Enteignungsakt selbst angegriffen und nicht bloß die Art und Höhe der Entschädigung (Art. 45 HessVerf.), so sind die Verwaltungsgerichte zuständig.
HessVGH., Urt. v. 28. 7. 1948 — OS. 34/48; aus ÖffVerw. 49 S. 459.

Gegen Arbeitsverpflichtung und Entziehung der Lebensmittelkarte gemäß Art. 18, 19 des KR.-Befehls Nr. 3 ist der Verwaltungsrechtsweg gegeben.
HessVGH., Urt. v. 17. 12. 1947 — B. 3/47; aus ÖffVerw. 49 S. 460.

Auch VA. ohne unmittelbare Rechtsauswirkungen können im Verwaltungs-Streitverfahren angefochten werden, wenn sie, wie z. B. Warnungen vor dem Geschäftsgebaren eines bestimmten Kaufmanns einen Eingriff in die Rechtssphäre des von dem VA. betroffenen Bürgers enthalten.
BezVG. brit. Sektor Berlin, Urt. v. 21. 1. 1947 I 357/46; DVerw. 49 S. 625.

Auskünfte, die eine Verwaltungsbehörde an Privatpersonen oder an andere Dienststellen erteilt, sind VA., die nach dem Grundsatz der Generalklausel durch Klage im Verwaltungsstreitverfahren angegriffen werden können.
BezVG. brit. Sektor Berlin, Urt. v. 28. 3. 1947 I 34/47; DVerw. 49 S. 625.
(Auskünfte sind doch keine Verwaltungsakte!!)

Auch gegen eine von einer unzuständigen Behörde getroffene und daher unwirksame Verfügung ist die Anfechtungsklage zulässig.
BayerVGH., Urt. v. 23. 6. 1947 Nr. 16 S./47; VGHE. n. F. Nr. 4.

Entscheidungen der Feststellungsbehörden, die Ersatzansprüche wegen Besatzungsschäden betreffen, unterliegen der Nachprüfung durch die Deutschen Verwaltungsgerichte.
LVG. Schleswig, Urt. v. 4. 11. 1949 — StL. 405/48; DVerw. 50 S. 118.

Wird auf allgemeine Anweisung der Militärregierung, Beutefahrzeuge an deutsche Interessenten zuzuweisen, ein Beutefahrzeug von den deutschen Behörden zugewiesen, so ist eine derartige Zuweisung nicht als Maßnahme der Militärregierung, sondern als Verwaltungsakt der deutschen Behörde anzusehen.
HessVGH., Urt. v. 24. 11. 1948; HessStaatsanz. 49 S. 246.

Liegt der Verfügung einer Verwaltungsbehörde ein Befehl der Besatzungsmacht zugrunde, so beschränkt sich die verwaltungsgerichtliche Nachprüfung auf die Frage, ob sich die erlaßene Verfügung im Rahmen des erteilten Befehls hält.
BezVG. amer. Sektor Berlin, Urt. v. 6. 12. 1946 1 B 80/46; DVerw. S. 626.

VA. von Dienststellen der Verwaltung des Vereinigten Wirtschaftsgebietes können von den Verwaltungsgerichten der Länder angefochten werden.
WürttBadVGH. Stuttgart, Beschl. v. 30. 9. 1948 Pr. L. II Nr. 195/47; DVerw. 49 S. 242 (siehe Anm. dazu); ÖffVerw. 49 S. 97.

Die Verwaltungsgerichte des Landes Württemberg-Baden sind auch für Anfechtungsklagen gegen die Deutsche Post zuständig.
WürttBadVGH. Stuttgart, Urt. v. 30. 9. 1948, II Nr. 195/47; ÖffVerw. 49 S. 97.

VA. bizonaler Behörden unterliegen der gerichtlichen Nachprüfung durch die Verwaltungsgerichte der Länder.
HambLVG., Urt. v. 9. 2. 1949; MDR. 49 S. 244.

Werden einer Gesellschaft des bürgerlichen Rechts öffentlich-rechtliche Strafbefugnisse gesetzlich übertragen, so sind die von ihr innerhalb dieses Rahmens getroffenen Entscheidungen VA. des öffentlichen Rechts, gegen die eine Klage gegeben ist.

BezVG. brit. Sektor Berlin, Urt. v. 17. 12. 1947 I 441/47; DVerw. 49 S. 625.

Für die Klage auf Unterlassung von Störungen eines verliehenen Wassernutzungsrechts sind in Württemberg die Verwaltungsgerichte zuständig.

WürttBadVGH. Stuttgart, Beschl. v. 31. 3. 1949; NJW. 49 S. 838 mit Anm. von Bachof.

Die Errichtung und Schließung einer Schule selbst, sowie auch die Errichtung und Schließung einer Klasse sind als einseitige behördliche Verwaltungsakte zu betrachten, die im Rahmen der Vorschriften der §§ 22, 35, 36 VGG. mit einer Anfechtungsklage vor dem VGG. anfechtbar sind. Auch soweit die Klage auf Fortführung des Unterrichts gerichtet ist, muß die Zulässigkeit des Verwaltungsrechtsweges als gegeben angesehen werden, da es sich um die Anfechtung einer Versagung bzw. Unterlassung einer begehrten Amtshandlung handelt.

VG. Wiebaden, Urt. v. 21. 12. 1948 II/3—2190/48; ÖffVerw. 49 S. 438.

2. Zuständigkeit nicht gegeben:

Bei den von der Militärregierung in die Vermögenskontrolle eingeschalteten deutschen Dienststellen handelt es sich um Sonderbehörden, deren Befugnisse, Organisation und Verfahren von der Militärregierung frei bestimmt wird. Maßnahmen dieser deutschen Vermögenskontrolle unterliegen wegen ihrer Abhängigkeit von der Militärregierung nicht der Verwaltungsgerichtsbarkeit.

WürttBadVGH. Stuttgart, Urt. v. 24. 6. 1948; Betriebsberater 48 S. 344; in seiner Besprechung in SJZ. 48 Sp. 779 bezweifelt Prof. Apelt die Richtigkeit dieses Urteils.

Eine Anfechtungsklage ist gegen Entscheidungen in Besatzungsschädensachen unzulässig.

VG. Darmstadt, Urt. v. 16. 10. 1948; NJW. 49 S. 274.

Die Inanspruchnahme eines Kraftwagens zur Verfügung ist verwaltungsgerichtlich nicht nachprüfbar, wenn die Verfügung auf einer ausdrücklichen Anordnung der Militärregierung beruht (§ 2 der Anlage zur VO. Nr. 165).

OVG. Hamburg, Urt. v. 28. 10. 1948; MDR. 49 S. 316.

Ein VA. im Sinne der §§ 22 Abs. 1 und 35 VGG. ist nicht gegeben, wenn es sich um die unmittelbare Ausführung eines Befehls der Besatzungsmacht handelt.

BayerVerfGH., v. 12. 4. 1948 Vf 10—VI—47; VerwRechtspr. Nr. 3; ähnlich das Urt. v. 21. 10. 1948, BBürgerm. 49 S. 139; ebenso HessVGH., Urt. v. 30. 3. 1949 — OS 111/48; aus ÖffVerw. 49 S. 460.

Die Beschwerdeentscheidung über eine Dienstaufsichtsbeschwerde ist kein nachprüfbarer VA.

LVG. Schleswig, Bescheid des Präsidenten v. 28. 6. 1948; DVerw. 49 S. 111.

a) Die Genehmigung, die von der Verwaltungsbehörde nach § 1 Abs. 3 VO. über Kündigungsschutz zu einer auf Grund des Abs. 1c aaO. ausgesprochenen Kündigung erteilt wird und die ausschließlich auf der Prüfung beruht, ob die hier genannten gesetzlichen Voraussetzungen dieser Kündigung gegeben sind, ist kein selbständiger, sondern nur ein akzessorischer VA., der darum nicht mit verwaltungsgerichtlicher Klage angefochten werden kann. Die Entscheidung der bürgerlichen Gerichte, ob eine solche Kündigung zulässig und wirksam ist, setzt zwar die Erteilung dieser Genehmigung voraus, ist aber sonst in keiner Weise von ihr abhängig; eine doppelte Zuständigkeit zur Prüfung der völlig gleichen Rechtsfragen kann vom Gesetzgeber nicht gewollt sein.

b) Dagegen ist eine Genehmigung, der selbständige, von den bürgerlichen Gerichten nicht nachzuprüfende Erwägungen zugrundeliegen, oder die Versagung der beantragten Genehmigung, die der Kündigung auch mit Wirkung für die Prüfung durch die bürgerlichen Gerichte die Grundlage entzieht, einer Anfechtungs-Klage nach § 35 VGG. zugänglich.

WürttBadVGH., Karlsruhe, Urt. v. 15. 9. 1949 — 89/49; DVerw. 49 S. 660.

Wird eine Verwaltungsbeschwerde verworfen und der ursprüngliche Bescheid nur bestätigt, ohne das Streitverhältnis zuungunsten des Betroffenen irgendwie abweichend von dem Bescheid (oder ihn ergänzend) zu regeln, so liegt kein neuer selbständiger beschwerender VA. vor.

(Das Urteil bezieht sich auf einen Fall, wo sowohl der Einspruch als auch die Verwaltungsbeschwerde zulässig war; Lizentierungsgesetz.)

BayerVGH., Urt. v. 22. 10. 1948 Nr. 30 II 47; VGHE. n. F. Nr. 36.

Beschwerender VA. im Sinne des § 45 VGG. ist regelmäßig die erste beschwerende Verfügung, nicht der diese Verfügung überprüfende VA. der Aufsichtsbehörde.

BayerVGH., Vorbescheid v. 14. 6. 1947 Nr. 12 S. 47; VGHE. n. F. Nr. 3.

Nur VA. von Behörden können mit der Anfechtungsklage angegriffen werden. Handwerkskammern sind keine Behörden und dürfen keine staatlichen Machtbefugnisse ausüben.

BayerVGH., Beschl. v. 1. 7. 1947 Nr. 17 S. 47; VGHE. n. F. Nr. 5; VerwRechtspr. Nr. 36.

Ist eine Verfügung infolge Ablaufs der Klagefrist unanfechtbar geworden oder das Anfechtungsverfahren durch rechtskräftiges Urteil abgeschlossen, so findet eine Anfechtungsklage im Vollstreckungsverfahren nicht statt, auch nicht durch einen anderen Anfechtungsberechtigten als den, der im ersten Verfahren Partei war.

BezVG. Berlin, 12. 3. 1948; NJW. 49 S. 38.

(Habe Zweifel an der Richtigkeit; die Klage ist in einem solchen Falle wohl nicht unzulässig, sondern unbegründet. D. Verf.)

Zur Einstellung des Vollzuges des Haftbefehls einer Spruchkammer ist das Verwaltungsgericht nicht zuständig.

BayerVGH., Beschl. v. 13. 5. 1948 Nr. 140 I 48; BBürgerm. 48 S. 186.

Der Verwaltungsgerichtsbarkeit ist nicht nur die Nachprüfung der Entscheidungen der Spruchkammern, sondern jede Zuständigkeit im gesamten Spruchkammerverfahren entzogen.

HessVGH., Vorbescheid v. 29. 6. 1948; HessStaatsanz. 49 S. 210.

Der Vergabebeschluß des Vergabeausschusses des Wohnungsamtes kann als interner Beschluß nicht mit Anfechtungsklage angefochten werden. Anfechtbar ist eine auf Grund des Vergabebeschlusses erfolgte Zuweisung.

HambOVG., Urt. v. 28. 4. 1949 Bf. 52/49; DVerw. 49 S. 410.

Für vermögensrechtliche Ansprüche der öff. Bediensteten ist die Zuständigkeit der Verwaltungsgerichte nicht begründet.

HessVGH., Vorbescheid v. 8. 6. 1948; HessStaatsanz. 49 S. 210.

a) Über vermögensrechtliche Ansprüche der öffentlichen Bediensteten entscheiden in Hessen die Arbeitsgerichte, auch wenn ein Dienstverhältnis nicht mehr besteht.

b) Ein vermögensrechtlicher Anspruch kann der Zuständigkeit der Arbeitsgerichte nicht dadurch entzogen werden, daß im Rahmen eines Beamtenverhältnisses ein Verwaltungsakt angegriffen wird.

HessVGH., Urt. v. 17. 6. 1949 OS. 19/49; VerwRechtspr. Nr. 135.

Unzuständigkeit der VerwGerichte zugunsten der Arbeitsgerichte für Klagen von Behördenangestellten, soweit es sich um Rechtsbeziehungen zwischen Arbeitgeber und -nehmer auch nichtvermögensrechtlicher Natur handelt, nicht aber für Klagen von Beamten, welche nicht als Arbeitnehmer in diesem Sinne anzusehen sind.

HessVGH., Urteil v. 29. 4. 1949 — OS. 250/48; ÖffVerw. 50 S. 92.

Für vermögensrechtliche Ansprüche des Beamten, des Ruhestandsbeamten und der Hinterbliebenen aus dem Beamtenverhältnis sind trotz des § 142 des Deutschen Beamtengesetzes vom 26. 1. 1937 (RGBl. I S. 39) zur Zeit nicht die Verwaltungsgerichte, sondern die ordentlichen Gerichte (Landgerichte) zuständig.

LVG. Schleswig, Urteil v. 7. 7. 1948 — StVL. 77/48; ÖffVerw. 50 S. 121.

Verwaltungsrechtliche Vorfragen für die Entscheidung über einen vermögensrechtlichen Anspruch eines Beamten können nicht Gegenstand einer besonderen Klage vor den Verwaltungsgerichten sein.

HessVGH., Vorbescheid v. 19. 1. 1949; HessStaatsanz. 49 S. 213.

Der Anspruch eines öff. Bediensteten auf Umwandlung einer fristlosen Kündigung in eine befristete ist vermögensrechtlicher Natur und gehört daher nicht zur Zuständigkeit der Verwaltungsgerichte.

HessVGH., Vorbescheid v. 22. 9. 1948; HessStaatsanz. 49 S. 211.

Zur Prüfung der Rechtmäßigkeit der Entlassung eines Angestellten der Spruchkammer ist der VGH. nicht zuständig.

(Art. 24 Abs. 3 BBeamtenGes.)

BayerVGH., Vorbescheid v. 21. 5. 1948 Nr. 71 S. 471/I.

Für Schadenersatzklagen gegen den Staat ist der ordentliche Rechtsweg nicht nur gegeben, wenn Amtspflichtverletzung geltend gemacht wird, sondern auch, wenn der Anspruch aus einer öffentlich-rechtlichen Verwahrung hergeleitet wird.

LVG. Hamburg, Urt. v. 23. 11. 1948; MDR. 49 S. 312.

Der (ordentliche) Rechtsweg ist zulässig für Ansprüche, die sich auf die Verletzung der Sorgfaltspflicht bei Vornahme eines VA. gründen.

Urteil des Obersten Gerichtshofes für die Britische Zone v. 5. 11. 1948 — 1 Z. S. 45/48; DVerw. S. 359.

Die Nachprüfung einer nach § 26 Abs. 1 des BewirtschNotGes. angeordneten Maßnahme steht dem ordentlichen, nicht dem Verwaltungsgericht zu.

VG. Wiesbaden, Vorbescheid v. 29. 12. 1948; NJW. 49 S. 560.

Der Nachbar, der sich durch eine baupolizeiliche Genehmigung in seinem Grundeigentum beeinträchtigt fühlt, hat nur die Klage im ordentlichen Rechtsweg und nicht die Klage im Verwaltungsstreitverfahren.

LVG. Koblenz, Entsch. 38/38; Neue Verw. 49 S. 194.

Für eine Klage des Anliegers auf Feststellung seines Eigentums an dem durch Anlandung entstandenen Neuland (§ 17 Abs. 1, § 140 PreußWassG.) ist der ordentliche Rechtsweg zulässig; ebenso für die Vorfrage, ob das Neuland durch Anlandung entstanden ist.

OGH. Br. Zone Köln, Urt. v. 11. 4. 1948; NJW. 49 S. 546.

Der Rechtsweg ist zulässig, wenn die Klage auf Amtspflichtverletzung bei einem Verwaltungsakt gestützt wird.

OLG. Celle, Urt. v. 15. 8. 1947 — 2 U. 139/47; SJZ. 48 Sp. 391.

Die inhaltliche Abänderung einer Verfügung steht dem Erlaß einer neuen, die Rechtsmittelfrist von neuem in Lauf setzenden Verfügung gleich.

Durch die Feststellung der Rechtsunwirksamkeit einer Verfügung werden deren Wirkungen nicht ohne weiteres beseitigt. Die Folgerungen aus einer der Aufhebung verfallenen behördlichen Verfügung zu ziehen, ist Angelegenheit der beteiligten Privatpersonen, und ihre Auseinandersetzung, wenn sie auf gütlichem Wege nicht erreicht werden kann, gehört vor die ordentlichen Gerichte.

BezVG. amer. Sektor Berlin, Urt. v. 23. 4. 1948 1 B 30.48; DVerw. 49 S. 626.

3. Verwaltungsakte vor dem 15. Oktober 1946:

Das VGG. hat sich rückwirkende Kraft nicht beigelegt, es wirkt nicht auf bereits abgeschlossene Verwaltungsverfahren zurück. Ein vor dem Inkrafttreten des VGG. verwaltungsgerichtlich nicht geschützter Anspruch kann auch nicht durch eine nachher beantragte nochmalige Überprüfung durch die vorgesetzte Stelle dem neugewährten verwaltungsgerichtlichen Schutz zugeführt werden.

BayerVGH., Vorbescheid v. 14. 6. 1947 Nr. 12 S 47; VGHE. n. F. Nr. 3.

Ein schon im April 1946 abgeschlossenes Verwaltungsverfahren nach dem RLG. kann durch eine Gegenvorstellung vom Mai 1946, die erst nach dem Inkrafttreten des VGG. von der Verwaltungsbehörde entschieden worden ist, sowie durch eine hieran sich anschließende Anfechtungsklage nicht der Nachprüfung durch das Verwaltungsgericht unterstellt werden.

BayerVGH., Urt. v. 23. 12. 1947 Nr. 89 I 47; VGHE. n. F. Nr. 11; VerwRechtspr. Nr. 22.

Gegen Verfügungen nach dem RLG. vor dem 1. 4. 1948 gibt es keine Anfechtung durch Verwaltungsklage.

VGH. Braunschweig, Urt. v. 23. 6. 1948; NJW. 49 S. 319.

VA. vor dem Inkrafttreten der VO. Nr. 165 sind nicht überprüfbar (Brit. Zone).

OVG. Hamburg, Urt. v. 26. 8. 1948 Bf. 26/48; MDR. 48 S. 430.

VA., die vor dem 1. 4. 1948 ergangen sind, können auf Grund der VO. Nr. 114 nicht nachgeprüft werden (Brit. Zone).

LVG. Schleswig, Urt. v. 28. 7. 1948; DVerw. 48 S. 110.

Vor dem Inkrafttreten des VGG. rechtskräftig gewordene Ordnungsstrafbescheide unterliegen nicht mehr der Anfechtung im Verwaltungsstreitverfahren.

HessVGH., Urt. v. 10. 11. 1948 OS. Nr. 52/48; DVerw. 49 S. 221.

VA. vor dem 15. 10. 1946, die unanfechtbar geworden sind, können mittels Anfechtungsklage auch wegen Nichtigkeit nicht angefochten werden. Der Betroffene muß gegenüber der Verwaltungsbehörde die Nichtigkeit geltend machen, eine Entscheidung erwirken, dagegen Einspruch erheben; dann kann er erst die Anfechtungsklage erheben.

BayerVGH., Urt. v. 2. 6. 1949 Nr. 53 I 49.

VA., die vor dem Inkrafttreten des VGG. formell rechtskräftig geworden sind, können höchstens mit der Behauptung angefochten werden, daß sie nichtig sind.

WürttBadVGH. (Karlsruhe), Urt. v. 7. 11. 1947 Nr. 8/47; VerwRechtspr. Nr. 60; ÖffVerw. 48 S. 46.

Ein nichtiger VA. unterliegt der Aufhebung (§ 79), auch wenn er vor Inkrafttreten des VGG. vollzogen ist.

HessVGH., Urt. v. 7. 1. 1948 OS. Nr. 7/47; VerwRechtspr. Nr. 21.

Eine Klage gegen eine vor dem Inkrafttreten des VGG. erfolgte Inanspruchnahme nach dem RLG. kann nur gegen eine nichtige Verfügung Erfolg haben.

HessVGH., Urt. v. 16. 3. 1949 OS. Nr. 236/48; DVerw. 49 S. 296.

Vor dem Inkrafttreten des VGG. erlassene Inanspruchnahmeverfügungen können nur dann mit der Anfechtungsklage angefochten werden, wenn sie einen nichtigen VA. darstellen.

HessVGH., Urt. v. 2. 4. 1948 OS. 5/48; ÖffVerw. 49 S. 260.

Ein vernichtbarer VA. kann unabhängig von der formalen Rechtskraft jederzeit angefochten werden.

WürttBadVGH. (Karlsruhe), Urt. v. 30. 4. 1948; SJZ. 48 Sp. 552.

Nichtige VA. können, auch wenn sie vor Inkrafttreten des VGG. abgeschlossen waren, jederzeit angefochten werden.

HessVGH., Urt. v. 10. 3. 1948 OS. 2/48; VerwRechtspr. Nr. 86.

Grundsätzlich hat das VGG. keine Rückwirkung, doch ist eine Anfechtbarkeit früherer Rechtsakte noch gegeben, wenn der Fall in rechtlicher und tatsächlicher Hinsicht noch nicht voll abgewickelt ist. Die bloße Einlegung einer Aufsichtsbeschwerde kann die Rechtswirkung eines VA. aber nicht hemmen, auch wenn die Aufsichtsbehörde erst nach Inkrafttreten des VGG. ablehnende Entscheidung getroffen hat. Denn da sie an keine Frist gebunden ist, würden sonst VA. niemals zum Abschluß gelangen können. Die Rechtslage ändert sich nur dann, wenn die Aufsichtsbehörde den Akt aufgehoben und damit das Verfahren erneut aufgerollt hat.

VG. Wiesbaden, Urt. v. 7. 11. 1947 — 11/47; ÖffVerw. 49 S. 440.

Ein Verwaltungsverfahren ist bei Inkrafttreten des VGG. noch nicht rechtskräftig erledigt, wenn trotz Durchführung des Rechtsmittelverfahrens nach dem früheren Recht oder, wenn von einem Rechtsmittel kein Gebrauch gemacht wurde, die Verwaltungsbehörde selbst die Sache nicht für endgültig erledigt angesehen, sondern sie im Rahmen ihrer Zuständigkeit von Amts wegen oder auf Anregung des Betroffenen oder von anderer Seite erneut aufgegriffen und sie einer erneuten sachlichen Prüfung unterzogen hat, um bei entsprechendem Ergebnis der Prüfung auf Grund des ihr zustehenden Änderungsrechts ihre frühere Entscheidung zu ändern, weil sie auf Grund neuer Tatsachen oder geänderter Auffassung die frühere Entscheidung nicht mehr für richtig und zweckmäßig hält.

VG. Karlsruhe, Urt. v. 8. 4. 1948 240/47/A; ÖffVerw. 49 S. 440.

a) Formell rechtskräftig abgeschlossene, z. Z. ihrer Erlassung verwaltungsgerichtlich nicht nachprüfbare VA. sind auch durch das VGG. und die darin festgelegte Generalklausel mangels einer rückwirkenden Kraft des Gesetzes nicht nachprüfbar geworden.

b) Solche VA. werden auch durch einen erst nach dem Inkrafttreten des VGG. erlassenen „Einspruchsbescheid" nicht verwaltungsgerichtlich nachprüfbar, und zwar auch dann nicht, wenn der Einspruch durch eine unrichtige Rechtsmittelbelehrung veranlaßt worden ist.

c) Wenn jedoch nach dem Inkrafttreten des VGG. gegenüber der Verwaltungsbehörde die Nichtigkeit eines vor dem 15. 10. 1946 abgeschlossenen VA. geltend gemacht wird und die Behörde die Anerkennung der Nichtigkeit ablehnt, dann stellt diese Entscheidung einen neuen VA. dar, der nach erfolglosem Einspruch durch Anfechtungsklage selbständig angefochten werden kann. In diesem Verfahren ist über die Nichtigkeit des ersten VA. zu entscheiden.

BayerVGH., Urt. v. 5. 5. 1949 Nr. 122 I 48; VerwRechtspr. Nr. 149; VGHE. n.F. Bd. 2 Nr. 11.

4. Nichtigkeitsgründe:

VA., die von einer unzuständigen Behörde erlassen wurden, sind nichtig.

BayerVGH., Urt. v. 29. 4. 1948 Nr. 19 II 47; VGHE. n. F. Nr. 21.

Die Inanspruchnahme eines Kraftwagens zu Eigentum, die nicht der Erfüllung öffentlicher Aufgaben dient, ist nichtig.

HessVGH., Urt. v. 15. 12. 1948 OS. 182/48; DVerw. 49 S. 191.

(Dürfte zu weitgehend sein! Der Verf.)

Eine dem Leistungspflichtigen nicht bekanntgegebene Inanspruchnahme ist nichtig.

Bremischer VGH., Urt. v. 22. 12. 1948 B 1 60/48; DVerw. 49 S. 271.

Ebenso: HambOVG., Urt. v. 27. 1. 1949 Bf. 90/48; DVerw. 49 S. 277.

a) Inanspruchnahmen nach dem RLG. im reinen Privatinteresse des Empfängers sind nichtig.

b) Mißbräuchliche Anwendung des Ermessens durch die Behörde begründet nicht die Nichtigkeit des Aktes.

HessVGH., Urt. v. 27. 10. 1948 OS. 145/48; VerwRechtspr. Nr. 45.

Ein Fehlgreifen zwischen Inanspruchnahme zur Verfügung und zum Gebrauche begründet nur Anfechtbarkeit, nicht Nichtigkeit.

HessVGH., Urt. v. 16. 3. 1949 OS. 236/48; DVerw. 49 S. 296.

Inanspruchnahme für Zwecke, die außerhalb der Rechtsgrundlage des RLG. liegen, ist nichtig.

LVG. Rheinland-Pfalz, Urt. v. 31. 1. 1949; NVerw. 49 S. 133.

Inanspruchnahme eines Kraftwagens zugunsten eines Beamten ist nichtig, auch wenn der Beamte den Wagen für dienstliche Zwecke benötigt.

HessVGH., Urt. v. 29. 6. 1949 OS. 47/49; VerwRechtspr. Nr. 127.

Fehlendes Einverständnis zwischen Bedarfsstelle und zuständiger Wehrersatzinspektion bei einer im J. 1944 verfügten Inanspruchnahme eines Fahrzeugs zu Eigentum hat nur Anfechtbarkeit, nicht aber Nichtigkeit der Inanspruchnahme zur Folge.

WürttBad. VGH. Karlsruhe, Urt. v. 8. 7. 1949 — 1/49; DVerw. 50 S. 182.

Nach dem Wegfall der Wehrersatzinspektionen konnten die Bevollmächtigten f. d. Nahverkehr oder ihre Rechtsnachfolger als Bedarfsstellen keine Kraftwagen mehr zu Eigentum in Anspruch nehmen. Mangels sachlicher Zuständigkeit waren trotzdem erfolgte Inanspruchnahmen von Anfang an nichtig.

BadVGH. Freiburg, Urt. v. 1. 6. 1949 — Az. 27/48; DVerw. 50 S. 180.

Bei Anforderung einer Leistung für einen Dritten hat die Unterlassung seiner Benennung als wesentliches Erfordernis der Inanspruchnahme deren Nichtigkeit zur Folge.

HessVGH., Urt. v. 13. 4. 1949 OS. 105/48; VerwRechtspr. Nr. 128.

Eine Inanspruchnahme ist insbesondere nichtig:
a) wenn der Leistungsempfänger nicht angegeben ist;
b) wenn sie durch eine Behörde erfolgt, die nicht Bedarfsstelle ist;
c) wenn sie ausschließlich oder überwiegend im privaten Interesse des Leistungsempfängers erfolgt.

HessVGH., Urt. v. 13. 4. 1949 OS. 105/48; v. 1. 12. 1948 OS. 137/48; v. 15. 12. 1948 OS. 182/48; v. 14. 7. 1948 OS. 46/48; ÖffVerw. 49 S. 260.

Ein auf eine ungültige Verordnung gestützter VA. ist nichtig.

LG. München, Urt. v. 30. 9. 1948 I S. 401/48; DVerw. 49 S. 191.

Ein VA., der gegen die guten Sitten verstößt, ist nichtig.

WürttBadVGH., Urt. v. 12. 8. 1948; ÖffVerw. 49 S. 77.

Keine Nichtigkeit bei Ermessensmißbrauch.

LVG. Schleswig, Urt. v. 27. 10. 1948; DVerw. 49 S. 50.

Eine Verfügung, die ihrem Inhalte nach unverständlich ist und an einem inneren Widerspruch leidet, ist nichtig.

BayerVGH., Urt. v. 21. 4. 1949 Nr. 311 I 48; ÖffVerw. 49 S. 257; VerwRechtspr. Nr. 121; VGHE. n. F. Bd. 2 Nr. 9.

Den Unterschied zwischen anfechtbaren und nichtigen VA. behandelt das Urteil des HessVGH. v. 14. 7. 1948 OS. 46/48; VerwRechtspr. Nr. 48.

Ermessensfehler (Ermessensüberschreitung oder Ermessensmißbrauch) bewirken im Allgemeinen nicht die Nichtigkeit. Der VA. (hier eine Inanspruchnahme zur Verfügung nach dem RLG.) entbehrt nach Auffassung des Landgerichts der gesetzlichen Grundlage, da kein öff. Notstand vorlag; er verstößt dann gegen den das Verwaltungsrecht beherrschenden Grundsatz der Verhältnismäßigkeit, verletzt die Grundsätze internationaler Gepflogenheiten und stellt nicht nur einen Ermessensmißbrauch dar, sondern eine Sachwidrigkeit und Machtüberschreitung. Wegen des Zusammentreffens dieser verschiedenen und gewichtigen Fehler erscheint der Akt so fehlerhaft, daß er mit den an eine ordnungsgemäße Verwaltung zu stellenden Anforderungen unvereinbar und daher nichtig ist.

Landgericht Kiel, Urt. v. 4. 1. 1949 Nr. 20340/48; DVerw. 49 S. 187; (den dagegen von Prof. Naumann in der Bemerkung geäußerten Bedenken ist beizupflichten).

Die Verfügung einer Oberbehörde ist trotz formeller Rechtskraft nichtig und darum unbeachtlich, wenn sie unter offenbar unzutreffender Unterstellung der Einhaltung der Beschwerdefrist und unter Verletzung elementarer rechtsstaatlicher Verfassungsgrundsätze — Verständigung der Beteiligten, rechtliches Gehör — nach mehreren Jahren eine Entscheidung der Unterbehörde im Wege des Beschwerdebescheids aufhebt und damit offensichtlich versucht, die Vorschriften über die Beseitigung rechtskräftiger Verfügungen oder die Entziehung erteilter Erlaubnisse zu umgehen.

WürttBadVGH., Karlsruhe, Urt. v. 4. 3. 1949 AZ. 202/48; DVerw. 49 S. 404.

Auch bei sachlicher Unzuständigkeit der Verwaltungsbehörde kann ein nur anfechtbarer (nicht nichtiger) VA. vorliegen. Durch Zeitablauf kann die Anfechtung verwirkt werden.

LVG. Koblenz, Entsch. Nr. 11/48; NVerw. 49 S. 171.

Die Verkennung der Begriffe „Reichsaufgabe" und „öffentlicher Notstand" begründet nur die Anfechtbarkeit einer Inanspruchnahme nach dem RLG. Dagegen folgt ihre Nichtigkeit daraus, daß sie zu privaten Zwecken ergangen ist.

HessVGH., Urt. v. 1. 12. 1948; HessStaatsanz. 49 S. 131; ähnlich das Urt. v. 10. 11. 1948, HessStaatsanz. 49 S. 130.

Eine Inanspruchnahmeverfügung nach § 15 RLG., die sich gegen eine Person richtet, die im Zeitpunkte der Erlassung der Verfügung bereits tot war, ist nichtig.
BayerVGH., Urt. v. 6. 10. 1949 Nr. 86 I 49.

Gesetzwidrigkeit eines VA. begründet nicht notwendig dessen Nichtigkeit.
HambOVG., Urt. v. 25. 5. 1949; MDR. 49 S. 579; VerwRechtspr. Nr. 124.

Ein VA., der gegen das Gesetz Nr. 52 verstößt, ist nichtig.
SchlHolst. Oberlandesgericht, Urt. v. 29. 9. 1949 — 1 U. 47/49; DVerw. 50 S. 186.

Ein auf „offenbarer Machtüberschreitung" beruhender VA. ist nichtig.
LVG. Rheinland-Pfalz, Entsch. v. 31. 1. 1949; VerwRechtspr. Nr. 87.

5. Besondere Verwaltungsgerichte:

a) Die auf Grund des § 7 AVO. zum GSB. errichteten Spruchausschüsse bei den Oberen Siedlungsbehörden sind ordnungsgemäß errichtet.

b) Besondere Verwaltungsgerichte im Sinne des § 22 VGG. müssen in der Frage der Zusammensetzung, Berufung und Rechtsstellung ihrer Mitglieder nicht den an die allgemeinen Verwaltungsgerichte gestellten Anforderungen entsprechen.
BayerVGH., Beschluß v. 14. 7. 1949 Nr. 263 II 48; VGHE. n.F. Bd. 2 Nr. 21.

Die Verwaltungsgerichte sind nicht zuständig auf Rechtsgebieten, für die nach der Gesetzgebung zur Zeit des Inkrafttretens des VGG. eine besondere Verwaltungsgerichtsbarkeit bestand, auch wenn diese besonderen Verwaltungsgerichte ihre Tätigkeit noch nicht aufgenommen haben. (Hier Militärversorgungssachen.)
HessVGH., Urt. v. 10. 3. 1948 O. 29/47; VerwRechtspr. Nr. 33; ÖffVerw. 49 S. 97.

Daß die Kammern des Oberversicherungsamtes nicht notwendig mit einem Vorsitzenden mit richterlicher oder verwaltungsrichterlicher Qualifikation besetzt sein müssen, ist kein entscheidendes Hindernis, sie als „besondere Verwaltungsgerichte" im Sinne des § 22 VGG. anzuerkennen, da die besondere Fachkenntnis auf dem Gebiete der Sozialversicherung die richterliche Qualifikation für dieses Gebiet ersetzen könnte.

Die Eigenschaft der Beschlußkammern als besondere Verwaltungsgerichte mußte jedoch mit Rücksicht auf § 78 RVO. abgelehnt werden.
VG. Stuttgart, Urt. v. 10. 9. 1948 — I 619/48; ÖffVerw. 49 S, 397.

Die Beschwerdeausschüsse (Marktschiedsgerichte) nach § 8 der Satzungen der Marktwirtschaftsverbände vom 20. 8. 1938 (Neufassung v. 23. 5. 1943) sind weder Schiedsgerichte noch besondere Verwaltungsgerichte im Sinne des § 22 VGG.
HessVGH., Urt. v. 12. 1. 1949; HessStaatsanz. 49 S. 251.

Auch die Einwendung, das von der Spruchkammer angewandte Recht sei verfassungswidrig, kann die Zuständigkeit der Verwaltungsgerichte nicht begründen.
HessVGH., Urt. v. 8. 7. 1948 B 44/48; aus ÖffVerw. 49 S. 459.

Der württemberg-badischen Landesbeamtenstelle kommt nicht die Eigenschaft eines besonderen Verwaltungsgerichts zu; sie ist eine Verwaltungsbehörde, deren Entscheidungen, soweit in ihnen bestimmt wird, was für den Betroffenen Rechtens ist, Verwaltungsakte und im Verwaltungsrechtsweg anfechtbar sind.
WürttBadVGH. Stuttgart, Beschl. v. 10. 2. 1949 AZ. II 138/48; VerwRechtspr. Nr. 150.

Gegen die Entscheidung des Berufungsausschusses bei der kassenärztlichen Vereinigung kann die Anfechtungsklage im Verwaltungsstreitverfahren erhoben werden. Der Berufungsausschuß ist nicht ein Gericht im Sinne des § 22 Abs. 3 VO. Nr. 165.

LVG. Schleswig, Urt. v. 29. 9. 1949; AmtsblSchlH. Beilage zu Nr. 46/49.

6. Zu Abs. 2:

Diese Vorschrift reicht allein nicht aus, um die Zuständigkeit der Verwaltungsgerichte zu begründen, da hierin nur eine negative Feststellung liegt. Die eigentliche Begründung des Klagerechts bei Anfechtungsklagen findet vielmehr ihre Stütze in § 35 VGG. in Verbindung mit § 23 VGG.

§ 22 Abs. 2 ist aber insofern wichtig, als sich hieraus ergibt, daß Bestimmungen, wonach die Entscheidung der Beschwerdestelle endgültig ist (z. B. § 32 Abs. 2 der Preisstrafrechts-VO.) nach heutigem Recht nur mit der Einschränkung ausgelegt werden können, daß hierauf die Einrede der Unzulässigkeit des Rechtsweges nicht gestützt werden kann.

HessVGH., Urt. v. 20. 10. 1948 — OS. 52/48; aus ÖffVerw. 49 S. 459.

§ 22 Abs. 2 hat keine rückwirkende Kraft.

HessVGH., Urt. v. 2. 4. 1948 — OS. 5/48; aus ÖffVerw. 49 S. 459.

Klageberechtigung. Klagelegitimation.

§ 23.

Soweit nicht gesetzlich etwas anderes bestimmt ist, kann nur klagen, wer ein ihm zustehendes Recht geltend macht oder eine ihm angesonnene Verbindlichkeit bestreitet. Die Zugehörigkeit zu einem öffentlichen Verbande und die persönliche Rechtsstellung stehen einem Rechte gleich.

Nachdem im § 22 die sachliche Zuständigkeit der Verwaltungsgerichte allgemein geregelt wurde, beantwortet § 23 die Frage, wer zur Anfechtungsklage (zur Klage in Parteistreitigkeiten) berechtigt, legitimiert ist. Nicht jedermann kann vom Verwaltungsgericht die Prüfung verlangen, ob ein bestimmter VA. dem Gesetze entspricht oder zu Unrecht ergangen ist. Das VGG. bietet keinen Raum für die sogenannte Popularklage. Der Klageberechtigte muß in einem engen Verhältnis zu dem beschwerenden VA. stehen.

„Soweit nicht gesetzlich etwas anderes bestimmt ist“, bedeutet, daß durch ein besonderes Gesetz oder auch durch das VGG. selbst der Rahmen weiter gespannt, die Klageberechtigung über das erweitert werden kann, was in dem folgenden bestimmt ist; ob eine Einschränkung der Klagemöglichkeit damit gemeint ist, wäre zu bezweifeln, denn eine solche Einschränkung würde dem Rechtsschutz, den die Rechte in einem Rechtsstaate genießen müssen, widersprechen.

Wer ein Recht vor der Verwaltungsbehörde geltend macht, verlangt von dieser ein positives Handeln zu seinen Gunsten, die Erlassung eines begünstigenden Verwaltungsaktes; wird dies von der Behörde verweigert, so kann der Antragsteller vor den Verwaltungsgerichten dadurch Abhilfe verlangen, daß er geltend macht, durch die Weigerung der Behörde sei ein ihm zustehendes Recht verletzt worden. Unter einer „angesonnenen Verbindlichkeit" ist jeder beschwerende VA. zu verstehen, der ein Handeln, Dulden oder Unterlassen zum Gegenstande hat.

Das Gesetz spricht hier, ebenso wie in dem mit § 23 im engsten Zusammenhang stehenden § 35 von „Recht", „Rechten" schlechthin. Da aber den Gegenstand der Anfechtungsklage der beschwerende Verwaltungsakt bildet (§ 45), die Zuständigkeit der Verwaltungsgerichte sich auf die Prüfung von Verwaltungsakten der Verwaltungsbehörden beschränkt und diese grundsätzlich nur auf dem Gebiete des öffentlichen Rechts tätig werden, so kann es sich auch nur um öffentliche Rechte handeln. Da weiters von einem „ihm zustehenden Recht" die Rede ist, so ist im § 23 ebenso wie in § 35 wohl nur das „subjektive öffentliche Recht" gemeint.

Was unter einem solchen zu verstehen ist, ist noch nicht eindeutig festgelegt worden; die Lehrmeinungen gehen da auseinander oder überschneiden sich.

Nach Otto Mayer (Deutsches Verwaltungsrecht I S. 106) stellen die subjektiven öffentlichen Rechte sich dar als Macht über ein Stück öffentlicher Gewalt, dem Berechtigten durch die Rechtsordnung zugeteilt um seines Vorteils willen. Georg Jellinek (System der öffentlichen subjektiven Rechte S. 41) meint, das subjektive Recht sei die von der Rechtsordnung anerkannte und geschützte, auf ein Gut oder Interesse gerichtete menschliche Willensmacht. Bühlers Definition lautet: „Subjektives öffentliches Recht ist diejenige rechtliche Stellung des Untertanen zum Staat, in der er auf Grund eines Rechtsgeschäftes oder eines zwingenden, zum Schutz seiner Individualinteressen erlassenen Rechtssatzes, auf den er sich der Verwaltung gegenüber soll berufen können, vom Staat etwas verlangen kann oder ihm gegenüber etwas tun darf." Nach W. Jellinek (Verwaltungsrecht S. 191ff.) ist das subjektive öffentliche Recht eine dem öffentlichen Recht angehörige Willensmacht, die dem Willensträger in seinem Interesse verliehen ist. Art. Nr. 10 des Entwurfes einer VRO. für Württemberg bestimmt: „Das Recht eines einzelnen liegt vor, wo er kraft öffentlichen Rechts ein bestimmtes Handeln, Dulden oder Unterlassen von der öffentlichen Gewalt oder von Dritten verlangen kann."

§ 23 steht im zweiten Abschnitt des VGG., überschrieben: „Zuständigkeit." Daraus folgt, daß die hier enthaltenen Vorschriften sich nicht auf die etwaige Begründetheit der Klage beziehen; der Verwaltungsrichter prüft auf Grund des § 23 nicht, ob durch den angefochtenen VA. tatsächlich ein Recht verletzt oder eine Verbindlichkeit zu Unrecht ausgesprochen wurde, sondern ob, objektiv gesehen, der Kläger überhaupt ein ihm zustehendes Recht geltend macht oder eine ihm angesonnene Verbindlichkeit bestreitet. Es kommt nicht darauf an, wie bei § 35, was der Kläger behauptet, Steht der Kläger außerhalb des Kreises derjenigen Personen, denen gegenüber der betreffende Verwaltungsakt, gegen den er Klage erhebt, rechtliche Wirkungen auslöst, so ist er überhaupt nicht berechtigt (legitimiert), Klage zu erheben. Ein Beispiel mag das erläutern: Das Landratsamt verleiht dem A die Erlaubnis zum Betrieb eines Gastgewerbes. Der Gastwirt B wird dadurch vielleicht wirtschaftlich geschädigt, aber da diese wirtschaftlichen Interessen rechtlich nicht geschützt sind, wirkt sich jener Bescheid ihm gegenüber rechtlich nicht aus, er ist nicht klageberechtigt. Nach der Systematik des VGG. bewirkt ein Mangel der Klageberechtigung die Unzuständigkeit des Verwaltungsgerichtes. Die Klage eines Nichtlegitimierten kann somit gemäß § 55 (§ 105) VGG. mittels Vorbescheides zurückgewiesen werden.

Rechtsprechung.

(Siehe auch bei § 35.)

Eine Ungebührstrafe fällt unter den Begriff der „angesonnenen Verbindlichkeit"; die Anfechtungsklage ist darum zulässig.

WürttBadVGH. Stuttgart, Urt. v. 27. 1. 1949 Nr. 157/48.

Ebenso eine Ordnungsstrafe.

WürttBadVGH. Stuttgart, Urt. v. 23. 5. 1947.

Die Bevorrechtigung nach Art. VIII Abs. 1a WohnG. begründet keinen Anspruch auf Zuweisung einer bestimmten Wohnung, auch kein Widerspruchsrecht gegen die Zuweisung einer Wohnung an einen Nichtberechtigten.

Der einzelne Bevorrechtete hat auch kein Klagerecht wegen Verletzung der Rechte der bevorrechteten Gruppe.

HessVGH., Urt. v. 2. 4. 1948 OS. 9/47; VerwRechtspr. Nr. 14.

In staatlichen Auftragsangelegenheiten ist die Klage einer Verwaltungsbehörde gegen die ihr im Instanzenzug vorgesetzte Behörde unzulässig, weil die nachgeordnete Behörde nicht in einem Recht verletzt ist (§ 23 VGG.). Die staatlichen Dienststellen und die beauftragten Gebietskörperschaften haben gleichermaßen als Staatsvertreter ihre Aufgaben zu erfüllen und können nicht in Parteirollen gegeneinander auftreten. Anders bei Anordnungen von Aufsichtsbehörden gegenüber Gebietskörperschaften in Selbstverwaltungsangelegenheiten. Hier ist die Anfechtungsklage zulässig.

LVG. Aurich, Urt. v. 17. 12. 1948 — A. 115/48; ÖffVerw. 49 S. 440.

Die Mitglieder eines gemeindlichen Organs genießen den Verwaltungsrechtsschutz für die Ausübung ihres Stimmrechts.

BayerVGH., Urt. v. 25. 11. 1948 Nr. 103 I 47; VerwRechstpr. Nr. 63; VGHE. n. F. Nr. 45.

Zur Anfechtungsklage gegen die Erteilung der Erlaubnis zum Betriebe einer Gast- und Schankwirtschaft ist die Gemeinde nicht aktiv legitimiert.

LVG. Hannover, Urt. v. 7. 1. 1949 A. 568/48; ÖffVerw. 49 S. 239.

Die Mitglieder einer Fraktion der Stadtverordneten sind nicht berechtigt, wegen angeblicher Unregelmäßigkeiten die Bürgermeisterwahl im Streitverfahren anzufechten.

VG. Kassel, Urt. v. 21. 10. 1948 VS. Nr. 891 und 955/48; DVerw. 49 S. 244.

Mitglieder einer Gemeindevertretung können im Verwaltungsstreitverfahren auf Feststellung der Ungültigkeit eines Mandats und einer Bürgermeisterwahl klagen.
LVG. Arnsberg, Urt. v. 25. 1. 1949 LVG. I A I 9/48; DVerw. 49 S. 246.

Zur Anfechtungsklage gegen die Versagung der Genehmigung zum Amtsantritt eines zum Bürgermeister Gewählten sind einzelne Gemeindevertreter nicht berechtigt, wohl aber der zum Bürgermeister Gewählte selbst.
HessVGH., Urt. v. 26. 1. 1949 O. Nr. 81/48; VerwRechtspr. Nr. 102; DVerw. 49 S. 248.

Nach Art. 35 GWG. sind grundsätzlich nur die Wahlberechtigten, nicht Parteien und Wählergruppen zur Wahlanfechtung und im weiteren Verlauf zur Erhebung der Anfechtungsklage befugt.
BayerVGH., Urt. v. 27. 7. 1949 Nr. 154 I 49.

Entscheidungen einer übergeordneten Behörde können von der untergeordneten nicht angefochten werden.
LVG. Düsseldorf, Beschl. v. 30. 11. 1948 A 371/48; DVerw. 49 S. 276.

In staatlichen Auftragsangelegenheiten ist die Klage einer Verwaltungsbehörde gegen die ihr im Instanzenzuge vorgesetzte Behörde unzulässig.
LVG. Aurich, Urt. v. 17. 12. 1948 A 115/48; VerwRechtspr. Nr. 71.

Eine Befreiung von Vorschriften der Bauordnung kann von dem Eigentümer des Nachbargrundstückes verwaltungsgerichtlich nicht angefochten werden.
LVG. Hannover, Urt. v. 16. 11. 1948 A 460/48; DVerw. 49 S. 155 (siehe hierzu auch die Anmerkung).

Bei einer gegen den Besitzer gerichteten Inanspruchnahmeverfügung zur Verfügung nach dem RLG. ist auch der Eigentümer zur Klage berechtigt.
HessVGH., Urt. v. 16. 3. 1949 OS. 236/48; DVerw. 49 S. 296.

„Angesonnene Verbindlichkeit" ist jede Anforderung auf ein Tun oder Unterlassen. Der VGH. ist in Übereinstimmung mit dem WürttBadVGH. (NJW. 47/48 S. 355) der Meinung, daß ebenso wie die Schließung eines Betriebs oder die Untersagung einer Tätigkeit den Charakter einer öffentlich-rechtlichen Verbindlichkeit hat, auch die Verhängung einer Ordnungsstrafe und die Abführung des Mehrerlöses als Ansinnen einer öffentlich-rechtlichen Verbindlichkeit angesehen werden muß.
HessVGH., Urt. v. 20. 10. 1948 — OS. 52/48; aus ÖffVerw. 49 S. 459.

Zur Erhebung der Klage im Verwaltungsstreitverfahren ist jeder aktiv legitimiert, dessen wirtschaftliche Verhältnisse durch den Erlaß eines VA. betroffen werden.
Der Obmann eines Zusammenschlusses der Händler einer bestimmten Branche kann daher klagen, wenn ein neuer Händler durch Erteilung einer Ausnahmebewilligung nach dem Einzelhandelsschutzgesetz zugelassen wird.
BezVG. brit. Sektor Berlin, Urt. v. 27. 11. 1946 II. 232.46; DVerw. 49 S. 625.
(Die Richtigkeit kann sehr bezweifelt werden, da wirtschaftliche Interessen nicht als subjektive Rechte angesehen werden können.)

Eine Gastwirteinnung ist schon auf Grund der Generalklausel berechtigt, im Verwaltungsstreitverfahren Klage gegen die Erteilung einer Schankerlaubnis zu erheben, und daher nicht gemäß § 19 Abs. 2 des Schankstättengesetzes auf die Begründung beschränkt, daß ein Bedürfnis nicht vorhanden sei.
BezVG. brit. Sektor Berlin, Urt. v. 28. 10. 1947 I. 406.47; DVerw. 49 S. 625.
(Auch hier kann man Zweifel an der Richtigkeit hegen.)

Ist der Empfänger einer behördlichen Verfügung nicht passiv legitimiert (z. B. die Erfassungsverfügung des Wohnungsamtes wird an den Ehemann der in Gütertrennung lebenden Hauseigentümerin gerichtet), so verleiht allein die Tatsache, daß die Verfügung an ihn gerichtet ist, ein Klagerecht, sofern ein Rechtsschutzbedürfnis vorliegt. Denn der Staatsbürger kann verlangen, von der Behörde nicht mit VA. in Anspruch genommen zu werden, die ihn nicht betreffen.

HessVGH., Urt. v. 15. 9. 1948 — OS. 97/48; ÖffVerw. 49 S. 477.

Feststellungsklage.

§ 24.

(1) Auf Feststellung des Bestehens oder Nichtbestehens eines Rechtsverhältnisses kann im Wege der Parteistreitigkeit Klage erhoben werden, wenn der Kläger ein berechtigtes Interesse daran hat, daß das Rechtsverhältnis durch richterliche Entscheidung alsbald festgestellt wird.

(2) Die Feststellung ist ausgeschlossen, soweit die Anfechtungsklage gegen einen eine Feststellung enthaltenden Verwaltungsakt oder wegen Versagens eines solchen Verwaltungsaktes erhoben werden kann.

§ 52 VO. Nr. 165.

Auf Feststellung des Bestehens oder Nichtbestehens oder des Inhalts eines öffentlichen Rechtsverhältnisses kann Klage erhoben werden, wenn der Kläger ein berechtigtes Interesse daran hat, daß die Feststellung durch verwaltungsgerichtliche Entscheidung alsbald getroffen wird.

Die Möglichkeit der Erhebung einer besonderen Feststellungsklage stellt mehr oder weniger ein Novum dar.

Wenn § 24 bestimmt, daß auf Feststellung ..... „im Wege der Parteistreitigkeit Klage erhoben" werden kann, so ist damit nicht gesagt, daß es sich bei dieser Klage um eine Parteistreitigkeit im Sinne des Fünften Abschnittes des VGG. handelt, sondern nur, daß die Verfahrensvorschriften darauf anzuwenden sind. Dies geht aus § 88 VGG. hervor, der bestimmt: „Die Klage (d. i. die Klage in Parteistreitigkeiten) ist gegen den zu richten, von dem eine Leistung oder Unterlassung verlangt wird oder dem gegenüber das Bestehen oder Nichtbestehen eines Rechtsverhältnisses festgestellt werden soll (Beklagter)." Gemäß § 85 Abs. 1 VGG. sind Parteistreitigkeiten Streitigkeiten des öffentlichen Rechts zwischen gleichgeordneten Rechtsträgern. Was darunter zu verstehen ist, erklärt der nächste Satz dieses Absatzes. Da nun § 88 von einer Feststellungsklage gegenüber einem gleichgeordneten Rechtsträger spricht, so muß § 24 etwas anderes im Sinne haben, denn sonst wäre diese Vorschrift völlig überflüssig. Es kann darum § 24 nur die Bedeutung haben, daß gegenüber einem übergeordneten bzw. nicht gleichgeordneten

Rechtsträger auf Feststellung des Bestehens oder Nichtbestehens eines Rechtsverhältnisses geklagt werden kann, somit gegen den Staat oder eine mit hoheitlicher Gewalt gegenüber dem Kläger ausgestatteten Körperschaft. Unter „Rechtsverhältnis" wäre dann diejenige Beziehung zu verstehen, die durch die Erlassung eines unanfechtbar gewordenen Verwaltungsaktes zwischen der Verwaltungsbehörde und dem Adressaten des VA. oder dessen Rechtsnachfolger entstanden ist bzw. die rechtlichen Auswirkungen dieses Verwaltungsaktes. Es kann darum die Klage nur auf die Feststellung abzielen, ob durch einen VA. überhaupt eine rechtliche Verpflichtung oder Begünstigung entstanden ist, oder welchen Inhalt sie hat. Beklagter ist der Staat oder die betreffende Körperschaft. Hier ist die Möglichkeit geboten, z. B. die Nichtigkeit eines VA. feststellen zu lassen.

Oft werden durch einen VA. Privatrechte begründet, z. B. das Eigentum. Durch ein Enteignungserkenntnis wird Eigentum originär erworben, zwischen dem Enteigneten und dem Enteignungswerber besteht kein direktes Rechtsverhältnis, sondern durch den VA. verliert der erstere sein Eigentum, der letztere erwirbt es auf Grund dieses hoheitlichen Aktes. Das gleiche gilt nach der Lehrmeinung trotz der für das Gegenteil sprechenden Fassung des § 15 RLG. für die Inanspruchnahme zur Verfügung. Hält nun der Betroffene den Enteignungsbescheid (die Inanspruchnahmeverfügung) für nichtig oder für sonst unwirksam, so hat er eine doppelte Möglichkeit: Entweder klagt er den Erwerber vor dem Zivilgericht auf Herausgabe seines Eigentums, wobei dann das Gericht die Frage der Nichtigkeit oder Unwirksamkeit des VA. incidenter prüfen wird, oder er erhebt beim Verwaltungsgericht die Feststellungsklage, daß der Enteignungsbescheid (die Inanspruchnahmeverfügung) nichtig war. Er begehrt damit die Feststellung, daß das Rechtsverhältnis zwischen ihm und der Verwaltungsbehörde, das in der durch einen VA. begründeten Verpflichtung zur Abtretung eines Grundstückes (Gegenstandes) besteht, unwirksam war.

Ausgeschlossen ist diese Feststellung, wenn der Kläger sich an die Verwaltungsbehörde mit dem Antrage auf Feststellung des Bestehens oder Nichtbestehens des Rechtsverhältnisses gewandt und einen Bescheid erhalten hat, der seinem Begehren nicht entspricht, oder wenn die Behörde sich weigert, einen derartigen VA. zu erlassen. Hier liegt ein neuer VA. vor, der (nach Einlegung des Einspruchs bzw. der Beschwerde) mittels normaler Anfechtungsklage angefochten werden kann. Ebenso dürfte dann die Feststellungsklage ausgeschlossen sein, wenn der VA., der ein Rechtsverhältnis begründet, um dessen Bestehen oder Nichtbestehen es sich handelt, noch nicht rechtskräftig abgeschlossen ist und gegen den die Anfechtungsklage noch erhoben werden kann. Es könnte auch die Ansicht verfochten werden, daß die Feststellungsklage auch dann ausgeschlossen sei, wenn der Betroffene die Einbringung des Einspruches oder der Anfechtungsklage versäumt hat.

Weiters muß ein berechtigtes Interesse vorliegen, nicht nur an der Entscheidung selbst, sondern auch an einer baldigen Entscheidung. Strittig kann es sein, ob das berechtigte Interesse nur auf öffentlichrechtlichem Gebiet liegen muß. Das BezVG. brit. Sektor Berlin hat in seinem Urteil vom 26. 2. 1949 (NJW. 49 S. 519) folgendes ausgesprochen: „Hat die Feststellung eines öffentlich-rechtlichen Rechtsverhältnisses lediglich für ein vor den ordentlichen Gerichten abzuwickelndes Prozeßverfahren Bedeutung, so fehlt es an einem auf dem Gebiete des öffentlichen Rechts liegenden Rechtsschutzinteresse daran, daß die nur für den Zivilprozeß bedeutsame Vorfrage im Verwaltungsstrafverfahren durch Feststellungsurteil entschieden wird." Dieses Urteil gibt zu großen Bedenken Anlaß, da § 24 VGG. in dieser Richtung in keiner Weise unterscheidet. Auf dem Berliner Standpunkt scheint jedoch auch das Urteil des VG. Kassel v. 6. 1. 1949 (ÖffVerw. 49 S. 197) zu stehen, wo es heißt: „Das Klagebegehren auf Feststellung des Bestehens eines Beamtenverhältnisses enthält zwar auch vermögensrechtliche Elemente, doch geht es über den Rahmen bloßer Vermögensinteressen hinaus und erfaßt noch alle anderen einem Beamten zustehenden Rechte. Es steht in solchem Falle dem Kläger frei, ob er die ordentlichen Gerichte oder die Verwaltungsgerichte anrufen will."

Rechtsprechung.

1. Eine Klage auf tatsächliche Durchführung eines in der rechtlichen Verpflichtung anerkannten Verwaltungsaktes ist mangels Rechtsschutzinteresses unzulässig. Dem Kläger bleibt die Dienstaufsichtsbeschwerde.

2. Eine Klage auf Feststellung einer Verletzung dieser Rechtspflicht durch Unterlassen bzw. mißbräuchliche Verzögerung der Ausführung ist nach § 52 VO. Nr. 165 denkbar.

OVG. Hamburg, Beschl. v. 26. 3. 1949; MDR. 49 S. 506.

Die Klage nach § 24 VGG. ist nicht gegeben, wenn lediglich festgestellt werden soll, ob die Behörde verpflichtet war, bei ihrem VA. ein bestimmtes Gesetz anzuwenden.

HessVGH., Urt. v. 2. 2. 1949; HessStaatsanz. 1949 S. 279.

Eine Feststellungsklage ist im Verwaltungsstreitverfahren unzulässig, wenn sich das Feststellungsinteresse des Klägers darin erschöpft, daß eine für einen Zivilprozeß erhebliche Vorfrage öffentlich-rechtlicher Natur entschieden wird.

BezVG. f. d. brit. Sektor Berlin, Urt. v. 26. 2. 1949 — II 284/48; DVerw. 49 S. 523 mit sehr wertvoller Anmerkung von Vizepräsident Zweigert.

Keine Feststellungsklage in Form einer Widerklage der Behörde in Anfechtungsstreitigkeiten. Gegenstand der Anfechtungsklage ist lediglich der beschwerende VA. Die Behörde kann sich hierbei nur in der Rolle des Beklagten befinden.

HessVGH., Urt. v. 15. 9. 1948 — OS. 106/48; aus ÖffVerw. 49 S. 459.

Eine Klage, welche die Feststellung der ordnungsmäßigen Wahl zum 1. Beigeordneten begehrt, ist zulässig. Das Klagerecht ergibt sich daraus, daß der Kläger durch seine Wahl ein subjektiv-öffentliches Recht erworben hat (Art. 76, 137 Abs. 6 HessVerf.), sein Feststellungsinteresse beruht auf der Versagung seiner Amtsführung durch den Bürgermeister.

HessVGH., Urt. v. 7. 1. 1949 — OS. 193/48; aus ÖffVerw. 49 S. 459.

Soweit Beamte des durch Art. 131 des Grundgesetzes umrissenen Personenkreises Rechtsansprüche, sei es auch in Form der Feststellungsklage, vor den Verwaltungsgerichten geltend machen, besteht Stillstand der Rechtspflege. Das Verfahren ist daher auszusetzen.
HambOVG., Beschl. v. 23. 8. 1949 — OVG. Bs. 197/49; DVerw. 49 S. 588.

Das nachträgliche Außerkrafttreten eines rechtskräftig gewordenen VA. kann nicht mit einer Anfechtungsklage, sondern nur mit einer Feststellungsklage geltend gemacht werden.
WürttBadVGH. Stuttgart, Urt. v. 21. 12. 1949 — II 195/49; ÖffVerw. 50 S. 124. VGHE. n. F. Bd. 4 Nr. 10.

§ 25.

Normenkontrolle.

(1) **Im Rahmen der sachlichen Zuständigkeit der Verwaltungsgerichte entscheidet der Verwaltungsgerichtshof auf Antrag durch Beschluß über die Gültigkeit einer Verordnung oder einer sonstigen, im Range unter dem Gesetz stehenden Rechtsvorschrift. Den Antrag kann eine Behörde sowie jedermann stellen, der durch Anwendung der Rechtsvorschrift in absehbarer Zeit eine Benachteiligung zu gewärtigen hat.**

(2) **Die Entscheidung ist allgemein verbindlich. Sie ist öffentlich bekanntzumachen.**

(3) **Das Nähere wird durch Verordnung bestimmt.**

§ 25 VGG. regelt die allgemeine Normenkontrolle im Gegensatz zu dem jedem Richter zustehenden Prüfungsrecht der Gültigkeit einer Verordnung anläßlich eines konkreten Rechtsstreites. Bei letzterem hat sich der Richter darüber klar zu werden, ob er eine Verordnung anwenden darf oder nicht; gelangt er zu der Überzeugung, daß die betreffende Verordnung durch das ermächtigende Gesetz nicht gedeckt ist, so wendet er sie nicht an und der darauf allein gestützte VA. wird aufgehoben. Die Verordnung als solche bleibt formal weiter bestehen, die Verwaltungsbehörden sind weiter daran gebunden, die Prüfung muß in jedem einzelnen Fall von neuem erfolgen. Anders bei der allgemeinen Normenkontrolle durch den VGH. Entscheidet dieser, daß die Verordnung ungültig ist, und ist diese Entscheidung öffentlich bekanntgegeben, so ist dies allgemein verbindlich, sowohl für die Verwaltungsbehörden als auch für die Verwaltungsgerichte. Die Verordnung darf nicht mehr angewendet werden. Umgekehrt darf wohl der Verwaltungsrichter, wenn der VGH. die Gültigkeit anerkannt hat, nicht wieder seinerseits in einem konkreten Fall die Gültigkeit bestreiten.

Gegenstand der Prüfung ist eine Verordnung oder eine sonstige, im Range unter dem Gesetz stehende Rechtsvorschrift. Aus dieser Fassung ergibt sich, daß die zu prüfende Verordnung eine Rechtsvorschrift sein muß, so daß die sogenannten Verwaltungsverordnungen ausscheiden. Verwaltungsverordnungen verpflichten nur die unterstellten Behörden oder jene Personen, die in einem besonderen Gewaltverhältnis zur öffentlichen Gewalt stehen, während Rechtsverordnungen die Allgemeinheit verpflichten und darum in das Gebiet der Gesetzgebung gehören (Otto Mayer I S. 83, Fleiner, Institutionen S. 69; Walter Jellinek S. 119).

Der Entwurf einer VRO. für Württemberg definiert im Art. 4 die Rechtsverordnung folgendermaßen: „Rechtsverordnungen sind für das Volk verbindliche Rechtsvorschriften, die auf Grund gesetzlicher Ermächtigung von Behörden oder von Körperschaften des öffentlichen Rechts erlassen werden." Satzungen, die ebenfalls der Normenkontrolle unterliegen, sind nach Art. 5 von Körperschaften des öffentlichen Rechts auf Grund gesetzlicher Ermächtigung in eigenem Namen erlassene und öffentlich bekanntgemachte Rechtsvorschriften.

In Bayern ist das Verordnungsrecht in Art. 55 BayerVerf. geregelt. Ziff. 2 lautet: „Der Staatsregierung und den einzelnen Staatsministerien obliegt der Vollzug der Gesetze und Beschlüsse des Landtags. Zu diesem Zwecke können die erforderlichen Ausführungs- und Verwaltungsverordnungen von ihr erlassen werden: Rechtsverordnungen, die über den Rahmen einer Ausführungsverordnung hinausgehen, bedürfen besonderer gesetzlicher Ermächtigung."

Es wird oft schwierig sein zu unterscheiden, ob eine Rechts- oder eine bloße Verwaltungsverordnung vorliegt. Jedenfalls wird es dabei auf den Inhalt ankommen, der Umstand allein, daß die Verordnung nicht öffentlich bekanntgegeben wurde, wird nicht immer für die Unterscheidung maßgebend sein.

Der VGH. entscheidet im Rahmen der sachlichen Zuständigkeit der Verwaltungsgerichte. Das bedeutet, daß Rechtsverordnungen, die Gebiete des Privatrechts oder des öffentlichen Rechts betreffen, auf dem das VGG. keine Geltung hat, der Überprüfung nicht unterliegen.

Das Prüfungsrecht geht dahin, ob eine Rechtsverordnung sich im Rahmen der gesetzlichen Ermächtigung hält. Hierbei kommt es nicht darauf an, ob das Ermächtigungs- oder auszuführende Gesetz ein bayerisches Landesgesetz, ein Reichs- oder Bundesgesetz ist oder ein Gesetz oder eine Anordnung der Militärregierung. Die Rechtsverordnung, die von einer bayerischen Stelle erlassen wurde, ist eine Verordnung dieser, also einer bayerischen Stelle und wird nicht dadurch, daß sie ein Reichs- oder Bundesgesetz, oder ein bizonales Gesetz (Gesetz der Militärregierung) ausführt, zu einer Verordnung dieser gesetzgebenden Organe.

Auch die Verfassungsmäßigkeit einer Rechtsverordnung kann vom VGH. überprüft werden, denn dies gehört nicht zur ausschließlichen Zuständigkeit des Verfassungsgerichtshofes, wie sie in dem Art. 62—67 BayerVerf. und in § 2 des VerfGerH.-Gesetzes festgelegt ist. Wenn

Art. 98 letzter Satz BayerVerf. bestimmt, daß der Verfassungsgerichtshof Gesetze und Verordnungen für nichtig zu erklären hat, die ein Grundgesetz verfassungswidrig einschränken, so spricht dies nicht gegen die Kompetenz des VGH., dies ebenfalls zu tun.

Den Antrag kann auch eine Behörde stellen. Strittig ist es, ob darunter auch die Verwaltungsgerichte fallen. Grundsätzlich umfaßt der Begriff „Behörde" im weiteren Sinne auch Gerichte. Gegen die Möglichkeit der Antragstellung der Verwaltungsgerichte könnte eingewendet werden, daß hierzu keine Notwendigkeit besteht, da ja die Verwaltungsgerichte die Gültigkeit einer Verordnung incidenter selbst überprüfen können. Für die Möglichkeit wieder die Erwägung, daß durch die Normenkontrolle durch den VGH. ein für allemal entschieden wird, ob eine Verordnung gültig ist oder nicht und dadurch die Rechtssicherheit und Einheitlichkeit der Rechtsprechung gefördert wird, denn es ist nicht ausgeschlossen, daß die einzelnen Verwaltungsgerichte in einem Lande die Gültigkeit ein und derselben Rechtsverordnung verschieden beurteilen.

Den Antrag kann jedermann stellen, der durch Anwendung der Rechtsvorschrift in absehbarer Zeit eine Benachteiligung zu gewärtigen hat. Es ist dies ein erweiterter Rechtsschutz, der einzelne braucht nicht zu warten, bis auf Grund einer Rechtsverordnung, die er für ungültig hält, ein beschwerender VA. gegen ihn erlassen wird. Andererseits muß er zu jenen Personen gehören, gegen die die Verordnung angewendet werden kann, und zwar in absehbarer Zeit, nicht nur ferner Zukunft. Jemand, der keinen Grundbesitz hat, kann die Überprüfung einer Verordnung, die sich auf Grundbesitz bezieht, nicht beantragen. Auch hier ist eine Popularklage ausgeschlossen. Ist aber bereits ein VA. erlassen worden, dann ist ein Antrag nach § 25 VGG. nicht mehr statthaft, denn der Betroffene kann die Ungültigkeit der Verordnung in seiner Anfechtungsklage geltend machen und erreicht auf diesem, normalen, Weg sein Ziel.

Von Amts wegen kann der VGH. eine Verordnung mit der im § 25 VGG. bestimmten Wirkung nicht überprüfen, denn es heißt dort ausdrücklich: „auf Antrag."

Die Entscheidung des VGH. ergeht durch Beschluß. Bei der Novellierung des VGG. in Bayern, wonach Beschlüsse von einem dreigliedrigen Senat erlassen werden, wurde übersehen, daß nunmehr auch dieser Beschluß, trotz seiner großen Wichtigkeit, von einem Dreimannsenat erlassen wird.

§ 25 VGG. regelt ein Verfahren, das seinem Wesen nach außerhalb der eigentlichen Anfechtungssachen liegt, denn angefochten wird nicht ein VA. einer Verwaltungsbehörde, der Antragsteller ist auch nicht Anfechtungskläger im Sinne des § 123 VGG., insbesondere wenn es eine Behörde ist. Trotzdem ist es angängig, bezüglich der Kosten dieses Verfahrens die Bestimmungen der §§ 124, 127, 128, 129, 131 und 132 Abs. 2 VGG. auf Grund des § 34 VGG. anzuwenden.

Rechtsprechung.

Ist durch einen VA. bereits eine Benachteiligung entstanden, so kann der Betroffene nicht mehr die Überprüfung der Rechtsverordnung, auf die sich der VA. stützt, auf ihre Gültigkeit auf Grund des § 25 VGG. beantragen.

BayerVGH., Beschl. v. 3. 5. 1949 Nr. 101 II 48; VerwRechtspr. Nr. 157; VGH. E. n. F. Bd. 2. Nr. 10.

Die Anordnung einer Stadtverwaltung, nach welcher die Trümmer aller zerstörten Gebäude beschlagnahmt werden, ist keine Rechtsvorschrift im Sinne des § 25 VGG., sondern eine Allgemeinverfügung, die von den einzelnen Betroffenen nur im Wege der Anfechtungsklage angegriffen werden kann.

WürttBadVGH. (Karlsruhe), Beschl. v. 11. 6. 1948 Nr. 41/47; VerwRechtspr. Nr. 34.

Der Erlaß eines Ministers über die Auslegung einer gesetzlichen Vorschrift, der in der Form einer Verwaltungsanweisung an die Regierungspräsidenten gekleidet ist, ist keine die Allgemeinheit bindende Rechtsvorschrift. Darum keine Überprüfung gemäß § 25 VGG.

HessVGH., Beschl. v. 16. 7. 1947; HessStaatsanz. 48 S. 100.

1. Die Behauptung eines subjektiven Widerspruchsrechts ist nicht Voraussetzung für einen Antrag nach § 25 VGG.; es genügt, daß durch Anwendung der umstrittenen Vorschrift in absehbarer Zeit eine Benachteiligung des Antragstellers zu gewärtigen ist.

2. Der „Vorspruch" einer Gemeindeverordnung, der keine verbindliche Anordnung enthält, unterliegt insofern auch nicht der abstrakten Normenkontrolle.

3. Wenn eine Verwaltungsbehörde befugt ist, eine Regelung sowohl im Wege der Verfügung, wie in dem der Verordnung zu treffen, liegt in der Wahl des letzteren Weges auch dann nicht die Absicht einer Verschleierung, wenn die Anwendung der Verordnung zunächst auf einen Einzelfall beschränkt bleiben soll.

WürttBadVGH. (Karlsruhe), Beschl. v. 14. 1. 1949 Nr. 281/48; VerwRechtspr. Nr. 109.

Voraussetzung der Zuständigkeit des VGH. zur Normenkontrolle ist, daß die allgemeinen VerwGerichte zu einer Inzidenzprüfung der in ihrer Gültigkeit bestrittenen Rechtsnorm im Falle einer Anfechtungsklage gegen eine zum Vollzuge der Norm getroffenen Einzelmaßnahme zuständig wären.

Für die Anfechtung von Gemeindesteuerbescheiden ist heute, entgegen dem Erlaß des Innen- und des Finanzministeriums vom 24. 9. 1948 (ABl. des Innenmin. S. 153), allein das Anfechtungsklageverfahren nach dem VGG. und nicht das Berufungsverfahren nach der RAO. gegeben.

WürttBadVGH. Stuttgart, Beschl. v. 29. 11. 1949 V 8/49; ÖffVerw. 50 S. 57.

Die Zuständigkeit des VGH. zu einer Normenkontrolle setzt voraus, daß die Anfechtungsklage zu den Verwaltungsgerichten gegeben wäre, wenn eine Einzelmaßnahme zum Vollzug der zu kontrollierenden Norm von dem Betroffenen angegriffen würde.

BayerVGH., Beschl. v. 8. 1. 1948; VGHE. n. F. Nr. 12.

Kein Antragsrecht nach § 25 VGG., wenn die fragliche Rechtsvorschrift gegenüber dem Antragsteller bereits angewendet worden ist.

HessVGH., Beschl. v. 16. 7. 1947; HessStaatsanz. 1949 S. 274.

Kein Antragsrecht der Behörde, wenn die fragliche Rechtsvorschrift durch nachfolgende Gesetzgebung außer Kraft gesetzt ist.

HessVGH., Beschl. v. 8. 7. 1948; HessStaatsanz. 1949 S. 274.

Kein Antragsrecht, wenn die Anwendung der fraglichen Rechtsvorschrift dem Antragsteller nur Vorteile bringen kann.
HessVGH., Beschl. v. 24. 11. 1948; HessStaatsanz. 1949 S. 274.

Die Gültigkeit einer Verwaltungsanordnung kann nicht gemäß § 25 VGG. nachgeprüft werden.
HessVGH., Beschl. v. 2. 4. 1948 — R 4/48; aus ÖffVerw. 49 S. 460.

Britische Zone.

Die abstrakte Normenkontrolle gehört nach der VO. Nr. 165 nicht zur Zuständigkeit der Verwaltungsgerichte, auch nicht als Verfassungsstreitigkeit zur Zuständigkeit des Oberverwaltungsgerichtes.
OVG NRW., Beschluß v. 10. 10. 1949 VE. 1/49; ÖffVerw. 50 S. 122.

§ 26.

Örtliche Zuständigkeit.

(1) Örtlich zuständig ist:

1. bei Klagen, nach denen über Rechte oder Pflichten in Beziehung auf ein Grundstück oder ein ortsgebundenes Recht zu entscheiden ist, ausschließlich das Verwaltungsgericht der belegenen Sache;

2. bei Klagen, die von öffentlichen Verbänden gegen ihre Angehörigen als solche oder von diesen gegeneinander erhoben werden, das Verwaltungsgericht, in dessen Bezirk der Verband seinen Sitz hat;

3. bei Anfechtungsklagen vorbehaltlich Nr. 1 das Verwaltungsgericht, in dessen Bezirk der beschwerende Verwaltungsakt erlassen wurde; wurde der beschwerende Verwaltungsakt von einer Behörde erlassen, deren Zuständigkeit sich auf mehrere Verwaltungsgerichtsbezirke erstreckt, so ist das Verwaltungsgericht zuständig, in dessen Bezirk der Verwaltungsakt gegen den Beschwerten hauptsächlich wirkt;

4. in allen anderen Fällen das Verwaltungsgericht, in dessen Bezirk der Beklagte wohnt oder die den Beklagten vertretende Behörde oder Stelle ihren Sitz hat.

(2) In Ermangelung eines nach diesen Vorschriften zuständigen Verwaltungsgerichts sowie in den Fällen des § 36 der Zivilprozeßordnung bestimmt der Verwaltungsgerichtshof das zuständige Gericht.

In Württemberg-Baden lautet Abs. 1 Ziffer 3:

„3. bei Anfechtungsklagen das Verwaltungsgericht, in dessen Bezirk der beschwerende Verwaltungsakt erlassen wurde.“

In Hessen hat Ziffer 3 folgenden Wortlaut.

„3. bei Anfechtungsklagen das Verwaltungsgericht, in dessen Bezirk der beschwerende Verwaltungsakt erlassen wurde; ist die Verwaltung eines Sachgebietes für die Bezirke mehrerer Verwaltungsgerichte bei einer Behörde zusammengefaßt, so gilt der von dieser erlassene Verwaltungsakt als dort erlassen, wo er gegenüber dem Beschwerten seine wesentliche Wirkung ausübt; im Zweifel ist dies der Fall am Wohnsitz des Beschwerten."

§ 29 VO. Nr. 165.

(1) Örtlich zuständig ist

a) in Angelegenheiten, die sich auf unbewegliches Vermögen beziehen, ausschließlich das Landesverwaltungsgericht, in dessen Bezirk das Vermögen belegen ist;

b) in allen anderen Fällen das Landesverwaltungsgericht, in dessen Bezirk der Beklagte seinen Wohnsitz oder die beklagte juristische Person, Behörde oder Stelle ihren Sitz hat.

(2) In Ermangelung eines nach diesen Vorschriften zuständigen Landesverwaltungsgerichts sowie in den Fällen des § 36 der Zivilprozeßordnung bestimmt der Deutsche Oberste Gerichtshof das zuständige Gericht. Die Entscheidung kann ohne mündliche Verhandlung erfolgen.

§ 30 VO. Nr. 165.

Ist durch eine öffentlichrechtliche Vereinbarung oder Satzung die Entscheidung durch einen oder mehrere Schiedsrichter vorgesehen, so finden die Vorschriften des 10. Buches der Zivilprozeßordnung entsprechende Anwendung. Zuständig für gerichtliche Entscheidungen ist das Landesverwaltungsgericht, das für das Verwaltungsstreitverfahren zuständig sein würde, falls kein schiedsrichterliches Verfahren vorgesehen wäre.

Bei Abs. 1 fällt auf, daß das Gesetz hier unter Ziffer 1 und 2 von „Klagen" schlechthin, unter Ziffer 3 von „Anfechtungsklagen" spricht. Ziffer 2 handelt zweifelsohne nur von Parteistreitigkeiten, und da das Gesetz hier den Ausdruck „Klage" gebraucht ebenso wie in Ziffer 1, könnte daraus geschlossen werden, daß auch in Ziffer 1 nur Parteistreitigkeiten gemeint sind. Dem ist jedoch nicht so; unter Ziffer 1 fallen sowohl Parteistreitigkeiten als auch Anfechtungssachen, denn ein beschwerender VA., gegen den sich die Anfechtungsklage wendet, kann sich auch auf ein Grundstück oder ein ortsgebundenes Recht beziehen (Enteignung, Bauerlaubnis). Die bayerische Novelle hat nun die bestehenden Zweifel in dem eben erwähnten Sinne dadurch geklärt, daß in die neue Fassung der Ziff. 3 die Worte „vorbehaltlich Nr. 1" aufgenommen wurden. Grundsatz ist somit, daß bei VA., die ein Grundstück oder ein ortsgebundenes Recht betreffen, der Gerichtsstand der belegenen Sache (locus rei sitae) gilt (vgl. §§ 24 und 26 ZPO.).

Aber auch sonst ist die Fassung dieses Paragraphen nicht sehr glücklich. Was heißt in Ziff. 3 die Wendung: „in dessen Bezirk der beschwerende Verwaltungsakt erlassen wurde?“ Wo ist ein VA. erlassen? Wäre nicht Ziff. 4, so müßte angenommen werden, der VA. werde am Sitze der erlassenden Behörde „erlassen“. Nun enthält aber Ziff. 4 die Bestimmung, daß dort, wo die Zuständigkeit sich nicht aus Ziff. 1 und 3 ergibt („in allen anderen Fällen“) der Sitz der erlassenden Behörde die Zuständigkeit bestimmt. Daraus müßte gefolgert werden, daß Ziff. 3 etwas anderes bestimmt. Das würde aber bedeuten, daß unter „erlassen“ das Wirksamwerden des VA. zu verstehen ist, das mit der Zustellung des VA. verbunden ist, welcher Gedanke auch im zweiten Nebensatze der neuen Ziff. 3 zum Ausdruck kommt. Praktisch werden sich diese Zweifel jedoch nicht stark auswirken, denn eine Behörde kann nur für ihren Amtsbereich VA. erlassen.

Bei den Behörden, deren Zuständigkeit sich auf mehrere Verwaltungsgerichtsbezirke bezieht, war insbesondere an die Straßenverkehrsdirektionen gedacht; bei einer Inanspruchnahme nach dem RLG. ist das Verwaltungsgericht zuständig, in dessen Bezirk das Kraftfahrzeug polizeilich registriert ist oder in dem es in Anspruch genommen wurde. Wenn auch jetzt Inanspruchnahmen nicht mehr verfügt werden, so sind doch noch viele Fälle bei den Verwaltungsgerichten anhängig und da Verfahrensvorschriften auch bereits anhängige Verfahren ergreifen, werden die Verwaltungsgerichte ihre Zuständigkeit neu prüfen müssen. Hat aber ein Gericht nach dem 1. 10. 1949 sachlich entschieden, obwohl ein anderes Verwaltungsgericht örtlich zuständig war, so dürfte wohl dieses Urteil nicht nichtig sein.

Von den Einzelfällen des § 36 ZPO. kommen praktisch nur Ziff. 5 und 6 in Betracht.

„5. Wenn in einem Rechtsstreit verschiedene Gerichte sich rechtskräftig für zuständig erklärt haben;

6. wenn verschiedene Gerichte, von welchen eines für den Rechtsstreit zuständig ist, sich rechtskräftig für unzuständig erklärt haben.“

Der VGH. ist somit berufen, positive und negative Kompetenzkonflickte zwischen den Verwaltungsgerichten eines Landes zu entscheiden.

§ 27. Vereinbarung des Gerichtsstands unzulässig.

Vereinbarungen der Parteien über die Zuständigkeit des Verwaltungsgerichtshofes oder der Verwaltungsgerichte haben keine rechtliche Wirkung.

Dritter Abschnitt.

Allgemeine Vorschriften über das Verfahren.

§ 28.

Soweit in diesem Gesetz nichts anderes bestimmt ist, sind die Vorschriften der Titel 14 bis 16 des Gerichtsverfassungsgesetzes über Öffentlichkeit, Sitzungspolizei, Gerichtssprache, Beratung und Abstimmung auf das Verfahren vor dem Verwaltungsgerichtshof und den Verwaltungsgerichten entsprechend anzuwenden; doch richtet sich das Beschwerderecht ausschließlich nach den Bestimmungen des vorliegenden Gesetzes.

Die Vorschriften der Titel 14 bis 16 des Gerichtsverfassungsgesetzes lauten:

Öffentlichkeit.

§ 169.

„Die Verhandlung vor dem erkennenden Gericht einschließlich der Verkündigung der Urteile und Beschlüsse ist öffentlich."

§ 172.

„In allen Sachen kann durch das Gericht für die Verhandlung oder für einen Teil davon die Öffentlichkeit ausgeschlossen werden, wenn sie eine Gefährdung der öffentlichen Ordnung, insbesondere der Staatssicherheit oder eine Gefährdung der Sittlichkeit oder eine Gefährdung eines wichtigen Geschäfts- und Betriebsgeheimnisses besorgen läßt."

§ 173.

„(1) Die Verkündung des Urteils erfolgt in jedem Fall öffentlich.

(2) Durch einen besonderen Beschluß des Gerichts kann unter den Voraussetzungen des § 172 auch für die Verkündung der Urteilsgründe oder eines Teils davon die Öffentlichkeit ausgeschlossen werden."

§ 174.

„(1) Die Verhandlung über die Ausschließung der Öffentlichkeit findet in nichtöffentlicher Sitzung statt, wenn ein Beteiligter es beantragt oder das Gericht es für angemessen erachtet. Der Beschluß, welcher die Öffentlichkeit ausschließt, muß öffentlich verkündet werden. Bei der Verkündung ist in den Fällen der §§ 172, 173 anzugeben, aus welchen Gründen die Öffentlichkeit ausgeschlossen worden ist.

(2) Ist die Öffentlichkeit wegen Gefährdung der Staatssicherheit oder eines Geschäfts- oder Betriebsgeheimnisses ausgeschlossen, so kann das Gericht den anwesenden Personen die Geheimhaltung von Tatsachen, welche durch die Verhandlung, durch die Anklageschrift oder durch andere amtliche Schriftstücke des Prozesses zu ihrer Kenntnis gelangen, zur Pflicht machen. Der Beschluß ist in das Sitzungsprotokoll aufzunehmen; gegen ihn findet Beschwerde statt. Die Beschwerde hat keine aufschiebende Wirkung.“

§ 175.

„(1) Der Zutritt zu öffentlichen Verhandlungen kann unerwachsenen und solchen Personen versagt werden, welche sich nicht im Besitz der bürgerlichen Ehrenrechte befinden, oder welche in einer der Würde des Gerichts nicht entsprechenden Weise erscheinen.

(2) Zu nicht öffentlichen Verhandlungen kann der Zutritt einzelnen Personen vom Gericht gestattet werden. Einer Anhörung der Beteiligten bedarf es nicht.

(3) Die Ausschließung der Öffentlichkeit steht der Anwesenheit der die Dienstaufsicht führenden Beamten der Justizverwaltung bei den Verhandlungen vor dem erkennenden Gericht nicht entgegen.“

Sitzungspolizei.

§ 176.

„Die Aufrechterhaltung der Ordnung in der Sitzung liegt dem Vorsitzenden ob.“

§ 177.

„Parteien, Beschuldigte, Zeugen, Sachverständige oder bei der Verhandlung nicht beteiligte Personen, welche den zur Aufrechterhaltung der Ordnung erlassenen Befehlen nicht gehorchen, können auf Beschluß des Gerichts aus dem Sitzungszimmer entfernt, auch zur Haft abgeführt und während einer in dem Beschluß zu bestimmenden Zeit, welche vierundzwanzig Stunden nicht übersteigen darf, festgehalten werden.“

§ 178.

„Das Gericht kann gegen Parteien, Beschuldigte, Zeugen, Sachverständige oder bei der Verhandlung nicht beteiligte Personen, welche sich in der Sitzung einer Ungebühr schuldig machen, vorbehaltlich der strafrechtlichen Verfolgung, eine Ordnungsstrafe in Geld oder bis zu drei Tagen Haft festsetzen und sofort vollstrecken lassen.“

§ 179.

„Die Vollstreckung der vorstehend bezeichneten Ordnungsstrafen hat der Vorsitzende unmittelbar zu veranlassen."

§ 180.

„Die in den §§ 176 bis 179 bezeichneten Befugnisse stehen auch einem einzelnen Richter bei der Vornahme von Amtshandlungen außerhalb der Sitzung zu."

§ 182.

„Ist eine Ordnungsstrafe wegen Ungebühr festgesetzt, oder eine Person zur Haft abgeführt oder eine bei der Verhandlung beteiligte Person entfernt worden, so ist der Beschluß des Gerichts und dessen Veranlassung in das Protokoll aufzunehmen."

§ 183.

„Wird eine strafbare Handlung in der Sitzung begangen, so hat das Gericht den Tatbestand festzustellen und der zuständigen Behörde das darüber aufgenommene Protokoll mitzuteilen. In geeigneten Fällen ist die vorläufige Festnahme des Täters zu verfügen."

Gerichtssprache.

§ 184.

„Die Gerichtssprache ist deutsch.

Plattdeutsch und andere deutsche Dialekte sind deutsch. Fremdsprachige Schriftsätze wahren keine Frist, jedoch im Zweifel Wiedereinsetzung nach § 33."

§ 185.

„(1) Wird unter Beteiligung von Personen verhandelt, welche der deutschen Sprache nicht mächtig sind, so ist ein Dolmetscher zuzuziehen; die Führung eines Nebenprotokolls in der fremden Sprache findet nicht statt; jedoch sollen Aussagen und Erklärungen in fremder Sprache, wenn und soweit der Richter dies mit Rücksicht auf die Wichtigkeit der Sache für erforderlich erachtet, auch in der fremden Sprache in das Protokoll oder in eine Anlage niedergeschrieben werden. In den dazu geeigneten Fällen soll dem Protokoll eine durch den Dolmetscher zu beglaubigende Übersetzung beigefügt werden.

(2) Die Zuziehung eines Dolmetschers kann unterbleiben, wenn die beteiligten Personen sämtlich der fremden Sprache mächtig sind."

§ 186.

„Zur Verhandlung mit tauben oder stummen Personen ist, sofern nicht eine schriftliche Verständigung erfolgt, eine Person als Dolmetscher zuzuziehen, mit deren Hilfe die Verständigung in anderer Weise erfolgen kann."

§ 187.

„Ob einer Partei, welche taub ist, bei der mündlichen Verhandlung der Vortrag zu gestatten sei, bleibt dem Ermessen des Gerichts überlassen."

§ 188.

„Personen, welche der deutschen Sprache nicht mächtig sind, leisten Eide in der ihnen geläufigen Sprache."

§ 189.

„(1) Der Dolmetscher hat einen Eid dahin zu leisten: daß er treu und gewissenhaft übertragen werde.

(2) Ist der Dolmetscher für Übertragungen der betreffenden Art im allgemeinen beeidigt, so genügt die Berufung auf den geleisteten Eid."

§ 190.

„Der Dienst des Dolmetschers kann von dem Urkundsbeamten der Geschäftsstelle wahrgenommen werden. Einer besonderen Beeidigung bedarf es nicht."

§ 191.

„Auf den Dolmetscher finden die Bestimmungen über Ausschließung und Ablehnung der Sachverständigen entsprechende Anwendung. Die Entscheidung erfolgt durch das Gericht oder den Richter, von welchem der Dolmetscher zugezogen ist."

Beratung und Abstimmung.

§ 192.

„Bei Entscheidungen dürfen Richter nur in der gesetzlich bestimmten Anzahl mitwirken."

§ 194.

„(1) Der Vorsitzende leitet die Beratung, stellt die Fragen und sammelt die Stimmen.

(2) Meinungsverschiedenheiten über den Gegenstand, die Fassung und die Reihenfolge der Fragen oder über das Ergebnis der Abstimmung entscheidet das Gericht."

§ 195.

„Kein Richter, Schöffe oder Geschworener darf die Abstimmung über eine Frage verweigern, weil er bei der Abstimmung über eine vorhergegangene Frage in der Minderheit geblieben ist."

§ 196.

„(1) Die Entscheidungen erfolgen, soweit das Gesetz nicht ein anderes bestimmt, nach der absoluten Mehrheit der Stimmen.

(2) Bilden sich in Beziehung auf Summen, über welche zu entscheiden ist, mehr als zwei Meinungen, deren keine die Mehrheit für sich hat, so

werden die für die größte Summe abgegebenen Stimmen den für die nächstgeringere abgegebenen so lange hinzugerechnet, bis sich eine Mehrheit ergibt.“

§ 29.

Entscheidungen des Gerichts, die nicht Urteile sind, können ohne mündliche Verhandlung ergehen.

Nicht Urteile sind insbesondere Vorbescheide und Beschlüsse. Aber auch Urteile können ohne mündliche Verhandlung ergehen, wenn die Beteiligten ausdrücklich darauf verzichtet haben oder auf Mitteilung des Gerichts, es beabsichtige ohne mündliche Verhandlung zu entscheiden, nicht ausdrücklich binnen zwei Wochen die mündliche Verhandlung verlangt haben (§§ 62, 86, 97, 111 VGG.).

Zustellung.

§ 30.

(1) **Anordnungen und Mitteilungen des Gerichts oder des Vorsitzenden sind zuzustellen, verkündete Entscheidungen jedoch nur in den gesetzlich bestimmten Fällen.**

(2) **Die Zustellungen geschehen von Amts wegen nach den Vorschriften der §§ 208 bis 213 der Zivilprozeßordnung. Sie können auch durch einen eingeschriebenen Brief gegen Rückschein sowie in der Weise bewirkt werden, daß der Urkundsbeamte oder ein anderer damit beauftragter Beamter das Schriftstück gegen Empfangsbescheinigung aushändigt.**

Die entsprechenden Bestimmungen der ZPO. lauten:

§ 208.

„Auf die von Amts wegen zu bewirkenden Zustellungen finden die Vorschriften über die Zustellungen auf Betreiben der Parteien entsprechende Anwendung, soweit nicht aus den nachfolgenden Bestimmungen sich Abweichungen ergeben.“

§ 209.

„Für die Bewirkung der Zustellung hat die Geschäftsstelle Sorge zu tragen.“

§ 210.

„Die Beglaubigung der bei der Zustellung zu übergebenden Abschrift geschieht durch den Urkundsbeamten der Geschäftsstelle.“

§ 210a.

„Ein Schriftsatz, durch welchen ein Rechtsmittel eingelegt wird, ist dem Prozeßbevollmächtigten derjenigen Instanz, deren Entscheidung angefochten wird, in Ermangelung eines solchen dem Prozeßbevollmächtigten erster Instanz zuzustellen. Ist von der Partei bereits ein Prozeßbevollmächtigter für die höhere, zur Verhandlung und Entscheidung über das Rechtsmittel

zuständige Instanz bestellt, so kann die Zustellung auch an diesen Prozeßbevollmächtigten erfolgen.

Ist ein Prozeßbevollmächtigter, welchem nach Maßgabe des Abs. 1 zugestellt werden kann, nicht vorhanden, oder ist sein Aufenthalt unbekannt, so erfolgt die Zustellung an den von der Partei, wenngleich nur für die erste Instanz, bestellten Zustellungsbevollmächtigten, in Ermangelung eines solchen an die Partei selbst, und zwar an diese durch Aufgabe zur Post, wenn sie einen Zustellungsbevollmächtigten zu bestellen hatte, die Bestellung aber unterlassen hatte.“

§ 211.

„Die Geschäftsstelle hat das zu übergebende Schriftstück einem Gerichtswachtmeister oder der Post zur Zustellung auszuhändigen. Die Sendung muß verschlossen sein; sie muß mit der Anschrift der Person, an die zugestellt werden soll, sowie mit der Bezeichnung der absendenden Stelle und einer Geschäftsnummer versehen sein. Sie muß den Vermerk „Vereinfachte Zustellung“ tragen.

Die Vorschrift des § 194 Abs. 2 findet keine Anwendung.“

§ 212.

„Die Beurkundung der Zustellung durch den Gerichtswachtmeister oder den Postbediensteten erfolgt nach den Vorschriften des § 195 Abs. 2 mit der Maßgabe, daß eine Abschrift der Zustellungsurkunde nicht zu übergeben, der Tag der Zustellung jedoch auf der Sendung zu vermerken ist.

Die Zustellungsurkunde ist der Geschäftsstelle zu überliefern.“

§ 212a.

„Bei der Zustellung an einen Anwalt, Notar oder Gerichtsvollzieher oder eine Behörde oder Körperschaft des öffentlichen Rechts genügt zum Nachweis der Zustellung das mit Datum und Unterschrift versehene schriftliche Empfangsbekenntnis des Anwalts oder eines gemäß § 19 der Rechtsanwaltsordnung bestellten Zustellungsbevollmächtigten, des Notars oder Gerichtsvollziehers oder der Behörde oder Körperschaft.“

§ 213.

„Ist die Zustellung durch Aufgabe zur Post (§ 175) erfolgt, so hat der Urkundsbeamte der Geschäftsstelle in den Akten zu vermerken, zu welcher Zeit und unter welcher Adresse die Aufgabe geschehen ist. Der Aufnahme einer Zustellungsurkunde bedarf es nicht.“

§ 31.

Fristenberechnung.

Die Fristen werden nach den Vorschriften des Bürgerlichen Gesetzbuches berechnet. Fällt das Ende einer Frist auf einen Sonntag oder allgemeinen Feiertag, so endigt die Frist mit Ablauf des nächstfolgenden Werktags.

§ 34 der VO. Nr. 165 enthält nur den ersten Satz des § 31 VGG.

Die Vorschriften des BGB. lauten:

§ 186.

„Für die in Gesetzen, gerichtlichen Verfügungen und Rechtsgeschäften enthaltenen Frist- und Terminsbestimmungen gelten die Auslegungsvorschriften der §§ 187 bis 193."

§ 187.

„I. Ist für den Anfang einer Frist ein Ereignis oder ein in den Lauf eines Tages fallender Zeitpunkt maßgebend, so wird bei der Berechnung der Frist der Tag nicht mitgerechnet, in welchen das Ereignis oder der Zeitpunkt fällt.

II. Ist der Beginn eines Tages der für den Anfang einer Frist maßgebende Zeitpunkt, so wird dieser Tag bei der Berechnung der Frist mitgerechnet. Das gleiche gilt von dem Tage der Geburt bei der Berechnung des Lebensalters."

§ 188.

„I. Eine nach Tagen bestimmte Frist endigt mit dem Ablauf des letzten Tages der Frist.

II. Eine Frist, die nach Wochen, nach Monaten oder nach einem mehrere Monate umfassenden Zeitraum — Jahr, halbes Jahr, Vierteljahr — bestimmt ist, endigt im Falle des § 187 Abs. 1 mit dem Ablaufe desjenigen Tages der letzten Woche oder des letzten Monats, welcher durch seine Benennung oder seine Zahl dem Tage entspricht, in dem das Ereignis oder der Zeitpunkt fällt, im Falle des § 187 Abs. 2 mit dem Ablaufe desjenigen Tages der letzten Woche oder des letzten Monats, welcher dem Tage vorhergeht, der durch seine Benennung oder seine Zahl dem Anfangstage der Frist entspricht.

III. Fehlt bei einer nach Monaten bestimmten Frist in dem letzten Monate der für ihren Ablauf maßgebende Tat, so endigt die Frist mit dem Ablaufe des letzten Tages dieses Monats."

§ 189.

„I. Unter einem halben Jahr wird eine Frist von sechs Monaten, unter einem Vierteljahr eine Frist von drei Monaten, unter einem halben Monat eine Frist von fünfzehn Tagen verstanden.

II. Ist eine Frist auf einen oder mehrere ganze Monate und einen halben Monat gestellt, so sind die fünfzehn Tage zuletzt zu zählen."

§ 190.

„Im Falle der Verlängerung einer Frist wird die neue Frist von dem Ablaufe der vorigen Frist an berechnet."

§ 191.

„Ist ein Zeitraum nach Monaten oder nach Jahren in dem Sinne bestimmt, daß er nicht zusammenhängend zu verlaufen braucht, so wird der Monat zu dreißig, das Jahr zu dreihundertfünfundsechzig Tagen gerechnet."

§ 192.

„Unter Anfang des Monats wird der erste, unter Mitte des Monats der fünfzehnte, unter Ende des Monats der letzte Tag des Monats verstanden."

§ 193.

„Ist an einem bestimmten Tag oder innerhalb einer Frist eine Willenserklärung abzugeben oder eine Leistung zu bewirken und fällt der bestimmte Tag oder der letzte Tag der Frist auf einen Sonntag oder einen am Erklärungs- oder Leistungsort staatlich anerkannten allgemeinen Feiertag, so tritt an Stelle des Sonntags oder des Feiertags der nächstfolgende Werktag."

Zu beachten ist, daß die Fristen sich um die Tage des Postenlaufes nicht verlängern. Derjenige, der einen Einspruch, eine Beschwerde, die Anfechtungsklage oder die Berufung schriftlich erhebt und den Schriftsatz der Post zur Beförderung übergibt, muß damit rechnen, daß bei der Postzustellung eine Verzögerung eintritt und die Frist versäumt werden kann; er darf sich nicht darauf verlassen, daß auch bei benachbarten Orten der Postenlauf nur einen Tag dauert. Dieser Zustand ist etwas unbefriedigend, denn dem Anfechtungskläger verbleibt dadurch zur Einbringung der Klage nicht die volle Frist von 14 Tagen. Es wird sich darum, besonders in schwierigen Fällen empfehlen, sofort die Anfechtungsklage einzubringen und sich die nähere Begründung vorzubehalten.

Rechtsprechung.

Falls kein Zustellungsnachweis vorliegt, so gilt die VO. v. 23. 8. 1942 (RGBl. I S. 527); das Schriftstück gilt am 4. Werktage nach Postaufgabe zugestellt, wenn der Empfänger nicht im Bereiche des Ortsbestellverkehrs wohnt.

BayerVGH., Beschl. v. 21. 5. 1948 Nr. 8 I 48.

Die Frist wird um die Tage des Postenlaufs nicht verlängert.

BayerVGH., Vorbescheid v. 12. 10. 1948 Nr. 126 II 48.

§ 32.

Die Frist für ein Rechtsmittel oder einen sonstigen Rechtsbehelf beginnt nur dann zu laufen, wenn der Beteiligte über den Rechtsbehelf, die zuständige Behörde mit Angabe ihres Sitzes und die einzuhaltende Frist belehrt worden ist.

§ 35 der VO. Nr. 165 enthält die gleiche Bestimmung.

Das VGG. enthält an drei Stellen Bestimmungen, die die Verwaltungsbehörden und die Verwaltungsgerichte zu einer Rechtsmittelbelehrung verpflichten. So muß der Einspruchsbescheid mit einer solchen versehen sein (§ 40 Abs. 2) ebenso der Vorbescheid (§ 55 Abs. 2 und § 105 Abs. 2). Eine ausdrückliche Vorschrift, daß auch der beschwerende VA., das Urteil oder ein Beschluß der Verwaltungsgerichte eine solche enthalten muß, fehlt eigentümlicherweise, doch ist anzunehmen, daß diese Verpflichtung auch hier besteht.

Das Fehlen einer Rechtsmittelbelehrung oder die Unvollständigkeit oder Unrichtigkeit derselben darf dem Rechtssuchenden nicht zum Schaden gereichen. Fehlt sie überhaupt, so kann jederzeit, auch nach Ablauf einer noch so langen Frist, das Rechtsmittel erhoben werden. Erhebt der Betroffene jedoch in einem solchen Falle Einspruch, so läuft von diesem Tage an die Frist des § 42 Abs. 2 VGG. und er kann dann bei Versäumung dieser nicht einwenden, der ursprüngliche VA. sei ohne Belehrung gewesen.

Wie bereits angeführt, muß aus der Fassung des § 32 geschlossen werden, daß den Verwaltungsbehörden und den Verwaltungsgerichten auch dort, wo dies nicht ausdrücklich vorgeschrieben ist, die Verpflichtung obliegt, eine Rechtsmittelbelehrung zu erteilen.

Jedenfalls gilt dieser Grundsatz bei den ordentlichen Rechtsmitteln wie Einspruch, Beschwerde, Berufung. Zweifelhaft ist dies bei den außerordentlichen Rechtsbehelfen, wie z. B. dem Antrag auf Einsetzung in den vorigen Stand (§ 33), die Wiederaufnahme des Verfahrens (§ 122). Es würde zu weit führen, wenn man die Verwaltungsbehörden oder Verwaltungsgerichte für verpflichtet ansehen sollte, die Partei auch auf die Folgen der Versäumnis der Einspruchs-, Klage- und Berufungsfrist in der Richtung aufmerksam zu machen, daß sie in einem solchen Fall gemäß § 33 VGG. Antrag auf Einsetzung in den vorigen Stand binnen 14 Tagen nach Beseitigung des Hindernisses stellen können. Hier dürfte der Grundsatz gelten, daß Unkenntnis des Gesetzes nicht entschuldigt und der Betroffene muß die Folgen tragen, wenn er aus Unkenntnis die Antragsfrist versäumt.

Eher könnte schon eine Belehrungspflicht bezüglich der sechsmonatigen Frist des § 42 Abs. 2 VGG. angenommen werden, denn es handelt sich hier um eine nicht im Wesen des verwaltungsgerichtlichen Verfahrens liegende Frist, sondern um eine außergewöhnliche Sonderbestimmung. Trotzdem ist die Verpflichtung zu verneinen, denn es ist Sache des Anfechtungsklägers, sich bei Einbringung der Klage mit den Vorschriften des VGG. vertraut zu machen und auf die Wahrung seiner Rechte selbst bedacht zu sein.

Auf diese Fälle dürfte sich somit § 32 nicht beziehen.

Rechtsprechung.

Der Rechtsgrundsatz, daß die Rechtsmittelfrist nicht in Lauf gesetzt wird, wenn die gesetzlich vorgeschriebene Rechtsmittelbelehrung unterblieben ist, gilt auch dann, wenn es, wie in der VRStVO., an einer entsprechenden ausdrücklichen Vorschrift fehlt.

BezVG. Berlin-Zehlendorf, Urt. v. 14. 1. 1949; DRZ. 49 S. 309.

In Wahlstreitigkeiten nach dem Hessischen Gemeindewahlgesetz vom 11. 2. 1948 findet § 32 VGG. keine Anwendung.
HessVGH., Urt. v. 1. 6. 1949 OS. 80/49; VerwRechtspr. Nr. 140.

§ 33.

Einsetzung in den vorigen Stand.

(1) Wer glaubhaft macht, daß er ohne Verschulden verhindert gewesen ist, eine gesetzliche Frist einzuhalten, innerhalb der ein Antrag zu stellen oder von einem Rechtsbehelf Gebrauch zu machen war, ist auf seinen Antrag in den vorigen Stand einzusetzen. Mit dem Antrag muß die versäumte Handlung nachgeholt werden.

(2) Die Einsetzung muß binnen zwei Wochen nach Beseitigung des Hindernisses beantragt werden. Nach Ablauf eines Jahres seit dem Ende der versäumten Frist ist der Antrag ausgeschlossen, es sei denn, daß höhere Gewalt vorliegt.

(3) Über den Antrag auf Einsetzung in den vorigen Stand beschließt nach Anhörung der Beteiligten das Gericht, dem die Entscheidung über die nachgeholte Handlung zusteht.

(4) Richterliche Fristen können jederzeit verlängert werden.

§ 36 VO. Nr. 165.

(1) Nachsicht wegen Versäumung einer gesetzlichen Frist kann beantragen, wer ohne eigenes Verschulden verhindert war, die Frist einzuhalten.

(2) Über den Antrag auf Nachsicht entscheidet im Einspruchs- oder Beschwerdeverfahren (§§ 44, 49) die zuständige Verwaltungsbehörde, in den übrigen Fällen das Gericht, das über die versäumte Rechtshandlung zu entscheiden hat.

(3) Der Antrag auf Nachsicht ist innerhalb von zwei Wochen nach Ablauf des Tages zu stellen, an dem er zuerst gestellt werden konnte. Die Tatsachen, die den Antrag begründen sollen, sind anzuführen und glaubhaft zu machen. Innerhalb der Antragsfrist ist die versäumte Rechtshandlung nachzuholen. Ist das geschehen, so kann die Nachsicht auch ohne Antrag bewilligt werden.

(4) Nach Ablauf eines Jahres seit dem Ende der versäumten Frist darf Nachsicht nicht mehr gewährt werden, es sei denn, daß höhere Gewalt vorgelegen hat oder die versäumte Rechtshandlung innerhalb der Antragsfrist nachgeholt worden ist.

§ 37 VO. Nr. 165.

Richterliche Fristen können auf Antrag verlängert werden.

Wer glaubhaft macht, daß er ohne Verschulden verhindert gewesen ist, eine gesetzliche Frist einzuhalten, ... ist ..... in den vorigen Stand einzusetzen. Wenn somit die oben erwähnte Voraussetzung gegeben ist, so besteht ein Rechtsanspruch auf Einsetzung in den vorigen Stand, die Bewilligung liegt somit nicht im Ermessen des Verwaltungs-Gerichtes. Es genügt die Glaubhaftmachung, ein strikter Beweis ist nicht erforderlich. „Ein Verschulden" liegt dann vor, wenn der Beteiligte diejenige Sorgfalt außer Acht läßt, die für einen gewissenhaft und sachgemäß Prozeßführenden geboten und ihm nach den genannten Umständen zumutbar ist. Das VGG. ist hier bedeutend liberaler als die ZPO., die eine Wiedereinsetzung in § 233 Abs. 1 nur dann zuläßt, wenn die Partei durch Naturereignis oder andere unabwendbare Zufälle an der Fristeinhaltung verhindert war.

Im Einklange mit § 232 ZPO. wird in den meisten Ländern das Verschulden des Bevollmächtigten als Verschulden der Partei angesehen und dieser zugerechnet. Lediglich der HessVGH. nimmt einen gegenteiligen Standpunkt ein. (Vgl. hierzu den Aufsatz Prof. Naumanns in DVerw. 1949 S. 9, der den Standpunkt des HessVGH. ablehnt.)

Es dürfte auch kein Bedenken obwalten, sich der Rechtsprechung der Zivilgerichte anzuschließen, wonach das schuldhafte Verhalten eines Angestellten eines Rechtsanwalts einen unabwendbaren Zufall darstellen kann, wenn der Anwalt durch allgemeine Anordnung und Einrichtungen, sowie sorgfältige Auswahl und Überwachung dafür gesorgt hat, daß Versehen möglichst vermieden werden. Dasselbe muß für die Angestellten größerer Betriebe gelten, sofern der Angestellte Gehilfe bei der Führung des Prozesses und nicht selbst Prozeßbevollmächtigter ist. Kein unabwendbarer Zufall liegt aber vor, wenn der Anwalt durch eigenes Verhalten das Versehen seiner Angestellten mit herbeigeführt hat. (Zitiert aus Schönke, Zivilprozeßrecht, 5. Aufl. 1948, S. 119; siehe auch die dort angeführte Judikatur.)

Nach einer Entscheidung (RG. DR. 1940 S. 1436) stellt Armut einer Partei einen unabwendbaren Zufall bis zur Entscheidung über ein rechtzeitig gestelltes Armenrechtsgesuch dar. — Die Partei muß ohne schuldhafte Verzögerung alles erforderliche getan haben, um das Armenrecht rechtzeitig zu erlangen, so daß bei normalem Verlauf innerhalb der Notfrist das Gesuch erledigt und der Einspruch oder das Rechtsmittel eingelegt werden könnte (RGZ. 138, 248). Es ist sehr fraglich, ob diese Grundsätze auch auf das verwaltungsgerichtliche Verfahren allgemein angewendet werden sollen. Da in diesem Verfahren kein Anwaltszwang besteht, entfällt damit der wichtigste Kostenpunkt und es kann wohl verlangt werden, daß der Anfechtungskläger zugleich mit dem Gesuch um Bewilligung des Armenrechts die Anfechtungsklage zumindest anmeldet und es ist nicht einzusehen, warum er erst die Armenrechtsentscheidung abwarten sollte. Auch können Zweifel auftauchen, ob das Verwaltungsgericht, ehe eine Anfechtungsklage erhoben wurde, zu einer Entscheidung überhaupt zuständig ist.

Entschuldigungsgründe werden sein: schwere Erkrankung, die den Betreffenden hinderte, auch eine dritte Person zu beauftragen, eine

Geschäfts- oder Dienstreise, während der der Einspruchsbescheid, das Urteil zugestellt wurden, falls ihm nicht zugemutet werden kann, einen Bevollmächtigten für diese Zeit zu bestellen. Kein Entschuldigungsgrund ist ein Rechtsirrtum oder daß die Post länger als angenommen zur Beförderung gebraucht hat (Ausnahme: aus der russischen Zone oder aus dem Ausland).

Wenn § 33 zugleich mit dem Antrag die Nachholung der versäumten Handlung anordnet, regelt er nicht den häufigsten Fall, daß nämlich die Anfechtungsklage, Berufung, Beschwerde, der Antrag gemäß § 55 Abs. 2, § 105 Abs. 2 verspätet waren, somit eine Nachholung begrifflich nicht mehr notwendig ist.

Auf diesen Fall kann sich auch der Fristbeginn: „nach Beseitigung des Hindernisses" nicht beziehen. Gewöhnlich wird der Betroffene überhaupt nicht wissen, daß sein Antrag oder Rechtsbehelf verspätet waren, er erfährt es erst durch eine Verständigung des Verwaltungsgerichts, in der er aufgefordert wird, sich zur Frage der Verspätung zu äußern oder aus dem Vorbescheid, mit dem die Anfechtungsklage oder Berufung zurückgewiesen werden bzw. bei der mündlichen Verhandlung. Die Frist von zwei Wochen ist wohl von dem Zeitpunkt der Verständigung an zu rechnen.

In der amerikanischen Zone wird über die Einsetzung in den vorigen Stand nur über Antrag, nicht von Amts wegen entschieden (anders in der britischen Zone). Der Antrag muß nicht ausdrücklich gestellt sein, es genügt, wenn z. B. im Antrag auf mündliche Verhandlung (§ 55 Abs. 2, § 101 Abs. 2) entweder die Tatsache der Verspätung bestritten oder Entschuldigungsgründe angeführt werden.

Der BayerVGH. hat sich in seinem Beschluß vom 21. 5. 1948 Nr. 8 I 48 mit dem Fall befaßt, daß das Verwaltungsgericht einen Antrag auf Einsetzung in den vorigen Stand abgelehnt hat, die Anfechtungsklage aber überhaupt nicht verspätet war. Der VGH. hat den Beschluß des Verwaltungsgerichts aufgehoben und erklärt, der Antrag auf Einsetzung in den vorigen Stand sei gegenstandslos.

Da § 33 Abs. 3 bestimmt, daß über den Antrag das Gericht beschließt, dem die Entscheidung über die nachgeholte Handlung zusteht, das Verwaltungsgericht aber nur über die Anfechtungsklage entscheidet, so mußte daraus geschlossen werden, daß es eine Einsetzung in den vorigen Stand wegen Versäumnis der Einspruchs- oder Beschwerdefrist überhaupt nicht gibt. Jedenfalls ist eine Zuständigkeit der Verwaltungsbehörden, einen derartigen Antrag zu verbescheiden, im § 33 VGG. nicht normiert. Dies geschah erst an anderer Stelle, nämlich im § 39 Abs. 2, wo die Frist für den Einspruch und die Beschwerde festgesetzt wird und wo es dann heißt: „Die §§ 32 und 33 finden Anwendung." Daraus muß gefolgert werden, daß über den Antrag auf Einsetzung in den vorigen Stand wegen Versäumung der Einspruchs- oder Beschwerdefrist die Einspruchs- oder Beschwerdebehörde nach den Bestimmungen des § 33 VGG. zu entscheiden hat.

In der britischen Zone bestimmt § 36 Abs. 2 VO. Nr. 165 ausdrücklich, daß im Einspruchs- und Beschwerdeverfahren die zuständige Verwaltungsbehörde über den Antrag auf Nachsicht entscheidet.

Die Bestimmung, daß jenes Gericht zur Entscheidung über den Antrag berufen ist, dem die Entscheidung über die nachgeholte Handlung zusteht, gibt dann zu Zweifeln Anlaß, wenn die Anfechtungsklage vom Verwaltungsgericht mittels Urteils als verspätet zurückgewiesen wurde. Die „nachgeholte Handlung" ist hier die Anfechtungsklage, somit wäre zur Entscheidung über den Antrag auf Einsetzung in den vorigen Stand grundsätzlich das Verwaltungsgericht zuständig. Ist jedoch ein Urteil ergangen, so kann das Verwaltungsgericht, wenn es die Einsetzung bewilligen würde, dieses nicht mehr selbst aufheben. Dies kann nur auf Berufung der VGH. und darum ist dieser, wenn zugleich mit der Berufung oder in dieser der Antrag gestellt wird, zur Entscheidung berechtigt.

Bei Versäumnis jeder gesetzlichen Frist kann der Antrag gestellt werden, somit auch bei Versäumung der Frist des § 42 Abs. 2 VGG.

Die Entscheidung ergeht durch Beschluß. Beschwerdeberechtigt ist jeder Beteiligte, somit auch der Beigeladene (§ 60 VGG.).

Rechtsprechung.

Verschulden im Sinne des § 33 VGG. liegt vor, wenn der Beteiligte diejenige Sorgfalt außer acht läßt, die für einen gewissenhaft und sachgemäß handelnden Prozeßführenden geboten und ihm nach den gesamten Umständen zumutbar ist. (In der Begründung wurde ausgeführt, der Kläger habe den Bürgermeister oder auch einen Anwalt fragen und in ganz einfacher Form die Klage einbringen können. Auch Erntearbeiten entschuldigen nicht, denn er konnte sich die geringfügige Zeit nehmen, die zur rechtzeitigen Klageerhebung in einfacher Form erforderlich war.)

BayerVGH., Beschl. v. 25. 6. 1948 Nr. 164 I 48; VGHE. n. F. Nr. 30; VerwRechtspr. Nr. 153.

Die Krankheit muß zumindest so schwer sein, daß der Betroffene verhindert war, dritte Personen mit der Einlegung der Berufung rechtzeitig zu beauftragen.

BayerVGH., Beschl. v. 13. 5. 1948 Nr. 55 I 48; BBürgerm. 48 S. 186.

Die Unkenntnis der Rechtslage rechtfertigt bei einer hierdurch erfolgten Versäumung der Klagefrist nicht die Einsetzung in den vorigen Stand wegen unabweisbaren Zufalls.

Die Prozeßpartei muß das Verhalten des Prozeßbevollmächtigten gegen sich gelten lassen.

BezVG. f. d. brit. Sektor Berlin, 10. 1. 1949 I 172/48; DVerw. 49 S. 304; ähnlich BezVG. amer. Sektor Berlin, Urt. v. 22. 4. 1949 1 B 195.48; DVerw. 49 S. 628.

Anwaltsverschulden gilt als Parteiverschulden. Bei sorgfältiger Auswahl und Anleitung seines Personals ist der Rechtsanwalt nicht verpflichtet, die ausdrücklich angemahnte unverzügliche Einreichung einer befristeten Klageschrift persönlich zu überwachen oder sich gerichtliche Empfangsbescheinigungen vorlegen zu lassen.

OVG. Hamburg, 31. 1. 1948; NJW. 49 S. 36.

Das Verschulden des Prozeßbevollmächtigten fällt der von ihm vertretenen Partei zur Last.

BayerVGH., Beschl. v. 15. 3. 1949 Nr. 229 II 48; VerwRechtspr. Nr. 110; LVG. Hannover, Urt. v. 28. 1. 1949 A. 518/48; VerwRechtspr. Nr. 85.

1. Der Begriff des Verschuldens (§ 33 VGG.) ist nicht im Sinne des bürgerlichen Rechts, sondern des Prozeßrechts zu verstehen.

2. Das Verschulden seines Vertreters ist dem Antragsteller nicht anzurechnen, sondern nur sein persönliches Verschulden.

HessVGH., Beschl. v. 8. 6. 1948 Nr. 26/48; VerwRechtspr. Nr. 30; DVerw. 49 S. 18.

In einem Rechtsirrtum kann dann ein Verschulden nicht erblickt werden, wenn dieser Rechtsirrtum entschuldbar ist. Ein solcher entschuldbarer Rechtsirrtum liegt z. B. dann vor, wenn es sich um die Zustellung an einen nicht mehr bevollmächtigten Anwalt handelt, und wenn die Prozeßpartei annimmt, im Falle der Niederlegung der anwaltschaftlichen Vertretung gelte die Zustellung erst mit der Zustellung an die Partei selbst, nicht aber mit der Zustellung an den nicht mehr bevollmächtigten Anwalt, als rechtswirksam erfolgt.

BayerVGH., Beschluß v. 3. 11. 1949 Nr. 83 II 49; ÖffVerw. 50 S. 64.

1. Der Ablauf einer durch Zustellung gemäß § 61 Abs. 2 VGG. an den bevollmächtigten Vertreter in Lauf gesetzten Frist wirkt auch gegen den Vertretenen.

2. Die gesetzlichen Fristen des VGG. sind für normale Postverkehrsverhältnisse berechnet. Der Postverkehr zwischen der amerikanischen und russischen Zone ist nicht normal.

3. Die Vorschrift des § 33 bezieht sich auch auf die Antragsfrist nach § 55 Abs. 2 VGG.

BayerVGH., Beschl. v. 9. 3. 1949 Nr. 305 I 48.

Der Anfechtungskläger hat hinsichtlich der Versäumung der rechtzeitigen Postaufgabe einer Anfechtungsklage das Verschulden des hiermit Beauftragten wie eigenes Verschulden zu tragen.

BayerVGH., Beschl. v. 28. 9. 1948 Nr. 267 II 48; VGHE. n. F. Nr. 33.

Wiedereinsetzung in den vorigen Stand kann auch für die Geltendmachung erst nachträglich bekanntgewordener Wahlanfechtungsgründe gewährt werden.

VG. Stuttgart, Urt. v. 30. 8. 1948 — I 492/48; ÖffVerw. 49 S. 399.

Ein verläßlicher Büroangestellter hat am 12. 2. am späten Nachmittag auf der Postzustellungsurkunde den Empfang bestätigt, am nächsten Tage das Schriftstück und den Umschlag mit dem Einlaufstempel 13. 2. versehen. Der Rechtsanwalt hatte keinen Anlaß an der Richtigkeit des Datums „13. 2." zu zweifeln und wenn nun die Anfechtungsklage beim Verwaltungsgericht am 13. 3. eingelaufen ist, trifft den Anwalt kein Verschulden.

BayerVGH., Beschl. v. 8. 11. 1949 Nr. 50 II 49 (vgl. die in der Jur. Wochenschrift 1930 S. 540 abgedruckte Entsch. des RG.Ziv.).

Auf einen reibungslosen Verlauf der Postzustellung kann sich ein Absender nicht verlassen, er geht die Gefahr ein, daß die Zustellung nicht rechtzeitig erfolgt. Wenn er es also auf den vorletzten Tag der Frist ankommen läßt, muß er die Folge der möglichen Fristversäumung tragen. Es kann ihm dann keine Einsetzung in den vorigen Stand gewährt werden, denn er ist nicht ohne Verschulden an der Einhaltung der Frist verhindert gewesen.

VG. Karlsruhe, Urt. v. 23. 9. 1948 — 462/48; ÖffVerw. 49 S. 440.

Ähnlich BayerVGH., Beschl. v. 28. 3. 1949 Nr. 238 I 48; ÖffVerw. 49 S. 437.

Hat das VerwGericht eine AnfKlage wegen verspäteter Einreichung mit Urteil als unzulässig abgewiesen und ist mit der Einlegung der Berufung zum VGH. Antrag auf E. i. d. v. St. gestellt, so ist zur Entscheidung über diesen Antrag der VGH. zuständig.

BayerVGH., Urteil v. 11. 4. 1949 Nr. 265 II 48; VGHE. n.F. Bd. 2 Nr. 7; Öff. Verw. 50 S. 64.

1. Erläßt die Einspruchs- oder Beschwerdebehörde oder das Verwaltungsgericht eine sachliche Entscheidung, obwohl der Einspruch — die Beschwerde — verspätet waren, so liegt darin keine Einsetzung in den vorigen Stand.

2. Zur Entscheidung über den Antrag auf Einsetzung in den vorigen Stand wegen Versäumung der Einspruchs-, Beschwerdefrist ist die Einspruchs-, Beschwerdebehörde zuständig (§ 39 Abs. 2 Satz 2 und § 33 Abs. 3 VGG.), nicht aber z. B. die untere Wohnungsbehörde.

BayerVGH., Urt. v. 12. 1. 1950 Nr. 215 II 49.

Gesetzeslücken — Gestaltung des Verfahrens.

§ 34.

Wo dieses Gesetz keine Bestimmungen über das Verfahren enthält und nicht anzunehmen ist, daß dessen Gestaltung dem pflichtmäßigen richterlichen Ermessen überlassen werden sollte, sind, soweit die grundsätzlichen Unterschiede der beiden Verfahrensarten es zulassen, die Vorschriften der Zivilprozeßordnung ergänzend heranzuziehen.

Van Husen (Gesetz über die Verwaltungsgerichtsbarkeit, S. 59) macht mit Recht darauf aufmerksam, es sei unklar, welche Fälle damit gemeint sind, in denen die Gestaltung dem pflichtmäßigen richterlichen Ermessen überlassen sind, sodaß dann die ergänzende Heranziehung der ZPO. Platz greifen soll.

Vor allem muß es sich um eine Gesetzeslücke handeln, d. h. es muß sich in der Praxis der Fall ergeben, daß das Gericht vergebens im VGG. eine Verfahrensvorschrift sucht, nach der vorzugehen wäre. Dann muß geprüft werden, ob nicht die ZPO. eine Verfahrensvorschrift enthält, die auf diesen Fall sinngemäß paßt und nicht die Wesensverschiedenheit der beiden Verfahrensarten der Anwendung im Wege steht. Bietet die ZPO. keine Handhabe, so hat der Verwaltungsrichter nach pflichtgemäßem Ermessen gestaltend einzugreifen. Durch den längeren einheitlichen Gerichtsgebrauch, insbesondere auf Grund der Rechtsprechung der VGHöfe, wird sich mit der Zeit ein Verfahrensgewohnheitsrecht ausbilden und dies nicht nur dort, wo der Verwaltungsrichter gestaltend eingreift, sondern auch dort und in der Richtung, wo und wie er die ZPO. ergänzend anwendet.

Es ist zuzugeben, daß diese Auslegung mit dem Wortlaut des § 34 nicht im Einklange steht. Denn dieser läßt die Anwendung der ZPO. erst dann zu, wenn nicht anzunehmen ist, daß die Gestaltung des Verfahrens dem pflichtmäßigen richterlichen Ermessen überlassen werden sollte. Da aber im VGG. nirgends ein ausdrücklicher Hinweis enthalten ist, daß in diesem oder jenem Falle die Gestaltung dem richterlichen Ermessen überlassen wird und aus dem Schweigen des Gesetzgebers schwer zu entnehmen ist, ob hier oder dort diese Absicht bestanden hat, so dürfte im Interesse der Rechtssicherheit und Rechtseinheitlichkeit es wohl angängig sein, die ZPO. mit der notwendigen Einschränkung grundsätzlich als subsidiäre Rechtsquelle anzuerkennen und erst dann gestaltend einzugreifen.

Es ist aber davor zu warnen, die ZPO. gewissermaßen als höhere, gediegenere Norm gegenüber dem VGG. anzusehen. Nur dort, wo das VGG. ausdrücklich einzelne Bestimmungen der ZPO. als anzuwendende Vorschrift erklärt, wird sie in dieser Richtung zum Bestandteil des VGG. In allen anderen Fällen ist vorerst zu prüfen, ob nicht aus dem VGG. selbst durch Auslegung und analoge Anwendung anderer Bestimmungen des VGG. die aufgetretene Unklarheit behoben oder eine scheinbare Lücke ausgefüllt werden könnte. Auch wo Zweifel bestehen, ob nicht grundsätzliche Unterschiede der beiden Verfahrensarten bestehen, ist von der Gestaltung Gebrauch zu machen.

§ 34 VGG. bietet den Zauberstab, über auftretende Schwierigkeiten hinwegzukommen, und der Verwaltungsrichter sollte sich nicht allzu ängstlich scheuen, von diesem Mittel Gebrauch zu machen.

Siehe auch Bemerkung zu § 83 VGG.

Vierter Abschnitt.

Anfechtungssachen.

I. VERFAHREN BIS ZUM URTEIL.

Zulässigkeit der Anfechtungsklage.

§ 35.

(1) Die Anfechtungsklage ist gegeben, wenn jemand behauptet, durch einen Verwaltungsakt in seinen Rechten verletzt zu sein.

(2) Sie ist auch gegen die Unterlassung einer beantragten Amtshandlung zulässig, auf deren Vornahme der Antragsteller ein Recht zu haben behauptet. Als Unterlassung gilt es, wenn die Behörde den Antrag auf Vornahme der Amtshandlung ohne zureichenden Grund binnen einer angemessenen Frist nicht beschieden hat.

In Württemberg-Baden und Hessen fehlen die Worte „binnen einer angemessenen Frist". Es folgt ein letzter Satz: **„Die Unterlassung ist dann einer Ablehnung gleich zu achten".**

Ermessenssachen.

§ 36.

Soweit Behörden ermächtigt sind, nach ihrem Ermessen zu befinden, kann die Anfechtungsklage, wenn nicht gesetzlich etwas anderes bestimmt ist, nur darauf gestützt werden, daß von diesem Ermessen nicht im Sinne des Gesetzes Gebrauch gemacht sei, insbesondere, daß Ermessensmißbrauch vorliege.

§ 23 VO. Nr. 165.

(1) Die Anfechtung eines Verwaltungsaktes kann nur darauf gestützt werden, daß der Verwaltungsakt den Kläger in seinen Rechten beeinträchtige, weil er rechtswidrig sei. Die Klage ist auch bei Nichtigkeit des Verwaltungsaktes zulässig.

(2) Als rechtswidrig ist ein Verwaltungsakt auch anzusehen, wenn die Tatsachen, die ihn gerechtfertigt hätten, nicht vorhanden waren.

(3) Sind die Verwaltungsbehörden ermächtigt, nach ihrem Ermessen zu handeln, so kann die Anfechtung insoweit nur darauf gestützt werden, daß die gesetzlichen Grenzen des Ermessens überschritten seien, oder von dem Ermessen in einer dem Zweck der Ermächtigung nicht entsprechenden Weise Gebrauch gemacht worden sei.

(4) Ist einem Kläger infolge einer von ihm begangenen Rechtsverletzung eine Strafe oder ein anderer Rechtsnachteil auferlegt worden, so unterliegt auch die Bemessung dieses Rechtsnachteiles der Nachprüfung und Änderung durch das Verwaltungsgericht.

§ 24 VO. Nr. 165.

(1) Eine Klage auf Vornahme eines beantragten Verwaltungsaktes kann nur darauf gestützt werden, daß der Kläger einen Rechtsanspruch auf die Vornahme habe und daß die Verwaltungsbehörde den Antrag abgelehnt oder ohne zureichenden Grund innerhalb von zwei Monaten nicht beschieden habe.

(2) Die Vorschriften des § 23 Abs. (2) und (3) gelten entsprechend.

Nachdem im § 22 die sachliche und im § 26 die örtliche Zuständigkeit der Verwaltungsgerichte geregelt wurde, handelt § 35 von der Zulässigkeit der Anfechtungsklage. Er ist im Zusammenhang mit § 23 zu lesen, der von der Klageberechtigung handelt und wäre, soweit es sich um den ersten Absatz handelt, eigentlich überflüssig. Er besagt jedoch mehr. Daraus, daß jemand zur Klageerhebung nicht berechtigt (legitimiert) ist (§ 23 VGG.), kann die Unzuständigkeit des Verwaltungsgerichtes zur Entscheidung über die von ihm erhobene Anfechtungsklage gefolgert werden, was wieder die Möglichkeit der Zurückweisung mittels Vorbescheides zur Folge hätte. In manchen Fällen wird es klar sein, daß der Kläger überhaupt nicht in den Kreis derjenigen Personen gehört, deren Rechte durch den angefochtenen VA. berührt werden können, oder er wehrt sich bloß gegen die Verletzung seiner wirtschaftlichen Interessen. Hier ist ein Vorbescheid am Platze. In vielen Fällen wird es jedoch zweifelhaft sein, ob eine Rechtsverletzung begrifflich vorliegen kann, d. i. ob und inwieweit eine Norm einen Anspruch gewährt. Diese Frage ist dann die eigentliche Hauptfrage, die von den Verwaltungsgerichten zu beantworten ist. Diese soll aber das Gericht nicht in einem Vorbescheid beantworten, sondern im Wege des Urteils nach durchgeführtem Verfahren. Dies ist die Bedeutung des § 35 Abs. 1.

Gemäß § 23 kann nur derjenige klagen, der ein ihm zustehendes Recht geltend macht oder eine ihm angesonnene Verbindlichkeit bestreitet. Wenn § 35 Abs. 1 die Wendung gebraucht: „durch einen Verwaltungsakt in seinen Rechten verletzt zu sein", so faßt er damit die beiden Voraussetzungen des § 23 zusammen, denn eine Verletzung von Rechten kann sowohl dann vorliegen, wenn ein jemandem zustehendes Recht diesem durch einen VA. verweigert als auch wenn ihm eine Verbindlichkeit angesonnen wird und er diese bestreitet.

„Die Anfechtungsklage ist gegeben." Diese Worte können nur die Bedeutung haben, daß die Anfechtungsklage bei Vorliegen der weiter angeführten Voraussetzung grundsätzlich zulässig ist. § 35 setzt voraus, daß die sachliche und örtliche Zuständigkeit des Verwaltungsgerichtes bereits gegeben und unbestritten ist. Die einzige Voraussetzung für diese Zulässigkeit ist aber die bloße Behauptung des Anfechtungsklägers, durch einen VA. in seinen Rechten verletzt zu sein. Es kommt darum für die Frage der Zulässigkeit nicht darauf an, ob jene Behauptung richtig ist oder nicht. Die Frage, ob tatsächlich ein Recht verletzt wurde, ist Gegenstand der Sachentscheidung, des Urteils (vgl. § 79 Abs. 1: „Soweit das Gericht die Anfechtungsklage für begründet hält .....").

Das Verwaltungsgericht kann somit, wenn die Verletzung eines Rechtes behauptet wird und nach Ansicht des Gerichtes dem Anfechtungskläger überhaupt kein Recht zusteht, die Anfechtungsklage nicht als unzulässig mittels Vorbescheides zurückweisen, weil bei einer unzulässigen Klage seine Zuständigkeit nicht gegeben wäre. Zwischen „unzulässig" und „unbegründet" ist streng zu unterscheiden.

Der HessVGH. trifft diese Unterscheidung offenbar nicht, sondern hält, wie aus mehreren Urteilen hervorgeht, eine Klage für unzulässig, falls kein Recht durch den angefochtenen VA. verletzt wurde; in solchen Fällen ist die Klage nur dann zulässig, wenn Ermessensmißbrauch, Willkür (§ 36 VGG.) geltend gemacht wird. Anwaltsassessor Dr. Egers bringt in seiner Zusammenstellung in ÖffVerw. 49 S. 477 einige solcher Fälle: „Die Zulässigkeit des Rechtsweges gegen den Widerruf eines Widerrufsbeamten ist nur bei Willkür gegeben." (Urt. v. 11. 2. 1949 — O. 83/48). „Ist der Rechtsanspruch auf Erteilung eines baupolizeilichen Dispenses nach der BaupolizeiVO. ausdrücklich versagt, so besteht kein Klagerecht auf Erteilung des Dispenses." (Urt. v. 28. 7. 1948 — OS. 43/48.)

Ich kann mich mit dieser Ansicht nicht befreunden, denn dann hätten die Worte: „wenn jemand behauptet, durch einen VA. in seinen Rechten verletzt zu sein" überhaupt keinen Sinn. Die Anschauung des HessVGH. setzt voraus, daß § 35 lautet: „Die Anfechtungsklage ist gegeben, wenn jemand durch einen VA. in seinen Rechten verletzt wurde."

Ob jemandem ein Recht, ein Rechtsanspruch auf ein bestimmtes Verhalten der Behörde im positiven oder negativen Sinne zusteht, muß aus der Rechtsvorschrift, auf die sich der angefochtene VA. gründet, durch Auslegung dieser Vorschrift herausgelesen werden. In den seltensten Fällen ist die Rechtsvorschrift in dieser Richtung ganz eindeutig. Wo das Handeln in einem Einzelfalle dem Ermessen der Behörde überlassen ist, kann von einem Anspruch nicht gesprochen werden.

In einem Polizei- oder totalitärem Staate ist für Rechtsansprüche gegenüber dem Staate bzw. gegenüber der Verwaltung nicht viel Raum. Umgekehrt ist es aber ein Zeichen des Rechtsstaates, daß dem freien Ermessen der Verwaltungsbehörden gegenüber dem Staatsbürger wenig Spielraum belassen wird. Der Grundsatz: „Die Behörden sind für die Bevölkerung da und nicht umgekehrt", ist zwar ein oft gebrauchtes

Schlagwort, ist aber noch keineswegs Allgemeingut geworden. Dem Wesen eines demokratischen Staates würde es entsprechen, daß die Gesetze so beschaffen sind, daß der Staatsbürger aus ihnen klar erkennt, wessen er sich von den Behörden zu versehen hat, was er von ihnen als sein Recht verlangen kann und welche Eingriffe er sich gefallen lassen muß. Nur dann ist auch ein wirksamer Rechtsschutz möglich.

Den Verwaltungsgerichten ist hier eine große Aufgabe zuteil geworden, durch Auslegung der einzelnen Rechtsvorschriften den Katalog der subjektiven öffentlichen Rechte auszubauen und zu vermehren und, indem sie sich von dem eingewurzelten obrigkeitlichen Denken freimachen, Rechte und Ansprüche auch dort anerkennen, wo die Norm vielleicht ihrem Wortlaute nach Zweifel zuläßt. Sie müssen hierbei auf die völlig geänderten sozialen Verhältnisse und die neuen staatsrechtlichen Gegebenheiten Bedacht nehmen. Je mehr subjektive Rechte anerkannt werden, desto näher kommen wir einem wahren Rechtsstaate!

Wo die Verwaltungsbehörde nach ihrem Ermessen handelt, hat der Staatsbürger zwar keinen Anspruch auf eine bestimmte Erledigung in der Sache selbst, aber er hat in einem Rechtsstaate ein Recht darauf, daß die Behörde sich bei ihrer Entscheidung ausschließlich von sachlichen, aus der betreffenden Norm sich ergebenden Gründen leiten lasse und nicht nach Belieben oder gar Willkür handle. „Belieben" und „Ermessen" sind zwei verschiedene Begriffe. Dieses Recht schützt nun § 36 VGG. und bewegt sich damit auf der gleichen Linie wie § 35, er gewährt Rechtsschutz. Jenes Recht des Staatsbürgers ergibt sich aus dem Begriffe des Rechtsstaates (im Gegensatz zum obrigkeitlichen Staate), es mußte aber ausdrücklich festgelegt werden. § 36 enthält darum nicht etwas, was nicht schon aus § 35 herausgelesen werden könnte. Da aber kein Recht in der Sache selbst vorliegt, kann auch die Überprüfung des VA. sich nur in bestimmten dort angeführten Grenzen bewegen, ebenso wie die Verteidigungsmöglichkeit des Betroffenen.

Wann kann nun die Behörde nach freiem Ermessen handeln? Festzuhalten ist, daß es eine schrankenlose Freiheit der Behörden in einem Rechtsstaate überhaupt nicht gibt, denn dies würde Willkür und Belieben bedeuten. Jedes Ermessen ist irgendwie zweckgebunden und zweckbeschränkt: Entweder gibt die Norm selbst die Grenzen an, innerhalb deren sich das Ermessen zu bewegen hat, oder die Grenzen sind aus dem Zwecke der Norm ersichtlich.

Es ist selbstverständlich oder zumindest begreiflich, daß sich die Verwaltung gegen eine Kontrolle durch unabhängige Gerichte sträubt, wobei insbesondere darauf hingewiesen wird, daß durch eine allseitige und umfassende Kontrolle die Verwaltung lahmgelegt würde, da ja die Verwaltungsgerichte nach dem strengen Wortlaut der Rechtsvorschriften urteilen und Zweckmäßigkeitsgründe außer Acht lassen müssen, wodurch sie leicht lebensfremd wirken. Diese Streitfrage kann auf den einfachen Nenner gebracht werden, was wichtiger ist, das Recht und die Freiheit des Staatsbürgers oder die Interessen der Verwaltung. Die Antwort dürfte dahin lauten, daß die Verwaltung doch nur Mittel zum Zweck ist, nämlich ein Institut, das reibungslose Zusammenleben der Bevölkerung in deren Interesse zu gewährleisten und daß die Verwaltung kein Eigenleben in ihrem eigenen Interesse führen soll. Die Verwaltung steht nicht als Eigenpersönlichkeit dem Staatsbürger gegenüber, sondern ist für ihn da.

Es hat Jahrzehnte gebraucht, ehe der Gedanke der Verwaltungsgerichtsbarkeit sich durchgesetzt hat und Wirklichkeit geworden ist. Auch dort, wo von Beginn an die Generalklausel eingeführt wurde, wie z. B. in Österreich, blieb ein Hintertürchen offen, nämlich die Angelegenheiten des freien Ermessens, die von der Kontrolle ausgenommen waren. Es lag dann nahe, daß dort, wo die Verwaltung einen genügenden Einfluß auf die Gesetzgebung hatte, und insbesondere in den werdenden totalitären Staaten, die Gesetze immer mehr und mehr Angelegenheiten dem Ermessen der Behörden überließen. Mit dem Werden des wirklichen Rechtsstaates sollte nun eigentlich eine rückläufige Bewegung einsetzen und der Gesetzgeber sollte von der Einräumung freien Ermessens so sparsam als möglich Gebrauch machen. Und die Verwaltungsgerichte sollten ebenfalls, wie bereits erwähnt, nur dann, wenn es unumgänglich notwendig ist, ein solches anerkennen.

So ist z. B. nach heutiger Anschauung, die auf dem Rechtsstaatgedanken gegründet ist, ein Anspruch auf Genehmigung des Verkaufes eines Grundstückes durch die Gemeinde seitens der Staatsaufsichtsbehörde anzuerkennen, die nur dann versagt werden könnte, wenn der Verkauf für die Gemeinde finanziell ungünstig wäre oder sonst wichtige Gründe dagegen sprächen. Ein freies Ermessen ist abzulehnen.

Daraus, daß eine Norm unbestimmte Begriffe verwendet und daran bestimmte Rechtsfolgen knüpft, kann in keiner Weise schon auf die Einräumung des freien Ermessens geschlossen werden. (Vgl. Jellinek, Verwaltungsrecht, S. 31). Es ist vielmehr Sache der Behörde und der Verwaltungsgerichte, zu klären, was unter diesem mehrdeutigen Begriff in einer bestimmten Vorschrift und in einem bestimmten Fall gemeint ist. Öffentliches Interesse, Zuverlässigkeit, Bedürfnis, grober Unfug usw. sind Beispiele hierfür. Was aber der Begriff bedeutet, ist eine Rechts- keine Ermessensfrage. Die Würdigung von Beweisen ist zwar frei, sie unterliegt jedoch der richterlichen Kontrolle dahin, ob sie den Grundsätzen des logischen Denkens entspricht oder ob die Schlußfolgerung, zu der die Behörde gelangt ist, in den festgestellten Tatsachen eine genügende Stütze findet. Bei der Beweiswürdigung hat die Behörde kein freies „Ermessen".

Der BayerVGH. hat in seinem Urteil v. 3. 11. 1947 Nr. 36 S. 47 (VerwRechtspr. Nr. 25) folgendes ausgesprochen: „Ein behördliches

Ermessen liegt nicht vor, soweit eine rechtliche Bestimmung die Angemessenheit einer Sache oder eines Vorgehens beachtet wissen will; denn sie verwendet damit einen allgemeinen Begriff, der nur beim Vorliegen der ihm entsprechenden Tatsachen das behördliche Vorgehen gerechtfertigt erachten läßt. Ob diese Tatsachen gegeben sind, hat der Verwaltungsrichter zu prüfen, und zwar erforderlichenfalls an Hand einer Beweisaufnahme."

„Wenn nicht gesetzlich etwas anderes bestimmt ist", kann der Anfechtungskläger seine Klage nur darauf stützen, daß die Behörden von ihrem Ermessen nicht im Sinne des Gesetzes Gebrauch gemacht haben, insbesonders, daß Ermessensmißbrauch vorliege, und auch die Überprüfung des angefochtenen VA. kann sich nur in diesen Grenzen bewegen. Eine gesetzliche Ausnahme findet sich in § 38 Abs. 2 VGG. selbst, wonach in den Fällen der §§ 20, 21 der Gewerbeordnung die Ermessensfrage in vollem Umfange geprüft wird. Es können aber auch andere Gesetze eine derartige Bestimmung enthalten.

Damit die Verwaltungsgerichte die erwähnte Prüfung vornehmen können, ist es notwendig, daß aus dem VA. klar und deutlich hervorgeht, von welchen Erwägungen die Behörde sich hat leiten lassen. Darum legt auch § 40 Abs. 2 VGG. die Verpflichtung der Behörde fest, den Einspruchsbescheid zu begründen; das gleiche gilt jedenfalls für den Beschwerdebescheid. Die Vorschrift des § 40 Abs. 2 ist ganz allgemein und bezieht sich somit auch auf Fälle, in denen die Behörden nach ihrem Ermessen befinden.

Wie ist jedoch vorzugehen, wenn der Einspruchs-(Beschwerde-)Bescheid überhaupt nicht begründet und darum aus ihm nicht zu ersehen ist, von welchen Erwägungen die Behörde sich hat leiten lassen? Eine Feststellung, ob zweckfremde Motive maßgebend waren, ist hier nicht möglich. Der angefochtene Bescheid ist in dieser Richtung zweifelsohne wesentlich mangelhaft und die Überprüfbarkeit wird erschwert bzw. unmöglich gemacht. Eine Aufhebung durch Urteil (§ 79 Abs. 1 VGG.) kommt nicht in Betracht, denn die Klage braucht ja nicht begründet zu sein, die Behörde kann einen stichhaltigen Grund für ihren ablehnenden Bescheid haben, hat ihn nur nicht ausgesprochen. Eine dem § 114 Ziff. 2 VGG. entsprechende Vorschrift fehlt für das Verfahren vor den Verwaltungsgerichten, § 59 VGG. paßt nicht auf diesen Fall. Das Verwaltungsgericht kann auch die Behörde nicht anweisen, die Begründung nachzuholen, denn einerseits fehlt die Befugnis hierzu, andererseits würde dann ein neuer Einspruchs-(Beschwerde-)Bescheid vorliegen, gegen den der Anfechtungskläger eine neue Klage oder eine Klageergänzung einbringen müßte. In einem solchen Fall — Fehlen einer Begründung — besteht eine Lücke im VGG., die im Wege des § 34 VGG. ausgefüllt werden kann. Am zweckmäßigsten wäre eine Zurückverweisung an die Behörde mittels Beschlusses in analoger Anwendung des § 114 Ziff. 2 VGG.

Wenn kein Anspruch gegeben ist, den Antrag jedoch eine unzuständige Behörde abgewiesen hat, ist die Anfechtungsklage zulässig und die angefochtene Entscheidung aufzuheben bzw. für nichtig zu erklären, denn es muß dahingestellt bleiben, ob nicht die zuständige Behörde nach ihrem Ermessen stattgeben wird.

Eine der häufig vorkommenden Behauptungen eines Ermessensmißbrauches ist die, daß die Behörde gegen andere nicht ebenso vorgegangen sei, obwohl die Verhältnisse dort gleich liegen. So wird bei Wohnraumerfassungen eingewendet, bei X oder Y sei auch überzähliger Wohnraum, dort sei er aber nicht erfaßt worden. Im Wesen wird damit eine Verletzung des Gleichheitsgrundsatzes (Art. 118 BayerVerf.) geltend gemacht. In der Regel ist eine derartige Einwendung unbegründet. Liegen die gesetzlichen Voraussetzungen für einen behördlichen Eingriff vor, so kann der Betroffene sich gegen den Eingriff nicht mit der Behauptung schützen, daß diese Voraussetzungen auch bei einem anderen vorliegen, denn der Eingriff findet im Gesetze seine Stütze und kann deshalb nicht als ungesetzlich betrachtet werden. Braucht z. B. die Wohnungsbehörde zur Unterbringung einer Familie zwei Räume und sind solche bei A, B und C frei, so hat sie die freie Wahl und es kann begrifflich kein Mißbrauch darin liegen, wenn sie den A auswählt. Ein Mißbrauch könnte nur dann vorliegen, wenn die Behörde zu einer Leistung immer wieder nur den A heranziehen würde, obwohl auch bei B und C die Voraussetzungen gegeben sind.

Zu § 35 Abs. 2.

Diese Vorschrift ist eine Neuerung und bietet einen Rechtsschutz gegen die Untätigkeit der Behörden. Wenn die Behörde überhaupt nichts tat, den Antrag unerledigt liegen ließ, so konnte früher der Antragsteller nur die Aufsichtsbehörde anrufen, damit diese die Behörde zur Verbescheidung anhalte. Nach der Novelle muß jetzt zwar der Antragsteller auch die Aufsichtsbehörde anrufen (2. AusfVO.), aber wenn auch dann nichts geschieht, so kann gegen diese Untätigkeit die Anfechtungsklage erhoben werden (siehe Anmerkung zu § 38). Von der Unterlassung einer Amtshandlung ist die Ablehnung eines Antrages zu unterscheiden: bei letzterer ergeht ein Bescheid, gegen den Einspruch oder Beschwerde einzulegen ist (§ 38 Abs. 1), bei ersterer geschieht überhaupt nichts, die Behörde ist untätig. Hält das Gericht die Anfechtungsklage für begründet, so spricht es die Verpflichtung der Verwaltungsbehörde aus, den Antrag zu vorbescheiden (§ 79 Ziff. 5). Die Klage ist jedoch nur dann begründet, wenn der Antragsteller ein Recht auf die betreffende Amtshandlung tatsächlich hat; diese Voraussetzung muß das Gericht darum vor allem prüfen. Zulässig ist die Klage jedoch schon dann, wenn ein solches Recht behauptet wird.

Der letzte Satz: „Die Unterlassung ist dann einer Ablehnung gleich zu achten" wurde in Bayern mit der Novelle mit Recht gestrichen, da diese Bestimmung mit § 79 Ziff. 5 im Widerspruch stand.

Rechtsprechung.

(Siehe auch bei § 22 und 23.)

Zu § 35.

Allgemein.

Nach dem Lizenzierungsgesetz Nr. 42 stehen demjenigen, dessen Antrag auf Genehmigung eines Unternehmens abgelehnt wurde, zwei Rechtsbehelfe zu:

a) die förmliche Verwaltungsbeschwerde zur Regierung;

b) Einspruch nach dem VGG., an den sich die Anfechtungsklage anschließen kann.

Verwirft eine auf Beschwerde hin ergehende Entscheidung der Regierung die Beschwerde, ohne selbst das Streitverhältnis zuungunsten des Anfechtungsklägers irgendwie abweichend zu regeln, so liegt hierin kein neuer selbständiger beschwerender VA. im Sinne des § 35 VGG.

BayerVGH., Urt. v. 22. 10. 1948 Nr. 30 II 47; VGHE. n. F. Nr. 36.

Ist eine Verfügung des Wohnungsamtes infolge Ablaufs der Klagefrist unanfechtbar geworden oder das Anfechtungsverfahren durch rechtskräftiges Urteil abgeschlossen, so kann nicht nachträglich auf Grund der Generalklausel die Rechtmäßigkeit der Verfügung im Vollstreckungsverfahren in Frage gezogen werden. Dies gilt nicht nur dem gegenüber, an den die Verfügung, um deren Vollstreckung es sich handelt, formell gerichtet war, sondern auch dem gegenüber, der überhaupt zur Anfechtung der Verfügung berechtigt war.

BezVG. amer. Sektor Berlin, Urt. v. 12. 3. 1948 1 B 12.48; DVerw. 49 S. 627.

Hebt die Beschwerdeinstanz die Erfassungsverfügung des Wohnungsamtes auf, so ist der Zugewiesene „in seinen Rechten verletzt", denn der Beschwerdebescheid, der die Erfassungsverfügung aufhebt, entzieht damit zugleich auch der Zuweisung die Grundlage. Die Klage ist insoweit gegen den Beschwerdebescheid zu richten.

HessVGH., Urt. v. 2. 3. 1949 — OS. 126/48; ÖffVerw. 49 S. 477.

Sehr zweifelhaft: Die Zuweisung war in Schwebe, auf sie hatte der Zugewiesene keinen Anspruch, er hat aus der Erfassung auch noch kein „Recht" erworben. Die Klage ist allerdings zulässig, aber unbegründet.

Auch gegen eine von einer unzuständigen Behörde getroffene und daher unwirksame Verfügung ist Anfechtungsklage zulässig.

BayerVGH., Urt. v. 23. 6. 1947 Nr. 16 S. 47; VGHE. n. F. Nr. 4.

Bei der Frage, ob jemand durch einen VA. in seinen Rechten beschwert ist, kommt es nicht darauf an, daß die Verfügung formell an ihn ergangen ist.

BayerVGH., Urt. v. 29. 1. 1949 Nr. 115 I 47.

Die Anfechtungsklage einer Gemeinde gegen die Einteilung der Arbeitsamtsbezirke durch den Präsidenten des Landesarbeitsamtes ist unzulässig, da nach § 35 VGG. das Vorliegen eines Verwaltungsaktes die Voraussetzung für die Anfechtungsklage bildet. Die Neueinteilung eines Arbeitsamtsbezirkes stellt keinen VA. dar, vielmehr handelt es sich dabei um eine als Ausfluß der sogenannten Organisationsgewalt ergangene organisatorische Verwaltungsmaßnahme, gegen die eine Anfechtungsklage nach dem VGG. nicht gegeben ist.

VG. Stuttgart, Urt. v. 24. 12. 1948 — I 725/48; ÖffVerw. 49 S. 399.

Anspruch besteht.

Ein Beamter, der nur vorläufig von der Militärregierung aus seinem Amte entfernt worden war, gegen dessen Weiterbeschäftigung die Militärregierung später aber durch neue Order bis zur Entscheidung eines Entnazifizierungsgerichtes keine Bedenken erhob, hat, nachdem er durch Spruchkammerbescheid als Mitläufer eingestuft ist, Anspruch auf Weiterbeschäftigung, ohne daß es einer „Wiedereinstellung" im Sinne des Art. 64 BefrGes. bedürfte.

VG. Darmstadt, Urt. v. 15. 2. 1948 (vgl. auch VG. Hamburg, Urt. v. 16. 6. 1948 in MDR. 48 S. 261 und Rechtspr. deutscher Gerichte 45/48 Nr. 1112); ÖffVerw. 49 S. 139.

Ein dienstunfähiger Beamter hat einen Rechtsanspruch darauf, daß sein aktives Beamtenverhältnis nicht ohne gleichzeitige Begründung eines Ruhestandsverhältnisses beendet werde.

WürttBadVGH. Stuttgart, Urt. v. 27. 10. 1949 — III 110/49; ÖffVerw. 50 S. 28.

Ist ein Mehrbedarf an Raum aus den im § 18 Ziff. 3 der DurchfVO. Nr. 115 zum WohnG. angeführten Gründen objektiv gerechtfertigt, so besteht auch ein Anspruch auf Belassung dieses Raumes.

BayerVGH., Urt. v. 24. 11. 1948 Nr. 5 II 47; VGHE. n. F. Nr. 43; Urteil v. 10. 2. 1949 Nr. 305 II 48; VGHE. n. F. Bd. 2 Nr. 3.

Ein Bewerber um freie Räume erwirbt durch Erteilung der Bauerlaubnis zwar keinen Rechtsanspruch, aber doch eine in erster Linie zu berücksichtigende Anwartschaft auf Zuweisung der betreffenden Räume.

BezVG. Berlin-Zehlendorf, Urt. v. 22. 10. 1948 1 B 88/48; VerwRechtspr. Nr. 104.

1. Ein Hilfsbedürftiger im Sinne des § 5 der Reichsgrundsätze über Voraussetzung, Art und Maß der öffentlichen Fürsorge v. 1. 8. 1931 (RGBl. I S. 441) hat in Bayern ein Recht auf Gewährung öffentlicher Fürsorge und genießt für dieses Recht verwaltungsgerichtlichen Schutz im Wege der Anfechtungsklage.

2. Die Frage der Hilfsbedürfigkeit unterliegt der verwaltungsrichterlichen Nachprüfung.

BayerVGH., Urt. v. 8. 3. 1949 Nr. 308 I 48; VerwRechtspr. Nr. 107; DVerw. 49 S. 440; VGHE. n.F. Bd. 2 Nr. 4.

Gegenteiliger Standpunkt, somit Verneinung eines Anspruches, im Urt. des HessVGH. v. 16. 3. 1949 OS. 18/48; DVerw. 49 S. 439. Siehe hierzu Anmerkung von Prof. Naumann, der den bayer. Standpunkt billigt; VerwRechtspr. Nr. 147.

Der Leistungspflichtige hat einen Rechtsanspruch auf Aufhebung der Beschlagnahmeverfügung, wenn die Voraussetzungen des § 5 RLG. nicht mehr vorliegen.

LVG. Arnsberg, Urt. v. 25. 4. 1949 II A XXI 14/48; DVerw. 49 S. 561.

Kein Anspruch.

Es besteht kein Anspruch eines Flüchtlingsrichters auf Weiterverwendung in dem Land, in dem er jetzt Aufnahme gefunden hat.

WürttBadVGH. (Stuttgart), Beschl. v. 21. 12. 1948; ÖffVerw. 49 S. 137.

Ein Gemeinde-Ehrenbeamter hat kein Recht auf Verbleiben im Amte über den Zeitpunkt einer ordnungsmäßigen Entlassung hinaus, daher auch kein Klagerecht im Verwaltungsstreitverfahren.

Nicht auf Zeit bestellte Ehrenbeamte können jederzeit entlassen werden, ohne daß eine verwaltungsrichterliche Nachprüfung in Frage kommt.

Ein entlassener Ehrenbeamter hat keinen Anspruch auf Wiedereinstellung.

HessVGH., Urt. v. 7. 1. 1949 — OS. 147/48; ÖffVerw. 49 S. 395.

Ein von der Militärregierung aus politischen Gründen entlassener Notar, der in die Kat. IV ohne Beschränkung eingestuft ist, hat keinen zwingenden Anspruch darauf, wieder eingestellt zu werden. Seine Wiedereinstellung liegt im freien Ermessen des Justizministers.
LVG. Schleswig, Urt. v. 16. 2. 1949 St. L. 615/48; DVerw. 49 S. 187.

Es besteht kein Anspruch auf Bewilligung eines Härteausgleichs nach RMdFin. Erlaß v. 4. 3. 1944 (Reichshaushalts- und Besoldungsblatt S. 55).
Wenn der Härteausgleich auch heute noch anderen fortgewährt wird, so wird dadurch ein Recht des Anfechtungsklägers auf Gewährung der gleichen Begünstigung nicht begründet.
BayerVGH., Urt. v. 7. 4. 1949 Nr. 212 I 48; ÖffVerw. 49 S. 257.

Ein vom Befreiungsgesetz Betroffener hat kein mit Klage vor den Verwaltungsgerichten verfolgbares Recht darauf, daß eine Spruchkammer zum Vollzug des Befreiungsgesetzes an einem bestimmten Zeitpunkt arbeitsfähig gemacht wird.
BayVGH., Beschl. v. 7. 3. 1947 Nr. 2 S. 47; VGHE. n. F. Nr. 1.

Auf die Zulassung als Privatdozent besteht kein Rechtsanspruch.
BayerVGH., Urteil v. 2. 2. 1950 Nr. 299 I 48.

Sind bei einer Person die Voraussetzungen des § 1 Ziff. 1 und 2 des Flüchtlingsgesetzes v. 19. 2. 1947 (GVBl. S. 51) nicht gegeben, so hat sie keinen Rechtsanpruch darauf, daß ihr gemäß Ziff. 3 die Flüchtlingseigenschaft zuerkannt werde; die Zuerkennung liegt im pflichtgemäßen Ermessen des Ministeriums.
BayerVGH., Urt. v. 1. 3. 1950 Nr. 47 III 49.

Es ist nicht angängig und zwar lediglich auf Grund der „Zulassung zur Benutzung" dem einzelnen Zugelassenen einen klagbaren subjektiven Rechtsanspruch auf Erhaltung, Fortführung und Bestand einer öffentlichen Anstalt (Schule) selbst herzuleiten. Ein solcher Rechtsanspruch könnte nur durch einen gesetzlichen oder vertraglichen Rechtstitel entstehen.
VG. Wiesbaden, Urt. v. 21. 12. 1948 II/3 — 2190/48; ÖffVerw. 49 S. 438.

Kein Anspruch des Empfängers einer Postsendung auf deren Aushändigung.
LVG. Braunschweig, Urt. v. 10. 11. 1948 PR. 100/48; DVerw. 49 S. 436.

Im Lande Hessen besteht kein Anspruch auf Zulassung als Verwaltungsrechtsrat.
HessVGH., Vorbesch. v. 16. 3. 1949 Nr. 4/49; DVerw. 49 S. 445.

Ein klagbarer Anspruch auf Erteilung einer Kennkarte besteht nur dann, wenn die Ausstellung der Karte aus willkürlichen Gründen, d. h. aus unsachlichen Erwägungen abgelehnt wird. (?)
HessVGH., Urt. v. 6. 10. 1948; HessStaatsanz. 49 S. 250.

Eine Verwaltungsbehörde ist nicht verpflichtet, eine fehlerhafte Inanspruchnahmeverfügung, die aufgehoben worden ist, durch eine fehlerfreie zu ersetzen. Dies bleibt ihrem pflichtgemäßen Ermessen überlassen.
HessVGH., Urt. v. 21. 7. 1948; HessStaatsanz. 49 S. 130.

Ein Rechtsanspruch auf Widerruf eines anfechtbaren, aber formell rechtskräftig gewordenen VA. besteht nicht.
WürttBadVGH. Karlsruhe, Urt. v. 8. 7. 1949 — 1/49; DVerw. 50 S. 182.

§ 28 Abs. 2 Leistungspflichtgesetz gibt keinen Anspruch auf Umwandlung einer Verpflichtung zur Eigentumsübertragung nach dem RLG. in eine befristete Inanspruchnahme zur Gebrauchsüberlassung nach dem Leistungspflichtgesetz.
HessVGH., Urt. v. 28. 7. 1948; HessStaatsanz. 49 S. 130.

§ 31 der Preisstrafrechts-VO. gibt keinen Anspruch auf Abänderung eines rechtskräftig gewordenen Strafbescheides oder erneute Nachprüfung des Falles durch das Verwaltungsgericht.

HessVGH., Urt. v. 17. 12. 1947; HessStaatsanz. 49 S. 213.

Art. IV und IX WohnG. geben dem Wohnungssuchenden nur das allgemeine Recht auf Zuteilung einer Wohnung, ein Anspruch auf Zuteilung einer bestimmten Wohnung ist daraus nicht herzuleiten.

WürttBadVGH.(Karlsruhe), Urt. v. 21. 10. 1947 Nr. 24/47; VerwRechtspr. Nr. 52; HessVGH., Urt. v. 27. 9. 1948 — OS. 53/48; aus ÖffVerw. 49 S. 460.

Die Bevorrechtigung nach Art. VIII Abs. 1a WohnG. begründet keinen Anspruch auf Zuweisung einer bestimmten Wohnung, auch kein Widerspruchsrecht gegen die Zuweisung einer Wohnung an einen Nichtberechtigten.

HessVGH., Urt. v. 2. 4. 1948 OS. 9/47; VerwRechtspr. Nr. 14.

Der über Wohnraum Verfügungsberechtigte hat keinen Rechtsanspruch auf Zuweisung eines von ihm ausgesuchten Wohnungssuchenden, auch wenn dieser zu den bevorzugten Personen des Art. VIII 1b WohnG. gehört.

LVG. Arnsberg, Urt. v. 25. 1. 1949 II A XXII 10/48; DVerw. 49 S. 412.

Ein Untermieter, welcher sich privatrechtlich zur Räumung bereit erklärt hat, hat keinen öffentlich-rechtlichen Anspruch auf anderweitige Unterbringung.

Hamb. OVG., Urteil v. 2. 11. 1949 — Bf II 302/49; DVerw. 50 S. 156.

Der Bauherr hat kein subjektives Recht auf Genehmigung zum Bezug einer Wohnung an die von ihm vorgeschlagenen Personen.

OVG. NRW., Urt. v. 8. 11. 1949 II A 90/49; ÖffVerw. 50 S. 121.

Der Einzelne hat auf Erfassung von Wohnraum keinen Rechtsanspruch und ist daher bei Ablehnung eines Antrages auf Erfassung nicht in einem ihm zustehenden Recht verletzt.

VG. Karlsruhe, Urt. v. 25. 8. 1949 — I 140/49; ÖffVerw. 50 S. 157.

Es besteht kein Rechtsanspruch darauf, daß eine bereits erfolgte und unangefochten gebliebene Erfassung überzähligen Wohnraums wieder rückgängig gemacht werde, weil nachträglich die Voraussetzungen des § 18 Ziff. 3 DurchfVO. Nr. 115 zum WohnG. gegeben erscheinen.

Bayer. VGH., Urt. v. 29. 9. 1949 Nr. 16 II 49.

Wenn jemand sich an eine unzuständige Stelle wendet, von dieser Stelle, also wirkungslos beschieden wird, so ist er in seinen Rechten nicht verletzt.

BezVG. Berlin-Zehlendorf, Urt. v. 10. 9. 1948 1 B 101/48; VerwRechtspr. Nr. 24.

Auf Bewilligung zum Überspringen einer Schulklasse besteht kein Rechtsanspruch.

BayerVGH., Urt. v. 18. 8. 1949 Nr. 281 I 48.

Ein Leistungsempfänger, der in der Mitteilung der Inanspruchnahmeverfügung ausdrücklich darauf aufmerksam gemacht worden ist, daß die zu seinen Gunsten angeordnete Inanspruchnahme nur eine Übergangsmaßnahme sei, hat kein Recht darauf, daß die Inanspruchnahme aufrecht erhalten und nicht widerrufen werde.

BayerVGH., Urt. v. 17. 3. 1949; BBürgerm. 49 S. 166.

Es besteht kein allgemeiner und im Verwaltungsstreitverfahren verfolgbarer Rechtsanspruch darauf, daß eine Verwaltungsbehörde von den in ihre Hand gelegten Vollmachten Gebrauch macht. (Hier Wohnungswesen.)

BezVG. amer. Sektor Berlin, Urt. v. 1. 11. 1946 1 B 92.46; DVerw. 49 S. 627.

Der bei einem Landgericht zugelassene Rechtsanwalt hat keinen Rechtsanspruch darauf, daß er auch bei dem am gleichen Orte befindlichen Oberlandesgericht zugelassen werde.

BayerVGH., Urt. v. 15. 12. 1949 Nr. 326 I 48.

Es besteht kein klagbares Recht auf Erteilung einer besonderen Aufenthaltsbewilligung.

HessVGH., Urt. v. 6. 10. 1948 — OS. 108/48; aus ÖffVerw. 49 S. 460.

Eine Zuzugsgenehmigung begründet lediglich ein Recht auf Aufenthalt am Zuzugsort, aber kein subjektiv öffentliches Recht auf Zuteilung von Wohnraum.

HessVGH., Urt. v. 30. 6. 1948 — OS. 40/48; aus ÖffVerw. 49 S. 460.

Zulassung zur Anwaltschaft und Ernennung zum Notar begründen keinen klagbaren Anspruch auf Erteilung der Zuzugsgenehmigung. Ein solcher entsteht aber dann, wenn der verantwortliche Beamte zugesichert hatte, diese im Falle der Zulassung und Ernennung zu erteilen.

HessVGH., Urt. v. 25. 8. 1948 — OS. 47/48; aus ÖffVerw. 49 S. 460.

Das Flüchtlingsgesetz gibt keinen klagbaren Anspruch auf Einweisung in eine Landes-Beamtenstelle. Ein Mitläufer hat in Hessen grundsätzlich keinen Anspruch auf Wiedereinstellung.

HessVGH., Urt. v. 30. 3. 1949; NJW. 49 S. 634 mit Anm. von Freytag.

Kein Rechtsanspruch auf „Rückbeorderung", wenn die Inanspruchnahmeverfügung (nach dem RLG.) unanfechtbar geworden ist.

Hamburg. OVG., Urt. v. 13. 1. 1949 Bf. 74/48; VerwRechtspr. Nr. 126.

Zu **§ 36.**

Ein behördliches Ermessen liegt nicht vor, soweit eine rechtliche Bestimmung die Angemessenheit einer Sache oder eines Vergehens beachtet wissen will. Denn sie verwendet einen allgemeinen Begriff, der nur beim Vorliegen der ihm entsprechenden Tatsachen das behördliche Vorgehen gerechtfertigt erachten läßt.

BayerVGH., Urt. v. 3. 11. 1947 Nr. 36 S. 47; VGHE. n. F. Nr. 9; BBürgerm. 48 Nr. 6.

Die behördliche Genehmigung zur Kündigung eines Gartenlandes gemäß § 1 Abs. 3 der VO. über Kündigungsschutz und andere kleingartenrechtliche Vorschriften in der Fassung v. 15. 12. 1944 (RGBl. I S. 347) ist keine Ermessensfrage, sondern eine Frage der Beweiswürdigung, deren Nachprüfung für das Verwaltungsgericht gemäß § 57 VGG. unausweichlich ist.

WürttBadVGH. (Stuttgart), Urt. v. 5. 11. 1948; ÖffVerw. 48 S. 123.

Inanspruchnahme zum Gebrauch oder zu Eigentum ist nach dem RLG. Ermessensfrage, nach dem Leistungspflichtgesetz an bestimmte gesetzliche Voraussetzungen geknüpft.

HessVGH., Urt. v. 4. 11. 1949 — OS. 155/49; DVerw. S. 185.

(Der BayerVGH. hält dies (nach dem RLG.) für eine Rechts-, nicht für eine Ermessensfrage.)

Die Frage, ob jemand zur Führung eines Kraftfahrzeuges ungeeignet im Sinne des § 3 StVZO. und des § 4 KFZG. ist, ist eine von den Verwaltungsgerichten nachzuprüfende Rechtsfrage. Erst wenn sie zu Recht bejaht wird, entsteht ein Spielraum für das freie Ermessen der zuständigen Verwaltungsbehörde.

WürttBadVGH. (Karlsruhe), Urt. v. 16. 7. 1948; ÖffVerw. 49 S. 175; ähnlich BayerVGH., Urt. v. 22. 12. 1948; BBürgerm. 49 S. 165.

Die Frage der Zuverlässigkeit eines Gewerbeunternehmers unterliegt als Rechtsfrage der gerichtlichen Nachprüfung.
LVG. Hamburg, Urt. v. 14. 10. 1948; MDR. 49 S. 249.

Ob eine Wohnung unterbelegt ist, ist keine Ermessens-, sondern eine Tatbestands- und Rechtsfrage, die von den Verwaltungsgerichten zu prüfen ist.
BayerVGH., Urt. v. 24. 11. 1948 Nr. 5 II 47; VGHE. n. F. Nr. 43; VerwRechtspr. Nr. 96.

Bei Ermessensentscheidungen hat das Gericht weniger das Ergebnis als solches nachzuprüfen, als vielmehr nur die Frage, ob die Behörde sich von fehlerhaften, insbesondere von unsachlichen Erwägungen leiten ließ.
VG. Stuttgart, Urt. v. 19. 10. 1948 I 736/48; ÖffVerw. 49 S. 179.

Nicht jede Unbilligkeit stellt schon einen Ermessensfehler dar. Es muß schon die getroffene Entscheidung nach normalem Durchschnittsempfinden als unverständlich empfunden werden.
VG. Wiesbaden, Urt. v. 7. 9. 1948; ÖffVerw. 49 S. 116.

Die Verwaltungsbehörde überschreitet die Grenzen ihres freien Ermessens mit einem VA., der mit den an eine ordnungsgemäße Verwaltung zu stellenden Anforderungen schlechterdings unvereinbar ist. Das kann sich auch aus einer offenbaren, dem Gerechtigkeitsgefühl aller anständigen und gerecht denkenden Staatsbürger ins Gesicht schlagenden Unbilligkeit ergeben.
OVG. Hamburg, Urt. v. 10. 3. 1949; MDR. 49 S. 315.

Ein Ermessensmißbrauch liegt nicht schon dann vor, wenn das Gericht bei Abwägung der Interessen zu einer anderen Entscheidung als die Behörde gekommen wäre, sondern nur dann, wenn die Behörde aus sachfremden Beweggründen oder überhaupt ohne Anstellung jeglicher pflichtmäßiger Erwägungen gehandelt hat.
VG. Stuttgart, Urt. v. 15. 6. 1948 I 216/48; ÖffVerw. 49 S. 179.

Gegen die Rücknahme eines fehlerhaften VA., der den einen Betroffenen zu Unrecht belastet, den anderen begünstigt, kann nicht der Einwand fehlerhafter Ermessensanwendung erhoben werden, da die Rücknahme fehlerhafter VA. den Grundsätzen einer rechtsstaatlichen Verwaltung entspricht.
VG. Stuttgart, Urt. v. 5. 2. 1948 I 380/47; ÖffVerw. 49 S. 179.

Die Entlassung widerruflicher Beamter liegt im Ermessen der Behörden.
LVG. Schleswig, Urt. v. 1. 2. 1949 St. L. 376/48; DVerw. 49 S. 185.

Der öffentliche Bedienstete hat Anspruch auf Verbleib in seiner bisherigen Dienststelle, doch geht das dienstliche Interesse an seiner Versetzung seinem Privatinteresse auf Verbleiben vor. Ob ein dienstliches Bedürfnis zur Versetzung eines Beamten besteht, ist eine behördliche Ermessensfrage.
HessVGH., Urt. v. 30. 6. 1948; ÖffVerw. 48 S. 121.

Die Beurteilung der Dienstunfähigkeit eines Beamten ist keine Ermessens-, sondern eine Tatfrage.
WürttBadVGH. Stuttgart, Urt. v. 27. 10. 1949 — III 110/49; ÖffVerw. 50 S. 28.

a) Wenn das Wohnungsamt zur Handhabung seines Ermessens Dienstvorschriften erlassen hat, dann handelt es sich insoweit nicht um gesetzliche Grenzen des Ermessens, deren Innehaltung vom Verwaltungsgericht unter dem Gesichtspunkte der Ermessensüberschreitung nachgeprüft werden könnte.

b) Solange sich die Maßnahmen des Wohnungsamtes in den vom Gesetze gestellten Grenzen des Ermessens halten, liegt keine Ermessensüberschreitung vor.

c) Ermessensmißbrauch liegt nur vor, wenn das Wohnungsamt in einer dem Zweck der wohnungsgesetzlichen Ermessensermächtigung überhaupt nicht entsprechenden Weise von seinem Ermessen Gebrauch gemacht hat.

d) Ermessensmißbrauch des Wohnungsamtes liegt vor allem dann vor, wenn ohne jegliche sachliche Prüfung vorgegangen oder wenn mit der Maßnahme ein Zweck verfolgt wird, welcher ganz außerhalb der Zwecke des Wohnungsgesetzes liegt, oder wenn die Verfügung des Wohnungsamtes ihrer Art nach offensichtlich ungeeignet ist, den Zwecken der wohnungsgesetzlichen Ermächtigung zu dienen.

HambOVG., Urt. v. 16. 12. 1948 Bf. 76/48; DVerw. 49 S. 220.
VerwRechts. Nr. 122.

Der VA., durch den einem Wohnungssuchenden eine Wohnung zugewiesen wird, greift in die Rechtssphäre der übrigen Wohnungssuchenden nicht ein; ein konkretes Rechtsverhältnis zwischen dem Wohnungsamt und dem bei der Zuweisung nicht berücksichtigten Wohnungssuchenden liegt nicht vor, so daß dieser kein Klagerecht hat.

LVG. Hannover, Urt. v. 14. 1. 1949 — A 504/48; ÖffVerw. 49 S. 439.

a) Es steht im Ermessen der örtlichen Wohnungsbehörde, dem Wohnungsbedürfnis wohnungsloser Personen oder der Notwendigkeit eines Gewerbebetriebes den Vorrang einzuräumen.

b) Ein sinnwidriger Gebrauch dieses Ermessens liegt jedenfalls dann nicht vor, wenn die Erfassung bisher gewerblich benutzter Räume die wirtschaftliche Existenz des Inhabers nicht gefährdet.

WürttBadVGH. (Karlsruhe), Urt. v. 14. 5. 1948 Nr. 25/48; VerwRechtspr. Nr. 51.

Mit dem Erlöschen des Hauptmietverhältnisses endet auch das Untermietverhältnis. Es steht im Ermessen des Wohnungsamtes, ob dem Untermieter dann seine bisherigen Räume belassen werden.

HessVGH. Urt. v. 10. 12. 1948; HessStaatsanz. 49 S. 153.

Vorläufige Einweisungen in leere Räume sind nach freiem Ermessen der Verwaltungsbehörde jederzeit widerruflich.

BezVG. Berlin-Zehlendorf, Urt. v. 22. 10. 1948 1 B 88/48; VerwRechtspr. Nr. 104.

Erteilung oder Versagung der Zuzugsgenehmigung in einen zum Brennpunkt des Wohnungsbedarfes auf Grund des Art. XI WohnG. erklärten Ort steht im freien Ermessen der zuständigen Dienststellen. Der Sinn des Gesetzes, der diesem Ermessen allein eine Grenze setzt, ist dabei dahin zu verstehen, daß angesichts der herrschenden Wohnungsnot in solchen Brennpunktgemeinden die Erteilung der Genehmigung auf besondere Ausnahmefälle beschränkt bleiben soll.

WürttBadVGH. (Karlsruhe), Urt. v. 25. 6. 1948 Nr. 45/48; VerwRechtspr. Nr. 57.

(Die Richtigkeit dieses Urteils kann zu Zweifeln Anlaß geben. Die Freizügigkeit ist verfassungsmäßig gewährleistet, es besteht somit grundsätzlich ein Rechtsanspruch darauf, sich in jedem Orte niederzulassen. Eine Beschränkung dieses Rechtes ist nur möglich, wenn schwerwiegende öffentliche Interessen dem entgegenstehen. Die Behörde kann somit den Zuzug nur versagen, wenn dies tatsächlich der Fall ist, ein freies Ermessen kann ihr nicht zugebilligt werden. Es handelt sich hier um eine grundsätzliche Frage. Der Verf.)

Die mehrjährig wiederholte Erteilung des Fischereischeines trotz Kenntnis der Vorstrafen des Antragstellers bedeutet einen Verzicht auf die Geltendmachung dieser Vorstrafen als alleinigen Versagungsgrund; ein späteres Zurückgreifen darauf ist unter diesen Umständen ein willkürlicher, dem Sinne des Gesetzes nicht gemäßer Ermessensmißbrauch.

WürttBadVGH. (Karlsruhe), Urt. v. 16. 9. 1947 Nr. 16/47; VerwRechtspr. Nr. 19.

Die allgemeine Auffassung über uneheliche Geburt ist sehr viel nachsichtiger geworden; dies ist zu berücksichtigen bei der Ermessensfrage, ob die Unehelichkeit als wichtiger Grund im Sinne des § 3 des Namensänderungsgesetzes v. J. 1938 anzusehen ist.

VG. Wiesbaden, Urt. v. 1. 6. 1948; ÖffVerw. 49 S. 156.

Ob ein wichtiger Grund für die Namensänderung vorliegt, ist eine Rechtsfrage, über die nach erhobener Klage das Verwaltungsgericht zu entscheiden hat.

BezVG. amer. Sektor Berlin, Urt. v. 23. 4. 1948 — 1 B 159.47; DVerw. 49 S. 624.

Die Versagung der Genehmigung für einen bei Stimmengleichheit durch das Los gewählten Mitläufer stellt keinen Ermessensmißbrauch dar.

HessVGH., Urt. v. 26. 1. 1949 O. Nr. 81/48; VerwRechtspr. Nr. 102.

Unterläßt die Preisbehörde die Nachprüfung begründeter Einwendungen gegen das von ihr herangezogene Sachverständigengutachten, so liegt darin ein Mißbrauch ihres Ermessens.

HessVGH., Urt. v. 10. 9. 1948; HessStaatsanz. 49 S. 235;

Ermessensmißbrauch bei Preisfestsetzungen kann angenommen werden, wenn der festgesetzte Preis ganz offensichtlich völlig unangemessen erscheint oder der aus den eigenen Ausführungen der Priesbehörde klar ersichtlichen Wertbemessung nicht entspricht oder wenn die Preisbehörde beachtliche Einwendungen der Beteiligten völlig außer acht gelassen hat.

HessVGH., Urt. v. 22. 9. 1948; HessStaatsanz. 49 S. 236. DVerw. 50 S. 58.

Ob ein volkswirtschaftliches Bedürfnis für die Zulassung eines Kraftwagens bestanden hat, ist eine Ermessensfrage.

HessVGH., Urt. v. 8. 7. 1949 — OS. 200/48; DVerw. 49 S. 658.

(Die Richtigkeit dieser Ansicht muß bezweifelt werden; m. E. liegt eine Rechts- und Tatbestandsfrage vor.)

Setzt sich der Mieter durch verbotene Eigenmacht in den Besitz der zugewiesenen Wohnräume, so verletzt das Wohnungsamt sein Ermessen, wenn es dies Verhalten durch einen Zwangsmietvertrag sanktioniert.

WürttBadVGH. Stuttgart, Urt. v. 12. 5. 1949; NJW. 49 S. 638 und SJZ. 49 Sp. 716 mit Anm. von Dr. Fesker.

Die Begriffe des Wohnrechts wie „überschüssiger Wohnraum", „unterbelegte Wohnung", „Wohnraum", „Wohnung" (Art. XII WohnG.) sind unbestimmte Rechtsbegriffe, die dem gebundenen Ermessen der Verwaltungsbehörden unterliegen, das als solches der Nachprüfung der Verwaltungsgerichte unterworfen bleibt.

WürttBadVGH., Urteil III 58/47; Neue Verw. 49 S. 230.

Es ist Ermessenssache des Wohnungsamts, ob einem Arzt deshalb Wohnraum über die allgemeinen Erfassungsgrenzen hinaus belassen werden kann, weil er seine Praxisräume freiwillig zum Teil einem anderen Arzt für dessen Praxis überläßt, so daß er seine eigene Praxis teilweise zu Hause ausübt.
OVG. Hamburg, Urt. v. 21. 4. 1949; MDR. 49 S. 504.

Auch wenn ein Rechtsanspruch auf Erteilung einer Aufenthaltsgenehmigung nicht besteht, bedeutet doch eine Ablehnung eine Verletzung der Ermessensgrenzen, wenn in ständiger Übung bei Vorliegen der gegebenen Voraussetzungen die Aufenthaltsgenehmigung erteilt wird und keine Gründe vorliegen, die eine besondere Behandlung rechtfertigen.
OVG. Hamburg, Beschl. v. 25. 5. 1949; MDR. 49 S. 578.

Ablehnung der Aufnahme eines Richters in den Landesjustizdienst ist kein Willkürakt, wenn sie aus Rücksicht auf das vorgerückte Alter erfolgt.
HessVGH., Urt. v. 30. 3. 1949; NJW. 49 S. 634.

Auch für die Ausübung des Ermessens bei Festsetzung der Ordnungsstrafe nach § 2a des DienstverplG. (Nr. 215) gilt der in § 36 VGG. aufgestellte Grundsatz, daß von dem freien pflichtmäßigen Verwaltungsermessen „im Sinne des Gesetzes" Gebrauch zu machen ist.
WürttBadVGH. Stuttgart, Urt. v. 4. 1. 1948; Arch. f. öff. R. 74/2 S. 260; ablehnende Bemerkung von Prof. Grewe.

Ein an sich zulässiger Widerruf darf keinen Ermessensmißbrauch darstellen.
HessVGH., Urt. v. 10. 9. 1948 OS. 89/48; VerwRechtspr. Nr. 134.

Hat eine Behörde mit einer Vollzugsanordnung zu erkennen gegeben, wie sie eine Vielzahl von Fällen unter bestimmten Voraussetzungen behandelt und behandeln will, so muß sie sich eine Abweichung von dieser Linie als eine Verletzung des Gleichheitsgrundsatzes anrechnen lassen, wenn nicht besondere Umstände ein Abgehen von der allgemeinen Ermessenshandhabung begründen.
OVG. Hamburg, Urt. v. 20. 6. 1949 Bf. 116/49; DVerw. 49 S. 528.

Hat das Wohnungsamt vor dem Ausbau einer bombengeschädigten Wohnung zugesichert, daß dem Einzug des Ausbauenden in die ausgebauten Räume keine Schwierigkeiten bereitet würden, so liegt ein Ermessensmißbrauch dann vor, wenn die Wohnung nach dem vollständigen oder teilweisen Ausbau einem anderen zugewiesen wird.
HessVGH., Urt. v. 21. 7. 1948 OS. 44/48.

§ 37.

Unzulässigkeit der Anfechtungsklage.

Die Anfechtungsklage ist nicht gegeben:

1. Bei Unzulässigkeit des Verwaltungsrechtsweges (§ 22);

2. bei Parteistreitigkeiten (§ 85);

3. gegen Anordnungen der Gerichte.

§ 38.

Einspruch, Beschwerde.

(1) Vorbehaltlich anderer gesetzlicher Regelung kann die Anfechtungsklage erst erhoben werden, nachdem der Klageberechtigte erfolglos Einspruch eingelegt hat. Für das Einspruchsverfahren gelten die Vorschriften der §§ 38, 39, 40.

(2) **In den Fällen der §§ 20, 21 der Gewerbeordnung wird der Rekurs durch Erhebung der Anfechtungsklage ohne vorhergehendes Einspruchsverfahren eingelegt. Das Verwaltungsgericht prüft dann die Ermessensfrage in vollem Umfang.**

(3) **In den Fällen des § 35 Abs. 2 braucht kein Einspruch eingelegt zu werden.**

§ 44 VO. Nr. 165.

(1) **Soweit nicht anderes gesetzlich vorgeschrieben ist, kann ein Verwaltungsakt durch Klage erst angefochten werden, nachdem der Klageberechtigte erfolglos Einspruch eingelegt hat. Der Einspruch ist auch erforderlich, bevor Klage auf Vornahme eines abgelehnten Verwaltungsaktes erhoben wird.**

(2) **Des Einspruchs bedarf es nicht, wenn der angefochtene Verwaltungsakt oder die Ablehnung eines Verwaltungsakts durch eine Kollegialbehörde in einem förmlichen Verfahren beschlossen worden ist.**

Zu Abs. 1.

Die Vorschrift des 1. Absatzes muß im Zusammenhange mit § 48 und (in Bayern) des Art. 6a der Zweiten Ausführungsverordnung zum VGG. gelesen werden.

§ 48 bestimmt in den Abs. 1—3:

(1) Durch Verordnung kann bestimmt werden, daß in allen Fällen, in denen dieses Gesetz die Erhebung der Anfechtungsklage von der vorherigen Erhebung eines Einspruchs abhängig macht, statt des Einspruchs Beschwerde zur nächst höheren Behörde einzulegen ist.

(2) Durch Verordnung kann ferner bestimmt werden, daß in allen Fällen, in denen gegen VA. einer Behörde die förmliche Beschwerde im Verwaltungsverfahren eingeräumt ist, diese Beschwerde statt des Einspruchs einzulegen ist.

(3) Für die Beschwerden nach Abs. 1 und 2 gelten die Vorschriften für den Einspruch (§§ 39, 40 Abs. 2, 42 und 45) sinngemäß.

Die Bestimmung des Art. 6a lautet:

(1) Gegen Verwaltungsakte einer Behörde, die nicht unmittelbar einem Staatsministerium nachgeordnet ist, kann die Anfechtungsklage erst erhoben werden, nachdem der Klageberechtigte erfolglos Beschwerde zur Aufsichtsbehörde eingelegt hat. Das gleiche gilt für Verwaltungsakte aller Behörden, gegen die eine förmliche Beschwerde im Verwaltungsverfahren eingeräumt ist.

(2) Wenn in den Fällen des § 35 Abs. 2 der Antrag auf Vornahme der Amtshandlung ohne zureichenden Grund binnen angemessener Frist nicht beschieden wurde, kann die Anfechtungsklage erst erhoben werden, nachdem der Klageberechtigte erfolglos die Aufsichtsbehörde angerufen hat.

§ 38 Abs. 1 enthält, abgesehen von den Ausnahmen der Abs. 2 und 3, eine allumfassende Regelung des Inhaltes, daß gegen einen beschwerenden VA. das Verwaltungsgericht erst dann angerufen werden kann, die Anfechtungsklage erst dann zulässig ist, wenn Einspruch oder Beschwerde der Klage vorangegangen sind. Dem Verwaltungsgericht sollen erst gründlich in bezug auf den Tatbestand und die Rechtslage von den Verwaltungsbehörden durchgehandelte, „gesiebte" Fälle zur Entscheidung vorgelegt werden. Die Worte „vorbehaltlich anderer gesetzlicher Regelung" beziehen sich auf eine künftige Regelung. Es ist einem Gesetz selbstverständlich nicht verwehrt, für die von ihm geregelte Materie eine andere Voraussetzung für die Erhebung der Anfechtungsklage zu schaffen.

In der Zeit vom 15. 10. 1946 bis 1. 11. 1949 (dem Tage des Inkrafttretens der 2. AusfVO.) war die Rechtslage folgende:

In allen Fällen, auf welchem Rechtsgebiete immer, mußte der Anfechtungsklage der Einspruch vorangehen. Eine auf Grund des § 48 VGG. erlassene Verordnung gab es in Bayern nicht. Eine Ausnahme bestand nur bezüglich des § 21 DurchfVO. Nr. 115 zum WohnG. und § 5 der Ersten VO. zur Ausführung des Gesetzes zur Beschaffung von Siedlungsland und zur Bodenreform (GSB.) vom 26. 2. 1947 (GVBl. S. 92). Wer den Weg zum Verwaltungsgericht finden wollte, mußte vorerst Einspruch erheben; waren in früheren Gesetzen andere Rechtsmittel vorgesehen, z. B. die förmliche Verwaltungsbeschwerde, so führten diese nicht zum Verwaltungsgericht. Sie bestanden neben dem Einspruch nach § 38 VGG., aber eine Entscheidung über eine derartige Beschwerde konnte nicht mittels Anfechtungsklage angefochten werden.

Diese Rechtslage hat sich in Bayern durch das Gesetz vom 30. 9. 1949 und die Zweite AusfVO. grundlegend geändert.

Es sind nunmehr drei Fälle zu unterscheiden:

a) Ein vor dem Inkrafttreten der Novelle erlassenes Gesetz (bzw. eine andere Rechtsvorschrift) enthielten eine Bestimmung, daß gegen die Entscheidung oder Verfügung der Verwaltungsbehörde eine förmliche Beschwerde im Verwaltungsverfahren eingeräumt ist, oder eine spätere Rechtsnorm enthält eine derartige Vorschrift. Diese Beschwerde gilt nunmehr als sogenannte Vorschaltbeschwerde im Sinne des § 48 VGG. und tritt an Stelle des Einspruchs. Es ist dabei ganz gleichgültig, ob den beschwerenden VA. eine Behörde erlassen hat, die einem Staatsministerium unmittelbar oder nicht unmittelbar nachgeordnet ist. Erläßt somit z. B. die Regierung den beschwerenden VA. und läßt oder ließ die betreffende Rechtsvorschrift eine förmliche Beschwerde zu, so ist jetzt Beschwerde zu erheben, und erst nach Ablehnung ist die Erhebung der Anfechtungsklage möglich. Somit entfällt hier in jedem Falle der Einspruch. Dadurch wird die bisher bestehende „Doppelgeleisigkeit" behoben und es kommt nicht mehr zu den vielfachen Irrtümern, andererseits werden sich die Fälle mehren, in denen der VGH. in erster und letzter Instanz gemäß § 50 VGG. zu entscheiden haben wird. Für die Verwaltungsbehörden erwächst wiederum die Aufgabe, die angewendete Rechtsnorm dahin zu prüfen, ob sie eine förmliche Beschwerde zuläßt. Die Rechtsmittelbelehrung dürfte dann etwa lauten: „Gegen diesen Bescheid (Verfügung, Beschluß) ist gemäß Art. 6a Abs. 1 Satz 2 der 2. AusfVO. zum VGG. die Beschwerde innerhalb einer Frist von 14 Tagen vom Tage der Zustellung dieses Bescheides an gerechnet zu ..... zulässig. Die Beschwerde ist bei ..... schriftlich oder mündlich zu Protokoll einzulegen. Erst gegen den ablehnenden Beschwerdebescheid der(s) ..... kann das Verwaltungsgericht (VGH.) mittels Anfechtungsklage angerufen werden."

b) Der beschwerende VA. wird von einer einem Staatsministerium nicht unmittelbar nachgeordneten Behörde erlassen (z. B. vom Landratsamt). Auch hier tritt die Beschwerde an Stelle des Einspruches. Die Rechtsmittelbelehrung würde sich dann auf Art. 6a Abs. 1 Satz 1 der Zweiten AusfVO. stützen.

c) Den VA. hat eine einem Staatsministerium unmittelbar nachgeordnete Behörde erlassen (z. B. die Regierung). Hier bleibt es bei der Vorschrift des § 38 Abs. 1 VGG., d. h. vor Erhebung der Anfechtungsklage muß Einspruch eingelegt werden. Der Einspruch beschränkt sich somit nur auf diesen einen Fall, natürlich, wenn nicht die Voraussetzung unter a) gegeben ist. Die Rechtsmittelbelehrung bleibt wie sie bisher üblich war.

Bezüglich einer weiteren Rechtsmittelbelehrung siehe auch Bemerkung zu § 42 Abs. 2.

Es können jedoch Fälle eintreten, in denen es zweifelhaft erscheint, ob noch Einspruch oder Beschwerde erforderlich sind, um den Weg zum Verwaltungsgericht zu eröffnen. Eine Behörde erläßt z. B. einen VA., der den A belastet, dem B aber zugleich ein Recht einräumt. (Die Straßenverkehrsdirektion nimmt den Kraftwagen des A in Anspruch und übereignet ihn an B.) A erhebt Einspruch (Beschwerde), die Behörde (Beschwerdebehörde) gibt dem Einspruch (Beschwerde) statt und hebt den belastenden VA. auf. Dieser Einspruchs-(Beschwerde-) Bescheid stellt sich B gegenüber als erster belastender VA. dar, wobei es ganz gleichgültig ist, ob er auf die Erlassung des ursprünglichen, ihn begünstigenden VA. einen Anspruch hatte oder nicht, denn zweifellos wurde er durch den Einspruchs-(Beschwerde-)Bescheid einer — wenn auch noch in Schwebe befindlichen — Rechtsstellung verlustig. Hier kommt es auf die prozessuale, nicht auf die sachliche Seite an. Kann nun B unmittelbar Anfechtungsklage erheben, oder muß er vorerst Einspruch einlegen?

Die wörtliche Auslegung des § 38 VGG. wurde für die Einlegung des Einspruches sprechen, denn gegen die Erlassung eines belastenden VA. ist die unmittelbare Anfechtungsklage — ohne vorhergegangenes Einspruchsverfahren — nicht zulässig und der B würde erst durch den Einspruchs-(Beschwerde-)Bescheid belastet bzw. er erachtet sich durch ihn in seinen Rechten verletzt. Trotzdem würde ich die Notwendigkeit eines neuen Einspruchverfahrens verneinen. Einspruch und Beschwerde, die der Anfechtungsklage vorgeschaltet sind, haben den Zweck, daß noch im Verwaltungsverfahren der Tatbestand und die Rechtslage hinreichend geklärt werden und entweder die Behörde sich zweimal mit der Sache befaßt und ihren eigenen Standpunkt überprüft (Einspruch), oder die Beschwerdebehörde diese Überprüfung vornimmt. Es handelt sich hier dem Wesen nach nicht um eine bloße Formvorschrift, sondern diese Bestimmung hat einen sachlichen und praktischen Hintergrund. Wenn nun eine Behörde sich zweimal oder zwei Behörden sich mit der Sache befaßt haben, so ist dem Zweck und der Absicht des § 38 VGG. Genüge getan und es würde bloßer Formalismus sein, wenn in dem dargestellten Falle noch ein neues Einspruchsverfahren verlangt würde. Es könnte ja der Fall eintreten, daß dem neuen Einspruch stattgegeben wird und jetzt A seinerseits wieder Einspruch erheben müßte. § 38 VGG. regelt den Normalfall, daß dem Einspruch nicht stattgegeben wird, denn es wird wohl selten vorkommen, daß die Behörde den von ihr erlassenen VA. auf Einspruch wieder aufhebt; an den Fall, daß gemäß § 48 VGG. an Stelle des Einspruches die Beschwerde treten kann und die Wahrscheinlichkeit einer Aufhebung des VA. viel größer ist, sowie daran, daß ein belastender VA. zugleich gegenüber einem Dritten ein begünstigender sein kann, wurde offensichtlich bei der Formulierung des § 38 VGG. nicht gedacht. Es liegt hier somit eine Lücke des Gesetzes vor. Da das VGG. in dieser Richtung keine Bestimmung über das Verfahren enthält, kann das Verwaltungsgericht gemäß § 34 VGG. nach pflichtmäßigem richterlichem Ermessen gestaltend eingreifen und es wäre wohl unbedenklich, wenn es in dem dargestellten Falle die Anfechtungsklage zulassen würde.

Für das neu geregelte Beschwerdeverfahren gelten die §§ 39, 40 Abs. 2, 42 und 45 sinngemäß. Das bedeutet insbesondere, daß die Beschwerdefrist nunmehr in allen Fällen zwei Wochen beträgt (§ 39 Abs. 2), ohne Rücksicht darauf, ob die Beschwerdefrist nach der ursprünglichen Rechtsnorm früher kürzer oder länger war oder überhaupt keine bestand (Art. 22 JAG.). Eine Ausnahme gilt jedoch bezüglich der Frist des § 21 DurchfVO. Nr. 115 zum WohnG. (KRG. Nr. 18) und zwar aus folgendem Grunde: § 48 Abs. 2 VGG. n. F. hat diejenigen förmlichen Beschwerden im Verwaltungsverfahren im Sinne, die, wie dargelegt, vor der Novelle nicht den Verwaltungsrechtsweg eröffneten, sondern durch den Einspruch nach § 38 VGG. alte Fassung in dieser Richtung außer Kraft gesetzt waren und die jetzt an Stelle des Einspruches treten sollen. § 21 DurchfVO. enthielt jedoch keine derartige förmliche Beschwerde, sondern wurde nach dem Inkrafttreten des VGG. auf Grund der Ermächtigung des KRG. Nr. 18 erlassen und führte eine neue Beschwerde sui generis ein, die selbst schon die Voraussetzung für die Anfechtungsklage bildete. In Wohnungsangelegenheiten nach dem WohnG. bleibt es somit bei der einwöchigen Beschwerdefrist des § 21 DurchfVO. Nr. 115.

Bedauerlicherweise enthält das VGG. keine ausdrückliche Bestimmung, daß auch der beschwerende VA. begründet werden und eine Belehrung über den Rechtsbehelf (§ 32 VGG.) enthalten muß. Es ist dies jedoch eine Selbstverständlichkeit und die diesbezüglichen Bestimmungen über den Einspruchsbescheid sind auch auf den beschwerenden VA. sinngemäß anzuwenden.

Fehlt die in § 38 Abs. 1 VGG. angeführte Voraussetzung, d.h. richtet sich die Anfechtungsklage unmittelbar gegen den beschwerenden VA., ohne daß Einspruch oder Beschwerde vorausgegangen sind, so ist die Anfechtungsklage unzulässig. Siehe auch Bemerkung zu § 55 VGG.

Zu Abs. 2.

§ 20 Reichsgewerbeordnung lautet:

Gegen den Bescheid ist Rekurs an die nächstvorgesetzte Behörde zulässig, welcher bei Verlust desselben binnen 14 Tagen, vom Tage der Eröffnung des Bescheides an gerechnet, gerechtfertigt werden muß.

Der Rekursentscheid ist den Parteien schriftlich zu eröffnen und muß mit Gründen versehen sein.

§ 21 bestimmt, daß die näheren Bestimmungen über die Behörden und das Verfahren ..... den Landesgesetzen vorbehalten bleiben, wobei jedoch einzelne Grundsätze einzuhalten sind; wichtig ist Ziff. 4: „Als Parteien sind der Unternehmer (Antragsteller) sowie diejenigen Personen zu betrachten, welche Einwendungen erhoben haben." (Wichtig deshalb, weil damit der Kreis der Personen umschrieben ist, die gemäß § 60 VGG. beizuladen sind.)

Die §§ 20 und 21 schließen unmittelbar an § 16 GewO. an (Anlagen, welche einer besonderen Genehmigung bedürfen) und lassen in diesem Genehmigungsverfahren den Rekurs zu. Doch beziehen sich noch verschiedene andere Bestimmungen auf die genannten Paragraphen (z. B. §§ 39, 40).

Die Berufung auf die §§ 20, 21 GewO. in § 38 Abs. 2 VGG. hat nun nicht den Sinn, daß das Verfahren sich nach den dort angeführten Grundsätzen richten soll, sondern bedeutet, daß in allen Gewerbeangelegenheiten, in denen der Rekurs gemäß §§ 20, 21 GewO. zulässig war, kein Einspruchsverfahren gemäß § 38 Abs. 1 VGG. erforderlich ist, sondern daß gegen den Bescheid der Verwaltungsbehörde unmittelbar die Anfechtungsklage erhoben werden kann. Für die Anfechtungsklage gilt die Bestimmung der §§ 43 und 44 VGG. sowie § 46; § 45 ist sinngemäß dahin auszulegen, daß den Gegenstand der Klage der beschwerende VA. bildet.

Das Verwaltungsgericht tritt an die Stelle der Rekursbehörde, die sonst nach der GewO. über den Rekurs zu entscheiden hätte und es entscheidet sachlich über den Rekurs, d. h. es setzt, wenn es dem Rekurs stattgibt, an Stelle des angefochtenen VA. seine eigene Entscheidung, wirkt somit gewissermaßen als Verwaltungsbehörde (vgl. § 79 Abs. 4 VGG.). Ermessensentscheidungen überprüft das Verwaltungsgericht nicht bloß im Sinne des § 36 VGG. dahin, ob nicht ein Ermessensmißbrauch vorliegt oder ob die Behörde von ihrem Ermessen im Sinne der GewO. Gebrauch gemacht hat, sondern im vollen Umfange. Das Verwaltungsgericht prüft darum auch die Billigkeit- und Zweckmäßigkeitsgründe und setzt sein Ermessen an die Stelle des behördlichen Ermessens. Dies ist die herrschende Lehrmeinung und Praxis.

Die VO. Nr. 165 enthält keine dem § 38 Abs. 2 VGG. entsprechende Bestimmung, die VerwGerichte entscheiden in der britischen Zone in Gewerbesachen genau so wie in anderen Angelegenheiten. Im Interesse der Vermeidung einer weiteren Rechtszersplitterung wäre eine Vereinheitlichung wohl angezeigt.

Zu Abs. 3.

Die Bestimmung, daß in den Fällen des § 35 Abs. 2 (Unterlassung einer beantragten Amtshandlung) kein Einspruch eingelegt zu werden braucht, ist in Bayern durch Art. 1 der 2. AusfVO. folgendermaßen abgeändert:

„Wenn in den Fällen des § 35 Abs. 2 der Antrag auf Vornahme der Amtshandlung ohne zureichenden Grund binnen angemessener Frist nicht beschieden wurde, kann die Anfechtungsklage erst erhoben werden, nachdem der Klageberechtigte erfolglos die Aufsichtsbehörde angerufen hat.“

Es ist dies eine Änderung gegen früher, wo gegen das Nichttätigwerden der Behörde sofort ohne Einspruch Anfechtungsklage erhoben werden konnte, die sich an die neue Fassung des § 35 Abs. 2 anschließt.

Es muß natürlich zwischen der Anrufung der Aufsichtsbehörde und der Erhebung der Anfechtungsklage eine angemessene Frist erfolglos verstrichen sein, innerhalb der die Aufsichtsbehörde Gelegenheit haben muß, die Unterbehörde zur Vornahme der Amtshandlung zu veranlassen.

Rechtsprechung.

Gegen eine Entscheidung des Landratsamtes als Staatsaufsichtsbehörde gemäß Art. 35 des B.Gemeindewahlgesetzes ist vor Einbringung der Anfechtungsklage Einspruch zu erheben.

BayerVGH., Urt. v. 18. 5. 1949 Nr. 237 I 48.

Gegen die Verfügung des Landratsamtes, mit der eine Bürgermeisterwahl für ungültig erklärt wurde, muß vor Einbringung der Anfechtungsklage Einspruch erhoben werden.

Hat das Verwaltungsgericht auf Anfechtungsklage ein Urteil erlassen, obwohl kein Einspruchsverfahren voranging, so ist das Urteil auf Berufung vom VGH. aufzuheben und die Sache an das Verwaltungsgericht zurückzuverweisen.
BayerVGH., Urt. v. 1. 2. 1949 Nr. 267 I 48; DVerw. 49 S. 249.
VerwRechtspr. Nr. 139.

Auch für Anfechtungsklagen gegen Verfügungen auf Grund des Leistungspflichtgesetzes ist das Einspruchsverfahren Prozeßvoraussetzung.
HessVGH., Urt. v. 12. 12. 1948; HessStaatsanz. 49 S. 277.

Gegen Vollstreckungsmaßnahmen der Versicherungsanstalt Berlin — brit. Sektor — ist die Klage im Verwaltungsgerichtsverfahren erst dann zulässig, wenn zuvor das Beschwerdeverfahren gemäß § 2 der VO. über das Verwaltungszwangsverfahren vom 15. 11. 1899 beim Magistrat durchgeführt ist.
VG. Berlin, brit. Sektor, Urt. v. 15. 9. 1948; JR. 49 S. 196.

Dem Erfordernis der Durchführung eines Einspruchverfahrens vor Erhebung der Anfechtungsklage ist genügt, wenn die Verwaltungsbehörde, die den beschwerenden VA. erlassen hat, einer Beschwerde des Betroffenen nicht abhilft, sondern sie der höheren Instanz vorlegt.
HessVGH., Urt. v. 11. 2. 1948 — OS. 12/47; HessStaatsanz. 48 S. 117.

Wurde nicht Einspruch, sondern auf Grund eines älteren Gesetzes Beschwerde eingelegt und hat die Oberbehörde entschieden, so ist die Anfechtungsklage als zulässig zu betrachten, denn es wäre reine Formalität, den Beschwerdebescheid aufzuheben und einen Einspruchsbescheid zu verlangen.
VG. Wiesbaden, Urt. v. 12. 9. 1947; NJW. 48 S. 397.

Die Anfechtungsklage ist, auch wenn sie vor Erlaß des Einspruchbescheides erhoben wurde, als zulässig anzusehen, wenn der Kläger die Klage nach Zugang des Einspruchsbescheides aufrecht erhalten hat und der Formmangel somit als geheilt angesehen werden muß.
VG. Stuttgart, Urt. v. 15. 6. 1948 — I 216/48; ÖffVerw. 49 S. 159.

Hat der Anfechtungskläger, ohne Einspruch zu erheben, die Anfechtungsklage beim Landratsamt eingereicht, dieses die Beschwerde, ohne an seinem staatsaufsichtlichen Beschluß (Ungültigerklärung dieser Bürgermeisterwahl) etwas zu ändern, an das Verwaltungsgericht weitergeleitet, und hat der Kläger bei der mündlichen Verhandlung seine Klage aufrechterhalten, so ist das erfüllt, was die Vorschriften der §§ 38—40 VGG. bezwecken und die Anfechtungsklage ist zulässig.
BayerVGH., Urt. v. 7. 7. 1949 Nr. 60 I 49 (zur Veröffentlichung bestimmt) und vom 20. 10. 1949 Nr. 366 I 48.

Wenn der Landrat eine Beschwerde in Wohnungssachen nicht an den Regierungspräsidenten weitergibt, sondern selbst entscheidet, wird der Klageweg frei.
HessVGH., Urt. v. 15. 9. 1948 OS. Nr. 97/48; VerwRechtspr. Nr. 74.

Ein Einspruch ist nicht erforderlich, wenn der Kläger bereits in einem der angefochtenen Verfügung unmittelbar vorausgegangenen Verfahren gegen eine gleichgerichtete Verfügung seine sachlichen Einwendungen ohne Erfolg dargestellt hatte.
HessVGH., Urt. v. 4. 8. 1948 — OS. 29/48; ÖffVerw. 49 S. 478.

Auch bei Anfechtungsklagen gegen nichtige VA. muß ein Einspruchsverfahren vorausgehen.
HessVGH., Urt. v. 22. 12. 1948 — OS. 156/48; ÖffVerw. 49 S. 478.

Ebenso bei Anfechtungsverfahren gegen das hess. Leistungspflichtgesetz.
HessVGH., Urt. v. 22. 12. 1948 — OS. 156/48.

Das Verfahren des Art. VII Abs. 3 WohnG. geht dem Einspruchsverfahren des § 38 VGG. vor.
HessVGH., Urt. v. 21. 7. 1948 — OS. 41/48; ÖffVerw. 49 S. 478.

§ 39. Einspruch, Beschwerde, Frist.

(1) **Der Einspruch muß einen bestimmten Antrag enthalten. Die Beschwerdepunkte und die zur Begründung dienenden Tatsachen und Beweismittel sollen angegeben werden.**

(2) **Der Einspruch ist binnen zwei Wochen nach Eröffnung oder Zustellung des beschwerenden Verwaltungsaktes, in deren Ermangelung nach Kenntnisnahme, bei der Behörde einzulegen, die den Verwaltungsakt erlassen hat. Die §§ 32 und 33 finden Anwendung.**

§ 45 VO. Nr. 165.

Der Einspruch ist innerhalb eines Monats, nachdem der Verwaltungsakt oder dessen Ablehnung dem Einspruchsberechtigten bekannt geworden ist, bei der Behörde einzulegen, die den Verwaltungsakt erlassen oder abgelehnt hat.

Eine dem 1. Abs. entsprechende Vorschrift enthält die VO. Nr. 165 nicht. Daß der Einspruch (Beschwerde) einen bestimmten Antrag enthalten muß, ist eine zwingende Vorschrift. Trotzdem enthält das Gesetz keine Bestimmung, was geschehen soll, wenn dies nicht der Fall ist. Jedenfalls dürfte das Fehlen eines bestimmten Antrages die Behörde nicht berechtigen, den Einspruch (Beschwerde) als unzulässig zurückzuweisen, sondern der Antragsteller wird aufzufordern sein, diesen Mangel binnen einer bestimmten Frist zu beheben. Überhaupt sind an Form und Inhalt dieses Rechtsmittels nur geringe Anforderungen zu stellen. Es genügt, wenn daraus ersichtlich ist, daß der Betroffene mit dem ihn beschwerenden VA. nicht einverstanden ist und wünscht, daß die Behörde selbst oder die übergeordnete Behörde den Fall nochmals überprüfe und nochmals entscheide. Bei der Beurteilung, ob ein Einspruch (Beschwerde) eingebracht wurde, wird es auf die Person ankommen, denn an einen akademisch Gebildeten werden strengere Anforderungen zu stellen sein als an ein altes Mütterchen in einem abgelegenen Dorfe.

Auch bezüglich der Frist unterscheiden sich die amerikanische und die britische Zone: dort zwei Wochen, hier ein Monat.

Den Beginn der Frist datiert das VGG. vom Tage der Eröffnung, Zustellung bzw. Kenntnisnahme, die VO. Nr. 165 von dem Bekanntwerden des beschwerenden VA.

Eine Vorschrift, auf welche Art die Zustellung im Verwaltungsverfahren zu erfolgen hat, enthält das VGG. nicht. Da das VGG. nicht nur das Verfahren vor den Verwaltungsgerichten, sondern auch das diesem vorangehende vor den Verwaltungsbehörden, wenigstens zum Teil regelt, so können hier gemäß § 34 VGG. die Vorschriften der ZPO. ergänzend herangezogen werden.

Demgegenüber kann allerdings eingewendet werden, daß nach dem Wortlaut des § 34 VGG. nur das Verwaltungsgericht „gestalten" oder die ZPO. ergänzend heranziehen kann und das nur für das Verfahren vor den Verwaltungsgerichten; auf das Verfahren vor den Verwaltungsbehörden kann sich das „gestalten" nicht beziehen.

Die Verwaltungsbehörden, insbesondere die Wohnungsämter, stellen oft Bescheide nicht durch die Post, sondern durch eigene Organe zu. Welche Rechtswirkungen hat nun der Umstand, wenn bei Abwesenheit des Adressaten einem erwachsenen Haushaltsangehörigen, z. B. der Ehefrau zugestellt wird? Der BayerVGH. hat nun in seinem Urteil vom 12. 1. 1950 Nr. 215 II 49 ausgesprochen, daß hier § 181 ZPO. anwendbar sei und daß an Stelle des Gerichtsvollziehers das Organ der Behörde zu setzen sei.

§ 181 ZPO. bestimmt:

„I. Wird die Person, welcher zugestellt werden soll, in ihrer Wohnung nicht angetroffen, so kann die Zustellung in der Wohnung an einen zu der Familie gehörenden erwachsenen Hausgenossen oder an eine in der Familie dienende erwachsene Person erfolgen.

II. Wird eine solche Person nicht angetroffen, so kann die Zustellung an den im denselben Hause wohnenden Hauswirt oder Vermieter erfolgen, wenn diese zur Annahme des Schriftstückes bereit sind."

Als Zustellungstag hat der Tag zu gelten, an dem die Ersatzzustellung erfolgt ist, nicht aber der Tag, an dem der Adressat das Schriftstück tatsächlich erhalten oder von ihm Kenntnis genommen hat.

Wenn die Verwaltungsbehörde den VA. durch die Post mittels Postzustellungsurkunde zustellt — was unter allen Umständen zu empfehlen wäre — so sind bezüglich der Ersatzzustellung die §§ 181—184 ZPO. anzuwenden. Wichtig ist auch § 176 ZPO. („Zustellungen, welche in einem anhängigen Rechtsstreit geschehen sollen, müßen an den für die Instanz bestellten Prozeßbevollmächtigten erfolgen."). Stellt die Behörde ihren Bescheid dem Betroffenen unmittelbar zu, obwohl dieser einen Bevollmächtigten namhaft gemacht hat, so beginnt die Frist nicht zu laufen. Solange die Vollmacht bei der Behörde nicht widerrufen wurde, ist an den Bevollmächtigten zuzustellen, auch wenn der Bevollmächtigte gegenüber dem Vollmachtgeber die Vertretung niedergelegt hat; in diesem Falle läuft die Frist für den Betroffenen vom Tage der Zustellung an den Bevollmächtigten.

Wurde der beschwerende VA. nicht mit Postzustellungsurkunde zugestellt, sondern der Bescheid einfach durch die Post übersandt, so ist die Postzustellungsverordnung vom 23. 8. 1943 (RGBl. I S. 527) anzuwenden. Nach der unwiderlegbaren Rechtsvermutung des § 1 Abs. 1 Satz 3 ist das Schriftstück im Bereich des Ortsbestellverkehrs am zweiten Werktag, sonst am vierten Werktag nach Aufgabe zur Post als zugestellt und damit als bekanntgegeben anzusehen. Es müssen 2 bzw. 4 Werktage gerechnet werden; ist z. B. der dritte Tag nach der Postaufgabe ein Sonntag, so gilt die Zustellung erst am fünften Tage als bewirkt. Unbefriedigend ist dabei der Umstand, daß diese Rechtsvermutung unwiderlegbar ist. Ist z. B. der Adressat drei Wochen verreist und wirft der Postbote den den Bescheid enthaltenden Brief am ersten Tag der Abwesenheit in den Wohnungsbriefkasten, so ist bei der Rückkehr die Beschwerdefrist bereits versäumt.

Das Wort „Eröffnung" bedeutet wohl, daß der Inhalt des beschwerenden VA. dem Betroffenen beim Amte oder durch eine Amtsperson mündlich verkündet wurde. Diese Eröffnung muß aber vollständig sein und muß auch die Rechtsmittelbelehrung enthalten, denn sonst beginnt die Frist nicht zu laufen.

Was unter „Kenntnisnahme" oder den Worten „bekannt geworden ist" in § 45 VO. Nr. 165 zu verstehen ist, ist ziemlich unklar, jedenfalls ist darunter nicht zu verstehen, daß der Betroffene auf irgendeine Weise erfährt, daß ein ihn beschwerender VA. erlassen wurde. Die Kenntnisnahme muß die Kehrseite einer behördlichen Tätigkeit sein, die darauf abzielt, den Betroffenen von dem VA. zu verständigen. Erfährt jemand von der Erlassung eines ihn beschwerenden VA., so kann er, ohne eine förmliche Zustellung zu verlangen, Einspruch oder Beschwerde erheben, dagegen kann die Beschwerdefrist nicht vom Tage an gerechnet werden, an dem er davon irgendwie erfahren hat. Bei der „Kenntnisnahme" muß der Betroffene nicht nur vom VA. selbst, sondern auch von der Rechtsmittelbelehrung Kenntnis nehmen.

Die Möglichkeit einer Ersatzzustellung an die Ehefrau eines Kriegsgefangenen hat der BayerVGH. verneint.

Im übrigen ist auf den Artikel von Prof. Naumann „Rechtsmittelbelehrung und Zustellung bei Verwaltungsakten" in DVerw. 1948 S. 137 zu verweisen. Siehe auch den Artikel von Klaus Müller in ÖffVerw. 49 S. 247.

Dadurch, daß die §§ 32 und 33 Anwendung finden sollen, wurde die Wiedereinsetzung in den vorigen Stand auch im Verfahren vor den Verwaltungsbehörden eingeführt. In analoger Anwendung des § 33 Abs. 3 VGG. entscheidet über den Antrag die Einspruchs- oder die Beschwerdebehörde, je nachdem Einspruch oder Beschwerde einzulegen waren. Die Frage, ob gegen den Bescheid, mit dem der Antrag auf Einsetzung in den vorigen Stand abgelehnt wurde, ein weiteres Rechtsmittel zulässig ist, wird im Gesetz nicht beantwortet. Da es sich aber jedenfalls um einen beschwerenden VA. handelt, dürfte anzunehmen sein, daß dagegen Einspruch und dann Anfechtungsklage zulässig ist.

Rechtsprechung.

Im Interesse des Rechtssuchenden sind an den Inhalt der Erklärung, mit der ein Rechtsbehelf eingelegt wird, regelmäßig nur geringe Anforderungen zu stellen. Ein Einspruch ist rechtswirksam eingelegt, wenn aus der betreffenden Erklärung hinreichend zu ersehen ist, daß der Betroffene sich durch einen VA. beschwert fühlt und begehrt, daß ihn die Behörde, die ihn erlassen hat, nochmals prüfe.

BayerVGH., Urt. v. 12. 11. 1948 Nr. 76 II 48; VGHE. n. F. Nr. 41.

Verwaltungsakte werden grundsätzlich mit der Bekanntgabe an den Betroffenen oder an dessen Bevollmächtigten wirksam. Die Bekanntgabe kann formlos erfolgen, sofern nicht eine besondere Form der Bekanntgabe ausdrücklich vorgeschrieben ist.

LVG. Hannover, Urt. v. 28. 1. 1949 A 518/48; VerwRechtspr. Nr. 85; Neue Verw. 49 S. 32.

Die Zustellung einer Inanspruchnahmeverfügung nach § 15 RLG. an die Ehegattin des in Kriegsgefangenschaft befindlichen Leistungspflichtigen ist ihm gegenüber ohne rechtliche Bedeutung.

BayerVGH., Urt. v. 11. 7. 1949 Nr. 63 I 49.

Bei einem Internierten, an dessen Ehefrau die Inanspruchnahmeverfügung zugestellt wurde, wird sie spätestens mit dem Zeitpunkte der Aushändigung an diesen wirksam.

HessVGH., Urt. v. 21. 7. 1948 — OS. 61/48.

Wird die Verfügung dem Leistungspflichtigen nicht im vorstehenden Sinne zugestellt, so ist sie überhaupt nicht wirksam geworden.

HessVGH., Urt. v. 16. 3. 1949 OS. 236/48; ÖffVerw. 49 S. 259.

Falls der Bevollmächtigte die Niederlegung der Prozeßvollmacht der Behörde nicht mitgeteilt hat, so ist er in entsprechender Anwendung des § 87 ZPO. (vgl. § 34 VGG.) noch berechtigt, eine Zustellung entgegenzunehmen und die Behörde ist verpflichtet, die Zustellung an ihn zu bewirken (§ 176 ZPO.).

BayerVGH., Beschl. v. 5. 10. 1949 Nr. 168 II 48.

Beschwerde der Ehefrau gilt auch für den Ehemann, wenn nachweislich auch in seinem Namen und mit seinem Willen eingelegt.

HessVGH., Urt. v. 15. 9. 1948 OS. Nr. 97/48; VerwRechtspr. Nr. 74.

Auch im Verwaltungsverfahren ist eine Ersatzzustellung im Sinne und mit den Rechtswirkungen des § 181 ZPO. durch ein Organ der Verwaltungsbehörde zulässig. Ist eine derartige Ersatzzustellung erfolgt, so kann der Adressat nicht einwenden, er habe von dem Inhalte des Verwaltungsaktes keine Kenntnis erhalten.

BayerVGH., Urt. v. 12. 1. 1950 Nr. 215 II 49.

Einspruchs-, Beschwerdebescheid.

§ 40.

(1) **Die Behörde erläßt nach nochmaliger Prüfung den Einspruchsbescheid.**

(2) **Er ist zu begründen und mit einer Belehrung über den Rechtsbehelf (§ 32) zu versehen.**

In Hessen enthält der 2. Abs. einen etwas abweichenden Wortlaut, indem es dort heißt:

„Ein abweisender Bescheid ist zu begründen und . . . .“

Durch das Gesetz vom 30. 6. 1949 wurde folgender § 40a eingefügt:

„(1) Über Einsprüche gegen Verfügungen des Landrats, des Oberbürgermeisters oder des Magistrats entscheiden Ausschüsse. Diese Ausschüsse bestehen aus einem Vorsitzenden und zwei Beisitzern. Vorsitzender ist der Landrat oder der Oberbürgermeister oder ein von ihnen Beauftragter mit der Befähigung zum Richteramt oder höheren Verwaltungsdienst. Die Beisitzer sind in den Landkreisen vom Kreisausschuß und in den Städten von der Stadtverordnetenversammlung zu wählen und zu den Sitzungen der Ausschüsse nach Maßgabe ihrer vom Kreisausschuß oder der Stadtverordnetenversammlung zu beschließenden Geschäftsordnung heranzuziehen.

(2) Der Ausschuß entscheidet über den Einspruch auf Grund mündlicher Verhandlung. Von der mündlichen Verhandlung kann in besonderen Fällen abgesehen werden, es sei denn, daß der Beschwerte sie beantragt. § 40 Absatz (2) ist anzuwenden.

(3) Einen Beschluß des Ausschusses, der die Gesetze verletzt oder in dem er von dem der Verwaltungsbehörde zustehenden Ermessen nicht im Sinne des Gesetzes Gebrauch macht, kann der Landrat oder der Oberbürgermeister mit aufschiebender Wirkung sofort beanstanden. Die Beanstandung ist mit der schriftlichen Entscheidung des Ausschusses bekanntzugeben; sie verliert ihre Wirkung, wenn der Landrat oder der Oberbürgermeister nach der Beschlußfassung des Ausschusses nicht binnen zwei Wochen die Entscheidung des Verwaltungsgerichts unter Angabe der Gründe beantragt. Der Antrag hat die Wirkung einer Anfechtungsklage des Beschwerten gegen den Verwaltungsakt mit dem letzten im Einspruchsverfahren gestellten Antrag als Klageantrag.“

(Vgl. hierzu den Artikel von Gerhard Freytag: „Änderung des Verfahrens in Wohnungsstreitsachen in Hessen“ in ÖffVerw. 49 S. 385.)

§ 46 VO. Nr. 165.

(1) **Die Behörde erläßt nach nochmaliger Prüfung einen Einspruchsbescheid.**

(2) **Der Bescheid ist zu begründen und mit einer Belehrung über den Rechtsbehelf zu versehen.**

Zu § 40.

Abs. 2 des § 40 gilt auch für den Beschwerdebescheid.

Was die Begründung anlangt, so wird es dann genügen, auf die Begründung des beschwerenden VA. zu verweisen, wenn alle Einspruchs-, Beschwerdeeinwendungen bereits in dieser Begründung beantwortet wurden und nichts Neues vorgebracht wurde, was den Standpunkt der Behörde erschüttern könnte.

Streng festzuhalten ist an der Forderung, daß auch reine Ermessensentscheidungen zu begründen sind. Der Betroffene muß erfahren, von welchen tatsächlichen Voraussetzungen die Behörde ausgegangen ist, welche Rechtsnorm sie angewendet hat und von welchen Erwägungen sie sich hat leiten lassen, denn nur dann kann er den Schutz des Verwaltungsgerichtes gemäß § 36 VGG. anrufen. Eine Begründung etwa des Inhaltes: „Es liegt kein Grund vor, die angestrebte Genehmigung zu erteilen" oder „Ich sehe mich nicht veranlaßt, von meinem Standpunkte abzugehen" ist keine Begründung, die in einem Rechtsstaate als hinreichend oder zulässig anerkannt werden könnte; sie schmeckt zu sehr nach Polizei- oder Obrigkeitsstaat. Auch genügt es nicht, wenn die Behörde lediglich auf das ihr eingeräumte freie Ermessen hinweist.

Wenn in Hessen § 40 Abs. 2 die Begründungspflicht bloß für den abweisenden Bescheid vorschreibt, so ist damit der Normalfall geregelt, daß die Einspruchsbehörde den beschwerenden VA. aufrechterhält und den Einspruch nicht für begründet befindet. Wird dem Einspruch stattgegeben und der beschwerende VA. zur Gänze aufgehoben, so ist in Regel eine Begründung nicht erforderlich, denn zu einer Anfechtungsklage wird es nicht mehr kommen können, da eine Rechtsverletzung begrifflich nicht mehr gegeben ist. Anders ist es jedoch, wenn der beschwerende VA. zugleich eine Begünstigung für einen Dritten enthalten hat. Z. B. es wird ein Kraftwagen bei A in Anspruch genommen und dem B zur Verfügung übereignet oder zur Benutzung überwiesen, oder es wird ein Wohnraum des A erfaßt und der B eingewiesen. Wird nun dem Einspruch (Beschwerde) stattgegeben und die Inanspruchnahme, die Erfassung und Zuweisung aufgehoben, so muß dieser Bescheid begründet werden, denn er stellt sich dem B gegenüber als beschwerender VA. dar, auch wenn dieser aus dem ursprünglichen Akt noch kein „Recht" erworben hatte. Siehe auch die Bemerkung zu § 38.

Die Begründungspflicht ist eine Mußvorschrift. Das Gesetz enthält jedoch keine Bestimmung, welche Folgen die Unterlassung dieser Pflicht nach sich zieht. Van Husen (Gesetz über die Verwaltungsgerichtsbarkeit, S. 67) führt aus, daß beim Fehlen einer Begründung kein förmlicher Einspruchsbescheid vorliege und die Frist des § 42 nicht zu laufen beginne. Offenbar ist hier die Frist des § 42 Abs. 1 gemeint, nämlich die Frist zur Erhebung der Anfechtungsklage. Dieser Ansicht kann ich nicht beipflichten, denn damit eine Frist für ein Rechtsmittel oder einen anderen Rechtsbehelf nicht zu laufen beginne, müssen die im § 32 VGG. angeführten Voraussetzungen gegeben sein; diese beziehen sich jedoch ausschließlich auf die Rechtsmittelbelehrung und es geht nicht an, diese Spezialvorschrift auch auf andere Gebiete auszudehnen. Das Fehlen der Begründung beinhaltet einen Verfahrensmangel. Wesentlich ist dieser Mangel dann, wenn er dem Betroffenen die Verteidigung erschwert oder unmöglich macht und eine Überprüfung durch das Verwaltungsgericht auf Grund der erhobenen Anfechtungsklage nicht möglich ist. In einem solchen Fall könnte wohl das Verwaltungsgericht in Gestaltung des Verfahrens gemäß § 34 VGG. und in analoger Anwendung des in § 114 Ziff. 2 VGG. ausgesprochenen Gedankens die Sache an die Verwaltungsbehörde zur neuerlichen Entscheidung zurückverweisen. (Siehe auch die Bemerkung zu § 36 VGG.) Sind jedoch diese Voraussetzungen nicht gegeben, ist trotz fehlender Begründung ersichtlich, von welchem Tatbestand und von welcher Rechtsansicht die Behörde ausgegangen ist und wurde die Verteidigungsmöglichkeit des Betroffenen, wie aus den Klageausführungen hervorgeht, nicht behindert, so kann der formale Mangel als unbeachtlich angesehen werden.

Fehlt die Rechtsmittelbelehrung, so gilt § 32 VGG., d. h. die Frist zur Erhebung der Anfechtungsklage (§ 42 Abs. 1 VGG.) beginnt nicht zu laufen, die Klage kann jederzeit erhoben werden. Wenn die Behörde jedoch nachträglich diesen Mangel behebt, indem sie einen Nachtragsbescheid mit der vorgeschriebenen Belehrung erläßt, so sind die Folgen der mangelnden Belehrung aufgehoben und die Frist beginnt vom Tage der Zustellung dieses Nachtragsbescheides an zu laufen.

Ob die Belehrung auch auf die Frist des § 42 Abs. 2 VGG. verweisen soll, darüber Näheres bei diesem Paragraphen. Hier nur soviel, daß meiner Ansicht nach diese Verpflichtung besteht.

Rechtsprechung.

Ein Beschwerdebescheid, der in tatsächlicher Beziehung keine Begründung enthält, verstößt gegen § 40 Abs. 2 VGG. und muß aufgehoben werden.

VG. Karlsruhe, Urt. v. 17. 8. 1948 — 199/47 A; ÖffVerw. 49 S. 440.

Der Ordnungsstrafbescheid ist nach § 27 der Preisstrafrechts-VO. v. 26. 10. 1944 (RGBl. I S. 264) zu begründen. In der Begründung sind die strafbare Handlung, die verletzten Vorschriften, die Beweismittel und die Rechtsmittel anzugeben. Fehlt es an einem dieser sämtlich wesentlichen Erfordernisse, so ist der Ordnungsstrafbescheid außer Kraft zu setzen.

BezVG. amer. Sektor Berlin, Urt. v. 17. 6. 1949 1 B 50.49; DVerw. 49 S. 627.

§ 41.

Die Befugnis der übergeordneten Behörden, den Verwaltungsakt einer nachgeordneten Behörde von Amts wegen oder auf Anrufung (Aufsichtbeschwerde) zu ändern oder aufzuheben, bleibt unberührt.

§ 47 VO. Nr. 165.

Die Befugnis übergeordneter Behörden, den Verwaltungsakt einer Behörde von Amts wegen oder auf Antrag zu ändern oder aufzuheben, bleibt unberührt.

Der Betroffene kann, unabhängig von den im VGG. gebotenen Rechtsbehelfen, sich an die Aufsichtsbehörde mittels Dienstaufsichtsbeschwerde wenden. Diese Aufsichtsbeschwerde führt jedoch grundsätzlich nicht zum Verwaltungsgericht, d. h. im Falle der Abweisung kann das Verwaltungsgericht nicht angerufen werden. Soweit übergeordnete Behörden auf Grund des ihnen zustehenden Aufsichtsrechtes VA. nachgeordneter Behörden aufheben oder abändern können, wird diese Befugnis durch Erlaß des VGG. nicht berührt, sie können davon auch weiterhin von Amts wegen Gebrauch machen.

Wird ein beschwerender VA. im Aufsichtswege zur Gänze aufgehoben, so hat dies für ein vor den Verwaltungsgerichten anhängiges Verfahren die Wirkung, daß der VA. durch Zurücknahme seine Erledigung gefunden hat (§ 79 Abs. 1 Satz 2 VGG.). Das Verwaltungsgericht wird dann entweder nur über die Kosten entscheiden oder auf Antrag aussprechen, daß (ob) der VA. unzulässig war. Das gleiche gilt sinngemäß, wenn der VA. teilweise zugunsten des Betroffenen abgeändert wurde.

Wurde die Aufsichtsbeschwerde abgewiesen, so liegt kein neuer selbständiger beschwerender VA. im Sinne des § 35 VGG. vor (BayerVGH., Urt. v. 22. 10. 1948 Nr. 30 II 47; VGHE. n. F. Nr. 36); eine dagegen gerichtete Anfechtungsklage ist unzulässig. War daneben bereits eine Klage anhängig, so ist die ergangene aufsichtsbehördliche Entscheidung für das Verfahren vor dem Verwaltungsgericht ohne Belang.

Es ist jedoch auch möglich, daß die Aufsichtsbehörde den beschwerenden VA. zuungunsten des Betroffenen abändert.

Soweit nun die Abänderung reicht, liegt ein neuer beschwerender VA. vor und der Betroffene hat die Möglichkeit, dagegen Einspruch und nach Abweisung desselben Anfechtungsklage zu erheben, gleichgültig, ob er gegen den ursprünglichen VA. Klage erhoben hat oder nicht. Zweifel können nur in der Richtung auftreten, ob er dann, wenn gegen den ursprünglichen beschwerenden VA. kein nach dem VGG. zulässiges Rechtsmittel und anschließend keine Anfechtungsklage erhoben wurde, nunmehr sowohl den ursprünglichen beschwerenden VA. *und* die darüber hinausgehende Beschwer oder *nur* die letztere anfechten kann. Ich würde die letztere Möglichkeit bejahen, denn der ursprüngliche VA. ist formal in Rechtskraft erwachsen.

Jedenfalls muß die Aufsichtsbehörde ihre Entscheidung, mit der der ursprüngliche VA. zuungunsten des Betroffenen abgeändert wurde, begründen und mit einer Rechtsmittelbelehrung versehen.

§ 42. Frist für die Anfechtungsklage.

(1) Die Anfechtungsklage muß binnen zwei Wochen erhoben werden, soweit nicht gesetzlich etwas anderes bestimmt ist. Die Frist beginnt mit der Eröffnung oder Zustellung des Einspruchsbescheids.

(2) Hat die Behörde ohne zureichenden Grund den Einspruch binnen einer angemessenen Frist nach seiner Erhebung nicht beschieden, so gilt dies als ablehnender Einspruchsbescheid. Die Erhebung der Anfechtungsklage ist in diesem Fall nach Ablauf von sechs Monaten seit Einlegung des Einspruchs ausgeschlossen.

In Hessen lautet der 2. Satz des Abs. 1:

„Die Frist beginnt mit der Eröffnung oder Zustellung des Einspruchs- oder Beschwerdebescheides."

Im Abs. 2 beträgt die Frist zur Erhebung der Anfechtungsklage **ein Jahr.**

§ 48 VO. Nr. 165.

(1) Die Klage muß innerhalb eines Monats nach Eröffnung oder Zustellung des Einspruchsbescheides erhoben werden, soweit nicht gesetzlich etwas anderes bestimmt ist.

(2) Hat die Behörde den Einspruch nicht innerhalb einer Frist von einem Monat endgültig oder durch einen Zwischenbescheid und nach einem solchen nicht innerhalb eines weiteren Monats endgültig beschieden, so gilt der Einspruch als abgelehnt. Die Erhebung der Klage ist in diesem Falle nur bis zum Ablauf von sechs Monaten seit der Einlegung des Einspruchs zulässig.

Zu Abs. 1.

Gemäß § 48 Abs. 3 neuer Fassung gilt diese Bestimmung auch für die Entscheidungen über die Vorschaltbeschwerden, so daß der zweite Satz so anzuwenden ist, als ob er (wie in Hessen), lauten würde: „Die Frist beginnt mit der Eröffnung oder Zustellung des Einspruchs- oder Beschwerdebescheides."

Ein späteres Gesetz kann die Frist verlängern oder verkürzen („soweit nicht gesetzlich etwas anderes bestimmt ist"), vorläufig gilt in allen Fällen die Frist von 2 Wochen. Bei Fristversäumung ist die Einsetzung in den vorigen Stand unter den Voraussetzungen des § 33 VGG. zulässig.

Eingehalten ist die Frist nur dann, wenn die Klage innerhalb der Frist beim zuständigen Verwaltungsgericht oder bei der Behörde, die den VA. oder den Beschwerdebescheid erlassen hat, eingelegt wird und dort einlangt (§ 49 VGG.). Immer wieder ist darauf hinzuweisen, daß es nicht genügt, wenn die Klage innerhalb der Frist der Post zur Beförderung übergeben wurde; um die Tage des Postumlaufes verlängert sich die Frist nicht.

Zu Abs. 2.

Das Gesetz enthält hier eine Fiktion, daß dann ein ablehnender Einspruchs- oder Beschwerdebescheid vorliegt, gegen den die Anfechtungsklage erhoben werden kann, wenn die Behörde binnen einer angemessenen Frist ohne zureichenden Grund den Einspruch oder die Beschwerde nicht vorbeschieden hat. Beide Voraussetzungen müssen erfüllt sein, wenn die erhobene Klage vom Verwaltungsgericht als zulässig anerkannt werden soll und das Gericht muß das Vorhandensein derselben prüfen. Wann eine Frist als angemessen zu erachten und wann die Behörde einen zureichenden Grund hatte, den Einspruch, die Beschwerde nicht zu erledigen, wird sich nach dem einzelnen Fall richten. Die Erledigung eines Rechtsmittels in einer größeren Wasserrechtssache, in einem Enteignungsverfahren wird mehr Zeit beanspruchen als die Verbescheidung eines Einspruches gegen die Inanspruchnahme eines Kraftwagens. Die VO. Nr. 165 arbeitet hier mit festen Fristen und diese Regelung ist jedenfalls der Regelung des VGG. vorzuziehen.

Findet das Verwaltungsgericht, daß die auf § 42 Abs. 2 gestützte Klage vorzeitig erhoben wurde, weil noch keine angemessene Frist seit Einlegung des Einspruches verstrichen war, so kann es die Klage ohne weiteres gemäß § 55 Ziff. 3 VGG. mittels Vorbescheides als unzulässig zurückweisen. Die Angemessenheit ist nach dem Zeitpunkte der gerichtlichen Entscheidung zu beurteilen. Wird z. B. in einer Wohnungssache acht Tage nach Einlegung der Beschwerde Klage erhoben, so ist sie verfrüht und unzulässig; wenn aber das Verwaltungsgericht erst nach einem Monat die Klage als unzulässig zurückweisen wollte, so wäre die Klage bereits zulässig, denn in einer dringenden Wohnungssache kann ein Monat als „angemessen" erachtet werden.

Die auf § 42 Abs. 2 gestützte Anfechtungsklage ist befristet, sie kann nach Ablauf von 6 Monaten, in Hessen nach Ablauf von einem Jahr, gerechnet vom Tage der Einlegung des Einspruches, Erhebung der Beschwerde nicht mehr erhoben werden. Diese Bestimmung gibt zu Zweifeln Anlaß. So wurde die Meinung vertreten, daß mit Ablauf der 6 Monate die Verpflichtung der Behörde erlischt, den Einspruch (die Beschwerde) zu verbescheiden und dieses Rechtsmittel als endgültig abgewiesen erscheint, ohne daß der Betroffene sich in Zukunft in dieser Sache an das Verwaltungsgericht wenden könnte. Dem ist jedoch nicht so. § 42 Abs. 2 regelt mit Hilfe einer Fiktion einen Ausnahmefall, daß nämlich unter bestimmten Voraussetzungen auch ohne die Voraussetzung des § 38 VGG., nämlich ohne Einspruchs- oder Beschwerdebescheid Anfechtungsklage erhoben werden kann. Diese Vorschrift ist jedoch keine Prämie für saumselige oder übelwollende Behörden, damit diese, auf die Versäumnis dieser Frist bauend, den Einspruch durch mehr als 6 Monate unerledigt lassen und den Betroffenen des Rechtsschutzes durch die Verwaltungsgerichte berauben könnten. Auch nach Ablauf der 6 Monate (des Jahres) besteht die grundsätzliche Verpflichtung zur Verbescheidung des Einspruches, der Beschwerde. Der Betroffene hat allerdings keine Möglichkeit, die Behörde dazu zu zwingen, er kann sich nur an die Aufsichtsbehörde mit der Bitte um Abhilfe wenden.

Erläßt die Behörde nach Ablauf der Frist einen Einspruchs-(Beschwerde-)Bescheid, so gilt für die Einlegung der Anfechtungsklage die Frist des § 42 Abs. 1 VGG. Hatte der Betroffene bereits eine auf § 42 Abs. 2 gestützte Klage erhoben und ergeht, bevor das Verwaltungsgericht entschieden hat, der Einspruchs-(Beschwerde-)Bescheid, so muß er neuerlich gegen diesen Bescheid Anfechtungsklage erheben, wenn er nicht Gefahr laufen will, daß dieser Bescheid in Rechtskraft erwächst. Es genügt jedoch, die bereits erhobene Klage innerhalb der zweiwöchigen Frist als auch gegen diesen Bescheid gerichtet aufrechtzuerhalten. Die Behörde ist durch die Erhebung der auf § 42 Abs. 2 gestützten Klage bis zur Entscheidung des Verwaltungsgerichtes grundsätzlich nicht gehindert, einen Einspruchs-(Beschwerde-)Bescheid zu erlassen; dadurch fällt dann die erwähnte Fiktion.

Es handelt sich bei der sechsmonatigen (einjährigen) Frist um eine gesetzliche Frist; darum ist auch eine Einsetzung in den vorigen Stand gemäß § 33 VGG. möglich. Anderer Meinung ist van Husen.

Gemäß § 32 VGG. beginnt die Frist für ein Rechtsmittel oder einen sonstigen Rechtsbehelf nur dann zu laufen, wenn der Beteiligte darüber ordnungsgemäß belehrt worden war. § 42 Abs. 2 VGG. setzt nun für die Anfechtungsklage eine besondere Frist ein, bestimmt genau deren Beginn und die Länge. Es ist nicht einzusehen, warum hier nicht auch der Grundsatz des § 32 VGG. gelten sollte, da in § 42 Abs. 2 nichts steht, was diese Annahme ausschließen würde. Damit also die eben genannte Frist zu laufen beginnen kann, ist es notwendig und unerläßlich, daß die Behörde, die den beschwerenden VA. erlassen hat, den Betroffenen neben der Belehrung über die Möglichkeit des Einspruches (der Beschwerde) auch über die Möglichkeit dieser besonderen Art von Anfechtungsklage belehrt.

Giesges (Die Verwaltungsgerichtsbarkeit in der britischen Zone, S. 40) führt aus, daß dagegen, daß die Behörde den Einspruch (die Beschwerde) nicht verbescheidet, die Untätigkeitsklage nach § 24 VO. Nr. 165 nicht notwendig sei. Dagegen wendet sich Thomas in seinem Artikel „Zur Klage auf Bescheidung eines förmlichen Rechtsmittels" (DVerw. 49 S. 674) und führt aus, daß neben der auf § 48 Abs. 2 VO.

Nr. 165 gestützten Anfechtungsklage auch die Untätigkeitsklage zulässig und in vielen Fällen das Gegebene und Vorteilhafte sei.

Da in dieser Richtung die Vorschriften der VO. Nr. 165 denen des VGG. im wesentlichen entsprechen, sei auf diese recht interessante Frage kurz eingegangen.

Vorweg gesagt würde ich mich der Ansicht Giesges anschließen und sogar noch weiter gehen, indem ich die Untätigkeitsklage hier für unzulässig halte.

Die Untätigkeitsklage (§ 35 Abs. 2 VGG., § 24 VO. Nr. 165) ist ein Novum und eine Sondervorschrift, deren Voraussetzungen streng ausgelegt werden müssen. Das VGG. unterscheidet zwischen dem beschwerenden VA. und dem Einspruchs-(Beschwerde-)Bescheid (§ 45). Wenn die Behörde eine „Amtshandlung" unterläßt, so unterläßt sie die Setzung eines VA., von dem Abs. 1 des § 35 VGG. spricht. Aus der Systematik des VGG. ergibt sich, daß hier von derjenigen Behörde die Rede ist, an die sich der Staatsbürger zuerst wendet, um eine „Amtshandlung", d. i. die Setzung eines VA. zu erreichen. Der Einspruchs-(Beschwerde-)Bescheid ist zwar auch ein VA. im weiteren Sinne des Wortes, wird aber im VGG. nicht als solcher bezeichnet, sondern im Gegensatz zum VA. im eigentlichen Sinne gestellt.

Unterläßt die Behörde die beantragte Amtshandlung, so ist von ihrer Seite überhaupt noch nichts geschehen, insbesondere ist eine Beschwer durch einen VA. (ausdrückliche Ablehnung des Antrages) nicht erfolgt. Die Behörde ist einfach untätig. Um neben der Aufsichtsbeschwerde dem Betroffenen Rechtsschutz zu gewähren, ist die Untätigkeitsklage eingeführt. Ist sie begründet, so verpflichtet das Verwaltungsgericht im Urteil (§ 79 Abs. 5 VGG., § 75 Abs. 3 VO. Nr. 165) die säumige Behörde, den Antrag zu bescheiden. Das Verwaltungsgericht entscheidet nur darüber, ob die Behörde eine Amtshandlung, einen Verwaltungsakt vornehmen muß, nicht aber darüber, wie der Inhalt der Amtshandlung, des VA. sein muß. Jetzt erst muß die Behörde entscheiden, einen VA. setzen. Beschwert er den Antragsteller, so kann er Einspruch, Beschwerde einlegen und dann die Anfechtungsklage erheben. Jetzt erst kommt es zu einer Sachentscheidung.

Anders ist es im Falle des § 42 Abs. 2 VGG. § 48 Abs. 2 VO. Nr. 165. Hier liegt bereits ein beschwerender VA. vor und da die Nichterledigung einer Ablehnung gleichgestellt ist, kann das Verwaltungsgericht in der Sache selbst entscheiden, was im Falle des § 35 Abs. 2 VGG., § 24 VO. Nr. 165 nicht möglich ist. Für diese Fälle hat der Gesetzgeber eine Sonderregelung getroffen. Hätte er geglaubt, mit der Untätigkeitsklage nach § 35 Abs. 2 VGG., § 24 VO. Nr. 165 auszukommen, so hätte er entweder geschwiegen oder auf diese Vorschrift verwiesen. Gerade aus dem Umstande, daß eine spezielle, ausdrückliche Regelung getroffen wurde, ergibt sich zwingend die Schlußfolgerung, daß eine Untätigkeitsklage hier überhaupt nicht in Frage kommt.

Rechtsprechung.

Zu Abs. 1.

Die Zustellung einer Verfügung mit falscher Rechtsmittelbelehrung setzt die Klagefrist nach § 42 VGG. nicht in Gang.

HessVGH., Urt. v. 12. 12. 1948; HessStaatsanz. 49 S. 277.

Ist die Partei im Verfahren vor den Verwaltungsbehörden durch einen Bevollmächtigten vertreten, so gelten für die Zustellung der Entscheidungen dieser Behörden, insbesondere auch für den Fall der Niederlegung der Vertretung in entsprechender Anwendung die Vorschriften der ZPO.

BayerVGH., Beschl. v. 5. 10. 1949 Nr. 168 II 48.

Rechtzeitiger Eingang der Anfechtungsklage bei der Regierung wahrt die Frist für den Einlauf beim Verwaltungsgericht nicht.

BayerVGH., Beschl. v. 8. 11. 1948; VerwRechtspr. Nr. 72.

Wird die Anfechtungsklage trotz richtiger Rechtsmittelbelehrung bei einem unzuständigen Gericht erhoben und verweist dieses den Rechtsstreit erst nach Ablauf der Rechtsmittelfrist an das zuständige Gericht, so ist die Klage verspätet.

VG. Stuttgart, Beschl. v. 4. 1. 1949 — I 602/48; ÖffVerw. 49 S. 160.

Wenn der Landrat durch ein nochmaliges Eingehen auf die Sache zum Ausdruck gebracht hat, daß er seinen ersten Beschwerdebescheid als noch nicht in Rechtskraft erwachsen ansah, würde es eine Unbilligkeit bedeuten, den Weg der Anfechtungsklage zu verschließen, weil sie nicht innerhalb der mit dem ersten ablehnenden Bescheid gesetzten Rechtsmittelfrist erhoben würde.

VG. Karlsruhe, Urt. v. 18. 9. 1948 — 259/48; ÖffVerw. 49 S. 440.

Die Frist zur Klageerhebung auf Ungültigkeitserklärung der Gemeindewahl beginnt mit der Zustellung des ablehnenden Einspruchsbeschlusses der Gemeindevertretung.

Eine mündliche Mitteilung eines Gemeinderats kann die gesetzlich vorgeschriebene Eröffnung durch den Bürgermeister nicht ersetzen.

HessVGH., Urt. v. 20. 10. 1948 OS. 131/48; VerwRechtspr. Nr. 138.

Ist die Zustellung der Einspruchsentscheidung nicht nachzuweisen, so wird unterstellt, daß die Klage rechtzeitig erhoben ist.

HessVGH., Urt. v. 22. 9. 1948 OS. 86/48; ÖffVerw. 49 S. 478.

Zu Abs. 2.

Für den Ablauf einer „angemessenen" Frist nach Erhebung des Einspruches ist nicht der Zeitpunkt der Klageerhebung, sondern derjenige der Gerichtsentscheidung maßgeblich. Dieser Zeitpunkt ist auch bei Prüfung der Zulässigkeit der Anfechtungsklage durch das Berufungsgericht zugrunde zu legen (§ 113 VGG.).

Bei Prüfung der „Angemessenheit" sind die gesamten Verhältnisse des Einzelfalles zu würdigen; so auch die besondere Dringlichkeit der Sache, ihre Bedeutung und Wichtigkeit für die Belange und Bedürfnisse der Beteiligten und das hierdurch etwa bedingte Interesse an baldiger Entscheidung.

BayerVGH., Urt. v. 30. 9. 1948 Nr.135 I 48; VGHE. n. F. Nr. 34; BBürgerm. 48 S. 303.

Wenn der Landrat eine Beschwerde in Wohnungssachen nicht an den Regierungspräsidenten weitergibt, sondern selbst entscheidet, wird der Klageweg frei.

HessVGH., Urt. v. 15. 9. 1948 OS. Nr. 97/48; VerwRechtspr. Nr. 74.

War keine Rechtsmittelbelehrung erteilt, so konnte der Einspruch jederzeit erhoben werden; die 6-Monatsfrist des § 42 Abs. 2 Satz 2 beginnt erst mit der Einlegung des Einspruches zu laufen, auch wenn dieser erst nach Ablauf von sechs Monaten nach Zustellung des beschwerenden VA. erhoben wurde.
BayerVGH., Urt. v. 16. 5. 1949 Nr. 87 I 48; ÖffVerw. 49 S. 257.

Erteilt die Verwaltungsbehörde nach Ablauf von 6 Monaten nach Einlegung des Einspruches einen Einspruchsbescheid, so kommt die Vorschrift des § 42 Abs. 2 überhaupt nicht in Betracht; die Zulässigkeit der Anfechtungsklage bemißt sich dann nach § 42 Abs. 1.
BayerVGH., Urt. v. 9. 12. 1948 Nr. 16 I 48; VGHE. n. F. Nr. 46; VerwRechtspr. Nr. 75.

Die Ausschlußfrist des § 48 Abs. 2 Satz 2 der VO. Nr. 165 gilt nicht, wenn die Verwaltungsbehörde nach Ablauf von sechs Monaten einen Einspruchsbescheid erteilt.
LVG. Hannover, Beschl. v. 28. 10. 1949 — A 1 367/49; ÖffVerw. 50 S. 59.

Die Behörde kann auch nach Ablauf der sechs Monate nach Einlegung des Einspruchs einen Einspruchsbescheid erlassen; tut sie es, so gilt die Vorschrift des § 42 Abs. 1.
BayerVGH., Urt. v. 14. 7. 1949 Nr. 39 I 49.

§ 43.

Ist nach dem Vorbehalt des § 38 Abs. 1 oder nach § 38 Abs. 2 die Anfechtungsklage unmittelbar gegeben, so ist sie binnen zwei Wochen nach Eröffnung oder Zustellung des beschwerenden Verwaltungsaktes, in deren Ermangelung nach Kenntnisnahme zu erheben. Bei Unterlassung einer beantragten Amtshandlung (§ 35 Abs. 2) ist die Anfechtungsklage an keine Frist gebunden.

Erfordernisse der Anfechtungsklage.

§ 44.

Die Anfechtungsklage soll als solche bezeichnet werden. Sie muß einen bestimmten Antrag enthalten. Die Anfechtungspunkte und die zur Begründung dienenden Tatsachen und Beweismittel sollen angegeben werden.

§ 54 VO. Nr. 165.

(1) **Die Klagschrift muß die Beteiligten und den Klaggegenstand ausreichend bezeichnen und einen bestimmten Antrag enthalten. Die zur Begründung dienenden Tatsachen und Beweismittel sollen angegeben werden.**

(2) **Entspricht die erhobene Klage diesen Anforderungen nicht in vollem Umfange, so hat der Vorsitzende den Kläger zu der erforderlichen Ergänzung innerhalb einer bestimmten Frist aufzufordern.**

(3) **Sind der Klagschrift nicht die erforderlichen Abschriften für die übrigen Beteiligten beigefügt, so kann der Kläger zur nachträglichen Einreichung mit dem Hinweis aufgefordert werden, daß das Verfahren erst nach Einreichung fortgesetzt werde.**

§ 44 enthält einige Bestimmungen, was die Anfechtungsklage enthalten soll bzw. muß, andere mindestens ebenso wichtige Erfordernisse sind nicht erwähnt. So ist es unbedingt notwendig, daß der beschwerende VA. und der Einspruchsbescheid nach Datum und Geschäftszahl und die erlassende Behörde angeführt werden. Auch wäre es wünschenswert, wenn bereits aus der Klageschrift zu ersehen wäre, wer als Beizuladender (§ 60 VGG.) in Betracht kommt. Die Klage muß einen bestimmten Antrag enthalten, das Gesetz sagt aber nicht, was zu geschehen hat, wenn dies nicht der Fall ist. Es wird mitunter die Ansicht verfochten, die Klage sei unzulässig, wenn der Antrag fehlt, eine Ergänzung sei nur während der Klagefrist möglich. Ich halte dies für zu formalistisch, denn erstens müßte eine derartige Sanktion ausdrücklich vorgeschrieben sein, andererseits wäre dies mit § 55 Ziff. 1 schwer in Einklang zu bringen. Aus den „Anfechtungspunkten" soll zu ersehen sein, in welcher Richtung sich der Kläger beschwert erachtet. Erhebt ein Bevollmächtigter die Klage, so ist die Vollmacht vorzulegen. Systematisch hätte hierzu die Vorschrift des § 49 Abs. 2 VGG.n.F. gehört.

Fehlen diese Erfordernisse oder einige davon, so ist der Anfechtungskläger unter Setzung einer Frist aufzufordern, sie nachzuholen. Näheres siehe zu § 55.

Es ist zulässig, zur Wahrung der Frist die Anfechtungsklage schriftlich, zu Protokoll oder telegraphisch innerhalb der Frist anzumelden und die nähere Begründung nachzubringen. Eine telephonische Anmeldung ist unzulässig. Auch zur Nachholung der Begründung kann eine Frist gesetzt werden.

Rechtsprechung.

Dem Erfordernis des bestimmten Antrages ist Genüge getan, wenn die Klagschrift mit Sicherheit erkennen läßt, welches Ziel der Kläger mit der Klage verfolgt.
HessVGH., Urt. v. 9. 2. 1949 — OS. 118/48; ÖffVerw. 49 S. 478.

§ 45. **Gegenstand der Anfechtungsklage.**

Gegenstand der Anfechtungsklage sind der beschwerende Verwaltungsakt und der Einspruchsbescheid, in den Fällen, in denen die Anfechtungsklage unmittelbar gegeben ist, der beschwerende Verwaltungsakt.

Mit den Worten: „Gegenstand der Anfechtungsklage sind ....." werden diejenigen Verwaltungsakte bezeichnet, deren Überprüfung, Aufhebung oder Abänderung der Anfechtungskläger anstrebt und zugleich wird auch der Umfang und Gegenstand der verwaltungsgerichtlichen Überprüfungsmöglichkeit umgrenzt. Weiters geht aus dieser Fassung hervor, daß der beschwerende VA. und der Einspruchs-(Beschwerde-) Bescheid — mit Ausnahme des in § 38 Abs. 2 VGG. geregelten Falles — zusammen ein Ganzes bilden. Nicht ausdrücklich geregelt ist hier der Fall, in dem sich die Anfechtungsklage gegen die Unterlassung einer beantragten Amtshandlung (§ 35 Abs. 2) richtet; hier bildet den Gegenstand der Klage und der gerichtlichen Überprüfung eben diese Unterlassung.

Was unter einem „beschwerenden VA." zu verstehen ist, ergibt sich aus den §§ 22 und 23 VGG. Der BayerVGH. hat diesen Begriff folgendermaßen definiert: „Unter einem beschwerenden VA. im Sinne des VGG. ist die Verfügung einer Verwaltungsbehörde zu verstehen, mit der dem Adressaten eine Verpflichtung auferlegt oder eine Verbindlichkeit angesonnen wird (§§ 22 und 23 VGG.), also ein ihn beschwerendes Rechtsverhältnis geschaffen wird." (Urt. v. 21. 10. 1948; BBürgerm. 49 S. 139). Diese Definition ist nicht ganz erschöpfend, weil sie nur auf den Adressaten abstellt. Wird z. B. eine Inanspruchnahme gemäß § 15 RLG. gegen den Besitzer, der nicht Eigentümer ist, gerichtet, so ist sie auch gegenüber dem Eigentümer ein „beschwerender VA.", obwohl er nicht „Adressat" ist und dieser kann Anfechtungsklage erheben, vorausgesetzt, daß er Einspruch erhoben hat.

Ist ein VA. teilbar, so kann sich Einspruch (Beschwerde) und Anfechtungsklage gegen einen Teil richten, der nicht angefochtene Teil bleibt außerhalb des Prüfungsrechtes des Verwaltungsgerichtes (z. B. Anfechtung einer einem begünstigenden VA. beigefügten Auflage).

Gegenstand der Überprüfung ist der beschwerende VA. und der Einspruchsbescheid (Beschwerdebescheid), so wie sie erlassen wurden. Hier kommt die rein kassatorische Funktion der Verwaltungsgerichte zum Ausdruck, die nur die Möglichkeit haben, entweder den Einspruchs-(Beschwerde-)Bescheid und den VA. aufzuheben oder die Anfechtungsklage als unbegründet abzuweisen. Ob die Aufhebung des Beschwerdebescheides allein möglich ist, siehe Bemerkung zu § 79. Die im § 79 Abs. 2, 3, 4 VGG. angeführten Ausnahmen bestätigen nur die Regel. Die Verwaltungsgerichte können grundsätzlich nicht an Stelle der Verwaltungsbehörde einen VA. setzen, sie dürfen nicht als Verwaltungsbehörden tätig werden.

Die Prüfung der Gesetzmäßigkeit eines beschwerenden VA. bezieht sich nicht auf den Tenor, den Spruch als solchen allein. Dieser wird in der Regel lauten: „Der Antrag auf Genehmigung, Bewilligung u. dgl. wird abgelehnt"; „Der ..... Wohnraum wird erfaßt"; „XY ist verpflichtet, das und das zu tun" ..... Der Tenor, Spruch eines VA. hat nicht die Bedeutung des Tenors eines gerichtlichen Urteils. Der beschwerende VA. besteht aus dem Tenor **und** der Begründung. Zur Begründung gehört unbedingt auch die Angabe der Rechtsnorm, auf die er sich stützt und der Tatbestand, der unter diese Norm subsumiert wird. Alles zusammen ergibt erst den VA., der angefochten wird und überprüft werden soll.

So kann z. B. ein Wohnraum erfaßt werden, wenn er frei (§ 8 Durchf.-VO. Nr. 115 zum WohnG.) oder wenn er überschüssig ist (§ 12). Die Voraussetzungen für diese beiden Maßnahmen sind ganz verschieden. Wenn die Wohnungsbehörde die Erfassung auf § 8 DurchfVO. stützt, so erläßt sie einen nach Rechtsnorm und Tatbestand fest umschriebenen VA. und dieser VA. ist Gegenstand der Anfechtungsklage und der Überprüfung durch das Verwaltungsgericht. Findet dieses, daß der erfaßte Wohnraum nicht durch 2 Monate unbenützt war oder nicht von einem Unberechtigten innegehabt wird, so muß es die Erfassung aufheben, auch wenn aus den Akten klar ersichtlich ist, daß der Raum im Sinne des § 12 überschüssig ist und die Wohnungsbehörde die Erfassung auf diese Vorschrift hätte stützen können, und dies auch dann, wenn die Wohnungsbehörde während des Verfahrens vor dem Verwaltungsgericht auf diesen Umstand hinweist. Es liegt nämlich kein auf § 12 DurchfVO. gestützter VA. vor, wurde nicht angefochten und konnte auch nicht angefochten werden. Das Verwaltungsgericht kann darum nicht die Anfechtungsklage als unbegründet abweisen, weil die Erfassung auch auf einen anderen Tatbestand und eine andere Vorschrift hätte gestützt werden können und die Erfassung deshalb, objektiv gesehen, kein Recht des Betroffenen verletzt hat.

Oder ein anderer Fall: Die Behörde verweigert die Erteilung der Erlaubnis zur Eröffnung eines Betriebes nach dem Lizenzierungsgesetz, weil das volkswirtschaftliche Bedürfnis nicht gegeben und die erforderlichen Betriebsmittel nicht nachgewiesen sind. Beide Voraussetzungen sind jedoch gegeben. Das Verwaltungsgericht muß den beschwerenden VA. und den Einspruchsbescheid aufheben, auch wenn aus den Akten klar hervorgeht, daß der Antragsteller die sachliche und persönliche Eignung nicht hat. Der Behörde ist es natürlich unbenommen, den Antrag nunmehr aus diesem Grunde abzulehnen und einen neuen beschwerenden VA. zu setzen, das VG. kann es aber selbst nicht tun.

In vielen Fällen ist es überhaupt ungewiß, ob die Verwaltungsbehörde von der Befugnis, die ihr eine andere Rechtsnorm bietet, überhaupt Gebrauch machen würde, um einen beschwerenden VA. zu setzen, wenn klargestellt ist, daß die von ihr angewendete Rechtsnorm nicht Platz greift, und es wäre, ganz abgesehen vom den Widerspruch mit der kassatorischen Tätigkeit der Verwaltungsgerichte, eine Beeinträchtigung der Stellung des Anfechtungsklägers, wenn er durch dieses Vorgehen des Verwaltungsgerichtes um die Möglichkeit gebracht würde, seinen Standpunkt im Verfahren vor den Verwaltungsbehörden mittels Einspruch oder Beschwerde geltend zu machen.

Auch das sogenannte Offizialprinzip kann hier nicht herangezogen werden. Abgesehen davon, daß es in diesem Umfange und in dieser

Richtung im Gesetz überhaupt nicht festgelegt ist, ist es unrichtig, daß die Entscheidungsgewalt in der Sache selbst zur Gänze auf die Verwaltungsgerichte übergeht. Die Prüfungs- und Entscheidungsgewalt der Verwaltungsgerichte ist gesetzlich beschränkt und ist eine im Wesen von dem Entscheidungsrecht der Verwaltungsbehörden verschiedene. Die Verwaltungsgerichte sind keine Verwaltungsbehörden.

Wenn schon das Vorbringen neuer Tatsachen und Beweismittel, die sich auf den angefochtenen VA. und Einspruchs-(Beschwerde-) Bescheid beziehen und die Gesetzmäßigkeit dieser erschüttern können, einen Anlaß zur Zurückverweisung an die Verwaltungsbehörde zum Zwecke neuerlicher Prüfung und Entscheidung bilden kann (§ 59 VGG.), so ist es klar, daß neue Tatsachen, wozu in dieser Richtung auch die Anwendung einer anderen Rechtsnorm gehört, die mit dem angefochtenen VA. in keiner Beziehung steht, bei der Entscheidung des Verwaltungsgerichtes überhaupt nicht in Betracht gezogen werden können.

Der WürttBadVGH. (Stuttgart) hat das einprägsame Wort vom „Nachschieben einer Rechtsgrundlage" geprägt und es grundsätzlich abgelehnt, daß die Verwaltungsgerichte berechtigt wären, von einer anderen Rechtsgrundlage auszugehen, als es die Verwaltungsbehörde getan hat. (Urt. v. 5. 8. 1947 — II 37/47; SJZ. 1948 Sp. 153.)

Stützt sich die Anfechtungsklage auf § 36 VGG., so muß das Verwaltungsgericht sich vorerst darüber klar werden, in welchem Rahmen und in welchen Grenzen das betreffende Gesetz den Behörden ein Ermessen einräumt, welche Gesichtspunkte nach dem Gesetz überhaupt berücksichtigt werden dürfen; dann erst kommt die Prüfung, ob jene Grenzen eingehalten wurden oder ob nicht außerhalb des Gesetzes liegende Beweggründe maßgebend waren. Damit eine solche Prüfung überhaupt stattfinden kann, ist es notwendig, daß die angefochtenen Bescheide begründet werden (siehe auch Bemerkung zu § 36 VGG.). Manchmal wird auch aus den Akten ersichtlich sein, welches der eigentliche Beweggrund zur Erlassung des VA. war.

Eine andere Frage sei noch kurz gestreift: Es ist die „Verläßlichkeit" des Antragstellers strittig, der einige Freiheitsstrafen aufweist, die aber mehrere Jahre zurückliegen. Es liegt nicht im Ermessen der Behörde, die Zuverlässigkeit zu bejahen oder zu verneinen, sondern es handelt sich um die Würdigung verschiedener Tatsachen, um eine Beweiswürdigung, die nur insoweit frei ist, als keine festen Regeln bestehen, wie diese Würdigung stattfinden soll. Die Behörde stellt vorerst fest, was unter dem unbestimmten Begriff „Zuverlässigkeit", „Verläßlichkeit" zu verstehen ist (eine Rechtsfrage) und prüft dann, ob die festgestellten Tatsachen einen Schluß in der oder jener Richtung rechtfertigen. Die Antwort der Behörde stellt sich somit als eine nach den Regeln des logischen Denkens gezogene Schlußfolgerung aus bestimmten festgestellten Tatsachen dar.

Wie weit kann nun die Überprüfung durch die Verwaltungsgerichte gehen? Handelt es sich um einen Fall der §§ 20, 21 GewO., so ist die Antwort einfach. Kann das Verwaltungsgericht die Ermessensfrage in vollem Umfange prüfen, somit sein eigenes Ermessen an Stelle desjenigen der Behörde setzen, so muß es auch berechtigt sein, selbständig die (Beweis-)Würdigung vorzunehmen und die Ergebnisse der Erhebungen unabhängig von der Verwaltungsbehörde zu werten.

Nicht so einfach liegt der Fall nach anderen Gesetzen, z. B. nach dem Lizentierungsgesetz. Geht man von dem öfters schon erwähnten kassatorischen Charakter der Tätigkeit der Verwaltungsgerichte aus, so ist die Schlußfolgerung zwingend, daß das Verwaltungsgericht nur prüfen kann, ob der beschwerende VA. samt Einspruchs-(Beschwerde-)Bescheid im Einklange mit dem Gesetze steht. Wenn nun die Behörde auf Grund erschöpfender Erhebungen und der so gewonnenen Tatsachen in logisch zulässiger Weise zur Schlußfolgerung gelangt ist, daß der Antragsteller unzuverlässig sei, so kann füglich nicht behauptet werden, die auf dieser Würdigung aufgebaute Entscheidung sei im Widerspruche mit dem Gesetze, auch wenn der Verwaltungsrichter, hätte er an Stelle der Behörde entschieden, zu einem anderen, ebenfalls möglichen Resultat gelangt wäre. Gerade in dem oben erwähnten Beispiel sind, je nach der Einstellung des Entscheidenden, verschiedene Lösungen möglich, ohne daß behauptet werden könnte, die eine sei objektiv unrichtig. Der eine wird auf die Vorstrafen Gewicht legen, der andere auf die Besserungsmöglichkeit und die seit der letzten Verurteilung verflossene Zeit, wobei wieder Meinungsverschiedenheiten über die erforderliche Länge der Zwischenzeit auftreten können. Man kann nun fragen, wie kommt die Verwaltungsbehörde, obwohl ihre Schlußfolgerung an sich richtig sein kann, dazu, daß ihre Entscheidung aufgehoben wird — somit als mit der Rechtsordnung im Widerspruch stehend erklärt wird —, nur weil das Verwaltungsgericht die festgestellten Tatsachen anders würdigt und sich damit eigentlich an die Stelle der Verwaltungsbehörde setzt. Dem kassatorischen Charakter würde es darum mehr entsprechen, wenn das Verwaltungsgericht nur prüfen würde, ob alle maßgeblichen Umstände und Tatsachen festgestellt und gewürdigt wurden und die Schlußfolgerung, zu der die Behörde gelangt ist, sich aus dem festgestellten Tatbestande logisch ergibt.

Mit der Erlassung und Zustellung des Einspruchs-(Beschwerde-) Bescheides ist die Tätigkeit der Verwaltungsbehörden abgeschlossen. Daraus folgt, daß später eintretende Tatsachen und Änderungen nicht berücksichtigt werden können und dürfen. Eine Ausnahme besteht nur dort, wo der VA. nachträglich durch Zurücknahme oder auf andere Weise seine Erledigung gefunden hat (§ 79 Abs. 1 Satz 2 VGG.).

Nach § 44 VGG. muß die Anfechtungsklage einen bestimmten Antrag enthalten. der in der Regel dahin lauten wird, der beschwerende VA. und Einspruchs-(Beschwerde-)Bescheid möge aufgehoben werden. Eine zwingende Vorschrift, daß der Anfechtungskläger genau anführen muß, in welcher Richtung er sich beschwert erachtet, welche gesetzlichen Bestimmungen und inwieweit sie verletzt wurden, wieweit der Tatbestand unrichtig oder mangelhaft festgestellt wurde, gibt es nicht. Ein Zwang zur Präzisierung, Formulierung der Beschwerdepunkte besteht somit nicht.

Es taucht nun die weitere Frage auf, in welchem Umfange das Verwaltungsgericht die angefochtenen Bescheide in rechtlicher und tatsächlicher Richtung überprüfen muß oder soll.

Was die tatsächliche Richtung anlangt, so ist es klar, daß der für die rechtliche Beurteilung erforderliche Tatbestand einwandfrei festgestellt werden muß. Auch wenn keine dahingehenden Einwendungen des Anfechtungsklägers vorliegen, muß das Verwaltungsgericht den Tatbestand von Amts wegen klarstellen und ergänzen (§§ 57 Abs. 1, 63).

Hinsichtlich der rechtlichen Beurteilung sind die Verfechter der sogenannten Offizialmaxime der Ansicht, die Anfechtungsklage sei gewissermaßen nur der — allerdings vom Gesetz geforderte — Anlaß und Anstoß zur Überprüfung der angefochtenen Akte nach jeder Richtung hin und das Verwaltungsgericht habe, auch wenn die Klage keine diesbezügliche Einwendung enthalte, in jeder Richtung bezüglich der Gesetzmäßigkeit nicht nur ein Überprüfungsrecht, sondern auch eine Überprüfungspflicht.

Hierzu sei mir erlaubt, meine gegenteilige Meinung darzulegen.

Im ganzen VGG. ist ein derartiges Offizialprinzip nicht ausgesprochen, § 63 bezieht sich ausschließlich auf die Erforschung des Tatbestandes. Auch aus dem Wesen der Verwaltungsgerichtsbarkeit kann es de lege lata nicht gefolgert werden. Die Verwaltungsgerichtsbarkeit dient dem Schutze der subjektiven Rechte des Staatsbürgers und es ist doch vor allem Sache des Betroffenen, selbst alles vorzukehren und geltend zu machen, was diesen Schutz wirksam macht. Volenti non fit injuria. Es ist auch eine Geringschätzung des deutschen Volkes, wenn man seine Angehörigen als juristische Analphabeten betrachtet, die nicht imstande sind, ihre Rechte zu wahren und denen der Staat darum helfend unter die Arme greifen muß. Wie es keine Popularklage gibt, so gibt es auch keine anwaltliche Vertretung der Rechte des einzelnen durch die Verwaltungsgerichte. Es darf niemals vergessen werden, daß Anfechtungskläger und Anfechtungsgegner (in den meisten Fällen der Staat) sich als gleichberechtigt gegenüberstehen und es eine Benachteiligung des Staates wäre, wenn das Verwaltungsgericht die mangelhafte Begründung der Anfechtungsklage zugunsten des Klägers ergänzen würde, ganz abgesehen davon, daß ja auch ein Dritter auf Seite des Staates stehen kann.

Der Anfechtungskläger ist insofern Herr des Prozesses, als er ihn beginnen und durch Zurücknahme der Klage beenden kann; er kann ihn aber auch durch seine Antragstellung einschränken. Macht er nun nur bestimmte rechtliche Einwendungen geltend und unterläßt er — absichtlich oder unabsichtlich — andere mögliche Einwendungen, so hat er keinen Anspruch darauf, daß das Verwaltungsgericht die angefochtenen VA. auch in jener Richtung überprüfe. Tut es das Gericht nicht, so kann dadurch kein Recht des Klägers verletzt werden. Den Verwaltungsgerichten steht keinerlei Aufsichtsrecht und kein allgemeines Überprüfungsrecht gegenüber den Verfügungen der Verwaltungsbehörden zu, sondern sie haben ein Prüfungsrecht nur und ausschließlich aus Anlaß der erhobenen Anfechtungsklage und die Verwaltungsbehörden könnten sich mit Recht über eine Ausdehnung dieses Prüfungsrechtes beklagen. Die Verwaltungsgerichte schützen grundsätzlich nur das — geltendgemachte — subjektive Recht des Klägers, nicht aber das objektive Recht als solches.

Es würde den Verwaltungsgerichten auch eine nicht zu bewältigende Aufgabe zugemutet werden. Eine Pflicht zur Überprüfung der angefochtenen Entscheidungen nach allen Richtungen würde bedeuten, daß der Verwaltungsrichter alle möglichen Einwendungen selbst konstruieren müßte und das Urteil wäre fehlerhaft, wenn er nur eine rechtliche Möglichkeit übersehen würde, obwohl die Klage keinen Anlaß zur Prüfung gerade in dieser Richtung bietet. Bei der Überbürdung der Verwaltungsgerichte und bei den Mängeln der menschlichen Natur wäre dies eine unerfüllbare Forderung.

Der Verwaltungsrichter erfüllt darum voll seine Pflicht, wenn er die angefochtenen Entscheidungen lediglich im Rahmen der in der Anfechtungsklage erhobenen und im Verwaltungsverfahren geltend gemachten Einwendungen überprüft und darauf sein Urteil aufbaut. Eine weitergehende Pflicht hat er nicht.

Etwas anderes ist es, ob der Verwaltungsrichter eine über die Klageeinwendungen hinausgehende Prüfung vornehmen darf. Diese Frage ist jedenfalls dort zu bejahen, wo die Prüfung nicht zum Nachteile des Anfechtungsklägers geschieht. (§ 80 VGG. kommt hier nicht in Betracht, da die Anwendung dieser Vorschrift einen Antrag des Anfechtungsgegners voraussetzt, somit ein Anlaß zu einer weitergehenden Überprüfung vorliegt.) So wird das Verwaltungsgericht mit Recht dann zur Aufhebung der angefochtenen Entscheidungen schreiten, wenn durch diese eine zwingende Rechtsvorschrift verletzt oder ein mit der Rechtsordnung unvereinbarer Zustand geschaffen wurde, auch wenn der Anfechtungskläger gerade diese Einwendung nicht macht. Auch nach österreichischem Recht, das eine strenge Konkretisierung der Beschwerdepunkte vorschreibt (Beschwerde = Anfechtungsklage), über die hinaus der VGH. nicht gehen darf, war nach der ständigen Rechtsprechung eine Prüfung in der angegebenen Richtung ex officio zulässig.

Rechtsprechung.

Wenn eine Verordnung, die Rechtsansprüche begründet, nach Erlassung des beschwerenden VA. in Kraft getreten ist, so ist sie auch anwendbar für die Beurteilung der aus der Zeit vor ihrem Inkrafttreten noch schwebenden Rechtsstreitigkeiten.

Fortdauernde Zustände, die unter der Herrschaft eines früheren Rechts begonnen haben und in die Herrschaft des neuen Rechts hineinreichen, werden in ihrer Gesamtheit vom neuen Recht erfaßt.

BayerVGH., Urt. v. 3. 11. 1947 Nr. 36 S. 47; VGHE. n. F. Nr. 9.

Beschwerender VA. im Sinne des § 45 VGG. ist regelmäßig die erste beschwerende Verfügung, nicht der diese Verfügung überprüfende VA. der Aufsichtsbehörde.

BayerVGH., Vorbescheid v. 14. 6. 1947 Nr. 13 S. 47; VerwRechtspr. Nr. 20.

Beschränkt sich eine Entscheidung auf eine weitere Beschwerde nicht darauf, die Wiederholung der Beschwerde für unzulässig zu erklären, sondern wird in dieser zweiten Entscheidung wieder materiell auf die Streitsache eingegangen, so liegt darin eine rechtlich selbständige Verfügung, gegen die von dem Beteiligten Anfechtungsklage erhoben werden kann, wenn auch nur diese letztere Entscheidung nach dem Inkrafttreten des VGG. ergangen ist.

WürttBadVGH. (Stuttgart), Urt. v. 22. 1. 1948; VerwRechtspr. Nr. 23.

Das Verwaltungsgericht ist nicht berechtigt, den beschwerenden VA. dadurch abzuändern, daß es ihm eine andere rechtliche Grundlage gibt (Begründung „nachschieben").

BayerVGH., Urt. v. 28. 10. 1948 Nr. 169 I 48.

Neue Tatsachen, die erst nach Erlassung des Einspruchsbescheides eingetreten sind, bleiben bei der Entscheidung des Verwaltungsgerichtes — mit Ausnahme des im § 38 Abs. 2 VGG. angeführten Falles — außer Betracht.

BayerVGH., Urt. v. 28. 9. 1949 Nr. 16 II 49.
Ähnlich im Urt. v. 9. 10. 1948 Nr. 46 I 48.

Das Verwaltungsgericht ist nicht befugt, sein Ermessen an Stelle des behördlichen Ermessens zu setzen, in seinem Urteil darf es nicht einen VA. durch einen anderen ersetzen.

HessVGH., Urt. v. 29. 6. 1948; HessStaatsanz. 49 S. 286.

Erteilt das Verwaltungsgericht als Rekursbehörde im Sinne der §§ 20, 21 GewO. selbst die Genehmigung, so hat es bei der Entscheidung hierüber die im Zeitpunkt des Urteils geltende Sach- und Rechtslage zugrunde zu legen.

BayerVGH., Urt. v. 24. 3. 1949; BBürgerm. 49 S. 162.

In den Fällen des Rekursverfahrens (§ 38 Abs. 2 VGG.) prüft das VerwGericht die Ermessensfrage im vollen Umfange und kann nach § 79 Abs. 4 gegebenenfalls selbst die erforderliche Genehmigung erteilen, d. h. das VerwGericht gestaltet, soweit notwendig, ermessensmäßig an Stelle der VerwBehörde den VA. Dabei ist entgegen einer Entscheidung nach § 79 Abs. 1 nach der Sach- und Rechtslage im Zeitpunkte des Urteils des VerwGerichts bzw. des VGH. zu entscheiden.

Bayer.VGH, Urt. v. 24. 3. 1949 Nr. 21 II 48; ÖffVerw. 50 S. 64.

Für die Prüfung der Rechtmäßigkeit einer behördlichen Verfügung ist in rechtlicher und tatsächlicher Hinsicht der Zeitpunkt des Erlasses maßgebend.

BezVG. amer. Sektor Berlin, Urt. v. 8. 10. 1948 1 B 115/48; VerwRechtspr. Nr. 91.

Für die gerichtliche Bestätigung einer Gewerbeuntersagung wegen Unzuverlässigkeit können auch Gründe berücksichtigt werden, die erst nach der verwaltungsbehördlichen Untersagung entstanden sind. Insbesondere können diese nachträglichen Gründe eine Versagung der an sich nach § 23 Abs. 4 VO. Nr. 165 möglichen Begrenzung der Berufsuntersagung rechtfertigen.

OVG. Hamburg, Urt. v. 27. 6. 1949; MDR. 49 S. 579.

Der HessVGH. hält in seinem Urteil v. 15. 12. 1948 OS. Nr. 178/48, Verw.-Rechtspr. Nr. 130 neu hinzugekommene Tatsachen für berücksichtigungswert, indem er dort sagt:

„Eine nachträgliche Veränderung der tatsächlichen Verhältnisse kann auch bei der Gültigkeit von VA. in Rechnung gezogen werden .... Denn es muß wenigstens für noch anfechtbare VA., die eine fortdauernde Belastung für den einzelnen enthalten, der Grundsatz gelten, daß sie zu beseitigen sind, wenn sie infolge einer Veränderung der tatsächlichen Verhältnisse dem Gesetz nicht mehr entsprechen und durch ihren Fortbestand die Lebensgrundlage des davon Betroffenen bedrohen; die Verwaltung soll nicht nur einen rechtmäßigen, sondern auch einen für den Staatsbürger billigen Zustand herbeiführen."

(Halte das Urteil für sehr bedenklich, denn damit wird dem Verwaltungsgericht die Funktion einer Verwaltungsbehörde zugesprochen.)

Die Vorschrift des § 45 VGG. bedeutet, daß sich das Klagebegehren nicht nur auf Aufhebung des beschwerenden Aktes, sondern auch auf die Beseitigung der ihn bestätigenden Verfügung richten muß, um den geschaffenen Rechtszustand völlig aufzuheben.

HessVGH., Urt. v. 18. 8. 1948 — OS. 62/48; ÖffVerw. 49 S. 478.

§ 46.

Anfechtungsgegner.

(1) Die Anfechtungsklage ist gegen den Staat als Anfechtungsgegner zu richten. Ist aber die Behörde, die den Verwaltungsakt erlassen hat, keine staatliche Behörde, so ist Anfechtungsgegner die Körperschaft, der diese Behörde angehört.

(2) Die Vertretung des Anfechtungsgegners liegt unbeschadet des § 47 Abs. 1 der Behörde ob, die den Verwaltungsakt erlassen hat.

§ 50 VO. Nr. 165.

Die Klage ist gegen die Behörde zu richten, die den angefochtenen Verwaltungsakt erlassen oder den beantragten Verwaltungsakt abgelehnt oder sonst unterlassen hat. Ist statt des Einspruchs gemäß § 49 Beschwerde gegeben, so ist die Klage gegen die Beschwerdebehörde zu richten.

Zwischen der amerikanischen und der britischen Zone besteht formal der Unterschied, daß sich hier die Anfechtungsklage gegen die Behörde als solche, dort gegen den Staat oder die Körperschaft richtet, der die erlassende Behörde angehört.

Der Anfechtungsgegner ist Beteiligter am Prozeß und hat darin die gleiche Stellung wie die übrigen Beteiligten (Anfechtungskläger, der nach § 60 Beigeladene, der Vertreter des öffentlichen Interesses dort, wo er nicht den Staat vertritt). Eine Aufzählung der Beteiligten, wie sie im § 39 VO. Nr. 165 enthalten ist, fehlt im VGG.

Etwas strittig kann die Frage, wer Anfechtungsgegner ist, dort sein, wo den beschwerenden VA. die Behörde einer Gebietskörperschaft, den Beschwerdebescheid jedoch eine staatliche Behörde erlassen hat.

So verfügt z. B. die Erfassung eines Wohnraumes nach dem WohnG. das Wohnungsamt der Stadt Nürnberg nicht im eigenen, sondern im übertragenen Wirkungskreis, es wird somit im staatlichen Auftrag tätig. Hebt nun die Regierung die Erfassung auf und legt der Eingewiesene Anfechtungsklage ein, so ist der Staat Anfechtungsgegner, denn der den Eingewiesenen beschwerende VA. wurde von einer staatlichen Behörde erlassen. Wird die Erfassung jedoch von der Regierung bestätigt und erhebt der Betroffene Anfechtungsklage, so gilt nach der ständigen Praxis die Stadt Nürnberg als Anfechtungsgegner. Die Folge davon ist, daß sie im Falle des Unterliegens die Kosten des Verfahrens tragen muß (§ 124 Abs. 1 VGG.), obwohl sie eigentlich als staatliches Organ im weiteren Sinne des Wortes tätig geworden ist.

Auch in anderer Richtung tauchen hier Bedenken auf. Wurde die Erfassung von der Regierung aufgehoben, so ist wohl die Ansicht allgemein, daß die Stadt Nürnberg dagegen nicht Anfechtungsklage erheben könnte. In staatlichen Auftragsangelegenheiten ist die Klage einer Verwaltungsbehörde gegen die ihr im Instanzenzuge vorgesetzte Behörde unzulässig, weil die nachgeordnete Behörde nicht in einem Recht verletzt ist. (Vgl. das Urteil des LVG. Aurich v. 17. 12. 1948 — A 115/48; ÖffVerw. 49 S. 440.) Wenn aber das Verwaltungsgericht die Beschwerdeentscheidung der Regierung und die Erfassungsverfügung des Stadtrates Nürnberg-Wohnungsamt aufhebt, so wird die Berufung der Stadt Nürnberg als zulässig anerkannt. Die Berufungslegitimation der Stadt Nürnberg muß auch anerkannt werden, denn sie war ja Anfechtungsgegner und zumindest wurden ihr die Verfahrenskosten aufgebürdet. Ist aber die Rechtslage der Stadt Nürnberg dadurch eine andere geworden, weil ihre Verfügung vom Verwaltungsgericht und nicht von der Regierung aufgehoben wurde? Im letzteren Fall hätte sie doch überhaupt kein Klagerecht gehabt. Von einer Verletzung ihres Selbstverwaltungsrechtes kann nicht gesprochen werden. Der Fehler bzw. der Grund für diese in die Augen springende Unstimmigkeit liegt m. E. darin, daß die Stadt Nürnberg vor dem Verwaltungsgericht überhaupt nicht hätte als Anfechtungsgegner betrachtet werden dürfen. Wenn die Behörde einer Gebietskörperschaft im übertragenen Wirkungskreis, als staatliche Auftragsbehörde einen beschwerenden VA. erläßt, so ist Anfechtungsgegner der Staat und nicht die Körperschaft. (Diese meine Ansicht wird aber allgemein nicht anerkannt!)

Rechtsprechung.

Die Aufhebung der durch die örtliche Wohnungsbehörde verfügten Zuteilung einer Wohnung durch die Aufsichtsbehörde ist ein selbständiger beschwerender VA.; Anfechtungsgegner ist in diesem Falle der Staat oder die sonstige Körperschaft, der die Aufsichtsbehörde angehört.

WürttBadVGH. (Karlsruhe), Urt. v. 21. 10. 1947 Nr. 24/47; VerwRechtspr. Nr. 52.

Erläßt der Landkreis eine Verfügung als Selbstverwaltungsbehörde und nicht als staatliche Auftragbehörde, so ist die Klage gegen den Landkreis zu richten, gleichgültig, ob er in eigener Sache oder im staatlichen Auftrag tätig geworden ist.

HessVGH., Urt. v. 6. 10. 1948; HessStaatsanz. 49 S. 276.

Hat eine mittelbare Gemeinde vor dem Inkrafttreten der Ausführungsbestimmungen v. 31. 1. 1947 zur DurchfVO. zum WohnG. (GVBl. S. 158) als untere Wohnungsbehörde einen beschwerenden VA. erlassen, so gilt vom 26. 8. 1947 an (Inkrafttreten der AusfBestimmungen) der Staat als Anfechtungsgegner.

BayerVGH., Urt. v. 7. 7. 1949 Nr. 283 II 48; VerwRechtspr. Nr. 151.

Die Klage ist nur gegen diejenige Behörde zu richten, die den beschwerenden VA. erlassen hat. Das ist aber lediglich der erstinstanzliche Akt, der zurückweisende Einspruchs- bzw. Beschwerdebescheid stellt keine erneute Beschwer dar.

HessVGH., Urt. v. 18. 9. 1948 OS. 75/48.

Daran wird auch nichts geändert, wenn die den beschwerenden VA. erlassende Behörde auf Weisung der Beschwerdeinstanz behandelt hat.

HessVGH., Urt. v. 10. 9. 1948 — OS. 89/48; ÖffVerw. 49 S. 478.

Die Beschwerdeinstanz kann nur dann verklagt werden, wenn allein auf Grund ihrer Entscheidung ohne Mitwirkung der zuständigen unteren Behörde eine Rechtslage geschaffen worden ist, welche eine erneute Beschwer des Klägers enthält.

HessVGH., Urt. v. 10. 9. 1948 — OS. 89/48.

Weist z. B. das Ministerium eine Beschwerde in Wohnungsangelegenheiten zurück und spricht dabei gleichzeitig die Erfassung weiteren Wohnraumes aus, so ist die Klage gegen den Minister zu richten.

HessVGH., Urt. v. 16. 7. 1947 OS. 11/47; ÖffVerw. 49 S. 478.

Eine Passivlegitimation der Beschwerdeinstanz ergibt sich ferner in Wohnungsangelegenheiten dann, wenn diese eine Erfassungsverfügung aufhebt. Der die Erfassung aufhebende Beschwerdebescheid entzieht auch der Einweisung die Grundlage. Der Eingewiesene ist damit in seinen Rechten durch den Beschwerdebescheid verletzt.

HessVGH., Urt. v. 2. 3. 1949 — OS. 126/48; ÖffVerw. 49 S. 478.

Da Straßenverkehrsangelegenheiten, z. B. die Entziehung des Führerscheins, staatliche Auftragsangelegenheiten sind, ist die Klage gegen den Landkreis als Selbstverwaltungskörperschaft zu richten. Der Anfechtungsgegner ist demnach der Landkreis, vertreten durch den Landrat.

HessVGH., Urt. v. 27. 10. 1948 — OS. 110/48; ÖffVerw. 49 S. 478.

§ 46 VGG. findet gegenüber der Spezialvorschrift des § 7 Gemeindewahlgesetz keine Anwendung. Anfechtungsgegner in Gemeindewahlsachen ist die Gemeindevertretung.

HessVGH., Urt. v. 24. 10. 1948 — OS. 131/48; ÖffVerw. 49 S. 478.

Ständiger Vertreter des öffentlichen Interesses.

§ 47.

(1) **Hat die Staatsregierung einen ständigen Vertreter des öffentlichen Interesses bestellt (§ 18), so kann ihm durch Verordnung die Vertretung des Staates allgemein zugewiesen werden. Er kann einen Beamten der Behörde, die den Verwaltungsakt erlassen hat, zuziehen oder ihm die Vertretung übertragen.**

(2) **Ist die Anfechtungsklage nicht gegen den Staat, sondern gegen eine andere Körperschaft zu richten (§ 46), so kann die Verordnung bestimmen, ob und mit welchen Befugnissen der ständige Vertreter des öffentlichen Interesses am Verfahren der beiden Rechtszüge zu beteiligen ist. Die Verordnung kann ihm jedoch die Befugnis, die Körperschaft zu vertreten, nicht einräumen.**

Siehe Art. 3 der Bayer. Ausführungsverordnung.

Verordnung über den staatsanwaltschaftlichen Dienst in der Verwaltungsgerichtsbarkeit (Bayern).

Vom 30. Juni 1949 (GVBl. S. 174).

Auf Grund des § 139 VGG. erläßt die Staatsregierung zur Ausführung des Art. 3 der VO. Nr. 85 vom 27. Sept. 1946 (GVBl. S. 291) über den Dienst der Staatsanwaltschaften beim Verwaltungsgerichtshof und bei den Verwaltungsgerichten folgende Verordnung:

§ 1. Beamte der Staatsanwaltschaften.

(1) **Die Geschäfte der Staatsanwaltschaft werden versehen**

a) beim VGH. durch den Generalstaatsanwalt und die ihm beigegebenen hauptamtlichen Staatsanwälte,

b) bei den Verwaltungsgerichten durch Beamte der Regierungen als haupt- oder nebenamtliche Staatsanwälte.

(2) **Die Ernennung der hauptamtlichen Staatsanwälte erfolgt nach Maßgabe des Art. 55 Nr. 4 der Verfassung und des Beamtengesetzes. Die nebenamtlichen Staatsanwälte werden — in der Regel für die Dauer ihres Hauptamtes — vom Staatsministerium des Innern bestellt und abberufen.**

(3) **Für jedes Verwaltungsgericht wird mindestens ein Staatsanwalt und ein Stellbertreter bestellt. Mehrere für einen Gerichtsbezirk bestellte Staatsanwälte vertreten sich gegenseitig. Im Falle vorübergehender gleichzeitiger Abwesenheit oder Verhinderung des Staatsanwalts und seines Vertreters überträgt die Regierung die aushilfsweise Wahrnehmung der Geschäfte einem ihrer Beamten und verständigt hiervon die Staatsanwaltschaft beim Verwaltungsgerichtshof.**

(4) **Alle Staatsanwälte und ihre Stellvertreter müssen die Voraussetzungen des § 3 Abs. 1 VGG. erfüllen (§ 18 Abs. 1 VGG.).**

§ 2. Dienstaufsicht.

(1) **Die Dienstaufsicht über den Generalstaatsanwalt beim VGH. steht nach § 2 VGG. dem Ministerpräsidenten zu.**

(2) **Der Generalstaatsanwalt beim VGH. übt die Dienstaufsicht über die übrigen hauptamtlichen Staatsanwälte und die Aufsicht über den staatsanwaltschaftlichen Dienst der nebenamtlichen Staatsanwälte aus.**

§ 3. Weisungsrecht.

(1) **Die Staatsanwaltschaften haben grundsätzlich den ihnen im Einzelfall von den beteiligten Behörden gegebenen Instruktionen zu entsprechen. Bei Meinungsverschiedenheiten, die sich im Verhandlungswege nicht ausgleichen lassen, berichtet die Behörde auf dem Dienstwege dem zuständigen Staatsministerium, die Staatsanwaltschaft beim Verwaltungsgericht der Staatsanwaltschaft beim Verwaltungsgerichtshof.**

(2) **Lassen sich Meinungsverschiedenheiten unter den Staatsministerien oder mit der Staatsanwaltschaft beim Verwaltungsgerichtshof im Verhandlungswege nicht ausgleichen; so entscheidet die Staatsregierung im Ministerrat; an diese Entscheidung sind die Staatsanwaltschaften gebunden (§ 18 Abs. 2 Satz 2 VGG.).**

§ 4. Personal der Staatsanwaltschaften.

Der Generalstaatsanwalt ist Dienstvorgesetzter des Personals der Staatsanwaltschaft beim VGH. Zur Erledigung der Dienstgeschäfte der Staatsanwaltschaften bei den Verwaltungsgerichten stellt die Regierung das erforderliche Personal zur Verfügung, soweit das Personal der Geschäftsstelle des Verwaltungsgerichtes hierfür nicht ausreicht (vgl. § 10 Abs. 1).

§ 5. Verhältnis zu den Gerichten.

Die Staatsanwaltschaften sind von dem Gerichte, zu dem sie gehören, unabhängig; sie stehen zu ihm außerhalb des Prozesses im Verhältnis gleichgeordneter Behörden.

§ 6. Allgemeine Aufgaben der Staatsanwaltschaften.

(1) **Aufgaben der Staatsanwaltschaften beim VGH. und bei den Verwaltungsgerichten sind (vgl. §§ 18, 47, 90, 101, 107, 116, 122 Abs. 2 VGG. und Art. 3 und 6 der VO. Nr. 85)**

1. die Wahrnehmung des öffentlichen Interesses an der Durchsetzung des Rechtes und der Verhütung von Schäden für das Gemeinwohl,

2. die Vertretung des Staates
   a) in Anfechtungsklagen gegen den Staat,
   b) bei Angriffen gegen Rechtsvorschriften nach § 25 VGG.,
   c) bei Berufungen gegen Schiedssprüche der Regierungen und Landratsämter nach § 137 VGG. mit Art. 14 Abs. 3 der VO. Nr. 85,

3. soweit erforderlich, die Teilnahme an Verfahren nach Ziff. 2a—c gegen andere Körperschaften als den Staat.

(2) **Die Zustellung der Klage oder des Antrages erfolgt an die Staatsanwaltschaft, wenn sie den Staat vertritt. Rechtsmittel oder Rechtsbehelfe gegen Entscheidungen zugunsten des Staates werden der Staatsanwaltschaft beim Verwaltungsgerichtshof zugestellt.**

(3) Als Vertreterin des Staates hat die Staatsanwaltschaft die Beweismittel zur Stützung der Auffassung der Staatsbehörden beizubringen. Sie tritt zu diesem Zweck mit der Staatsbehörde ins Benehmen, deren Verwaltungsakt angefochten wird. Bilden grundsätzliche Rechtsfragen oder solche von größerer Tragweite den Streitgegenstand, so ist der Staatsanwaltschaft beim Verwaltungsgerichtshof Gelegenheit zur Äußerung zu geben.

(4) Wenn durch die zu erwartende Entscheidung das Wohl des Staates, der Gemeinden und Gemeindeverbände oder eines unbestimmten Kreises von Privatpersonen erheblich berührt wird, oder wenn es sich um grundsätzliche Fragen handelt, hat die Staatsanwaltschaft ihre Auffassung vor der Verhandlung schriftlich zu begründen und dem Gerichte zur Kenntnis zu bringen.

(5) Die Staatsanwaltschaft hat grundsätzlich an der mündlichen Verhandlung teilzunehmen

a) wenn sie in Anfechtungsklagen den Staat vertritt,
b) bei nicht gegen den Staat gerichteten Anfechtungsklagen, wenn es sich um die Entscheidung grundsätzlicher Fragen oder solcher von erheblicher Tragweite handelt,
c) bei Parteistreitigkeiten, wenn erhebliche allgemeine Interessen auf dem Spiele stehen.

(6) Die Staatsanwaltschaft wird von ihrem Rechte (§ 47 Abs. 1 Satz 2 VGG.), einen Beamten der Behörde, die den angefochtenen Verwaltungsakt erlassen hat, zuzuziehen, Gebrauch machen, wenn es zur Klärung tatsächlicher Fragen dienlich erscheint. Sie wird aber zur Wahrnehmung ihrer Aufgaben im Sinne der Abs. 3 bis 5 davon absehen, dem Vertreter der Behörde die Vertretung des Staates zu übertragen.

§ 7. Besondere Aufgaben des Generalstaatsanwaltes.

(1) Der Generalstaatsanwalt leitet den staatsanwaltschaftlichen Dienst beim VGH.

(2) Er sorgt für die Einheitlichkeit der Gesetzesauslegung und Rechtsanwendung auch bei den Staatsanwaltschaften der Verwaltungsgerichte. In Fragen von größerer Tragweite holt er vor seiner Stellungnahme die Entscheidung des zuständigen Staatsministeriums ein.

(3) Der Generalstaatsanwalt berichtet dem zuständigen Staatsministerium, in Fällen von besonderer oder politischer Bedeutung auch dem Ministerpräsidenten,

a) wenn sich nach seiner Auffassung aus der Rechtsprechung ein Bedürfnis nach Änderung oder Ergänzung von Rechtsvorschriften ergibt,
b) über wichtige Vorkommnisse im Geschäftsbereiche der Staatsministerien, die sich aus den Verhandlungen bei den Gerichten ergeben, insbesondere über Wahrnehmungen, die ein dienstaufsichtliches oder dienststrafrechtliches Einschreiten veranlassen könnten.

(4) Der Generalstaatsanwalt ist befugt, sich über die Durchführung des staatsanwaltschaftlichen Dienstes bei den Verwaltungsgerichten an Ort und Stelle zu unterrichten.

§ 8. Regelung des staatsanwaltschaftlichen Dienstes bei den Verwaltungsgerichten.

(1) **Sind bei einem Verwaltungsgericht mehrere Staatsanwälte bestellt, so erledigt jeder seine Dienstgeschäfte selbständig. Der rang- oder dienstälteste Staatsanwalt regelt den Dienstbetrieb und die Verteilung der Dienstgeschäfte und vertritt die Staatsanwaltschaft gegenüber dem Verwaltungsgericht und anderen Behörden.**

(2) **Ist bei einem Verwaltungsgericht nur ein Staatsanwalt und ein Stellvertreter aufgestellt, so tritt der Stellvertreter nur im Falle der Verhinderung des Staatsanwaltes ein.**

(3) **Werden vom Verwaltungsgericht in Anfechtungssachen für den Staat ungünstige Entscheidungen gefällt, die die Staatsanwaltschaft für nicht richtig hält, so holt sie alsbald die Stellungnahme der Behörde, die den angefochtenen Verwaltungsakt erlassen hat, über die Einlegung eines Rechtsmittels ein. Die Einlegung eines Rechtsmittels ist, wenn der Staat Anfechtungsgegner ist, grundsätzlich Aufgabe der Staatsanwaltschaft, nicht der Behörde, deren Verwaltungsakt angefochten ist. Die Staatsanwaltschaft wird das Rechtsmittel zur Vermeidung der Fristversäumnis erforderlichenfalls vorsorglich einlegen. Die Staatsanwaltschaft beim Verwaltungsgerichtshof kann namens des Staates eingelegte Rechtsmittel, die ihr aussichtslos erscheinen, zurücknehmen oder die Staatsanwaltschaft beim Verwaltungsgericht hierzu anweisen.**

(4) **In grundsätzlichen Fällen und in solchen von besonderer Tragweite holen die Staatsanwaltschaften bei den Verwaltungsgerichten die Stellungnahme der Staatsanwaltschaft beim Verwaltungsgerichtshof ein (vgl. § 6 Abs. 3). In den Fällen des § 7 Abs. 3 berichten sie der Staatsanwaltschaft beim Verwaltungsgerichtshof; wenn die Zuständigkeit einer einem Staatsministerium nachgeordneten nicht zentralen Behörde gegeben ist, ist dieser Behörde und im Abdruck der Staatsanwaltschaft beim Verwaltungsgerichtshof zu berichten.**

§ 9. Ausschließung von Staatsanwälten.

Liegen bei einem Staatsanwalt Tatsachen vor, die bei einem Richter die Ausschließung nach § 17 VGG. zur Folge haben, so enthält sich dieser Staatsanwalt einer Tätigkeit in der Sache und überläßt sie seinem Stellvertreter. Ist dies nicht möglich, so ist nach § 1 Abs. 3 Satz 3 zu verfahren.

§ 10. Bürobetrieb der Staatsanwaltschaften.

(1) **Die Geschäftsstellen (§ 19 VGG.) sind für die Verwaltungsgerichte und die Staatsanwaltschaften gemeinsam, solange nicht für die Staatsanwaltschaften eigene Geschäftsstellen auf Anordnung des Staatsministeriums des Innern gebildet werden.**

(2) **Die Aktenführung und den übrigen Bürobetrieb bei den Staatsanwaltschaften regelt der Generalstaatsanwalt.**

(3) **Soweit Stellen und Mittel im Haushalt für Gerichte und Staatsanwaltschaften gemeinsam veranschlagt sind, vereinbart der Präsident des VGH. mit dem Generalstaatsanwalt ihre Inanspruchnahme. Erfolgt keine Einigung, so entscheidet das Staatsministerium des Innern.**

(4) **Bestimmungen der Geschäftsordnungen des Verwaltungsgerichtshofes und der Verwaltungsgerichte (§§ 19, 16 VGG.) über die Amtstracht gelten auch für die Staatsanwälte.**

§ 11. Berichterstattung.

Am Schluß jedes Kalenderjahres berichtet der Generalstaatsanwalt dem Ministerpräsidenten, im Abdruck dem Staatsministerium des Innern, über den Geschäftsstand bei den Staatsanwaltschaften sowie über besondere Vorkommnisse in seinem Dienstbereich.

München, den 30. Juni 1949.

Der Bayerische Ministerpräsident
Dr. Hans Ehard.

Beschwerde statt Einspruch.

§ 48.

(1) **Durch Verordnung kann bestimmt werden, daß in den Fällen, in denen dieses Gesetz die Erhebung der Anfechtungsklage von der vorherigen Einlegung eines Einspruchs abhängig macht, statt des Einspruchs Beschwerde zur Aufsichtsbehörde einzulegen ist.**

(2) **Durch Verordnung kann ferner bestimmt werden, daß in allen Fällen, in denen gegen Verwaltungsakte einer Behörde die förmliche Beschwerde im Verwaltungsverfahren eingeräumt ist, diese Beschwerde statt des Einspruchs einzulegen ist.**

(3) **Für die Beschwerden nach Abs. 1 und 2 gelten die Vorschriften für den Einspruch (§§ 39, 40 Abs. 2, 42 und 45) sinngemäß.**

(4) **Durch Verordnung kann auch bestimmt werden, daß die Erhebung der Anfechtungsklage in den Fällen des § 35 Abs. 2 von der vorherigen Anrufung der Aufsichtsbehörde abhängig ist, wenn eine Behörde den Antrag auf Vornahme einer Amtshandlung ohne zureichenden Grund binnen angemessener Frist nicht beschieden hat. Die Erhebung der Anfechtungsklage ist dann, abweichend von § 43 Satz 2, nach Ablauf von 6 Monaten seit Anrufung der Aufsichtsbehörde ausgeschlossen.**

Art. 6a der AusfVO. ist bei § 38 abgedruckt.

In Württemberg-Baden und Hessen lautet § 48:

(1) **Durch Verordnung kann bestimmt werden, daß in den Fällen, in denen dieses Gesetz die Erhebung der Anfechtungsklage von der vorherigen Erhebung eines Einspruchs abhängig macht, statt des Einspruchs Beschwerde zur nächst höheren Behörde einzulegen ist.**

(2) **Das Nähere wird durch Verordnung bestimmt.**

In Hessen:

§ 48a.

(1) Gegen Verwaltungsakte einer dem Landrat nachgeordneten oder seiner Aufsicht unterstehenden Behörde ist an Stelle des Einspruchs die Beschwerde an den Landrat einzulegen.

(2) Auf das Beschwerdeverfahren finden die Vorschriften der §§ 39 bis 42, 45 über das Einspruchsverfahren sinngemäß Anwendung.

(3) Die Beschwerde kann bei der Behörde, die den Verwaltungsakt erlassen hat oder bei dem Landrat mit der Wirkung eingelegt werden, daß die Frist des § 39 Absatz (2) gewahrt wird.

(4) Die Behörde, die den Verwaltungsakt erlassen hat, ist berechtigt, der Beschwerde stattzugeben. Wenn sie nach nochmaliger Prüfung den Verwaltungsakt aufrecht erhalten will, legt die die Akten mit ihrer Stellungnahme dem Landrat vor. Über die Beschwerde entscheidet der nach § 40a zuständige Ausschuß.

§ 49 VO. Nr. 165.

(1) Eine als Voraussetzung der Klage gesetzlich vorgesehene Beschwerde an eine höhere Verwaltungsbehörde tritt an die Stelle des Einspruchs. Für die Einlegung der Beschwerde gilt in allen Fällen die Frist des § 45.

(2) Die Landesregierung kann durch Verordnung bestimmen, daß in Fällen, in denen diese Verordnung die Erhebung der Klage von der vorherigen Einlegung eines Einspruchs abhängig macht, statt des Einspruchs Beschwerde an eine höhere Verwaltungsgehörde einzulegen ist.

(3) § 48 Abs. (2) gilt entsprechend.

Siehe Bemerkung zu § 38.

§ 49.

Wo ist die Anfechtungsklage einzubringen?

(1) Die Anfechtungsklage ist bei dem zuständigen Verwaltungsgericht (§ 26) schriftlich oder zu Protokoll des Urkundsbeamten der Geschäftsstelle zu erheben. Durch rechtzeitige Erhebung bei der Behörde, die den Verwaltungsakt oder die den Beschwerdebescheid erlassen hat, wird die Frist gewahrt.

(2) Die Klagen und die weiteren Schriftsätze nebst Anlagen sollen in so vielen Stücken eingereicht werden, daß jedem Beteiligten eine Ausfertigung, dem ständigen Vertreter des öffentlichen Interesses jedoch zwei Ausfertigungen zugestellt werden können.

In Württemberg-Baden und Hessen fehlt Abs. 2.

§ 53 VO. Nr. 165.

(1) **Die Klage ist bei dem zuständigen Landesverwaltungsgericht schriftlich oder zu Protokoll des Urkundsbeamten zu erheben.**

(2) **Durch rechtzeitige Einreichung der Klageschrift bei der Behörde, die einen mit der Klage angefochtenen Verwaltungsakt oder einen Einspruchs- oder Beschwerdebescheid erlassen hat, wird die Frist gewahrt.**

Der Anfechtungskläger hat die Wahl, ob er die Anfechtungsklage beim zuständigen Verwaltungsgericht oder bei der Verwaltungsbehörde, die den Beschwerdebescheid oder den beschwerenden VA. und Einspruchsbescheid erlassen hat, einbringen will. Wurde ein Beschwerdebescheid erlassen, so ist es fraglich, ob die Einbringung der Klage bei der Behörde, die den beschwerenden VA. erlassen hat, die Frist wahrt; m. E. wäre dies zu verneinen. Da beim Einspruch die Einspruchsbehörde und diejenige, die den beschwerenden VA. erlassen hat, die gleiche ist, nennt das Gesetz hier nur diejenige, die den beschwerenden VA. erlassen hat. Im Falle des § 38 Abs. 2 VGG. gibt es keinen Einspruchs- oder Beschwerdebescheid, somit kann die Anfechtungsklage bei der Behörde eingelegt werden, die den beschwerenden VA. erlassen hat. Welches Verwaltungsgericht zuständig ist, besagt § 26 VGG.

Die Klage muß bei einer der genannten Stellen innerhalb der Frist von zwei Wochen nach Zustellung oder Eröffnung des Einspruchs-(Beschwerde-)Bescheides (bzw. des beschwerenden VA. gemäß § 38 Abs. 2) tatsächlich einlaufen. Wird sie bei einer anderen Stelle eingelegt, so läuft der Kläger Gefahr, daß sie von der unzuständigen Stelle nicht mehr rechtzeitig zur zuständigen gelangt. Das Verwaltungsgericht muß Vorkehrung treffen, daß auch an jenen Tagen, an denen nur halbtägig amtiert wird, am Nachmittag oder nach den Bürostunden die schriftliche Klage eingereicht werden kann (Einwurfskasten).

Die protokollarische Einlegung ist nur beim Verwaltungsgericht möglich, nicht auch bei den Verwaltungsbehörden. Eine telegraphische Einlegung ist zulässig, nicht jedoch eine telephonische.

Der in Bayern neu eingeführte Abs. 2 entspricht dem § 88 Abs. 2 VGG. bezüglich der Parteistreitigkeit.

Rechtsprechung.

Rechtzeitiger Eingang der Anfechtungsklage bei der Regierung wahrt die Frist für den Einlauf beim Verwaltungsgericht nicht.

BayerVGH., Beschl. v. 8. 11. 1948; VerwRechtspr. Nr. 72.

Wird die Anfechtungsklage trotz richtiger Rechtsmittelbelehrung bei einem unzuständigen Gericht erhoben und verweist dieses den Rechtsstreit erst nach Ablauf der Rechtsmittelfrist an das zuständige Gericht, so ist die Klage verspätet.

VG. Stuttgart, Beschl. v. 4. 1. 1949 — I 602/48; ÖffVerw. 49 S. 160.

Eine nicht unterschriebene Klageschrift äußert keine Rechtswirkung, da schriftliche Prozeßhandlungen die Unterschrift des Erklärenden tragen müssen.

HessVGH., Beschl. v. 10. 11. 1948 B 114/48; ÖffVerw. 49 S. 478.

§ 50. Anfechtungsklage unmittelbar zum VGH.

Erläßt ein Minister oder eine andere durch Verordnung bestimmte Behörde den Verwaltungsakt oder im Falle des § 48 den Beschwerdebescheid, so ist die Anfechtungsklage beim Verwaltungsgerichtshof einzureichen. Dieser entscheidet im ersten und letzten Rechtszug. Die für das Verwaltungsgericht geltenden Vorschriften dieses Abschnitts sind auf den Verwaltungsgerichtshof sinngemäß anzuwenden.

Weiteres bestimmt Art. 7 der AusfVO. (Bayern):

„Die Anfechtungsklage ist unmittelbar beim Verwaltungsgerichtshof zu erheben gegen Entscheidungen oder Verfügungen:

1. **der Spruchausschüsse in Flurbereinigungssachen;**
2. **des Oberbergamts nach dem Berggesetz;**
3. **der Stellen gegen deren Verfügungen oder Entscheidung das Reichsverwaltungsgericht in seiner Eigenschaft als Nachfolger des Reichswirtschaftsgerichts bisher angerufen werden konnte.“**

In Württemberg-Baden textlich anders gefaßt, im Wesen die gleiche Bestimmung.

In Hessen ist dieser Paragraph jetzt gestrichen.

In der britischen Zone fehlt eine diesbezügliche Bestimmung.

Durch diese Vorschrift kommt der Betroffene um eine verwaltungsgerichtliche Instanz. Gerechtfertigt ist dies durch die Erwägung, daß ein von einem Minister erlassener VA. eine hinreichende Gewähr für eine fachliche und rechtliche Bearbeitung bietet und darum eine zweite verwaltungsgerichtliche Instanz entbehrlich erscheint. Es werden zum Teil aber auch Prestigerücksichten maßgebend gewesen sein.

Fraglich ist es, ob diese Zuständigkeit auch in Parteistreitsachen gilt. In reinen Parteistreitsachen wäre dies wohl trotz § 85 zu verneinen, denn hier bildet den Ausgangspunkt nicht ein VA. des Ministeriums und die Prestigegründe gelten nicht.

Bei Feststellungsklagen (§ 24 VGG.) gegenüber einem Ministerium dürfte jedoch die Zuständigkeit des VGH. und nicht der Verwaltungsgerichte gegeben sein, denn diese Klage wird nur „im Wege der Parteistreitigkeit“ erhoben, ihrem Wesen nach ist sie der Anfechtungsklage verwandt, wie aus Abs. 2 des § 24 hervorgeht.

Rechtsprechung.

Gegen die Entscheidung der Obersten Siedlungsbehörde über die im § 42 Abs. 3 und im § 5 Abs. 2 Erste AVO. zum GSB. vorgesehene Beschwerde ist Anfechtungsklage zum VGH. zulässig.
BayerVGH., Urt. v. 5. 7. 1949 Nr. 205 II 48; VerwRechtspr. Nr. 154.

Die Zuständigkeit des VGH. als erstinstanzliches Gericht ist nur bei den Entscheidungen des Ministeriums gegeben, die dieses in erster Instanz gefällt hat, nicht aber gegen solche, mit denen es lediglich die Entscheidungen nachgeordneter Behörden bestätigt.
HessVGH., Urt. v. 2. 4. 1948 O. 9/48; ÖffVerw. 49 S. 478.

Der VGH. ist auch für Untätigkeitsklagen gegen ein Ministerium zuständig.
HessVGH., Urt. v. 17. 12. 1947 O. 43/47; ÖffVerw. 49 S. 478.

Weist das Ministerium eine Beschwerde zurück und spricht dabei gleichzeitig die Erfassung weiteren Wohnraumes aus, so gehört seine Erfassungsanordnung vor den VGH.
HessVGH., Urt. v. 16. 7. 1947 O. 11/47; ÖffVerw. 49 S. 478.

Aufschiebende Wirkung — Aussetzung der Vollziehung.

§ 51.

(1) Einspruch, Beschwerde (§ 48) und Anfechtungsklage haben aufschiebende Wirkung. Die Behörde, die den Verwaltungsakt erlassen hat, kann jedoch dessen Vollziehung anordnen, wenn sie es im öffentlichen Interesse für geboten hält.

(2) Die aufschiebende Wirkung entfällt bei Streitigkeiten über öffentliche Abgaben und Kosten, doch kann die Behörde die Aussetzung der Vollziehung anordnen.

(3) Die Befugnis, eine Aussetzung der Vollziehung anzuordnen, steht außer der mit der Beschwerde befaßten Behörde nach Erhebung der Anfechtungsklage auch dem Gericht zu. Die Anordnung des Gerichts geht den Anordnungen der Behörde vor. Sie wirkt, wenn das Gericht nichts anderes bestimmt, bis zur endgültigen Erledigung des Rechtsstreits.

In dringenden Fällen kann der Vorsitzende des Gerichts eine vorläufige Aussetzung der Vollziehung anordnen; die Anordnung wirkt, bis sie durch Gerichtsbeschluß ersetzt oder aufgehoben wird.

(4) Die aufschiebende Wirkung von Einspruch, Beschwerde und Anfechtungsklage sowie die Aussetzungsbefugnis des Gerichts entfallen gegenüber vorsorglichen behördlichen Anordnungen, die bei Gefahr im Verzuge, insbesondere bei drohenden Nachteilen für Leben, Gesundheit oder Eigentum,

im öffentlichen Interesse ergehen, eine zeitraubende Prüfung der Rechtslage nicht gestatten und als Notstandsmaßnahmen bezeichnet sind.

In Württemberg-Baden fehlt der letzte Satz des Abs. 3.

In Hessen lautet Abs. 4:

„In dringenden Fällen kann der Vorsitzende Anordnungen nach Absatz (3) allein beschließen."

Abs. 5 lautet:

„Die aufschiebende Wirkung von Einspruch, Beschwerde und Anfechtungsklage sowie die Aussetzungsbefugnis des Gerichts und des Vorsitzenden gegenüber vorsorglichen behördlichen Anordnungen, die bei Gefahr im Verzuge, insbesondere bei drohenden Nachteilen für Leben, Gesundheit oder Eigentum, im öffentlichen Interesse ergehen, eine zeitraubende Prüfung der Rechtslage nicht gestatten und als Notstandsmaßnahme bezeichnet sind."

§ 51 VO. Nr. 165.

(1) **Einspruch, Beschwerde und Klage haben aufschiebende Wirkung. Die Behörde, die den angefochtenen Verwaltungsakt erlassen hat, kann jedoch dessen Vollziehung anordnen, wenn sie es im öffentlichen Interesse für geboten hält.**

(2) **Die aufschiebende Wirkung entfällt bei Streitigkeiten über öffentliche Abgaben und Kosten.**

(3) **Auf Antrag eines Beteiligten kann das Verwaltungsgericht die Vollziehung aussetzen. Es kann diese Anordnung von der Leistung einer Sicherheit oder von anderen Auflagen abhängig machen.**

Grundsätzlich haben Einspruch, Beschwerde und Anfechtungsklage aufschiebende Wirkung; diese Wirkung hat auch die Berufung, obwohl sie hier nicht ausdrücklich genannt ist, es ergibt sich dies jedoch aus dem Wesen der Sache. Durch Erhebung eines Rechtsmittels wird die formale Rechtskraft eines VA. aufgehalten, die Sache ist noch in Schwebe, die Beschwer bzw. das aus einem den einen beschwerenden VA. für einen anderen erwachsende Recht sind noch nicht endgültig, können von der Einspruchs- oder Beschwerdebehörde aufgehoben oder abgeändert werden. Es ist darum zweckentsprechend, daß dieser Schwebezustand durch eine sofortige Vollziehung nicht zu einem tatsächlichen gemacht wird. Das gleiche gilt auch bezüglich der Anfechtungsklage.

Es gibt jedoch Fälle, in denen das öffentliche Interesse einen sofortigen Vollzug erfordert. In diesem, aber auch nur in diesem Fall hat die Behörde, die den VA. erlassen hat, die Befugnis, den Vollzug anzuordnen. Das Gesetz läßt die Frage offen, ob auch die Beschwerdebehörde dieses Recht zusteht, wenn die Behörde, die den VA. erlassen hat, von jener Befugnis keinen Gebrauch gemacht hat. Da es sich um eine Ausnahme von der Regel handelt, dürfte die Frage zu verneinen sein, denn die Vorschrift des § 51 Abs. 1 darf nicht ausdehnend ausgelegt werden; auch im Abs. 3 kann e contrario eine Stütze für diese Ansicht gefolgert werden. Ordnet die Verwaltungsbehörde den sofortigen Vollzug an, so kann der Betroffene in seiner Beschwerde (Einspruch) den Antrag auf Aussetzung der Vollziehung stellen und nach erfolgter Ablehnung zugleich mit der Anfechtungsklage oder nachher den gleichen Antrag beim Verwaltungsgericht. Ein selbständiges Rechtsmittel gegen die Anordnung der Vollziehung dürfte nicht zulässig sein (siehe Bemerkung zu § 22).

Ordnet die Behörde die Vollziehung an, so muß sie ausdrücklich auf § 51 Abs. 1 VGG. Bezug nehmen. Wenn z. B. die Straßenverkehrsdirektion in der Inanspruchnahmeverfügung nach § 15 RLG. ausspricht, der Kraftwagen werde mit sofortiger Wirkung auf den Leistungsempfänger übereignet, so liegt darin keine Anordnung der Vollziehung im Sinne des § 51 Abs. 1 VGG., ebensowenig in der Anordnung sofortiger Schließung eines Institutes (HessVGH., Beschl. v. 6. 10. 1948; HessStaatsanz. 49 S. 276).

Private Interessen können keinen Grund für eine derartige Anordnung bilden.

Die Aussetzung der Vollziehung kann, wenn eine solche angeordnet worden war, neben der Beschwerdebehörde auch das Verwaltungsgericht anordnen, dieses aber nur dann, wenn bereits oder zugleich die Anfechtungsklage erhoben wurde. Dies ist selbstverständlich, denn die Zuständigkeit des Verwaltungsgerichtes, in irgendeiner Richtung in einer Streitsache tätig zu werden, wird erst durch die Erhebung der Anfechtungsklage begründet. Vor Erhebung der Anfechtungsklage ist somit ein Antrag auf Aussetzung beim Verwaltungsgericht unzulässig.

Strittig kann die Frage sein, ob es sich um die Einbringung einer zulässigen Klage handeln muß. Der durch den VA. Betroffene erhebt z. B. gegen die Erfassung eines Wohnraumes Beschwerde und stellt den Antrag auf Aussetzung, zugleich aber auch Anfechtungsklage, um beim Verwaltungsgericht, zu dem er mehr Vertrauen hat, die Anordnung der Aussetzung zu erwirken und sich dadurch vor der Vollstreckung in der Zwischenzeit zu schützen.

Bachof (Aussetzung der Vollziehung und einstweilige Verfügung im Verwaltungsprozeß" in NJW. 49 S. 328) sieht eine bedenkliche Lücke im Rechtsschutz, wenn dies nicht möglich wäre und beruft sich auf den Beschluß des WürttBadVGH. v. 4. 2. 1948 — IV 16/47, in dem der VGH. angenommen hat, daß nur die Entscheidung über die Klage selbst bis zum Vorliegen des Einspruchs- oder Beschwerdebescheides ausgeschlossen sei, daß dagegen die formelle Klageerhebung als Grundlage für die Beschlußfassung nach § 51 Abs. 3 über den Aussetzungsantrag auch schon vorher zulässig sei.

Dieser Ansicht kann ich mich nicht anschließen. Wenn § 55 VGG. den Ausdruck gebraucht „nach Erhebung der Anfechtungsklage", so kann er nur eine zulässige Anfechtungsklage meinen, denn nur eine solche kann eine Tätigkeit des Verwaltungsgerichtes auslösen (außer derjenigen, mit der die Klage als unzulässig zurückgewiesen wird). Eine unzulässige Anfechtungsklage ist mehr oder weniger ein nullum, es ist so, als wenn sie überhaupt nicht vorhanden wäre. Dabei ist es gleichgültig, ob sie wegen fehlenden Einspruchs- oder Beschwerdebescheides, wegen Verspätung oder mangels der Aktivlegitimation des Anfechtungsklägers unzulässig ist. Es wird doch niemand bezweifeln wollen, daß das Verwaltungsgericht, wenn die den Antrag auf Aussetzung der Vollstreckung enthaltende Anfechtungsklage offensichtlich verspätet ist, die Aussetzung nicht nur nicht bewilligen soll, sondern sie nicht bewilligen darf. Die Anordnung der Aussetzung ist einer der wenigen Fälle, in denen das Verwaltungsgericht in die aktive Verwaltung unmittelbar eingreifen kann, in einem gewissen Sinne als Verwaltungsbehörde tätig wird. Diese Ausnahme von der Grundregel darf nicht ausdehnend ausgelegt werden. Der BayerVGH. hat in seinem Beschluß vom 8. 11. 1949 Nr. 326 II 49 ausgesprochen, daß die Aussetzung nur auf Grund einer Anfechtungsklage angeordnet werden kann, die nicht offenbar unzulässig ist.

Für das Geltungsgebiet der VO. Nr. 165 kommt Brand (ÖffVerw. 1950 S. 45 „Kann das Gericht vor Klageerhebung die Vollziehung des Verwaltungsakts aussetzen?") zu einem gegenteiligen Ergebnis, wobei er gegen die Richtigkeit des Beschlusses des LVG. Braunschweig vom 17. 3. 1949 (DVerw. 1949 S. 304) polemisiert; auf diese Ausführungen sei hier verwiesen, wobei nur bemerkt wird, daß die VO. Nr. 165 im Gegensatz zum VGG. die Worte „nach der Erhebung der Anfechtungsklage" nicht enthält.

Der Grundsatz des Parteiengehörs beherrscht in einem Rechtsstaate jedes Verfahren. Hier kann er jedoch in der Regel nicht zur Anwendung kommen. Der Betroffene wehrt sich gegen den sofortigen Vollzug und es wird in den meisten Fällen Gefahr im Verzuge sein, wenn das Verwaltungsgericht nicht so rasch als möglich entscheidet, um der Schaffung fertiger Tatsachen vorzubeugen, die oft nur sehr schwer beseitigt werden könnten. Der Standpunkt des Anfechtungsgegners, des Staates oder einer anderen Körperschaft, ist aus der Anordnung der Behörde hinlänglich bekannt und es wäre zweckwidrig, ihn noch einmal zur Stellungnahme zu dem Antrage aufzufordern. Ein Dritter ist in der Regel noch nicht beigeladen, somit noch nicht Beteiligter, oft auch noch nicht bekannt. Doch auch wenn er bekannt ist, wäre eine Beiladung mit nachfolgender Aufforderung zur Stellungnahme zeitraubend.

Die allgemeine Ansicht geht dahin, daß das Verwaltungsgericht bei der Entscheidung, ob es die Aussetzung anordnen soll, die Rechtsgrundlage, auf der der VA. beruht, nicht zu prüfen habe, sondern daß sich die Prüfung darauf beschränken soll, ob tatsächlich das öffentliche Interesse den sofortigen Vollzug verlange. Dieser Ansicht ist grundsätzlich beizupflichten, es gibt jedoch auch Grenzfälle. Ist auf den ersten Blick klar, daß der angefochtene VA. gesetzwidrig ist, z. B. weil ihn eine unzuständige Behörde erlassen hat, so wäre es widersinnig, den sofortigen Vollzug vorerst zuzulassen, wodurch eine fertige Tatsache geschaffen wird, und dann im Urteil den VA. aufzuheben. Aber auch sonst wird das Verwaltungsgericht pro foro interno sich wohl die Frage stellen, ob die Anfechtungsklage voraussichtlich Erfolg haben wird und bejahendenfalls schon einen Grund finden, um das öffentliche Interesse an dem sofortigen Vollzug zu verneinen. Es wird überhaupt nicht viele Fälle geben, in denen der sofortige Vollzug im öffentlichen Interesse gegeben wäre.

Es wird auch vorkommen, daß die Entscheidung des Verwaltungsgerichtes über die Aussetzung den Ereignissen nachhinkt und die Anordnung der Aussetzung zu einem Zeitpunkt erfolgt, in dem der VA. bereits vollzogen ist.

Der BayerVGH. hält die Anordnung der Aussetzung auch in diesem Falle für zulässig. Es sind in dieser Richtung mehrere, bisher nicht veröffentliche Beschlüsse ergangen (25. 2. 1948 Nr. 148 I 47; 4. 3. 1948 Nr. 107 I 47; 9. 4. 1948 Nr. 111 I 47; 15. 7. 1948 Nr. 33 II 48). Es heißt in dem Beschl. v. 15. 7. 1948: „Nach der Überzeugung des Senats sind die Voraussetzungen gegeben, um die Aussetzung der Vollziehung des angefochtenen VA. als auch vom öffentlichen Interesse aus geboten anzuordnen mit der Wirkung, daß der bereits erfolgte Bezug der Kammer durch den Berufungskläger rückgängig gemacht wird." Der gleiche Gedanke ist ausgesprochen im Beschl. v. 9. 6. 1947 Nr. 11 S. 47 (Verw.-Rechtspr. Nr. 37): „Die Vollziehung einer behördlichen Verfügung, nach dem RLG. eine bewegliche Sache einem anderen zu Eigentum zu überlassen, kann das Verwaltungsgericht auch dann noch aussetzen, wenn der Besitz bereits auf den anderen übergegangen ist." Die gleiche Ansicht vertritt auch das VG. Stuttgart (ÖffVerw. 49 S. 160). Den gegenteiligen Standpunkt nimmt der HessVGH. ein.

Die Anordnung der Aussetzung, wenn die angefochtene Verfügung bereits vollzogen war, kommt in ihrer Wirkung einer einstweiligen Verfügung sehr nahe. Die Möglichkeit der Erlassung von einstweiligen Verfügungen wird in Bayern und Hessen verneint, während sie Württemberg-Baden (Stuttgart) bejaht (Beschl. v. 31. 3. 1949 AZ. IV 3/49). Bachof hält in dem bereits erwähnten Artikel den Standpunkt des BayerVGH. nicht für richtig und bejaht die Möglichkeit einer einstweiligen Verfügung.

Ich würde diese Möglichkeit schon darum verneinen, weil die Anordnung einer einstweiligen Verfügung über den Rahmen der grundsätzlich nur kassatorischen Tätigkeit der Verwaltungsgerichte hinausgeht und eine Verwaltungstätigkeit bedeutet. Hierzu müßte eine positive

Ermächtigung im VGG. enthalten sein, mit § 34 VGG. kann man hier nicht auskommen.

Wenn der angefochtene VA. die Versagung einer Erlaubnis oder Zulassung enthält, so kommt begrifflich eine Aussetzung der Vollziehung nicht in Frage, jedenfalls haben die Verwaltungsgerichte in den Fällen, die nicht Rekursfälle im Sinne der §§ 20, 21 GewO. sind, nicht die Befugnis, die versagte Erlaubnis auch nur bis zur rechtskräftigen Entscheidung des Anfechtungsstreites zu erteilen (BayerVGH., Beschl. v. 30. 4. 1948 Nr. 112 I 48).

Falls das Verwaltungsgericht die Anordnung der Aussetzung abgelehnt hat, kann der VGH. auf Beschwerde selbst die Aussetzung anordnen (§ 112 VGG.).

§ 51 nennt unter den Rechtsmitteln, denen die aufschiebende Wirkung grundsätzlich zukommt, nicht die Berufung. Die Erklärung hierfür liegt darin, daß § 51 VGG. in dem Abschnitt „Verfahren bis zum Urteil" (d. i. des Verwaltungsgerichtes) enthalten ist. Gemäß § 115 VGG. sind jedoch auf das Verfahren vor dem VGH. die für das Verwaltungsgericht geltenden Vorschriften entsprechend anzuwenden. Es kann darum kein Zweifel bestehen, daß auch der Berufung aufschiebende Wirkung zukommt.

Aussetzung der Vollziehung in Wohnungsangelegenheiten nach dem KRG. Nr. 18 (Wohnungs-Gesetz).

Das WohnG. bestimmt in Art. VII Ziff. 3, daß die dort genannte Beschwerde keine aufschiebende Wirkung hat.

§ 21 der DurchfVO. Nr. 115 zum WohnG. lautet: „Gegen Anordnungen der Wohnungsbehörden nach diesem Gesetz steht dem Betroffenen ..... Beschwerde bei der Wohnungsbehörde zu, welche die Anordnung erlassen hat. Falls diese Behörde der Beschwerde nicht abhilft, muß sie dieselbe der Aufsichtsbehörde zur Entscheidung vorlegen. Gegen die Entscheidung der Aufsichtsbehörde ist die Anfechtungsklage gemäß §§ 35 und 42 des VGG. zulässig. Die Beschwerde und die Anfechtungsklage haben keine aufschiebende Wirkung, es sei denn, daß die mit der Beschwerde befaßten Behörden oder nach Erhebung der Klage das Verwaltungsgericht die Aussetzung der Vollstreckung anordnen.

Auf den ersten Blick ist ersichtlich, daß hier eine Umkehrung der Begriffe vorliegt: Im § 51 VGG. die aufschiebende Wirkung die Regel, die sofortige Vollziehung die Ausnahme, im § 21 wird aus der Ausnahme die Regel und aus der Regel die Ausnahme. Es hat auch von Anfang an nicht an Stimmen gefehlt, daß § 21 DurchfVO. Nr. 115 als dem VGG. widersprechend und durch Art. VII WohnG. (der nur von der Beschwerde, nicht aber von der Anfechtungsklage spricht) nicht gedeckt, ungültig sei.

Der WürttBadVGH. (Stuttgart) war ursprünglich der Ansicht, daß auch nach dem WohnG. Einspruch und Anfechtungsklage aufschiebende

Wirkung haben, da das Wohnungsgesetz lediglich der Verwaltungsbeschwerde gegen einen Erfassungsbescheid die aufschiebende Wirkung versage (Entsch. v. 25. 4. 1947; SJZ. 1948 Sp. 95).

Von dieser Ansicht ist er aber wieder abgegangen, so zuerst im grundsätzlichen Beschl. v. 4. 2. 1948 — IV 16/47 (Bachof in NJW. 1949 S. 328).

Das OVG. Hamburg hat im Beschl. v. 1. 11. 1948 Bs. 61/48 (MDR. 1948 S. 491; DVerw. 1948 S. 118 mit Anmerkung) ausgesprochen, daß nur Beschwerden und Klagen gegen Erfassungsverfügungen keine aufschiebende Wirkung haben; bei Klagen gegen sonstige Verfügungen (z. B. Zuweisungen) gelte § 51 der VO. Nr. 165.

Demgegenüber bejaht der HessVGH. die Gültigkeit des genannten § 21. (Beschl. v. 28. 7. 1948; VerwRechtspr. Nr. 28) und auch der WürttBadVGH. (Karlsruhe) teilt, wenn auch aus anderen Gründen, diesen Standpunkt (Beschl. v. 6. 2. 1948; VerwRechtspr. Nr. 29).

Der BayerVGH. geht in zahlreichen Beschlüssen von der Gültigkeit dieser Vorschrift aus.

Die diesen Beschlüssen zugrunde liegende Ansicht ist etwa folgende: Gemäß Art. I Ziff. 3 WohnG. können alle deutschen Wohnungsbehörden Anordnungen zum Zwecke des Vollzuges dieses Gesetzes erlassen. Dazu gehört auch die Erlassung von Verfahrensvorschriften. Die VO. Nr. 115 ist auf Grund der erwähnten Vorschrift erlassen. § 51 VGG. läßt selbst eine Ausnahme von der Regel der aufschiebenden Wirkung zu und zwar dann, wenn das öffentliche Interesse den sofortigen Vollzug erfordert. Ob ein derartiges öffentliches Interesse vorliegt, hat die Behörde und das Verwaltungsgericht in jedem einzelnen Falle zu prüfen. Es ist jedoch möglich und durchaus zulässig, daß durch eine allgemeine Norm erklärt wird, auf dem oder jenem bestimmten Gebiete liege in der Regel ein öffentliches Interesse vor, daß die getroffenen Maßnahmen sofort vollzogen werden. Daß es sich bei der durch das WohnG. geregelten Materie um ein solches Gebiet handelt, kann bei der herrschenden Wohnungsnot füglich nicht bezweifelt werden. Ob nun eine Verordnung der zuständigen deutschen Wohnungsbehörde erklärt, daß in allen Wohnungsangelegenheiten nach dem WohnG. ein öffentliches Interesse am sofortigen Vollzuge besteht und den Wohnungsbehörden aufträgt, in jedem einzelnen Falle den sofortigen Vollzug anzuordnen, oder ob sie dieses Ergebnis dadurch vorwegnimmt, daß sie die aufschiebende Wirkung der Beschwerde und Anfechtungsklage nicht zubilligt, die Rechtslage ist für den Betroffenen die gleiche, in jedem Falle kann er die Aussetzung der Vollziehung beantragen. Auch wenn nur § 51 VGG. in Betracht käme und der sofortige Vollzug angeordnet würde, mußte das Verwaltungsgericht davon ausgehen, daß grundsätzlich das öffentliche Interesse am sofortigen Vollzug gegeben ist.

Eine wichtige Neuerung in Bayern besteht jetzt darin, daß der Vorsitzende des Gerichts in dringenden Fällen eine vorläufige Aussetzung anordnen kann. Nach dem Wortlaut dieser Bestimmung dürfte hierzu beim VGH. nicht der Vorsitzende des Senates berechtigt sein; dem widerspricht jedoch die weitere Vorschrift, wo vom Gerichtsbeschluß, somit vom Beschluß des Senates die Rede ist.

Rechtsprechung.

Die Aussetzung der Vollziehung gemäß § 51 Abs. 3 setzt voraus, daß bereits eine Klage erhoben ist.

LVG. Braunschweig, Beschl. v. 17. 3. 1949 PR. 68/49; DVerw. 49 S. 304.

Antrag auf Aussetzung der Vollziehung kann nur derjenige stellen, in dessen Rechte durch einen VA. der Behörden eingegriffen oder dem von der Behörde eine Verpflichtung auferlegt wird. Der Vollzug dieser Maßnahme soll durch die Aussetzung der Vollziehung vorläufig aufgehalten werden.

BayerVGH., Beschluß v. 25. 10. 1949 Nr. 355 II 49; ÖffVerw. 50 S. 64.

Ist eine AnfKlage offenbar unzulässig, so hat das VerwGericht den Antrag auf Aussetzung ohne weiteres abzulehnen.

BayerVGH., Beschluß v. 8. 11. 1949 Nr. 362 II 49; ÖffVerw. 50 S. 64.

In dem Verfahren nach § 51 VGG. ist nur zu prüfen, ob die sofortige Vollziehung des VA. im öffentlichen Interesse gerechtfertigt ist. Über die Rechtsgrundlage des VA. ist dagegen erst im Urteil zu entscheiden.

HessVGH., Beschl. v. 15. 9. 1948; HessStaatsanz. 49 S. 276.

Für die Aussetzung der Vollziehung kommt es auf die Rechtslage in der Hauptsache nur dann an, wenn der angefochtene VA. offensichtlich so fehlerhaft ist, daß seine Aufhebung durch die Entscheidung zur Hauptsache mit Sicherheit zu erwarten ist. Ist die Rechtslage in der Hauptsache dagegen nur irgendwie zweifelhaft, so hängt die sofortige Vollziehung allein davon ab, ob hierzu ein öffentliches Interesse besteht.

HessVGH., Beschl. v. 1. 6. 1949; HessStaatsanz. 49 S. 278.

Aus der Anordnung der sofortigen Vollziehung eines VA. muß erkennbar sein, daß sie nach § 51 Abs. 1 VGG. trotz der etwa künftigen Erhebung des Einspruches und der Anfechtungsklage gewollt ist, und daß die Behörde die Vollziehung nach entsprechender Prüfung im öffentlichen Interesse für geboten hält.

Nur das öffentliche Interesse, nicht ein privates Interesse, kann die sofortige Vollziehung rechtfertigen.

BayerVGH., Beschl. v. 9. 6. 1947 Nr. 11 S. 47; VerwRechtspr. Nr. 37.

Soll einem Rechtsmittel oder Rechtsbehelf die aufschiebende Wirkung versagt werden, so muß es die Behörde ausdrücklich anordnen; in der Anordnung sofortiger Schließung eines Instituts liegt diese Wirkung nicht.

HessVGH., Beschl. v. 6. 10. 1948; HessStaatsanz. 49 S. 276.

Die Vollziehung einer behördlichen Verfügung, nach dem RLG. eine bewegliche Sache einem anderen zu Eigentum zu überlassen, kann das Verwaltungsgericht auch dann noch aussetzen, wenn der Besitz bereits auf den anderen übergegangen ist.

BayerVGH., Beschl. v. 9. 6. 1947 Nr. 11 S. 47; VerwRechtspr. Nr. 37.

Ist der VA. bereits vollzogen, kommt die Aussetzung der Vollziehung nicht mehr in Betracht.

HessVGH., Beschl. v. 2. 3. 1949; HessStaatsanz. 49 S. 278.

Ist der VA. bereits vollzogen, so würde eine bloße Aussetzung der Vollziehung nichts helfen; das Gericht muß die Berechtigung haben, über die bloße Aussetzung hinaus in einem solchen Fall durch eine positive Anordnung einzugreifen, wenn der Betroffene durch die Aufrechterhaltung des durch den Vollzug geschaffenen Zustandes nicht wieder gut zu machenden Nachteilen ausgesetzt wäre. Hierbei mag es dahingestellt bleiben, ob eine derartige Befugnis sich schon aus § 51 Abs. 3 VGG. ergibt, oder nach § 34 VGG. die §§ 935, 940 oder 769 ZPO. ergänzend herangezogen werden sollen.

VG. Stuttgart, Beschl. v. 7. 11. 1947 — I 455/47; ÖffVerw. 49 S. 160.

Liegt zur Zeit der Entscheidung über einen Aussetzungsantrag eine Erklärung des Anfechtungsgegners noch nicht vor, so ist nötigenfalls allein auf Grund des Klagevorbringens zu entscheiden. Der richterliche Spruch darf einen VA. nicht teilen.

HessVGH., Beschl. v. 8. 6. 1948; HessStaatsanz. 49 S. 275; DVerw. 48 S. 123; VerwRechtspr. Nr. 77.

Über die Aussetzung der Vollstreckung ist zu entscheiden, auch wenn die Erklärung des Gegners dazu nicht vorliegt.

HessVGH., Beschl. v. 13. 5. 1948 B 25/48; ÖffVerw. 49 S. 478.

Das Gericht der Instanz ist zur Abänderung des Aussetzungsbeschlusses nach § 51 VGG. befugt. Hierbei ist der Grundsatz des rechtlichen Gehörs der Beteiligten zu beachten.

HessVGH., Beschl. v. 17. 12. 1947; HessStaatsanz. 49 S. 274.

Auch bei rechtsgestaltenden VA., bei denen es besonderer Vollziehungshandlungen nicht bedarf, haben Einspruch, Beschwerde und Klage nach § 51 Satz 1 der VO. Nr. 165 aufschiebende Wirkung.

Ob ein „öffentliches Interesse" die Vollziehungsanordnung nach § 51 Abs. 1 Satz 2 rechtfertigt, ist keine Ermessensentscheidung.

LVG. Hannover, Beschl. v. 28. 10. 49 — A 1 367/49; ÖffVerw. 50 S. 59; MDR. 50 S. 125.

Der Verwaltungsrichter wird regelmäßig von der Befugnis, eine Aussetzung der Vollziehung des beschwerenden VA. anzuordnen, nur dann Gebrauch machen, wenn er der Auffassung ist, daß das von der Verwaltungsbehörde für gegeben gehaltene oder ein sonstiges öffentliches Interesse an der sofortigen Vollziehung des VA. diese Vollziehung nicht rechtfertigt.

BayerVGH., Beschl. v. 4. 7. 1947 Nr. 26 S. 47; VGHE. n. F. Nr. 6.

Die sofortige Vollziehung einer Verfügung über die Amtsenthebung eines Notars liegt im öffentlichen Interesse, wenn Zweifel darüber auftauchen, ob er rechtswirksam zum Notar bestellt ist.

BayerVGH., Beschl. v. 9. 7. 1948 Nr. 152 I 48; VGHE. n. F. Nr. 26.

Die Versagung der aufschiebenden Wirkung der Anfechtungsklage bei Entzug des Führerscheines ist gerechtfertigt, wenn der Kraftfahrer unter starker Alkoholeinwirkung gestanden hat.

BayerVGH., Beschl. v. 21. 9. 1949 Nr. 372 I 49.

Wurde auf Grund des RLG. ein Kraftwagen einer Molkerei übereignet, so rechtfertigt die Versorgung der Bevölkerung durch die Molkerei nicht immer die sofortige Vollziehung.

BayerVGH., Beschl. v. 9. 4. 1948 Nr. 111 I 47; BBürgerm. 48 S. 187.

Wurde bei einer Privatperson ein Kraftwagen nach dem RLG. in Anspruch genommen und einem Arzt übereignet, so spricht das öffentliche Interesse für den sofortigen Vollzug.

BayerVGH., Beschl. v. 2. 3. 1948 Nr. 32 I 48.

Es liegt im öffentlichen Interesse, daß ein ohne Genehmigung eröffnetes Geschäft (Großhandelsunternehmen in Waren aller Art) sofort geschlossen werde (Art. 7 LizGes. Nr. 42).

BayerVGH., Beschl. v. 22. 4. 1948 Nr. 89 II 48.

Der Antrag auf Erlaß einer einstweiligen Verfügung muß abgelehnt werden, wenn die beantragte Verfügung den gerade mit der Klage erstrebten Zustand herstellen und damit eine vorläufige Verurteilung in der Hauptsache bedeuten würde, was nach ständiger Rechtsprechung, abgesehen von bestimmten Arten von Geldforderungen, als unzulässig angesehen wird.

VG. Stuttgart, Beschl. v. 26. 4. 1948 — I 325/4; ÖffVerw. 49 S. 160.

Im Aussetzungsverfahren gemäß § 51 Abs. 3 VGG. ist grundsätzlich nicht zu prüfen, ob der angefochtene VA. der Rechtsgrundlage entbehrt (Beschl. v. 15. 9. 1948 B 6/48), oder wie die Aussichten des Verwaltungsstreitverfahrens zu beurteilen sind.

HessVGH., Beschl. v. 20. 10. 1948 OS. 138/48; ÖffVerw. 49 S. 478.

Maßgebend ist lediglich, ob die Abwägung des öffentlichen und privaten Interesses die sofortige Vollziehung des VA. verlangt.

HessVGH., Beschl. v. 6. 10. 1948 B 74/48; ÖffVerw. 49 S. 478.

Ist dies nicht der Fall, so ist das Gericht nicht nur berechtigt, sondern verpflichtet, die sofortige Vollziehung auszusetzen.

HessVGH., Beschl. v. 16. 4. 1948 B 13/48; ÖffVerw. 49 S. 478.

Die Entscheidung über die Aussetzung der Vollziehung eines VA. hängt nicht davon ab, wie die Aussichten des Verwaltungsstreitverfahrens zu beurteilen sind, sondern vom Ergebnis einer Abwägung der öffentlichen und privaten Interessen. Für Wohnungssachen unterstellt § 21 DurchfVO. zum WohnG., daß ein öffentliches Interesse an der sofortigen Vollziehung besteht.

HessVGH., Beschl. v. 20. 10. 1948 und v. 10. 11. 1948; NJW. 49 S. 639.

Bei der Entscheidung über einen Aussetzungsantrag kommt es nur auf die Interessenabwägung und nicht auf die Erörterung der Rechtslage in der Hauptsache an, es sei denn, daß der Klageanspruch von vornherein offensichtlich unbegründet ist.

HessVGH., Beschl. v. 27. 10. 1948; NJW. 49 S. 639.

Ist der Rechtsweg nicht zulässig, so kann das Gericht auch nicht über einen Aussetzungsantrag entscheiden.

HessVGH., Beschl. v. 17. 12. 1947 B 3/47; ÖffVerw. 49 S. 478.

Ist der VA. bereits vollständig durchgeführt (z. B. eine nach § 21 DurchfVO. zum WohnG. zwangsweise durchgeführte Einweisung), so ist eine Aussetzung gemäß § 51 Abs. 3 VGG. nicht möglich.

HessVGH., Beschl. v. 2. 3. 1949 B 43/49; ÖffVerw. 49 S. 478.

Wohnungsgesetz Nr. 18.

Neben den bereits erwähnten Entscheidungen sei noch auf den Beschluß des HessVGH. v. 28. 7. 1948 R Nr. 13/48 in DVerw. 48 S. 116 mit ablehnender Anmerkung von Bettermann verwiesen.

Gemäß § 21 der DurchfVO. Nr. 115 zum WohnG. hat die Anfechtungsklage keine aufschiebende Wirkung, es sei denn, daß das Verwaltungsgericht die Aussetzung der Vollstreckung anordnet. Damit wurde zum Ausdruck gebracht, daß die sofortige Vollziehung der Maßnahmen nach dem WohnG. im öffentlichen Interesse grundsätzlich gelegen und somit die Voraussetzung erfüllt ist, unter der gemäß § 51 VGG. sonst die sofortige Vollstreckung besonders angeordnet werden kann, da im allgemeinen der Anfechtungsklage sonst die aufschiebende Wirkung zukommt.

Daraus folgt, daß der Verwaltungsrichter die Aussetzung der Vollstreckung nur dort anordnen wird, wo entweder das vorausgesetzte öffentliche Interesse nicht gegeben ist, oder wo ein anderes, besonderes öffentliches Interesse dem sofortigen Vollzuge entgegenstehen würde, oder wo private Interessen vorliegen, die das WohnG. selbst oder die DurchfVO. als beachtlich und darum auch vom Standpunkt der öffentlichen Interessen schützenswert anerkennen (wie z. B. § 18 Ziff. 3 DurchfVO.), oder wo schließlich der sofortige Vollzug eine nicht zumutbare Härte darstellen würde; denn auch dies ist ein Umstand, der nach der DurchfVO. ins Gewicht fällt (§ 13 Ziff. 1).

BayerVGH., Beschl. v. 12. 10. 1948 Nr. 310 II 48; VGHE. n. F. Nr. 35.

Wenn die Sicherheit der Berufsausübung eines Rechtsanwaltes durch die Erfassung von Wohnraum gefährdet ist, ist die Aussetzung der Vollziehung der Erfassungsverfügung anzuordnen.

BayerVGH., Beschl. v. 23. 3. 1948 Nr. 46 II 48; VGHE. n. F. Nr. 19.

Wenn ein kinderloses Ehepaar Zimmer und Küche hat und das erfaßte Zimmer zu Lagerung von Waren (der Mann ist Vertreter) verwendet werden soll, ist kein Grund, die Aussetzung anzuordnen.

BayerVGH., Beschl. v. 5. 10. 1948 Nr. 243 II 48.

Einer Schneiderin, die Zimmer und Küche hat, wurde ein zweites Zimmer, in dem sie mit Lehrmädchen ihren Beruf ausübte, erfaßt. Die Aussetzung wurde angeordnet.

BayerVGH., Beschl. v. 9. 9. 1948 Nr. 271 II 48.

Kann die Hausangestellte in einem anderen Raum schlafen, so ist kein Grund für die Aussetzung der Vollstreckung der Erfassung ihres bisherigen Schlafzimmers gegeben.

BayerVGH., Beschl. v. 28. 9. 1948 Nr. 255 II 48.

Ein Wohnungssuchender ist zur Stellung des Antrages auf Aussetzung der Vollstreckung einer Verfügung, mit der einer anderen Person eine Wohnung zugewiesen wurde, nicht legitimiert.

BayerVGH., Beschl. v. 25. 10. 1949 Nr. 355 II 49.

Wird durch die angefochtene Maßnahme nicht ein neuer beschwerender Zustand geschaffen, sondern nur eine Verbesserung des bisherigen Zustandes, die vom Betroffenen angestrebt wird, verweigert, so kommt eine Aussetzung der Vollziehung nicht in Betracht.

BayerVGH., Beschl. v. 10. 5. 1949 Nr. 389 II 48.
BayerVGH., Beschl. v. 1. 12. 1949 Nr. 264 II 49.

Die Vollstreckung eines Beschlusses, der lediglich eine ablehnende Stellungnahme der angegangenen Behörde darstellt und dementsprechend die Aussetzung der Vollstreckung eines derartigen Beschlusses sind begrifflich nicht möglich, da eine positive Anordnung, die vollstreckt werden könnte, nicht getroffen wurde. (Mit der angefochtenen Verfügung wurde es abgelehnt, dem Anfechtungskläger einen durch den Auszug von Untermietern freiwerdenden Raum freizugeben.)

BayerVGH., Beschl. v. 25. 10. 1949 Nr. 401 II 49.

§ 52. Beteiligte.

Im Anfechtungsverfahren haben die Beteiligten (Anfechtungskläger und Anfechtungsgegner) grundsätzlich die gleichen Rechte und Pflichten.

§ 39 VO. Nr. 165.

(1) Beteiligte am Verfahren sind:
a) der Kläger;
b) der Beklagte;
c) der Beigeladene (§ 41);
d) der Vertreter des öffentlichen Interesses (§ 10).

(2) Der Vertreter des öffentlichen Interesses gilt nicht als Beteiligter, wenn er ausdrücklich erklärt, daß er sich an dem Verfahren nicht beteilige oder wenn er auf die Zustellung der Klageschrift verzichtet hat.

§ 52 VGG. zählt die Beteiligten nicht erschöpfend auf, denn zu diesen gehört auch der gemäß § 60 VGG. Beigeladene.

Zu den Rechten gehört insbesondere das Parteiengehör, das Recht Anträge zu stellen, Beweismittel anzubieten, Beschwerde und Berufung einzulegen, zu den Pflichten, an der Aufklärung des Tatbestandes mitzuwirken und auf Aufforderung Erklärungen und Gegenäußerungen abzugeben (§ 57 Abs. 1 VGG.).

Der Vertreter des öffentlichen Interesses ist Beteiligter nur dort, wo Anfechtungsgegner nicht der Staat ist; ist der Staat Anfechtungsgegner, so ist er dessen Vertreter.

§ 53. Parteifähigkeit.

(1) Beteiligter (§ 52) kann sein, wer rechtsfähig ist.

(2) Personenvereinigungen können, auch ohne Rechtsfähigkeit zu besitzen, Beteiligte sein.

§ 40 VO. Nr. 165.

Nicht rechtsfähige Vereine können Beteiligte sein.

§ 53 VGG. regelt die Parteifähigkeit im Verwaltungsstreitverfahren; anders § 54 VGG., der Vorschriften über die Prozeßfähigkeit gibt.

Rechtsfähigkeit ist die Fähigkeit, Träger von Rechten und Pflichten zu sein.

Die Rechtsfähigkeit einer natürlichen Person richtet sich nach bürgerlichem Recht, d. h. nach dem § 1 BGB. Sie beginnt mit der Vollendung der Geburt (anders im Strafrecht) und endet mit dem Tode bzw. der Todeserklärung (vgl. Verschollenheitsgesetz vom 4. 7. 1939; RGBl. I S. 1186 §§ 1ff.). Auch Ausländer, die nach ihrem, aber nicht nach deutschem Recht parteifähig sind, können nach Art. 7 EG. BGB. Partei sein (RG. 117, 217). Auflösend bedingt rechtsfähig ist ferner die Leibesfrucht (nasciturus), soweit für die nach §§ 1912ff. BGB. ein Pfleger eingesetzt ist. Dieser ist gesetzlicher Vertreter (vgl. RG. 65, 281). Ebenso sind letztwillig bedachte, noch nicht erzeugte Abkömmlinge zu behandeln (§§ 2102, 2162, 2178 BGB.).

Für rechtsfähige Vereine sind die §§ 21ff., 55ff. BGB. maßgebend. Ein ideeller Verein erlangt Rechtsfähigkeit erst mit der Eintragung (§ 21 BGB.), ein wirtschaftlicher Verein im Falle des § 22 BGB. und ein ausländischer Verein im Falle des § 23 BGB. bereits mit der Verleihung. Die Rechtsfähigkeit öffentlich-rechtlicher Körperschaften und Anstalten wird nach öffentlichem Recht (Staats-, Verwaltungs- und Kirchenrecht) bestimmt.

Bei den Handelsgesellschaften sind Sondergesetze maßgebend, so bei der Aktiengesellschaft und der Kom.-Ges. auf Aktien das Aktiengesetz vom 30. 1. 1937 (§§ 34 Abs. 1, 219 Abs. 1), bei der GmbH. das GmbH.-Gesetz vom 20. 4. 1892 (in der Fassung vom 28. 6. 1926; § 11 Abs. 1). Die Gesellschaften erlangen Rechtsfähigkeit mit der Eintragung in das Handelsregister. Auf die Streitfrage, inwieweit die OHG. und die KG. rechts- und parteifähig sind (vgl. §§ 124 Abs. 2, 129, 161, 164 HGB.; auch § 50 Abs. 2 ZPO.), ist hier nicht näher einzugehen, da der § 53 Abs. 2 VGG. grundsätzlich auch nichtrechtsfähigen Personenvereinigungen die Parteifähigkeit zuerkennt.

§ 50 Abs. 2 ZPO. gibt lediglich die passive Parteifähigkeit für nichtrechtsfähige Vereine (vgl. § 54 BGB.), während § 53 Abs. 2 VGG. darüber hinaus aktive und passive Parteifähigkeit für alle Personenvereinigungen, die keine Rechtsfähigkeit besitzen, gewährt. Somit insbesondere auch für die Gesellschaft des bürgerlichen Rechts (§§ 705ff. BGB.); fraglich wäre die Anwendbarkeit auf die zufällige Gemeinschaft (Communio incidens, §§ 741ff. BGB.), aber doch wohl zu verneinen. Bei allen Personenvereinigungen sind die vertretungsberechtigten Organe gesetzliche Vertreter und die Mitglieder nicht Partei.

Die Parteifähigkeit ist Prozeßvoraussetzung und muß während der ganzen Dauer des Prozesses vorliegen. Bei Fehlen erfolgt Klagezurückweisung (evtl. durch Vorbescheid §§ 55 Ziff. 4, 105 VGG.), also keine Sachentscheidung. Anfängliches Fehlen der Parteifähigkeit kann geheilt werden, wenn die Partei im Verlauf des Prozesses Parteifähigkeit erlangt und ihre eigene frühere Prozeßführung genehmigt; jedoch ist nur eine Genehmigung der gesamten Prozeßführung, nicht etwa einzelner Handlungen möglich (vgl. RG., JW. 01, 83).

Rechtsprechung.

Auch eine Einzelfirma kann Klägerin sein.
HessVGH., Urt. v. 30. 3. 1949 OS. 244/48; ÖffVerw. 49 S. 478.

§ 54.

Prozeßfähigkeit.

(1) Fähig zur Vornahme von Verfahrenshandlungen sind:
1. die nach bürgerlichem Recht Geschäftsfähigen;
2. die nach bürgerlichem Recht in der Geschäftsfähigkeit Beschränkten, soweit sie durch Vorschrift des bürgerlichen oder des öffentlichen Rechts für den Gegenstand des Verfahrens als geschäftsfähig anerkannt sind.

(2) Für einen hiernach Prozeßunfähigen handelt der gesetzliche Vertreter.

Im § 54 VGG. wird die Prozeßfähigkeit im Verwaltungsstreitverfahren geregelt, während § 53 VGG. Bestimmungen über die Parteifähigkeit bringt.

Prozeßfähigkeit bedeutet die Fähigkeit, einen Prozeß selbst oder durch einen Prozeßbevollmächtigten zu führen, also Prozeßhandlungen vorzunehmen. Sie bedeutet die prozessuale Geschäftsfähigkeit und ist scharf von der Prozeßführungsbefugnis (der Aktiv- und Passivlegitimation) zu scheiden.

Geschäftsfähig und damit auch zur Vornahme von Verfahrenshandlungen befähigt, ist nach bürgerlichem Recht derjenige, der sich durch Verträge selbständig verpflichten kann. Diese Fähigkeit ergibt sich aus der Negierung des § 104 BGB. (Geschäftsunfähigkeit), sowie aus § 106 BGB. (beschränkte Geschäftsfähigkeit) und § 114 BGB. (beschränkte Geschäftsfähigkeit Entmündigter und unter vorläufige Vormundschaft Gestellter).

Generell sind die in der Geschäftsfähigkeit Beschränkten voll prozeßunfähig, sind jedoch dann zur Vornahme von Verfahrenshandlungen befähigt, wenn und soweit sie durch Vorschriften des bürgerlichen oder öffentlichen Rechts für den Gegenstand des Verfahrens als geschäftsfähig anerkannt sind; z. B. § 112 BGB. (Ermächtigung zum selbständigen Betrieb eines Erwerbsgeschäftes), § 113 BGB. (Ermächtigung zu Dienst und Arbeit). Sie besitzen dann insoweit die volle Prozeßfähigkeit, eine Prozeßfähigkeit lediglich für einzelne Handlungen gibt es nicht.

Die Prozeßführung einer Frau wird dadurch, daß sie Ehefrau ist, nicht beschränkt. Die minderjährige Ehefrau ist nicht prozeßfähig, kann jedoch auch im obigen Rahmen für den Gegenstand des Verfahrens als geschäftsfähig anerkannt sein. Trotz der Prozeßfähigkeit können bürgerlich-rechtliche Beschränkungen der Verfügungsbefugnis vorliegen. Sind diese Verfügungsbeschränkungen gegeben, dann fehlt das Prozeßführungsrecht und die Klage ist als unzulässig zurückzuweisen (evtl. durch Vorbescheid).

Personenvereinigungen des öffentlichen und privaten Rechts können stets nur durch ihre Organe handeln. Die Vertretungsmacht und Vertretungsbefugnis bestimmt sich bei den privatrechtlichen Vereinigungen nach der Satzung und subsidiär nach dem Gesetz, bei den öffentlichrechtlichen nach den einschlägigen Vorschriften.

Prozeßunfähige werden durch ihren gesetzlichen Vertreter (Vater, Vormund, Pfleger) vertreten. Der gesetzliche Vertreter handelt an Stelle des Prozeßunfähigen, der Umfang seiner Vertretungsmacht ergibt sich aus dem materiellen Recht (§§ 1630, 1793, 1794, 1909 usw. BGB.). Der gesetzliche Vertreter ist nicht Partei (Beteiligter), seine Handlungen sind solche der Partei (Beteiligten) und die Partei haftet für das Verschulden seines gesetzlichen Vertreters (§ 278 BGB.). Kein Prozeßunfähiger kann mit Zustimmung seines gesetzlichen Vertreters prozessieren.

§ 54 VGG. umfaßt nicht die in §§ 53—58 ZPO. geregelten Fälle der unterstellten Prozeßunfähigkeit (§ 53), der besonderen Ermächtigung zu Prozeßhandlungen (§ 54), der Prozeßfähigkeit der Ausländer (§ 55), der vorläufigen Zulassung (§ 56 Abs. 2) und der gerichtlichen Bestellung eines Vertreters (§§ 57, 58) sowie des wichtigen § 56 Abs. 1 (Amtsprüfung für Parteifähigkeit, Prozeßfähigkeit, Legitimation eines gesetzlichen Vertreters und der etwa erforderlichen Ermächtigung zur Prozeßführung). Diese Bestimmungen (§§ 53—58 ZPO.) sind jedoch nach § 34 VGG. ergänzend heranzuziehen.

Vorbescheid.

§ 55.

(1) Die Anfechtungsklage kann ohne weiteres durch einen mit Gründen versehenen Vorbescheid, der auch dem Anfechtungsgegner zuzustellen ist, abgewiesen werden, wenn:

1. **ein wesentliches Erfordernis fehlt und der Kläger innerhalb einer vom Gericht zu bestimmenden Frist den Mangel nicht beseitigt;**
2. **die Klagefrist versäumt ist oder der Einspruch oder die Beschwerde wegen Versäumung der Frist zurückgewiesen worden war;**
3. **das Gericht offenbar unzuständig ist;**
4. **die Klage aus anderen Gründen offenbar unzulässig oder offenbar unbegründet ist.**

(2) Der Anfechtungskläger kann binnen einem Monat nach Zustellung des Vorbescheids mündliche Verhandlung beantragen; er ist im Vorbescheid auf dieses Recht hinzuweisen. Wird der Antrag rechtzeitig gestellt, so gilt der Vorbescheid als nicht ergangen; andernfalls gilt er als rechtskräftiges Urteil.

In Hessen lautet Ziff. 4: „**Die Klage offenbar unbegründet ist.**"

In Württemberg-Baden fehlt Ziff. 4.

§ 55 VO. Nr. 165.

(1) **Die Klage kann durch einen mit Gründen versehenen Vorbescheid des Vorsitzenden abgewiesen werden, wenn**

a) **ein wesentliches Erfordernis in der Klagschrift fehlt und der Kläger innerhalb einer ihm bestimmten Frist den Mangel nicht beseitigt hat;**

b) **die Klagfrist versäumt ist oder der Einspruch oder die Beschwerde wegen Fristversäumung mit Recht zurückgewiesen worden war;**

c) **der Verwaltungsrechtsweg unzulässig ist;**

d) **das Gericht unzuständig ist.**

(2) **Der Kläger kann innerhalb eines Monats nach Zustellung des Vorbescheides mündliche Verhandlung beantragen. Wird der Antrag rechtzeitig gestellt, so gilt der Vorbescheid als nicht ergangen; andernfalls gilt er als rechtskräftiges Urteil.**

§ 57. VO. Nr. 165.

(1) **Erscheint durch die Erklärung der Beteiligten das Sach- und Rechtsverhältnis genügend geklärt, so kann das Gericht oder namens desselben der Vorsitzende auch ohne mündliche Verhandlung seine Entscheidung in der Form eines begründeten Bescheides fällen.**

(2) **Jeder Beteiligte kann innerhalb eines Monats nach Zustellung entweder die Anberaumung der mündlichen Verhandlung beantragen oder dasjenige Rechtsmittel einlegen, welches zulässig wäre, wenn das Gericht auf Grund mündlicher Verhandlung entschieden hätte.**

(3) **Wird von einem Beteiligten rechtzeitig mündliche Verhandlung beantragt, so gilt der Bescheid als nicht ergangen; ein von einem anderen Beteiligten eingelegtes Rechtsmittel gilt als nicht eingelegt.**

(4) **Wird weder mündliche Verhandlung beantragt noch das Rechtsmittel eingelegt, so gilt der Bescheid als rechtskräftiges Urteil.**

Die Einführung des Vorbescheides bezweckt die Vermeidung einer unnötigen mündlichen Verhandlung in für den Kläger aussichtslosen Fällen. Es soll vermieden werden, daß der große Apparat einer öffentlichen Verhandlung in Bewegung gesetzt wird, andererseits erspart der Kläger dadurch Kosten. Die Erwartungen in dieser Richtung haben sich jedoch nicht erfüllt, in den meisten Fällen beantragt der Kläger mündliche Verhandlung; insbesondere ist er dazu gezwungen, wenn die Anfechtungsklage wegen Versäumung der Klagefrist abgewiesen wurde, er von der Fristversäumnis erst durch den Vorbescheid Kenntnis erlangt und nun Antrag auf Einsetzung in den vorigen Stand stellen will. De lege ferenda wäre zu erwägen, ob nicht die Zurückweisung der Anfechtungsklage durch Beschluß (in voller Besetzung des Verwaltungsgerichtes) aus den im § 55 Abs. 1 angeführten Gründen am Platze wäre, gegen den dann Beschwerde zum VGH. eingelegt werden könnte. Wer trotz Klarlegung der Rechts- und Sachlage in der Begründung des Vorbescheides Antrag auf mündliche Verhandlung stellt, wird sich in der Regel auch mit dem abweisenden Urteil nicht begnügen und den VGH. anrufen. Bei der vorgeschlagenen Regelung würde die mündliche

Verhandlung vor dem Verwaltungsgericht und vor dem VGH. erspart werden.

Das Verwaltungsgericht entscheidet ohne Mitwirkung der ehrenamtlichen Mitglieder (§ 15 Abs. 1 Satz 2 VGG.).

Die Worte „ohne weiteres" bedeuten, daß das Verwaltungsgericht, ohne die Klage dem Anfechtungsgegner zuzustellen oder ohne eine Beiladung gemäß § 60 VGG. zu beschließen, grundsätzlich den Vorbescheid erlassen könnte. Auch der Vertreter des öffentlichen Interesses müßte vorher nicht gehört werden. Im Hinblick auf den letzten Satz des Abs. 2 tauchen jedoch hinsichtlich der Beiladung Bedenken auf. Gegenüber den durch Beschluß Beigeladenen ist die Entscheidung über die Anfechtungsklage wirksam (§ 60 Abs. 4 in Verbindung mit § 84 VGG.); wird ein Antrag auf mündliche Verhandlung nicht gestellt, so gilt der Vorbescheid als rechtskräftiges Urteil. War jedoch die „andere Person" gemäß § 60 VGG. nicht beigeladen worden, so kann ihr der Vorbescheid auch nicht zugestellt werden und wirkt dann ihr gegenüber nicht als rechtskräftiges Urteil, obwohl der Beizuladende und unter Umständen auch der Kläger ein Interesse an dieser Rechtswirksamkeit haben. Es dürfte sich darum empfehlen, vor der Erlassung des Vorbescheides die Beiladung vorzunehmen.

Nun bestimmt aber § 56 VGG.: „Wird kein Vorbescheid erlassen oder gilt der Vorbescheid als nicht ergangen, so stellt das Verwaltungsgericht die Anfechtungsklage dem Anfechtungsgegner mit dem Ersuchen zu, sich innerhalb einer bestimmten Frist zur Klage zu äußern." Aus dem Zusammenhange der §§ 55 und 56 könnte nun geschlossen werden — und diese Ansicht wird auch öfters vertreten —, daß das Verwaltungsgericht, wenn es einmal die Anfechtungsklage dem Anfechtungsgegner zur Äußerung zugestellt hat, nicht mehr einen Vorbescheid erlassen darf. Dem ist jedoch nicht so. § 56 VGG. hat den normalen Fall im Sinne, daß bereits aus der Anfechtungsklage ersichtlich ist, daß einer der Gründe des § 55 Abs. 1 VGG. gegeben ist. Dies wird jedoch in den wenigsten Fällen schon klar erkennbar sein, da das Verwaltungsgericht beim Einlauf der Klage noch keine Akten vor sich hat, und überhaupt nicht beurteilen kann, ob die Klage verspätet, offenbar unzulässig oder gar offenbar unbegründet ist. Nur Ziff. 1 kann ohne Akten festgestellt werden. Es wäre nicht eine Erleichterung, sondern eine Erschwerung des Geschäftsganges, wenn das Gericht, um sich nicht zu präkludieren, vorerst die Akten einholen und dann, wenn keiner der Gründe des § 55 Abs. 1 VGG. gegeben sind, die Akten der Körperschaft, die den VA. erlassen hat, wieder zu Äußerung zurücksenden müßte. Maßgebend sind die Worte: „kann ohne weiteres"; damit ist klar ausgedrückt, daß ein „weiteres" auch vorkommen kann, nämlich die Einholung der Akten, der Äußerung des Anfechtungsgegners, und Erhebungen, ob z. B. der Einspruch tatsächlich verspätet war (Ziff. 2); im letzteren Falle ist die Erlassung eines Vorbescheides ohne Klarstellung der

Einspruchsfristversäumnis überhaupt nicht möglich. § 56 VGG. hat somit nur formale Bedeutung und den Charakter einer Geschäftsordnungsvorschrift.

Der Vorbescheid ist zu begründen, und zwar ausführlich zu begründen. Nicht beizustimmen ist jedoch Van Husen, daß bei Fehlen der vorgeschriebenen Begründung die Frist nicht in Lauf gesetzt wird. Das VGG. enthält in dieser Richtung keine dem § 32 VGG. entsprechende Vorschrift.

Ziff. 1.

Was ist ein „wesentliches Erfordernis"? § 44 VGG. bestimmt, daß die Klage einen bestimmten Antrag enthalten muß und die Anfechtungspunkte und die zur Begründung dienenden Tatsachen und Beweismittel angeben soll. Dies sind jedenfalls „wesentliche Erfordernisse" auch ihrer Natur nach (vgl. § 253 ZPO.), nicht aber wohl die Bestimmung, daß die Anfechtungsklage als solche bezeichnet werden soll, denn es wäre ein überflüssiger Formalismus, eine dahingehende Ergänzung zu verlangen, wenn gerade nur dieses Erfordernis fehlt. Es gibt jedoch auch Erfordernisse, die im § 44 VGG. nicht genannt sind, dem Wesen der Sache nach jedoch wesentliche sind, nämlich die Bezeichnung des beschwerenden VA. und des Einspruchs- oder Beschwerdebescheides und der Behörde, die diese erlassen hat. Fehlt diese Angabe, so ist die Einleitung des Verfahrens überhaupt unmöglich. Da Ziff. 1 sich auf § 44 VGG. nicht beruft, ist es durchaus vertretbar, auch dieses Erfordernis als wesentlich im Sinne des § 55 zu betrachten.

Zur Beseitigung dieser Mängel muß das Verwaltungsgericht dem Anfechtungskläger vorerst eine angemessene Frist bestimmen und ihn jedenfalls dabei darauf aufmerksam machen, daß im Falle, daß er der Aufforderung nicht nachkommt, die Klage mittels Vorbescheides abgewiesen werden wird.

Manche Verwaltungsgerichte sehen das Fehlen eines wesentlichen Erfordernisses im Sinne des § 55 auch darin, daß ein Einspruchs-, Beschwerdebescheid (abgesehen von dem Falle des § 42 Abs. 2 VGG.) noch nicht ergangen ist, oder überhaupt kein Einspruch erhoben wurde und die Klage sich unmittelbar gegen den beschwerenden VA. richtet. Diese Auffassung gibt zu Zweifeln Anlaß, denn Ziff. 1 hat offensichtlich nur solche formale Mängel der Anfechtungsklage im Sinne, die der Anfechtungskläger selbst beseitigen kann. Wenn der Kläger unmittelbar gegen den beschwerenden VA. Anfechtungsklage erhebt, so wird dadurch, daß er jetzt auf Aufforderung des Gerichtes Einspruch oder Beschwerde einlegt — die in der Regel verspätet sein werden — der vom Gericht angenommene Mangel noch nicht beseitigt, denn es fehlt der Einspruchs-(Beschwerde-)Bescheid, den beizubringen der Kläger nicht in der Lage ist, da dies eine Tätigkeit der Behörde erfordert. Das Fehlen derartiger prozessualer Voraussetzungen fällt unter Ziff. 3, das Gericht ist offenbar unzuständig oder in Bayern jetzt unter Ziff. 4. Der Einspruchs-(Beschwerde-)Bescheid ist eine Klagevoraussetzung, nicht ein formales Erfordernis der Anfechtungsklage.

Das Hauptargument gegen eine derartige Praxis liegt aber darin, daß eine gegen die Vorschrift des § 38 Abs. 1 VGG. ohne Einspruchs-(Beschwerde-)Verfahren erhobene Anfechtungsklage unzulässig ist.

Eine unzulässige Klage kann nur zurückgewiesen, niemals aber ergänzt werden, wenigstens kann der Anstoß hierzu nicht vom Gericht ausgehen.

Ziff. 2.

Wird die Anfechtungsklage wegen Versäumnis der Klagefrist (§ 42 Abs. 1) mittels Vorbescheides abgewiesen, so wird der Kläger in den meisten Fällen mündliche Verhandlung verlangen und zugleich Einsetzung in den vorigen Stand gemäß § 33 VGG. beantragen, da er regelmäßig erst aus dem Vorbescheid von der Versäumnis Kenntnis erlangt. Es wird sich darum empfehlen, vor Erlassung des Vorbescheides den Kläger auf die Fristversäumnis aufmerksam zu machen und erst wenn binnen zwei Wochen nach dieser Bekanntgabe kein Antrag auf Einsetzung in den vorigen Stand gestellt wird, den Vorbescheid zu erlassen. Wird der Antrag gestellt, so ist zuerst über diesen zu entscheiden und im Falle der Abweisung mit dem Vorbescheid tunlichst bis zum Ablauf der Beschwerdefrist zuzuwarten.

Waren der Einspruch oder die Beschwerde von der Einspruchs-(Beschwerde-)Behörde wegen Fristversäumung zurückgewiesen worden, so bildet den eigentlichen Streitgegenstand die Frage, ob die Frist tatsächlich versäumt worden war. Die Anfechtungsklage ist somit nicht unzulässig, wie in den übrigen Fällen mit Ausnahme der Ziff. 4, sondern das Verwaltungsgericht trifft hier eine Sachentscheidung, indem es prüft, ob der Einspruchs-(Beschwerde-)Bescheid (der den Einspruch, die Beschwerde als verspätet zurückgewiesen hat), richtig ist.

Ziff. 3.

Offenbar unzuständig ist das Verwaltungsgericht, wenn die Streitsache auf den ordentlichen Rechtsweg oder vor ein besonderes Verwaltungsgericht gehört oder die übrigen Ausnahmen des § 22 VGG. gegeben sind. Offenbar unzuständig ist das Verwaltungsgericht aber auch dann, wenn der erforderliche Einspruchs-(Beschwerde-)Bescheid fehlt und die Voraussetzungen des § 42 Abs. 2 VGG. nicht erfüllt sind.

Die Unzuständigkeit ist auch gegeben, wenn überhaupt kein VA. vorliegt, doch wird sie selten „offenbar" sein.

Vor Einfügung der Ziff. 4 wurde unter Ziff. 3 oft auch der Fall eingereiht, wo die Aktivlegitimation nicht gegeben war, indem man sagte, das Verwaltungsgericht sei nur für Klagen zuständig, die von einer legitimierten Person erhoben werden.

Ziff. 4.

Unzulässig ist insbesondere die Klage des hierzu nicht Legitimierten. Gegen die Erteilung einer Gaststättenkonzession z. B. ist der Gastwirt, den die Konkurrenz schädigen kann, nicht legitimiert, Anfechtungsklage zu erheben.

Sehr bedeutungsvoll ist in Bayern die weitere Bestimmung, daß auch eine offenbar unbegründete Klage mittels Vorbescheides abgewiesen werden kann; sie paßt nicht recht in den Rahmen des § 55 Abs. 1, denn die übrigen dort angeführten Fälle beziehen sich im wesentlichen auf unzulässige Klagen (bei Ziff. 2 zweiter Halbsatz war der Einspruch bereits unzulässig). Von dieser Möglichkeit wird das Verwaltungsgericht wohl nur selten Gebrauch machen, und zwar dort, wo der Tatbestand ganz einfach gelagert ist; die Begründung muß erschöpfend und so einleuchtend sein, daß sie den Kläger davon abhält, mündliche Verhandlung zu beantragen.

Wird der im Abs. 2 erwähnte Antrag rechtzeitig gestellt, so gilt der Vorbescheid als nicht ergangen. Das Verwaltungsgericht muß so entscheiden, als ob noch nichts geschehen wäre, es kann somit nicht auf den im Vorbescheid dargelegten Tatbestand Bezug nehmen oder auf dessen Begründung verweisen. Es liegt jedoch kein Hindernis vor, falls der Kläger nichts Neues vorgebracht hat, die Begründung einfach zu wiederholen.

Im Falle der Ziff. 1 kann der Kläger die gerügten Mängel nicht mehr beseitigen und die Klage nachträglich ergänzen.

Hatte das Verwaltungsgericht eine auf § 42 Abs. 2 VGG. gestützte Klage mittels Vorbescheides deshalb abgewiesen, weil noch keine angemessene Frist verstrichen war, so kann es bei der mündlichen Verhandlung das Urteil nicht mehr auf diesen Grund stützen, wenn inzwischen ein längerer Zeitraum verstrichen war (siehe auch Bemerkung zu § 42).

Der Gedanke, auch ohne ausdrückliche Erklärung der Beteiligten ohne mündliche Verhandlung in einfach gelagerten Fällen eine Entscheidung treffen zu können, hat in der VO. Nr. 165 eine recht glückliche Lösung gefunden. Siehe § 57 der VO. Nr. 165.

§ 56.

Zustellung der Anfechtungsklage an den Anfechtungsgegner.

Wird kein Vorbescheid erlassen oder gilt der Vorbescheid als nicht ergangen, so stellt das Verwaltungsgericht die Anfechtungsklage dem Anfechtungsgegner mit dem Ersuchen zu, sich innerhalb einer bestimmten Frist zur Klage zu äußern.

§ 56 VO. Nr. 165.

Wird kein Vorbescheid erlassen oder gilt der Vorbescheid als nicht ergangen, so stellt das Gericht die Klage dem Beklagten mit der Auf-

forderung zu, sich innerhalb einer Frist von zwei Wochen zur Klage unter Beifügung der erforderlichen Abschriften und aller Unterlagen schriftlich zu äußern. Die Frist kann auf begründeten Antrag verlängert werden.

Siehe auch Bemerkung zu § 55 VGG. (Vorbescheid).

Ist der Staat Anfechtungsgegner, so ist die Anfechtungsklage dem Vertreter des öffentlichen Interesses (Staatsanwaltschaft) zuzustellen, der auch die Akten von der Behörde einholt, falls dies noch nicht geschehen ist. Die gesetzte Frist ist eine richterliche, kann somit verlängert werden. Die Gegenäußerung ist in soviel Ausfertigungen abzugeben, als Beteiligte sind. Ist bereits aus der Anfechtungsklage ersichtlich, daß eine dritte Person beizuladen ist (§ 60 VGG.), so kann sogleich die Beiladung ausgesprochen werden, worauf auch dem Beigeladenen eine Klageabschrift mit der Aufforderung zur Äußerung zuzustellen ist. Dadurch, daß der Beteiligte innerhalb der Frist keine Erklärung abgibt, ist er nicht davon ausgeschlossen, sich während des Verfahrens bis zum Urteil zur Sache zu äußern. Sind die erforderlichen Akten vorgelegt, jedoch keine Äußerung abgegeben worden, ist das Verwaltungsgericht in keiner Weise verpflichtet, eine weitere Frist zur Erstattung der Erklärung zu setzen. Der Beteiligte ist nicht verpflichtet, eine Äußerung abzugeben. Das Gericht entscheidet dann auf Grund des Akteninhaltes und des Ergebnisses der etwa durchgeführten Erhebungen.

Weitere Erklärungen.

§ 57.

(1) Soweit es zur Aufklärung der tatsächlichen und rechtlichen Verhältnisse geboten ist, kann das Verwaltungsgericht auch im weiteren Verfahren die Beteiligten unter Setzung einer Frist zu Erklärungen und Gegenäußerungen auffordern.

(2) Unabhängig hiervon können die Beteiligten in jeder Lage des Verfahrens Anträge stellen oder sonstige Erklärungen abgeben.

(3) Die weiteren Erklärungen und Gegenäußerungen sind vom Gericht der Gegenseite zuzustellen.

Es ist Sache des Verwaltungsgerichtes, die tatsächlichen und rechtlichen Verhältnisse, den Tatbestand, die dem beschwerenden VA. und dem Einspruchs-(Beschwerde-)Bescheid zugrunde liegen, restlos aufzuklären, aber nur diese Verhältnisse (§ 45 VGG.; siehe die dortige Anmerkung). Tatbestände, die jenen Akten nicht zugrunde liegen, bleiben außer Betracht, somit alles, was nachher eingetreten ist.

Zum Tatbestand gehört auch die Antwort auf die sogenannten Vorfragen (präjudizielle Fragen). Die Entscheidung in der Hauptsache wird in manchen Fällen von der Beantwortung einer rein privatrechtlichen Frage abhängen, z. B. ob bei einer Enteignung der zu Enteignende

Eigentümer des Grundstückes ist, oder von einer Frage, die in einem ganz anderen Verfahren von den Verwaltungsbehörden zu entscheiden wäre. Wenn nicht eine Vorschrift besteht, daß das Verfahren bis zur Entscheidung dieser Frage durch das zuständige bürgerliche Gericht oder die zuständige Verwaltungsbehörde auszusetzen ist, ist die Verwaltungsbehörde und das Verwaltungsgericht grundsätzlich berechtigt, die Vorfrage für den eigenen Gebrauch zu beantworten. Die Antwort auf diese Vorfrage ist natürlich keine der Rechtskraft fähige Entscheidung. Liegt bereits eine Entscheidung des zuständigen Gerichtes oder der Verwaltungsbehörde vor — die jedoch im anhängigen Verfahren nicht ebenfalls angefochten und in formale Rechtskraft erwachsen ist (z. B. eine Entscheidung über die Staatsbürgerschaft) — so ist das Verwaltungsgericht daran gebunden, außer es läge offenbare Nichtigkeit vor, was aber zu begründen wäre. Da, wie gesagt, die Entscheidung der Behörde auf der Beantwortung der Vorfrage aufgebaut ist, bildet diese Beantwortung einen Teil des Tatbestandes und dieser muß so wie jeder andere geklärt werden. Gelangt das Verwaltungsgericht zu einer anderen Beantwortung als die Behörde, so ist es für die Entscheidung in der Hauptsache ebenso, wie wenn das Verwaltungsgericht auf Grund seine Erhebungen den Tatbestand richtiggestellt hätte: die angefochtene Entscheidung der Verwaltungsbehörde hat seine Grundlage verloren. Z. B. die Straßenverkehrsdirektion geht davon aus, daß A. Besitzer des Kraftwagens ist und nimmt ihn bei ihm in Anspruch; er ist jedoch nicht der Besitzer, sondern nur Verwahrer, die Frage des Besitzes ist hier eine Vorfrage (Inzidentpunkt). Gelangt das Verwaltungsgericht zu der Überzeugung, daß kein Besitz (natürlich auch kein Eigentum) vorliegt, so fällt damit die Voraussetzung der Inanspruchnahme und diese ist aufzuheben. Daraus folgt, daß die Beteiligten zu Gegenäußerungen aufzufordern sind, wenn im Laufe des Verfahrens Zweifel über eine Vorfrage auftauchen.

Das Gesetz spricht von der Aufklärung der „tatsächlichen und rechtlichen Verhältnisse“. In erster Linie wird es sich bei den „rechtlichen Verhältnissen“ um solche handeln, auf denen der angefochtene VA. aufgebaut ist, somit um einen Teil des Tatbestandes, ohne daß dabei die rechtliche Seite des Verhältnisses strittig wäre, somit ohne daß eine strittige Vorfrage vorläge.

Was nun die rechtliche Seite des Streitfalles anlangt, nämlich die Frage, welchen Sinn und Inhalt die einschlägige Rechtsnorm hat, wie sie auszulegen ist, ist ausschließlich Sache des Gerichtes, diese Frage zu beantworten: jura novit curia. Es wird zwar für das Gericht vorteilhaft sein, die Rechtsansichten der Beteiligten kennen zu lernen, dies gehört jedoch nicht zur Aufklärung des Tatbestandes. Da aber das Gericht auf die rechtlichen Einwendungen der Beteiligten in der Begründung des Urteils eingehen muß, wird es sich empfehlen, auch reine Rechtsausführungen den anderen Beteiligten zur Gegenäußerung zuzustellen.

Von einer weiteren Zustellung kann trotz der Bestimmung des Abs. 3 dann Abstand genommen werden, wenn die weiteren Erklärungen und Gegenäußerungen in Bezug auf den Tatbestand nichts Neues bringen und das Gericht den Tatbestand für genügend geklärt erachtet.

Bedürfen einzelne Behauptungen, die für die Sachbeurteilung maßgeblich sind, eines Beweises, so ist dieser Beweis einzufordern oder von Amts wegen zu erheben.

Rechtsprechung.

Der Beigeladene kann nur im Rahmen des Klageanspruchs liegende Anträge stellen; außerhalb der Klage stehende Anträge sind unzulässig.

HessVGH., Urt. v. 20. 5. 1949; HessStaatsanz. 49 S. 288.

§ 58.

Urkunden von größerem Umfang, die der Anfechtungskläger, der Anfechtungsgegner oder ein sonstiger Beteiligter eingereicht hat, sind bei der Geschäftsstelle zur Einsichtnahme durch die Beteiligten niederzulegen.

Zurückverweisung an die Verwaltungsbehörde.

§ 59.

(1) **Bringen die Beteiligten neue Tatsachen oder Beweismittel vor, so kann das Verwaltungsgericht die Sache nach Anhörung der Beteiligten durch Beschluß an die Behörde, die den Verwaltungsakt erlassen hat, oder an die Beschwerdebehörde (§ 48) zur nochmaligen Prüfung und Entscheidung zurückverweisen. Gegen die Entscheidung dieser Behörden sind die nach dem vorliegenden Gesetze zulässigen Rechtsbehelfe gegeben.**

(2) **Das Gericht hat sich im Verweisungsbeschluß die Entscheidung über die Kosten vorzubehalten.**

Nach dem für die Erforschung und Feststellung des Tatbestandes geltenden Offizialprinzip (§§ 57, 63 VGG.) ist es grundsätzlich Sache des Verwaltungsgerichtes, den Tatbestand selbst von Amts wegen festzustellen. Es widerstreitet auch in keiner Weise dem kassatorischen Charakter der Verwaltungsgerichtsbarkeit, wenn das Verwaltungsgericht den mangelhaft ermittelten Tatbestand ergänzt und nun prüft, ob die angefochtene Entscheidung sich auf diesen neu ermittelten Tatbestand stützen kann, mit ihm im Einklange steht, denn es handelt sich nicht um ein „Nachschieben eines Rechtsgrundes".

Aber es können Fälle eintreten, wo völlig neue Tatsachen während des verwaltungsgerichtlichen Verfahrens zu Tage treten oder Beweismittel vorgebracht werden, die Tatsachen bekräftigen, die von der Behörde als unbewiesen nicht beachtet wurden. Natürlich kann das

Verwaltungsgericht diese Ergebnisse selbst werten und auf ihnen sein Urteil aufbauen, aber es kann auch die Schlußfolgerung zulässig erscheinen, die Behörde wäre selbst zu einer anderen Entscheidung gelangt, wären ihr diese Tatsachen und Beweismittel bekannt gewesen. Die neu vorgebrachten Tatsachen können auch der Art sein, daß sie neue Erhebungen zur Folge haben. Dem Verwaltungsgericht steht aber der notwendige Apparat nicht zur Verfügung, diese Erhebungen rasch und wirksam durchzuführen. Bei einem völlig mangelhaft festgestellten Tatbestand wäre, wenn das Verwaltungsgericht selbst die Erhebungen durchführt, das Endergebnis, daß eigentlich das Verwaltungsgericht erst den richtigen VA. setzen würde. Es fehlt im VGG. eine positive Bestimmung, daß eine Entscheidung auch wegen mangelhaften Verfahrens aufgehoben werden kann (siehe § 114 VGG.). Einerseits soll jede Verzögerung in der Sachentscheidung vermieden werden, und eine Zurückverweisung beinhaltet in der Regel eine Verzögerung, andererseits hätte eine Aufhebung wegen mangelhaften Verfahrens eine gewisse erzieherische Wirkung auf mangelhaft arbeitende Behörden, denn auf Grund der Zurückverweisung wären sie gezwungen, die eigenen Fehler selbst gutzumachen, während sonst ihnen das Verwaltungsgericht die Arbeit abnehmen würde.

Ich persönlich bin der Ansicht, daß dort, wo der Tatbestand von der Behörde so mangelhaft festgestellt wurde, daß er überhaupt keine Grundlage für eine ordnungsgemäße Entscheidung bilden konnte, oder wo mangels einer Begründung nicht zu ersehen ist, wovon die Behörde in tatsächlicher und rechtlicher Beziehung ausgegangen ist, eine Zurückverweisung auch dann möglich ist, wenn keine neuen Tatsachen oder Beweismittel vorgebracht wurden, somit die Bestimmung des § 59 wörtlich nicht angewendet werden kann. M. E. ergibt sich dies aus dem Wesen der Sache, daß nämlich die Verwaltungsgerichte nicht an Stelle der Verwaltungsbehörden VA. setzen dürfen und eine Überprüfung bei derartigen Mängeln nicht möglich ist, andererseits würde ich hier einer analogen Anwendung des § 114 Ziff. 2 VGG. das Wort reden.

Ansonsten ist aber von der Möglichkeit der Zurückverweisung mit größter Vorsicht Gebrauch zu machen, wobei besonders im Auge zu behalten ist, welches Verfahren, Zurückverweisung oder Durchführung der Beweise durch das Verwaltungsgericht, rascher und wirksamer zum Ziele führt.

Der BayerVGH. hat in seinem Beschluß v. 17. 12. 1948 Nr. 277 II 48; VGHE. n. F. Nr. 47 folgende Richtlinien aufgestellt:

„Gemäß § 59 VGG. kann das Verwaltungsgericht, wenn die Beteiligten neue Tatsachen oder Beweismittel vorbringen, die Sache nach Anhörung der Beteiligten durch Beschluß an die Behörde, die den VA. erlassen hat, zur nochmaligen Prüfung und Entscheidung zurückverweisen. Eine derartige Zurückverweisung hat zur Folge, daß die am Prozeß Beteiligten, an ihrer Spitze der Anfechtungskläger, der eben noch mit seiner Anfechtungsklage den Vorwurf der Rechtsverletzung gegen die Verwaltungsbehörde erhoben hat, bei eben derselben Verwaltungsbehörde nochmals ihr Recht suchen müssen. Es ist nicht zu verkennen, daß der in der Zurückverweisung liegende Zwang zur abermaligen Verhandlung mit der Verwaltungsbehörde und ihren Organen für den Rechtsuchenden eine nicht unbeachtliche Belastung darstellt. Die Zurückverweisung bedeutet aber außerdem für die Beteiligten einen Zeitverlust, und damit eine Verzögerung der Durchsetzung ihrer Rechtsansprüche. Die Beteiligten haben jedoch ein Anrecht darauf, daß das angegangene Verwaltungsgericht den Rechtsstreit möglichst ungesäumt und ohne jede sachlich nicht unbedingt erforderliche Verzögerung erledigt. Verfahrensbestimmungen, die die Gefahr der Verschleppung in sich bergen, sind daher mit tunlichster Beschränkung anzuwenden.

Schon diese Erwägungen, die auch mit den Grundsätzen des § 538 ZPO. übereinstimmen, sprechen dafür, von der Möglichkeit des § 59 VGG. nur sparsamen Gebrauch zu machen. Zum gleichen Ergebnis führt aber auch die Würdigung der Bestimmungen des VGG. § 59 VGG., der zunächst als sedes materiae in Betracht kommt, und den das Verwaltungsgericht offenbar dahin ausgelegt hat, daß es in das Ermessen der Verwaltungsgerichte schlechtweg gestellt sei, beim Vorbringen neuer Tatsachen und Beweismittel die Sache jeweils an die Verwaltungsbehörde zur nochmaligen Prüfung und Entscheidung zurückverweisen, kann nämlich nicht für sich allein, sondern nur im Zusammenhang mit den übrigen Bestimmungen des VGG., die die Beweisaufnahme und die Feststellung des Tatbestandes regeln, insbesondere mit den §§ 57, 63, 64 und vor allem § 20 VGG. verstanden werden. Aus diesen Bestimmungen ergibt sich, daß grundsätzlich und von Amts wegen das Verwaltungsgericht entweder selbst oder unter Inanspruchnahme der Rechtshilfe der Amtsgerichte, Verwaltungsgerichte, der Verwaltungsbehörden den Tatbestand, wie er für die Fällung des Urteils notwendig erscheint, klarzulegen und die erforderlichen Beweise durchzuführen hat. Nur dann, wenn ein neuer Prozeßstoff eingeführt wird, wenn also neue, noch nicht erörterte Tatsachen und Beweismittel geltend gemacht werden, die eine nochmalige Prüfung und Entscheidung der Sache durch die Verwaltungsbehörden, die den angefochtenen VA. erlassen haben, auch im Hinblick auf die Interessen der anderen Prozeßbeteiligten, insbesondere des Anfechtungsklägers — wie oben ausgeführt — angezeigt erscheinen lassen, kann es für zweckdienlich und angemessen erachtet werden, die Sache an die Verwaltungsbehörde zurückzuverweisen. Der bloße Umstand an sich, daß neue Tatsachen vorgebracht werden, rechtfertigt noch nicht die Zurückverweisung; denn das Vorbringen neuer Tatsachen ist grundsätzlich gestattet und das VGG. rechnet damit (§§ 44 und 110 VGG.)."

Obwohl es sich im Grunde um eine Aufhebung der angefochtenen Entscheidung handelt, erfolgt die Zurückverweisung nicht durch Urteil, sondern durch Beschluß (zum Unterschiede von der Zurückverweisung durch den VGH. an das Verwaltungsgericht gemäß § 114 VGG.). Gegen diesen Beschluß ist die Beschwerde gemäß § 116 VGG. zum VGH. zulässig; Frist 2 Wochen.

Rechtsprechung.

Wenn das Verwaltungsgericht neue Gutachten einholt, so sind das keine neuen Tatsachen oder Beweismittel, die eine Zurückverweisung rechtfertigen würden
BayerVGH., Beschl. v. 13. 5. 1949 Nr. 317 II 48.

Unter den Tatsachen, die eine Zurückverweisung an eine Verwaltungsbehörde rechtfertigen, sind die dem verhandelten Einzelfall angehörigen, konkreten, nach Zeit und Raum bestimmten Geschehnisse und Zustände der Außenwelt wie des menschlichen Seelenlebens zu verstehen, die zu Tatbeständen zusammengefaßt werden und deren Subsumtion unter die Rechtssätze die eigentliche Richteraufgabe darstellt.
BayernVGH., Beschl. v. 22. 1. 1948 Nr. 9 S 47/II; VGHE. n. F. Nr. 13.

Der Zweck des § 59 VGG. liegt darin, daß eine andere Beurteilung durch die Behörde herbeigeführt werden soll. Das Vorbringen einer anderweiten behördlichen Anordnung kann unter Umständen als neue Tatsache im Sinne des § 59 VGG. angesehen werden, grundsätzlich jedoch dann nicht, wenn sie zur Regelung derselben Frage zwischen denselben Streitbeteiligten ergeht und im gleichen Streitverfahren angefochten wird.
HessVGH., Urt. v. 19. 1. 1949 B 139/48; ÖffVerw. 49 S. 478.

Bei Gemeindewahlanfechtungen kommt eine Zurückverweisung an die Gemeindevertretung nicht in Frage, denn diese kann, nachdem sie die Wahl für gültig erklärt hat, ihren Beschluß nicht mehr abändern.
HessVGH., Urt. v. 10. 9. 1948 OS. 85/48; ÖffVerw. 49 S. 478.

1. Das VerwGericht ist berechtigt, gemäß § 59 VGG. in Gestaltung des Verfahrens (§ 34) eine Sache an die Verwaltungsbehörde zur nochmaligen Prüfung und Entscheidung zurückzuverweisen, wenn die angefochtene Entscheidung derart mangelhaft ist, daß eine Sachentscheidung unmöglich und die Beseitigung der Mängel in tatsächlicher Richtung durch das Verwaltungsgericht aus prozeßökonomischen Gründen untunlich erscheint.

2. Bei der Zurückverweisung ist der angefochtene Verwaltungsakt oder der Beschwerdebescheid durch Beschluß aufzuheben.
BayerVGH., Beschluß v. 9. 3. 1950, Nr. 273 II 49.

§ 60.

Beiladung.

(1) **Das Verwaltungsgericht beschließt von Amts wegen oder auf Antrag, daß andere Personen, deren rechtliche Interessen durch die Entscheidung berührt werden, beizuladen sind. Den Antrag kann auch stellen, wer beigeladen zu werden wünscht.**

(2) **In dem Beiladungsbeschluß sollen der Stand der Sache und der Grund der Beiladung angegeben werden.**

(3) **Der Beschluß wird den Beteiligten, den Beigeladenen und dem Antragsteller (Abs. 1 Satz 2) zugestellt.**

(4) **Durch den Beschluß erhalten die Beigeladenen die Rechtsstellung von Beteiligten. Die Entscheidung über die Anfechtungsklage ist auch ihnen gegenüber wirksam (§ 84).**

In Württemberg-Baden und Hessen im Abs. 1 nach: „beschließt" noch die Worte: **„nach Anhörung der Beteiligten".**

§ 41 VO. Nr. 165.

Das Verwaltungsgericht beschließt auf Antrag oder von Amts wegen über die Beiladung von Personen oder Behörden, deren rechtliche Interessen durch die Entscheidung in dem anhängigen Verfahren berührt werden. In dem Beschluß ist der Gegenstand und die Lage des Verfahrens anzugeben. Er ist unanfechtbar und allen Beteiligten zuzustellen.

Grundlegende Ausführungen über die Beiladung enthält der Aufsatz des SenPräs. Dr. h. c. Bauer: „Die Beiladung nach dem Gesetz über die Verwaltungsgerichtsbarkeit der amerikanisch besetzten Zone Deutschlands" in „Öffentliche Verwaltung", Mai und Juni 1949, denen nur weniges noch beizufügen ist.

Im Anfechtungsverfahren sind als „Beteiligte" (worunter die „Parteien" zu verstehen sind), der Anfechtungskläger und der Anfechtungsgegner anzusehen (§ 52 VGG.); wer Anfechtungsgegner ist, bestimmt § 46. In Parteistreitigkeiten wird die Parteienrolle in den §§ 88 und 89 festgesetzt. Daneben können aber noch andere Personen vorhanden sein, auf deren Stellung der Ausgang des Prozesses einen Einfluß haben kann und die darum daran rechtlich interessiert sind und in den Prozeß irgendwie eingefügt werden sollen. Darüber handelt § 60 VGG. (§ 41 der VO. Nr. 165).

Der Wortlaut dieser Bestimmung gibt keinen Anlaß zur Vermutung, daß der Gesetzgeber hier diese Frage nicht hat erschöpfend regeln wollen. Im Hinblick auf die grundlegende und wesentliche Verschiedenheit zwischen der Verwaltungsgerichtsbarkeit (Anfechtungsklage) und der ZPO. und den Umstand, daß zum Unterschied von anderen Bestimmungen des VGG. im § 60 auf die ZPO. nicht bezug genommen wird, ist anzunehmen, daß diese in keiner Weise hier herangezogen werden soll. Ein Versuch, die in der ZPO. gebrauchten Begriffe zur Erklärung heranzuziehen, kann nur verwirrend wirken, außer in Parteistreitsachen (§ 91 VGG.). Für die amerikanische Zone ist auch kein Anlaß, das PreußLVG. zur Erklärung heranzuziehen.

Der § 60 VGG. enthält eine neue selbständige Regelung und der Inhalt und die Reichweite kann und muß aus ihm selbst durch Auslegung gewonnen werden, wenn auch nicht geleugnet werden kann, daß die Fassung nicht sehr glücklich gewählt ist und zu vielen Zweifeln Anlaß bietet.

A. Wer ist beizuladen?

Die Antwort auf diese Frage ist nicht nur in dem Wortlaut des § 60 VGG. — der nicht ganz eindeutig ist — sondern auch in dem Zweck dieser Bestimmung zu suchen.

Der angestrebte Zweck liegt offensichtlich darin, daß eine Streitfrage, die nicht nur den Anfechtungskläger rechtlich angeht, sondern an der auch andere Personen rechtlich interessiert sind, mit Wirksamkeit auch für diese Personen durch Urteil entschieden wird, damit die Stellung dieser Personen nicht in einem weiteren Prozeß geklärt werden müßte. Rechtskräftige Urteile binden die Beteiligten und ihre Rechtsnachfolger für den Streitgegenstand (§ 84 VGG.). Nicht nur der Anfechtungskläger, sondern auch der Anfechtungsgegner haben ein Interesse an der endgültigen Erledigung des Streitfalles in allen seinen Auswirkungen. Das rechtskräftige Urteil kann zwangsvollstreckt werden (Art. 10 und 11 der AusfVO. Nr. 85). Diese Zwangsvollstreckung muß nicht nur gegen den unterliegenden Anfechtungskläger möglich sein, sondern falls er obsiegt, auch gegen einen Dritten, der eben zu diesem Zwecke in den Prozeß einbezogen werden muß, denn sonst würde das Urteil gegen ihn nicht wirken.

Wer ist nun dieser Dritte, oder wie § 60 VGG. sich ausdrückt, die „andere Person"? Das Gesetz umschreibt dies damit, daß es jemand ist, dessen rechtliche Interessen durch die Entscheidung berührt werden. Was unter „rechtlichen Interessen" zu verstehen ist, ist reichlich unklar. Jedenfalls müssen es Interessen sein, die sich aus einer Rechtsvorschrift herleiten lassen oder durch einen Verwaltungsakt, somit durch einen auf einer Rechtsbasis beruhenden obrigkeitlichen Willensakt begründet sind, während wirtschaftliche und dergleichen Interessen ausscheiden. Es können wirkliche subjektive Rechte sein (z. B. die durch einen formal rechtskräftigen Verwaltungsakt zu Gunsten des Nachbarn dem ursprünglichen Antragsteller auferlegten Auflagen), müssen es aber nicht sein; es können Interessen sein, die sich noch nicht zu einem Recht verdichtet haben (z. B. die Inanspruchnahme eines Kraftwagens zur Verfügung des Leistungsempfängers, die infolge eingelegten Rechtsmittels noch in Schwebe ist), oder die sich auch niemals zu einem solchen verdichten werden. „Berührt werden" ist so zu verstehen, daß durch die gerichtliche Entscheidung eine ungünstige Änderung für diese Person eintreten kann.

Gegenstand der Anfechtungsklage ist der beschwerende VA. und der Einspruchs-(Beschwerde-)Bescheid (§ 45 VGG.) und der Anfechtungskläger sucht durch seine Klage deren Aufhebung zu erreichen. Damit eine Gefährdung der rechtlichen Interessen des Dritten durch die verwaltungsgerichtliche Entscheidung eintreten könne, muß dessen rechtliches Interesse in einem direkten Zusammenhange mit dem angefochtenen VA. stehen, muß sich auf ihn gründen oder von dessen Bestehen abhängen. Es muß eine unmittelbare Beziehung sein, denn auch die

Wirkung des Urteils muß dieses Interesse unmittelbar treffen, es positiv oder negativ gestalten, indem es dieses bestehen läßt oder zerstört. In dem Falle, daß durch einen den Anfechtungskläger beschwerenden Verwaltungsakt eine Rechtsstellung eines Dritten geschaffen wurde, auf Grund deren dieser ein Rechtsgeschäft mit einem Vierten getätigt hat, ist dieses Rechtsgeschäft zwar eine Folge jenes Verwaltungsaktes, steht aber mit diesem in keinem unmittelbaren Zusammenhange und das der Anfechtungsklage stattgebende Urteil zerstört nicht unmittelbar dieses Rechtsgeschäft, kann gegenüber diesem Vierten begrifflich nicht zwangsvollstreckt werden, da das Urteil sich mit dem Schicksal dieses Rechtsgeschäfts nicht befaßt und im Hinblicke auf § 45 VGG. auch nicht befassen kann. Dieser Vierte kann somit nicht beigeladen werden obwohl auf den ersten Blick ein „Berühren seiner rechtlichen Interessen" angenommen werden könnte. Vor dem BayVGH. war ein Fall anhängig, wo der Leistungsempfänger A. den ihm nach dem RLG. zur Verfügung übereigneten Kraftwagen mit Genehmigung der Straßenverkehrsdirektion an B. verkauft hatte; der VGH. lud den B. gemäß § 60 VGG. bei, meines Erachtens nach dem eben Angeführten zu Unrecht, denn die Stellung des B. ist in keinem unmittelbaren Zusammenhange mit dem angefochtenen VA., der Inanspruchnahmeverfügung. In einem weiteren Fall hat die Siedlungsbehörde einen Kaufvertrag zwischen dem Grundeigentümer A. und dem B. bezüglich einiger Grundstücke nicht genehmigt; B. hatte aber einen Teil dieser Grundstücke, ohne die Genehmigung abzuwarten, dem C. verkauft. Der BayerVGH. hat nun auch den C. beigeladen.

Das Gesetz spricht von „anderen Personen"; somit von Personen, die von den bisherigen Beteiligten verschieden sind. Anfechtungskläger und Anfechtungsgegner sind nach § 52 VGG. die bisherigen Beteiligten. Da Anfechtungsgegner nur der Staat oder eine mit hoheitlicher Gewalt ausgestattete Körperschaft sein kann, kann in dieser Hinsicht eine „andere Person" überhaupt nicht als beizuladende in Betracht kommen. Aber auch eine Person, die durch Beiladung neben den Anfechtungskläger treten und somit die Stellung eines Anfechtungsklägers einnehmen sollte, somit eine Person, die eine günstige Erledigung der Anfechtungsklage anstreben würde, ist nicht recht denkbar. Wenn jemand durch einen VA. sich beschwert erachtet, so muß er selbst Anfechtungsklage erheben. Auch derjenige, der durch einen VA. nicht in seinen Rechten, sondern nur in seinen rechtlichen Interessen sich verletzt glaubt, kann das Verwaltungsgericht auf Grund des § 36 VGG., allerdings nur in beschränktem Maße anrufen. Ist somit durch die Möglichkeit, sich selbst an das VG. zu wenden, dem Rechtsschutzbedürfnis Genüge getan, so ist nicht einzusehen, wieso jemand, der von dieser Möglichkeit keinen Gebrauch gemacht hat, auf dem Umwege über die Beiladung doch in den Prozeß eingeschaltet werden könnte oder sogar müßte. Auch die erstrebte Rechtskraftwirkung des Urteils kommt hier nicht in Betracht, denn der beschwerende VA. wirkt, da von ihm nicht angefochten, von selbst gegen ihn.

Wird ein VA. bezüglich eines Grundstückes gegen zwei oder mehrere Miteigentümer erlassen und erhebt nur einer von ihnen Anfechtungsklage, so ist diese wegen mangelnder Aktivlegitimation zurückzuweisen, ohne daß es m. E. möglich wäre, diesen Mangel durch Beiladung der übrigen zu heilen.

Durch die Worte „andere Personen" zeigt das Gesetz deutlich an, daß es sich um eine andere Person als den Anfechtungskläger handeln muß, aber auch um eine andere Person als diejenige, die als Anfechtungskläger auftreten könnte, es aber aus welchen Gründen immer nicht tut.

Auch folgender Fall spricht nicht gegen diese Auffassung: Eine Brauerei verpachtet ein ihr gehöriges Gasthaus dem A, damit dieser dort das von der Brauerei erzeugte Bier ausschenke. A wird nun die Konzession verweigert und er erhebt Anfechtungsklage. Die Brauerei ist an der Entscheidung interessiert, aber nicht rechtlich, sondern wirtschaftlich, als Anfechtungskläger kommt sie nicht in Betracht. Die Auswirkungen des Urteils treffen sie nicht unmittelbar, sondern können unter Umständen nun mittelbar sich dahin auswirken, daß sie berechtigt ist, den Pachtvertrag zu kündigen oder wenn er unter der Bedingung der Konzessionserteilung geschlossen war, von ihm zurücktreten. Eine Rechtskraft des Urteils (§ 84 VGG.) der Brauerei unmittelbar gegenüber ist begrifflich nicht möglich, da sie in dem Prozeß zwischen A und dem Staate bezüglich der Konzessionserteilung rechtlich außerhalb steht. Deshalb kann sie auch durch Beiladung nicht in den Prozeß einbezogen werden.

Allerdings ist auch ein Fall denkbar, daß jemand, der auf Seite des Anfechtungsklägers steht, beigeladen wird. Hat ein Grundeigentümer nach dem GSB. um die Genehmigung des Verkaufes von Grundstücken an den B angesucht und wurde diese von der Siedlungsbehörde versagt, so kann B nach der herrschenden Rechtsprechung — zum Unterschiede von Österreich — mangels Aktivlegitimation nicht selbst Anfechtungsklage erheben, obwohl der VA. sich unmittelbar gegen ihn auswirkt. In diesem Falle wäre er mit Recht beizuladen, aber nur deshalb, weil er selbst zur Anfechtungsklage nicht legitimiert ist.

Es können somit nur solche Personen beigeladen werden, die auf andere Weise an dem Ausgange des Prozesses rechtlich interessiert sein können. Das ist dann der Fall, wenn durch die vom Anfechtungskläger angestrebte Aufhebung des ihn beschwerenden VA. ein Recht oder ein rechtliches Interesse eines Dritten verletzt werden würde. Das trifft dann zu, wenn dieser Dritte aus dem den Kläger beschwerenden Verwaltungsakt ein Recht oder eine Rechtsstellung erworben hat und nun Gefahr läuft, dieses Recht oder diese Rechtsstellung durch das Urteil des Verwaltungsgerichtes wieder zu verlieren. Nur in solchen Fällen ist eine Beiladung überhaupt möglich. Daraus folgt aber, daß der Beigeladene grundsätzlich auf Seite der Behörde, die den angefochtenen VA. erlassen hat, stehen wird. Da der den A. beschwerende, angefochtene VA., durch den der B — wäre die Anfechtungsklage nicht erhoben worden — ein Recht erlangt hätte, durch die Anfechtungsklage in Schwebe gehalten wird, so ist es auch erklärlich, daß § 60 VGG. bloß von rechtlichen Interessen spricht und nicht von Rechten, denn in der Regel wird B. noch kein Recht ins Treffen führen können.

Strittig ist die Frage, ob eine Behörde beigeladen werden kann. Die VO. Nr. 165 löst sie eindeutig, indem sie im § 41 auch Behörden als Beizuladende nennt. Ich würde sie — trotz gegenteiliger Praxis in Bayern — auch für das Geltungsgebiet des VGG. bejahen. § 47 Abs. 1 VGG. muß im Zusammenhange mit § 46 Abs. 2 gelesen werden. Die Staatsanwaltschaft als Vertreterin des öffentlichen Interesses vertritt den Staat in seiner Beklagtenrolle, somit den Staat als Hoheitsträger, der den beschwerenden VA. erlassen hat. Wurde von der Straßenverkehrsdirektion ein Kraftwagen in Anspruch genommen und einer Spruchkammer zur Verfügung übereignet, so handelt die Spruchkammer bei Erwerb des Eigentums an dem Kraftwagen nicht als Hoheitsträger, sondern als Privatperson, genau so, wie wenn sie Räumlichkeiten mietet, eine Schreibmaschine kauft, kurz als Fiskus. In dieser ihrer Eigenschaft wird sie jedoch nicht durch die Staatsanwaltschaft bei den Verwaltungsgerichten vertreten, deren Aufgabe in dem oben angeführten Sinne eng beschränkt ist. Die Spruchkammer kann zwar nicht unmittelbar beigeladen werden, sondern für sie die zuständigen fiskalischen Stellen. Was für die Spruchkammer gilt, gilt auch für das Landratsamt oder jede andere Behörde. Wenn diese nicht durch die den Fiskus vertretene Stelle vertreten würden, käme der Staatsanwalt oft in einen Gewissenskonflikt. Die betreffende Behörde kann z. B. ein öffentliches Interesse an der Übereignung des Kraftwagens nachweisen, die Inanspruchnahme ist jedoch ungesetzlich, weil sie von einer unzuständigen Behörde ausgesprochen wurde: Welches Interesse soll der Staatsanwalt vertreten?

B. Die Beiladungspflicht.

Bauer verficht in seinem Artikel die Ansicht und begründet sie ausführlich, daß die Verwaltungsgerichte beim Vorliegen der im § 60 VGG. genannten Voraussetzungen verpflichtet sind, die betreffende dritte Person beizuladen. Dieser Ansicht pflichte ich vollinhaltlich bei.

Das HambOVG. steht in seinem Beschluß v. 24. 6. 1949 Bf. 210/49; DVerw. 49 S. 474 auf dem gegenteiligen Standpunkt und polemisiert mit der Rechtsprechung des BayerVGH. In diesem Beschluß hat das OVG. zwar anerkannt, daß durch die Entscheidung die rechtlichen Interessen der Antragstellerin berührt werden (es handelte sich um die Zuweisung einer Wohnung), sie jedoch trotzdem nicht beigeladen, da es einer weiteren Aufklärung des Streitverhältnisses nicht mehr bedarf und in rechtlicher Beziehung die Beklagte als Fachbehörde deren

Interessen weiter verteidigen werde. Eine sachliche Förderung des Prozesses sei durch die beantragte Beiladung nicht zu erwarten, sie würde im Gegenteil nur eine Belastung des Verfahrens bedeuten. Im weiteren wird — neben dem Hinweis auf die unterschiedliche Fassung des § 60 VGG. und des § 41 VO. Nr. 165 — zwischen der sogenannten notwendigen und der nicht notwendigen Beiladung unterschieden und ausgeführt, nicht jede rechtliche Interessenlage eines Dritten sei so beschaffen, daß der Prozeß nicht ohne sein Hinzuziehen, d. h. ohne Entscheidung über seine subjektiven Rechte behandelt werden könne. Zu solchen nicht notwendigen Beiladungen könne das Gericht durch den Antrag nicht gezwungen werden. Wäre das der Fall, müßte jede Beiladung, weil ihrem Wesen nach geboten, auch ohne Antrag von Amts wegen erfolgen; der Antrag wäre dann nur noch eine Anregung oder gar Mahnung, was aber nicht der Sinn des § 41 VO. Nr. 165 sein könne.

M. E. gibt es keine notwendige oder nicht notwendige Beiladung. Sind die Voraussetzungen des § 60 VGG. (§ 41 VO. Nr. 165) gegeben, d. h. werden die rechtlichen Interessen einer dritten Person durch die Entscheidung berührt, so ist die Beiladung notwendig, für eine etwaige Unterscheidung und Wertung der rechtlichen Interessen bietet das Gesetz keine Handhabe. Es kommt auch gar nicht darauf an, ob der Beigeladene durch seine Erklärungen den Sachverhalt oder die rechtliche Beurteilung wird klären können, oder ob seine rechtlichen Interessen durch einen anderen Beteiligten mit verteidigt werden, sondern einzig und allein darauf, daß das Urteil auch ihm gegenüber wirksam wird. Wirksam kann es aber nur dann werden, wenn er beigeladen und dadurch Prozeßpartei wird. Gegenstand des Urteils ist auch nicht die Frage der subjektiven Rechte des Beigeladenen, sondern die Frage, ob durch den angefochtenen VA. ein subjektives Recht des Klägers verletzt wurde. Ist durch diesen VA., durch den sich der Kläger beschwert erachtet, zugleich ein — wenn auch noch in Schwebe befindliches — Recht oder eine Rechtsstellung (darum auch der Ausdruck „rechtliches Interesse") eines Dritten geschaffen worden, so wird er durch die Entscheidung berührt, denn wird der Klage stattgegeben, so verliert er diese Rechtsstellung, aber nur dann, wenn er beigeladen wurde, denn sonst wirkt die Entscheidung nicht gegen ihn. Im Interesse der Prozeßökonomie und der Rechtssicherheit ist es notwendig, ihn beizuladen, auch im Interesse des Anfechtungsklägers, damit er ein auch gegen den Dritten vollstreckbares Urteil erhält. Andererseits erfordert es der Grundsatz des Parteiengehörs (im weitesten Sinne des Wortes), daß derjenige, dessen rechtliche Interessen im Spiele sind, im Prozeß gehört werde oder die Gelegenheit dazu erhalte. Für ein Ermessen des Gerichtes ist überhaupt kein Spielraum, da es sich um die Rechtskraftwirkung der Entscheidung handelt.

Daraus, daß die Beiladung auch auf Antrag (eines des bisher am Prozeß Beteiligten) erfolgen kann, folgt noch nicht, daß sie amtswegige

Beiladung im richterlichen Ermessen stünde; denn dann müßte aus diesem Wortlaut auch gefolgert werden, daß jedem Antrag stattzugeben sei, was aber nicht zutrifft.

Das VGG. unterscheidet sich von der VO. Nr. 165 darin, daß der Beschluß des Verwaltungsgerichtes in der britischen Zone unanfechtbar ist, während im Geltungsgebiet des VGG. gegen den Beschluß Beschwerde (wegen Beiladung oder Nichtbeiladung) erhoben werden kann. Wird Beschwerde erhoben, so wird wohl das Verwaltungsgericht das Verfahren bis zur Entscheidung über die Beschwerde aussetzen müssen. § 41 der VO. Nr. 165 läßt die Frage offen, ob nur der Beiladungsbeschluß unanfechtbar ist, während gegen den Beschluß, mit dem die Beiladung abgelehnt wird, Beschwerde gemäß §§ 91ff. eingelegt werden kann. Der Wortlaut des § 41 würde für letztere Auslegung sprechen.

C. Die Stellung des Beigeladenen.

Durch die Beiladung erhält der Beigeladene die Stellung eines Beteiligten (§ 60 Abs. 4 VGG., § 39 Abs. 1 VO. Nr. 165). Er hat darum alle prozessualen Rechte und Pflichten, die den ursprünglichen Beteiligten zustehen (§§ 52, 57, 63, 65, 67, 69, 70, 73, 82, 84, 101, 116).

Wichtig ist insbesondere das Berufungsrecht. § 101 VGG. bestimmt: „Gegen Urteile des Verwaltungsgerichtes steht den Beteiligten, insbesondere auch dem Vertreter des öffentlichen Interesses, die Berufung an den Verwaltungsgerichtshof zu.“

Diese Vorschrift hat prozessualen Charakter, indem sie die Berufungslegitimation regelt, enthält jedoch keine Bestimmung darüber, in welchem Umfange der VGH. auf Grund der Berufung eines Beigeladenen das angefochtene Urteil zu überprüfen hat.

Es ist hier eine grundsätzliche Frage zu klären, wobei ich mir dessen bewußt bin, daß meine Auffassung auf allgemeinen Widerspruch stoßen dürfte.

Wie bereits bei § 35 VGG. ausgeführt wurde, ist die Klage zulässig, wenn der Anfechtungskläger behauptet, durch einen Verwaltungsakt in seinen Rechten verletzt zu sein. Begründet und zur Aufhebung des beschwerenden VA. führend ist sie jedoch nur dann, wenn tatsächlich ein Recht verletzt wurde. Das Verwaltungsgericht muß darum in jedem Falle prüfen, ob überhaupt ein Recht durch den VA. verletzt werden konnte. Kann der Anfechtungskläger kein Recht, keinen Rechtsanspruch ins Treffen führen, so ist die Klage abzuweisen, ohne daß das Verwaltungsgericht in eine Prüfung des angefochtenen VA. eingehen könnte, abgesehen von den Fällen des § 36 VGG., wo ein Ermessensmißbrauch usw. geltend gemacht wird. Wenn nun das Verwaltungsgericht, obwohl kein Recht, kein Rechtsanspruch gegeben war, die Anfechtungsklage aus sachlichen Gründen abgewiesen hat, ohne auf die Prüfung, ob überhaupt ein Recht verletzt wurde, einzugehen, sei es, daß es dies übersehen oder das Vorliegen eines Rechtes unrichtig angenommen hat, und der Anfechtungskläger nun Berufung einlegt, so muß der VGH. selbst jene Prüfung vornehmen. Gelangt er zu der Überzeugung, daß das vom Anfechtungskläger behauptete Recht überhaupt nicht gegeben ist, so ist die Berufung schon aus diesem Grunde zurückzuweisen, ohne daß noch Raum für eine sachliche Überprüfung des angefochtenen Urteils wäre. Die Verwaltungsgerichtsbarkeit dient doch dem Schutze der Rechte der Staatsbürger, sie kontrolliert die Verwaltung lediglich vom Gesichtspunkte dieses Rechtsschutzes, nicht aber ganz allgemein, wobei die Anfechtungsklage bloß den formalen Anlaß zu einer umfassenden Kontrolle der Verwaltung bilden würde; wäre dem nicht so, so müßten wir die Popularklage zulassen.

Um beigeladen zu werden, muß der Dritte lediglich ein rechtliches Interesse an der Entscheidung haben, es muß sich nicht um ein (subjektives öffentliches) Recht handeln.

Wird dem Beigeladenen nun dadurch, daß ihm in § 101 VGG. das formale Berufungsrecht eingeräumt wird, auch ein Anspruch darauf zuerkannt, daß der VGH. auch dann, wenn durch das angefochtene Urteil kein ihm zustehendes Recht verletzt werden konnte, dieses Urteil sachlich überprüfe?

Niemand hat einen Rechtsanspruch darauf, daß die Straßenverkehrsdirektion auf Grund des RLG. einen Kraftwagen bei einem anderen in Anspruch nehme und ihm übereigne. Hat nun die Straßenverkehrsdirektion dies tatsächlich getan, auf Einspruch des Leistungspflichtigen die Inanspruchnahme jedoch wieder aufgehoben (z. B. weil kein öffentlicher Notstand vorlag) und der Leistungsempfänger erhebt nun (nach erfolglosem Einspruch) Anfechtungsklage, so wird diese zweifellos mangels Verletzung eines Rechtes abgewiesen werden, ohne daß das Verwaltungsgericht auf eine sachliche Prüfung eingehen kann. Erfolgt die Aufhebung der Inanspruchnahme erst durch Urteil des Verwaltungsgerichtes, so hat sich damit an der Stellung des Leistungsempfängers doch nichts geändert. Er hatte zwar ein rechtliches Interesse an der — noch in Schwebe befindlichen — Inanspruchnahme und Übereignung und mußte deshalb beigeladen werden, aber ein Recht konnte weder im ersten noch im zweiten Falle verletzt werden, ein Recht aus der von der Verwaltungsbehörde ausgesprochenen Übereignung hatte er noch nicht erworben.

Wenn nun diesem Leistungsempfänger ein Anspruch darauf eingeräumt würde, daß der VGH. auf Grund seiner formal zulässigen Berufung das erstinstanzliche Urteil sachlich überprüfe, so wäre er, als Beigeladener, besser gestellt als der Anfechtungskläger, denn während dieser, um eine sachliche Prüfung durch seine Berufung zu erreichen, sich auf ein Recht stützen muß, würde beim Beigeladenen ein bloßes rechtliches Interesse genügen. Der VGH. würde dann beim Beigeladenen bloße rechtliche Interessen schützen, nicht aber Rechte. Dies ginge jedoch über den Zweck und die Absicht des VGG. hinaus.

§ 101 VGG. muß im Zusammenhang mit § 35 gelesen werden, daß es sich nämlich bloß um die formale Zulässigkeit der Anfechtungsklage hier und der Berufung dort handelt. Die Berufung des Beigeladenen ist gemäß § 101 VGG. zwar stets zulässig, sie ist aber nur dann begründet, wenn durch das angefochtene Urteil ein Recht des Beigeladenen verletzt wurde. Eine analoge Berufung auf § 36 VGG. ist ausgeschlossen, denn die Verwaltungsgerichte entscheiden nicht nach freiem Ermessen.

Demgegenüber kann nun eingewendet werden: Durch die vom Beigeladenen erhobene Berufung wird der Prozeß weiter in Schwebe gehalten und das Entscheidungsrecht geht zur Gänze auf den VGH. über und dieser hat somit zu prüfen, ob das Urteil des Verwaltungsgerichtes und der vom Anfechtungskläger angefochtene Verwaltungsakt zu Recht ergangen sind. Es handle sich nicht um eine Überprüfung bloß vom Standpunkte einer Rechtsverletzung (des Anfechtungsklägers oder des Beigeladenen als Berufungskläger), sondern um eine Prüfung, ob der ursprüngliche Verwaltungsakt dem objektiven Rechte entspreche. Nach dem das Verwaltungsstreitverfahren beherrschenden Offizialprinzip sei das Verwaltungsgericht zu einer derartigen Prüfung nicht nur berechtigt, sondern auch verpflichtet und da der VGH. gemäß § 113 VGG. den Streitfall im gleichen Umfange prüft wie das Verwaltungsgericht, komme ihm die gleiche Befugnis zu. Es wäre unbillig und mit dem Grundsatz des Schutzes des objektiven Rechts unvereinbar, wenn der VGH. aus bloß formalen Gründen es ablehnen würde, ein objektiv unrichtiges Urteil des Verwaltungsgerichtes aufzuheben und dadurch den dem Gesetze entsprechenden Zustand herzustellen.

Es ist nicht zu leugnen, daß diese Ansicht vom Standpunkte der Wahrung der Gesetzmäßigkeit der Verwaltung etwas Bestechendes für sich hat und rein gefühlsmäßig ihr unbedingt beizupflichten wäre. Trotzdem stehen ihr, neben dem bereits Gesagten, schwerwiegende Bedenken entgegen. Vor allem ist zu bemerken, daß das Offizialprinzip in dem oben erwähnten Sinne im VGG. nirgends verankert ist. Die §§ 63 und 64 beziehen sich ausschließlich auf die Feststellung des Tatbestandes. § 74 VO. Nr. 165 bestimmt ausdrücklich, daß das Gericht über das Klagebegehren nicht hinausgehen darf und bringt damit zum Ausdruck, daß der Kläger in einer gewissen Richtung Herr des Prozesses ist. Auch wenn im VGG. eine entsprechende Bestimmung fehlt, so ergibt sich der im § 74 ausgedrückte Gedanke aus dem Wesen der Sache. Aus der ganzen Entwicklung der Verwaltungsgerichtsbarkeit geht in keiner Weise hervor, daß die Verwaltungsgerichte eine schrankenlose Kontrolle der Verwaltung gewissermaßen als Selbstzweck ausüben sollten, wobei die Klage nur der äußere Anlaß zu dieser Kontrolle wäre, sondern sie sollen diese Kontrolle nur beschränkt zum Zwecke des Schutzes der subjektiven Rechte der Staatsbürger ausüben. Sonst wären die Verwaltungsgerichte eine Art von Aufsichtsbehörden über die Verwaltung. Und wenn auf den Schutz des objektiven Rechtes hingewiesen wird, der sicherlich im öffentlichen Interesse gelegen ist, so ist darauf zu verweisen, daß es ja Vertreter dieses Interesses gibt, denen ausdrücklich im

§ 101 VGG. in jedem Fall das Berufungsrecht eingeräumt ist. Gibt es aber in dieser Richtung eine Garantie dafür, daß das objektive Recht durch ein Urteil der Verwaltungsgerichte nicht verletzt werde, so ist kein Grund mehr, dem VGH. noch zusätzlich eine solche Kontrolle aufzubürden, die, wie gesagt, dem Wesen der Verwaltungsgerichtsbarkeit nicht entspricht.

D. Die Folgen der Nichtbeiladung.

In der Praxis haben sich vielfach Fälle ergeben, daß im Verfahren vor den Verwaltungsgerichten Personen nicht beigeladen wurden, bei denen die Voraussetzungen des § 60 VGG. gegeben waren, und diese nun Berufung gegen das erstinstanzliche Urteil erheben. Wie hat nun die Berufungsinstanz vorzugehen?

Dr. Bauer setzt sich in dem obenerwähnten Artikel mit dieser Frage ausführlich auseinander. An die Spitze seiner Ausführungen setzt er die These, die Beiladung setze voraus, daß ein Rechtsstreit zwischen anderen Personen schon und noch anhängig sei und eine Beschränkung für eine Instanz nicht vorgesehen sei, somit auch im Berufungsverfahren bis zur Fällung des Urteils erfolgen könne. Wenn somit gegen das Urteil des Verwaltungsgerichtes einer der bisher Beteiligten Berufung eingelegt hat, könne der VGH. ohne weiteres den Dritten beiladen. Zweifelhaft sei es aber, wie vorzugehen sei, wenn keiner der bisher Beteiligten Berufung einlegt. Die Rechtsprechung der Verwaltungsgerichtshöfe sei hier widersprechend. Der WürttBadVGH. (Stuttgarter Senat) steht auf dem Standpunkt, eine Beiladung sei nur im Verfahren vor den Verwaltungsgerichten möglich, sei sie dort nicht erfolgt, ist eine von dem Nichtbeigeladenen erhobene Berufung unzulässig, auch wenn das Verwaltungsgericht nach Erlassung seines Urteils ihn nachträglich noch während der Berufungsfrist beigeladen hat. Demgegenüber läßt der BayerVGH. die Berufung des Nichtbeigeladenen zu, wenn sie zugleich mit dem Antrag auf Beiladung innerhalb der für die übrigen Beteiligten laufenden Berufungsfrist erhoben wurde, da das Verfahren noch nicht abgeschlossen war, wobei es nicht darauf ankommt, wann der Beiladungsbeschluß des VGH. erfolgt. Bauer führt gegen beide Standpunkte, die er für irrig hält, gewichtige Einwände an und verficht die Ansicht, die Rechtshängigkeit ende erst mit der Rechtskraft des Urteils und die Berufung sei solange zulässig, als diese dauert. Der rechtlich interessierte Dritte kann während des Laufs der Berufungsfrist seine Beiladung beantragen und das Gericht kann die Beiladung verfügen. Damit der Dritte rechtswirksam Berufung einlegen könne, muß er zuvor die Stellung eines Beteiligten erringen, was nur durch den Beiladungsbeschluß des Gerichtes geschehen kann. Würde er gleichzeitig mit seinem Antrag auf Beiladung Berufung einlegen, so wäre es die Berufung eines Unbefugten, die mangels Berufungslegitimation zu verwerfen wäre. Diese Rechtslage mache es notwendig, daß der Beiladungsbeschluß vor Ablauf der Berufungsfrist ergeht, denn nach Rechtskraft des Urteils fehlt für die Beiladung die Voraussetzung der Rechtshängigkeit.

In einem Artikel in „Die Öffentliche Verwaltung" 1949 S. 364 stimmt Bachof dieser Ansicht Bauers vollinhaltlich zu, bemerkt lediglich, daß der Dritte zugleich mit dem Antrag auf Beiladung vorsorglich Berufung einlegen könne.

Wenn auch dem erwähnten Standpunkt der beiden Verwaltungsgerichtshöfe und der Ansicht Bauers formaljuristisch eine Berechtigung nicht abgesprochen werden kann, so ist doch das Resultat in keiner Weise befriedigend.

Man nehme folgende Fälle, die öfters vorkommen.

A. Gemäß § 15 RLG. wird der Kraftwagen des A in Anspruch genommen und dem B zur Verfügung übereignet. A erhebt Einspruch und dann Anfechtungsklage, das Verwaltungsgericht lädt den B nicht bei und hebt mit Urteil die Inanspruchnahmeverfügung auf.

B. In der Wohnung des M wird ein Wohnraum als überschüssig erfaßt und der N in diesen Raum eingewiesen, ein Zwangsmietvertrag angeordnet und N zieht ein. M macht Eigenbedarf nach § 18 Ziff. 3 DurchfVO. Nr. 115 zum WohnG. geltend, erhebt Beschwerde und Anfechtungsklage. Das VG. lädt den N nicht bei und hebt mit Urteil die Erfassung auf.

Was haben A und M mit dem Urteil gewonnen? Weder kann der Kraftwagen dem B mittels Zwangsvollstreckung weggenommen, noch N aus der Wohnung entfernt werden, denn gegen sie wirken die Urteile nicht, für sie bestehen noch immer die ursprünglichen Verwaltungsakte, die ihnen jene Rechtsstellung verschafft haben. Die Behörden können — sie müssen aber nicht — gegen sie neue Verwaltungsakte erlassen, mit denen sie die ursprünglichen Verfügungen aufheben, es geht ein neuer Prozeß an, dessen Gegenstand die Frage der Zulässigkeit des Widerrufs bildet. Und es ist gar nicht ausgemacht, ob die Berufung auf jenes Urteil als Widerrufsgrund anerkannt werden muß. Ein durch Anfechtungsklage angefochtener VA. kann vom VG. wegen irriger Rechtsansicht oder unrichtiger Tatbestandsbeurteilung aufgehoben werden, dies ist jedoch kein Widerrufsgrund für die Verwaltungsbehörde und das Urteil geht den B und N gar nichts an.

In den angeführten Fällen haben A und M ein berechtigtes Interesse daran, daß das für sie günstige Urteil den angestrebten Erfolg zeitige, nämlich die Wiedererlangung des Kraftwagens, bzw. die Freimachung des erfaßten Raumes. B und N können auch ein berechtigtes Interesse daran haben, daß das für sie ungünstige, wenn auch gegen sie nicht unmittelbar wirkende Urteil aufgehoben werde, denn es kann bei einem nun folgenden Zivilprozeß eine Rolle spielen. A und M laufen zwar Gefahr, bei einer allfälligen Berufung des B und N eine Aufhebung des für sie günstigen Urteils gewärtigen zu müssen, andererseits ersparen sie sich, falls der VGH. die Berufung des Nichtbeigeladenen zuläßt, einen Zivilprozeß oder einen neuen Verwaltungsrechtsprozeß. Beide Parteien haben somit ein gewisses Interesse daran, daß der Streitfall durch ein Urteil des VGH. endgültig entschieden werde. Ist das Urteil des VGH. für A und M günstig, d. h. wird die Berufung zurückgewiesen, so erhalten sie ein gegen B und N vollstreckbares Urteil; hat die Berufung Erfolg, so ist endgültig festgestellt, daß die ursprünglichen Verwaltungsakte zu Recht erlassen wurden und es ist kein Raum mehr für einen eventuellen Zivilprozeß oder für ein Wiederaufrollen im Verwaltungswege. Auch das allgemeine staatliche Interesse spricht für eine derartige Lösung.

Es ist nur die Frage, wie ein Weg zur Entscheidung des VGH. über die Berufung des Nichtbeigeladenen gefunden werden kann.

Ich habe schon darauf hingewiesen, daß die ZPO. für die Auslegung des § 60 VGG. nicht herangezogen werden kann. Alle oben angeführten Ansichten gehen davon aus, daß eine Beiladung nur während der „Rechtshängigkeit" des Prozesses erfolgen könne. Auch dies ist ein Begriff, der aus der ZPO. stammt und nicht ohne weiteres, insbesondere nicht hier auf den Verwaltungsrechtsprozeß angewendet werden sollte, und dies aus dem einfachen Grunde, weil die strikte Anwendung zu praktisch unerwünschten Folgen führt.

Sind die Voraussetzungen des § 60 VGG. gegeben, so ist der Dritte beizuladen, es ist dies der Fall der „notwendigen Beiladung", von dem die Beschlüsse einzelner Verwaltungsgerichte sprechen. In den beiden als Beispiel angeführten Fällen hätte die Beiladung unbedingt erfolgen sollen. Unterblieb sie, so war das Verfahren vor dem Verwaltungsgericht und in weiterer Folge das Urteil mit einem wesentlichen Mangel behaftet. Wenn der VGH. nicht die Möglichkeit hätte, bei Berufung eines der Beteiligten die nachträgliche Beiladung zu beschließen, so könnte er ohne weiteres das erstinstanzliche Urteil gemäß § 114 Ziff. 2 VGG. aufheben. Es ist festzuhalten, und dies dürfte kaum bestritten werden, daß es sich dabei um einen wesentlichen Mangel handelt.

Die Rechtsordnung hat kein Interesse daran, daß ein wesentlich mangelhaftes Urteil nicht überprüft werde, insbesondere dann nicht, wenn der Mangel durch das Gericht selbst verursacht wurde. Weiters zielt doch die ganze Verwaltungsgerichtsbarkeit darauf ab, daß ein öffentlich-rechtlicher Streitfall endgültig entschieden und ein vollstreckbares Urteil — soweit eine Vollstreckung begrifflich möglich ist — erzielt werde. Die Rechtsordnung kann nicht wünschen, daß eine öffentlich-rechtliche Streitsache unter Umständen auf Umwegen — durch einen Mangel der Verwaltungsgerichtsbarkeit — auf das privatrechtliche Gebiet verlagert werde. Dazu kommt, daß, wie dargelegt, eine Behebung jenes Mangels auch im Interesse der bisher Beteiligten liegt.

Eine Art Selbstanfechtung des Urteils durch das Verwaltungsgericht ist nicht möglich. Ebensowenig könnte einer der bisher Beteiligten auf Grund des § 122 VGG. die Wiederaufnahme des Verfahrens beantragen, noch weniger der Nichtbeigeladene, da er ja nicht Beteiligter ist. Und doch spricht alles dafür, daß der erwähnte Mangel irgendwie beseitigt werden muß.

Weder § 60 VGG. noch eine andere Vorschrift behandeln den Fall, was zu geschehen hat, wenn ein Beizuladender nicht beigeladen und vom Verwaltungsgericht ein Urteil erlassen wurde, gegen das die bisher Beteiligten keine Berufung einlegen. Ein Fall, der, wie die Praxis lehrt, häufig vorkommt. Es liegt somit eine Lücke des Gesetzes vor, und zwar eine Lücke bezüglich der Verfahrensvorschriften. Die Vorschriften der ZPO. können hier nicht ergänzend herangezogen werden, denn es handelt sich hier um grundsätzliche Unterschiede der beiden Verfahrensarten. Es muß darum angenommen werden, daß hier die Gestaltung dem pflichtmäßigen richterlichen Ermessen überlassen wurde (§ 34 VGG.).

Ist diese Ansicht richtig — und es kann dagegen schwer etwas Wesentliches eingewendet werden —, so liegt die anscheinend so schwierige Frage ganz einfach.

Findet der VGH., daß die Person, die nun den Antrag auf Beiladung stellt, bzw. Berufung einlegt, vom Verwaltungsgericht beizuladen war, d. h. daß sie zu dem nach § 60 VGG. beizuladenden Personen gehört und nicht beigeladen wurde, so beschließt er unter Berufung auf § 34 VGG. die Beiladung und entscheidet über die Berufung. Die Berufungsfrist hat gemäß § 32 VGG. für den Nichtbeigeladenen nicht zu laufen begonnen.

Bedenken können vielleicht dann auftauchen, wenn der Nichtbeigeladene nach langer Zeit erst Berufung einlegt. Hier wird der VGH. nach pflichtgemäßem richterlichem Ermessen sich schlüssig werden müssen, ob vom Standpunkte der Rechtsordnung ein Wiederaufrollen des Prozesses tunlich erscheint.

Rechtsprechung.

Derjenige, dem ein Kraftwagen auf Grund des RLG. zur Verfügung zugesprochen wurde, ist beizuladen.

BayerVGH., Beschl. v. 30. 4. 1948; BBürgerm. 1948 S. 187.

Derjenige, dem das Wohnungsamt eine Wohnung zuweisen will oder wird, sobald sie frei ist, hat in Bezug auf die fragliche Wohnung keine solche Rechtsstellung, daß seine rechtlichen Interessen durch die Entscheidung berührt werden.

BayerVGH., Beschl. v. 1. 4. 1948 Nr. 14 II 48.

Bei Anfechtungsklagen in Wohnungsangelegenheiten ist die Beiladung der örtlichen Wohnungsbehörden unzulässig.

LVG. Hannover, Beschl. v. 20. 1. 1949 A 589/48; DVerw. 49 S. 412.

Keine Beiladung der Gemeinde bei Anfechtungsklagen gegen eine Verfügung, durch welche die Aufsichtsbehörde eine Anordnung der örtlichen Wohnungsbehörde aufgehoben hat.

WürttBadVGH. Karlsruhe, Urt. v. 21. 10. 1947; VerwRechtspr. Nr. 52.

Durch die Entscheidung über die Anfechtungsklage des von einer Wohnungsinanspruchnahme Betroffenen werden die rechtlichen Interessen des Wohnungssuchenden, dem der erfaßte Wohnraum zugewiesen wurde, berührt.

BayerVGH., Beschl. v. 15. 7. 1948 Nr. 158 II 48; VGHE. n. F. Nr. 31.

Nur solche Personen und Behörden sind beizuladen, denen gegenüber eine Erstreckung der Rechtskraft des künftigen Urteils in Betracht kommt.

LVG. Braunschweig, Beschl. v. 17. 3. 1949 PR. 22/49; DVerw. 49 S. 443 (hierzu Bemerkung).

Auch in der Berufungsinstanz ist die Beiladung möglich.

BayerVGH., Beschl. v. 3. 2. 1948 Nr. 190 I 47; BBürgerm. 48 S. 188.

Die Beiladung ist nur durch das Gericht der Instanz bis zur Entscheidung in der Sache zulässig.

HessVGH., Beschl. v. 19. 1. 1949; HessStaatsanz. 49 S. 288.

Nach Rechtskraft des Urteils erster Instanz kann das Berufungsgericht die Beiladung nicht beschließen.

HessVGH., Vorbescheid v. 22. 12. 1948; HessStaatsanz. 49 S. 287.

Die Rechtsstellung der Beigeladenen wird nur durch einen Beschluß des Gerichtes nach § 60 VGG. erworben. Ein solcher Beschluß wird nicht durch die Zustellung eines anderen Beschlusses ersetzt, und zwar auch dann nicht, wenn dieser eine Rechtsmittelbelehrung enthält.

BayerVGH., Beschl. v. 28. 9. 1948 Nr. 150 II 48; VGHE. n. F. Nr. 32; ähnlich Nr. 23.

Die bloße Stellung eines Antrages auf Beiladung gibt noch kein Berufungsrecht.

Es gibt Fälle notwendiger Beiladung, in denen ihre Unterlassung einen Verfahrensmangel darstellt, so des Mieters im Streit zwischen Hauswirt und Preisbehörde über die Miethöhe. Dem nicht beigeladenen Mieter gegenüber hat die Entscheidung des Verwaltungsgerichtes über die Mietfestsetzung keine Wirkung.

HessVGH., Beschl. v. 9. 12. 1948 OS. 209/48; VerwRechtspr. Nr. 112.

Eine Beiladung nach § 60 VGG. wird nicht schon dadurch bewirkt, daß ein Beschluß über die Aussetzung nach § 51 VGG. einem am Verfahren bisher nicht Beteiligten mit der Belehrung förmlich zugestellt wird, daß er dagegen Beschwerde einlegen könne.

BayerVGH., Beschl. v. 1. 10. 1948 Nr. 100 II 48; VerwRechtspr. Nr. 113.

Auch unter den Voraussetzungen des § 41 der VO. Nr. 165 besteht, abgesehen von den Fällen der sogenannten notwendigen Beiladung, für das VG. kein Beiladungszwang, es hat vielmehr über die Beiladung nach rechtlichem Ermessen zu entscheiden.

HambOVG., Beschl. v. 24. 6. 1949 Bf. 210/49; DVerw. 49 S. 477.

(Der Beschluß polemisiert in der Begründung mit der Praxis des BayerVGH.)

a) Die Beiladung nach § 60 VGG. ist Zuziehung einer bisher außerhalb des Verfahrens stehenden Person zu dem Verfahren und deshalb nur solange möglich, als ein Verfahren schwebt.

b) Das rechtliche Gehör kann nur innerhalb eines gerichtlichen Verfahrens verwirklicht werden, in dem der Betreffende rechtsförmlich beteiligt ist. Die Rechtskraft des Urteils des Verwaltungsgerichtes verhindert aber ein weiteres Verfahren.
BayerVGH., Beschl. v. 15. 4. 1948 Nr. 138 I 47; VerwRechtspr. Nr. 111.

Wer entgegen der Vorschrift des § 60 VGG. vom Verwaltungsgericht nicht beigeladen worden ist, kann innerhalb der den Beteiligten offenstehenden Berufungsfrist Berufung einlegen und Antrag auf nachträgliche Beiladung stellen.
BayerVGH., Beschl. v. 25. 10. 1948 Nr. 206 I 48; VGHE. n. F. Nr. 27. VerwRechtspr. Nr. 156.

a) Erst durch den Beschluß über die Beiladung erhält der Beigeladene die Rechtsstellung eines Beteiligten mit der Wirkung, daß die Entscheidung über die Anfechtungsklage auch ihm gegenüber wirkt (§§ 60 Abs. 4 und 84 VGG.).

b) Die Erhebung der Berufung durch einen noch nicht Beigeladenen eröffnet formell das Berufungsverfahren. Der VGH. kann daher auch über den Beiladungsantrag entscheiden. Beschließt er gemäß § 60 VGG. die Beiladung, so wird damit die Befugnis zur Einlegung des Rechtsmittels durch den nunmehr Beigeladenen geschaffen. Bedingung für die Beiladung ist lediglich, daß die Berufung noch vor Ablauf der Berufungsfrist eingelegt wird.
BayerVGH., Beschl. v. 26. 10. 1948 Nr. 251 II 48; VGHE. n. F. Nr. 38.

In Anfechtungsstreitigkeiten ist eine Beiladung nach Verkündung des Urteils durch die betreffende Instanz nicht mehr möglich.
HessVGH., Beschl. v. 19. 1. 1949 B 3/49; ÖffVerw. 49 S. 479.

Ist die Anhörung der Parteien vor dem Beschluß über die Beiladung einer Person unterblieben, so ist dies auf die Gültigkeit des Beiladungsbeschlusses ohne Einfluß.
HessVGH., Beschl. v. 10. 3. 1948 OS. 1/48; ÖffVerw. 49 S. 479.

Die Stellung des Beigeladenen als eines Beteiligten bedeutet lediglich, daß er in dem anhängigen Rechtsstreit sein Recht geltend machen kann, er ist dabei aber auf die Klaganträge beschränkt und kann keine neuen Sachanträge einführen.
HessVGH., Urt. v. 20. 5. 1949 OS. 293/48; ÖffVerw. 49 S. 479.

Vertretung durch Bevollmächtigte.

§ 61.

(1) Die Beteiligten können sich in jeder Lage des Verfahrens durch Bevollmächtigte vertreten lassen. Die Vollmacht ist schriftlich zu erteilen oder zu bestätigen und kann nachgereicht werden; das Verwaltungsgericht kann hierfür eine Frist bestimmen.

(2) Ist ein Bevollmächtigter bestellt, so sind die Mitteilungen des Gerichts an ihn zu richten.

(3) In der mündlichen Verhandlung können die Beteiligten auch in Begleitung von Beiständen erscheinen.

(4) Als Bevollmächtigte und Beistände sind ohne weiteres zugelassen Rechtsanwälte, Verwaltungsrechtsräte und Vertreter beruflicher, genossenschaftlicher und gewerkschaftlicher Vereinigungen für den von ihnen in dieser Eigenschaft

vertretenen Personenkreis. Andere Personen können vom Gericht zurückgewiesen werden, wenn sie die Vertretung geschäftsmäßig betreiben oder zum geeigneten Vortrag unfähig sind.

(5) **Das Verwaltungsgericht ist befugt, mehreren Beteiligten mit gleichen Interessen die Bestellung eines gemeinsamen Bevollmächtigten aufzutragen.**

In Württemberg-Baden: in Abs. 4 statt „Verwaltungsrechtsräte" **„Verwaltungsräte"**.

§ 42 VO. Nr. 165.

(1) **Die Beteiligten können sich in jeder Lage des Verfahrens durch Bevollmächtigte mit schriftlicher Vollmacht vertreten lassen.**

(2) **In der mündlichen Verhandlung können die Beteiligten auch in Begleitung von Beiständen erscheinen.**

§ 61 spricht von „Beteiligten", vom Verwaltungsgericht und davon, daß Mitteilungen „des Gerichtes" an den bestellten Bevollmächtigten zu richten sind. Daraus ist zu schließen, daß die Vorschrift des § 61 sich nur auf das Verfahren vor den Verwaltungsgerichten bezieht, nicht aber unmittelbar auf das Einspruchs-(Beschwerde-)Verfahren. Anderer Ansicht Van Husen (S. 88). Das hindert aber nicht, sie entsprechend, soweit eine Bestimmung in der betreffenden Norm fehlt, anzuwenden.

Ein Anwaltszwang besteht nicht.

Tritt für einen Beteiligten ein Bevollmächtigter auf, so hat er sich durch eine Vollmacht auszuweisen.

Über den Inhalt der Vollmacht, die Dauer der Bevollmächtigung usw. enthält das VGG. keine näheren Bestimmungen, es sind darum gemäß § 34 VGG. die Bestimmungen der ZPO. ergänzend heranzuziehen.

Die Prozeßvollmacht ermächtigt zu allen den Rechtsstreit betreffenden Prozeßhandlungen (§ 81 ZPO.); darunter fallen insbesondere die Stellung von Anträgen, Abgabe von Äußerungen und Gegenäußerungen u. dgl., aber auch die Klage- und Berufungszurücknahme.

§ 83 ZPO.

„Eine Beschränkung des gesetzlichen Umfanges der Vollmacht hat dem Gegner gegenüber nur insoweit rechtliche Wirkung, als diese Beschränkung die Beseitigung des Rechtsstreits durch Vergleich, Verzichtleistung auf den Streitgegenstand oder Anerkennung des von dem Gegner geltend gemachten Anspruches betrifft.

Inwieweit eine Vertretung durch Anwälte nicht geboten ist, kann eine Vollmacht für einzelne Prozeßhandlungen erteilt werden."

§ 84 ZPO.

„Mehrere Bevollmächtigte sind berechtigt, sowohl gemeinschaftlich als einzeln die Partei zu vertreten. Eine abweichende Bestimmung der Vollmacht hat dem Gegner gegenüber keine rechtliche Wirkung."

§ 85 ZPO.

„Die von dem Bevollmächtigten vorgenommenen Prozeßhandlungen sind für die Partei in gleicher Weise verpflichtend, als wenn sie von der Partei selbst vorgenommen wären. Dies gilt von Geständnissen und anderen tatsächlichen Erklärungen, insoweit nicht dieselben von der miterschienenen Partei sofort widerrufen oder berichtigt werden."

§ 86 ZPO.

„Die Vollmacht wird weder durch den Tod des Vollmachtgebers noch durch eine Veränderung in betreff seiner Prozeßfähigkeit oder seiner gesetzlichen Vertretung aufgehoben; der Bevollmächtigte hat jedoch, wenn er nach Aussetzung des Rechtsstreits für den Nachfolger im Rechtsstreit auftritt, eine Vollmacht desselben beizubringen."

§ 87 ZPO.

„Dem Gegner gegenüber erlangt die Kündigung des Vollmachtsvertrages erst durch die Anzeige des Erlöschens der Vollmacht, im Anwaltsprozeß erst durch die Anzeige der Bestellung eines anderen Anwalts rechtliche Wirksamkeit.

Der Bevollmächtigte wird durch die von seiner Seite erfolgte Kündigung nicht gehindert, für den Vollmachtgeber so lange zu handeln, bis dieser für Wahrnehmung seiner Rechte in anderer Weise gesorgt hat."

Hierzu bemerkt Baumbach (Zivilprozeßordnung, 18. Auflage, S. 153) unter anderem folgendes: *„Der Vollmachtgeber kündigt durch formlose Erklärung gegenüber dem Bevollmächtigten und umgekehrt. Damit wirkt die Kündigung gegenüber dem Vertragsgenossen. Der Prozeßgegner braucht sie erst nach ihm gemachter Anzeige zu beachten; fehlt die Anzeige der Kündigung, so gelten der alte und der neue RA. als bevollmächtigt. Entsprechendes muß für die Wirkung dem Gericht gegenüber gelten. RG. JW. 32, 109. Bis zum Eintritt der Wirkung ist der alte Bevollmächtigte befugt, sind daher Zustellungen an ihn zu richten. RG. 95, 338; ständige Rechtsprechung."*

§ 89 ZPO.

„Handelt jemand für eine Partei als Geschäftsführer ohne Auftrag oder als Bevollmächtigter ohne Beibringung einer Vollmacht, so kann er gegen oder ohne Sicherheitsleistung für Kosten und Schäden zur Prozeßführung einstweilen zugelassen werden. Das Endurteil darf erst erlassen werden, nachdem die für die Beibringung der Genehmigung zu bestimmende Frist

abgelaufen ist. Ist zu der Zeit, zu welcher das Endurteil erlassen wird, die Genehmigung nicht beigebracht, so ist der einstweilen zur Prozeßführung Zugelassene zum Ersatz der dem Gegner infolge der Zulassung erwachsenen Kosten zu verurteilen; auch hat er dem Gegner die infolge der Zulassung entstandenen Schäden zu ersetzen.

Die Partei muß die Prozeßführung gegen sich gelten lassen, wenn sie auch nur mündlich Vollmacht erteilt oder wenn sie die Prozeßführung ausdrücklich oder stillschweigend genehmigt hat.“

§ 90 ZPO.

„Insoweit eine Vertretung durch Anwälte nicht geboten ist, kann eine Partei mit jeder prozeßfähigen Person als Beistand erscheinen.

Das von dem Beistand Vorgetragene gilt als von der Partei vorgebracht, insoweit es nicht von dieser sofort widerrufen oder berichtigt wird.“

Beistand ist, wer neben der Partei zu ihrer Unterstützung beim mündlichen Vortrag auftritt. Der Beistand wird auf Einführung durch die Partei tätig, er muß prozeßfähig sein. (Baumbach a.a.O.)

Rechtsprechung.

Ist eine Partei durch einen Prozeßbevollmächtigten vertreten, so ist es für die Geltung und die Zustellung des Urteils erster Instanz unschädlich, daß dem Erstrichter der vor seinem Urteil eingetretene Tod der Partei nicht bekannt war (Wiederholung der Entsch. des VGH. Bd. 26 S. 362). (Durch den Tod der Partei ist die Vollmacht nicht erloschen.)

BayerVGH., Urt. v. 11. 3. 1948 Nr. 23 S 47/I; VerwRechtspr. Nr. 35.

Falls der Bevollmächtigte die Niederlegung der Prozeßvollmacht der Behörde nicht mitgeteilt hat, so ist er in entsprechender Anwendung des § 87 ZPO. (vgl. § 34 VGG.) noch berechtigt, eine Zustellung entgegenzunehmen und die Behörde ist verpflichtet, die Zustellung an ihn zu bewirken.

BayerVGH., Beschl. v. 5. 10. 1949 Nr. 168 II 48. (Gilt auch für Zustellungen durch das Verwaltungsgericht.)

Prozeßvertretung durch einen Diplomkaufmann und Wirtschaftsprüfer ist gemäß § 61 Abs. 4 Satz 2 VGG. zurückzuweisen, da eine solche Vertretung in die allgemeinberufliche Tätigkeit der Wirtschaftsprüfer einschlagen würde, d. h. daß er die Prozeßvertretung geschäftsmäßig betreiben würde.

WürttBadVGH. Karlsruhe, Beschl. v. 7. 7. 1948; „Der Betriebsberater“ 48 S. 420. (Ist bestritten.)

a) Das Verwaltungsgericht ist auch dann, wenn eine ausreichende Zahl von Rechtsanwälten am Orte zur Verfügung steht, nicht verpflichtet, einen anderen Bevollmächtigten, der die Vertretung von Streitbeteiligten geschäftsmäßig betreibt, zurückzuweisen.

b) Das Verwaltungsgericht kann einen solchen Bevollmächtigten im einzelnen Falle, aber auch ein für allemal beschlußmäßig zurückweisen. Es soll aber in der Regel die Zulassung (Nichtzurückweisung) nicht allgemein durch Beschluß aussprechen.

BayerVGH., Urt. v. 5. 2. 1948 Nr. 49 S 47/I; VGHE. n. F. Nr. 14; VerwRechtspr. Nr. 32.

a) Die Zurückweisung eines Bevollmächtigten liegt nicht im Belieben oder völlig freien Ermessen des Verwaltungsgerichts. (Vgl. VGHE. n. F. Bd. 1 S. 47.)

b) Aus dem Umstande, daß der Bevollmächtigte eine gerichtliche Anfrage nicht beantwortet hat, kann noch nicht auf eine „Unfähigkeit zum geeigneten Vortrag" im Sinne des § 61 Abs. 4 VGG. geschlossen werden.

c) Der Umstand, daß der Bevollmächtigte, der die besondere Erlaubnis gemäß Art. 1 § 1 des Gesetzes zur Verhütung von Mißbräuchen auf dem Gebiete der Rechtsberatung vom 13. 12. 1935 (RGBl. I S. 1478) besitzt, die Rechtsvertretung geschäftsmäßig betreibt, kann noch nicht einen stichhaltigen Grund für die Zurückweisung bilden.

BayerVGH., Beschl. v. 16. 5. 1949 Nr. 279 II 48. VGHE. n. F. Bd. 2 Nr. 13.

Verzicht auf mündliche Verhandlung.

§ 62.

(1) **Das Verwaltungsgericht entscheidet über die Anfechtungsklage auf Grund mündlicher Verhandlung.**

(2) **Hält das Verwaltungsgericht eine Anfechtungssache nach Klärung des Sachverhalts für spruchreif, so kann es dies den Beteiligten mit dem Anfügen mitteilen, daß es sich vorbehalte, ohne mündliche Verhandlung zu entscheiden, wenn ein Beteiligter diese nicht binnen zwei Wochen nach Zustellung der Mitteilung ausdrücklich beantragt. Geht ein solcher Antrag nicht ein, so kann das Gericht ohne mündliche Verhandlung entscheiden.**

In Württemberg-Baden und Hessen: Statt des Abs. 2 enthält Abs. 1 folgenden Satz:

„Einer solchen bedarf es nicht, wenn alle Beteiligten ausdrücklich auf sie verzichten."

§ 57 VO. Nr. 165.

(Abgedruckt bei § 55.)

§ 58 VO. Nr. 165.

(1) **Der Termin zur mündlichen Verhandlung ist den Beteiligten von Amts wegen bekannt zu geben. Mit der Bekanntgabe ist der Hinweis zu verbinden, daß bei ihrem Ausbleiben nach dem Stande der Verhandlungen entschieden werden könne.**

(2) **Zwischen der Zustellung der Terminsbestimmung und dem Verhandlungstermin muß eine Frist von mindestens einer Woche liegen. In eiligen Sachen kann die Frist durch eine mit der Terminsbestimmung zuzustellende Verfügung des Vorsitzenden abgekürzt werden.**

Grundsätzlich ergeht ein Urteil nach mündlicher Verhandlung, ein Urteil ohne mündliche Verhandlung ist die Ausnahme. Dies entspricht auch Art. 90 BayerVerf.: „Die Verhandlungen vor allen Gerichten sind öffentlich." Natürlich können die Beteiligten auf die Öffentlichkeit (mündliche öffentliche Verhandlung) verzichten, da diese Vorschrift ja in ihrem Interesse erlassen ist.

Über die Vorteile der mündlichen Verhandlung können die Meinungen geteilt sein. Sicherlich gewinnt der Richter ein lebendigeres Bild von der Streitsache, wenn er die Parteien vor sich hat. Bei dem kassatorischen Charakter der Verwaltungsrechtspflege kommt es jedoch in erster Linie auf die Rechtsfrage an — bei klargestelltem Tatbestand — und da spielt der persönliche Eindruck keine Rolle. Der persönliche Eindruck kann dort von Bedeutung sein, wo das Verwaltungsgericht in den Fällen der §§ 20 und 21 GewO. als Rekursinstanz entscheidet und z. B. die Frage der Zuverlässigkeit zu prüfen ist, dieser Eindruck kann sich aber auch zuungunsten des Anfechtungsklägers auswirken. Wenn der Tatbestand selbst strittig ist, wird wohl der mündlichen Verhandlung der Vorzug zu geben sein, wenn nicht ein Lokalaugenschein (§ 66 VGG.) vorgenommen wurde. Für die nichtöffentliche Behandlung spricht der Umstand, daß die Beteiligten in der Regel früher ein Urteil erhalten und die mündliche Verhandlung mit größeren Kosten verbunden ist. Da es sich um die Entscheidung von Rechtsfragen handelt und die Beteiligten Gelegenheit gehabt haben, ihren rechtlichen Standpunkt klarzulegen, kann wohl den Verwaltungsgerichten, bei denen die fachlich ausgebildeten Richter gemäß § 15 Abs. 1 VGG. zu entscheiden hätten, zugetraut werden, daß sie diese Frage richtig beantworten.

In Bayern kann durch die Einfügung des neuen Abs. 2 die Frage auftauchen, ob das Verwaltungsgericht unter allen Umständen den dort vorgezeichneten Weg einschlagen muß oder ob nicht die Beteiligten von sich aus vorher auf die mündliche Verhandlung verzichten können. Die letztere Möglichkeit ist jedenfalls zu bejahen. Das Verwaltungsgericht ist durch den Verzicht nicht gebunden, es kann trotzdem die mündliche Verhandlung anberaumen, wenn es dies für notwendig oder zweckmäßig erachtet. Andererseits ist ein von den Beteiligten ausgesprochener Verzicht unwiderruflich.

Eine interessante Regelung enthält für die britische Zone § 57 der VO. Nr. 165, indem hier eine Art Vorbescheid für Streitsachen, in denen das Sach- und Rechtsverhältnis genügend geklärt erscheint, eingeführt wird, der als rechtskräftiges Urteil wirkt, falls nicht mündliche Verhandlung beantragt oder Berufung eingelegt wird.

§ 63.

Erforschung des Sachverhaltes — Offizialprinzip.

Das Verwaltungsgericht erforscht unter Heranziehung der Beteiligten den Sachverhalt von Amts wegen. Es ist an das Vorbringen und die Beweisanträge der Beteiligten nicht gebunden.

§ 61 VO. Nr. 165.

Das Gericht erforscht den Sachverhalt von Amts wegen. Es ist an das Vorbringen und die Beweisanträge der Beteiligten nicht gebunden.

§ 63 VGG. enthält den Leitgedanken, der allen auf die Klarlegung des Tatbestandes abzielenden Handlungen der Verwaltungsgerichte zugrunde zu legen ist. Es ist dies das Offizialprinzip (Inquisitions maxime).

Nur auf Grund eines einwandfrei festgestellten Sachverhaltes kann das Verwaltungsgericht seine eigentliche Aufgabe, die Lösung der strittigen Rechtsfrage, erfüllen. Die Erforschung des Sachverhaltes geschieht darum von Amts wegen. Das Gericht kann nach pflichtgemäßem richterlichen Ermessen über die Beweisanträge der Beteiligten hinausgehen, es kann aber auch Beweisanträge zurückweisen, wenn sie unerheblich sind. Betont muß aber werden, daß das Offizialprinzip nur und ausschließlich für die Erforschung des Sachverhaltes gesetzlich festgelegt ist.

Beweiserhebung.

§ 64.

Das Verwaltungsgericht erhebt den nach seinem Ermessen erforderlichen Beweis in der mündlichen Verhandlung. Es kann ihn schon vorher durch eines seiner Mitglieder als beauftragten Richter erheben lassen oder mit Begrenzung auf genau bestimmte Punkte und Personen ein anderes Gericht oder eine Verwaltungsbehörde um die Erhebung ersuchen.

§ 62 VO. Nr. 165.

(1) **Das Gericht erhebt den nach seinem Ermessen erforderlichen Beweis in der mündlichen Verhandlung. Es kann insbesondere Augenschein einnehmen, Zeugen und Sachverständige eidlich oder uneidlich vernehmen sowie Urkunden beiziehen.**

(2) **Das Gericht kann, in geeigneten Fällen schon vor der mündlichen Verhandlung, durch eines seiner Mitglieder als beauftragten Richter Beweis erheben lassen oder mit Begrenzung auf genau bestimmte Punkte und Personen ein anderes Gericht oder eine Verwaltungsbehörde um die Erhebung ersuchen.**

(3) **In der mündlichen Verhandlung können auch Beteiligte eidlich vernommen werden.**

(4) **Das Gericht kann eine Beweisaufnahme von einem Gerichtskostenvorschuß abhängig machen.**

§ 64 VO. Nr. 165.

Die Beteiligten werden von allen Beweisterminen benachrichtigt und können der Beweisaufnahme beiwohnen. Sie können an Zeugen und Sachverständige sachdienliche Fragen richten lassen. Wird eine Frage beanstandet, so entscheidet das Gericht endgültig.

Das Verwaltungsgericht muß sich darüber klar werden, inwieweit es den von der Verwaltungsbehörde bereits festgestellten und ihrer Entscheidung zugrunde gelegten Sachverhalt für ergänzungsbedürftig hält und welche Beweismittel hierzu erforderlich sind. In der Praxis werden die Beweise in der mündlichen Verhandlung gewöhnlich nicht erhoben werden, sondern dies wird schon vorher geschehen, so daß bei der mündlichen Verhandlung die Ergebnisse der gepflogenen Erhebungen bloß vorgetragen werden. Obwohl § 64 VGG. die Beweiserhebung in der mündlichen Verhandlung als Regel anführt, so ist der erwähnte Vorgang nicht zu beanstanden, denn das Gesetz bietet hierzu die Möglichkeit und überläßt es dem Ermessen des Gerichtes, welchen Weg es einschlagen will.

Da das Gesetz davon spricht, daß das Gericht den Beweis schon vorher durch eines seiner Mitglieder ..... erheben lassen kann usw., so ist aus dieser Fassung zu schließen, daß die Beauftragung eines Mitgliedes und die Inanspruchnahme der Rechtshilfe auf Grund eines förmlichen Beschlusses erfolgen soll. Dieser Vorgang wird beim BayerVGH. eingehalten. Es kann aber auch als zulässig angesehen werden, daß der Vorsitzende selbst dies anordnet und diese Anordnung nachträglich vom Gericht gutgeheißen wird.

Der beauftragte Richter handelt im Namen des Gerichtes. Die Verpflichtung zur Rechtshilfe gründet sich auf § 20 VGG.

Die allgemeinen Bestimmungen der ZPO. (§§ 355ff.) sind auf Grund des § 34 VGG. entsprechend anzuwenden.

Soweit es sich um die Aufnahme des Zeugenbeweises durch einen beauftragten Richter handelt, könnte die Frage auftauchen, ob hier nicht im Hinblick auf die Mündlichkeit und Unmittelbarkeit des Verfahrens die Bestimmung des § 375 ZPO. angewendet werden soll, die die Aufnahme des Zeugenbeweises durch ein Mitglied des Prozeßgerichts oder ein anderes Gericht nur unter bestimmten Voraussetzungen zuläßt. Da aber die §§ 64 und 66 VGG. im Unterschied zu anderen Bestimmungen des VGG. sich nicht ausdrücklich auf die ZPO. beziehen, kann wohl davon ausgegangen werden, daß das VGG. diese Frage hier selbständig und erschöpfend regeln wollte und es dem VerwGericht in jedem Falle überläßt, eine Zeugeneinvernahme durch einen beauftragten Richter usw. vornehmen zu lassen.

§ 65.

Akteneinsicht.

(1) Auf die Einsicht in die Prozeßakten ist § 299 Abs. 1 und 3 der Zivilprozeßordnung entsprechend anzuwenden.

(2) Akten einer Behörde, die vom Gericht zum Streitverfahren zugezogen worden sind, können den Beteiligten zur Einsicht oder Abschrift nur so weit überlassen werden, als die Behörde oder auf Beschwerde die Aufsichtsbehörde (§ 41) nicht ausdrücklich widerspricht. Wird die Einsichtnahme verweigert, so dürfen die Akten der Entscheidung nur soweit zugrunde gelegt werden, als ihr Inhalt vorgetragen und zum Gegenstand der Verhandlung gemacht worden ist.

In Württemberg-Baden und Hessen lautet der 2. Absatz 1. Satz:

(2) **Akten einer Behörde . . . . überlassen werden, als die Behörde oder auf Beschwerde die übergeordnete Behörde (§ 41) es ausdrücklich gestattet.**

§ 70 VO. Nr. 165.

(1) **Die Vorschriften des § 299 Abs. 1, 3 der Zivilprozeßordnung über die Einsichtnahme in die Prozeßakten gelten für alle Beteiligten entsprechend.**

(2) **Akten einer Behörde, die vom Gericht zugezogen worden sind, dürfen den Beteiligten nur soweit zur Einsicht vorgelegt werden, als die Behörde es ausdrücklich gestattet. Wird die Einsichtnahme verweigert, so dürfen die Akten der Entscheidung nur soweit zugrunde gelegt werden, als ihr Inhalt vorgetragen und zum Gegenstand der Verhandlung gemacht worden ist.**

Die Vorschrift des § 299 ZPO., auf die sich § 65 VGG. bezieht, lautet:

Abs. 1. **„Die Parteien können von den Prozeßakten Einsicht nehmen und sich aus denselben durch die Geschäftsstelle Ausfertigungen, Auszüge und Abschriften erteilen lassen."**

Abs. 3. **„Die Entwürfe zu Urteilen, Beschlüssen und Verfügungen, die zur Vorbereitung derselben gelieferten Arbeiten, sowie die Schriftstücke, welche Abstimmungen oder Strafverfügungen betreffen, werden weder vorgelegt noch abschriftlich mitgeteilt."**

Aus der Unterscheidung zwischen „Prozeßakten" und „Akten einer Behörde, die vom Gericht zum Streitverfahren zugezogen worden sind", geht hervor, daß unter „Prozeßakten" nur die Akten des Verwaltungsgerichtes und des Verwaltungsgerichtshofes zu verstehen sind. Auf deren Einsichtnahme besteht — mit der Einschränkung des § 299 Abs. 3 ZPO. — ein Rechtsanspruch seitens der Beteiligten (Anfechtungskläger, Anfechtungsgegner, Beigeladener). Allerdings ist damit den Beteiligten nicht viel geholfen, denn sie müssen ja von allen Eingaben des Gegners verständigt werden.

In Württemberg-Baden und Hessen muß die Verwaltungsbehörde die Akteneinsicht ausdrücklich gestatten; in Bayern muß ein ausdrücklicher Widerspruch vorliegen.

In Württemberg-Baden und Hessen muß das Verwaltungsgericht, wenn Akteneinsicht verlangt wird, bei der Verwaltungsbehörde anfragen, ob sie diese gestattet oder, wenn die Akten zwecks Einsichtnahme an die Behörde zurückgesandt werden, es ihr anheimstellen, ob oder inwieweit sie die Einsicht gestattet. Es ist nicht recht einzusehen, wie sich praktisch die Änderung in Bayern auswirken soll. Wenn das Verwaltungsgericht anfragen sollte, ob der Akteneinsicht widersprochen wird, so wäre das Endergebnis das gleiche. Um einen praktischen Erfolg zu zeitigen, ist wohl davon auszugehen, daß die Verwaltungsbehörde bereits bei der Vorlage der Akten ausdrücklich gegen eine allfällige

Einsichtnahme Widerspruch erheben muß. Ist dies nicht geschehen, so kann das Verwaltungsgericht ohne weiteres, wenn es nicht selbst aus öffentlichen Rücksichten Bedenken hat, die Einsichtnahme gestatten. Wird jedoch die Zurücksendung der Akten an die Verwaltungsbehörde zwecks Einsichtnahme verlangt, so könnte wohl auch jetzt noch die Behörde die Einsichtnahme verweigern. Aber auch im ersteren Fall können Zweifel bezüglich jener Streitsachen auftauchen, in denen die Akten noch vor dem 1. 10. 1949 (dem Tage des Inkrafttretens der Novelle) bereits vorgelegt wurden. Hier könnte davon ausgegangen werden, daß die Behörde, um die Einsichtnahme zu verhindern, nachträglich in jedem einzelnen Fall Widerspruch erheben müßte; tut sie es nicht, kann vom Verwaltungsgericht die Einsichtnahme gestattet werden.

Es ist bedauerlich, daß der Anspruch auf Akteneinsicht sich nicht auch grundsätzlich auf die Akten der Verwaltungsbehörden bezieht, die den beschwerenden VA., den Einspruchs- bzw. Beschwerdebescheid erlassen haben, denn in diesen Akten ist das Wesentlichste enthalten, dessen Kenntnis für die Verteidigungsmöglichkeit des Anfechtungsklägers bzw. des Beigeladenen von Bedeutung ist. Die Genehmigung der Einsicht oder der Widerspruch stehen im Belieben der betreffenden Behörde und gegen deren Verweigerung kann sich der Beteiligte nicht mit Erfolg zur Wehr setzen, da auch die zugelassene Beschwerde eine reine Aufsichtsbeschwerde ist, wie aus der Berufung auf § 41 VGG. hervorgeht. Einer Beeinträchtigung des Beteiligten ist allerdings dadurch vorgebeugt, daß das VG. unumschränkte Einsicht in die Akten hat (soweit sie vorgelegt wurden) und auch den Inhalt derjenigen Akten, in die von der Behörde die Einsicht verweigert wurde, den Beteiligten bei der mündlichen Verhandlung mitteilen kann und muß, soweit es darauf seine Entscheidung stützen will. Wenn die Behörde die Akteneinsicht verweigert, wird der Anfechtungskläger immer vermuten, sie habe etwas zu verbergen, besonders in Wohnungsangelegenheiten.

In Österreich ist diese Frage in § 17 des Allg. Verwaltungsverfahrensgesetzes v. 21. 7. 1925 (BGBl. Nr. 274) geregelt. Den Parteien ist die Einsicht und Abschriftnahme der Akten und Aktenteile zu gestatten, deren Kenntnis zur Geltendmachung oder Verteidigung ihrer rechtlichen Interessen erforderlich ist. Ausgenommen sind, außer Beratungsprotokollen, Erledigungsentwürfen u. dgl. Schriftstücke, deren Einsichtnahme durch die Parteien eine Schädigung berechtigter Interessen einer Partei oder dritter Personen oder einer Gefährdung der Aufgaben der Behörden herbeiführen oder den Zweck des Verfahrens beeinträchtigen würde. Allen an einem Verfahren beteiligten Parteien muß auf Verlangen die Akteneinsicht in gleichem Umfange gewährt werden.

Abs. 2 Satz 2 hat offensichtlich nur den Fall im Auge, daß eine mündliche Verhandlung stattfindet. Wenn die Beteiligten auf diese schon vorher verzichtet haben und will das Gericht seiner Entscheidung Akten zugrunde legen, in die die Einsicht von der Behörde verweigert worden war, so wird das Gericht den Inhalt dieser Akten den Beteiligten vorher mitteilen müssen, wenn es nicht, trotz des Verzichtes, die Anberaumung der mündlichen Verhandlung für zweckmäßig erachtet. Die Frage, ob in einem solchen Fall der Beteiligte den Verzicht auf mündliche Verhandlung widerrufen kann, dürfte zu bejahen sein, obwohl sonst ein Widerruf des Verzichtes grundsätzlich unzulässig ist.

Rechtsprechung.

Das Recht der Beteiligten auf Einsicht in die Prozeßakten begründet keine Verpflichtung der Verwaltungsgerichte, die Beteiligten jeweils auf die Möglichkeit der Akteneinsicht hinzuweisen.

BayerVGH., Urt. v. 29. 4. 1948 Nr. 19 II 47; VGHE. n. F. Nr. 21.

Augenschein, Zeugen, Sachverständige.

§ 66.

Das Verwaltungsgericht kann Augenschein einnehmen, Zeugen und Sachverständige eidlich oder uneidlich vernehmen, den Anfechtungsgegner um Entsendung eines Behördenvertreters ersuchen sowie Urkunden beiziehen. Um Rechtshilfe ersuchte Verwaltungsbehörden dürfen Zeugen und Sachverständige nur auf Anordnung des Verwaltungsgerichts beeidigen.

§ 63 VO. Nr. 165.

Auf die Beweiserhebung durch Vernehmung von Zeugen und Sachverständigen oder eines Beteiligten finden die Vorschriften der Zivilprozeßordnung entsprechende Anwendung.

Gemäß § 34 VGG. sind hier, da im VGG. eine nähere Regelung fehlt, die Bestimmungen der ZPO. entsprechend anzuwenden, wie es in der britischen Zone § 63 VO. Nr. 165 ausdrücklich vorschreibt.

Der Zeuge soll sein Wissen über bestimmte Tatsachen bekunden, der Sachverständige liefert dem Richter kraft seiner Sachkunde Sätze, mittels derer der Richter aus Tatsachen die richtigen Schlüsse zieht. (Baumbach, Zivilprozeßordnung, 18. Auflage, S. 673.)

Einschlägig sind hier insbesondere die §§ 373—401 ZPO. Die §§ 383 und 384 handeln von der Zeugnisverweigerung. Bedeutsam ist § 391: „Ein Zeuge ist, vorbehaltlich der sich aus § 393 ergebenden Ausnahmen, zu beeidigen, wenn das Gericht dies mit Rücksicht auf die Bedeutung der Aussage oder zur Herbeiführung einer wahrheitsgemäßen Aussage für geboten erachtet und die Parteien auf die Beeidigung nicht verzichten.“

Die Eidesnorm geht dahin, daß die Partei nach bestem Wissen die reine Wahrheit gesagt und nichts verschwiegen habe (§ 452 II ZPO.). Beim Sachverständigen geht sie dahin, daß er das von ihm erforderte Gutachten unparteiisch und nach bestem Wissen und Gewissen erstatten werde oder erstattet habe (§ 410 ZPO.). Die Beeidigung erfolgt nach der Vernehmung des Zeugen (§ 392 ZPO.) und in der Regel nach der Erstattung des Gutachtens.

§ 67. Anordnung des persönlichen Erscheinens.

(1) Das Verwaltungsgericht kann das persönliche Erscheinen des Anfechtungsklägers und eines Beigeladenen sowie die Vorlegung der in ihren Besitz befindlichen Urkunden anordnen und für den Fall der Nichtbefolgung eine bestimmte Geldstrafe im Rahmen von 3—1000 DM. oder eine Haftstrafe von bestimmter Dauer im Rahmen von 1 bis 14 Tagen androhen. Bei verschuldetem Ungehorsam setzt das Gericht durch Beschluß die angedrohte Strafe fest. Androhung und Festsetzung der Strafe können wiederholt werden, bis ihr Zweck erreicht ist.

(2) Ist Beteiligter eine juristische Person oder eine nichtrechtsfähige Personenvereinigung (§ 53), so ist die Strafe dem nach Gesetz oder Satzung Vertretungsberechtigten anzudrohen und gegen ihn festzusetzen.

(3) Ist ein Beteiligter prozeßunfähig (§ 54), so kann das Gericht außer dem persönlichen Erscheinen des gesetzlichen Vertreters auch das des Prozeßunfähigen anordnen. Die Strafe ist dem gesetzlichen Vertreter anzudrohen und gegen ihn festzusetzen.

Wenn das Gericht das persönliche Erscheinen einer Partei angeordnet hatte, wird Entschädigung für Zeitversäumnis und Reisekosten gewährt (§ 132 Abs. 1 VGG.), allerdings nur, wie aus dem Zusammenhange mit § 124 Abs. 1 VGG. hervorgeht, wenn die Partei obsiegt. Unterliegt sie, so hat sie selbst die Kosten zu tragen.

§ 68. Vorlage von Urkunden durch die Behörde.

Eine Behörde ist zur Vorlegung von Urkunden nicht verpflichtet, soweit die Vorlegung nach Erklärung der übergeordneten Behörde öffentliche Belange erheblich gefährden würde.

„Urkunden, welche von einer öffentlichen Behörde innerhalb der Grenzen ihrer Amtsbefugnisse oder von einer mit öffentlichem Glauben versehenen Person innerhalb des ihr zugewiesenen Geschäftskreises in der vorgeschriebenen Form aufgenommen sind (öffentliche Urkunden), begründen, wenn sie über eine von der Behörde oder der Urkundsperson abgegebene Erklärung errichtet sind, vollen Beweis des durch die Behörde oder die Urkundsperson beurkundeten Vorganges. Der Beweis, daß der Vorgang unrichtig beurkundet ist, ist zulässig." (§ 415 ZPO.)

„Privaturkunden begründen, sofern sie von den Ausstellern unterschrieben oder mittels gerichtlich oder notariell beglaubigten Handzeichens unterzeichnet sind, vollen Beweis dafür, daß die in denselben enthaltenen Erklärungen von den Ausstellern abgegeben sind." (§ 416 ZPO.)

§ 66 VGG. enthält die Bestimmung, daß das Verwaltungsgericht Urkunden beiziehen kann; diese Bestimmung grenzt die Berechtigung des Gerichtes ab. § 68 regelt dann die Verpflichtung der Behörden zur Vorlage der verlangten Urkunden. Da § 26 VGG. Amtsgerichte, Verwaltungsgerichte und Verwaltungsbehörden zur Rechtshilfe verpflichtet, ist anzunehmen, daß das Ersuchen um Vorlage von Urkunden sich nicht nur an die Behörde richten kann, die den beschwerenden VA. und den Einspruchs-(Beschwerde-)Bescheid erlassen haben, sondern auch an andere Verwaltungsbehörden sowie auch an Amtsgerichte, da das Wort „Behörde" hier wohl ganz allgemein gebraucht ist.

Hat die zur Vorlage aufgeforderte Behörde Bedenken, so muß sie die Erklärung der übergeordneten Behörde einholen, ob nicht durch die Vorlage öffentliche Belange erheblich gefährdet würden. Es muß sich um eine erhebliche Gefährdung handeln. Ist eine derartige Erklärung abgegeben worden, so hat das Verwaltungsgericht kein Mittel, die Vorlage zu erzwingen, es kann höchstens bei der Behörde, die jene Erklärung abgegeben hat, nochmals vorstellig werden oder sich an die Aufsichtsbehörde wenden. Van Husen vertritt die Ansicht, die Partei könne bei unberechtigter Weigerung der Behörde gegebenenfalls nach § 35 VGG. gesondert Anfechtungsklage erheben. Demgegenüber ist jedoch zu bedenken, daß die Weigerung der Behörde gegenüber dem ersuchenden Verwaltungsgericht abgegeben wird, somit eine Antwort auf eine prozeßleitende Verfügung des Gerichtes darstellt, nicht aber einen VA., der einen an die Behörde gerichteten Antrag des Anfechtungsklägers oder Beigeladenen ablehnt, somit die Voraussetzungen des § 35 VGG. nicht gegeben wären. Beruft sich der Anfechtungskläger oder der Beigeladene als Beweis auf eine Urkunde, deren Vorlage die Behörde gemäß § 68 VGG. verweigert, so wird das Verwaltungsgericht in Anwendung des im § 286 ZPO. ausgesprochenen Grundsatzes nach freier Überzeugung zu entscheiden haben, ob eine tatsächliche Behauptung für wahr oder nicht wahr zu erachten ist. In der Praxis werden diese Fälle wohl selten vorkommen.

Ist der Weigerungsgrund des § 68 VGG. nicht gegeben, so ist die Behörde zur Vorlegung von Urkunden verpflichtet.

§ 69.

Reichen die vorhandenen Beweismittel nicht aus, so können Anfechtungskläger und Beigeladene zur Versicherung an Eides Statt zugelassen werden.

§ 70.

Die Beteiligten werden von allen Beweisterminen (§ 64) benachrichtigt und können der Beweisaufnahme beiwohnen. Sie können an Zeugen und Sachverständige sachdienliche Fragen richten oder richten lassen. Wird eine Frage beanstandet, so entscheidet das Gericht endgültig.

Wird der Beweis in der mündlichen Verhandlung erhoben, so sind die Beteiligten zugleich mit der Ladung auf diesen Umstand aufmerksam zu machen. Erfolgt die Beweiserhebung schon vorher durch einen beauftragten Richter oder durch ein anderes Gericht oder eine Verwaltungsbehörde, so sind die Beteiligten zu dem Termin zu laden. Wird bei diesem Termin eine an den Zeugen oder Sachverständigen gerichtete Frage beanstandet und von dem die Beweisaufnahme leitenden beauftragten Richter oder Beamten nicht zugelassen, so kann der dadurch sich beeinträchtigt Fühlende die Entscheidung des Verwaltungsgerichtes anrufen; gegen diese Entscheidung ist eine selbständige Beschwerde nicht zulässig. In der Berufung kann allerdings eingewendet werden, gerade diese nicht zugelassene Frage sei für die Klärung des Tatbestandes von Bedeutung gewesen und durch die Nichtzulassung der Tatbestand nicht genügend festgestellt.

§ 71.

Vernehmung eines Zeugen unter Ausschluß der Öffentlichkeit.

(1) **Das Verwaltungsgericht kann beschließen, einen Zeugen in der mündlichen Verhandlung unter Ausschluß der Öffentlichkeit und in Abwesenheit der Beteiligten, ihrer Bevollmächtigten und Beistände zu vernehmen, wenn erhebliche Gründe die Annahme rechtfertigen, daß der Zeuge in Gegenwart der Beteiligten mit der Wahrheit zurückhalten würde. Nach Beendigung dieser Vernehmung ist die Aussage des Zeugen den Beteiligten bekanntzugeben. Diese sind berechtigt, an den Zeugen sachdienliche Fragen zu richten oder richten zu lassen. § 70 Satz 3 gilt auch hier.**

(2) **Erfolgt die Beweiserhebung außerhalb der mündlichen Verhandlung durch ein Mitglied des erkennenden Gerichts als beauftragten Richter (§ 64), so gilt Abs. 1 sinngemäß.**

(3) **Ein Zeuge, der nach Absatz 1 oder 2 in Abwesenheit der Beteiligten vernommen worden ist, darf erst nach Gegenüberstellung mit den Beteiligten beeidigt werden.**

§ 72.

(1) **Auf die Verpflichtung, einer Ladung als Zeuge oder Sachverständiger Folge zu leisten, ein Zeugnis abzulegen**

oder ein Gutachten zu erstatten, auf die Ablehnung von Sachverständigen sowie auf die Vernehmung und Beeidigung von Zeugen und Sachverständigen sind die Vorschriften der Zivilprozeßordnung entsprechend anzuwenden.

(2) **Für die Ladung von Zeugen und Sachverständigen und die Folgen ihres Ungehorsams gegenüber gerichtlichen Anordnungen, die ihr Erscheinen vor Gericht oder ihre Vernehmung betreffen, gilt § 67 Abs. 1 entsprechend.**

§ 380 ZPO.

„Ein ordnungsgemäß geladener Zeuge, welcher nicht erscheint, ist, ohne daß es eines Antrages bedarf, in die durch das Ausbleiben verursachten Kosten sowie zu einer Ordnungsstrafe in Geld und für den Fall, daß diese nicht beigetrieben werden kann, zur Strafe der Haft bis zu sechs Wochen zu verurteilen.

Im Falle wiederholten Ausbleibens ist die Strafe noch einmal zu erkennen, auch kann die zwangsweise Vorführung des Zeugen angeordnet werden.

Gegen diese Beschlüsse findet die Beschwerde statt."

§ 381 ZPO.

„Die Verurteilung in Strafe und Kosten sowie die Anordnung der zwangsweisen Vorführung unterbleiben, wenn der Zeuge glaubhaft macht, daß ihm die Ladung nicht rechtzeitig zugegangen ist, oder wenn sein Ausbleiben genügend entschuldigt ist. Erfolgt die Glaubhaftmachung oder die genügende Entschuldigung nachträglich, so werden die gegen den Zeugen getroffenen Anordnungen wieder aufgehoben.

Die Anzeigen und Gesuche des Zeugen können schriftlich oder zum Protokoll der Geschäftsstelle oder mündlich in dem zur Vernehmung bestimmten neuen Termin angebracht werden."

§ 409 ZPO.

„Im Falle des Nichterscheinens oder der Weigerung eines zur Erstattung des Gutachtens verpflichteten Sachverständigen wird dieser zum Ersatze der Kosten und zu einer Ordnungsstrafe in Geld verurteilt. Im Falle wiederholten Ungehorsams kann die Strafe noch einmal erkannt werden.

Gegen den Beschluß findet Beschwerde statt."

Siehe auch Bemerkung zu § 66.

Von den Sachverständigen handeln die §§ 402—414 ZPO. Über die Ablehnung eines Sachverständigen sagt § 406 ZPO.:

„Ein Sachverständiger kann aus denselben Gründen, welche zur Ablehnung eines Richters berechtigen, abgelehnt werden. Ein Ablehnungsgrund kann jedoch nicht daraus entnommen werden, daß der Sachverständige als Zeuge vernommen wurde.

Das Ablehnungsgesuch ist bei demjenigen Gericht oder Richter, von welchem die Ernennung des Sachverständigen erfolgt ist, vor der Vernehmung desselben, bei schriftlicher Begutachtung vor erfolgter Einreichung des Gutachtens anzubringen. Nach diesem Zeitpunkte ist die Ablehnung nur zulässig, wenn glaubhaft gemacht wird, daß der Ablehnungsgrund vorher nicht geltend gemacht werden konnte. Das Ablehnungsgesuch kann vor der Geschäftsstelle zu Protokoll erklärt werden.

Der Ablehnungsgrund ist glaubhaft zu machen; zur Versicherung an Eides Statt darf die Partei nicht zugelassen werden.

Die Entscheidung erfolgt von dem im zweiten Absatz bezeichneten Gericht oder Richter; eine vorgängige mündliche Verhandlung der Beteiligten ist nicht erforderlich.

Gegen den Beschluß, durch welchen die Ablehnung für begründet erklärt wird, findet kein Rechtsmittel, gegen den Beschluß, durch welchen dieselbe für unbegründet erklärt wird, sofortige Beschwerde statt."

Aus dem Rechte der Ablehnung eines Sachverständigen ergibt sich, daß das Verwaltungsgericht, wenn es einen Sachverständigen von Amts wegen beiziehen will, vorher den Beteiligten den Namen desselben bekanntgeben muß; auch wenn ein von einem der Beteiligten vorgeschlagener Sachverständiger beigezogen werden soll, ist dessen Name den anderen Beteiligten mitzuteilen.

§ 73. Termin der mündlichen Verhandlung.

Der Termin der mündlichen Verhandlung ist den Beteiligten bekanntzugeben. Mit der Bekanntgabe ist der Hinweis zu verbinden, daß bei ihrem Ausbleiben nach dem Stande der Verhandlungen entschieden werden könne.

§ 74. Verlauf der mündlichen Verhandlung.

(1) **Der Vorsitzende eröffnet und leitet die mündliche Verhandlung.**

(2) **Nach Aufruf der Sache trägt der Berichterstatter den wesentlichen Inhalt der Akten vor.**

(3) **Hierauf erhalten die Beteiligten das Wort. Sie können ihre tatsächlichen und rechtlichen Ausführungen ergänzen oder berichtigen.**

(4) **Anschließend erhebt das Gericht den noch erforderlichen Beweis.**

§ 75.

(1) **Der Vorsitzende hat die Streitsache mit den Beteiligten allseitig zu erörtern. Es hat darauf hinzuwirken, daß sie unklare Anträge erläutern, sachdienliche Anträge stellen,**

ungenügende Angaben tatsächlicher Art ergänzen sowie alle für die Feststellung des Sachverhalts erheblichen Erklärungen abgeben.

(2) Der Vorsitzende hat jedem Beisitzer auf Verlangen zu gestatten, sachdienliche Fragen zu stellen. Wird eine Frage beanstandet, so entscheidet das Gericht endgültig.

(3) Nach genügender Erörterung der Streitsache erklärt der Vorsitzende die mündliche Verhandlung für geschlossen. Das Gericht kann ihre Wiedereröffnung beschließen.

§ 65 VO. Nr. 165.

(1) Der Vorsitzende hat die Streitsache mit den Beteiligten allseitig zu erörtern. Er hat darauf hinzuwirken, daß sie sachdienliche Anträge stellen, unklare Anträge erläutern, ungenügende Angaben tatsächlicher Art ergänzen sowie alle für die Feststellung des Sachverhalts erheblichen Erklärungen abgeben.

(2) Der Vorsitzende hat jedem Beisitzer auf Verlangen zu gestatten, sachdienliche Fragen zu stellen. Wird eine Frage beanstandet, so entscheidet das Gericht endgültig.

(3) Nach genügender Erörterung der Streitsache erklärt der Vorsitzende die mündliche Verhandlung für geschlossen. Das Gericht kann ihre Wiedereröffnung beschließen.

§ 76.

(1) Zur mündlichen Verhandlung und zu jeder Beweisaufnahme wird ein beeidigter Schriftführer zugezogen. Die wesentlichen Vorgänge der Verhandlung sind in einer Niederschrift aufzunehmen, die von dem Vorsitzenden oder Vernehmenden und dem Schriftführer zu unterzeichnen ist.

(2) Die Niederschrift über die Aussagen von Zeugen und Sachverständigen ist ihnen vor der Unterzeichnung vorzulesen. Entsprechendes gilt, wenn die Aussage eines Beteiligten aufgenommen wird. Bei Vernehmungen außerhalb der mündlichen Verhandlung soll auch der Vernommene seine Aussage unterschreiben.

§ 66 VO. Nr. 165.

(1) Die wesentlichen Vorgänge der mündlichen Verhandlung und jeder Beweisaufnahme sind in eine Niederschrift aufzunehmen, die von dem Vorsitzenden oder dem vernehmenden Richter und, falls ein beeidigter Schriftführer zugezogen ist, auch von diesem zu unterzeichnen ist.

(2) Die Niederschrift über die Aussage eines Zeugen, Sachverständigen oder Beteiligten ist diesem vor der Unterzeichnung vorzulesen. Bei Vernehmung außerhalb der mündlichen Verhandlung soll auch der Vernommene seine Aussage unterschreiben.

§ 77. Zurücknahme der Anfechtungsklage.

(1) Die Anfechtungsklage kann bis zum Eintritt der Rechtskraft des Urteils zurückgenommen werden, nach Beginn der mündlichen Verhandlung aber nur mit Einwilligung des Anfechtungsgegners. Die Zurücknahme geschieht durch Erklärung vor dem Verwaltungsgericht oder, nach Einlegung der Berufung, vor dem Verwaltungsgerichtshof. Ein in der Sache ergangenes, noch nicht rechtskräftiges Urteil wird durch Zurücknahme der Klage unwirksam.

(2) Hat der Vertreter des öffentlichen Interesses nach § 47 Abs. 2 an der mündlichen Verhandlung teilgenommen, so bedarf es auch seiner Einwilligung.

§ 67 VO. Nr. 165.

Eine Änderung der Klage ist nur zulässig, wenn der Beklagte einwilligt oder das Gericht sie für sachdienlich erachtet.

§ 68 VO. Nr. 165.

Zur Voll- oder Teilerledigung des geltend gemachten Anspruches können die Beteiligten vor dem Gericht einen Vergleich abschließen, soweit sie über den Gegenstand der Klage verfügen können. Insoweit ist das Verfahren durch Beschluß einzustellen.

§ 69 VO. Nr. 165.

(1) Die Klage kann bis zum Eintritt der Rechtskraft des Urteils zurückgenommen werden. Die Zurücknahme erfolgt durch Erklärung an das Gericht, vor dem der Rechtsstreit anhängig ist. Ein in der Sache ergangenes, noch nicht rechtskräftiges Urteil wird durch Zurücknahme der Klage unwirksam.

(2) Wird die Klage zurückgenommen, so stellt das Gericht das Verfahren durch Beschluß ein und verlautbart in dem Beschluß die sich nach dieser Verordnung ergebenden Rechtsfolgen der Klagezurücknahme.

Was das Verfahren vor den Verwaltungsgerichten in Anfechtungssachen anlangt, so fehlt im VGG. eine Bestimmung über die Möglichkeit einer Klageänderung, wie sie in § 95 VGG. für Parteistreitigkeiten und im § 109 für das Berufungsverfahren (in beiden Verfahrensarten) normiert ist. Van Husen folgert daraus, daß für Anfechtungssachen eine Klageänderung in erster Instanz ausgeschlossen sei (S. 127). Ich würde dem Schweigen des Gesetzgebers keine solche Bedeutung beimessen, sondern ein Übersehen annehmen, denn es ist nicht recht einzusehen, warum in Anfechtungssachen im Berufungsverfahren die Klageänderung zulässig wäre, nicht aber im Verfahren erster Instanz. Ein vernünftiger Grund kann jedenfalls nicht vorliegen.

Es ist nur die Frage, wie diese Gesetzeslücke auszufüllen ist.

§ 95 VGG. entspricht dem § 264 ZPO. Da § 109 VGG. eine selbständige Regelung für das Berufungsverfahren sowohl in Anfechtungssachen als auch in Parteistreitigkeiten trifft und im wesentlichen von der Vorschrift des § 95 VGG. abweicht, ist es zweifelhaft, ob diese Vorschrift analog auf das Verfahren vor den Verwaltungsgerichten in Anfechtungssachen ohne weiteres angewendet werden könnte.

Es scheint darum angezeigt, § 95 VGG. und die ZPO. ergänzend heranzuziehen.

§ 268 ZPO. bestimmt:

„Als eine Änderung der Klage ist es nicht anzusehen, wenn ohne Änderung des Klagegegenstandes

1. die tatsächlichen oder rechtlichen Anführungen ergänzt oder berichtigt werden;

2. der Klageantrag in der Hauptsache oder in bezug auf Nebenforderungen erweitert oder beschränkt wird."

Ziff. 3 kommt nicht in Betracht.

§ 269 ZPO.

„Die Einwilligung des Beklagten in die Änderung der Klage ist anzunehmen, wenn derselbe, ohne der Änderung zu widersprechen, sich in einer mündlichen Verhandlung auf die abgeänderte Klage eingelassen hat."

In Anfechtungssachen wird die Klageänderung keine große Rolle spielen. Es ist öfters der Fall vorgekommen, daß in Wohnungsangelegenheiten vor dem Inkrafttreten der Ausführungsbestimmungen zur DurchfVO. Nr. 115 die Erfassung das Wohnungsamt einer kreismittelbaren Stadt ausgesprochen und das Landessiedlungsamt die Erfassung bestätigt hat, worauf die Anfechtungsklage gegen die Stadt gerichtet war; nach Inkrafttreten wurde der Staat Anfechtungsgegner und die Anfechtungsklage war in dieser Richtung abzuändern; allerdings bedurfte es hier nicht der Zustimmung der Staatsanwaltschaft. Oder eine kreisunmittelbare Stadt spricht die Erfassung aus und das Landessiedlungsamt hebt die Erfassung auf, worauf der Eingewiesene Anfechtungsklage gegen die Stadt erhebt; Anfechtungsgegner ist jedoch der Staat und es ist eine Klageänderung notwendig, wobei es allerdings der Zustimmung der Staatsanwaltschaft bedarf. Noch ein Fall: Ein Kraftwagen ist zur Verfügung in Anspruch genommen und der Leistungspflichtige stellt in der Anfechtungsklage den Antrag, die Inanspruchnahme zur Verfügung in eine solche zur Benutzung umzuwandeln. Will er nachträglich auch die Inanspruchnahme überhaupt anfechten, so ist hierzu eine Klageänderung notwendig.

Auch Prof. Naumann hält eine Klageänderung in Anfechtungssachen für zulässig. Siehe seine Anmerkung in DVerw. 49 S. 22 unten.

Die Klagezurücknahme ist im § 77 VGG. erschöpfend geregelt, auf die ZPO. (§ 271) kann nicht zurückgegriffen werden.

Der Anfechtungskläger ist insofern Herr des Prozesses, daß er, auch wenn der Beigeladene Berufung eingelegt hat, den Prozeß durch Zurücknahme der Anfechtungsklage beenden kann. Da das erstinstanzliche Urteil durch die Zurücknahme unwirksam wird, verliert die dagegen eingelegte Berufung ihre Grundlage.

Wird die Anfechtungsklage zurückgenommen, so hat der Zurücknehmende die Kosten des Verfahrens, die bis zur Zurücknahme erwachsen sind, zu tragen; die Bestimmung des § 124 Abs. 4 VGG. ist ganz eindeutig.

Wird die Anfechtungsklage erst im Berufungsverfahren zurückgenommen, so hat der VGH., da das Urteil des Verwaltungsgerichtes auch bezüglich der Kosten (einschließlich Gebühren) unwirksam geworden ist, dem Anfechtungskläger auch die Kosten des Verfahrens vor dem Verwaltungsgericht aufzubürden, auch wenn er vor dem Verwaltungsgericht obsiegt hatte, die Kosten z. B. dem Staat auferlegt worden waren.

Die Zurücknahme ist unwiderruflich.

Rechtsprechung.

Die Zurücknahme von Anfechtungsklage und Berufung kann auch durch Einreichung eines die Zurücknahme enthaltenden Schriftsatzes erfolgen.

BayerVGH., Beschl. v. 28. 9. 1948; BBürgerm. 48 S. 302.

Der Widerruf der Zurücknahme eines Rechtsbehelfs ist unzulässig, sofern er nicht vor oder mindestens gleichzeitig mit der Zurücknahmeerklärung eingeht.

BayerVGH., Beschl. v. 17. 11. 1948; BBürgerm. 49 S. 138.

II. URTEIL.

§ 78.

(1) **Das Gericht entscheidet nach seiner freien, aus dem Inhalt der Verhandlung und dem Ergebnis der Beweisaufnahme geschöpften Überzeugung durch Urteil.**

(2) **Der Entscheidung dürfen nur solche Tatsachen und Beweisergebnisse zugrunde gelegt werden, über die den Beteiligten Gelegenheit zur Äußerung gegeben war.**

§ 71 VO. Nr. 165.

Über die Klage wird, soweit nichts anderes bestimmt ist, durch Urteil entschieden.

§ 72 VO. Nr. 165.

(1) **Das Gericht entscheidet nach seiner freien, aus dem Gesamtergebnis des Verfahrens gewonnenen Überzeugung.**

(2) **Das Urteil darf nur auf Tatsachen und Beweisergebnisse gestützt werden, zu denen die Beteiligten sich äußern konnten.**

§ 73 VO. Nr. 165.

(1) Über die Zulässigkeit des Verwaltungsrechtswegs sowie über die sachliche oder örtliche Zuständigkeit des Gerichts kann durch Zwischenurteil vorab entschieden werden.

(2) Das Zwischenurteil kann selbständig angefochten werden.

(3) An das Zwischenurteil ist das Gericht bei der Entscheidung über die Hauptsache gebunden.

§ 74 VO. Nr. 165.

Das Gericht darf über das Klagbegehren nicht hinausgehen, ist aber an die Fassung der Anträge nicht gebunden.

Der Inhalt dieses Paragraphen gibt keinen Anlaß zu besonderen Erörterungen, es sind nur einige damit zusammenhängende Fragen zu erwähnen.

Da ist zunächst die Frage des Rechtswechsels. Der beschwerende VA. und der Einspruchs-(Beschwerde-)Bescheid wurden unter der Herrschaft eines Gesetzes erlassen, das nach Erhebung der Anfechtungsklage in materieller Richtung abgeändert oder aufgehoben wurde (vorausgesetzt natürlich, daß die Änderung keine rückwirkende Kraft hat). Hier sind zwei Fälle zu unterscheiden: 1. die normale Anfechtungsklage; 2. die Fälle des § 38 Abs. 2 VGG., wo das VG. als Rekursinstanz entscheidet.

Zu 1: Die Verwaltungsgerichte überprüfen den beschwerenden Verwaltungsakt und den Einspruchs-(Beschwerde-)Bescheid so, wie diese erlassen wurden, ihre Tätigkeit ist eine rein kassatorische. Daraus folgt, daß eine inzwischen eingetretene Rechtsänderung für die Entscheidung unbeachtlich ist, denn sie prüfen lediglich, ob die angefochtenen VA. der zur Zeit ihrer Erlassung geltenden Rechtsordnung entsprochen haben. (Die Einspruchs-(Beschwerde-)Behörde muß natürlich ihrer Einspruchs-(Beschwerde-)Entscheidung das neue Gesetz zugrunde legen.)

Zu 2: Da die Tätigkeit der Verwaltungsgerichte hier keine rein kassatorische ist, haben sie das neue Gesetz anzuwenden.

Im Gegensatz zur VO. Nr. 165 (§ 73) läßt das VGG. ein Zwischenurteil nicht ausdrücklich zu, doch ist dessen Zulässigkeit zu bejahen, wie es der BayerVGH. in seinem Beschluß vom 14. 7. 1949 Nr. 263 II 48 getan hat.

Die Urteile müssen nicht in allen Fällen Sachurteile sein. Hat das Verwaltungsgericht gemäß § 55 Ziff. 1—3 VGG. die Anfechtungsklage oder der VGH. die Berufung gemäß § 105 VGG. ab- bzw. zurückgewiesen und beantragt der Anfechtungs-(Berufungs-)Kläger mündliche Verhandlung, so wird das Urteil in der Regel — mit dem Vorbescheid übereinstimmend — auf die sachliche Seite überhaupt nicht eingehen und die Klage (Berufung) aus formalen Gründen abweisen. Im Urteil vom 13. 10. 1949 Nr. 256 II 48 hat der BayerVGH. folgendes ausgesprochen: „Mit der Versäumung der Einspruchsfrist hat der Anfechtungskläger den Anspruch auf eine sachliche Nachprüfung auch dann verwirkt, wenn die Einspruchsbehörde statt den Einspruch als unzulässig zu verwerfen, eine Sachentscheidung getroffen hat." Auch hier kommt es zu keiner Entscheidung in der Sache selbst.

§ 79.

(1) **Soweit das Gericht die Anfechtungsklage für begründet hält, hebt es den Einspruchs- oder Beschwerdebescheid und den angefochtenen Verwaltungsakt auf. Hat der Verwaltungsakt vorher durch Zurücknahme oder auf andere Weise seine Erledigung gefunden, so spricht das Gericht auf Antrag aus, daß der Verwaltungsakt unzulässig war.**

(2) **Ist in einer angefochtenen Verfügung eine Leistung von Geld oder sonstiger vertretbarer Sachen auferlegt oder nur eine Feststellung getroffen worden, so kann das Verwaltungsgericht den Betrag der Leistung in anderer Höhe festsetzen oder die Feststellung durch eine andere ersetzen.**

(3) **Hält das Gericht die gegen die Versagung einer Amtshandlung gerichtete Anfechtungsklage für begründet und die Sache in jeder Beziehung für spruchreif, so hebt es die Versagung auf und spricht zugleich die Verpflichtung der Verwaltungsbehörde aus, die beantragte Amtshandlung vorzunehmen.**

(4) **Hält das Gericht als Rekursbehörde im Sinne der §§ 20, 21 der Gewerbeordnung eine Anfechtungsklage für begründet, die sich gegen die Versagung einer Genehmigung richtet, so erteilt es selbst die Genehmigung.**

(5) **Hält das Gericht die gegen die Unterlassung einer beantragten Amtshandlung gerichtete Anfechtungsklage (§ 35 Abs. 2) für begründet, so spricht es die Verpflichtung der Verwaltungsbehörde aus, den Antrag zu bescheiden. Abs. 3 gilt entsprechend.**

In Württemberg-Baden und Hessen fehlen im ersten Absatz Satz 2 die Worte „auf Antrag"; weiters heißt es dort: „. . . . . **so spricht das Gericht im Urteil aus . . . .**"

§ 75 VO. Nr. 165.

(1) **Soweit das Gericht die gegen einen Verwaltungsakt gerichtete Klage für begründet hält, hebt es den Einspruchs- oder Beschwerdebescheid (§§ 44, 49) und den angefochtenen Verwaltungsakt auf oder erklärt ihn für nichtig. Hat der Verwaltungsakt vorher durch Zurücknahme oder auf andere Weise seine Erledigung gefunden, so spricht das Gericht auf Antrag im Urteil aus, daß der Verwaltungsakt rechtswidrig**

oder nichtig gewesen sei, sofern der Kläger ein berechtigtes Interesse an dieser Feststellung hat.

(2) **Ist in dem angefochtenen Verwaltungsakt eine Leistung von Geld oder sonstigen vertretbaren Sachen auferlegt oder eine Feststellung getroffen worden, so kann das Gericht den Betrag der Leistung in geringerer Höhe festsetzen oder die Feststellung durch eine solche geringeren Umfanges ersetzen.**

(3) **Hält das Gericht die Ablehnung oder sonstige Unterlassung einer Amtshandlung für rechtswidrig und die Sache in jeder Beziehung für spruchreif, so spricht es die Verpflichtung der Verwaltungsbehörde aus, die beantragte Amtshandlung vorzunehmen.**

Abs. 1. Aus dem ersten Satze dieses Absatzes geht klar und deutlich die rein kassatorische Befugnis der Verwaltungsgerichte hervor. Das Verwaltungsgericht überprüft die Gesetzmäßigkeit der angefochtenen Entscheidungen der Verwaltungsbehörden und kann grundsätzlich nur zu zwei Ergebnissen kommen: entweder ist die Anfechtungsklage unbegründet, dann ist sie abzuweisen, oder sie ist begründet, dann ist der angefochtene VA. und der Einspruchs-(Beschwerde-)Bescheid aufzuheben. Sind die angefochtenen Entscheidungen teilbar, so ist natürlich auch eine teilweise Aufhebung möglich.

Nicht einheitlich ist die Rechtsprechung bezüglich der Möglichkeit einer Abänderung der angefochtenen Entscheidungen. Wenn die Straßenverkehrsdirektion einen Kraftwagen zur Verfügung in Anspruch genommen hat, obwohl eine solche zur Benützung völlig dem angestrebten Zweck genügt hätte, hält es der BayerVGH. für zulässig, die Inanspruchnahme zur Verfügung in eine solche zur Benützung selbst abzuändern, wobei er von dem Grundsatz ausgeht: „minus in majori continetur." (Urt. v. 6. 2. 1948 Nr. 45 S 47; VerwRechtspr. Nr. 13.) Der WürttBad-VGH. ist gegenteiliger Ansicht (Urt. v. 14. 5. 1948 Nr. 141/47; Verw-Rechtspr. Nr. 12).

Eine andere Frage ist die, ob das Verwaltungsgericht berechtigt ist, bloß den Beschwerdebescheid aufzuheben und damit das Verfahren in den Stand zurückzuversetzen, in dem es vor Erlassung des Beschwerdebescheides war, so daß nunmehr die Beschwerdebehörde über die erhobene Beschwerde nach den im Urteil gegebenen Richtlinien von neuem zu entscheiden hätte. Der Wortlaut des § 79 Abs. 1 Satz 1 (bzw. Halbsatz 1) wurde dem wohl widersprechen. Auch der im § 59 VGG. ausgedrückte Gedanke kann nicht ohne weiteres angewendet werden, auch nicht unmittelbar § 114 Ziff. 2. Trotzdem dürfte ein derartiges Vorgehen zulässig sein.

Es kann nämlich der Fall eintreten, daß der beschwerende VA. fehlerfrei zustande gekommen und sachlich richtig ist, der Beschwerdebescheid jedoch von unrichtiger Voraussetzungen ausgeht oder auf einer irrigen Rechtsansicht beruht (z. B. das Kreiswohnungsamt geht bei der Erfassung eines Wohnraumes davon aus, daß die Wohnung unterbelegt ist, was tatsächlich zutrifft, die Regierung läßt jedoch diesen Grund fallen, erachtet die Wohnung nicht als unterbelegt, läßt jedoch die Erfassung unter Abweisung der Beschwerde in Kraft, weil der Wohnraum im Sinne des Art. V WohnG. frei war, was aber unrichtig ist). Die Beschwerdeentscheidung ist unrichtig und muß aufgehoben werden, es wäre aber völlig abwegig, auch den beschwerenden VA. aufzuheben. Die Anfechtungsklage kann in dem angeführten Beispiel auch nicht mangels Verletzung eines Rechtes abgewiesen werden, denn die Beschwerdebehörde hat ja dem Anfechtungskläger bezüglich der Einwendung, die Wohnung sei nicht unterbelegt, Recht gegeben, den Erfassungsgrund beseitigt und das VG. kann nicht mehr auf diesen Grund zurückgreifen. Den Beschwerdebescheid aufzuheben und die Anfechtungsklage abweisen, wäre ein Widerspruch in sich.

Aber auch aus prozeßökonomischen Gründen wird sich manchmal die Aufhebung nur des Beschwerdebescheides empfehlen. In Mietzinsfestsetzungssachen kann das Verwaltungsgericht nicht selbst die Höhe des Mietzinses festsetzen, sondern muß entweder die Entscheidung aufheben oder die Klage abweisen. Für die Höhe des Mietzinses sind verschiedene zu erhebende Tatsachen maßgebend, oft sind auch Vorfragen zu lösen, z. B. ob die Wertherabsetzung der Wohnung durch Verschulden des Mieters oder durch unabwendbare Ereignisse entstanden sind. Findet nun das Verwaltungsgericht, daß sowohl die Beschwerdeentscheidung als auch der beschwerende VA. auf einem mangelhaften Verfahren oder auf einer irrigen Rechtsansicht beruhen, so wird es in der Regel genügen, wenn die Beschwerdeentscheidung aufgehoben und das Verfahren in den Stand versetzt wird, in dem es bei Erhebung der Beschwerde war, da mit der Beseitigung der beiden Akte dem Kläger nicht geholfen ist, der einen positiven Ausspruch über die Höhe des Mietzinses erstrebt und die Beschwerdebehörde jetzt die beanstandeten Mängel beheben und nach der Rechtsansicht des Verwaltungsgerichtes über die Beschwerde von neuem entscheiden und den Mietzins festsetzen wird. Der theoretische Einwand, daß der Anfechtungskläger dadurch eine Verwaltungsinstanz verliert, kann wohl als unbeachtlich angesehen werden. Das Verwaltungsgericht selbst kann den Mietzins nicht festsetzen.

In diesem Zusammenhange taucht die Frage auf, ob das Verwaltungsgericht die angefochtene Entscheidung wegen mangelhaften Verfahrens aufheben kann. Für das Berufungsverfahren ist die Frage bezüglich des angefochtenen Urteils im § 114 Ziff. 2 VGG. gelöst, für das Verfahren vor den Verwaltungsgerichten fehlt eine ähnliche Bestimmung. § 59 trifft auf diesen Fall nicht unmittelbar zu. Auf den ersten Blick wäre die Frage wohl zu verneinen, denn es ist grundsätzlich Sache des Verwaltungsgerichtes, den Tatbestand von Amts wegen zu erheben und zu ergänzen. Zieht man jedoch in Betracht, daß dem Verwaltungsgericht nicht der Apparat zur Verfügung steht, um größere zeitraubende Erhebungen zu pflegen und es Fälle gibt, wo der Tatbestand an sich von der Behörde völlig unzureichend festgestellt wurde, oder der Mangel dadurch verursacht wurde, daß die Behörde, von einer irrigen Rechtsanschauung ausgehend, bestimmte Erhebungen und Tatsachen für unerheblich hielt, die Entscheidung voraussichtlich aber anders ausgefallen wäre, wären diese Tatsachen festgestellt worden, so ist, wiederum aus prozeßökonomischen Gründen, nicht einzusehen, warum die angefochtene Entscheidung nicht wegen mangelhaften Verfahrens — natürlich nur in besonders gelagerten Fällen — aufgehoben werden könnte. Eine positive Vorschrift steht dem jedenfalls nicht entgegen. (Gestaltend nach § 34 VGG.)

Es gibt jedoch auch Fälle, in denen m. E. anders überhaupt nicht verfahren werden kann. Dies ist dann der Fall, wenn die Behörde nach freiem Ermessen entscheidet und ihren Bescheid überhaupt nicht begründet hat. (§ 36 VGG.) Wie soll das Verwaltungsgericht beurteilen können, ob, wie geltend gemacht, die Behörde von ihrem Ermessen im Sinne des Gesetzes Gebrauch gemacht hat oder ein Ermessensmißbrauch vorliegt? Eine Anfrage an die Behörde ist nicht möglich, denn wenn die Behörde auch Gründe in ihrer Antwort anführen würde, so wäre dies eine Ergänzung der angefochtenen Entscheidung, die dem Kläger bekanntgegeben werden müßte, damit er seinerseits seine Anfechtungsklage ergänzt. Ein Vorgehen, das im VGG. keine Stütze findet. Es bleibt somit wohl nichts anderes übrig, als die angefochtene Entscheidung deshalb aufzuheben, weil sie ihrer Fassung nach eine Überprüfung unmöglich macht, somit wegen mangelhaften Verfahrens.

Die VO. Nr. 165 unterscheidet im § 75 Abs. 1 zwischen fehlerhaften VA., die aufgehoben und nichtigen, die deshalb für nichtig erklärt werden. Diese, theoretisch sicherlich richtige Unterscheidung enthält das VGG. nicht. Ein nichtiger VA. kann an sich als nicht bestehend, unbeachtlich angesehen werden, formal-besteht er aber, solange er nicht beseitigt wurde. Die Nichtigkeitserklärung durch Urteil ist dem Wesen nach ein Feststellungsurteil, das aber nicht auf Grund einer Feststellungsklage (§ 24 VGG.), sondern einer Anfechtungsklage ergeht. Jedenfalls kann kein Bedenken obwalten, auch im Geltungsgebiete des VGG. im Tenor des Urteils auszusprechen: „Die Entscheidung ..... ist nichtig." Es ist dies theoretisch richtiger und es wird der gleiche Erfolg erzielt wie durch die Aufhebung, denn ein nichtiger VA. kann keine Rechtswirkungen auslösen.

„Hat der VA. vorher durch Zurücknahme oder auf andere Weise seine Erledigung gefunden, so spricht das Gericht auf Antrag aus, daß der Verwaltungsakt unzulässig war."

Die Worte „auf Antrag" wurde in Bayern durch die Novelle vom 30. 9. 1949 eingefügt; hiermit hat sich das VGG. in Bayern dem § 75 VO. Nr. 165 angepaßt, wo auch die Worte „auf Antrag" enthalten sind, Zugleich wurde damit die Praxis des BayerVGH. gesetzlich gebilligt. der eine Entscheidung durch Beschluß für gegeben erachtete, sofern der Kläger nur eine Kostenentscheidung begehrt und nicht ausdrücklich eine Entscheidung durch Urteil im Sinne dieser Bestimmung verlangte. Der HessVGH. steht auf dem gegenteiligen Standpunkt, daß nämlich die Rücknahme der angefochtenen Verfügung während des Streitverfahrens eine Entscheidung durch Urteil nicht entbehrlich mache. (Urt. v. 10. 11. 1948 VGH. OS. Nr. 60/48; DVerw. 49 S. 136. Siehe hierzu dort auch die Anmerkung von Dr. Freytag, Kassel.)

Es ist auffällig, daß in der Novelle die Worte „im Urteil" gestrichen wurden. (Im ursprünglichen Text heißt es: „so spricht das Gericht im Urteil aus, daß der VA. unzulässig war.") Man könnte daraus schließen, daß die Erklärung des VA. als unzulässig auch durch Beschluß erfolgen könnte. Dem ist jedoch nicht so, denn wo eine Entscheidung des Verwaltungsgerichtes durch Beschluß erfolgen soll, ist dies im Gesetze ausdrücklich angeführt. Allerdings ist es ziemlich abwegig und bei der Überlastung der Verwaltungsgerichte schwer vertretbar, daß zum Zwecke dieser Erklärung, falls die Beteiligten nicht verzichten, eine mündliche Verhandlung stattfinden und der Staat oder die Körperschaft auch noch die Kosten dieser Verhandlung tragen sollen, obwohl sie alles getan haben, um den Streit aus der Welt zu schaffen.

Unklar ist der Wortlaut: „Daß der VA. unzulässig war." Es gibt doch viele Fälle, daß die Zurücknahme des beschwerenden VA. nicht deshalb erfolgt, weil die Behörde zur Einsicht gelangt, sie habe unrichtig gehandelt, sondern weil später eingetretene Verhältnisse den seinerzeitigen Eingriff nicht mehr erforderlich machen, oder es können Billigkeitsgründe für die Zurücknahme eines an sich gesetzlich zulässigen VA. sprechen. Aus der Zurücknahme allein kann noch nicht unter allen Umständen auf die ursprüngliche „Unzulässigkeit" des VA. geschlossen werden. Das Wohnungsamt erfaßt z. B. vollständig berechtigt ein Zimmer und weist es einem Wohnungssuchenden zu, der aber während des Prozesses eine bessere Unterkunft findet und auszieht; da zur Zeit kein anderer Wohnungssuchender vorhanden ist, nimmt das Wohnungsamt die Erfassung zurück. Die Erfassung war nicht unzulässig und kann deshalb auch nicht für unzulässig erklärt werden. Es dürfte deshalb das Wort „daß" wie „ob" zu lesen sein.

Unglücklich gewählt ist der Ausdruck „unzulässig"; gemeint ist jedenfalls, daß der VA. rechtswidrig war, denn „unzulässig" hat eine ganz andere Bedeutung. Im Tenor des Urteils muß jedoch der Ausdruck „unzulässig" gebraucht werden: „Der VA. war unzulässig" oder „Der VA. war nicht unzulässig".

„Auf andere Weise seine Erledigung gefunden hat." Dies ist z. B. dann der Fall, wenn dem Betroffenen durch den angefochtenen VA. eine höchstpersönliche Verpflichtung auferlegt worden war oder er eine höchstpersönliche Berechtigung angestrebt hat und während des Prozesses stirbt. Oder es wird ein neues Gesetz erlassen, das die früheren Einschränkungen einer Tätigkeit beseitigt oder früher aufzulegende Verpflichtungen aufhebt.

Was den „Antrag" anlangt, so enthält die VO. Nr. 165 im Gegensatz zum VGG. die Einschränkung: „sofern der Kläger ein berechtigtes Interesse an dieser Feststellung hat." Die Verwaltungsgerichte sind nicht dazu da, rein akademische Fragen zu lösen, sondern dienen dem Schutze der Rechte der Staatsbürger. Ist der beschwerende VA. auf die oder jene Art beseitigt, so daß er von sich aus keine nachteiligen Wirkungen dem Betroffenen gegenüber ausüben kann, so handelt es sich um eine reine Feststellung, ob er zulässig war oder nicht. Die VO. Nr. 165 gebraucht auch diesen Ausdruck.

Auch für die eigentliche Feststellungsklage verlangt § 24 VGG. den Nachweis eines berechtigten Interesses an der Feststellung. Es ist darum auch hier zu prüfen, ob der Antragsteller ein berechtigtes Interesse an einer solchen Feststellung hat und beim Fehlen eines solchen den Antrag abzuweisen; bloßer Rechthaberei soll diese Bestimmung nicht dienen. (Gleicher Ansicht ist auch Fröhler in dem Artikel: Erledigung der Hauptsache im Anfechtungsprozeß", DVerw. 49 S. 297.)

Wird kein diesbezüglicher Antrag gestellt, so ist nurmehr über die Kosten zu entscheiden.

Hierüber bestimmt § 128 Abs. 2 VGG. (neue Fassung): „Haben der Anfechtungskläger oder in Parteistreitigkeiten die Parteien den Rechtsstreit in der Hauptsache als erledigt erklärt, so entscheidet das Gericht über die Kosten in Berücksichtigung des bisherigen Sach- und Streitstandes nach billigem Ermessen durch Beschluß." Das Gesetz übernimmt hier die Bestimmung des § 4 der 3. Vereinfachungsverordnung vom 16. 5. 1942 (RGBl. I S. 334), die der BayerVGH. bisher auch schon angewendet hatte.

Das VG. hat darum zu prüfen, ob die Anfechtungsklage bzw. Berufung voraussichtlich Erfolg gehabt hätte, ist aber nicht mehr gezwungen, seine Ansicht des Näheren in seinem Beschlusse zu begründen.

Eine andere Frage ist die, wie das Verwaltungsgericht vorzugehen hat, wenn zwar eindeutig feststeht, daß der VA. seine Erledigung gefunden hat, der Kläger aber auf Anfrage, ob er den Rechtsstreit in der Hauptsache für erledigt erachtet, überhaupt nicht antwortet, keinen Kostenbeschluß verlangt oder erklärt, die Hauptsache sei nicht erledigt. Für diesen Fall enthält das VGG. keine Bestimmung. Hier wird das VG. wohl gemäß § 34 VGG. prozeßgestaltend verfahren müssen, das Verfahren einstellen und über die Kosten beschließen.

Fröhler befaßt sich in seinem bereits erwähnten, lesenswerten Aufsatz auch mit der Frage, was zu geschehen habe, wenn der Kläger die Hauptsache für erledigt erklärt, dies aber tatsächlich nicht der Fall ist und gelangt zu der Folgerung, daß in Wirklichkeit eine Klagezurücknahme vorliege und der Kläger deshalb die Kosten des Verfahrens gemäß § 124 Abs. 4 VGG. zu tragen habe. Dieser Ansicht kann ich mich nicht anschließen, denn eine Klagezurücknahme (§ 77 VGG.) muß völlig eindeutig erklärt werden. In dem erwähnten Falle muß das Verwaltungsgericht wohl den Anfechtungskläger auf seinen Irrtum aufmerksam machen und ihn auffordern, eine klare Erklärung abzugeben.

Im Falle der Erledigung der Hauptsache hat der Kläger drei Möglichkeiten:

1. Zurücknahme der Klage. Ist in seinem Interesse nicht ratsam, denn dann muß er die Kosten gemäß § 124 Abs. 4 VGG. tragen.

2. Antragstellung auf Unzulässigkeitserklärung des VA. Damit wird das Gericht gezwungen, sich sachlich mit dem erledigten VA. zu befassen und ein Urteil zu erlassen. Wird der VA. für unzulässig erklärt, trägt der Anfechtungsgegner die Kosten. Wird er nicht für unzulässig erklärt, so trägt der Anfechtungskläger die Kosten, selbstverständlich auch die Kosten, die durch das Urteil verursacht werden. Der Kläger hat in einem solchen Fall das gleiche Risiko des Obsiegens oder Unterliegens, wie in einem normalen Urteilsfall. Es kommt bez. der Kosten § 124 Abs. 1 und evtl. § 132 VGG. in Betracht.

3. Erklärung, die Hauptsache sei erledigt und Antrag auf Kostenentscheidung nach § 128 Abs. 2 VGG. neue Fassung. Im Falle, daß das Verwaltungsgericht nach billigem Ermessen entscheidend findet, der Kläger wäre im Prozeß unterlegen, werden die Kosten für ihn wesentlich geringer sein als im 2. Falle.

§ 79 Abs. 2.

Es wäre allzu umständlich, wenn das Verwaltungsgericht dort, wo die Auferlegung einer Geldleistung dem Betrage nach unrichtig war, die angefochtene Entscheidung aufheben und der Verwaltungsbehörde die Bestimmung des richtigen Betrages, wie er aus der Begründung des Urteils ersichtlich ist, übertragen würde, was allerdings dem kassatorischen Charakter entspräche. Es ist dies einer der wenigen Fälle, wo das VG. an Stelle der angefochtenen Entscheidung eine eigene Entscheidung setzen kann. Der zweite im 2. Absatz angeführte Fall entspricht dem Wesen der Sache, es ist gewissermaßen ein Feststellungsurteil (§ 24 VGG.) in zweiter Instanz.

Auch hier unterscheidet sich das VGG. von der VO. Nr. 165, und wieder nicht zu seinem Vorteil. Nach der VO. Nr. 165 ist eine Entscheidung zuungunsten des Anfechtungsklägers (reformatio in pejus) ausgeschlossen; der Wortlaut des VGG. würde eine solche nicht ausschließen. Trotzdem ist eine solche nicht zulässig. Es widerstreitet dem natürlichsten Empfinden, daß der Anfechtungskläger durch seine Klage, die doch eine Besserstellung anstrebt und nur deshalb erhoben wird, eine Schlechterstellung unter Umständen erzielen sollte. Im verwaltungsgerichtlichen Verfahren kann eine reformation in pejus nur dort zugelassen werden, wo sie ausdrücklich für anwendbar erklärt wird; § 80 VGG. kommt hier wohl nicht in Betracht, da bei Geldleistungen bezüglich der Höhe zwar ein fiskalisches, nicht aber ein öffentliches Interesse angenommen werden kann. War die Endsumme der Geldleistung durch Rechenfehler zustandegekommen und setzt das Verwaltungsgericht die Geldleistung in der richtigen Höhe fest, auch wenn sie höher ist, so liegt keine reformatio in pejus vor, sondern eine Berichtigung von Rechenfehlern, wozu auch die Verwaltungsbehörde selbst berechtigt wäre.

Abs. 3 enthält ebenfalls eine Ausnahme von der Regel, denn er berechtigt das Verwaltungsgericht, unmittelbar die Verwaltungsbehörden zu einer bestimmten Tätigkeit zu verpflichten.

Die Versagung einer Amtshandlung ist wohl zu unterscheiden von der Ablehnung eines Antrages auf eine bestimmte Genehmigung oder Bewilligung (§ 79 Abs. 1 VGG.) und von der Unterlassung einer beantragten Amtshandlung (§ 79 Abs. 5). Bei letzterer tut die Behörde überhaupt nichts, sie ist untätig, gibt keinen Bescheid heraus, erledigt eine Eingabe nicht. Erklärt die Behörde, dem Gesuchsteller stehe das von ihm beanspruchte Recht nicht zu oder verweigert sie die Erteilung einer Genehmigung, so liegt eine Ablehnung vor, ein Verwaltungsakt, der zur Erhebung des Einspruches bzw. der Beschwerde und dann der Anfechtungsklage berechtigt. Bei der Versagung einer Amtshandlung muß eine ausdrückliche Entscheidung der Behörde vorliegen des Inhaltes, die Behörde weigere sich das zu tun, was der Antragsteller verlangt. Diese Entscheidung ist ein VA. Verlangt z. B. jemand von der Behörde, sie möge gegen den Nachbarn einschreiten, weil er durch Klavierspielen und Gesang die Nachtruhe stört, und die Eingabe bleibt in der Schublade der Behörde unerledigt liegen, so liegt eine Unterlassung einer beantragten Amtshandlung vor (§ 35 Abs. 2 VGG., wobei es gleichgültig ist, ob der Antragsteller einen Rechtsanspruch auf die beantragte Amtshandlung hat oder nicht). Zur Erlassung eines VA. ist es überhaupt nicht gekommen. Verständigt die Behörde jedoch den Antragsteller, sie finde keinen Grund zum Einschreiten, so liegt ein VA. vor, nämlich die Versagung einer Amtshandlung. Um das Verwaltungsgericht anrufen zu können, muß der Antragsteller vorerst Einspruch bzw. Beschwerde einlegen.

Das Verwaltungsgericht muß in dem Falle der Versagung einer Amtshandlung prüfen, ob der Antragsteller einen Rechtsanspruch auf die Vornahme der Amtshandlung hat, bejahendenfalls muß es dann die Behörde verpflichten, die beantragte Amtshandlung vorzunehmen. Dabei wird aber nicht auszusprechen sein, welchen Inhalt diese angeordnete Amtshandlung haben soll. Das Urteil des BayerVGH. vom 4. 11. 1948 Nr. 166 II 48 scheint die oben erwähnte Unterscheidung nicht zu treffen; dort hatte die Behörde die Erlaubnis zur Errichtung einer Schreinerei nach dem LizGesetz abgelehnt, der VGH. hob diese Entscheidung auf und verpflichtete die Behörde, die Erlaubnis gemäß Art. 1 des LizGes. dem Kläger zu erteilen.

In der britischen Zone liegt die Sache anders. Bereits § 24 VO. Nr. 165 spricht von der Klage auf Vornahme eines beanspruchten Verwaltungsaktes, während im § 35 Abs. 2 VGG. es heißt: „Unterlassung einer beantragten Amtshandlung." Auch hat § 75 Abs. 3 einen ganz anderen Wortlaut und Sinn als § 79 Abs. 3 und 5 VGG.

Abs. 4. Nur in dem Fall, daß sich die Anfechtungsklage gegen die Versagung einer Genehmigung richtet und begründet ist, kann das Verwaltungsgericht selbst die Genehmigung erteilen. Auf alle anderen Fälle, z. B. wenn es sich um Auflagen bei Errichtung von gewerblichen Betriebsstätten handelt, bezieht sich diese Bestimmung nicht. Siehe § 128 Abs. 1 Satz 2 VGG.

Abs. 5. Das Erforderliche ist bereits zu Abs. 3 gesagt.

Rechtsprechung.

§ 78.

Unselbständige Zwischenurteile mit bindender Kraft für die eigene Instanz sowie Teilurteile sind im Verwaltungsstreitverfahren zulässig.
BezVG. brit. Sektor Berlin, Urt. v. 26. 2. 1949; NJW. 49 S. 519.

Zwischenurteile sind zulässig.
BayerVGH., Beschl. v. 14. 7. 1949 Nr. 263 II 48.

Mit der Versäumung der Einspruchsfrist hat der Anfechtungskläger den Anspruch auf eine sachliche Nachprüfung auch dann verwirkt, wenn die Einspruchsbehörde statt den Einspruch als unzulässig zu verwerfen, eine Sachentscheidung getroffen hat.
BayerVGH., Urt. v. 13. 10. 1949 Nr. 256 II 48.

§ 79.

Das Verwaltungsgericht darf in seinen Urteilen, abgesehen von den gewerberechtlichen Rekursfällen, den angefochtenen VA. nicht durch einen anderen ersetzen.
BayerVGH., Urt. v. 3. 11. 1947 Nr. 36 S 47; VGHE. n. F. Nr. 9; VerwRechtspr. Nr. 25.

Mietfestsetzung durch das Verwaltungsgericht ist unzulässig, soweit es über Ermessensfragen entscheidet.
HessVGH., Beschl. v. 9. 12. 1948 Nr. 209/48; DVerw. 1949 S. 73.

Die Verwaltungsgerichte sind nicht befugt, eine im Klagewege angefochtene Inanspruchnahme „zur Verfügung" in eine solche „zur Benützung" umzuwandeln.
WürttBadVGH. (Karlsruhe), Urt. v. 14. 5. 1948 Nr. 141/47; VerwRechtspr. Nr. 12.

Der § 79 Abs. 1 VGG. hindert das Verwaltungsgericht nicht, die von der Verwaltungsbehörde ausgesprochene Inanspruchnahme „zur Verfügung" selbst in eine solche „zur Benützung" abzuändern.
BayerVGH., Urt. v. 6. 2. 1948 Nr. 45 S 47/I; VerwRechtspr. Nr. 13.

Auch bei der Preisfestsetzung beschränkt sich die Nachprüfung des Verwaltungsgerichts auf die Anwendung des Rechts und das ungesetzliche, insbesondere mißbräuchliche Ermessen der Preisbehörde; zu einer Preisfestsetzung ist das Verwaltungsgericht auch nach § 79 Abs. 2 für gewöhnlich nicht befugt.

HessVGH., Urt. v. 22. 9. 1948; HessStaatsanz. 49 S. 236.

Dasselbe gilt bei Ordnungsstrafen; Urt. v. 20. 10. 1948 OS. 52/48; ÖffVerw. 49 S. 479.

Die Verwaltungsgerichte haben außer in den Rekursfällen der §§ 20, 21 der GewO. nicht die Befugnis, eine von einer Behörde versagte Erlaubnis auch nur vorläufig zu erteilen.

BayerVGH., Beschl. v. 30. 4. 1948 Nr. 112 I 48; VGHE. n. F. Nr. 22.

Zerfällt der VA. in mehrere nur äußerlich mit einander verbundene Teile, so hat die Fehlerhaftigkeit des einen Teils nicht die Aufhebung des ganzen VA. zur Folge.

HessVGH., Urt. v. 22. 2. 1949; HessStaatsanz. 49 S. 286.

Eine Teilung des VA. im Urteil findet nicht statt, zulässig ist nur eine Entscheidung über den VA. im Ganzen.

HessVGH., Urt. v. 13. 5. 1948 B 25/48; ÖffVerw. 49 S. 479.

Das Gericht ist nicht befugt, seinerseits einen VA. durch einen anderen zu ersetzen (z. B. Aufhebung der Erfassungsverfügung des Wohnungsamtes und gleichzeitige Erfassung eines anderen Zimmers).

HessVGH., Urt. v. 29. 6. 1948 OS. 3/48; ÖffVerw. 49 S. 479.

Hat sich ein Streit vor der Entscheidung in der Hauptsache erledigt, so sind die Kosten jener Partei aufzubürden, die nach dem ursprünglichen Streitstand unterlegen wäre.

BayerVGH., Beschl. v. 7. 3. 1947 Nr. 2 S 47; VGHE. n. F. Nr. 1.

Die Anfechtungsklage gegen eine bereits vor Erhebung derselben zurückgenommene Verfügung ist mangels Rechtsschutzinteresses unzulässig. § 79 Abs. 1 Satz 2 bezieht sich offenbar nur auf solche Verfügungen, die sich erst während des verwaltungsgerichtlichen Verfahrens erledigen. Ob ausnahmsweise eine andere Beurteilung stattfinden könnte, mag dahingestellt bleiben.

VG. Stuttgart, Urt. v. 15. 6. 1948 I 216/48; ÖffVerw. 49 S. 160.

Rücknahme der angefochtenen Verfügung während des Streitverfahrens macht eine Entscheidung durch Urteil nicht entbehrlich.

HessVGH., Urt. v. 10. 11. 1948 OS. 60/48; VerwRechtspr. Nr. 94; ÖffVerw. 49 S. 78 (siehe auch Anmerkung hierzu).

Im Fall der Zurücknahme einer angefochtenen Verfügung bedarf es keiner Entscheidung durch Urteil über die Hauptsache mehr, sondern genügt eine Entscheidung nur noch über die Kosten und in Form des Beschlusses.

HessVGH., Beschl. v. 26. 1. 1949 B 152/48; DVerw. 49 S. 305 und Anmerkung. (Den gleichen Standpunkt nimmt der BayerVGH. ein.)

Durch die Zurücknahme der angefochtenen Verfügung begibt sich die Behörde nicht ohne weiteres in die Rolle des Unterlegenen. Dies muß sich aus dem Sachverhalt ergeben.

HessVGH., Beschl. v. 10. 9. 1948; HessStaatsanz. 49 S. 286.

Wird der Kläger klaglos gestellt, kann nicht ohne weiteres eine Anerkenntnis des Klageanspruchs durch die beklagte Behörde angenommen werden. Dieser muß vor der Entscheidung Gelegenheit zur Äußerung gegeben werden.

HessVGH., Beschl. v. 6. 4. 1948; HessStaatsanz. 49 S. 289.

Erledigt sich der Rechtsstreit über die Hauptsache und ist den Parteien an einem Ausspruch des Gerichts hierüber nichts gelegen, ist über die Kosten durch Beschluß zu entscheiden.

HessVGH., Beschl. v. 6. 4. 1949; HessStaatsanz. 49 S. 288.

Ist der VA. während des Verfahrens zurückgenommen worden, so ist zu erkennen: auf Klagabweisung, wenn der VA. begründet war, auf Erklärung seiner Unzulässigkeit, wenn er nicht begründet war.

HessVGH., Urt. v. 20. 10. 1948 OS. 90/48; ÖffVerw. 49 S. 479.

Bemerkung: Hat der Kläger die Hauptsache für erledigt erklärt, so kann die Klage nicht mehr abgewiesen werden; war der VA. in Ordnung, so ist wohl zu erkennen: „Der VA. war zulässig."

§ 79 Abs. 1 Satz 2 VGG. findet auch auf § 79 Abs. 3 Anwendung.

HessVGH., Urt. v. 26. 5. 1948 OS. 8/47; ÖffVerw. 49 S. 479.

§ 80.

Reformatio in pejus.

Liegt ein erhebliches öffentliches Interesse vor, so kann das Gericht auf Antrag des Anfechtungsgegners den Verwaltungsakt und den Einspruchs- oder Beschwerdebescheid auch zum Nachteil des Anfechtungsklägers ändern.

Dieser Paragraph enthält in einer bestimmten Richtung einen Einbruch in den Grundsatz, daß in der Regel die Verwaltungsgerichte nur eine kassatorische Tätigkeit ausüben, somit entweder die Klage abweisen oder den angefochtenen VA. aufheben können. (Ausnahme die Fälle des § 38 Abs. 2, § 79 Abs. 2, 3, 4 VGG.) Hier ist keine Beschränkung in der angeführten Richtung festgesetzt. Allerdings ist dieses privilegium onerosum an die Bedingung geknüpft, daß 1. ein erhebliches öffentliches Interesse vorliegt und 2. der Anfechtungsgegner (somit nicht auch der Beigeladene) den diesbezüglichen Antrag stellt; beide Bedingungen müssen erfüllt sein.

§ 81.

Urteilsverkündung.

(1) **Das Urteil ist am Schlusse der mündlichen Verhandlung oder in einem späteren den Beteiligten bekanntgegebenen Termin zu verkünden.**

(2) **Das Urteil ist zu begründen und von den Richtern, die bei der Entscheidung mitgewirkt haben, zu unterzeichnen. Ist ein Richter verhindert, so ist dies zu vermerken. Die Geschäftsordnung bestimmt näheres über die äußere Form des Urteils.**

(3) **Der Urkundsbeamte der Geschäftsstelle erteilt Ausfertigungen des Urteils und stellt sie den Beteiligten zu.**

In Württemberg-Baden Zusatz zu Abs. 1:

„An Stelle der Verkündung ist die Zustellung einer Ausfertigung des Urteils zulässig."

§ 77 VO. Nr. 165.

(1) Das Urteil ist schriftlich abzufassen und von den Richtern, die bei der Entscheidung mitgewirkt haben, zu unterzeichnen. Ist ein Richter verhindert, seine Unterschrift beizufügen, so wird dies unter Angabe des Verhinderungsgrundes von dem Vorsitzenden und, bei dessen Verhinderung, von dem dienstältesten beisitzenden Richter unter der Urkunde vermerkt.

(2) Das Urteil enthält:

a) die Bezeichnung der Beteiligten, ihrer gesetzlichen Vertreter und der Prozeßbevollmächtigten nach Namen, Stand oder Gewerbe, Wohnort und ihrer Stellung im Verfahren;

b) die Namen der Mitglieder des Gerichts, die bei der Entscheidung mitgewirkt haben;

c) die Urteilsformel;

d) die von der Urteilsformel äußerlich zu sondernde Begründung der Entscheidung.

(3) Der Urkundsbeamte der Geschäftsstelle erteilt die Ausfertigungen des Urteils.

§ 78 VO. Nr. 165.

(1) Eine Verkündung des Urteils ist nicht erforderlich.

(2) Das Urteil ist den Beteiligten zuzustellen, auch wenn es in der mündlichen Verhandlung verkündet worden ist.

Wenn eine mündliche Verhandlung stattgefunden hat, so muß zum Unterschied von Württemberg-Baden und der britischen Zone in Bayern und Hessen das Urteil stets verkündet werden, entweder am Schluß der mündlichen Verhandlung oder in einer neu anzuberaumenden. Verkündet wird der Tenor des Urteils. Ob auch die Gründe, wenn auch nur kurz im wesentlichsten Umfange, den erschienenen Beteiligten mitgeteilt werden, liegt im Ermessen des Gerichtes; es wird sich die Mitteilung wohl empfehlen, denn erst aus den Gründen erfährt die Partei, weshalb sie abgewiesen wurde bzw. inwieweit sie Recht bekommen hat, ob ein Sach- oder ein Prozeßurteil ergangen ist.

§ 82.

Entscheidet das Gericht ohne mündliche Verhandlung (§ 62), so ergeht das Urteil durch Zustellung an die Beteiligten.

Berichtigung.

§ 83.

Schreibfehler, Rechenfehler und ähnliche offenbare Unrichtigkeiten im Urteil kann das Gericht jederzeit durch Beschluß berichtigen.

§ 79 VO. Nr. 165

enthält den gleichlautenden Satz, worauf ein weiterer Satz folgt:

„Für die Berichtigung des Tatbestandes und die Ergänzung des Urteils gelten die §§ 320, 321 der Zivilprozeßordnung entsprechend."

§ 83 VGG. entspricht dem § 319 ZPO.

Eine „ähnliche offenbare Unrichtigkeit" liegt dann vor, wenn ein Widerspruch zwischen dem, was das Gericht gewollt, und dem, was es ausgesprochen hat, besteht (BayerVGH., Beschluß vom 10. 6. 1948 Nr. 45 I 48; VGHE. n. F. Nr. 24).

In anderen Fällen können die Bestimmungen der ZPO. ergänzend herangezogen werden (§ 34 VGG.).

§ 320.

„I. Enthält der Tatbestand des Urteils Unrichtigkeiten, welche nicht unter die Bestimmung des vorstehenden Paragraphen fallen, Auslassungen, Dunkelheiten oder Widersprüche, so kann die Berichtigung binnen einer einwöchigen Frist durch Zustellung eines Schriftsatzes beantragt werden.

II. Die Frist beginnt mit der Zustellung des in vollständiger Form abgefaßten Urteils. Der Antrag kann schon vor dem Beginne der Frist gestellt werden. Die Berichtigung des Tatbestandes ist ausgeschlossen, wenn sie nicht binnen drei Monaten seit der Verkündung des Urteils beantragt wird.

III. Der Schriftsatz muß den Antrag auf Berichtigung und die Ladung des Gegners zur mündlichen Verhandlung enthalten.

IV. Das Gericht entscheidet ohne vorgängige Beweisaufnahme. Bei der Entscheidung wirken nur diejenigen Richter mit, welche bei dem Urteil mitgewirkt haben. Ist ein Richter verhindert, so gibt bei Stimmengleichheit die Stimme des Vorsitzenden und bei dessen Verhinderung die Stimme des ältesten Richters den Ausschlag. Eine Anfechtung des Beschlusses findet nicht statt. Der Beschluß, welcher eine Berichtigung ausspricht, wird auf dem Urteil und den Ausfertigungen bemerkt.

V. Die Berichtigung des Tatbestandes hat eine Änderung des übrigen Teils des Urteils nicht zur Folge."

§ 321.

„I. Wenn ein nach dem ursprünglich festgestellten oder nachträglich berichtigten Tatbestande von einer Partei geltendgemachter Haupt- oder Nebenanspruch oder wenn der Kostenpunkt bei der Endentscheidung ganz oder teilweise übergangen ist, so ist auf Antrag das Urteil durch nachträgliche Entscheidung zu ergänzen.

II. Die nachträgliche Entscheidung muß binnen einer einwöchigen Frist, welche mit der Zustellung des Urteils beginnt, durch Zustellung eines Schriftsatzes beantragt werden.

III. Der Schriftsatz muß den Antrag auf Ergänzung und die Ladung des Gegners zur mündlichen Verhandlung enthalten.

IV. Die mündliche Verhandlung hat nur den nicht erledigten Teil des Rechtsstreits zum Gegenstande."

Die Berichtigung der im § 83 VGG. angeführten Mängel kann auf Antrag oder von Amts wegen erfolgen. Eine Frist zur Stellung des Antrages ist nicht festgesetzt. Da § 83 den dort behandelten Gegenstand selbständig, wenn auch im Einklange mit der ZPO. regelt, so ist auf die im § 319 ZPO. enthaltene Bestimmung bezüglich der Beschwerdemöglichkeit nicht zurückzugreifen. Gegen den Beschluß kann in jedem Fall Beschwerde gemäß § 116 VGG. erhoben werden.

Der HessVGH. hält eine Urteilsergänzung für zulässig; die Entscheidung über die Erforderlichkeit der Zuziehung eines Bevollmächtigten sei nicht nur in einem Urteil zulässig, sondern kann auch durch Beschluß von Amts wegen nachgeholt werden. (Beschluß v. 11. 8. 1948 Nr. 20/47; VerwRechtspr. Nr. 152.) In der Begründung wird unter anderem gesagt, die Vorschrift des § 321 ZPO., die Urteilsergänzungen nur durch ein besonderes Urteil zuläßt, könne unter Berücksichtigung des Sinnes und der Bedeutung des § 132 Abs. 2 VGG. insoweit hier nicht angewandt werden. Da es sich hier um die Nachholung einer zugleich mit dem Urteil zu treffenden und nur deshalb in dieses aufzunehmenden Entscheidung handelt, kann der Ausspruch über die Notwendigkeit der Zuziehung eines Bevollmächtigten auch von Amts wegen nachgeholt werden; infolgedessen ist die Stellung eines Antrages auf Ergänzung der Entscheidung in diesen Fällen auch nicht an die einwöchige Frist des § 321 ZPO. gebunden.

So begrüßenswert dieser Beschluß in seinem Ergebnis ist und so überzeugend er auf den ersten Blick erscheint, so gibt er doch zu grundsätzlichen Bedenken Anlaß. Das VGG. enthält keine Bestimmung über eine Urteilsergänzung und wäre nicht § 34 VGG., so könnte die Frage, ob eine solche zulässig ist, überhaupt nicht auftauchen. § 34 VGG. gibt bei Lücken im Gesetz dem Verwaltungsgericht die Möglichkeit, entweder gestaltend einzugreifen oder die ZPO. ergänzend heranzuziehen. Da hier keine grundsätzlichen Unterschiede der beiden Verfahrensarten bestehen, so ist nicht anzunehmen, daß die Schließung dieser Lücke dem pflichtmäßigen richterlichen Ermessen überlassen wird. Beide Arten, eine Gesetzeslücke auszufüllen, zu kombinieren und teils die ZPO. ergänzend heranzuziehen, teils gestaltend vorzugehen, dürfte kaum angängig sein. Die ZPO. läßt die Urteilsergänzung im § 321 unter bestimmten Voraussetzungen zu und bestimmt das Verfahren, in dem dies zu geschehen hat; die Ergänzung geschieht nur auf Antrag. Dieser muß binnen einer einwöchigen Frist nach Zustellung des Urteils erhoben werden. Es ist nur sehr zweifelhaft, ob nur für die Frage der Zulässigkeit der Urteilsänderung die ZPO. zu Hilfe genommen, im übrigen aber das Verfahren und die Form der Entscheidung — durch Beschluß — der Gestaltung nach pflichtmäßigen richterlichem Ermessen überlassen werden kann. Die ZPO. kennt keine Urteilsergänzung von Amts wegen und daraus, daß eine Berichtigung von Schreibfehlern usw. nach § 83 VGG. (§ 319 ZPO.) von Amts wegen erfolgen kann, folgt noch nicht, daß dies auch bei einer Urteilsergänzung möglich wäre.

Rechtsprechung.

Keine Berichtigung eines Urteils, wenn ein Richter, der nicht mitgewirkt hat, es unterschrieben hat.

HessVGH., Beschl. v. 15. 9. 1948 Nr. 97/48; DVerw. 49 S. 21.

§ 84.

Rechtskraft.

Rechtskräftige Urteile binden die Beteiligten und ihre Rechtsnachfolger für den Streitgegenstand.

Ein Urteil des Verwaltungsgerichtes wird rechtskräftig, wenn innerhalb der Berufungsfrist von den Beteiligten keine Berufung eingelegt wurde, Urteile des VGH. durch Zustellung an die Beteiligten.

Wurde die Anfechtungsklage oder Berufung zurückgewiesen, so ist auch der angefochtene VA. in Rechtskraft erwachsen und kann vollstreckt werden, ohne daß der Kläger sachliche Einwendungen dagegen machen könnte. Auch der Beigeladene, der aus dem VA. eine bedingte Rechtsstellung erlangt hatte, hat nunmehr ein Recht gegenüber dem Kläger erworben.

Obsiegt der Kläger, so ist die Verwaltungsbehörde grundsätzlich gebunden und gewissermaßen moralisch verpflichtet, den vor Erlassung des beschwerenden VA. bestandenen Zustand herzustellen oder, je nach dem Tenor des Urteils vorzugehen. Ein Zurückgreifen auf den aufgehobenen VA. auch in einem anderen Verfahren ist unzulässig. Allerdings fehlt aber eine ausdrückliche Bestimmung, die diese Verpflichtung der Behörde festsetzen würde, woraus sich in der Praxis unangenehme Folgerungen ergeben. Wurde z. B. die Inanspruchnahme eines Kraftwagens zuunsten eines Dritten aufgehoben, und unterläßt die Behörde es, den dem Urteil entsprechenden Zustand herzustellen, so bleibt dem Eigentümer nichts anderes übrig, als durch Klage bei den bürgerlichen Gerichten sein Recht durchzusetzen.

Fünfter Abschnitt.

Parteistreitigkeiten.

§ 85.

(1) **Parteistreitigkeiten sind Streitigkeiten des öffentlichen Rechts zwischen gleichgeordneten Rechtsträgern. Gleichgeordnet in einer Streitsache sind zwei Rechtsträger dann, wenn weder die Geltendmachung noch die Ablehnung des Anspruchs durch einen der beiden Rechtsträger eine verbindliche Entscheidung über den Anspruch enthält.**

(2) **Durch Verordnung kann für einzelne Arten von Streitsachen bestimmt werden, ob sie als Anfechtungssachen oder als Parteistreitigkeiten zu behandeln sind.**

In der britischen Zone fehlt in der VO. Nr. 165 der Abschnitt über Parteistreitigkeiten und es ist überhaupt zweifelhaft, ob die Aufspaltung in Anfechtungssachen und Parteistreitigkeiten im VGG. zweckmäßig ist.

Die AusfVO. zum VGG. in Bayern enthält im Art. 5 eine Aufzählung einzelner Gegenstände, die als Parteistreitsachen zu gelten haben. Diese Aufzählung ist nicht ausschließlich und für die Verwaltungsgerichte auch nicht bindend.

Maßgebend für die Entscheidung der Frage, ob eine Anfechtungssache oder eine Parteistreitigkeit vorliegt, ob der betreffende Rechtsträger auf Grund seiner Hoheitsgewalt gegenüber dem anderen eine bindende Entscheidung treffen, einen Verwaltungsakt setzen kann oder dies getan hat. Ist dies der Fall, so liegt eine Anfechtungssache vor, der Kläger wehrt sich gegen eine Verfügung einer Verwaltungsbehörde, mit der ein von ihm geltend gemachter Anspruch abgelehnt oder ihm eine Verbindlichkeit angesonnen wurde. (§§ 22 und 23 VGG.) Tritt die Verwaltungsbehörde nicht als Obrigkeit auf dem Gebiete des öffentlichen Rechts auf, so haben ihre Äußerungen nicht den Charakter von Verwaltungsakten, es sind Parteierklärungen gegenüber einem anderen Rechtsträger. Wo Gleichgeordnete sich in einem Rechtsstreit auf dem Gebiete des öffentlichen Rechts gegenüberstehen, liegt eine Parteistreitigkeit vor.

Rechtsprechung.

1. Ein Streit über öffentlich-rechtliche Nutzungen ist auch dann eine Parteistreitigkeit, nicht eine Anfechtungsklage, wenn der Kläger die Verpachtung der Nutzungen durch die Gemeindeverwaltung (statt durch die Rechtler) beanstandet.

2. Auch wenn der Nutzungsberechtigte die Zulässigkeit einer solchen Verpachtung bestreitet oder seinen Anteil am Pachterlös begehrt, steht ein öffentlichrechtlicher Nutzungsstreit in Frage.

BayerVGH., Urt. v. 11. 3. 1948 Nr. 23 S 47/1; VGHE. n. F. Nr. 17; VerwRechtspr. Nr. 35.

Beteiligt sich die beklagte Behörde im Berufungsverfahren nicht mehr an der Prozeßführung, sondern nur der Kläger und der Beigeladene, so scheidet sie damit nicht etwa aus dem Verfahren aus, sondern bleibt beteiligt. Es stehen sich deshalb nicht gleichgeordnete Rechtsträger (Kläger, Beigeladener) gegenüber. Der Rechtsstreit bleibt vielmehr eine Anfechtungssache und wird nicht zu einer Parteistreitigkeit.

HessVGH., Urt. v. 22. 9. 1948 OS. 135/48; ÖffVerw. 49 S. 479.

§ 86.

Auf die Parteistreitigkeiten sind die für Anfechtungssachen geltenden Vorschriften entsprechend anzuwenden, soweit im folgenden nichts anderes bestimmt ist.

Da kein beschwerender VA. vorliegt, kommen die Bestimmungen über den Einspruch, Beschwerde und auch § 46 VGG. nicht in Betracht.

§ 87.

Durch Verordnung kann für alle oder für einzelne Arten von Parteistreitigkeiten bestimmt werden, daß einer Klage der Schlichtungsversuch einer Verwaltungsbehörde vorangehen muß oder daß nach Anhörung der Beteiligten das mit der Klage befaßte Gericht eine Verwaltungsbehörde mit einem Schlichtungsversuch betrauen kann. Die Verordnung regelt auch das Schlichtungsverfahren. Ein vor der Schlichtungsbehörde abgeschlossener Vergleich hat die Wirkung eines gerichtlichen Vergleichs (§§ 99, 126).

Siehe Art. 8 zu § 87 VGG. der AusfVO.

§ 88.

(1) **Die Klage ist gegen den zu richten, von dem eine Leistung oder Unterlassung verlangt wird oder dem gegenüber das Bestehen oder Nichtbestehen eines Rechtsverhältnisses festgelegt werden soll (Beklagter).**

(2) **Der Kläger soll die schriftlich erhobene Klage und ihre Anlagen sowie die weiteren Erklärungen in so vielen**

Stücken einreichen, daß jedem Beteiligten eine Ausfertigung zugestellt werden kann.

§ 89.

In der Klage ist der Beklagte zu bezeichnen und ein bestimmter Antrag zu stellen. Der Gegenstand des Anspruchs und die zur Begründung dienenden Tatsachen und Beweismittel sollen angegeben werden.

§ 90.

(1) Hat die Staatsregierung einen ständigen Vertreter des öffentlichen Interesses bestellt (§ 18), so kann sie durch Verordnung bestimmen, ob und mit welchen Befugnissen er am Verfahren der beiden Rechtszüge zu beteiligen ist. Die Verordnung kann ihm jedoch die Befugnis, eine Partei zu vertreten, nicht einräumen.

(2) Ist ein ständiger Vertreter des öffentlichen Interesses nicht bestellt, so kann die Staatsregierung oder die von ihr ermächtigte Behörde für eine anhängige Streitsache einen Vertreter bestimmen, der von den Terminen der beiden Rechtszüge zu benachrichtigen und in diesen mit seinen Ausführungen zu hören ist.

§ 91.

Für die Beteiligung Dritter am Rechtsstreit gelten außer § 60 dieses Gesetzes die Vorschriften der Zivilprozeßordnung über Streithilfe und Streitverkündung entsprechend.

Es kommen hier die §§ 59—63 ZPO. in Betracht.

§ 92.

Der Beklagte kann Widerklage erheben, wenn deren Gegenstand mit dem der Klage in rechtlichem Zusammenhang steht. In diesem Fall ist das Gericht der Klage auch für die Widerklage örtlich zuständig.

§ 93.

Das Verwaltungsgericht kann mehrere bei ihm anhängige, den gleichen Gegenstand betreffende Streitsachen zu gemeinsamer Verhandlung und Entscheidung verbinden. Es kann anordnen, daß mehrere in einem Verfahren erhobene An-

sprüche in getrennten Verfahren verhandelt und entschieden werden.

§ 94.

(1) Das Verwaltungsgericht stellt die Klage dem Beklagten mit der Aufforderung zu, sie innerhalb einer bestimmten Frist zu beantworten.

(2) Die Klagebeantwortung wird dem Kläger zugestellt, gegebenenfalls mit der Aufforderung zu weiterer Erklärung.

(3) Die Klagebeantwortung und die weiteren Erklärungen sollen in der erforderlichen Anzahl von Stücken (§ 88 Abs. 2) eingereicht werden.

§ 95.

Eine Klageänderung ist nur zulässig, wenn der Beklagte einwilligt oder das Verwaltungsgericht sie für sachdienlich erachtet.

§ 96.

Die Vorschriften der §§ 67—69 über das persönliche Erscheinen von Beteiligten, die Vorlegung von Urkunden und die Zulassung zur Versicherung an Eides Statt gelten auch für den Beklagten.

§ 97.

Hält das Verwaltungsgericht eine Streitsache nach Klärung des Sachverhalts für spruchreif, so kann es dies den Parteien und sonstigen Beteiligten mit dem Anfügen mitteilen, daß es sich vorbehalte, ohne mündliche Verhandlung zu entscheiden, wenn ein Beteiligter sie nicht binnen zwei Wochen nach Zustellung der Mitteilung ausdrücklich beantragt. Geht ein solcher Antrag nicht ein, so kann das Gericht ohne mündliche Verhandlung entscheiden.

§ 98.

(1) Hält das Verwaltungsgericht eine Streitsache zwischen Fürsorgeverbänden nach Klärung des Sachverhalts für spruchreif, so kann es seine Entscheidung auch ohne vorgängige Benachrichtigung der Beteiligten in der Form eines mit Gründen versehenen Bescheides treffen.

(2) In dem Bescheid ist den Beteiligten zu eröffnen, daß sie befugt seien, innerhalb eines Monats nach der Zustellung entweder mündliche Verhandlung zu beantragen oder Berufung einzulegen.

(3) Hat ein Beteiligter mündliche Verhandlung beantragt, ein anderer Berufung eingelegt, so wird nur dem Antrag auf mündliche Verhandlung stattgegeben.

(4) Wird der Antrag auf mündliche Verhandlung rechtzeitig gestellt, so gilt der Bescheid als nicht ergangen; andernfalls gilt er, wenn nicht Berufung eingelegt ist, als rechtskräftiges Urteil.

§ 99.

Zur Voll- oder Teilerledigung des geltend gemachten Anspruchs können die Parteien vor dem Verwaltungsgericht einen Vergleich abschließen, soweit sie über den Gegenstand der Klage verfügen können.

§ 100.

Die Vorschriften der Zivilprozeßordnung über die Rechtskraft (§§ 322, 323, 325 bis 327) gelten für das Urteil des Verwaltungsgerichts entsprechend.

Sechster Abschnitt.

Berufung, Beschwerde, Wiederaufnahme des Verfahrens.

I. BERUFUNG.

§ 101.

Gegen Urteile des Verwaltungsgerichts steht den Beteiligten, insbesondere auch dem Vertreter des öffentlichen Interesses, die Berufung an den Verwaltungsgerichtshof zu.

§ 82 VO. Nr. 165.

Für das Verfahren in der Berufungsinstanz gelten die Vorschriften des Teils II, Abschnitt I—III, soweit sich nicht aus den Vorschriften dieses Abschnittes etwas anderes ergibt.

Das Berufungsrecht steht den Beteiligten, d. i. dem Anfechtungskläger und dem Anfechtungsgegner (§ 52 VGG.), sowie dem nach § 60 VGG. Beigeladenen zu. Ist Anfechtungsgegner der Staat, so steht das Berufungsrecht dem ständigen Vertreter des öffentlichen Interesses (Staatsanwaltschaft) zu, nicht aber der Behörde, die den beschwerenden VA. erlassen hat. (In der britischen Zone ist die Behörde als solche Anfechtungsgegner = Beklagte.) Ist Anfechtungsgegner eine Körperschaft, so ist diese berufungsberechtigt, daneben aber auf Grund ausdrücklicher Vorschrift des § 101 VGG. auch der Vertreter des öffentlichen Interesses.

Es kann auch der Fall vorkommen, daß im Urteil des Verwaltungsgerichtes auch jemandem, der weder Anfechtungsgegner noch Beigeladener ist, eine Verpflichtung auferlegt wird (im Kostenpunkt). Hat z. B. das Wohnungsamt einer nicht kreisunmittelbaren Gemeinde vor dem 26. 8. 1947 (dem Tage des Inkrafttretens der Ausführungsbestimmungen zur DurchfVO. zum WohnG.) eine Wohnung erfaßt und nach Durchführung des Beschwerdeverfahrens das Verwaltungsgericht entschieden, so war Anfechtungsgegner der Staat, da untere Wohnungsbehörde nunmehr der Landrat (Siedlungsamt, Kreiswohnungsamt) wurde; wurden unter Aufhebung der Erfassung irrigerweise die Kosten der Gemeinde aufgebürdet, so ist diese berufungsberechtigt, obwohl sie weder Anfechtungsgegner war noch auch gemäß § 60 VGG. mangels der dort angeführten Voraussetzungen hätte beigeladen werden können.

Damit ist bereits die Antwort auf die strittige Frage vorweggenommen, ob die Berufung auch nur gegen den Kostenausspruch gerichtet werden kann.

§ 99 ZPO. bestimmt: „*Die Anfechtung der Entscheidung über den Kostenpunkt ist unzulässig, wenn nicht gegen die Entscheidung in der Hauptsache ein Rechtsmittel eingelegt wird.*" Würde man diese Vorschrift ergänzend heranziehen, so wäre eine Berufung, die sich auf den Kostenpunkt beschränkt, unzulässig. Eine ergänzende Heranziehung der Vorschriften der ZPO. ist jedoch gemäß § 34 VGG. nur dann statthaft, wenn eine Gesetzeslücke vorliegt, d. h. wenn das VGG. selbst keine Bestimmungen über das Verfahren enthalten würde. Hier regelt aber § 101 VGG. das Berufungsrecht selbständig und erschöpfend. Der Tenor eines Urteils des Verwaltungsgerichtes enthält nicht nur einen Ausspruch in der Sache selbst, sondern das Gericht hat gemäß § 128 Abs. 1 VGG. im Urteil über die Kosten zu entscheiden. Steht nun die Berufung den Beteiligten gegen Urteile zu, ohne daß irgend eine Ausnahme statuiert wurde, so ist es klar, daß das VGG. einen anderen Standpunkt als die ZPO. einnimmt. § 99 ZPO. kann darum nicht herangezogen werden.

Über den Umfang des Berufungsrechts des Beigeladenen siehe Bemerkung zu § 60 VGG.

Rechtsprechung.

Der Landrat kann gegen ein Urteil des Verwaltungsgerichts, mit dem seine Verfügung aufgehoben wurde, nicht Berufung einlegen.

BayerVGH., Beschl. v. 10. 2. 1948 Nr. 42 S 47; BBürgerm. 48 S. 186.

Eine Berufung ist auch dann schon zulässig, wenn ein ordnungsgemäß vollzogenes Urteil noch nicht vorliegt, das Urteil aber verkündet ist.

HessVGH., Urt. v. 15. 9. 1948 Nr. 97/48; VerwRechtspr. Nr. 74; DVerw. 49 S. 21.

Der ständige Vertreter des öffentlichen Interesses ist zur selbständigen Einlegung der Berufung auch dann befugt, wenn er vorschriftswidrig im Verfahren erster Instanz über eine Anfechtungsklage gegen eine andere Körperschaft als den Staat nicht beteiligt worden ist; § 32 VGG. wirkt in diesem Fall auch zu seinen Gunsten.

WürttBadVGH. Karlsruhe, Urt. v. 4. 3. 1949 AZ 202/48; DVerw. 49 S. 404.

Eine Berufung gegen ein obsiegendes Urteil nur wegen dem Kläger unerwünschter Feststellungen in den Urteilsgründen ist unzulässig.

HessVGH., Beschl. v. 9. 6. 1948 OS. Nr. 13/48; VerwRechtspr. Nr. 40.

1. Auch durch einen fehlerhaften Richterakt kann eine an sich nicht zur Gruppe der Beteiligten gehörige Rechtspersönlichkeit die Stellung einer Prozeßpartei gemäß § 46 VGG. erlangen, ohne daß es einer besonderen Beiladung infolge Mangels der Voraussetzungen des § 60 VGG. (rechtliches Interesse) bedürfte.

2. Die Berufung kann sich auch bloß auf den Kostenpunkt beschränken.

BayerVGH., Urt. v. 7. 7. 1949 Nr. 283 II 48; VerwRechtspr. Nr. 151. VGHE. n. F. Bd. 2 Nr. 19.

§ 102.

Ausschluß der Berufung.

Durch Verordnung kann für Streitigkeiten über öffentliche Abgaben, Kosten, Strafen und für alle oder für einzelne Arten von Parteistreitigkeiten die Zulässigkeit der Berufung davon abhängig gemacht werden, daß der Streitwert mindestens 300 DM beträgt. Die Berufung ist ohne Rücksicht auf den Streitwert zulässig, wenn in dem Streitverfahren eine Frage von grundsätzlicher Bedeutung zu entscheiden ist. Ob dies zutrifft, entscheidet der Verwaltungsgerichtshof vorweg ohne mündliche Verhandlung durch Beschluß.

In Württemberg-Baden lautet der erste Satz:

Durch Verordnung kann für Streitigkeiten über öffentliche Abgaben und Kosten und für alle oder für einzelne Arten von Parteistreitigkeiten die Zulässigkeit der Berufung von einem Mindeststreitwert abhängig gemacht werden, der 100 Deutsche Mark nicht übersteigen darf.

In Hessen hat § 102 folgenden Wortlaut:

(1) **In Streitigkeiten über öffentliche Abgaben, Kosten, Strafen und Fürsorgeleistungen sowie in Parteistreitigkeiten ist die Berufung nur zulässig, wenn der Streitwert mindestens 300 DM beträgt.**

(2) **In Streitigkeiten auf dem Gebiete des Preisrechts und des Kontrollratsgesetzes Nr. 18 (Wohnungsgesetz) ist die Berufung ausgeschlossen.**

(3) **In den Fällen der Absätze (1) und (2) ist die Berufung gleichwohl zulässig, wenn sie das Verwaltungsgericht im Urteil zugelassen hat. Das Verwaltungsgericht hat die Berufung zuzulassen, wenn sein Urteil auf einer Rechtsfrage beruht, die von grundsätzlicher Bedeutung ist und noch der Klärung bedarf. Die Berufung ist auf jeden Fall zulässig, wenn das Verwaltungsgericht in einer Rechtsfrage von einer Entscheidung des Verwaltungsgerichtshofes abweicht.**

(4) **Hat das Verwaltungsgericht die Berufung nicht zugelassen, so ist dagegen Beschwerde zulässig. Läßt der Verwaltungsgerichtshof die Berufung zu, so beginnt die Berufungsfrist mit der Zustellung dieses Beschlusses.**

In der Bayer. Ausführungsverordnung (neue Fassung) wird in Art. 9 zu § 102 VGG. bestimmt:

„(1) **In Streitigkeiten über öffentliche Abgaben, Kosten und Strafen sowie in Parteistreitigkeiten ist die Berufung nur zulässig, wenn der Streitwert mindestens 300 DM beträgt.**

(2) **Die Berufung ist ohne Rücksicht auf den Streitwert zulässig, wenn in dem Verfahren eine Frage von grundsätzlicher Bedeutung zu entscheiden ist. Ob dies zutrifft, entscheidet der Verwaltungsgerichtshof vorweg ohne mündliche Verhandlung durch Beschluß.**"

In der VO. Nr. 165 fehlt eine entsprechende Berufungsbeschränkung.

Es ist bedauerlich, daß nicht nur zwischen der amerikanischen und britischen Zone, sondern auch innerhalb der Länder der amerikanischen Zone keine Einheitlichkeit besteht.

Die Befreiung der zweiten Instanz von verschiedenem Kleinkram ist jedenfalls darum zu begrüßen, weil die an sich überlasteten Verwaltungsgerichtshöfe mehr Zeit für wirklich wichtige Entscheidungen finden. Der Begriff „wichtig" ist jedoch sehr relativ.

In Hessen ist der Ausschluß der Berufung, bzw. die Zulassung der Berufung trotz Bestehens der Ausschlußgründe auch prozessual erschöpfend geregelt. In Bayern ist dies nicht der Fall und die „Gestaltung" hat hier freien Raum.

Wenn das Verwaltungsgericht der Ansicht ist, daß es über keine Frage von grundsätzlicher Bedeutung entschieden hat, so wird es im Urteil die Rechtsmittelbelehrung erteilen, eine Berufung sei unzulässig. Die Partei ist nun über die grundsätzliche Bedeutung in der Regel anderer Meinung. Um ihr behauptetes Recht zu wahren, wird sie vorsorglich Berufung einlegen müssen; da aber keine Rechtsmittelbelehrung in dieser Richtung erteilt wurde, beginnt für sie keine Frist zu laufen (§ 32 VGG.). Anerkennt der VGG. nicht die Zulässigkeit der Berufung, so ist die darauf verwendete Mühe und Arbeit (dazu vielleicht Kosten für den Anwalt) umsonst vertan. Da der VGH. darüber, ob eine Frage von grundsätzlicher Bedeutung vorliegt, „vorweg" zu entscheiden hat, somit ohne Beziehung auf den Streitfall selbst, die Frage der Zulässigkeit der Berufung somit selbständig zu entscheiden ist, dürfte davon auszugehen sein, daß der durch das Urteil Betroffene sich mit einer Eingabe im Wege des Verwaltungsgerichts, das die Akten vorlegt, an den VGH. mit dem Antrag auf Entscheidung der Frage der Zulässigkeit der Berufung wenden kann, ohne noch die Berufung selbst einzulegen. Erkennt der VGH. auf Zulässigkeit der Berufung, so erteilt er zugleich mit dem Beschluß, der allen Beteiligten zuzustellen wäre, die Rechtsmittelbelehrung, daß innerhalb der Frist des § 103 VGG. nach Zustellung dieses Beschlusses Berufung eingelegt werden kann. Der Kostenausspruch wäre der Endentscheidung vorzubehalten. Wird der Antrag abgelehnt, so fallen die Kosten dem Antragsteller zur Last. Wurde trotz Rechtsmittelbelehrung, daß eine Berufung nicht gegeben ist, zugleich Berufung eingelegt, so wäre dem Berufungskläger nach oder zugleich mit der Zustellung des Beschlusses, daß die Berufung unzulässig ist, anheimzustellen, die Berufung zurückzuziehen. Tut er dies, so ist nach § 124 Abs. 4 VGG. vorzugehen. Tut er es nicht, so kann die Berufung gemäß § 105 VGG. mittels Vorbescheides zurückgewiesen werden oder es ist ein Urteil zu erlassen. Hat das Verwaltungsgericht den Berufungskläger belehrt, eine Berufung sei zulässig, der VGH. ist jedoch gegenteiliger Ansicht, so ist ein Beschluß gemäß § 102 letzter Satz VGG. zu erlassen. Die Kosten wären nach § 124 Abs. 3 VGG. dem Staat aufzubürden, da die Berufung durch Verschulden des Staates, durch die unrichtige Rechtsmittelbelehrung verursacht wurden (eine benevolente Auslegung des § 124 Abs. 3!!), außer daß der Berufungskläger seine Berufung nicht zurückzicht.

Das Verwaltungsgericht sollte jedenfalls die Beteiligten, wenn es in der Rechtsmittelbelehrung eine Berufung für unzulässig erklärt, auf die Möglichkeit aufmerksam machen, daß sie eine Entscheidung des VGH. — vor Einlegung einer Berufung — hervorrufen könne.

§ 103.

Berufungsfrist

(1) Die Berufung ist beim Verwaltungsgericht binnen einem Monat nach Zustellung des Urteils schriftlich oder zu Protokoll des Urkundsbeamten der Geschäftsstelle einzulegen. Für die Anzahl der einzureichenden Stücke gilt § 88 Abs. 2 entsprechend. Die Berufungsfrist ist auch gewahrt, wenn die Berufung rechtzeitig beim Verwaltungsgerichtshof eingeht.

(2) Die Berufungsschrift muß das angefochtene Urteil bezeichnen und einen bestimmten Antrag enthalten. Die zur Begründung dienenden Tatsachen und Beweismittel sollen angegeben werden.

§ 83 VO. Nr. 165.

(1) Die Berufung ist bei dem Gericht, dessen Entscheidung angefochten wird, innerhalb eines Monats nach Zustellung des Urteils schriftlich oder zur Niederschrift des Urkundsbeamten der Geschäftsstelle einzulegen. Die Berufungsfrist ist auch gewahrt, wenn die Berufung innerhalb der Frist beim Oberverwaltungsgericht eingeht.

(2) Die Berufungsschrift muß das angefochtene Urteil bezeichnen und einen bestimmten Antrag enthalten. Die zur Begründung dienenden Tatsachen und Beweismittel sollen angegeben werden.

Die Berufung muß, um fristgerecht zu sein, spätestens am letzten Tage der Frist beim Verwaltungsgericht oder beim VGH. einlaufen, es genügt somit auch hier nicht, wenn die Berufung der Post zwar fristgerecht zur Beförderung übergeben wurde, aber nach Ablauf der Frist einläuft.

Die Berufung samt Anlagen ist in so vielen Stücken einzureichen, daß jedem Beteiligten eine Ausfertigung zugestellt werden kann.

§ 103 VGG. bezieht sich in dieser Richtung auf § 88 Abs. 2. Bei der Novellierung des VGG. in Bayern wurde übersehen, daß auch für Anfechtungsklagen jetzt im neuen Abs. 2 des § 49 VGG. eine dem für Parteistreitigkeiten geltenden § 88 Abs. 2 entsprechende Vorschrift eingefügt wurde und daß hier im § 103 VGG. auf § 49 Abs. 2 VGG. Bezug genommen werden sollte. Der Unterschied besteht darin, daß dem Vertreter des öffentlichen Interesses zwei Ausfertigungen zugestellt werden sollen.

Wenn das angefochtene Urteil nicht bezeichnet ist und in der Berufung kein bestimmter Antrag gestellt wird, so bewirkt dieser Mangel, obwohl es sich um eine Mußvorschrift handelt, nicht schon die Unzulässigkeit der Berufung, sondern der Berufungskläger ist unter Setzung einer angemessenen Frist zur Ergänzung aufzufordern. Eine ausdrückliche Vorschrift, die den VGH. zur Zurückweisung einer derart mangelhaften Berufung berechtigen würde, fehlt (leider) im VGG.

Es ist auch möglich, wenn die Berufung selbst rechtzeitig ist, die Begründung sich vorzubehalten. Der VGH. kann in einem solchen Fall dem Berufungskläger eine angemessene Frist zur Ergänzung setzen. (§ 55 Ziff. 1 VGG.)

Telegraphische Einlegung ist möglich, nicht aber eine telephonische.

Rechtsprechung.

Die Berufung muß am letzten Tag der Frist beim Verwaltungsgericht e i n g e l a u f e n sein.

BayerVGH., Vorbescheid v. 15. 6. 1948 Nr. 93 I 48.

Die telegrafische Einlegung eines Rechtsmittels ist zulässig.

HessVGH., Urt. v. 4. 8. 1948; HessStaatsanz. 49 S. 286.

Berufungseinlegung ist vom Augenblick der Verkündung zulässig, also auch schon vor Unterzeichnung des Urteils.

HessVGH., Urt. v. 15. 9. 1948 OS. 97/48; ÖffVerw. 49 S. 479.

Die Bestimmung, daß die Berufungsschrift einen Antrag enthalten muß, bedeutet nicht, daß in jedem Falle ein ausdrücklicher Berufungsantrag zu stellen ist; es genügt, daß die Berufungschrift nach dem ganzen Sachverhalt zweifelsfrei erkennen läßt, in welchem Umfang die Änderung der angefochtenen Entscheidung begehrt wird.

HessVGH., OS. 167/48; ÖffVerw. 49 S. 479.

§ 104.

Das Verwaltungsgericht legt die Berufungsschrift mit den Akten dem Verwaltungsgerichtshof vor.

Vorbescheid.

§ 105.

(1) Hält der Verwaltungsgerichtshof die Berufung wegen Fristversäumnis oder aus sonstigen Gründen für offenbar unzulässig, oder für offenbar unbegründet, so kann er sie

ohne weiteres durch einen mit Gründen versehenen Vorbescheid, der auch dem Berufungsbeklagten und den sonstigen Beteiligten zuzustellen ist, zurückweisen.

(2) Der Berufungskläger kann binnen einem Monat nach Zustellung des Vorbescheids mündliche Verhandlung beantragen; er ist im Vorbescheid auf dieses Recht hinzuweisen. Wird der Antrag rechtzeitig gestellt, so gilt der Vorbescheid als nicht ergangen, andernfalls gilt er als Urteil.

In Hessen die wesentlich gleiche Bestimmung.

In Württemberg-Baden fehlen die Worte: „oder für offenbar unbegründet."

§ 84 VO. Nr. 165.

(1) Die Berufung kann durch einen mit Gründen versehenen Vorbescheid des Vorsitzenden verworfen werden, wenn

a) ein wesentliches Erfordernis in der Berufungsschrift fehlt und der Berufungskläger innerhalb einer vom Vorsitzenden bestimmten Frist den Mangel nicht beseitigt;

b) wenn die Berufung wegen Versäumung der Berufungsfrist oder aus anderen Gründen unzulässig ist.

(2) Der Berufungskläger kann innerhalb eines Monats nach Zustellung des Vorbescheides mündliche Verhandlung beantragen. Wird der Antrag rechtzeitig gestellt, so gilt der Vorbescheid als nicht ergangen; andernfalls gilt er als rechtskräftiges Urteil.

Das VGG. behandelt den „Vorbescheid" im § 55 (im Verfahren vor den Verwaltungsgerichten) und im § 105 (im Verfahren vor dem VGH.). Der Grundgedanke ist der, daß die mündliche Verhandlung und die darauf beruhende Urteilsfällung dort vermieden werden sollen, wo die Klage oder die Berufung so offenbar unzulässig oder — jetzt — unbegründet sind, daß sie in einem vereinfachten Verfahren zurückgewiesen werden können (Prozeßökonomie und Kostenersparnis für den Anfechtungs-(Berufungs-)Kläger). Es ist auffallend, daß das Gesetz im § 105 nicht einfach auf die sinngemäße Anwendung des § 55 VGG. verweist, sondern eine eigene, nicht sehr klare Formulierung wählt. Da aber gemäß § 115 VGG. auf das Verfahren vor dem VGH. die für das Verwaltungsgericht geltenden Vorschriften entsprechend anzuwenden sind, soweit im vorstehenden nichts anderes bestimmt ist, § 105 aber nichts grundsätzlich vom § 55 Abweichendes bestimmt, dürfen wohl die im § 55 angeführten Gründe teilweise für die Inhaltsbestimmung des § 105 herangezogen werden. Siehe deshalb die Ausführungen zu § 55 VGG.

Der VGH. wird somit dann, wenn der Berufungskläger innerhalb der ihm gesetzten Frist die wesentlichen Mängel der Berufung nicht beseitigt hat, die Berufung mittels Vorbescheides zurückweisen können.

Unter „Fristversäumnis" ist hier nur die Versäumnis der Berufungsfrist zu verstehen.

Was Ziff. 2 des § 55 VGG. anlangt, daß das Verwaltungsgericht die Anfechtungsklage dann zurückweisen kann, wenn der Einspruch oder die Beschwerde wegen Versäumung der Frist (d. i. der Einspruchs- oder Beschwerdefrist) von der Verwaltungsbehörde zurückgewiesen worden waren, dürfte dieser Grund für den VGH. nicht gegeben sein, denn dieser hat in erster Reihe die Richtigkeit des erstinstanzlichen Urteils zu überprüfen, das — entweder nach Erlassung eines Vorbescheides oder unmittelbar — darüber entschieden hat, ob die Einspruchs-(Beschwerde-)Behörde den Einspruch, die Beschwerde zu Recht als verspätet zurückgewiesen hat. Allerdings kann dem entgegen gehalten werden, daß nach § 113 VGG. der VGH. den Streitfall im gleichen Umfange wie das Verwaltungsgericht prüft. M. E. könnte der VGH. die Berufung vielleicht als offenbar unbegründet, nicht aber unter Berufung auf § 55 Ziff. 2 mittels Vorbescheides zurückweisen.

Auch wenn das Verwaltungsgericht die Anfechtungsklage als zulässig angesehen, sich für zuständig erklärt hat, könnte der VGH. die Unzulässigkeit oder Unzuständigkeit aussprechen, diese werden aber wohl nicht „offenbar" sein.

Rechtsprechung.

Der VGH. kann eine Berufung auch wegen offenbarer Unzuständigkeit durch Vorbescheid zurückweisen.

BayerVGH., Vorbescheid v. 14. 6. 1947 Nr. 13 S 47; VerwRechtspr. Nr. 20.

Zustellung der Berufung an die Beteiligten.

§ 106.

Wird kein Vorbescheid erlassen oder gilt er als nicht ergangen, so stellt der Verwaltungsgerichtshof die Berufungsschrift dem Berufungsbeklagten und den sonstigen Beteiligten mit der Aufforderung zu, sich innerhalb einer bestimmten Frist zu äußern.

Über die Bedeutung der Worte „Wird kein Vorbescheid erlassen . . . . ." und den Zusammenhang mit § 105 VGG. siehe die Bemerkung zu § 55 VGG.

Da gemäß § 104 VGG. regelmäßig die Akten dem VGH. bereits vorgelegt worden sind und die Einholung der Akten vom Verwaltungsgericht, wenn die Berufung unmittelbar beim VGH. eingelegt wurde, nicht als eine prozeßleitende Verfügung angesehen werden kann, wird der VGH. aus den Akten ersehen können, ob die Voraussetzungen des § 105 VGG. gegeben sind. Aber auch wenn die Berufungsschrift bereits den Beteiligten zugestellt worden war und diese sich geäußert haben, ist wohl aus den zu § 55 VGG. angeführten Gründen ein Vorbescheid noch zulässig.

§ 107.

Zurücknahme der Berufung.

(1) Die Berufung kann bis zum Beginn der Verkündung oder, wenn keine Verkündung stattfindet, bis zur Zustellung des Berufungsurteils durch Erklärung vor dem Verwaltungsgerichtshof zurückgenommen werden, nach Beginn der mündlichen Verhandlung aber nur mit Einwilligung des Berufungsbeklagten.

(2) Hat der Vertreter des öffentlichen Interesses nach § 47 Abs. 2, § 90 Abs. 1 an der mündlichen Verhandlung teilgenommen, so bedarf es auch seiner Einwilligung. Versagt er seine Einwilligung, so trägt die Staatskasse die weiteren Kosten.

§ 85 VO. Nr. 165.

Die Berufung kann bis zum Beginn der Verkündung oder, wenn keine Verkündung stattfindet, bis zur Zustellung des Berufungsurteiles durch Erklärung an das Oberverwaltungsgericht zurückgenommen werden.

Wird mit der Berufung zugleich auch die Anfechtungsklage zurückgenommen, so gilt § 77 VGG.

Wird nur die Berufung zurückgenommen, so erwächst das Urteil des Verwaltungsgerichtes, auch im Kostenpunkt, in Rechtskraft. Der VGH. hat nur über die Kosten des Berufungsverfahrens zu entscheiden, die gemäß § 124 Abs. 4 VGG. der Berufungskläger zu tragen hat.

Wichtig ist die Bestimmung des Abs. 2 letzter Satz. Handelt es sich um einen Prozeß, in dem Anfechtungsgegner nicht der Staat, sondern eine andere Körperschaft ist und versagt der Vertreter des öffentlichen Interesses, der an der mündlichen Verhandlung teilgenommen hat, die Einwilligung zur Zurücknahme der Berufung (was allerdings kaum vorkommen wird), so trägt die Staatskasse die weiteren Kosten. Es ist dies ein Durchbruch des im § 124 Abs. 1 VGG. ausgesprochenen Grundsatzes, daß der Unterliegende die Kosten zu tragen hat. Es kommt somit überhaupt nicht darauf an, wer obsiegt, ob der Berufungskläger, der Beigeladene oder die Körperschaft, immer trägt die Staatskasse die — allerdings nur — weiteren Kosten, d. i. die Kosten, die nach der Erklärung der Zurücknahme noch weiter entstehen, soweit sie natürlich ausscheidbar sind. Hat z. B. der Berufungskläger sofort nach Eröffnung der mündlichen Verhandlung die Berufung zurückgezogen und der Vertreter des öffentlichen Interesses die Einwilligung versagt, so fallen die Kosten der nun folgenden Ausführungen der Rechtsanwälte dem Staate zur Last.

Auch wenn aber der Berufungsbeklagte die Einwilligung in dem erwähnten Falle versagt, könnten diese Kosten dem obsiegenden Beklagten gemäß § 124 Abs. 3 VGG. aufgebürdet werden.

Rechtsprechung.

Der Widerruf der Zurücknahme eines Rechtsbehelfs ist unzulässig.
BayerVGH., Beschl. v. 17. 11. 1948 Nr. 373 I 48.

Die Zurücknahme der Berufung kann auch protokollarisch vor der Wohnungsbehörde erfolgen und muß nicht unmittelbar an das Verwaltungsgericht gerichtet sein.
BayerVGH., Beschl. v. 28. 9. 1948 Nr. 40 II 47; BBürgerm. 48 S. 14.

Anschlußberufung.

§ 108.

Der Berufungsbeklagte und die sonstigen Beteiligten können sich, auch im Laufe der mündlichen Verhandlung, selbst wenn sie auf die Berufung verzichtet hatten, der Berufung anschließen. Geschieht dies nach Ablauf der Berufungsfrist, so verliert die Anschlußberufung ihre Gültigkeit mit der wirksamen Zurücknahme der Berufung oder deren Zurückweisung wegen Unzulässigkeit.

§ 86 VO. Nr. 165.

Der Berufungsbeklagte und die sonstigen Beteiligten können sich, auch im Laufe der mündlichen Verhandlung, selbst wenn sie auf die Berufung verzichtet haben, der Berufung anschließen. Wird die Anschlußberufung erst nach Ablauf der Berufungsfrist eingelegt oder hatte der Beteiligte auf die Einlegung der Berufung verzichtet, so wird die Anschlußberufung mit der Zurücknahme der Berufung oder deren Verwerfung wegen Unzulässigkeit unwirksam.

„Der Berufung anschließen" hat nicht die Bedeutung, daß derjenige, der sich der Berufung anschließt, auf Seiten des Berufungsklägers steht und den gleichen Erfolg erzielen will wie jener, im Gegenteil, er wird im Gegensatz zu ihm stehen. Hat z. B. die Wohnungsbehörde zwei Wohnräume erfaßt und dem B. zugewiesen, das Verwaltungsgericht die Erfassung des einen Wohnraumes aufgehoben und der Wohnungsinhaber nun Berufung eingelegt mit dem Antrage, auch die Erfassung des zweiten Zimmers aufzuheben, so kann B., der sich mit der Zuweisung eines Zimmers begnügt und selbst keine Berufung erhoben hätte, sich nun der Berufung mit dem Antrag anschließen, das Urteil des Verwaltungs-Gerichtes bezüglich der Freigabe des einen Zimmers aufzuheben. Wäre keine Anschlußberufung erhoben, so könnte der VGH. die Aufhebung der Erfassung des einen Zimmers durch das Verwaltungsgericht nicht mehr überprüfen und das Urteil in dieser Richtung nicht aufheben. B. übt durch seine Anschlußberufung auf den Berufungskläger einen Druck aus, seine Berufung zurückzunehmen, um nicht das Risiko einer möglichen Verschlechterung seiner Rechtslage auf sich zu nehmen. Van Husen führt hier aus, der Sinn der Anschlußberufung sei die Beseitigung der Folgen des grundsätzlichen Verbots der reformatio in pejus nach § 80 VGG.

Legen sowohl der Anfechtungskläger als auch der Anfechtungsgegner oder der Beigeladene fristgerecht Berufung ein, so liegen selbständige Berufungen vor, keine Anschlußberufung.

Erklärt der Anfechtungsgegner oder ein anderer Beteiligter innerhalb der Berufungsfrist, sich der Berufung des Anfechtungsklägers oder eines anderen Beteiligten anzuschließen, so verliert diese Anschlußberufung nicht ihre Gültigkeit durch Zurücknahme der Berufung oder deren Zurückweisung wegen Unzulässigkeit, sondern sie müßte in einem solchen Falle ausdrücklich zurückgenommen werden. Wird die Anschlußberufung zurückgenommen, so fallen dem Zurücknehmenden die durch die Anschlußberufung verursachten Kosten gemäß § 124 Abs. 4 VGG. zur Last; § 124 Abs. 3 VGG. kann hier nicht in Anwendung kommen.

§ 109.

Klageänderung.

Eine Klageänderung ist nur dann zulässig, wenn hierdurch die Rechtsstellung der übrigen Beteiligten nicht wesentlich beeinträchtigt wird oder wenn ihre Zulassung im öffentlichen Interesse gelegen ist.

In Hessen der Zusatz: **„Widerklage ist ausgeschlossen."**

§ 87 VO. Nr. 165.

Eine Änderung der Klage ist nur mit Einwilligung des Beklagten zulässig.

Wie bereits zu § 77 VGG. dargelegt, enthält das VGG. bezüglich der Anfechtungssachen keine Bestimmung über die Klageänderung im Verfahren vor den Verwaltungsgerichten, wohl aber bezüglich der Parteistreitigkeiten (§ 95 VGG.). Van Husen folgert daraus, daß in Anfechtungssachen eine Klageänderung in der ersten Instanz überhaupt unzulässig sei. Ich glaube eher, daß dem Schweigen des Gesetzgebers keine besondere Absicht zugrunde gelegen hat, denn es wäre nicht recht einzusehen, warum eine Klageänderung im Berufungsverfahren möglich wäre, nicht aber im Verfahren vor der ersten Instanz.

In Parteistreitigkeiten ist eine Klageänderung nur zulässig, wenn der Beklagte einwilligt oder das Verwaltungsgericht sie für zweckdienlich erachtet (§ 95 VGG.). § 109 VGG., der sich sowohl auf Anfechtungssachen als auch Parteistreitigkeiten bezieht, macht die Klageänderung nicht mehr von der Einwilligung des Beklagten (Anfechtungsgegner) abhängig, sondern bestimmt die Voraussetzungen ganz unabhängig und selbständig. Ob diese Voraussetzungen gegeben sind, beurteilt der VGH. nach pflichtgemäßem richterlichem Ermessen, wird jedoch vorher die Beteiligten hören müssen.

§ 110.

Vorbringen neuer Tatsachen.

Der Verwaltungsgerichtshof berücksichtigt auch neu vorgebrachte Tatsachen und Beweismittel. Hätten sie nach

seinem Ermessen schon im ersten Rechtszuge geltend gemacht werden können, so trägt der Säumige die durch das verspätete Vorbringen entstandenen Kosten.

§ 88 VO. Nr. 165.

Das Oberverwaltungsgericht berücksichtigt auch neu vorgebrachte Tatsachen und Beweismittel. Hätte ein Beteiligter sie nach Ermessen des Gerichts schon im ersten Rechtszuge geltend machen müssen, so trägt er die durch das verspätete Vorbringen entstandenen Kosten.

Der VGH. hat nicht von dem Tatbestande auszugehen, auf dem das Urteil erster Instanz beruht, sondern muß auch neue Tatsachen und Beweismittel berücksichtigen, die vorher nicht geltend gemacht wurden. § 110 ist eine Folge des in § 113 VGG. ausgesprochenen Grundsatzes.

Verzicht auf mündliche Verhandlung.

§ 111.

Die mündliche Verhandlung kann nur dann unterbleiben, wenn alle Beteiligten ausdrücklich auf sie verzichten oder § 62 Abs. 2 oder § 97 angewendet werden.

In Württemberg-Baden und Hessen:

Die mündliche Verhandlung kann nur dann unterbleiben, wenn alle Beteiligten ausdrücklich auf sie verzichten, bei Parteistreitigkeiten außerdem im Falle des § 97.

§ 62 Abs. 2 VGG. bestimmt: „Hält das Verwaltungsgericht eine Anfechtungssache nach Klärung des Sachverhalts für spruchreif, so kann es dies den Beteiligten mit dem Anfügen mitteilen, daß es sich vorbehalte, ohne mündliche Verhandlung zu entscheiden, wenn ein Beteiligter diese nicht binnen zwei Wochen nach Zustellung der Mitteilung ausdrücklich beantragt. Geht ein solcher Antrag nicht ein, so kann das Gericht ohne mündliche Verhandlung entscheiden.“

§ 97 VGG., betreffend Parteistreitigkeiten, hat den gleichen Wortlaut.

Über den Wert der mündlichen Verhandlung können die Meinungen geteilt sein. Die Mündlichkeit und Öffentlichkeit sind eine Forderung des Rechtsstaates und im Strafprozeß unabdingbar, es entspricht dies auch gefühlsmäßig der Besorgnis vor dem sogenannten „grünen Tisch“. Anders ist es jedoch im Verfahren vor dem VGH., wo es grundsätzlich auf die Lösung von Rechtsfragen ankommt. Ich habe als Senatsrat beim Obersten Verwaltungsgericht in Prag in mehr als zwanzigjähriger Tätigkeit hunderte von mündlichen Verhandlungen mitgemacht — als Berichterstatter und Beisitzer — und kann mit gutem Gewissen sagen, daß ich die Fälle an den Fingern abzählen kann, in denen durch die Verhandlung meine Rechtsansicht erschüttert worden ist. Ich persönlich halte nichts von der mündlichen Verhandlung!

Der Verzicht auf mündliche Verhandlung kann ausdrücklich erklärt werden oder durch Nichtstellung des Antrages im Falle der Mitteilung nach § 62 Abs. 2 VGG. Der ausdrückliche Verzicht ist unwiderruflich, ein Antrag auf mündliche Verhandlung nach Ablauf der Frist unbeachtlich. Doch ist der VGH. berechtigt, trotz Verzichtes eine mündliche Verhandlung anzuordnen, wenn er es für zweckdienlich erachtet.

§ 112.

Aussetzung der Vollziehung. Vorläufige Vollstreckbarkeit.

(1) **Die Befugnis, eine Aussetzung der Vollziehung zu verfügen, steht auch dem Verwaltungsgerichtshof zu. Dies gilt nicht bei vorsorglichen behördlichen Anordnungen (§ 51 Abs. 4).**

(2) **Der Verwaltungsgerichtshof kann in Parteistreitigkeiten das Urteil des Verwaltungsgerichts auf Antrag für vorläufig vollstreckbar erklären.**

§ 89 VO. Nr. 165.

Das Oberverwaltungsgericht kann das Urteil des erstinstanzlichen Gerichts auf Antrag für vorläufig vollstreckbar erklären.

Siehe Anmerkung zu § 51 VGG.

§ 113.

Umfang des Prüfungsrechts.

Der Verwaltungsgerichtshof prüft den Streitfall im gleichen Umfang wie das Verwaltungsgericht.

Mit dieser Vorschrift ist ausgedrückt, daß sich das Prüfungsrecht des VGH. nicht darauf allein beschränkt, ob das angefochtene Urteil des Verwaltungsgerichtes auf einem mangelfrei festgestellten Tatbestand beruht und dem Gesetz entspricht. Da Gegenstand der Anfechtungsklage und somit der Prüfung durch das Verwaltungsgericht der beschwerende VA. und der Einspruchs-(Beschwerde-)Bescheid (§ 45 VGG.) ist — abgesehen von den Fällen des § 38 Abs. 2 VGG. —, so bilden diese auch den Gegenstand der Prüfung durch den VGH. Dieser wird somit mit der Prüfung beginnen, ob der beschwerende VA. und der Einspruchs-(Beschwerde-)Bescheid zu Recht ergangen sind; er beginnt somit mit der Prüfung von unten an, wobei er natürlich (§ 110 VGG.) auch alle neu vorgebrachten Tatsachen und Beweismittel berücksichtigen muß. Gelangt der VGH. zur Überzeugung, daß das Vorgehen der Verwaltungsbehörde in Ordnung war, so weist er die Berufung zurück, auch wenn das abweisende Urteil des Verwaltungsgerichts auf einer anderen Begründung aufgebaut war, denn im Endergebnis — nämlich in der Abweisung — war ihm zuzustimmen.

Der VGH. wird, bevor er auf die Sache selbst eingeht, außerdem und zwar in erster Reihe prüfen, ob durch den beschwerenden VA. überhaupt ein Recht des Anfechtungs- jetzt Berufungsklägers verletzt werden konnte und dies auch dann, wenn das Verwaltungsgericht sich mit dieser Frage überhaupt nicht befaßt oder sie, da es sachlich entschieden hat, implicite bejaht hat. Lag kein Rechtsanspruch vor oder konnte durch den angefochtenen VA. überhaupt kein Recht verletzt werden, so war die Anfechtungsklage an und für sich unbegründet und hätte schon deshalb abgewiesen werden sollen. Durch das Eingehen des Verwaltungs-Gerichtes auf die Sache selbst ist der VGH. in keiner Weise gebunden. Ob der Fall des § 36 VGG. gegeben wäre, ist eine andere Frage, wozu noch folgendes zu bemerken wäre: Nach § 36 VGG. kann in Ermessenssachen die Anfechtungsklage nur darauf gestützt werden, daß von dem Ermessen nicht im Sinne des Gesetzes Gebrauch gemacht sei, insbesondere daß Ermessensmißbrauch vorliege. Aus dem Wortlaut dieser Vorschrift geht klar hervor, daß der Anfechtungskläger die erwähnten Einwendungen geltend machen muß, um eine Überprüfung in der angegebenen Richtung herbeizuführen. Fehlt in der Klage oder Berufung eine derartige Einwendung, so sind das Verwaltungsgericht und der VGH. in keiner Weise verpflichtet, sich mit der Frage des Ermessensmißbrauchs usw. zu befassen.

Hat das Verwaltungsgericht sachlich entschieden, obwohl der Einspruch, die Beschwerde oder die Anfechtungsklage selbst verspätet waren, so ist die Berufung zurückzuweisen, denn durch die Fristversäumnis hat der Anfechtungskläger ein Recht auf sachliche Überprüfung verwirkt. (BayerVGH., Urt. v. 13. 10. 1949 Nr. 256 II 48.)

Mit der Frage, ob bei der Berufung des Beigeladenen auch vorerst zu prüfen ist, ob ein Recht desselben verletzt werden konnte, habe ich mich bei § 60 VGG. befaßt und sie bejaht, wobei aber zu bemerken ist, daß diese meine Ansicht vorerst nicht allgemein oder sogar allgemein nicht anerkannt wird.

Im übrigen wird auf die Bemerkung zu § 45 VGG. verwiesen.

Rechtsprechung (neben der bei § 45 VGG. angeführten).

Der VGH. darf nur über solche Verwaltungsakte entscheiden, die mit der Anfechtungsklage angefochten sind, nicht aber über die nach diesem Zeitpunkte in der gleichen Angelegenheit erlassenen Verwaltungsakte.

BayerVGH., Urt. v. 18. 11. 1948 Nr. 48 II 47; VGHE. n. F. Nr. 42.

Zurückverweisung an das Verwaltungsgericht.

§ 114.

Der Verwaltungsgerichtshof kann durch Urteil die Entscheidung des Verwaltungsgerichts aufheben und die Sache an dieses zurückverweisen, wenn:

1. das Verwaltungsgericht die Klage abgewiesen hat, ohne in der Sache selbst zu entscheiden;

2. das Verfahren vor dem Verwaltungsgericht an einem wesentlichen Mangel leidet;

3. neue Tatsachen oder Beweismittel bekannt werden, die das Verwaltungsgericht nicht berücksichtigen konnte und die für die Entscheidung wesentlich sind.

§ 90 VO. Nr. 165.

(1) **Das Oberverwaltungsgericht kann durch Urteil die angefochtene Entscheidung aufheben und die Sache an die Vorinstanz zurückverweisen, wenn**

a) **diese die Klage abgewiesen hat, ohne in der Sache selbst zu entscheiden;**

b) **das Verfahren in der Vorinstanz an einem wesentlichen Mangel leidet;**

c) **neue Tatsachen oder Beweismittel bekannt werden, die für die Entscheidung wesentlich sind.**

(2) **Die Vorinstanz ist an die rechtliche Beurteilung gebunden, die der Aufhebung der angefochtenen Entscheidung und der Rückverweisung zugrundeliegt.**

Obwohl es sich hier nur um eine formale, keine Sachentscheidung des VGH. handelt, muß sie durch Urteil geschehen, weil ein Urteil des Verwaltungsgerichtes eben nur durch ein Urteil aufgehoben werden kann. Darin liegt der Grund für den Unterschied gegenüber § 59 VGG., wo die Zurückverweisung an die Verwaltungsbehörde durch Beschluß des Verwaltungsgerichtes erfolgt.

§ 114 führt drei Fälle an, in denen eine Zurückverweisung stattfinden kann. Es ist nun die Frage, ob diese Aufzählung erschöpfend ist oder nicht.

Der HessVGH. hat sie in seinem Urteil v. 2. 4. 1948 VGH. OS. Nr. 6/48; VerwRechtspr. Nr. 27 verneint. Dem Urteil lag folgender Tatbestand zugrunde: Dem Kläger wurde wegen zweimaliger Verurteilung wegen Verstoßes gegen das Milchgesetz die Erlaubnis zum Milchhandel durch den beklagten Landrat auf Grund des § 14 Abs. 1, 5 und 8 des Milchgesetzes entzogen, auf seine Klage aber der Bescheid des Landrats aufgehoben, weil nicht der Landrat, sondern der Kreisausschuß zur Entziehung der Konzession zuständig sei. Auf die dagegen vom Landrat eingelegte Berufung hat der VGH. das angefochtene Urteil aufgehoben. In der Begründung wurde vorerst die Zuständigkeit des Landrats anerkannt; es heißt dann weiter:

„Keiner der im § 114 VGG. angeführten Fälle ist vorliegend gegeben. Gleichwohl kann die Zurückverweisung ausgesprochen werden, weil § 114 VGG. die Möglichkeit der Zurückverweisung nicht abschließend regelt. Das PrLandesverwaltungsgesetz erwähnte die Aufhebung eines Urteils und die Zurückverweisung durch das Berufungsgericht nicht; die Rechtsprechung des PrOVG. erklärte infolgedessen eine solche nur bei Vorliegen besonderer Gründe für zulässig (OVG. 49, 446). Im Gegensatz hierzu ist im § 538 ZPO. der Grundgedanke zum Durchbruch gekommen, daß der Partei ein Anspruch darauf zusteht, daß in jeder Tatsacheninstanz in der Sache selbst entschieden wird. Obwohl im § 538 Ziff. 2 ZPO. die Zurückverweisung nur dann für notwendig erklärt wird, wenn das angefochtene Urteil sich auf eine Entscheidung über prozeßhindernde Einreden beschränkt hat, hat das Reichsgericht in Durchführung des vorerwähnten Grundgedankens diese Bestimmung ausdehnend dahin ausgelegt, daß auch bei der Beschränkung der erstrichterlichen Entscheidung auf andere als die im § 538 Ziff. 2 ZPO. ausdrücklich erwähnten Prozeßvoraussetzungen die Zurückverweisung zulässig und gegebenenfalls geboten ist (RG. Bd. 123, 203). § 114 VGG. führt den Grundsatz, daß der Partei die sachliche Nachprüfung durch zwei Instanzen grundsätzlich nicht beschnitten werden soll, allgemein auch für das verwaltungsgerichtliche Verfahren ein. Über das im Zivilprozeßverfahren Vorgesehene hinausgehend sieht § 114 VGG. die Zurückverweisung sogar dann vor, wenn neue Tatsachen bekannt werden, die die erste Instanz nicht berücksichtigen konnte.

Der Gesetzgeber hat mit den Bestimmungen des § 114 Ziff. 1 und 3 VGG. den Gedanken, daß der Partei keine Instanz entgehen soll, im weiteren Umfange als die ZPO. einführen, nicht aber die Zurückverweisung auf die beiden dort aufgeführten Fälle beschränken wollen. Die Frage, ob eine Zurückverweisung möglich ist in einem Fall, in dem der erste Richter einer Klage stattgibt, weil nach seiner Ansicht dem angefochtenen VA. verfahrensrechtlich Mängel anhaften, ist im § 114 VGG. sonach weder positiv noch negativ entschieden. Es besteht insoweit eine Gesetzeslücke. Auf Grund des § 34 VGG. kann der VGH., da die Frage auch in der ZPO. nicht geregelt ist, das Verfahren selbst gestalten und die Zurückverweisung in Anwendung des im § 114 VGG. zum Durchbruch gekommenen Grundgedankens in allen Fällen aussprechen, in denen das Verwaltungsgericht nur ein Prozeßurteil erlassen, nicht aber in sachlicher Hinsicht erkannt hat, sofern die Zurückverweisung als geboten erscheint, um der Partei keine Instanz zu entziehen. Das Verwaltungsgericht wird nunmehr zu prüfen haben, ob die vom Landrat gegen den Kläger verfügte Milchhandelskonzessionsentziehung sachlich gerechtfertigt ist."

Zu Ziff. 1.

Diese Bestimmung behandelt den Fall, in dem das Verwaltungsgericht zu Unrecht die Anfechtungsklage aus formalen Gründen abgewiesen hat, ohne auf die Sache selbst einzugehen, z. B. wegen mangelnder Klagelegitimation, wegen Verspätung, weil bereits der Einspruch verspätet war oder schließlich auch deshalb, weil nach Ansicht des Verwaltungsgerichtes kein Recht gegeben sei, das durch den beschwerenden VA. verletzt werden konnte.

Der VGH. ist zur Zurückverweisung nicht verpflichtet, er kann dies tun. Trotz des Grundsatzes, daß der Partei zwei Instanzen gewahrt werden sollen, wird er von dieser Ermächtigung keinen Gebrauch machen, wenn es offenbar ist, daß die Anfechtungsklage auch sachlich unbegründet oder der beschwerende VA. gesetzwidrig ist und deshalb aufgehoben werden müßte. Diese Entscheidung kann der VGH. auch selbst treffen und es wäre unzweckmäßig, dem Anfechtungskläger oder dem Anfechtungsgegner überflüssige Kosten zu verursachen.

Zu Ziff. 2.

Die Mängel können verschiedener Art sein, stets muß es sich jedoch um wesentliche Mängel handeln. Dies trifft z. B. dann zu, wenn das Verwaltungsgericht eine Vorfrage, die die Grundlage für die eigentliche Sachentscheidung bildet, unrichtig beantwortet hat; wenn es in der Sache selbst entschieden hat, obwohl der Einspruch, die Beschwerde verspätet waren und die Verwaltungsbehörde bereits diese Rechtsmittel hätte als unzulässig zurückweisen sollen; wenn der Tatbestand völlig unzureichend festgestellt worden war.

Zu Ziff. 3.

Trotzdem gemäß § 110 VGG. im Berufungsverfahren neue, bisher nicht geltend gemachte Tatsachen und Beweismittel vorgebracht werden können und deshalb bei der Entscheidung berücksichtigt werden müssen, gibt das Gesetz hier dem VGH. die Möglichkeit, in einem solchen Falle, wenn sie wesentlich sind, die Sache an die erste Instanz zur neuerlichen Entscheidung zurückzuverweisen, obwohl das Verwaltungsgericht kein Verschulden trifft und sein Urteil nach den ihm zugrunde gelegten Tatbestand nicht mangelhaft ist.

Es tritt hier neben der Tendenz, den Beteiligten zwei Instanzen zu wahren, auch noch ein weiterer Gedanke zu Tage, der auch bei Ziff. 2 zu beachten ist, daß nämlich der VGH. nicht mit Erhebungen und Beweisaufnahmen belastet werden soll, für die es ihm an dem notwendigen Apparat fehlt und die kostspieliger wären, als wenn sie das Verwaltungsgericht durchführt, das in der Regel näher dem Wohnsitz der Parteien und Zeugen seinen Sitz hat.

Im VGG. fehlt eine entsprechende Bestimmung, wie sie im § 90 Abs. 2 VO. Nr. 165 enthalten ist, daß die Vorinstanz an die rechtliche Beurteilung gebunden ist, die der Aufhebung der angefochtenen Entscheidung und der Rückverweisung zugrunde liegt. Es ist aber eine Selbstverständlichkeit, daß sich das Verwaltungsgericht nach der Rechtsansicht des VGH. im konkreten Falle richten muß.

Obwohl hier eine dem § 59 Abs. 2 VGG. entsprechende Bestimmung fehlt, hat der VGH. die Kostenentscheidung der Endentscheidung vorzubehalten; die Gebühren sind aber jedenfalls anzusetzen.

Rechtsprechung.

Die Aufhebung und Zurückverweisung an die Vorinstanz ist in allen Fällen zulässig, in denen das Verwaltungsgericht nur ein Prozeßurteil erlassen, nicht aber sachlich erkannt hat.

HessVGH., Urt. v. 2. 4. 1948 OS. Nr. 6/48; VerwRechtspr. Nr. 27.

Hat das Verwaltungsgericht auf Anfechtungsklage ein Sachurteil erlassen, obwohl kein Einspruchsverfahren voranging, so ist das Urteil auf Berufung gemäß § 114 Ziff. 2 VGG. aufzuheben und die Sache an das Verwaltungsgericht zurückzuverweisen.

BayerVGH., Urt. v. 1. 2. 1949 Nr. 267 I 48; DVerw. 49 S. 249.

Wenn die endgültige Verbescheidung der Anfechtungsklage im Berufungsverfahren bei der gegebenen Sach- und Rechtslage für keinen Beteiligten einen Rechtsnachteil zur Folge hat, so ist von der Zurückverweisung Abstand zu nehmen, auch wenn das Verfahren vor dem Verwaltungsgericht an einem wesentlichen Mangel leidet.

BayerVGH., Urt. v. 3. 11. 1947 Nr. 36 S 47; VerwRechtspr. Nr. 25 S. 89.

§ 115.

Auf das Verfahren vor dem Verwaltungsgerichtshof sind die für das Verwaltungsgericht geltenden Vorschriften entsprechend anzuwenden, soweit im vorstehenden nichts anderes bestimmt ist.

II. BESCHWERDE.

§ 116.

(1) Gegen Entscheidungen des Verwaltungsgerichts, die nicht Urteile sind, und gegen Entscheidungen des Vorsitzenden des Verwaltungsgerichts steht den Beteiligten und den sonst von der Entscheidung Betroffenen die Beschwerde an den Verwaltungsgerichtshof zu.

(2) Die Beschwerde ist insbesondere dann gegeben, wenn die angefochtene Entscheidung die Ablehnung eines Richters oder Sachverständigen (§§ 17, 72, Abs. 1), die Einsetzung in den vorigen Stand (§ 33), die Zurückverweisung an die Verwaltungsbehörde (§ 59), die Zuziehurg weiterer Beteiligter (§§ 60, 91), die Zulassung von Bevollmächtigten und Beiständen (§ 61), die Festsetzung von Strafen (§§ 28, 67, 72, Abs. 2), die Kosten (§ 129), das Armenrecht (§ 133) zum Gegenstande hat.

(3) Aufklärungsanordnungen nach §§ 57, 67, 75, Beschlüsse über eine Vertagung oder die Bestimmung einer Frist, Beweisschlüsse einschließlich der Art und Weise ihrer Ausführung, Beschlüsse über Ablehnung von Beweisanträgen sowie über die Verbindung von Streitsachen und Trennung von Ansprüchen können mit der Beschwerde nicht angefochten werden. Gleiches gilt für die von diesem Gesetz für endgültig erklärten Entscheidungen.

In Württemberg-Baden statt „§ 129" § 128 Abs. 1 Satz 3.

In Hessen statt „§ 129" § 128 Abs. 1 Satz 2. Außerdem Absatz 4:

(4) **Für Streitigkeiten nach § 102 Abs. (1) und (2) ist die Beschwerde gegen Anordnungen des Verwaltungsgerichts nach § 51 Abs. (3) ausgeschlossen.**

§ 91 VO. Nr. 165.

(1) **Gegen Entscheidungen der Landesverwaltungsgerichte, die nicht Urteile sind, und gegen Entscheidungen der Vorsitzenden dieser Gerichte, mit Ausnahme der Vorbescheide und der Bescheide nach § 57, steht den Beteiligten und sonst von der Entscheidung Betroffenen die Beschwerde zu.**

(2) **Aufklärungsanordnungen, Beschlüsse über eine Vertagung oder die Bestimmung einer Frist, Beweisbeschlüsse, Beschlüsse über Ablehnung von Beweisanträgen sowie über Verbindung von Streitsachen und Trennung von Ansprüchen können mit der Beschwerde nicht angefochten werden.**

(3) **Die Vorschriften der Abs. 1 und 2 gelten auch für Entscheidungen besonderer Verwaltungsgerichte, gegen die nach gegenwärtig geltendem Recht kein Rechtsmittel bei einem anderen bestehenden Gericht eingelegt werden konnte.**

Neben den „Beteiligten" (Anfechtungskläger, Anfechtungsgegner und Beigeladener) führt das Gesetz als beschwerdeberechtigt noch die „sonst von der Entscheidung Betroffenen" an. Wer das ist, ist ziemlich unklar. Der BayerVGH. führt in seinem Beschl. v. 28. 5. 1948 Nr. 99 II 48; VGHE. n. F. Nr. 23 S. 82 an, unter den „Betroffenen" seien grundsätzlich nur die Personen zu verstehen, mit denen sich der in Betracht kommende Beschluß unmittelbar befaßt. Diese Begriffsbestimmung dürfte zu eng sein. Die Frage wird insbesondere dann auftauchen, wenn ein Beschluß ergeht, ehe noch eine Beiladung gemäß § 60 VGG. ausgesprochen wurde und der Beschluß auch rechtliche Interessen des Beizuladenden berührt. Dies wird z. B. dann der Fall sein, wenn bei einer Wohnraumerfassung die Aussetzung der Vollziehung angeordnet wird und der Eingewiesene noch nicht beigeladen wurde. Der BayerVGH. hat auch in seinem Beschl. v. 12. 12. 1949 Nr. 458 II 49 den Eingewiesenen als „Betroffenen" anerkannt und dessen Beschwerde zugelassen.

§ 117.

Beschwerdefrist.

Die Beschwerde ist beim Verwaltungsgericht binnen zwei Wochen nach Bekanntgabe der Entscheidung schriftlich oder zu Protokoll des Urkundsbeamten einzulegen. Die Beschwerdefrist ist auch gewahrt, wenn die Beschwerde rechtzeitig beim Verwaltungsgerichtshof eingeht.

§ 92 VO. Nr. 165.

Die Beschwerde ist bei dem Gericht, dessen Entscheidung angefochten wird, schriftlich innerhalb von zwei Wochen nach Bekanntgabe der Ent-

scheidung einzulegen, soweit nicht in anderen Gesetzen eine längere Frist vorgesehen ist. Die Beschwerdefrist ist auch gewahrt, wenn die Beschwerde innerhalb der Frist beim Beschwerdegericht eingeht.

Abhilfe durch das VG. oder Vorlage an den VGH.

§ 118.

Erachtet das Verwaltungsgericht oder der Vorsitzende, dessen Entscheidung angefochten wird, die Beschwerde für begründet, so haben sie ihr abzuhelfen; andernfalls ist die Beschwerde binnen zwei Wochen dem Verwaltungsgerichtshof vorzulegen.

§ 93 VO. Nr. 165

enthält die gleiche Vorschrift, die Vorlagefrist beträgt jedoch eine Woche.

Dem Verwaltungsgericht ist hier die Gelegenheit gegeben, seine eigene Entscheidung nochmals zu überprüfen und der Beschwerde unter Umständen abzuhelfen. Falls der Beschwerde abgeholfen wird, geschicht dies durch Beschluß, ebenso wenn dies nicht geschieht. Um diese Möglichkeit dem Beschwerdeführer zu wahren, muß der VGH. die bei ihm unmittelbar eingelegte Beschwerde an das Verwaltungsgericht übersenden.

Es sind jedoch Fälle möglich, wo durch die Abhilfe wiederum rechtliche Interessen des Beigeladenen oder Beizuladenden („Betroffenen“, § 116 VGG.) verletzt werden. Der Antrag des Wohnungsinhabers auf Aussetzung der Vollziehung einer Erfassungs- und Einweisungsverfügung wurde abgelehnt, auf Beschwerde dieser jedoch vom Verwaltungsgericht abgeholfen, was zur Folge hat, daß die Aussetzung nunmehr angeordnet wird. Da der Eingewiesene „Betroffener“ und beschwerdeberechtigt ist, ist ihm der neue Beschluß zuzustellen, damit er Beschwerde erheben kann.

Grundsätzlich keine aufschiebende Wirkung der Beschwerde.

§ 119.

Die Beschwerde hat nur dann aufschiebende Wirkung, wenn sie die Festsetzung einer Strafe zum Gegenstand hat. Das Verwaltungsgericht oder der Vorsitzende, dessen Entscheidung angefochten wird, kann auch in anderen Fällen bestimmen, daß die Vollziehung der angefochtenen Entscheidung einstweilen auszusetzen ist. Die gleiche Befugnis steht dem Verwaltungsgerichtshof zu.

§ 94 VO. Nr. 165.

(1) **Die Beschwerde hat nur dann aufschiebende Wirkung, wenn sie die Festsetzung einer Strafe zum Gegenstand hat. Die Vorschrift des § 178 des Gerichtsverfassungsgesetzes bleibt jedoch unberührt.**

(2) **Das Gericht oder der Vorsitzende, dessen Entscheidung angefochten wird, kann auch in anderen Fällen bestimmen, daß die Vollziehung der angefochtenen Entscheidung einstweilen auszusetzen ist. Die gleiche Befugnis steht dem Beschwerdegericht zu. Die Vorschrift des § 51 Abs. (3) Satz 2 findet Anwendung.**

Während sonst die Anfechtungsklage und Berufung (neben Einspruch und Verwaltungsbeschwerde) grundsätzlich aufschiebende Wirkung haben (§ 51 VGG.), ist hier für die Beschwerde gegen Beschlüsse der Verwaltungsgerichte — mit einer Ausnahme — das Gegenteil bestimmt. Der Beschwerde kommt grundsätzlich keine aufschiebende Wirkung zu. Doch wird es sich empfehlen, in den meisten Fällen der Beschwerde die aufschiebende Wirkung zuzuerkennen, um prozessualen Verwicklungen vorzubeugen. Wird z. B. vom Verwaltungsgericht die Sache zur neuerlichen Entscheidung an die Verwaltungsbehörde zurückverwiesen (§ 59 VGG.) und erhebt dagegen einer der Beteiligten Beschwerde, so wäre es nicht von Vorteil, wenn inzwischen die Verwaltungsbehörde einen neuen VA. setzen und der VGH. dann der Beschwerde stattgeben würde. Dieser Fall wird allerdings wohl nicht eintreten können, weil die Akten dem VGH. vorgelegt werden. Aber die Ablehnung einer Beiladung kann, wenn der Beschwerde stattgegeben wird, das Urteil mangelhaft machen, wenn die Ablehnung in der mündlichen Verhandlung erfolgte und anschließend das Urteil gefällt wurde.

§ 120.

Beschwerdeentscheidung durch Beschluß.

Der Verwaltungsgerichtshof entscheidet über die Beschwerde durch Beschluß.

In Bayern und Hessen entscheidet der VGH. in der Besetzung von drei Mitgliedern (§ 6 VGG.).

§ 121.

(1) **Wird die Änderung einer Entscheidung des beauftragten oder ersuchten Richters, einer ersuchten Verwaltungsbehörde oder des Urkundsbeamten der Geschäftsstelle verlangt, so ist binnen zwei Wochen zunächst die Entscheidung des Verwaltungsgerichts nachzusuchen. Das Gesuch hat nur dann aufschiebende Wirkung, wenn es die Festsetzung einer Strafe zum Gegenstande hat.**

(2) **Gegen die Entscheidung des Verwaltungsgerichts ist im Rahmen des § 116 die Beschwerde gegeben.**

(3) **Die Bestimmung des 1. Abs. gilt auch für den Verwaltungsgerichtshof.**

§ 95 VO. Nr. 165.

Wird die Änderung einer Entscheidung des beauftragten oder ersuchten Richters, einer ersuchten Verwaltungsbehörde oder des Urkundsbeamten

der Geschäftsstelle verlangt, so ist innerhalb von zwei Wochen zunächst die Entscheidung des Gerichts nachzusuchen. Das Gesuch hat nur dann aufschiebende Wirkung, wenn es die Festsetzung einer Strafe zum Gegenstand hat; die Vorschrift des § 178 des Gerichtsverfassungsgesetzes bleibt jedoch unberührt.

Von praktischer Bedeutung ist dieser Paragraph bezüglich der Entscheidung des Urkundsbeamten. Gemäß § 131 VGG. setzt der Urkundsbeamte des Gerichts, bei dem die Streitsache beendet wird, die Gerichtskosten und auf Antrag den Betrag der notwendigen Aufwendungen fest. Wurde gegen das Urteil (Beschluß) des Verwaltungsgerichts keine Berufung (Beschwerde) erhoben, so erfolgt die Kostenfestsetzung durch den Urkundsbeamten des Verwaltungsgerichtes; gegen dessen Entscheidung ist vorerst binnen zwei Wochen die Entscheidung des Verwaltungsgerichtes anzurufen. Begnügt sich die Partei nicht mit dieser Entscheidung, so kann sie Beschwerde zum VGH. erheben.

III. WIEDERAUFNAHME DES VERFAHRENS.

§ 122.

(1) **Das durch rechtskräftiges Urteil geschlossene Verfahren kann unter den in den §§ 579, 580 Ziff. 2 bis 7, 581 Abs. 1, 582 der Zivilprozeßordnung bezeichneten Voraussetzungen wieder aufgenommen werden. Den in § 580 Ziff. 3 genannten Zeugen werden die Beteiligten gleichgestellt, wenn sie zur Versicherung an Eides Statt zugelassen waren.**

(2) **Auf das Wiederaufnahmeverfahren sind die Vorschriften der Zivilprozeßordnung entsprechend anzuwenden. Hat die Staatsregierung einen ständigen Vertreter des öffentlichen Interesses bestellt (§ 18), so steht die Befugnis zur Erhebung der Nichtigkeitsklage und der Restitutionsklage auch ihm zu.**

(3) **Die Kosten des erfolgreichen Wiederaufnahmeverfahrens können der Staatskasse auferlegt werden, soweit sie nicht durch das Verschulden oder den unbegründeten Widerspruch eines Beteiligten entstanden sind.**

§ 96 VO. Nr. 165.

Ein rechtskräftig beendetes Verfahren kann unter denselben Voraussetzungen wiederaufgenommen werden wie ein Zivilprozeß. Auf das Verfahren finden die Vorschriften der Zivilprozeßordnung entsprechende Anwendung.

Aus den Worten „das durch rechtskräftiges Urteil abgeschlossene Verfahren" muß geschlossen werden, da sich § 122 VGG. nur auf das Verfahren vor den Verwaltungsgerichten bezieht, nicht aber auf das Verfahren vor den Verwaltungsbehörden, obwohl das VGG. auch das Verfahren vor diesen Behörden in den §§ 39—41 regelt, allerdings nur insofern, als es die Vorstufe für das Verfahren vor den Verwaltungsgerichten bildet. Wurde somit keine Anfechtungsklage erhoben und ist die Entscheidung der Verwaltungsbehörde formal in Rechtskraft erwachsen, so kann sich der Betroffene nicht auf § 122 VGG. berufen.

Die bezogenen Paragraphen der ZPO. lauten:

§ 579.

„Die Nichtigkeitsklage findet statt:

1. *wenn das erkennende Gericht nicht vorschriftsmäßig besetzt war;*
2. *wenn ein Richter bei der Entscheidung mitgewirkt hat, welcher von der Ausübung des Richteramts kraft des Gesetzes ausgeschlossen war, sofern nicht dieses Hindernis mittels eines Ablehnungsgesuchs oder eines Rechtsmittels ohne Erfolg geltend gemacht ist;*
3. *wenn bei der Entscheidung ein Richter mitgewirkt hat, obgleich derselbe wegen Besorgnis der Befangenheit abgelehnt und das Ablehnungsgesuch für begründet erklärt war;*
4. *wenn eine Partei in dem Verfahren nicht nach Vorschrift der Gesetze vertreten war, sofern sie nicht die Prozeßführung ausdrücklich oder stillschweigend genehmigt hat.*

In den Fällen Nr. 1, 3 findet die Klage nicht statt, wenn die Nichtigkeit mittels eines Rechtsmittels geltend gemacht werden konnte."

§ 580.

„Die Restitutionsklage findet statt:

1. *wenn der Gegner durch Beeidigung einer Aussage, auf welche das Urteil gegründet ist, sich einer vorsätzlichen oder fahrlässigen Verletzung der Eidespflicht schuldig gemacht hat;*
2. *wenn eine Urkunde, auf welche das Urteil gegründet ist, fälschlich angefertigt oder verfälscht war;*
3. *wenn durch Beeidigung eines Zeugnisses oder eines Gutachtens, auf welche das Urteil gegründet ist, der Zeuge oder der Sachverständige sich einer vorsätzlichen oder fahrlässigen Verletzung der Eidespflicht schuldig gemacht hat;*
4. *wenn das Urteil von dem Vertreter der Partei oder von dem Gegner oder dessen Vertreter durch eine in Beziehung auf den Rechtsstreit verübte Handlung erwirkt ist, welche mit einer im Wege des gerichtlichen Strafverfahrens zu verhängenden öffentlichen Strafe bedroht ist;*
5. *wenn ein Richter bei dem Urteil mitgewirkt hat, welcher sich in Beziehung auf den Rechtsstreit einer Verletzung seiner Amtspflichten*

gegen die Partei schuldig gemacht hat, sofern diese Verletzung mit einer im Wege des gerichtlichen Strafverfahrens zu verhängenden Strafe bedroht ist;

6. *wenn das Urteil eines ordentlichen Gerichts, eines Sondergerichts oder eines Verwaltungsgerichts, auf welches das Urteil gegründet ist, durch ein anderes rechtskräftiges Urteil aufgehoben ist;*
7. *wenn die Partei*
   a) *ein in derselben Sache erlassenes, früher rechtskräftig gewordenes Urteil oder*
   b) *eine andere Urkunde auffindet oder zu benutzen in den Stand gesetzt wird, welche eine ihr günstigere Entscheidung herbeigeführt haben würde."*

§ 581.

„In den Fällen des vorhergehenden Paragraphen Nr. 1 bis 5 findet die Restitutionsklage nur statt, wenn wegen der strafbaren Handlung eine rechtskräftige Verurteilung ergangen ist, oder wenn die Einleitung oder Durchführung eines Strafverfahrens aus anderen Gründen als wegen Mangels an Beweis nicht erfolgen kann.

Der Beweis der Tatsachen, welche die Restitutionsklage begründen, kann durch den Antrag auf Parteivernehmung nicht geführt werden."

§ 582.

„Die Restitutionsklage ist nur zulässig, wenn die Partei ohne ihr Verschulden außerstande war, den Restitutionsgrund in dem früheren Verfahren, insbesondere durch Einspruch oder Berufung oder mittels Anschließung an eine Berufung, geltend zu machen."

Soweit auf das Wiederaufnahmeverfahren die Vorschriften der ZPO. entsprechend anzuwenden sind, erklärt Van Husen (S. 136), daß folgende Paragraphen in Betracht kommen:

§ 583.

„Mit den Klagen können Anfechtungsgründe, durch welche eine dem angefochtenen Urteil vorausgegangene Entscheidung derselben oder einer unteren Instanz betroffen wird, geltend gemacht werden, sofern das angefochtene Urteil auf dieser Entscheidung beruht."

§ 584 Abs. 1.

„Für die Klagen ist ausschließlich zuständig: das Gericht, welches in erster Instanz erkannt hat; wenn das angefochtene Urteil oder auch nur eines von mehreren angefochtenen Urteilen von dem Berufungsgericht erlassen wurde, oder wenn ein in der Revisionsinstanz erlassenes Urteil auf Grund des § 580 Nr. 1—3, 6, 7 angefochten wird, das Berufungsgericht; wenn ein in der Revisionsinstanz erlassenes Urteil auf Grund der §§ 579, 580 Nr. 4, 5 angefochten wird, das Revisionsgericht."

§ 585.

„Auf die Erhebung der Klagen und das weitere Verfahren finden die allgemeinen Vorschriften entsprechende Anwendung, sofern nicht aus den Bestimmungen dieses Gesetzes sich eine Abweichung ergibt."

§ 586.

„I. Die Klagen sind vor Ablauf der Notfrist eines Monats zu erheben.

II. Die Frist beginnt mit dem Tage, an welchem die Partei von dem Anfechtungsgrunde Kenntnis erhalten hat, jedoch nicht vor eingetretener Rechtskraft des Urteils. Nach Ablauf von fünf Jahren, von dem Tage der Rechtskraft des Urteils an gerechnet, sind die Klagen unstatthaft.

III. Die Vorschriften des vorstehenden Absatzes finden auf die Nichtigkeitsklage wegen mangelnder Vertretung keine Anwendung; die Frist für Erhebung der Klage läuft von dem Tage, an welchem der Partei und bei mangelnder Prozeßfähigkeit dem gesetzlichen Vertreter derselben das Urteil zugestellt ist."

§ 587.

„In der Klage muß die Bezeichnung des Urteils, gegen welches die Nichtigkeits- oder Restitutionsklage gerichtet wird, und die Erklärung, welche dieser Klagen erhoben werde, enthalten sein."

§ 588.

„I. Als vorbereitender Schriftsatz soll die Klage enthalten:

1. *die Bezeichnung des Anfechtungsgrundes;*
2. *die Angabe der Beweismittel für die Tatsachen, welche den Grund und die Einhaltung der Notfrist ergeben;*
3. *die Erklärung, inwieweit die Beseitigung des angefochtenen Urteils und welche andere Entscheidung in der Hauptsache beantragt werde.*

II. Dem Schriftsatz, durch welchen eine Restitutionsklage erhoben wird, sind die Urkunden, auf welche dieselbe gestützt wird, in Urschrift oder in Abschrift beizufügen. Befinden sich die Urkunden nicht in den Händen des Klägers, so hat er zu erklären, welchen Antrag er wegen Herbeischaffung derselben zu stellen beabsichtigt."

§ 589.

„I. Das Gericht hat von Amts wegen zu prüfen, ob die Klage an sich statthaft und ob sie in der gesetzlichen Form und Frist erhoben ist. Mangelt es an einem dieser Erfordernisse, so ist die Klage als unzulässig zu verwerfen.

II. Die Tatsachen, welche ergeben, daß die Klage vor Ablauf der Notfrist erhoben ist, sind glaubhaft zu machen."

§ 590.

„I. Die Hauptsache wird, insoweit sie von dem Anfechtungsgrunde betroffen ist, von neuem verhandelt.

II. Das Gericht kann anordnen, daß die Verhandlung und Entscheidung über Grund und Zulässigkeit der Wiederaufnahme des Verfahrens vor der Verhandlung über die Hauptsache erfolge. In diesem Falle ist die Verhandlung über die Hauptsache als Fortsetzung der Verhandlung über Grund und Zulässigkeit der Wiederaufnahme des Verfahrens anzusehen.

III. Das für Klagen zuständige Revisionsgericht hat die Verhandlung über Grund und Zulässigkeit der Wiederaufnahme des Verfahrens zu erledigen, auch wenn diese Erledigung von der Feststellung und Würdigung bestrittener Tatsachen abhängig ist."

§ 591.

„Rechtsmittel sind insoweit zulässig, als sie gegen die Entscheidungen der mit den Klagen befaßten Gerichte überhaupt stattfinden."

Rechtsprechung.

Irrtümliche Nichtanwendung des Gesetzes, und zwar auch eines der Militärregierung, ist kein Wiederaufnahmegrund.
HessVGH., Urt. v. 5. 11. 1947 Nr. 9 10/47; VerwRechtspr. Nr. 31.

Die Restitutionsklage kann auf falsche eidesstattliche Erklärung nur dann gestützt werden, wenn die Täter dafür bestraft worden sind.
HessVGH., Urt. v. 5. 11. 1947 Nr. 9 10/47; VerwRechtspr. Nr. 31.

Siebenter Abschnitt.

Kosten.

§ 123.

Parteien im Sinne dieses Abschnittes sind in Anfechtungssachen der Anfechtungskläger und der Anfechtungsgegner, in Parteistreitigkeiten der Kläger und der Beklagte.

Das Gesetz gebraucht hier zum Unterschied von den anderen Bestimmungen den Ausdruck „Parteien“ an Stelle von „Beteiligten“. Daraus, und aus dem Umstande, daß als „Parteien“ nur der Anfechtungskläger und der Anfechtungsgegner genannt werden (in Parteistreitverfahren Kläger und Beklagter), nicht aber der nach § 60 VGG. Beigeladene (§ 91 VGG.), wäre zu schließen, daß zur Kostentragung der Beigeladene nicht herangezogen werden kann. Vom Beigeladenen spricht nur § 132 Abs. 2 VGG. (neue Fassung), jedoch nur in dem Sinne, daß er auch eine Entschädigung für die Zuziehung eines Bevollmächtigten erhalten kann, wenn er obsiegt. Unter den Parteien ist auch nicht der Berufungskläger genannt, soweit er vom Anfechtungskläger verschieden ist (wenn der Beigeladene Berufung erhebt). In der Praxis wird jedoch der Beigeladene als „Partei“ behandelt.

Da zu den Gerichtskosten auch die Gebühren gehören, seien hier die in Betracht kommenden Bestimmungen des Bayerischen Kostengesetzes vom 16. 2. 1921 (GVBl. S. 134) angeführt.

Art. 3.

„Gebühren werden nicht erhoben:

1. *für Amtshandlungen, die unabhängig von dem Verschulden einer Partei im öffentlichen Interesse von Amts wegen gepflogen werden;*
2. *wenn die Gebühr aus der Reichs- oder Staatskasse bezahlt werden müßte.“*

Art. 142.

„Auf dem Gebiete der Justiz, inneren und Finanzverwaltung sowie der Verwaltungsrechtspflege unterliegen der Gebühr:

Niederschriften, Beschlüsse und Verfügungen, Zeugnisse, Beglaubigungen und die außerdem noch in diesem Gesetz besonders bezeichneten Gegenstände und Amtshandlungen.

Art. 143.

„I. Bei den Kreisverwaltungsbehörden, den diesen Behörden nach Art. 145 gleichzusetzenden Behörden und bei den Gemeindebehörden werden, soweit in den folgenden Artikeln nicht ein anderes bestimmt ist, erhoben:

1. für Niederschriften 3 bis 10 Deutsche Mark für jede angefangene Stunde der Geschäftsdauer;
2. für Zeugnisse (Atteste, Bescheinigungen) 2 bis 100 Deutsche Mark;
3. für Beschlüsse, Bescheide und Verfügungen 2 bis 10000 Deutsche Mark;
4. für Beglaubigung einer Privatabschrift oder der Unterschrift in einer öffentlichen oder Privaturkunde (Legalisation), dann für die Beglaubigung von Ausfertigungen, Abschriften oder Auszügen, die nicht von Amts wegen zu erteilen sind, 2 bis 50 Deutsche Mark.

II. Wird ein Antrag oder Rechtsmittel zurückgenommen, nachdem die Behörde in die Sachbehandlung eingetreten ist, so wird die Hälfte der Gebühr erhoben, welche für die beantragte Amtshandlung zu erheben gewesen wäre. Diese Gebühr kann bis auf 1 Deutsche Mark ermäßigt werden.

III. Die Gebühr des Abs. I Ziff. 3 kann in besonderen Fällen bis auf 20000 Deutsche Mark erhöht werden.“

Art. 144.

„Die Gebührensätze des Art. 143 erhöhen sich bei den Mittelstellen um die Hälfte, bei den Ministerien, dem Obersten Landesgericht und dem Verwaltungsgerichtshof auf den doppelten Betrag.“

Art. 171.

„I. Die Verwaltungsbehörden sind unbeschadet des Erinnerungs- und Beschwerderechts der Staatskasse befugt, Gebühren, die durch unrichtige Sachbehandlung ohne Schuld der Beteiligten entstanden sind, niederzuschlagen oder außer Ansatz zu lassen. Das Gleiche gilt, wenn bei abweisenden Bescheiden oder im Falle der Zurücknahme eines Antrags oder Rechtsmittels die Stellung des Antrags oder die Einlegung des Rechtsmittels auf nicht anzurechnende Unkenntnis der Verhältnisse oder auf Unwissenheit beruht. Wird in diesen Fällen eine Gebühr nicht erhoben, so bleiben auch Schreibgebühren und Postgebühren außer Ansatz.“

Art. 175.

„Wenn das Gesetz für den Ansatz einer Gebühr einen Spielraum gewährt, hat die Behörde den von ihr anzusetzenden Betrag unter Berücksichtigung des Umfanges und der Schwierigkeit der Sache, ihrer Bedeutung für das bürgerliche Leben und der Leistungsfähigkeit des Pflichtigen zu bestimmen.“

Der Gebührenzuschlag beträgt gemäß § 9 des Ges. v. 9. 7. 1949 (GVBl. S. 181) 25%.

§ 124.

Wer trägt die Kosten

(1) Der unterliegende Teil trägt die Kosten des Verfahrens. Hierzu gehören in Anfechtungssachen auch die Kosten des Verfahrens über den Einspruch oder die Beschwerde.

(2) Wenn die Parteien teils obsiegen, teils unterliegen, werden die Kosten gegeneinander aufgehoben oder verhältnismäßig geteilt. Werden die Kosten gegeneinander aufgehoben, so fallen die Gerichtskosten jeder Partei zur Hälfte zur Last. Einer Partei können die Kosten ganz auferlegt werden, wenn die Zuvielforderung der anderen Partei verhältnismäßig gering ist.

(3) Kosten, die durch Verschulden des obsiegenden Teils entstanden sind, fallen diesem zur Last.

(4) Wird die Klage, die Berufung oder ein sonstiger Rechtsbehelf zurückgenommen, so trägt der Zurücknehmende die durch den Rechtsbehelf verursachten Kosten.

§ 98 VO. Nr. 165.

(1) Der unterliegende Teil trägt die Kosten des Verfahrens.

(2) Die Kosten eines ohne Erfolg eingelegten Rechtsmittels fallen dem Beteiligten zur Last, der das Rechtsmittel eingelegt hat.

§ 99 VO. Nr. 165.

(1) Wenn ein Beteiligter teils obsiegt, teils unterliegt, werden die Kosten in angemessenem Verhältnis geteilt. Die Kosten können auch in diesem Falle einem Beteiligten ganz auferlegt werden, wenn er nur zu einem geringen Teil obgesiegt hat.

(2) Kosten, die durch Verschulden eines Beteiligten entstanden sind, müssen diesem auferlegt werden.

(3) Wer einen Antrag, eine Klage, ein Rechtsmittel oder einen sonstigen Rechtsbehelf zurücknimmt, hat die entstandenen Kosten zu tragen.

(4) Kosten, die durch einen Antrag auf Nachsicht entstehen, fallen dem Antragsteller zur Last, soweit sie nicht durch unbegründeten Widerspruch eines anderen Beteiligten entstanden sind.

In der Praxis der Verwaltungsgerichte wird selten die Bestimmung des Abs. 1 beachtet, daß zu den Kosten des Verfahrens auch die Kosten des Verfahrens über den Einspruch oder die Beschwerde gehören. Ist der Anfechtungskläger unterlegen, so erübrigt sich wohl ein diesbezüglicher Ausspruch im Urteil, denn im Einspruchs-(Beschwerde-) Bescheid war bereits die Verpflichtung zur Tragung der Kosten bzw. zur Zahlung einer Gebühr ausgesprochen worden; durch Abweisung der Anfechtungsklage blieb jener Bescheid weiter in Kraft, somit auch bezüglich des Kostenpunktes. Wurde der Einspruchs-(Beschwerde-)

Bescheid aufgehoben, so wurde er auch bezüglich der Kosten aufgehoben. Es entsteht nun die Frage, wer die Kosten des Einspruchs-(Beschwerde-) Verfahrens zu tragen hat. Wurden neben der Gebühr keine anderen Kosten auferlegt, so entfällt damit lediglich das Recht zur Einhebung der Gebühr, wobei es gleichgültig ist, ob es sich um eine staatliche oder eine andere Behörde gehandelt hat. Es können aber auch andere Kosten aufgelaufen sein, Zeugengebühren, Fahrtkosten, Kosten eines Gutachtens. War der Anfechtungskläger auch zur Tragung dieser Kosten verhalten worden und wurde der Einspruchs-(Beschwerde-)Bescheid aufgehoben, so würde hier eine Lücke klaffen, wer jetzt diese Kosten zu tragen hat. Voraussichtlich der Staat oder die betreffende Körperschaft, aber diese Verpflichtung muß im Urteil ausgesprochen werden.

„Der unterliegende Teil trägt die Kosten des Verfahrens." Es wurde bereits bei § 123 VGG. darauf hingewiesen, daß dort vom Beigeladenen nicht die Rede ist und die Praxis der Verwaltungsgerichte dahingeht, die Kosten auch dem Beigeladenen, falls er unterliegt, aufzuerlegen.

Diese Frage erfordert aber doch einige Überlegung, wobei jedoch nur von Anfechtungssachen die Rede sein soll. Wenn der Gesetzgeber, dem doch die Existenz des Beigeladenen bekannt sein mußte, als Parteien „im Sinne dieses Abschnittes" nur den Anfechtungskläger und den Anfechtungsgegner bezeichnet, so muß dies doch eine Bedeutung haben. Wer Anfechtungsgegner ist, besagt § 46 VGG. Der Beigeladene (§ 60 VGG.) ist niemals Anfechtungsgegner, wenn er auch ein rechtliches Interesse an der Aufrechterhaltung des den Anfechtungskläger beschwerenden VA. und des Einspruchs-(Beschwerde-)Bescheides hat und auf Seite des Anfechtungsgegners stehen wird. Durch das dem Kläger günstige Urteil wird er nicht unmittelbar zu einem bestimmten Tun oder Unterlassen verhalten, sondern das Urteil richtet sich gegen die Behörde, die nunmehr etwas unternehmen muß, was sich als Beschwer für den Beigeladenen auswirken wird. Der Beigeladene obsiegt und unterliegt nicht unmittelbar, sondern nur mittelbar, er ist gewissermaßen ein „Mitläufer". Es ist somit ganz folgerichtig, wenn er im Falle des Obsiegens des Anfechtungsklägers zur Tragung der Kosten nicht herangezogen wird. Bei der Novellierung des Gesetzes in Bayern wurde lediglich im § 132 Abs. 2 VGG. die Bestimmung aufgenommen, daß Entschädigungen auch Beigeladene erhalten können, also eine Bestimmung zugunsten des Beigeladenen. Daß das Gesetz nicht auch in der Richtung ergänzt wurde, daß dem Beigeladenen Kosten aufgebürdet werden können, besagt nicht, daß dies überflüssig war, weil es sich um eine Selbstverständlichkeit handelt. Denn wäre letzteres eine Selbstverständlichkeit, dann wäre auch die Entschädigung eine solche.

Etwas anders ist die Sache im Berufungsverfahren, wenn der Beigeladene Berufung erhebt. Anfechtungsgegner ist hier nicht der Anfechtungskläger, der in erster Instanz obsiegt hat, sondern der ursprüngliche Anfechtungsgegner. Der Beigeladene ist als Berufungs**kläger**

Partei im Sinne des siebenten Abschnittes, auch wenn § 123 nur vom Anfechtungskläger spricht. Der Anfechtungskläger bleibt weiterhin Partei und kann darum, wenn der Beigeladene obsiegt, zur Kostentragung herangezogen werden. Ist die Berufung unbegründet, so trägt der Beigeladene als Berufungskläger die Kosten.

Abs. 3 hat grundsätzlich wohl nur diejenigen Kosten im Sinne, die überflüssigerweise durch Verschulden des obsiegenden Teiles entstanden sind, z. B. durch Vertagung der Verhandlung u. dgl. Die Rechtsprechung geht hier jedoch weiter und faßt darunter auch Fälle, wo z. B. die Einspruchsbehörde den Einspruch sachlich beschieden hat, anstatt ihn als verspätet zurückzuweisen und dadurch den Betroffenen veranlaßt hat, Anfechtungsklage zu erheben, die er wahrscheinlich unterlassen hätte, wenn der Einspruch als verspätet zurückgewiesen worden wäre.

Wichtig ist die Bestimmung des Abs. 4, daß der Zurücknehmende unter allen Umständen die Kosten zu tragen hat, die durch den Rechtsbehelf verursacht wurden.

Siehe auch § 107 Abs. 2 Satz 2 VGG. und die Bemerkung dazu.

Rechtsprechung.

Abs. 1.

Hat der Kläger in erster Instanz obsiegt und wird das Urteil auf die Berufung des Beigeladenen aufgehoben, so sind auch die Kosten der ersten Instanz dem Kläger aufzuerlegen.

HessVGH., Urt. v. 10. 9. 1948 — OS. 78/48; ÖffVerw. 49 S. 479.

Wurde die Inanspruchnahme durch Urteil des Verwaltungsgerichts aufgehoben und hat der Leistungsempfänger als Beigeladener keine besonderen Kosten verursacht, so ist es billig, daß nur dem Staat die Kosten aufgebürdet werden.

BayerVGH., Urt. v. 18. 7. 1949 Nr. 209 I 49.

Die Kosten einer erfolglosen Berufung, die lediglich vom ständigen Vertreter des öffentlichen Interesses ohne Anschluß des Anfechtungsklägers oder Anfechtungsgegners eingelegt wurde, sind dem Staate aufzuerlegen, wenn der Anfechtungsgegner eine andere Körperschaft als der Staat ist.

WürttBadVGH. Karlsruhe, Urt. v. 4. 3. 1949 AZ. 202/48; DVerw. 49 S. 404.

Abs. 3.

Die Kosten einer auf Grund unrichtiger Rechtsmittelbelehrung des Anfechtungsklägers unzulässigerweise erhobenen Klage sind dem Anfechtungsgegner nach § 124 Abs. 3 aufzuerlegen.

VG. Stuttgart, Vorbescheid v. 8. 5. 1948 — I 368/48; ÖffVerw. 49 S. 160.

Wurde der Anfechtungskläger durch unrichtige Begründung des Einspruchsbescheides (Sachentscheidung statt Zurückweisung wegen Verspätung) zu einer unzutreffenden Beurteilung der Erfolgaussichten der Klage und dadurch zu deren Erhebung veranlaßt, so fallen, wenn es sich um eine staatliche Behörde handelt, die Kosten dem Staate zur Last.

BayerVGH., Urt. v. 16. 5. 1949 Nr. 184 I 48; VGHE. n. F. Bd. 2 Nr. 12.

Wenn wegen unrichtiger Rechtsmittelbelehrung ohne Einspruchsverfahren unmittelbar die Anfechtungsklage erhoben wurde und das Verwaltungsgericht sie sachlich behandelt hat, so hat das VGH. das Urteil aufzuheben und die Anfechtungsklage als unzulässig abzuweisen. Da die Kosten der Anfechtungsklage in beiden Rechtszügen durch das Verschulden der Verwaltungsbehörde (hier des Landratsamtes) entstanden sind, sind sie dem Staat aufzubürden.

BayerVGH., Urt. v. 18. 5. 1949 Nr. 237 I 48; ÖffVerw. 49 S. 257.

Wenn die Kosten dadurch verursacht wurden, daß die Anfechtungsklage infolge unrichtiger Rechtsmittelbelehrung der Verwaltungsbehörde erhoben wurde, so sind sie gemäß § 124 Abs. 3 in Verbindung mit § 132 Abs. 2 VGG. in beiden Rechtszügen auf den Staat zu überbürden, auch wenn die Anfechtungsklage und die Berufung zurückgewiesen wurden.

BayerVGH., Urt. v. 27. 7. 1949 Nr. 227 I 48.

Abs. 4.

Wird die Klage zurückgenommen, so trifft die Kostenlast den Kläger. Will er diese Folge vermeiden, so darf er die Klage nicht zurücknehmen, sondern muß beantragen, den angefochtenen Verwaltungsakt mit der Kostenfolge für den Gegner für unzulässig zu erklären.

HessVGH., Urt. v. 13. 7. 1948 — B 41/48; ÖffVerw. 49 S. 479.

(Offenbar ist hier der Streitfall in der Hauptsache erledigt gewesen.)

§ 125.

Die Kosten des Verfahrens auf Einsetzung in den vorigen Stand trägt der Antragsteller, soweit sie nicht durch einen unbegründeten Widerspruch des Gegners entstanden sind.

Rechtsprechung.

Auch in dem Fall, daß der VGH. unter Aufhebung des Beschlusses des Verwaltungsgerichts, mit dem der Antrag auf Einsetzung in den vorigen Stand nach § 33 VGG. abgelehnt worden war, auf Beschwerde dem Antrag stattgibt, hat der Antragsteller gemäß § 125 VGG. die Kosten dieses Verfahrens in beiden Rechtszügen zu tragen.

BayerVGH., Beschl. v. 5. 10. 1949 Nr. 168 II 48; Öff. Verw. 50, S. 64.

§ 126.

Wird der Rechtsstreit durch Vergleich erledigt, so gelten im Verhältnis der Parteien die Kosten als gegeneinander aufgehoben, sofern nicht im Vergleich etwas anderes bestimmt ist.

§ 127.

Besteht der zur Kostentragung verpflichtete Teil aus mehreren Personen, so gelten die Vorschriften des § 100 der Zivilprozeßordnung entsprechend. Sind Nebenparteien vorhanden, so verteilt das Gericht die Kosten nach seinem Ermessen.

§ 100 ZPO. lautet:

„Besteht der unterliegende Teil aus mehreren Personen, so haften dieselben für die Kostenerstattung nach Kopfteilen.

Bei einer erheblichen Verschiedenheit der Beteiligung am Rechtsstreite kann nach dem Ermessen des Gerichts die Beteiligung zum Maßstab genommen werden.

Hat ein Streitgenosse ein besonderes Angriffs- oder Verteidigungsmittel geltend gemacht, so sind die übrigen Streitgenossen für die durch dasselbe veranlaßten Kosten nicht verhaftet.

Werden mehrere Beklagte als Gesamtschuldner verurteilt, so haften sie auch für die Kostenerstattung, unbeschadet der Vorschrift des Abs. 3, als Gesamtschuldner. Die Vorschriften des bürgerlichen Rechts, nach denen sich diese Haftung auf die im Abs. 3 bezeichneten Kosten erstreckt, bleiben unberührt.“

§ 128.

(1) **Das Gericht hat im Urteil über die Kosten zu entscheiden. Im Falle des § 79 Abs. 4 entscheidet es auch über die Kosten des Verwaltungsverfahrens. Ergeht kein Urteil in der Hauptsache, so entscheidet es durch Beschluß.**

(2) **Haben der Anfechtungskläger oder in Parteistreitigkeiten die Parteien den Rechtsstreit in der Hauptsache als erledigt erklärt, so entscheidet das Gericht über die Kosten unter Berücksichtigung des bisherigen Sach- und Streitstandes nach billigem Ermessen durch Beschluß.**

(3) **Wer dem Gericht gegenüber die Kosten übernommen hat, haftet für die Gerichtskosten neben der zur Kostentragung verpflichteten Partei als Gesamtschuldner.**

In Württemberg-Baden fehlt Abs. 2, im Abs. 1: § 79 Abs. 3.

In Hessen lautet der Abs. 2:

Ist die Hauptsache erledigt, und wird ein Antrag nach § 79 Absatz (1) Satz 2 nicht gestellt, so entscheidet das Gericht über die Kosten unter Berücksichtigung des bisherigen Sachstandes nach billigem Ermessen durch Beschluß. Der Beschluß ist unanfechtbar.

Außerdem fehlt in Hessen die Bezugnahme auf § 79 Abs. 4.

§ 79 Abs. 4 VGG. bestimmt: „*Hält das Gericht als Rekursbehörde im Sinne der §§ 20, 21 GewO. eine Anfechtungsklage für begründet, die sich gegen die Versagung einer Genehmigung richtet, so erteilt es selbst die Genehmigung.*“ Da in diesen Fällen gemäß § 38 Abs. 2 VGG. ein Einspruchsverfahren nicht stattfindet, kann hier die Vorschrift des § 124 Abs. 1 Satz 2 nicht Platz greifen und es war eine selbständige

Regelung erforderlich. Die Zitierung des § 79 Abs. 3 statt Abs. 4 in Württemberg-Baden dürfte ein Druckfehler sein (vgl. Van Husen).

Wird gemäß § 59 VGG. die Sache an die Behörde zurückverwiesen, so ist die Entscheidung über die Kosten vorzubehalten. Dies wird wohl auch im Falle der Zurückverweisung nach § 114 VGG. zu geschehen haben, denn es ist noch ungewiß, wer obsiegen wird. Das gleiche gilt bei der Beiladung nach § 60 VGG. Bei der Beiladung wird nach der Praxis des BayerVGH. eine Gebühr nicht festgesetzt, weil die Beiladung von Amts wegen zu erfolgen hat.

Bezüglich Abs. 2 siehe Bemerkung zu § 79 Abs. 1.

Rechtsprechung.

Auch in einem neben dem Hauptverfahren laufenden Verfahren, z. B. beim Antrag auf Aussetzung der Vollziehung gemäß § 51 VGG., kann die „Hauptsache" für erledigt erklärt werden. § 128 Abs. 2 ist dann entsprechend anzuwenden.
BayerVGH., Beschl. v. 22. 12. 1949 Nr. 275 II 49.

Auch eine Beschwerde kann in der Hauptsache erledigt sein; § 128 Abs. 2 ist entsprechend anzuwenden.
BayerVGH., Beschl. v. 23. 1. 1950 Nr. 219, 346 II 48.

Im Verwaltungsstreitverfahren nach der VO. Nr. 165 findet bei Erledigung in der Hauptsache für die Kostenentscheidung § 91a ZPO. entsprechende Anwendung.
OVG. Hamburg, Beschl. v. 25. 5. 1949; MDR. 49 S. 578.

§ 129.

Kosten sind die Gerichtskosten und die zur zweckentsprechenden Rechtsverfolgung oder Rechtsverteidigung notwendigen Aufwendungen der Parteien (§§ 130 bis 132).

Rechtsprechung.

Generalunkosten der Verwaltungsbehörde für die Bearbeitung von Verwaltungsrechtssachen sind nicht erstattungsfähig (§ 103 VO. Nr. 165).
HambOVG., Beschl. v. 24. 5. 1949 Bd. 32/49; DVerw. 50 S. 158.

§ 130.

Auf die Entschädigung der Zeugen und Sachverständigen sind die Vorschriften der Reichsgebührenordnung für Zeugen und Sachverständige entsprechend anzuwenden.

§ 131.

Der Urkundsbeamte des Gerichts, bei dem die Streitsache beendet wird, setzt die Gerichtskosten und auf Antrag den Betrag der notwendigen Aufwendungen der Parteien fest.

Gegen die Festsetzung des Urkundsbeamten kann binnen zwei Wochen die Entscheidung des Verwaltungsgerichts angesucht werden, wogegen die Beschwerde an den VGH. zulässig ist (§ 121 VGG.). Dieses Verfahren ist gemäß Art. 3 Ziff. 3 des Bayer. Kostengesetzes in Verbindung mit Art. 17 der VO. v. 26. 3. 1902 (GVBl. S. 144) gebührenfrei. (BayerVGH., Beschl. v. 21. 9. 1949 Nr. 127 I 47.)

§ 132.

(1) Entschädigung für Zeitversäumnis und Reisekosten wird nur gewährt, wenn das Gericht das persönliche Erscheinen einer Partei angeordnet hatte oder für angemessen hält. Hierüber ist im Urteil zu entscheiden.

(2) Aufwendungen, die durch Zuziehung eines Bevollmächtigten oder eines Beistandes verursacht sind, gelten als notwendig, wenn die Partei die Zuziehung für erforderlich halten durfte. Entschädigungen können auch Beigeladene (§§ 60, 91) erhalten.

Hierüber ist im Urteil zu entscheiden.

(3) Legt eine Partei, nachdem das Gericht die Ladung eines von ihr benannten Sachverständigen abgelehnt hatte, ein vom gleichen Sachverständigen später verfaßtes Privatgutachten vor und hält das Gericht das Gutachten für erheblich, so sind die hierfür aufgewendeten Kosten bis zu dem Betrage erstattungsfähig, den das Gericht dem Gutachter bei seiner Heranziehung als Sachverständiger zugebilligt hätte.

In Württemberg-Baden und Hessen fehlt der zweite Satz des Abs. (2).

Rechtsprechung.

Eines Ausspruches im Urteil gemäß § 132 Abs. 2 bedarf es nur dann, wenn die Zuziehung eines Bevollmächtigten für erforderlich gehalten wird, nicht aber bei Verneinung der Erstattungsfähigkeit. Ist die Entscheidung im Urteil unterblieben, so kann sie durch Beschluß nachgeholt werden.

HessVGH., Beschl. v. 11. 8. 1948 — O 20/47; VerwRechtspr. Nr. 152.

1. Hat das Verwaltungsgericht in seinem Urteil weder im Tenor noch in der Begründung darüber entschieden, ob die Kosten, die durch Zuziehung eines Bevollmächtigten erwachsen sind, vom Unterliegenden zu tragen sind, so ist darin eine Ablehnung nicht enthalten.

2. Auf Berufung kann der VGH. das Urteil des Verwaltungsgerichtes durch einen Ausspruch richtigstellen, daß zu den Kosten des Verfahrens auch die durch Zuziehung eines Bevollmächtigten erwachsenen Auslagen gehören.

BayerVGH., Urt. v. 21. 12. 1949 Nr. 426 II 48.

Gegen die Entscheidung über die Notwendigkeit von Aufwendungen eines Bevollmächtigten findet die Beschwerde auch dann statt, wenn die Entscheidung im Urteil erfolgt ist.

HessVGH., Beschl. v. 16. 3. 1949 — OS. 296/48; ÖffVerw. 49 S. 479.

Anwaltskosten sind nur dann notwendige Aufwendungen im Sinne des § 132 Abs. 2 VGG., wenn der bevollmächtigte Rechtsanwalt im Streitverfahren für die Partei aufgetreten ist.

HessVGH., Beschl. v. 12. 1. 1949; HessStaatsanz. 49 S. 287.

Es ist nicht erforderlich, daß der Antrag auf Zuerkennung des Ersatzes der Aufwendungen, die der Partei durch Zuziehung eines Bevollmächtigten entstanden sind, ausdrücklich gestellt wird. Das Verwaltungsgericht hat darüber auch ohne Antrag im Urteil zu entscheiden.

BayerVGH., Urteil v. 13. 2. 1950 Nr. 474 I 49.

Die Beiziehung rechtskundiger Beistände ist in Wohnungssachen, ausgenommen ganz besonders einfache Fälle, als notwendig anzusehen.

HessVGH., Beschl. v. 1. 12. 1948 — B 109/48; ÖffVerw. 49 S. 479.

Die weiteren Bestimmungen über die Kosten nach der VO. Nr. 165 lauten:

§ 100 VO. Nr. 165.

(1) **Besteht der Kostenpflichtige Teil aus mehreren Personen, so finden die Vorschriften des § 100 der Zivilprozeßordnung Anwendung.**

(2) **Einem Vertreter des öffentlichen Interesses oder Beigeladenen können Kosten nur auferlegt werden, wenn er Anträge gestellt oder Rechtsmittel eingelegt hat.**

§ 101 VO. Nr. 165.

Haben die Beteiligten in einem Vergleich Bestimmungen über die Kosten getroffen, so hat es dabei sein Bewenden. Andernfalls werden die Gerichtskosten geteilt und jede Partei trägt ihre außergerichtlichen Kosten selbst.

§ 102 VO. Nr. 165.

(1) **Das Gericht hat im Urteil über die Kosten zu entscheiden. Ergeht kein Urteil, so entscheidet es durch Beschluß.**

(2) **Der Urkundsbeamte des Gerichts erster Instanz setzt auf Antrag den Betrag der zu erstattenden Kosten fest.**

§ 103 VO. Nr. 165.

(1) **Kosten sind die Gerichtskosten und die zur zweckentsprechenden Rechtsverfolgung oder Rechtsverteidigung notwendigen Aufwendungen der Beteiligten einschließlich der Kosten des Vorverfahrens.**

(2) **Die Gebühren eines Rechtsanwalts oder eines Verwaltungsrechtsrats, in Steuersachen auch eines Steuerberaters, sind in jedem Falle erstattungsfähig.**

§ 104 VO. Nr. 165.

(1) **Auf die Gerichtskosten finden die in bürgerlichen Rechtsstreitigkeiten geltenden Vorschriften entsprechende Anwendung, soweit diese Verordnung nicht etwas anderes bestimmt.**

(2) **Die Prozeßgebühr wird nur zur Hälfte erhoben, wenn ohne mündliche Verhandlung entschieden ist.**

(3) Die Urteilsgebühr wird zur Hälfte erhoben, wenn durch Vorbescheid oder einen Bescheid nach § 57 entschieden ist. Die Gebühr wird auf die für ein Urteil der gleichen Instanz zu erhebende Gebühr angerechnet.

(4) Vorschriften, nach denen das Reich, die Länder, Gemeinden oder Gemeindeverbände oder andere juristische Personen des öffentlichen Rechts sowie Behörden und sonstige bestimmte Beteiligte von der Zahlung der Gerichtskosten ganz oder teilweise befreit sind, sind nicht anzuwenden.

§ 105 VO. Nr. 165.

Auf die Ansprüche der Zeugen und Sachverständigen sowie auf die Gebühren und Auslagen der Rechtsanwälte sind die in bürgerlichen Rechtsstreitigkeiten maßgebenden Vorschriften entsprechend anzuwenden.

§ 106 VO. Nr. 165.

Die Anfechtung eines Kostenansatzes oder einer Wertfestsetzung richtet sich ausschließlich nach den Vorschriften dieser Verordnung.

§ 133.

Armenrecht.

Auf die Bewilligung des Armenrechts sind di Vorschriften der Zivilprozeßordnung entsprechend anzuwenden; doch richtet sich das Beschwerderecht ausschließlich nach den Bestimmungen des vorliegenden Gesetzes. Der Partei, der das Armenrecht bewilligt ist, kann auf Antrag nach Ermessen des Gerichts zur unentgeltlichen Wahrnehmung ihrer Rechte ein Vertreter beigeordnet werden.

§ 107 VO. Nr. 165.

Auf die Bewilligung des Armenrechts sind die Vorschriften der Zivilprozeßordnung entsprechend anzuwenden. Dem Beteiligten, dem das Armenrecht bewilligt ist, kann das Gericht auf Antrag zur unentgeltlichen Wahrung seiner Rechte einen Vertreter beiordnen.

Die einschlägigen Bestimmungen der ZPO. lauten:

§ 114.

„I. Einer Partei, die außerstande ist, ohne Beeinträchtigung des für sie und ihre Familie notwendigen Unterhalts die Kosten des Prozesses zu bestreiten, ist auf Antrag das Armenrecht zu bewilligen, wenn die beabsichtigte Rechtsverfolgung oder Rechtsverteidigung eine hinreichende Aussicht auf Erfolg bietet und nicht mutwillig erscheint. Die Rechtsverfolgung ist auch dann als mutwillig anzusehen, wenn mit Rücksicht auf die für die Beitreibung des Anspruches bestehenden Aussichten eine nicht das Armenrecht beanspruchende Partei von einer Prozeßführung absehen oder nur einen Teil des Anspruches geltend machen würde.

II. Angehörige fremder Staaten haben auf das Armenrecht nur insoweit Anspruch, als die Gegenseitigkeit verbürgt ist. Einem Staatenlosen kann das Armenrecht gewährt werden, wenn es ihm als Inländer zu gewähren wäre.

III. Einer Partei kraft Amtes kann bei Vorliegen der im Abs. I bezeichneten Voraussetzungen das Armenrecht bewilligt werden, wenn die zur Führung des Prozesses erforderlichen Mittel weder aus der verwalteten Vermögensmasse noch von den an der Führung des Prozesses wirtschaftlich Beteiligten aufgebracht werden können.

IV. Einer inländischen juristischen Person kann bei Vorliegen der im Abs. I bezeichneten Voraussetzungen das Armenrecht bewilligt werden, wenn die zur Führung des Prozesses erforderlichen Mittel weder von ihr noch von den an der Führung des Prozesses wirtschaftlich Beteiligten aufgebracht werden können und die Unterlassung der Rechtsverfolgung oder Rechtsverteidigung allgemeinen Interessen zuwiderlaufen würde."

§ 115.

„I. Durch die Bewilligung des Armenrechts erlangt die Partei:

1. *die einstweilige Befreiung von der Berichtigung der rückständigen und künftig erwachsenden Gerichtskosten, einschließlich der Gebühren der Beamten, der den Zeugen und den Sachverständigen zu gewährenden Vergütung und der sonstigen baren Auslagen, sowie der Stempelsteuer;*
2. *die Befreiung von der Sicherstellung für die Prozeßkosten;*
3. *(kommt hier nicht in Frage).*

II. Ist die arme Partei imstande, die Kosten des Prozesses ohne Beeinträchtigung des für sie und ihre Familie notwendigen Unterhalts zu einem Teil zu bestreiten, so ist zu bestimmen, daß wegen dieses Teiles die einstweilige Befreiung von der Berichtigung der Gerichtskosten sowie der Gebühren und Auslagen des Anwalts nicht eintritt; das Gericht kann statt dessen auch bestimmte Gebühren ganz oder teilweise von der Befreiung ausnehmen. In den Fällen des § 114 Abs. 2 Satz 2, Abs. 3 und 4 gelten diese Vorschriften entsprechend."

§ 116.

„Insoweit nicht eine Vertretung durch Anwälte geboten oder ein Anwalt gemäß § 39 der Reichsanwaltsordnung beigeordnet ist, kann einer armen Partei zur unentgeltlichen Wahrnehmung ihrer Rechte ein Justizbeamter, der nicht als Richter angestellt ist, oder ein Rechtskundiger, der die vorgeschriebene erste Prüfung für den Justizdienst bestanden hat, auf Antrag beigeordnet werden. Die hierdurch entstehenden baren Auslagen werden von der Staatskasse bestritten und als Gerichtskosten in Ansatz gebracht."

§ 117.

„Die Bewilligung des Armenrechts hat auf die Verpflichtung zur Erstattung der dem Gegner erwachsenden Kosten keinen Einfluß."

§ 118.

„I. Das Gesuch um Bewilligung des Armenrechts ist bei dem Prozeßgericht anzubringen; es kann vor der Geschäftsstelle zu Protokoll erklärt werden.

II. Dem Gesuch ist ein von der obrigkeitlichen Behörde der Partei ausgestelltes Zeugnis beizufügen, in welchem unter Angabe des Standes oder Gewerbes, der Vermögens- und Familienverhältnisse der Partei sowie des Betrages der von dieser zu entrichtenden direkten Staatssteuern das Unvermögen zur Bestreitung der Prozeßkosten ausdrücklich bezeugt wird. Für Personen, welche unter Vormundschaft oder Kuratel stehen, kann das Zeugnis auch von der vormundschaftlichen Behörde ausgestellt werden; soll von einem unehelichen Kinde ein Anspruch auf Unterhalt gegen seinen Vater geltend gemacht werden, so bedarf es des Zeugnisses nicht.

III. In dem Gesuch ist das Streitverhältnis unter Angabe der Beweismittel darzulegen."

Bei der Behandlung des Antrages muß das Verwaltungsgericht prüfen, ob die Anfechtungsklage (Berufung) Aussicht auf Erfolg hat; dieser Erfolg muß nicht sicher, aber doch wahrscheinlich sein. Nur in diesem Falle kann das Armenrecht bewilligt werden.

Die Stellung des Antrages um Bewilligung des Armenrechts wahrt an sich nicht die Frist zur Erhebung der Anfechtungsklage (§ 42 Abs. 1 VGG.) oder der Berufung (§ 103). Diese Fristen müssen unter allen Umständen gewahrt werden. Es wird sich darum empfehlen, den Antrag in der Anfechtungsklage oder Berufung oder nachher zu stellen, denn nur auf diese Weise ist die Frist gewahrt und das Verwaltungsgericht kann an Hand der Klage oder Berufung die Erfolgsaussichten beurteilen.

Rechtsprechung.

Das Armenrecht kann nicht nach Abschluß eines Rechtsstreits bewilligt werden. Dagegen kann das Armenrecht auch nach einem solchen Abschluß beim Vorliegen der Voraussetzungen des Armenrechts noch bewilligt werden, wenn die angestrebte Wiederaufnahme des Verfahrens Aussicht auf Erfolg hat.

BayerVGH., Beschl. v. 21. 2. 1949; BBürgerm. 49 S. 163.

Achter Abschnitt.

Schluß und Übergangsbestimmungen.

§ 134.

Dieses Gesetz tritt, soweit es sich um die zur Vorbereitung seiner Durchführung erforderlichen Maßnahmen handelt, sofort, im übrigen am 15. Oktober 1946 in Kraft.

In Württemberg-Baden:

Den Tag des Inkrafttretens bestimmt der Ministerpräsident.

(Ebenfalls am 15. Oktober 1946.)

In Hessen trat das Gesetz am Tage nach der Verkündung in Kraft.

§ 135.

(1) **Mit dem Inkrafttreten dieses Gesetzes treten alle den gleichen Gegenstand betreffenden Vorschriften früherer Gesetze und Verordnungen außer Kraft, insbesondere**

1. **das Gesetz über die Errichtung eines Verwaltungsgerichtshofs und das Verfahren in Verwaltungsrechtssachen vom 8. August 1878 (GVBl. S. 369) in der zuletzt geltenden Fassung, die vor allem bestimmt ist durch**
   a) **Art. 29 des Gesetzes vom 18. August 1879, die Entscheidung der Kompetenzkonflikte zwischen den Gerichten und den Verwaltungsbehörden oder dem Verwaltungsgerichtshof betr. (GVBl. S. 991);**
   b) **das Gesetz über die Änderung des Gesetzes vom 8. August 1878, die Errichtung eines Verwaltungsgerichtshofs betr. vom 7. März 1924 (GVBl. S. 65);**

c) die Schulbedarfsgesetze vom 14. August 1919 (GVBl. S. 489) Art. 78 und vom 11. Januar 1939 (GVBl. S. 12) Art. 21;
d) Art. 56 des Fürsorgegesetzes vom 14. März 1930 GVBl. (S. 38) in der Fassung des Gesetzes vom 9. April 1932 (GVBl. S. 197);
e) §§ 78 und 79 der Angleichungsverordnung zur deutschen Gemeindeordnung vom 1. April 1935 (GVBl. S. 180);
f) § 9 der Anpassungs- und Überleitungsverordnung zu den Realsteuergesetzen vom 4. Februar 1937 (GVBl. S. 13);

2. das Gesetz über das Verwaltungsstreitverfahren vom 13. Juni 1910 (GVBl. S. 287);
3. die k. Deklaration vom 18. Juni 1898, die Wahrung der Beschwerdefrist betr. (GVBl. S. 294);
4. die Verordnung vom 31. August 1879, den Verwaltungsgerichtshof betr. (GVBl. S. 1007);
5. die Vollzugsvorschriften vom 25. Januar 1901 zu dem Gesetz vom 8. August 1878 betreffend die Errichtung eines Verwaltungsgerichtshofs und das Verfahren in Verwaltungsrechtssachen (GVBl. S. 41) in der Fassung vom 25. Juni 1923, 7. März 1924, 13. April 1937 und 4. März 1939 (GVBl. 1923, S. 233, 356; 1924 S. 67; 1937 S. 180; 1939 S. 41).

(2) **Durch Verordnung können Verfahrensvorschriften früherer Gesetze und Verordnungen aufrechterhalten oder dem vorliegenden Gesetz angepaßt werden.**

In Württemberg-Baden lautet Abs. 1:

(1) **Mit dem Inkrafttreten dieses Gesetzes treten alle den gleichen Gegenstand betreffenden Vorschriften früherer Gesetze und Verordnungen, insbesondere das Württembergische Gesetz über die Verwaltungsrechtspflege vom 16. Dezember 1876 (RegBl. S. 485) samt Änderungsgesetzen, sowie die Badischen Gesetze vom 24. Februar 1880, den Verwaltungsgerichtshof und das verwaltungsgerichtliche Verfahren betreffend (GuVBl. S. 29) und vom 14. Juni 1884, die Verwaltungsrechtspflege betreffend (GbVBl. S. 197), je samt Änderungsgesetzen und die zugehörigen Verordnungen außer Kraft.**

In Hessen:

(1) Mit dem Inkrafttreten dieses Gesetzes treten alle den gleichen Gegenstand betreffenden Vorschriften früherer Gesetze und Verordnungen außer Kraft.

§ 136.

Über die Weiterbehandlung der beim Inkrafttreten dieses Gesetzes anhängigen Verwaltungsstreitsachen trifft der Präsident des Verwaltungsgerichtshofes nähere Bestimmungen.

§ 137.

Durch Verordnung können die Verwaltungsgerichte und der Verwaltungsgerichtshof bei Änderungen im Bestande öffentlicher Verbände für die Vermögensauseinandersetzung und die sich daraus ergebenden Rechte und Pflichten als Schiedsgerichte bestellt werden, die unter freier Beurteilung der Rechts- und Sachlage nach billigem Ermessen entscheiden und dingliche Rechtsänderungen vornehmen können. Bei der Regelung des Verfahrens ist die Verordnung an die Grundsätze dieses Gesetzes gebunden.

§ 138.

Als besondere Verwaltungsgerichte im Sinne des § 22 Abs. 1 gelten auch die auf Grund des Gesetzes zur Befreiung von Nationalsozialismus und Militarismus vom 5. März 1946 errichteten Spruch- und Berufungskammern.

§ 139.

Die Staatsregierung wird ermächtigt, die zur Ausführung dieses Gesetzes erforderlichen Rechtsverordnungen zu erlassen. Sie erläßt auch die nötigen Verwaltungsvorschriften.

In Württemberg-Baden lautet § 139:

Die Staatsregierung wird ermächtigt, die zur Ausführung dieses Gesetzes erforderlichen Rechtsverordnungen zu erlassen. Sie kann namentlich anordnen, daß vorerst nur der Verwaltungsgerichtshof errichtet wird, der im ersten und letzten Rechtszug entscheidet. Sie erläßt auch die nötigen Verwaltungsvorschriften.

Sachregister.

Abänderung der angefochtenen Entscheidung 278, 285
Ablehnung von Richtern 105
— von Sachverständigen 270
Abstimmung 147
Abweichen von Rechtsansicht 100, 299
Akteneinsicht 263
Amtspflichtverletzung 124
Anfechtungsgegner 205
Anfechtungsklage, Antrag 196
— beim unzuständigen Gericht 195
— Begründung 197
— Einbringungsstelle 213
— Erfordernisse 196, 213
— Frist 191
— Gegenstand 197
— vorzeitige 192
— Zulässigkeit 160ff.
— Zurücknahme 273
Anfechtungspunkte 196
Angestellte 124
— eines Rechtsanwalts, Verschulden 154, 157
Anschlußberufung 306
Anspruch siehe Rechtsanspruch
Anspruch auf sachliche Entscheidung 285
Anwaltsverschulden 156
Arbeitsverpflichtung 121
Armenrecht 154, 333
Aufenthaltsbewilligung 171, 175
Aufhebung durch Aufsichtsbehörde 190
— wegen mangelhaften Verfahrens 279
Aufschiebende Wirkung 216, 316
Aufsichtsbeschwerde 111, 122, 123, 190
Augenschein 266
Auskunft 121
Ausschließung von Richtern 103
Aussetzung der Vollziehung 112, 216
— in Wohnungssachen 221, 225
Baurecht 124, 133
Beamtenrecht 120, 123, 129, 137, 167, 168, 172
Beauftragter Richter 263, 317
Beeidigung 268
Befangenheit des Richters 105
Befehl der Militärregierung 112, 121, 122
Begriffe, unbestimmte 164, 171
Begründung 188
— des Vorbescheides 233
— des Urteils 287
— einer Ermessensentscheidung 165, 188, 280
— mangelnde 188
— Pflicht der Behörde zur 165, 188, 200, 280
Beiladung 241
Beiladungspflicht 246
Beistand 259
Bekanntgabe 186
Beratung 147
Berichtigung des Urteils 288
Berufung 297
— Ausschluß der 299
— des Beigeladenen 249
— des Nichtbeigeladenen 251
— Erfordernisse 301
— im Kostenpunkt 298
— Zustellung an die Beteiligten 304
— Zurücknahme 305
Berufungsfrist 301
Besatzungsmacht 97
Besatzungsrecht 116, 122
Besatzungsschäden 121
Beschwerde 175, 212, 314
Beschwerdebescheid 186
Beschwerdeentscheidung 317
Beschwerdefrist 179, 183, 315
Beteiligte 227
Bevollmächtigte 186, 256
Beweiserhebung 262

Beweistermin 269
Bizonale Behörden 113, 121
Bürgermeisterwahl 119, 132, 181

Dienstaufsicht 97
Dienstaufsichtsbeschwerde 111, 122, 167
Diplomkaufmann als Bevollmächtigter 259

Ehefrau 186, 229
Ehrenamtliche Mitglieder 103
Einsetzung in den vorigen Stand 153, 185, 193, 234
— — — Kosten 328
Einspruch 176ff.
Einspruchsfrist 183
Einspruchsbescheid 186
Einstweilige Verfügung 220
Enteignung 121
Entschädigung der Sachverständigen 330
— der Zeugen 330
Erfordernis, wesentliches, der Anf.-Klage 197, 233
— — Berufung 301, 303
Erklärungen, weitere 236
Erlaubnis 286
Erledigung der Hauptsache 280, 286
Ermessen 160, 163, 280, 310
Ermessensentscheidung, Begründung 188
Eröffnung 184, 191
Ersatzzustellung 184
Erscheinen, persönliches 267

Feststellungsklage 134, 215
Fischereischein 174
Flüchtlinge 171
Frist für Anfechtungsklage 191
— Berufung 301
— Beschwerde 183, 315
— Einspruch 183
Frist, angemessene 192, 195
Fristenberechnung 149
Führerschein 171, 207, 224
Fürsorge, öffentliche 168

Gaststätten 132, 133
Geldleistung 283
Gemeindewahlen 133, 181, 195, 241
Genehmigung der Kündigung 122
Gerichtssprache 146
Geschäftsordnung 102, 104
Geschäftsstelle 107
Gesetz 96
Gesetzeslücken 158
Gestaltung des Verfahrens 158
Gewerberecht 180, 201, 286
Gewohnheitsrecht 96
Gleichheitsgrundsatz 166, 175
Gutachten 101, 241

Handwerkskammern 123
Hauptsache erledigt 280, 286
— Kosten 329
Hilfsbedürftiger 168
Hochschullehrer, Entpflichtung 119

Interesse, berechtigtes 136, 282
—, öffentliches 217
—, rechtliches 243
Inzidentfragen siehe Vorfragen
Inzidentprüfung 137

Kassatorische Tätigkeit 198
Kassenärztliche Vereinigung 130
Kenntnisnahme 184
Klageänderung 274, 295, 307
Klageerledigung 277
Klagelegitimation 130ff.
— der Behörden 132, 133
Klagezurücknahme 273
Kosten 305, 323
— des Bevollmächtigten 330, 331
— Einsetzung in den vorigen Stand 328
— Festsetzung 331
— Rechtsverfolgung 331
— Reise 331
— Tragungspflicht 325
— Zeitversäumnis 331
Kostengesetz, bayerisches 323
Krankheit als Entschuldigungsgrund 156

Ladung von Sachverständigen 270
— von Zeugen 270
— zum Termin 271

Mangel, wesentlicher 313
Mangelhaftes Verfahren 279, 313
Marktschiedsgerichte 129
Mietfestsetzung 285

Militärregierung 122
— Befehl, Anordnung 116
— allg. Anordnung 121
Mündliche Verhandlung 260, 271

Nachschieben von Gründen 200
Namensänderung 174
Naturrecht 97, 116
Nichtigkeit 117, 127, 183, 280
Nichtigkeitsgründe 127
Niederschrift 272
Normenkontrolle 137

Oberversicherungsamt 129
Offizialprinzip 202, 250, 261
Öffentlichkeit des Verfahrens 144
— Ausschluß der 269
Öffentlicher Dienst 120
Öffentliches Interesse 217
— — Vertreter des 107, 208, 294
Öffentliches Recht 113, 131
Ordnungsstrafbescheid 115

Parteiengehör 219, 224
Parteifähigkeit 227
Parteistreitigkeiten 292ff.
Personenvereinigungen 229
Persönliches Erscheinen 267
Popularklage 130
Post, deutsche 114, 121
Postzustellungsurkunde 184
Postzustellungsverordnung 154
Präjudizielle Fragen siehe Vorfragen
Preisfestsetzung 174, 285
Prozeßakten 264
Prozeßfähigkeit 229
Prüfungsumfang der Verw.Gerichte 198
— des VGH. 309

Rechtsanspruch 131, 162
— ist gegeben 167
— ist nicht gegeben 168
— auf Widerruf 169
Rechtsanwalt, Zulassung 171
Rechtsfähigkeit 227
Rechtshilfe 107
Rechtsirrtum 156, 157
Rechtskraft 291
Rechtslage, maßgebende 198, 204, 219
Rechtsmittelbelehrung 151, 189
— Pflicht der Behörde 152
Rechtsschutzinteresse 282, 286
Rechtsverordnung 138
Rechtswechsel 276
Reformatio in pejus 283, 287
Reichsleistungsgesetz 120, 169, 224, 254, 285

Sachverhalt, Erforschung des 261
Sachverständige 266, 270
— Kosten 330, 331
Sitzungspolizei 145
Spruchkammer 123, 129
Staatsanwaltschaft 107, 208, 294
Ständiger Vertreter des öff. Interesses 107, 208, 294
Schadenersatz 124
Schiedsstellen 122
Schlußbestimmungen 336
Schriftführer 272
Schulwesen 119, 122, 169

Tatsachen, neue 201, 238, 307, 313
Teilung des VA. 286
Telegrafische Einlegung der Anf.-Klage 214
— — der Berufung 302
Telefonische Berufungseinlegung 302

Übergangsbestimmungen 336
Umfang des Prüfungsrechtes 198, 309
Unbilligkeit 172
Ungebührstrafe 132
Unkenntnis des Gesetzes 152, 156
Untätigkeitsklage 166, 181, 193
Unterlassung einer Amtshandlung 166, 180, 284
Unterschrift auf Anf.-Klage 214
Unzulässigkeit der Anf.-Klage 175
— des VA. 277, 281
Unzuständige Behörde 121, 128
Urkunden 238, 267
Urteil 275ff.
— Berichtigung 288
— Kostenentscheidung 329
— ohne Einspruchsverfahren 182, 314
— Verkündung 287
— Zustellung 287

Verbindung von Klagen 294
Vereine 228
Vereinigtes Wirtschaftsgebiet 121

Verfassungsgerichtshof 115
Verfassungsmäßigkeit von Gesetzen 97, 115
— von Verordnungen 138
Vergleich 296, 328
Verläßlichkeit 172, 200
Vermögenskontrolle 122
Veröffentlichung von Entscheidungen 100
Verordnung, Prüfung der Gültigkeit 137
Versagung einer Amtshandlung 284
Versäumung der Einspruchsfrist 285
Verschulden 155, 156
— des Bevollmächtigten 154, 156
— des Angestellten eines Rechtsanwalts 154
Verwaltungsakt, Begriff 110, 167
— beschwerender 198
— nichtiger 117
— ohne gesetzliche Grundlage 118
— vor dem 1. 10. 1946 117, 125
Verwaltungsbehörde 110, 112
Verwaltungsgerichte 102
— besondere 109, 115, 128
Verwaltungsgerichtshof, Entscheidung 99
— Mitglieder 98
— Zusammensetzung 98
— Zuständigkeit 215
Verwaltungsverordnung 138
Verzicht auf mündliche Verhandlung 260, 309
Völkerrecht 96
Vollmacht 257
— Kündigung 186, 195, 258
Vorbescheid 230, 302
Vorfragen 124, 236
Vorschaltbeschwerde 177, 212

Wahlrecht 181
Wasserrecht 122
Widerklage 294
Wiederaufnahme des Verfahrens 318
Wirtschaftsprüfer als Bevollmächtigte 259
Wohnungsrecht 132, 167, 168, 170, 172, 174, 207, 221, 225, 254
Würdigung 200

Zeugen 268, 269
Zivilprozeßordnung, Anwendung 158
Zulässigkeit der Anf.-Klage 160, 235
— des Rechtsweges 114
Zurücknahme der Anf.-Klage 273
— — Berufung 305
— des VA. 280
Zurückverweisung 182, 238, 310
Zuständigkeit, örtliche 141
—, sachliche 108
— des VGH. 108
— ist gegeben 119
— nicht gegeben 122
—, Vereinbarung über 143
Zustellung 148, 184
— der Anf.-Klage 235
— — Berufung 304
— des Urteils 287
— an Bevollmächtigte 195, 256
— an Ehefrau 186
Zuzugsgenehmigung 171, 173
Zwischenurteil 285

Nachweis wichtiger Gesetzesausgaben

mit und ohne Erläuterungen, größere und kleinere Kommentare, Lehrbücher, Sammelwerke, Entscheidungssammlungen, Zeitschriften

Walter de Gruyter & Co., Berlin W 35, Genthiner Str. 13

Winter 1949/50

Inhaltsübersicht

	Seite
I. Allgemeines, Rechtsgeschichte, Rechtsphilosophie	2
II. Bürgerliches Recht.	
1. Bürgerliches Gesetzbuch	10
2. Handelsrecht	17
III. Grenzgebiete des Bürgerlichen Rechts	20
1. Privat- u. Sozialversicherung	20
2. Arbeitsrecht	22
3. Gewerberecht	23
4. Geistig-gewbl. Rechtsschutz	23
IV. Zivilprozeß. (Freiw. Gerichtsbarkeit, Konkursordnung und Zwangsvollstreckung.)	25
V. Strafrecht u. Strafprozeß einschl. Kriminologie	30
VI. Öffentliches Recht	39
1. Staats- und Völkerrecht, ausländisches Recht	39
2. Verwaltungsrecht	45
3. Steuerrecht	51
4. Kirchenrecht	53
VII. Volkswirtschaftslehre	54
VIII. Entscheidungs-Sammlungen u. Zeitschriften	55
IX. Verschiedenes	57

I. Allgemeines, Rechtsgeschichte, Rechtsphilosophie

Abhängige Länder. Eine Analyse des Begriffs von der ursprünglichen Herrschergewalt. Zugleich eine staatsrechtliche und politische Studie über Elsaß-Lothringen, die österreichischen Königreiche und Länder, Kroatien-Slavonien, Bosnien-Herzegowina, Finnland, Island, die Territorien der nordamerikanischen Union, Kanada, Australien, Südafrika. Von Dr. R. Redslob, o. Prof. der öffentl. Rechte a. d. Univers. Rostock. Oktav. 352 Seiten. 1914. 10.—

Aktienwesen und Spekulation. Eine ökonomische und rechtspsychologische Untersuchung. Von L. von Petražycki, o. Prof. a. d. Univers. Petersburg. Oktav. IV, 226 Seiten. 1906. (Schweitzer.) Geb. 4.—

Albertus Gandinus und das Strafrecht der Scholastik. Von Dr. jur. H. U. Kantorowicz. 2 Bände. Oktav.
Bd. I: Die Praxis. Ausgewählte Strafprozeßakte des 13. Jahrhunderts nebst diplomatischer Einleitung. Von der Savigny-Stiftung unterstützt. XII, 428 Seiten. 1907. 12.—
Bd. II: Die Theorie. Kritische Ausgabe des Tractatus de maleficiis nebst textkritischer Einleitung. XXVI, 451 Seiten. 1926. 30.—

Allgemeiner Teil des Rechts, Der — — e —. Eine Darstellung der gemeinsamen Lehren des öffentlichen und des privaten Rechts. Von Dr. K. Friedrichs, Just. Rat. Oktav. X, 306 Seiten. 1927. 12.—, geb. 13.50

Alt-Regensburgs Gerichtsverfassung, Strafverfahren und Strafrecht bis zur Carolina. Nach urkundlichen Quellen dargestellt. Von Dr. H. Knapp, k. Reichsarchivrat i. Münster/W. Oktav. X, 375 Seiten. 1914. 8.—

Athenisches Gesetz über die Eleusinische Aparche, Ein — —. Von A. Elter. Quart. 56 Spalten. 1914. 3.—

Attische Geschworenengerichte, Die — n — —. Ein Beitrag zum attischen Staatsrecht. Von M. Fränkel. Oktav. VI, 112 Seiten. 1877. 1.60

Beiträge, Freiburger — — zur Strafvollzugskunde. Herausgeg. von Dr. E. Wolf. Oktav.
Heft 1: Die Stellung der deutschen Sozialisten zum Strafvollzug von 1870 bis zur Gegenwart. Von Dr. A. Behrle. 182 Seiten. 1931. 6.—
Heft 2: Quellenstudien zur Geschichte des deutschen Zuchthauswesens bis zur Mitte des 19. Jahrhunderts. Von Dr. jur. G. Saam. 112 Seiten. 1936. 5.—

Beiträge, Romanistische — — zur Rechtsgeschichte. Unter Mitwirkung von Fachgelehrten herausgeg. von L. Mitteis, J. Partsch, E. Rabel. Oktav.
Heft 1: **Der Kauf mit fremdem Geld.** Studien über die Bedeutung der Preiszahlung für den Eigentumserwerb nach griechischem und römischem Recht. Von F. Pringsheim, o. Prof. a. d. Univers. Göttingen. VI, 180 Seiten. 1916. 9.—
Heft 3: **De claris juris consultis.** Von Th. Diplovatatius. Herausgeg. von H. Kantorowicz, o. Prof. a. d. Univers. Freiburg, und Fr. Schulz, o. Prof. a. d. Univers. Bonn.
Bd. I: Lebensgeschichtliche Einleitung. Von H. Kantorowicz. De claris iuris consultis. Pars prior. Edidit F. Schulz. Mit 4 Tafeln. XXIV, 384 Seiten. 1919. 20.—

Heft 4: **Justa causa traditionis.** Eine Untersuchung über den Erwerb des Eigentums nach römischem Recht. Von Dr. A. Erhardt, Priv. Doz. i. Freiburg. VIII, 207 Seiten. 1930. 18.—
Heft 5: **Prätorische Bereicherungsklagen.** Von Dr. G. H. Maier. VIII, 174 Seiten. 1932. 10.—
Heft 6: **Antikes Lösungsrecht.** Von Dr. W. Felgentraeger, Ger. Ass. a. D. VII, 133 Seiten. 1933. 10.—

Beiträge zur Geschichte der deutschen Strafrechtspflege. Herausgeg. von Dr. M. Grünhut, Prof. i. Bonn und Dr. E. Schmidt, Prof. in Hamburg. Oktav.
Heft 1: Strafrechtspflege in Sachsen-Weimar-Eisenach unter Carl August. Von Dr. Fr. W. Lucht. 111 Seiten. 1929. 7.—
Heft 2: Stellung des Strafrichters in den Gesetzen der französischen Revolutionszeit (1791—1810). Von Dr. R. Höhn. 147 Seiten. 1929. 8.—
Heft 3: Das Strafrecht Italiens im ausgehenden Mittelalter. Untersuchungen über die Beziehungen zwischen Theorie und Praxis im Strafrecht des Spätmittelalters, namentlich im XIV. Jahrhundert. Von G. Dahm, Priv. Doz. a. d. Univers. Heidelberg. XXIV, 555 Seiten. 1931. 35.—

Beiträge zur Kenntnis des römisch-ägyptischen Grundbuchrechts. Von H. Lewald. Oktav. 100 Seiten. 1909. 3.50

Briefe und Erinnerungen. 1852—1868. Von R. v. Ihering. Oktav. 106 Seiten. 1907. (Schweitzer.) 1.80

Byzanz und Persien in ihren diplomatisch-völkerrechtlichen Beziehungen im Zeitalter Justinians. Ein Beitrag zur Geschichte des Völkerrechts. Von Dr. K. Güterbock, Geh. Just. Rat, Prof. der Rechte zu Königsberg. Oktav. VIII, 128 Seiten. 1906. 3.—

Civitas auf deutschem Boden bis zum Ausgange der Karolingerzeit, Die — —. Ein Beitrag zur Geschichte der deutschen Stadt. Von Dr. S. Rietschel, o. ö. Prof. a. d. Univers. Tübingen. Oktav. 102 Seiten. 1894. 3.—

Compensationsverfahren im vorjustinianischen stricti juris judicium, Das — —. Von E. Stampe. Oktav. IV, 98 Seiten. 1886. 2.60

Corpus juris civilis, Taschenwörterbuch zum — —, den Institutionen des Gajus und anderen römischen Rechtsquellen. 4.—5. Auflage. Klein-Oktav. IV, 172 Seiten. 1923. (Schweitzer.) 3.—

Corpus iuris germanici antiqui. Ex optimis subsidiis collegit, edidit et lectionum varietatem adiecit F. Walter. III tomi. Oktav. 1824. cplt. 12.—
Tomus I. Legem Salicam, Ripuariorum, Alamannorum, Baiuvariorum, Burgundionum, Frisionum, Angliorum et Werinorum, Saxonum, edictum Theodorici leges Wisigothorum, et edicta regum Langobardorum continens. XVI, 838 Seiten.
Tomus II. Capitularia regum Francorum usque ad Ludovicum pium continens. VIII, 867 Seiten.
Tomus III. Capitularia regum Francorum et imperatorum post Ludovicum pium, veterum formularum collectionem amplissimam, capitula regum et imperatorum legibus Langobardum addita, et appendicem variorum monumentorum continens. VIII, 803 Seiten.

Deutsche Rechtsaltertümer in unserer heutigen deutschen Sprache. Von L. Günther. Oktav. VII, 160 Seiten. 1903. 2.50

Eid, Der — — bei den Semiten in seinem Verhältnis zu verwandten Erscheinungen, sowie die Stellung des Eides im Islam. Von J. Pedersen. Quart. VIII, 242 Seiten. 1914. (Studien zur Geschichte und Kultur des islamischen Orients. 3. Heft.) 12.60

Enteignung, Die Grenzen der — —. Ein Beitrag zur Entwicklungsgeschichte des Enteignungsinstituts und zur Auslegung des Art. 153 der Weimarer Verfassung, von Dr. O. Kirchheimer. Oktav. 63 Seiten. 1930. 4.—

Entwicklung der Kompensation im römischen Rechte, Über die — —. Von Dr. P. Kretschmar, a. o. Prof. a. d. Univers. Gießen. Oktav. 80 Seiten. 1907. 2.80

Enzyklopädie der Rechtswissenschaft in systematischer Bearbeitung. Begründet von Dr. F. v. Holtzendorf. Unter Mitwirkung von G. Anschütz, L. v. Bar, E. v. Beling, E. Blume, H. Brummer, G. Cohn, K. Crome, H. Dietz, F. Dochow, E. Dorner, K. Flesch, B. Freudenthal, J. Gerstmeyer, O. v. Gierke, P. Heilborn, E. Heymann, Fr. Hiller, L. Laß, O. Lenel, A. Osterrieth, E. Rabel, P. Schoen, J. Stranz, G. Strutz, U. Stutz, H. Trumpler, K. v. Unzner, F. Wachenfeld, M. Wolff. Herausgeg. von Dr. J. Kohler, o. Prof. der Rechte i. Berlin. 7., der Neubearbeitung 2. Aufl. 5 Bände. Quart. Cplt. geb. 85.—
Bd. I: IV, 558 Seiten. 1915. Bd. II: 462 Seiten. 1914. Bd. III: 452 Seiten. 1913. Bd. IV: 551 Seiten. 1914. Bd. V: 588 Seiten. 1914. In Gemeinschaft mit Verlag Duncker & Humblot in München.

Erfüllung, Die — —. 1. Teil: Historische und dogmatische Grundlagen. Von Dr. P. Kretschmar, a. o. Prof. a. d. Univers. Gießen. Oktav. 168 Seiten. 1906. 5.40

L'étude du droit romain comparé aux autres droits de l'antiquité. Von J. Gilson, Docteur en droit. Oktav. 295 Seiten. 1899. 4.—

Excommunikation, Einfluß der — — und der Delicta mere ecclesiastica auf die Fähigkeit zum Erwerb und zur Ausübung des Patronatrechts. (Dissertation.) Von Dr. E. Jacobi, o. Prof. a. d. Univers. Münster/W. Oktav. VIII, 76 Seiten. 1908. 2.20

Festgabe für Rudolf Stammler zum 70. Geburtstag am 19. Februar 1926. Herausgeg. von E. Tatarin-Tarnheyden. Mit 1 Bildnis und 1 Tafel. Oktav. 1926. 28.—, geb. 32.—

Festschrift für Ernst-Heinrich Rosenfeld zu seinem 80. Geburtstag am 14. August 1949. Gr.-Oktav. 243 Seiten. 1949. 16.—

Festschrift für Wilhelm Sauer zu seinem 70. Geburtstag am 24. Juni 1949. Mit Bibliographie. Gr.-Oktav. 296 Seiten. 1949. 18.—

Festschrift der Universität Leipzig zur 500 jährig. Jubelfeier gewidmet von der Juristischen Gesellschaft in Leipzig. Oktav. 243 Seiten. 1909. 6.50

Fiducia im römischen Privatrecht, Die — —. Eine rechtsgeschichtliche Untersuchung. Von Dr. jur. P. Oertmann. Oktav. 262 Seiten. 1890. 5.—

Funkentelegraphie im Recht, Die — —. Eine rechts- und verkehrsgeschichtl. Abhandlung. Von Thurn. Lex.-Oktav. 150 Seiten. 1913. (Schweitzer.) 5.—

Gaii institutionum commentarii quattuor. Ex membranis deleticiis Veronensis bibliothecae capitularis eruit J. F. L. Goeschen. Accedit veteris iurisconsulti de iure fisci fragmentum ex aliis eiusdem bibliothecae membranis transcriptum. Carolus Lachmannus ad schedas Goeschenii, Hollwegii, Blumii recognovit. Editio tertia. Cum tabulis aeri incicis. Oktav. LXXV, 512 Seiten. 1842. 3.—

Gaii iurisconsulti institutionum commentarius quartus sive de actionibus. Recensuit, restituere conatus est, adnotationem perpetuam librumque observationum adjecit A. G. Heffter. Quart. VIII, LXXIV, 121 Seiten. 1827. 2.—

Gaii et Justiniani institutiones iures romani. Recognoverunt annotationem adjecerunt coniunctasque ediderunt C. A. C. Klenze et E. Böcking. Quart. XV, 292 Seiten. 1829. 3.—

Gerichtsbuch der Stadt Cassel aus 1505 und 1506. Von A. Stölzel. Oktav. II, 56 Seiten. 1913. 2.50

Gesetzgebung, Rechtsprechung und Verwaltung. Eine Zusammenstellung der wichtigsten geltenden Gesetze, Verordnungen und Befehle, insbesondere für Groß-Berlin, sowie ein Streifzug durch die aktuellen Fragen der heutigen Zeit. Von L. Mohn, RA und Notar, Richter a. Landger. Berlin. Oktav. 208 Seiten. 1948. 9.—

Gestaltung der deutschen politischen Einheit, Die — —. Von Koellreutter. Oktav. 15 Seiten. 1934. (Schweitzer.) —.60

Gottesurteil und Folter. Eine Studie zur Dämonologie des Mittelalters und der neueren Zeit. Von Prof. Dr. H. Fehr, Bern. Mit 1 Tafel. Oktav. 24 Seiten. 1926. 2.50

Handwörterbuch der Rechtswissenschaft. Unter Mitberatung von E. Bumke, L. Busch, L. Ebermayer, F. Endemann, E. Heymann, O. Strecker, K. v. Unzner. Herausgeg. von Dr. jur. F. Stier-Somlo, o. Prof. a. d. Univers. Köln und Dr. jur. A. Elster, Berlin. 7 Bände. Oktav.
Bd. I: Abandon-Deichgüter. XV, 912 Seiten. 1926. 35.—
Bd. II: Deichverbände-Giroverkehr. XII, 960 Seiten. 1927. 37.80
Bd. III: Glaubensfreiheit-Luxemburg. XII, 1004 Seiten. 1928. 43.20
Bd. IV: Mädchenhandel-Reichsexekution. X, 798 Seiten. 1927. 35.—
Bd. V: Reichsgericht-Territorialprinzip. X, 885 Seiten. 1928. 37.80
Bd. VI: Testament-Zwischenstreit. Abkürzungen, Mitarbeiterverzeichnis, Sachregister zu Bd. I—VI. XIII, 1231 Seiten. 1929. 50.40
Bd. VII: (Ergänzungsband). A—Z und Sachregister. VIII, 688 Seiten. 1931. 33.30

Histoire de la législation des anciens Germains. Von G. A. Davoud-Oghlou, 2 tomes. Oktav. 1845. Cplt. 8.—
Tome I: Wisigoths, Baiuvariens, Alamanns, Burgundions, Franc-Saliens, Francs-Ripuaires. CVIII, 660 Seiten. Tome II: Langobards, Thuringiens, Frisions, Saxons. IV, 799 Seiten.

Imperatoris Justiniani institutionum libri IV. Ad fidem antiquorum librorum edidit E. Schrader in operis societatem accedentibus Theoph. Luca Fr. Tafelio, Gualth. Frider. Clossio, Christ. Joh. C. Maiero. Editio stereotypa. Oktav. VI, 216 Seiten. 1874. 1.—

Instutionen des römischen Rechts. Ein Lehrbuch. Von Dr. R. Leonhard, o. ö. Prof. der Rechtswissensch. i. Marburg. Oktav. XIV, 572 Seiten. 11.—, geb. 14.—

Interpellationsrecht, Das — — im Rahmen der modernen Ministerverantwortlichkeit. Von Dr. J. Hatschek, o. Prof. der Rechte a. d. Univers. Göttingen. Eine rechtsvergleichende Studie. (Veröffentlicht für die Geschäftsordnungskommission des Reichstags auf Wunsch ihres Vorsitzenden.) Oktav. 164 Seiten. 1909. 2.20

Intertemporales Recht, Das — — e. Das Recht der zeitlich verschiedenen Rechtsordnungen. Oktav. Von F. Affolter.
Bd. I: Das Intertemporale Privatrecht. 2 Teile.
Teil 1: Geschichte des intertemporalen Privatrechts. XIV, 652 Seiten. 1902. 18.—
Teil 2: System des deutschen bürgerlichen Übergangsrechts. XIV, 468 Seiten. 1903. 14.—

Jugendrecht. Ein Lehrbuch zur Einführung. Von Prof. Dr. A. Wegner. Oktav. VIII, 219 Seiten. 1929. 5.40, geb. 6.75

Juristenlatein, Das — —. Versuch einer Charakteristik auf Grundlage der Digesten. Von W. Kalb, k. Studienlehrer a. Melanchthon-Gymnasium i. Nürnberg. 2. Aufl. Gr.-Oktav. 90 Seiten. 1888. (Schweitzer.) 1.80

Juristische Daten. Nach Rechtsgebieten — unter Beifügung eines besonderen biographischen Abschnitts — chronologisch zusammengestellt. Von A. M. v. Biberstein. 3., verb. u. verm. Aufl. Oktav. IV, 147 Seiten. 1901. (Schweitzer.) 1.80

Juristisches Studium, Die Reform des — —. Von Dr. H. B. Gerland, o. ö. Prof. a. d. Univers. Jena. Oktav. 160 Seiten. 1911. 3.—

Kleines Satzlexikon für Behörden. Deutsch-Englisch. Von D. Borchard. Oktav. 1949. (Cram, de Gruyter & Co. Hamburg.) 2.40

Kreditauftrag, Der — —. Eine Studie nach römischem und neuem bürgerlichen Recht. Von O. Foerster. Oktav. 216 Seiten. 1903. 5.60

Kritische Vierteljahresschrift für Gesetzgebung und Rechtswissenschaft. Herausgeg. von E. Mezger, K. Blomeyer, J. Heckel, A. Hueck, E. Riezler, M. San Nicolò, Ch. Frhr. v. Schwerin, Professoren d. Münchener Juristenfakultät. Gr.-Oktav. Ab 1912 neue Folge. Der Band zu je 4 Heften. Bd. 14—18 je 8.—; Bd. 19 10.—; Bd. 20 16.—; Bd. 21 24.—; Bd. 22 32.50; Bd. 23 27.—; Bd. 24 31.—; Bd. 25 29.—; Bd. 26—32 je 28.— (Schweitzer).

Lex Salica. Zum akademischen Gebrauch herausgeg. und erläutert von H. Geffcken. Oktav. XIV, 332 Seiten. 1898. 7.—

Longi temporis praescriptio im klassischen römischen Rechte, Die, — —. Von J. Partsch. Oktav. 180 Seiten. 1906. 7.—

Magdeburger Fragen, Die — —. Von I. Fr. Behrend. Oktav. L, 300 Seiten. 1865. 6.50

Menschlicher Körper und die Persönlichkeitsrechte. Der — —. Von H. Schreuer. Oktav. 40 Seiten. 1919. —.70

Monumenta legalia antiquitatis Romanae, ex libros iuris Romani sparsa, quae in aere, lapide, aliave materia, vel apud veteres auctores extraneos, partim integra, partim mutila, sed genuina, supersunt. Delectu, forma et variarum lectionum adnotatione usui expeditiori adcommodavit, tum notitiam historicoliterariam omnium, quotquot, exillo genere exstant, monomentorum, tam legalium, quam aliorum praemisit Chr. G. Haubold. Opus ex adversariis defuncti auctoris, quantum fieri potuit, restituit E. Spangenberg. Oktav. CXXXII, 299 Seiten. 1830. 3.—

Mythos vom Recht, Der — — und seine empirischen Grundlagen. Von RRat Dr. Th. Jaehner. Oktav. 219 Seiten. 1933. (Schweitzer.) 10.—

Novae constutiones audientiae contradictarum in curia Romana promulgatae a. d. 1375. Nunc primum edidit. Von J. Förstemann. Oktav. 56 Seiten. 1897. 1.50

Personalexekution im Recht der Papyri, Zur — —. (Habilitationsschrift.) Von H. Lewald. Oktav. 76 Seiten. 1910. 2.50

Persönlichkeit des herrenlosen Sklaven, Die — —. Ein Stück aus dem römischen Sklavenrecht. Von Fr. Affolter. Oktav. VIII, 223 Seiten. 1913. 8.—

Privatrecht, Grundzüge des deutschen — — s. Von Cl. Frhr. v. Schwerin. 2. Aufl. Oktav. XII, 342 Seiten. 1928. (Lehrbücher und Grundrisse der Rechtswissenschaft Bd. XIII.) Geb. 9.90

Privatrecht, Römisches — —. Von F. Endemann. Mit Anhang: Quellenstudien. Oktav. X, 256 u. 30 Seiten. 1925. (Lehrbücher und Grundrisse der Rechtswissenschaft Bd. XII.) Geb. 9.50

Prozeß Heinrichs des Löwen, Der — —. Kritische Untersuchungen von F. Güterbock. Oktav. X, 210 Seiten. 1909. 5.—

Rechtsbegriffe, Über — —. Von Prof. Dr. P. Eltzbacher. Oktav. X, 84 Seiten. 1900. 2.—

Rechtsbuch, Armenisches — —. Mit Unterstützung der Königl. Akademie der Wissenschaften in Berlin. 2 Bände. Quart. Zusammen 40.—
Bd. I: Sempadscher Kodex aus dem 13. Jahrhundert oder Mittelarmenisches Rechtsbuch. Nach der Venediger und der Etschmiadziner Version unter Zurückführung auf seine Quellen herausgeg. und übersetzt von J. Karst. Text und Übersetzung. XXXII, 223 Seiten. 1905.
Bd. II: Sempadscher Kodex aus dem 13. Jahrhundert in Verbindung mit dem großarmenischen Rechtsbuch des Mechithar Gosch (aus dem 12. Jahrhundert). Unter Berücksichtigung der jüngeren abgeleiteten Gesetzbücher erläutert von J. Karst. Kommentar. VII, 424 Seiten. 1905.

Rechtsgefühl, Das — —. Rechtspsychologische Betrachtungen. Von E. Riezler, Prof. a. d. Univers. Freiburg i. Br. Oktav. 164 Seiten. 1921. (Schweitzer.) 1.80

Rechtsgemeinschaft, Die regelmäßige — —. Von Dr. K. Engländer. 1. Teil: Grundlegung. Oktav. IV, 360 Seiten. 1914. 8.—

Rechtsgeschichte, Deutsche — —. Von Dr. H. Fehr, Prof. i. Bern. 4., verb. Aufl. Oktav. XI, 280 Seiten. 1948. (Lehrbücher und Grundrisse der Rechtswissenschaft Bd. X.) Geb. 15.—

Rechtsgeschichte, Lehrbuch der deutschen —. Von R. Schröder und E. Frhr. v. Künßberg. 8. Aufl. in Vorbereitung.

Rechtsgeschichte, Römische — —. Von O. Karlowa. 2 Bände. Oktav.
Bd. I: Staatsrecht und Rechtsquellen. VIII, 1031 Seiten. 1885. 26.—
Bd. II: Privatrecht und Civilprozeß. Strafrecht und Strafprozeß. 1. Teil: Privatrecht. VI, 1416 Seiten. 1901. 40.—

Rechtsphilosophie, Lehrbuch der — —. Von Prof. Dr. Coing. In Vorbereitung. (Lehrbücher und Grundrisse der Rechtswissenschaft Bd. XX.) ca. 18.—

Rechtsphilosophie, Lehrbuch der — —. Von D. Dr. R. Stammler, Prof. a. d. Univers. Berlin. 3., verm. Aufl. Oktav. XV, 396 Seiten. 1928. 13.—, geb. 15.—

Rechtsphilosophie, Leitfaden der — —. Von Coing. In Vorbereitung. (Leitfaden der Rechtswissenschaft.)

Rechtsschule zu Bologna, Die Anfänge der — —. Von Dr. H. Fitting, o. Prof. der Rechte zu Halle. Oktav. 129 Seiten. 1888. 3.—

Rechtsvergleichende Studien zur Gesetzgebung Hammurapis, Königs von Babylon. Von Dr. jur. P. Koschaker, Prof. d. Rechte zu Leipzig. Oktav. XVII, 244 Seiten. 1917. 9.—

Rechtswechsel, Der — — im öffentlichen Recht und seine Einwirkung auf gleichwertige öffentlich-rechtliche Normen. Von Reg. Rat Dr. H. Vervier. Gr.-Oktav. 197 Seiten. 1923. (Schweitzer.) 5.40

Rechtswissenschaft, Einführung in die — —. Von Dr. A. Wegner, o. ö. Prof. der Rechte a. d. Westfälischen Wilhelms-Universität. 2., erw. und verb. Aufl. Oktav. 344 Seiten. 1948. Geb. 18.—

Recht und Gewalt. Von E. Brodmann. Oktav. 114 Seiten. 1921. 3.—

Reichsgericht, Fünfzig Jahre — — am 1. Oktober 1929. Von Dr. A. Lobe, Sen. Präs. a. Reichsger. i. R. Unter Mitarbeit von Mitgliedern und Beamten des Reichsgerichts, der Reichsanwaltschaft und der Rechtsanwaltschaft am Reichsgericht. Mit 14 Bildnissen und 15 Abb. Quart. VIII, 436 Seiten. 1929. 20.—, geb. 24.—

Reichsgerichtspraxis im deutschen Rechtsleben, Die — —. Festgabe der juristischen Fakultäten zum 50jährigen Bestehen des Reichsgerichts (1. Oktober 1929) in 6 Bänden unter Mitwirkung von G. Anschütz, E. Heymann, Th. Kipp, W. Kisch, A. Schultze, H. Siber. Herausgeg. von O. Schreiber. Quart. 1929. Cplt. 110.—, geb. 134.—
Bd. I: Öffentliches Recht. IV, 301 u. 54 Seiten. 18.—, geb. 22.—
Bd. II: Zivil- und Handelsrecht. IV, 326 u. 54 Seiten. 19.—, geb. 23.—
Bd. III: Zivil- und Handelsrecht (Fortsetzung). IV, 383 u. 54 Seiten. 22.—, geb. 26.—
Bd. IV: Handels- und Wirtschaftsrecht. IV, 335 u. 54 Seiten. 20.—, geb. 24.—
Bd. V: Strafrecht und Strafprozeß. IV, 321 u. 54 Seiten. 19.—, geb. 23.—
Bd. VI: Zivilprozeßrecht. IV, 334 u. 54 Seiten. 20.—, geb. 24.—

Richter und Rechtsprechung. Von Dr. A. Düringer, Reichsger. Rat. Oktav. 92 Seiten. 1909. (Erweiterter Sonderabdr. aus: Festschrift der Juristischen Gesellschaft in Leipzig zur 500jähr. Jubelfeier der Univers. Leipzig.) 2.—

Römisches Institutionen-System, Das — —, sein Wesen und seine Geschichte. Einleitender Teil. Tatbestand, Rechtsverhältnisse und Rechtsordnung. Grundlagen eines allgemeinen Teils des Privatrechts. Von Fr. Affolter. Oktav. VI, 568 Seiten. 1897. 12.—

Savigny, Friedrich Karl von — —. Ein Beitrag zu seiner Würdigung. Von Dr. R. Stintzing. Oktav. 59 Seiten. 1862. 1.—

Schöffensprüche, Magdeburger — —. Im Auftrage und mit Unterstützung der Savigny-Stiftung herausgeg. und bearb. von V. Friese und E. Liesegang. Bd. I (Abt. 1—4): Die Magdeburger Schöffensprüche für Groß-Salze, Zerbst und Anhalt, Naumburg und aus dem Kodex Harzgerodanus. Oktav. X, 872 Seiten. 1901. 20.—

Schuldvertrag und Treugelöbnis des Sächsischen Rechts im Mittelalter. Ein Beitrag zur Grundauffassung der altdeutschen Obligation. Von P. Puntschart. Oktav. XVIII, 515 Seiten. 1896. 14.—

Seedarlehen des Altertums, Das — —. Von Dr. H. Sieveking, RA i. Hamburg. Oktav. 48 Seiten. 1893. 1.40

Staatsgedanken des Reichsfreiherrn Karl vom Stein. Von Dr. E. Frhr. v. Scheurl, Hochschul- und Univers. Prof. i. Nürnberg. Oktav. 19 Seiten. 1931. (Schweitzer.) 1.—

Staatsrecht der Zaiditen, Das — —. Von R. Strothmann. Quart. XI, 109 Seiten. 1912. 4.50

Stendaler Urteilsbuch aus dem vierzehnten Jahrhundert, Ein — —, als Beitrag zur Kenntnis des Magdeburger Rechts. Von I. Fr. Behrend. Oktav. XVI, 122 Seiten. 1868. 2.80

Strohal, Emil. Ein Nachruf. Von L. Wenger. Mit einem Portrait. Oktav. 39 Seiten. 1914. 1.—

Syrische Rechtsbücher. Herausgeg. und übersetzt von E. Sachau. Quart. — Bd. I: Leges Constantini Theodosii Leonis. Aus der römischen Handschrift. XXIV, 224 Seiten. 1907. 16.—

Bd. II: Richterliche Urteile des Patriarchen Chenânischô. Gesetzbuch des Patriarchen Timotheos. Gesetzbuch des Patriarchen Jesubarnun. Aus der römischen Handschrift. XXXIV, 212 Seiten. 1908. 16.—
Bd. III: Corpus iuris des persischen Erzbischofes Jesubocht. Erbrecht oder Canones des persischen Erzbischofes Simeon. Eherecht des Patriarchen Mâr Abhâ. Aus der römischen Handschrift. XXXV, 385 Seiten. 1914. 25.—

Taschenwörterbuch der Rechts- und Geschäftssprache. Englisch-Deutsch, Deutsch-Englisch. Von D. v. Beseler. 2., durchges. und erw. Aufl. Oktav. 271 Seiten. 1947. Geb. 15.—

Theorie der Exceptionen nach klassischem römischem Recht, Die — —. Von Dr. jur. J. v. Koschembahr-Lyskowski. Bd. I. Heft 1: Der Begriff der exceptio. Oktav. XXIII, 173 Seiten. 1893. 6.—

Übersiebnen der schädlichen Leute in Süddeutschland, Das — —. Ein rechtshistorischer Beitrag und Nachtrag. Von Dr. H. Knapp, k. Reichsarchivrat i. Münster/W. Oktav. 88 Seiten. 1910. 2.—

Untersuchungen zur Geschichte der deutschen Stadtverfassung.
Bd. I: Das Burggrafenamt und die hohe Gerichtsbarkeit in den deutschen Bischofsstädten während des früheren Mittelalters. Von Dr. S. Rietschel, o. ö. Prof. a. d. Univers. Tübingen. Oktav. XII, 344 Seiten. 1905. 10.—

Unzüchtige und die Kunst, Das — —. Eine juristische Studie für Juristen und Nichtjuristen. Von Prof. D. Dr. J. Lazarus. Oktav. 168 Seiten. 1909. 3.50

Urkunden zur Geschichte des deutschen Privatrechts. Von Dr. H. Loersch, Priv. Doz. der Rechte a. d. Univers. Bonn und Dr. R. Schröder, o. ö. Prof. der Rechte a. d. Univers. Heidelberg. Für den Gebrauch bei Vorlesungen und Übungen herausgeg. 3., neubearb. Aufl. von R. Schröder und L. Perels. Oktav. XXXII, 250 Seiten. 1912. 6.50, geb. 8.—

Vergleich im Prozesse, Der — —. Eine dogmatisch-historische Untersuchung. Von Dr. P. Kretschmar, a. o. Prof. a. d. Univers. Gießen. Oktav. 102 Seiten. 1896. 3.—

Verhandlungen des Deutschen Juristentages. Herausgeg. von dem Schriftführer-Amt der ständigen Deputation. Oktav. Preise der einzelnen Bände des 1.—37. Juristentages, soweit noch vorhanden, auf Anfrage.

Vermächtnisse, Die sogenannten gesetzlichen — —. Eine erbrechtliche Studie auf Grundlage des römischen und österreichischen Privatrechts unter Berücksichtigung anderer bedeutender Kodifikationen. Von L. Schiffner. Oktav. X, 222 Seiten. 1895. 7.—

Verwirkung, Die — —. Ein Beitrag zur Lehre von den zeitlichen Schranken der Ausübung der subjektiven Rechte. Von St. Karakantas. Oktav. 82 Seiten. 1938. (Aus: Hamburger Rechtsstudien.) (Cram, de Gruyter & Co. Hamburg.) 4.—

Vocabularium iurisprudentiae Romanae iussi instituti Savigniani compositum. Quart.

Vol. I. Fasc. 1: (a-accipio). 1894. 15.—
— — 2: (accipio-amitto). 1898. 15.—
— — 3: (amitto-ceterum). 1899. 15.—
— — 4: (ceterum-cymbium). 1903. 15.—

Vol. II. Fasc. 1: (dactyliotjea-doceo). 1906. 15.—
— — 2: (doceo-ex). 1913. 15.—
— — 3: (ex-gutturosus). 1933. 18.—

Vol. III. Fasc. 1: (habeo-idem). 1910. 15.—
— — 2: (imperator-in). 1931. 15.—
— — 3: (inaedifico-ipse). 1937. 15.—

Vol. IV. Fasc. 1: (nam-numen). 1914. 15.—
— — 2: (numeratio-per [Praepositio]). 1936. 15.—

Vol. V. Fasc. 1: (R-sed). 1910. 15.—
— — 2: (sed-sors, sortis). 1917. 15.—
— — 3: (sortior-tantus). 1931. 15.—
— — 4: (tantus-veneo). 1938. 15.—
— — 5: (venerabilis-zythum). 1939. 17.—

Vorträge aus dem allgemeinen Staatsrecht. Separatabdruck aus den Annalen des Deutschen Reichs. Von M. v. Seydel. Gr.-Oktav. 96 Seiten. 1903. (Schweitzer.) 2.40

Westgothenrecht, Entstehung und Geschichte des — — s. Von A. Helfferich. Oktav. VIII, 475 Seiten. 1858. 6.—

Wirtschaft und Recht nach der materialistischen Geschichtsauffassung. Eine Sozialphilosophische Untersuchung. Von D. Dr. R. Stammler, Prof. a. d. Univers. Berlin. 5., durch einen Nachtrag erg. Aufl. Oktav. VIII, 706 Seiten. 1924. 14.—, geb. 16.—

Wirtschafts-Rechts-Wissenschaft und Wirtschafts-Hochschule. Von M. Rumpf, Mannheim. Oktav. 40 Seiten. 1920. 1.60

Zenten des Hochstifts Würzburg, Die — —. Ein Beitrag zur Geschichte des süddeutschen Gerichtswesens und Strafrechts. Mit Unterstützung der Savigny-Stiftung. Von Dr. H. Knapp, k. Reichsarchivrat. 2 Bände. Oktav.
Bd. I: Die Weistümer und Ordnungen der Würzburger Zenten. 1. Abt. Mit 2 Abb. XII, 708 Seiten. 2. Abt. Mit 1 Abb. IV, 696 Seiten. 1907. 45.—
Bd. II: Das Alt-Würzburger Gerichtswesen und Strafrecht. XI, 979 Seiten. 1907. 30.—

II. Bürgerliches Recht

1. Das Bürgerliche Gesetzbuch

Abhandlungen, Zivilrechtliche und prozeßrechtliche — —. Herausgeg. von Dr. W. Kisch, Prof. a. d. Univers. Straßburg. Oktav.
Heft 1: Das Sammelvermögen. Von Dr. jur. O. Fischbach. XII, 171 Seiten. 1907. 4.50
Heft 2: Das Imperium des Richters. Ein Versuch kasuistischer Darstellung nach dem englischen Rechtsleben im Jahre 1906/07. Nebst 2 Anhängen: Criminal appeal act 1907 und Probation of offenders act 1907. Von A. Mendelssohn-Bartholdy. X, 236 Seiten. 1908. 6.—, geb. 7.—
Heft 3: Streitbefangenheit und Rechtsnachfolge als Voraussetzungen der §§ 265 und 266 der Zivilprozeßordnung. Von Dr. jur. R. Schuman. VIII, 84 Seiten. 1910. 2.50
Heft 4: Die Schadenersatzansprüche bei Körperverletzung und Tötung im Zweikampf. Von Dr. F. Simon. XI, 73 Seiten. 1913. 2.—

Achilles-Greiff, Bürgerliches Gesetzbuch nebst Einführungsgesetz, Jugendwohlfahrtsgesetz, Schiffsrechtsgesetz, Ehegesetz, Testamentsgesetz. Mit Anmerkungen und Sachregister und mit Erläuterungen der Verordnung über das Erbbaurecht, des Gesetzes über die religiöse Kindererziehung sowie von Teilen des Familienrechtsänderungsgesetzes, der Familienrechtsangleichungsverordnung und des Verschollenheitsgesetzes. 19. Aufl. Herausgeg. von Dr. G. Beitzke, R. Frhr. v. Godin, Dr. J. Greiff, Dr. F. Oegg. Oktav. XVI, 1360 Seiten. Dünndruckpapier. 1949. (Guttentagsche Sammlung Nr. 38/39.) Geb. 36.—

Alimentationspflicht, Die — — der Ehegatten. Von Dr. jur. et rer. pol. Fr. Scheppler. Gr.-Oktav. 43 Seiten. 1909. (Schweitzer.) 1.60

Anfechtbarkeit der Verträge für das Vermögen eines Dritten, Die — —. Eine zivilrechtliche Abhandlung. Von Dr. R. Leonhard, o. ö. Prof. der Rechtswissenschaft i. Marburg. Oktav. 56 Seiten. 1892. 1.50

Ausführungsgesetz, Bayerisches — — zum Bürgerlichen Gesetzbuch. Mit den einschlägigen Verordnungen. Erledigt von LGDir. H. Steinert. Oktav. 216 Seiten. 1930. (Schweitzers braune Handausg.) Geb. 7.90

Beiträge zur Lehre von den Realgewerbegerechtigkeiten nach bayerischem Landeszivilrecht. Von Fr. Neuburger. Gr.-Oktav. VII, 30 Seiten. 1913. (Schweitzer.) 1.—

Blanketterklärung, Die — —. Ihre juristische Konstruktion und ihre Behandlung nach dem materiellen Recht und dem Prozeßrecht. Von Dr. J. Siegel. Oktav. VIII, 69 Seiten. 1908. (Schweitzer.) 1.80

BGB, Lexikon des — —. Von Dr. H. Kußmann, RA und Notar i. Frankfurt a. M. 203 Seiten. 1949. 10.—

Bürgerliches Gesetzbuch, Allgemeiner Teil des — —. Von Prof. Dr. jur. H. Lehmann, Köln. 6., verm. u. verb. Aufl. Oktav. XVI, 384 Seiten. 1949. (Lehrbücher und Grundrisse der Rechtswissenschaft Bd. I.) Geb. 20.—

Bürgerliches Gesetzbuch, Familienrecht. Von Prof. Dr. jur. H. Lehmann, Köln. 2., verm. u. verb. Aufl. Oktav. 311 Seiten. 1948. (Lehrbücher und Grundrisse der Rechtswissenschaft Bd. IV.) 15.—

Bürgerliches Gesetzbuch. Erstes Buch. **Allgemeiner Teil.** Von E. Kummerow, RA und Notar. Oktav. 76 Seiten. 1949. (Leitfaden der Rechtswissenschaft Bd. 1.) 3.—

Bürgerliches Gesetzbuch. Zweites Buch. **Das Recht der Schuldverhältnisse.** 1. Hälfte: Allgemeiner Teil. Von Dr. R. Lehmann, Berlin. Oktav. 110 Seiten. 1947. (Leitfaden der Rechtswissenschaft Bd. 2.) 4.—

Bürgerliches Gesetzbuch. Zweites Buch. **Das Recht der Schuldverhältnisse.** 2. Hälfte: Besonderer Teil. Von Dr. R. Lehmann, Berlin. Oktav. 204 Seiten. 1948. (Leitfaden der Rechtswissenschaft Bd. 3.) 6.—

Bürgerliches Gesetzbuch. Drittes Buch. **Sachenrecht.** Von E. Kummerow, RA und Notar. Oktav. 138 Seiten. 1948. (Leitfaden der Rechtswissenschaft Bd. 6.) 4.50

Bürgerliches Gesetzbuch. Viertes Buch. **Familienrecht.** Von E. Kummerow, RA und Notar. Oktav. 122 Seiten. 1947. (Leitfaden der Rechtswissenschaft Bd. 4.) 4.—

Bürgerliches Gesetzbuch. Fünftes Buch. **Erbrecht.** Von E. Kummerow, RA und Notar. Oktav. 93 Seiten. 1947. (Leitfaden der Rechtswissenschaft Bd. 5.) 4.—

Bürgerliches Gesetzbuch, Handkommentar zum — —. (Kleiner Staudinger.) Auf Grund von J. v. Staudingers Kommentar bearb. von OLGRat F. Keidel. 3. Aufl. Oktav. 1231 Seiten. 1931. (Schweitzer.) Geb. 18.90

Bürgerliches Gesetzbuch nebst Einführungsgesetz. Textausgabe mit ausführlichem Sachregister. 21. Aufl. Oktav. 890 Seiten. Nachdruck. 1949. (Guttentagsche Sammlung von Textausgaben ohne Anmerkungen mit Sachregister.) Geb. 6.50

Bürgerliches Recht, Einführung in das — —. Ein kurzes Lehrbuch nach neuem System und neuer Lehrmethode. Von E. Stampe. 1. Teil: Einleitung. Die Gegenstände (Rechtsobjekte). Die Unternehmen und ihre Vermögen (Umformung der Lehre von den „Rechtssubjekten"). Oktav. X, 180 Seiten. 1920. 4.—

Bürgerliches Recht, Praktikum des — — für Vorgerücktere zum akademischen Gebrauch und zum Selbststudium. Von D. Dr. R. Stammler, Prof. a. d. Univers. Berlin. 2., umgearb. Aufl. Mit Fig. Oktav. XVI, 240 Seiten. 1903. 4.50

Bürgerliches Recht, Übungen im — —. Eine Anleitung zur Lösung von Rechtsfällen an Hand von praktischen Beispielen. Von Dr. H. Berg, LGRat. 2. Aufl. in Vorbereitung.

Bürgerliches Recht, Übungen im — — für Anfänger zum akademischen Gebrauch und zum Selbststudium. Von D. Dr. R. Stammler, Prof. a. d. Univers. Berlin. 5., durchgearb. Aufl. Oktav. 227 Seiten. 1922. 4.50, geb. 6.—

Bürgerliches Recht, Zehn Lösungen aus dem — — der Bayerischen Staatsprüfungs-Aufgaben. Von LGDir. F. Gerlach. 1920—1926. Oktav. 92 Seiten. 1931. (Schweitzer.) 2.30
Texte der Aufgaben. Oktav. 44 Seiten. 1931. —.90

Clausula rebus sic stantibus, Die sogenannte — — im Bürgerlichen Gesetzbuch. Von Dr. L. Stahl. Gr.-Oktav. 88 Seiten. 1909. (Schweitzer.) 2.50

Ehegesetz vom 20. Februar 1946 mit Abdruck der noch in Kraft befindlichen Bestimmungen der Durchführungsverordnungen zum Ehegesetz vom 6. Juli 1938. Von R. Frhr. v. Godin, RA i. München und H. Frhr. v. Godin, RA i. München. Mit Erläuterungen der §§ 606—639 Zivilprozeßordnung von Reichsgerichtsrat Dr. Tölke. Oktav. Zweite Auflage. (Guttentagsche Sammlung Deutscher Reichsgesetze Nr. 230.) Im Druck.

Ehescheidungsrecht. Die Ehescheidungsgründe des Bürgerlichen Gesetzbuches durch die Rechtsprechung erläutert. Eine Sammlung grundlegender Entscheidungen des Reichsgerichts, der Oberlandesgerichte usw. Von Dr. jur. G. Tunica, weil. LGDir. 2., umgearb. und erg. Aufl. von Prof. Dr. jur. et Dr. oec. publ. E. Goldschmidt. Oktav. XXIII, 217 Seiten. 1926. 7.50, geb. 9.—

Ehevertrag, Der — —. Preisschrift. Von Dr. A. v. Baligand. Oktav. 161 Seiten. 1906. (Schweitzer.) 4.—

Eigentumsrecht, Das — —. Von Dr. V. Kruse, o. Prof. a. d. Univers. Kopenhagen. Aus dem Dänischen übersetzt von Dr. K. Larsen. 3 Bände. Oktav.
Bd. I: XXI, 881 Seiten. 1931. Geb. 25.—
Bd. II: XIII, 880 Seiten. 1935. Geb. 25.—
Bd. III: XIII, 757 Seiten. 1936. Geb. 25.—

Eigentumsvorbehalt, Der — —. Von RA Chr. Meisner. Gr.-Oktav. 82 Seiten. 1932. (Schweitzer.) 2.80

Eigentumsvorbehalt beim Kauf, Der — —. (BGB. § 455). Von Dr. jur. R. Jaffé. (Dissertation.) Oktav. XI, 100 Seiten. 1910. 3.—

Einheitsmietsvertrag, Der Deutsche — —. Erläutert von RA Dr. A. Dahm. Oktav. 87 Seiten. 1937. (Stilkes Rechtsbibl. Nr. 156.) 2.—

Einrede aus dem fremden Rechtsverhältnis, Die — —. Eine Untersuchung auf dem Gebiete des gemeinen, sowie des deutschen und österreichischen bürgerlichen Rechts. Von Dr. A. Rappaport, k. k. Ger. Sekr. Oktav. 274 Seiten. 1904. 6.—

Erbenhaftung nach dem Bürgerlichen Gesetzbuch, Die — —. 2 Bände. Von S. Riesenfeld, RA i. Berlin. Oktav. 1916. Cplt. geb. 18.—
1. Band. Die Grundsätze der Haftung. XII, 461 Seiten. —
2. Band. Das Inventar und die Mittel der Haftpflichtsbeschränkung. VIII, 455 Seiten.

Erbenhaftung und Nachlaßkonkurs im neuen Reichsrecht. Von Dr. jur., Dr. rer. pol. h. c. E. Jaeger, Prof. der Rechte zu Leipzig. Oktav. 117 Seiten. 1898. 3.—

Erbrecht des Bürgerlichen Gesetzbuches. Von F. Endemann. 2. Aufl. bearb. von Prof. Dr. jur. H. Lehmann, Köln. In Vorbereitung. (Lehrbücher und Grundrisse der Rechtswissenschaft Bd. V.) ca. 5.—

Erklärungshaftung. Ein Beitrag zum System des bürgerlichen Rechtes. Von Dr. jur. H. Hildebrandt, Ger. Ass. Oktav. 311 Seiten. 1931. 18.—

Grundschuld in ihren Beziehungen zur persönlichen Forderung, Die — —. Von W. Weisbecker. Gr.-Oktav. 48 Seiten. 1922. (Schweitzer.) —.90

Grundstücksmiete. Von Dr. F. Kiefersauer. 7. Aufl. In Vorbereitung. (Schweitzers braune Handausgabe.) ca. 8.—

Grundstückverkehrsrecht. Ergänzungsheft. Von Dr. F. Kiefersauer. Lex.-Oktav. 59 Seiten. 1943. (Schweitzer.) 1.80

Haftpflichtgesetz. Erläutert. Von Fr. Seligsohn. 2. Aufl. Oktav. 360 Seiten. 1931. 12.—, geb. 13.50

Haftpflichtgesetz, Das Reichs — —. Kommentar von E. Böhmer, OLGRat b. OLand. Ger. i. Tübingen. 172 Seiten. 1950. ca. 15.—

Hypothekenbeschaffung für Wohn- und Geschäftshäuser. Handbuch für die Praxis der Grundstückswirtschaft. Von Dr. M. Friedländer, RA i. Berlin. Oktav. VIII, 151 Seiten. 1929. 6.—, geb. 7.50

Juristische Person, Die abhängige — —. Von Kronstein. Gr.-Oktav. VI, 140 Seiten. 1931. (Schweitzer.) 7.60

Kauf zur Probe, Der — —. Rechtsbegriff, Rechtsnatur, Rechtsfolgen. Von Dr. L. Levy, RA i. Potsdam. Oktav. 87 Seiten. 1915. 2.—

Lehre vom Mißverständnis, Die — —. Eine zivilrechtliche Untersuchung. Von H. Titze. Oktav. XI, 516 Seiten. 1910. 11.—

Miete, Gesetzliche — —. Reichsmietengesetz in der Fassung der Bekanntgabe vom 24. April 1936. Erläutert von RA Dr. A. Dahm. Oktav. 140 Seiten. 1936. (Stilkes Rechtsbibl. Nr. 153.) Geb. 4.50

Mietrechtslexikon. Von RA A. Dahm, Düsseldorf. Handbuch des ges. Miet- und Wohnrechts im Reich und Preußen. Oktav. Mit 2 Nachträgen. 131 Seiten. 1930. (Stilkes Rechtsbibl. Nr. 93.) Geb. 3.15

Mitschuldklage, zugleich ein Beitrag zur Lehre von der Rechtskraft und dem Einheitsgrundsatz in Scheidungs- und Anfechtungssachen. Von Dr. jur. H. Hildebrandt, Ger. Ass. Oktav. 80 Seiten. 1933. 4.50

Nachbarrecht, Das in Bayern geltende — —. Von RA Chr. Meisner. 3. Aufl. Gr.-Oktav. 606 Seiten. 1923. (Schweitzer.) Geb. 8.50

Notweg, Der — —. Seine Geschichte und seine Stellung im heutigen Recht. Von Dr. G. Buch, a. o. Prof. d. Rechte a. d. Univers. Breslau. Gr.-Oktav. 101 Seiten. 1919. (Schweitzer.) 3.60

Planck's Kommentar zum Bürgerlichen Gesetzbuch nebst Einführungsgesetz. Bisher herausgeg. von Dr. E. Strohal. Bearbeitet von E. Brodmann, L. Busch, J. Ebbecke, F. Flad, M. Greiff, K. Gunkel, P. Knoke, M. Landois, A. Lobe, Fr. Oegg, H. Siber, O. Strecker, K. v. Unzner. 4., neu bearb. Aufl. Oktav.

Bd. I. **Allgemeiner Teil** (§§ 1—240). In 2 Halbbänden. Cplt. LXV, 606 Seiten. 1913. 15.—, geb. 17.—

Bd. II. **Recht der Schuldverhältnisse.** 1. Halbbd.: Allgemeiner Teil (§§ 241—432). XVIII, 640 Seiten. 1914. 15.—, geb. 17.—

— —. 2. Halbbd.: Besonderer Teil (§§ 433—853). XII, 1924 Seiten. 1928. 49.—, geb. 52.—

Bd. IV. 1. Halbbd.: **Familienrecht** (1. Abschn. §§ 1297—1588). VII, 701 Seiten. 1928. 26.—, geb. 28.—

Bd. V. **Erbrecht** (§§ 1922—2385). XII, 1163 Seiten. 1930. 51.—, geb. 54.—

Bd. III. **Sachenrecht.** 1. Halbbd.: Einleitung und §§ 854—1112 und Verordnung über das Erbbaurecht. Bearb. von E. Brodmann und O. Strecker. 941 Seiten. 1936. 43.—, geb. 47.—

— —. 2. Halbbd.: §§ 1113—1296. VIII, 721 Seiten. 1938. 49.—, geb. 53.—

Bd. II. 2. Hälfte: Recht der Schuldverhältnisse (Besonderer Teil) XII, S. 641—1924. 1928. 49.—

Praxis der Vertretungsverträge, Die — —. Von Dr. Fr. Beermann. Gr.-Oktav. 56 Seiten. 1929. (Schweitzer.) 2.70

Recht des Bürgerlichen Gesetzbuches, Das — — in Einzeldarstellungen. Oktav.

Nr. 3: **Das persönliche Eherecht des BGB** für das Deutsche Reich. Von Dr. L. Jacobi. 2., verb. u. verm. Aufl. 122 Seiten. 1899. 2.—, geb. 2.75

Nr. 4: **Das Recht der einzelnen Schuldverhältnisse im BGB.** Eine Darstellung und Erläuterung der Hauptbestimmungen. Von F. Schollmeyer. 2., völlig neubearb. Aufl. 241 Seiten. 1904. 5.—, geb. 6.—

Nr. 6: **Die Reichsgrundbuchordnung** und ihre landesrechtlichen Ergänzungen. Eine Einführung in das Grundbuchwesen des Deutschen Reichs mit besonderer Berücksichtigung Preußens. Von Dr. P. Siméon. 2., neubearb. Aufl. 125 Seiten. 1901. 3.—, geb. 3.75

Nr. 7: **Die allgemeinen Vorschriften des BGB über Rechte an Grundstücken.** Von O. Strecker. 121 Seiten. 1898. 2.50, geb. 3.25

Nr. 8: **Die Deliktsobligationen im System des BGB.** Kritische und dogmatische Randbemerkungen. Von Dr. Fr. v. Liszt. VI, 114 Seiten. 1898. 2.80

Nr. 10: **Der allgemeine Teil des BGB** in seinem Einflusse auf die Fortentwicklung der Rechtswissenschaft. Von Dr. R. Leonhard. XVI, 537 Seiten. 1900. 10.—

Nr. 11: **Das internationale Privatrecht des BGB.** Dargestellt von Th. Niemeyer. VI, 222 Seiten. 1901. 4.50

Nr. 12: **Das Recht der beweglichen Sachen nach dem BGB.** Von H. Buhl. 130 Seiten. 1901. 3.—

Sachenrecht des Bürgerlichen Gesetzbuches. Von Prof. Dr. J. W. Hedemann, Berlin. 2. Aufl. i. Vorbereitung. (Lehrbücher und Grundrisse der Rechtswissenschaft Bd. III.)

Sachenrecht, Grundriß des — — s bei Schiffen und Schiffsbauwerken. Von H. Wolff. Gr.-Oktav. 103 Seiten. 1949. (Cram, de Gruyter & Co. Hamburg.) 4.—

Schiffe und Schiffsbauwerke, Gesetz über Rechte an eingetragenen — — n. Vom 15. November 1940 und Durchführungsverordnung vom 21. Dezember 1940. Oktav. 88 Seiten. 1941. (Guttentagsche Sammlung von Textausgaben ohne Anmerkungen mit Sachregister.) 1.—

Schuldbereinigungsgesetz vom 3. September 1940. Von Dr. W. Vogels, Ministerialdirigent i. Reichsjust. Ministerium. Oktav. 253 Seiten. 1940. (Guttentagsche Sammlung Deutscher Reichsgesetze Nr. 221.) 5.—

Schuldrecht des Bürgerlichen Gesetzbuches. Von Prof. Dr. J. W. Hedemann, Berlin. Oktav. XXX, 422 Seiten. 1949. (Lehrbücher und Grundrisse der Rechtswissenschaft Bd. II.) Geb. 18.—

Schuldrecht, Neubau des — — s. Ein Beitrag zur Reform des deutschen Rechts. Von Reg. Präs. a. D. W. Dörr. Gr.-Oktav. 68 Seiten. 1934. (Schweitzer.) 4.—

Schuld und Haftung im geltenden Recht. Von Dr. Claudius Frhr. v. Schwerin, München. Oktav. 43 Seiten. 1911. (Schweitzer.) 1.30

Staudingers Kommentar zum Bürgerlichen Gesetzbuch. Mit Einführungsgesetz. 10., neubearb. Aufl. Lex.-Oktav. (Schweitzer.) Bisher erschienen: Bd. I. Einleitung von LGRat Dr. Fr. Brändl; **Allgemeiner Teil,** erläutert von Prof. Dr. E. Riezler. XII, 1104 Seiten. 1936. In 4 Lieferungen. Cplt. 44.—, in Halbleder geb. 49.50

Bd. II. Teil 1: **Recht der Schuldverhältnisse.** Lfg. 1: Einleitung und §§ 241—242 von AGRat D. Dr. W. Weber. 442 Seiten. 1940. 22.—

— —. Lfg. 2: **Recht der Schuldverhältnisse,** §§ 243—245, erläutert von D. Dr. W. Weber. 124 Seiten. 1941. 6.—

Bd. II. Teil 2: **Schuldverhältnisse,** §§ 433—610, von Dr. K. Kober, RA Dr. Fr. Ostler, Dr. Fr. Kiefersauer. 885 Seiten. 1937. In 3 Lieferungen. Cplt. 37.—, in Halbleder geb. 42.50

Bd. II. Teil 3: **Einzelne Schuldverhältnisse.** Lfg. 1: **Dienstvertrag,** §§ 611 bis 630, von Prof. Dr. Nipperdey. 480 Seiten. 1939. 20.—

— —. Lfg. 2: **Werkvertrag,** §§ 631—657, erläutert von Dr. K. Kober. 175 Seiten. 1939. 7.50

— —. Lfg. 3: **Recht der Schuldverhältnisse,** §§ 657—661, erläutert von Dr. K. Kober, §§ 662—704, erläutert von Prof. Dr. H. Nipperdey, §§ 705 bis 709, erläutert von K. Geiler, 271 Seiten. 1941. 11.50

— —. Lfg. 4: **Recht der Schuldverhältnisse,** §§ 709—740, erläutert von K. Geiler. 181 Seiten. 1941. 8.—

— —. Lfg. 5: **Recht der Schuldverhältnisse,** Anhang zu §§ 705 ff., erläutert von Dr. K. Geiler, §§ 741—758, erläutert von Dr. K. Kober, §§ 759—778, erläutert von Dr. Fr. Brändl, §§ 779—811, erläutert von Dr. K. Kober, §§ 812—822, erläutert von O. Lechner. 518 Seiten. 1943. 22.—

Bd. III. **Sachenrecht,** erläutert von Dr. K. Kober. 2 Teile. VIII, 1671 Seiten. 1936. In 6 Lieferungen cplt. 66.30, in Halbleder geb. 77.30

Bd. V. Teil 1: **Erbrecht.** Lfg. 1: Einleitung und §§ 1922, erläutert von Prof. Dr. G. Boehmer. 292 Seiten. 1938. 12.—
— —. Lfg. 2: **Erbrecht,** §§ 1923—2031, erläutert von Prof. Dr. H. Lehmann. 287 Seiten. 1944. 12.—
Bd. V, Teil 2: Erbrecht. Lfg. 1: Dritter Abschnitt. **Testament.** Einleitung zum dritten Abschnitt von W. Vogels, §§ 2064—2196, erläutert von K. Seybold. VIII, 290 Seiten. 1942. 12.50
Bd. VI, **Einführungsgesetz,** von H. Gramm. VIII, 574 Seiten. 1939. In 2 Lieferungen cplt. 25.—, in Halbleder geb. 29.50
Weitere Lieferungen und Teile gelangen Ende 1949 und Anfang 1950 zur Ausgabe.
Lfg. 6—9, 23 z. Z. nicht greifbar.

Sukzessivlieferungsvertrag, Der — —. Von Dr. jur. A. Hueck, Ger. Ass. Gr.-Oktav. 204 Seiten. 1918. (Schweitzer.) 4.50

Testamente und Erbverträge, Gesetz über die Errichtung von — — n, vom 31. Juli 1938. Erläutert von Dr. W. Vogels, MinDirig. i. Reichsjust. Min. 4. Aufl. bearb. von Dr. K. Seybold, Notar i. Sulzbach-Rosenberg/Opf. Oktav. 318 Seiten. 1949. (Schweitzer, Verlag für Rechtswissenschaft vorm. Fr. Vahlen G. m. b. H., Berlin.) Halbleinen 15.—

Testamentsvollstrecker, Der — —. Rechte und Pflichten des Testamentsvollstreckers. Von Dr. K. Wegler, RA i. Nürnberg und Dr. J. Leopold, AGRat i. Leipzig. Oktav. IX, 59 Seiten. 1938. 2.—

Todesfälle, Sachliche Beweise bei der Klärung von — — n. Von B. Kenyeres. Mit 83 Abb. Oktav. V, 216 Seiten. 1935. Geb. 12.—

Unterhaltsanspruch der geschiedenen Ehegatten, Der — —. Von Dr. H. Furler, RA i. Pforzheim, Prof. a. d. Techn. Hochsch. Karlsruhe. Oktav. 164 Seiten. 1941. 6.—

Veräußerungsverbot des Bürgerlichen Gesetzbuchs, Das — —. Von Dr. L. Raape, Priv. Doz. a. d. Univers. Bonn. Oktav. XIV, 210 Seiten. 1908. 5.—

Vereine ohne Rechtsfähigkeit nach dem neuen Rechte. Von Dr. O. Gierke, Geh. Just. Rat, o. Prof. d. Rechte a. d. Univers. Berlin. 2., erg. Aufl. Gr.-Oktav. 52 Seiten. 1902. (Schweitzer.) 1.—

Verjährung und gesetzliche Befristung. Von Weiß. Oktav. 155 Seiten. 1905. (Schweitzer.) 3.20

Verschollenheit, die Todeserklärung und die Feststellung der Todeszeit, Gesetz über die — —, vom 4. Juli 1939 (RGBl. I S. 1186). Erläutert von E. Kummerow, RA und Notar. Oktav. 63 Seiten. 1949. (Guttentagsche Sammlung Deutscher Reichsgesetze Nr. 234.) 2.80

Verschuldungsprinzip — Verursachungsprinzip. Von G. Marton. Oktav. 53 Seiten. 1926. (Schweitzer.) 1.80

Vertragsverletzungen, Die positiven — —. Von H. Staub. In 2. Aufl. herausgeg. und erg. von RA E. Müller. Oktav. 66 Seiten. 1913. 2.—

Viehgewährschaftsrecht, Das — —. Von RA Chr. Meisner. 3. Aufl. Oktav. 301 Seiten. 1927. (Schweitzer.) 8.—

Viehkauf (Viehgewährschaft). Von Dr. H. Stölzle, Just. Rat i. Kempten. Neubearb. von Dr. M. Graminger, München. Mit Kaiserl. Verordnung vom 27. März 1899, betr. die Hauptmängel und Gewährfristen beim Viehhandel. Von Dr. E. Fröhner, Geh. Reg. Rat. 7. Aufl. Oktav. 471 Seiten. 1935. (Guttentagsche Sammlung Deutscher Reichsgesetze Nr. 50.) 10.—

Vorteilsanrechnung, Die — — beim Erfüllungsausspruch. Von L. Decker. Gr.-Oktav. 75 Seiten. 1907. (Schweitzer.) 1.60

2. Handelsrecht

(Schiffahrtsrecht, Genossenschaften, Bank und Börse, Verschiedenes.)

Abzahlungsgeschäfte, Das Reichsgesetz betreffend die — —. Vom 16. Mai 1894. Von Dr. K.-A. Crisolli unter Mitwirkung von J. Crisolli. 4., völlig umgearb. Aufl. des Werkes von Hoffmann-Wilke. Oktav. 413 Seiten. 1931. (Guttentagsche Sammlung Deutscher Reichsgesetze Nr. 34.) Geb. 7.20

Aktiengesellschaft, Das Recht der entstehenden — —. Von Dr. L. Homberger Gr.-Oktav. VI, 45 Seiten. 1907. (Schweitzer.) 1.50

Aktiengesellschaften, Die Umgestaltungen der Satzungen der — — nach dem neuen Aktienrecht. Von Dr. W. Schmidt, RA und Notar i. Berlin. Oktav. 197 Seiten. 1938. 5.40

Aktiengesellschaften und Kommanditgesellschaften auf Aktien, Gesetz über — — (Aktiengesetz) vom 30. Januar 1937. Erläutert von R. Frhr. v. Godin, RA und Notar i. München und Dr. H. Wilhelmi, RA und Notar i. Frankfurt a. M. 2. Aufl. in Vorbereitung. (Guttentagsche Sammlung Deutscher Reichsgesetze Nr. 205.)

Aktiengesetz, Das — —. Kommentar zum HGB, Buch 2, Abschn. 3/4. Mit Einführungsgesetz, Durchführungsverordnungen und Einführungsverordnungen für Österreich und die sudetendeutschen Gebiete. Von Vizepräs. C. Ritter und OLGRat J. Ritter. 2., völlig neubearb. Aufl. Lfg. 1: §§ 1—144. VIII, 464 Seiten. 1938. 16.—. Lfg. 2: §§ 145—304; Einf. Ges. zum AkG. §§ 1—32; Durchf. Verord. zum AkG §§ 1—40; 3. Durchf. Verord. zum AkG; Wortregister. Gr.-Oktav. 370 Seiten. 1939. 15.20. Nachtrag 1940. —.80. Ges. Umf. VIII, 834 Seiten. 1939. (Schweitzer.) Mit Nachtrag 32.—, geb. 34.—

Aktienstrafrecht. Kommentar zu den §§ 288—304 des Aktiengesetzes. Von E. Schmidt. Oktav. 50 Seiten. 1940. 3.—

Aktienwesen, Die Entwicklung des deutschen — — s im 19. Jahrhundert. Von Dr. K. Bösselmann. Oktav. XI, 204 Seiten. 1939. 7.—

Aktienwesen, Die Sanierung unseres — — s. Von E. Brodmann. Oktav. 46 Seiten. 1931. 3.—

Aktionärschutz, Über — — nach deutschem, englischem und französischem Recht. Von Dr. W. Böhm. Oktav. IX, 114 Seiten. 1910. (Schweitzer.) 2.70

Aufschlußpflicht, Die — — von Vorstand und Aufsichtsrat gegenüber der Generalversammlung nach deutschem Aktienrecht. Von Dr. A. Arnold. Gr.-Oktav. 80 Seiten. 1908. (Schweitzer.) 2.40

Aufsichtsrat der Aktiengesellschaft, Der — —. Eine Darstellung seiner Aufgaben, Rechte und Pflichten für die Praxis. Von Dr. jur. E. Tremblau. Oktav. VIII, 100 Seiten. 1917. Geb. 3.—

Bankdepotgesetz. Gesetz über die Verwahrung und Anschaffung von Wertpapieren vom 4. Febr. 1937. Erläutert von RA Dr. K. H. Riecke. Oktav. 92 Seiten. 1937. (Stilkes Rechtsbibl. Nr. 163.) Geb. 2.40

Bank- und Kreditgesetzgebung, Die deutsche — —. Zusammengestellt von Dr. jur. J. C. D. Zahn, RA i. Berlin. Oktav. XVI, 342 Seiten. 1937. (Guttentagsche Sammlung Deutscher Reichsgesetze Nr. 202.) Geb. 6.—

Binnenschiffahrts- und Flößereirecht. Erläuterungswerk bearbeitet von O. Vortisch, RA und Notar und Prof. Dr. O. Zschucke. Oktav. XIX, 922 Seiten. 1938. (Guttentagsche Sammlung Deutscher Reichsgesetze Nr. 36.) Geb. 15.—

Devisengesetzgebung, Die — —. Texte und Regelungen (nach dem Stande vom 10. Februar 1937.) Von Dr. jur. K. Urbanek, RA i. Berlin. Mit Verweisungen. Oktav. 199 Seiten. 1937. (Stilkes Rechtsbibl. Nr. 158.) Geb. 4.80

D-Markbilanzgesetz und die Umstellung von Schuldverhältnissen. Kommentar von Dr. H. v. Boehmer, RA b. d. OLand. Ger. i. Düsseldorf. Oktav. XII, 393 Seiten. 1949. 12.—

Dokumentenakkreditive. Einheitliche Richtlinien und Gebräuche für Dokumentenakkreditive. Drucksache Nr. 82 der Internationalen Handelskammer. Neudruck Mai 1948. Herausgeg. unter Mitarbeit von Dr. E. Trost, Berlin. Oktav. 36 Seiten. 1948. (Kommissionsverlag.) 1.—

Erwerbs- und Wirtschaftsgenossenschaften, Das Reichsgesetz, betreffend die — —. Kleiner Kommentar. Begonnen von L. Parisius und Dr. H. Crüger. 26. Aufl. von Dr. J. Lang und Dr. L. Weidmüller. In Vorbereitung. (Guttentagsche Sammlung Deutscher Reichsgesetze Nr. 29.)

Erwerbs- und Wirtschaftsgenossenschaften, Das Reichsgesetz betreffend die — —. Kommentar zum praktischen Gebrauch für Juristen, Genossenschaften und ihre Mitglieder. Von L. Parisius und H. Crüger. Bis zur 3. Aufl. herausgeg. von L. Parisius und H. Crüger, später von H. Crüger und A. Crecelius. 12., neubearb. Aufl. von F. Citron. Oktav. XV, 605 Seiten. 1932. 25.20, geb. 27.—

Gesellschaften mit beschränkter Haftung, Das Reichsgesetz, betreffend die — —. Begonnen von L. Parisius und Dr. H. Crüger. 20. Aufl. von Dr. W. Schmidt, RA und Notar. In Vorbereitung. (Guttentagsche Sammlung Deutscher Reichsgesetze Nr. 32.)

Gesellschaften mit beschränkter Haftung, Kommentar zum Gesetz, betreffend die — — (früher Staub-Hachenburg). Von M. Hachenburg. 5. Aufl., unter Mitarbeit von F. Bing und W. Schmidt. 2 Bände. Oktav. Bd. I: §§ 1—34. VI, 527 Seiten. 1926. Bd. II: §§ 35—84. 452 Seiten. 1927. Neue Auflage in Vorbereitung.

Güter als Seefracht, Gefährliche — —. Neue, durch Nachträge verm. Aufl. 1. Teil: Gesetzliche Vorschriften für die Seeverfrachtung gefährlicher Güter im Auszuge. 2. Teil: Technische Erläuterungen zu den Stoffen des Güterverzeichnisses der Seefrachtordnung unter besonderer Berücksichtigung ihrer Zusammensetzung und gefährlichen Eigenschaften nebst Beispielen aus Seeunfällen. Für Schiffsoffiziere insbesondere Ladungsoffiziere, Verlader und Verfrachter. Von Schmaltz. Oktav. IV, 152 u. 10 Seiten. 1925. 3.—

Handbuch für Baugenossenschaften. Von A. Scheidt, Unterstaatssekr. d. Preuß. Ministeriums f. Volkswohlfahrt. 2., umgearb. Aufl. Oktav. X, 548 Seiten. 1920. 12.—, geb. 13.50

Handelsgesetzbuch nebst Einführungsgesetz vom 10. Mai 1897. Textausgabe mit Sachregister. 16. Aufl. (Guttentagsche Sammlung von Textausgaben ohne Anmerkungen mit Sachregister.) Oktav. 156 Seiten. 1949. 2.80

Handelsgesetzbuch, Das — — mit Ausschluß des Seerechts. Erläutert von Vizepräs. C. Ritter. 2. Aufl. Gr.-Oktav. 914 Seiten. 1932. (Schweitzer.) 28.—, geb. 30.50

Handelsgesetzbuch, Kommentar zum — —. Von Mitgliedern des früheren Reichsgerichts. 2. Aufl. 4 Bde. In Vorbereitung. Je Band ca. 50.—

Handelsgesetzbuch (ohne Seerecht). Mit den ergänzenden Vorschriften des Bürgerlichen Gesetzbuches. Mit Erläuterungen von Dr. E. Heymann, Geh. Just. Rat, o. Prof. a. d. Univers. Berlin, unter Mitarbeit von H. W. Kötter, RA i. Berlin. 3., durchges. Aufl. der Neubearb. (20. Gesamtaufl.) von H. W. Kötter. In Vorbereitung. (Guttentagsche Sammlung Deutscher Reichsgesetze Nr. 4.) Geb. ca. 20.—

Handelsgesetzbuch und Wechselordnung, sowie Nebengesetze und Auszug aus dem Bürgerlichen Gesetzbuche. Von Just. Rat. R. Basch. Erläutert durch die Rechtsprechung des Reichsgerichts. Neubearb. von W. Basch, RA a. Kammerger. u. Notar i. Berlin. 10. Aufl. Oktav. VIII, 460 Seiten. 1931. (Schweitzer.) Geb. 4.50

Handelsrecht, Deutsches — —. Ein Handbuch für den praktischen Gebrauch mit Anmerkungen aus der Rechtsprechung. Von Dr. W. Heun, LGDir. i. Berlin. 2 Bände. 2. Aufl. Oktav. Gesamtumf. XXIV, 1728 Seiten. 1944. (Schweitzer.) Geb. 21.—

Handelsrecht und Schiffahrtsrecht. Von Dr. J. v. Gierke, o. Prof. der Rechte a. d. Georg-August Univers. Göttingen. 6., umgearb. Aufl. Oktav. XIII, 567 Seiten. 1949. Geb. 24.—

Handelsrichter, Leitfaden für — —. Von Dr. M. Isaac, RA und Notar i. Berlin. Oktav. 134 Seiten. 1932. 3.60

Nachindossament des protestierten Wechsel, Das — —. Von Th. Böhme. (Dissertation.) Oktav. IV, 66 Seiten. 1908. 2.—

Nutzungsrecht an Unternehmen und Unternehmensbeteiligungen. Von R. Frhr. v. Godin, RA i. München. Oktav. XII, 129 Seiten. 1949. 8.—

Offene Handelsgesellschaften, Das Recht der — —. Systematisch dargestellt. Von Dr. A. Hueck, Prof. der Rechte a. d. Univers. München. Gr.-Oktav. 309 Seiten. 1946. 18.—

Offene Handelsgesellschaften, Kommanditgesellschaften und stille Gesellschaften von der Errichtung bis zur Auflösung. Nebst Vertrags- und Anmeldeformularen und mit Berücksichtigung des Steuerrechts. Von A. Starke. Oktav. XIV, 167 Seiten. 1928. 5.—

Recht der großen Haverei, Das — —. Von Dr. Ph. Heck, Ger. Ass. u. Priv. Doz. a. d. Univers. Berlin. Lex.-Oktav. XXXV, 839 Seiten. 1889. (Schweitzer.) 18.—

Seerecht, Das öffentliche — —. Erläutert von J. Sebba. Oktav. XVI, 596 Seiten. 1932. (Guttentagsche Sammlung Deutscher Reichsgesetze Nr. 19.) Geb. 11.70

Steuerrecht und Handelsrecht, Die Zusammenhänge zwischen — — und ihre Entwicklung untersucht an dem Gewinn und an der Bewertung. Eine bilanzrechtliche und bilanskritische Darstellung mit praktischen Beispielen. Von Dr. jur. J. Hein. Oktav. IX, 280 Seiten. 1928. 10.—, geb. 12.—

Stimmrecht des Aktionärs, Das — —. Von Dr. J. Haselberger. Gr.-Oktav. VIII, 68 Seiten. 1906. (Schweitzer.) 2.—

Übermäßiger Gewinn im Sinne der Preissteigerungsverordnung vom 23. Juli 1915/23. März 1916. Von RA Dr. A. Rosenthal, Hamburg. Lex.-Oktav. 19 Seiten. 1917. (Schweitzer.) —.80

Verfügungsrecht beim Frachtgeschäft, Das — —, mit besonderer Berücksichtigung des Postfrachtgeschäfts. Von Dr. jur. P. Leutke, Postinsp. Oktav. 270 Seiten. 1905. 5.—

Veröffentlichungen der Vereinigung der Handelsrechtslehrer Deutscher Hochschulen. Oktav. Heft 1: Bericht über die erste Tagung der Vereinigung in Berlin am 7. und 8. März 1927. Mit Beiträgen von E. Heymann, H. Wüstendörfer, O. Schreiber, A. Nußbaum. 65 Seiten. 1928. 5.—

Wechselgesetz und Scheckgesetz mit Anmerkungen und den Texten der Nebengesetze. Von A. Esderts. Oktav. 224 Seiten. 1935. (Stilke.) Geb. 5.50

Wechselgesetz und Scheckgesetz mit Nebengesetzen. Erläutert von Dr. P. Schaefer, Amtsgerichtsrat. Taschenformat. VII, 292 Seiten. Zweite vermehrte Auflage. 1941. (Schweitzer.) 4.—

Wechselordnung, Staub's Kommentar zur — —. Fortgesetzt von J. Stranz und M. Stranz. 13. Aufl. völlig neubearb. für das Wechselgesetz vom 21. Juni 1933. Von M. Stranz und Martin Stranz. Oktav. XII, 835 Seiten. 1934. Geb. 24.—

Wertpapiere, Gesetz über die Verwahrung und Anschaffung von — — n (Depotgesetz) vom 4. Februar 1937. Nebst einem Anhang: Schrankfachvertrag und verschlossene Einlage. Erläutert von Dr. G. Opitz, RA. Oktav. XXXII, 704 Seiten. 1937. (Guttentagsche Sammlung Deutscher Reichsgesetze Nr. 203.) Geb. 14.—

Wertpapiere, Recht der — — (einschl. Wechsel- und Scheckrecht). Von Cl. Frhr. v. Schwerin. 3. Aufl. bearb. von Prof. Dr. W. Siebert, Göttingen. In Vorbereitung. (Lehrbücher und Grundrisse der Rechtswissenschaft Bd. VII.)

III. Grenzgebiete des Bürgerlichen Rechts

1. Privat- und Sozialversicherung

Angestelltenversicherungsgesetz in der Fassung des Ausbaugesetzes vom 21. Dezember 1937 nebst Ausführungsbestimmungen. Kommentar von Dr. F. Allendorf und Dr. F. Haueisen. Mit einem Geleitwort von A. Grießmeyer. Oktav. 511 Seiten. 1938. (Guttentagsche Sammlung Deutscher Reichsgesetze Nr. 214.) Geb. 12.—
Nachtrag. 10 Seiten. 1938. —.30

Angestelltenversicherungsgesetz. Von Ministerialrat G. Ziegler. (Sonderdruck aus: Sammlung in der Praxis oft angewandter Verwaltungsgesetze und Verordnungen.) Oktav. 68 Seiten. 1927. (Schweitzer.) 1.10

Assekuranz, Geschichte der — — und der hanseatischen Seeversicherungsbörsen Hamburg, Bremen, Lübeck. Von F. Plaß. Gr.-Oktav. XIII, 790 Seiten. 80 Abb. und 3 Seeversicherungspolicen in Fksm. 1902. (Cram, de Gruyter & Co. Hamburg.) 18.—

Aufsichtsamt für das Versicherungswesen Groß-Berlin. Veröffentlichungen. 1. Jahrgang. Heft 1. 1948. 6.—. 2. Jahrgang. Heft 1. 1949. 3.80. — —. Heft 2. 1949. 3.60. — —. Heft 3. 1949. 4.—. — —. Heft 4. 1949. 3.20. Erscheinungsweise: Nach Bedarf. Preis je nach Umfang. Als nach dem Kriege wiedererschienene Fortsetzung der:

Veröffentlichungen des Reichsaufsichtsamts für Privatversicherung. Quart. 1.—38. Jahrgang (1939). Einzelne cplte. Jahrgänge sind aus Restbeständen noch lieferbar. Auf Wunsch nähere Angaben.

Beaufsichtigung der privaten Versicherungsunternehmungen und Bausparkassen vom 6. Juni 1931, Gesetz über die — —. Von RA Dr. jur. H. Goltz. Oktav. 165 Seiten. 1931. (Stilkes Rechtsbibl. Nr. 122.) Geb. 4.—

Brandversicherungsgesetz. Von Ministerialrat G. Ziegler. (Sonderdruck aus: Sammlung in der Praxis oft angewandter Verwaltungsgesetze und Verordnungen.) Oktav. 23 Seiten. 1927. (Schweitzer.) —.70

Frachtversicherung, Die — —. Von W. Mohr. Oktav. 60 Seiten. 1927. (Cram, de Gruyter & Co. Hamburg.) 2.70

Haftung des Versicherers, Die — — für Güter aus deutschen Schiffen in italienischen und portugiesischen Häfen. Von R. Martin. Gr.-Oktav. 40 Seiten. 1918. (Cram, de Gruyter & Co. Hamburg.) 4.—

Handwerkerversorgungsgesetz. Das Gesetz über die Altersversorgung für das deutsche Handwerk (Handwerkerversorgungsgesetz) vom 21. Dezember 1938 nebst der Durchführungs- und Ergänzungsverordnung vom 13. Juli 1939, den wichtigsten Vorschriften des Angestelltenversicherungsgesetzes u. sonstiger ergänzender Gesetze u. Verordnungen. Eingehend erläutert von Dr. H. Haaß, Sen. Präs. i. Reichsversicherungsamt, und R. Glanzmann, RGRat. Oktav. 368 Seiten. 1939. (Guttentagsche Sammlung Deutscher Reichsgesetze Nr. 219.) Mit Nachtrag 1940. Geb. 10.50
Nachtrag einzeln. 1.50

Kundenversicherung, Die Grundzüge der — — (Generalversicherung der Speditions- und Lagergüter) mit einer Einleitung über das Interesse als Element der Sachversicherung. Von Dr. J. Weygand, RA i. Leipzig. Oktav. 162 Seiten. 1914. 4.—

Lebensversicherung zu Gunsten Dritter, insbesondere der Interessenkonflikt zwischen dem Begünstigten und den Gläubigern des Versicherungsnehmers. Von W. Schwarz. Oktav. VIII, 50 Seiten. 1914. 1.25

Leistung und Gegenleistung im Versicherungsvertrage. Eine Grundfrage des Privatversicherungsgesetzes. Von Dr. Fr. Haymann, o. ö. Prof. der Rechte a. d. Univers. Köln. Oktav. 103 Seiten. 1933. 6.—

Obergutachten über Unfallvergiftungen. Dem Reichs-Versicherungsamt und anderen Gerichten erstattet. Von Prof. Dr. L. Lewin. Oktav. VIII, 379 Seiten. 1912. 5.—

Pflichtversicherung für Kraftfahrzeughalter und Kraftfahrversicherungsbedingungen. Textausgabe mit Erläuterung der gesetzlichen Vorschriften und Versicherungsbedingungen sowie mit Sachregister. Von G. E. Fromm, Sen. Präs. i. Reichsaufsichtsamt f. Privatversicherung. Oktav. XV, 267 Seiten. 1941. (Guttentagsche Sammlung Deutscher Reichsgesetze Nr. 223.) 5.—

Privatversicherungsrecht, Handbuch des — — s. Von Prof. Dr. W. Kisch. Lex.-Oktav. (Schweitzer.) Bd. II: Die Lehre von der Versicherungsgefahr. XXII, 604 Seiten. 1920. In 4 Lieferungen cplt. 11.70

Reichsknappschaftsgesetz, Das — — in der Fassung der Bekanntmachung vom 1. Juli 1926 nebst Einführungsgesetz zum Gesetz vom 23. Juni 1927. Von Prof Dr. Ing. e. h. M. Reuß, Wirkl. Geh. OBergrat und Dr. F. Hense, OBergrat a. D. 2. Aufl. Mit Nachtrag 1931. Oktav. XVI, 640 u. 7 Seiten. 1927. (Guttentagsche Sammlung Deutscher Reichsgesetze Nr. 155.) Geb. 10.80

Reichsversicherungsordnung, Die — — nebst dem Einführungsgesetze, den wichtigsten Ausführungsvorschriften und den ergänzenden Gesetzen und Verordnungen. Neue Aufl. in Vorbereitung. (Guttentagsche Sammlung Deutscher Reichsgesetze Nr. 161.)

Seeversicherung, Besonderheiten der — —. Von K. Doernberger. Gr.-Oktav. 66 Seiten. 1911. (Schweitzer.) 1.80

Seeversicherung, Das Recht der — —. Ein Kommentar zu den allgemeinen Deutschen Seeversicherungsbedingungen. Von C. Ritter. Gr.-Oktav. 1494 Seiten. 1924. Anastatischer Neudruck 1943. 2 Bände. (Cram, de Gruyter & Co. Hamburg.) Geb. 98.—

Seeversicherungsbedingungen, Allgemeine Deutsche — —. 24. Taus. Oktav. 56 Seiten. 1939. 1.80
Englische Ausgabe: **General Rules of Marine Insurance** adopted by the German Underwriters. Translated by A. Sieveking. Oktav. 64 Seiten. 1920. 2.70

Verantwortlichkeit des Versicherungsnehmers für das Verhalten Dritter. Von Prof. Dr. H. Möller, Univers. Hamburg. Oktav. 105 Seiten. 1939. (Schriften der Akademie für deutsches Recht, Gruppe für Handels- u. Wirtschaftsrecht H. 3.) 6.—

Versicherungsbedingungen für Haftpflichtversicherung, Allgemeine — —. §§ 1—4: Der Versicherungsschutz. Erläutert von Dr. jur. H. Oberbach. Oktav. XII, 280 Seiten. 1938. (Guttentagsche Sammlung Deutscher Reichsgesetze Nr. 213.) Geb. 9.20
— —. Teil II: §§ 5—6: Der Versicherungsfall. §§ 7—12: Das Versicherungsverhältnis. Oktav. 368 Seiten. 1947. (Guttentagsche Sammlung Deutscher Reichsgesetze Nr. 213a.) 20.—

Versicherungsstatistik über die unter Reichsaufsicht stehenden Unternehmungen. Herausgeg. vom Reichsaufsichtsamte für Privatversicherung. Quart. Für 1902—1938 sind noch Restbestände vorhanden. **Auf Wunsch nähere Angaben.**

Versicherungsunternehmungen, Gesetz über die privaten — —. Vom 12. Mai 1901. Von Dr. jur. h. c. H. Koenige, Sen. Präs. a. Reichsgericht i. R. 3., umgearb. Aufl. von H. Koenige und A. Petersen, OReg. Rat a. D. Oktav. 856 Seiten. 1927. (Guttentagsche Sammlung Deutscher Reichsgesetze Nr. 62.) Geb. 18.—

Versicherungsvertrag, Das Zustandekommen des — — es. Von H. Hagemann. Oktav. 67 Seiten. 1934. (Aus: Hamburger Rechtsstudien.) (Cram, de Gruyter & Co. Hamburg.) 4.—

Versicherungsvertrag, Reichsgesetz über den — —. Von E. Bruck und H. Möller. 8. Aufl. in Vorbereitung. (Guttentagsche Sammlung Deutscher Reichsgesetze Nr. 83.)

2. Arbeitsrecht

Akkordvertrag, Der — — und der Tarifvertrag. Eine Darstellung zweier Vertragsarten aus dem modernen Wirtschaftsleben. Von P. Wölbling, Mag. Rat. Oktav. XIII, 482 Seiten. 1908. 10.—, geb. 11.—

Arbeitsgerichtsgesetz. Kommentar. 2., völlig neubearb. Aufl. von H. Dèpene unter Mitwirkung von Th. Rolfing und E. Heinitz. Oktav. XIX, 861 Seiten. 1932. (Guttentagsche Sammlung Deutscher Reichsgesetze Nr. 168.) Geb. 15.—

Arbeitsrecht. Von Loppuch. In Vorbereitung. (Leitfaden der Rechtswissenschaft.)

Arbeitsrecht der Bühne, Das — —. Von RA Dr. B. Riepenhausen. Oktav. 236 Seiten. 1943. 9.—

Arbeitsvertragsrecht. Die arbeitsrechtlichen Vorschriften der allgemeinen Gesetze mit Erläuterungen aus der höchstrichterlichen Rechtsprechung des Reichsarbeitsgerichts und der Landesarbeitsgerichte von Reichsgerichtsrat i. R. Dr. Czolbe, und Staatsrat Wagemann †. Oktav. XII, 774 Seiten. 1934. (Stilke.) Geb. 15.—

Arbeitszeit in Bäckereien und Conditoreien, Gesetz über die — — vom 29. Juni 1936 nebst der amtlichen Begründung und der Durchführungsbestimmung erläutert von Dr. R. Schneider unter Mitwirkung von H. Wolkersdörfer, Sen. Präs. b. Kammerger. Oktav. 103 Seiten. 1936. (Guttentagsche Sammlung Deutscher Reichsgesetze Nr. 199.) 1.80

Arbeitszeitordnung vom 26. Juli 1934 nebst den amtlichen Erläuterungen, den Ausführungsbestimmungen und anderen arbeitszeitrechtlichen Verordnungen. Erläutert von Dr. R. Schneider unter Mitwirkung von H. Wolkersdörfer, Sen. Präs. b. Kammerger. Oktav. 442 Seiten. 1937. (Guttentagsche Sammlung Deutscher Reichsgesetze Nr. 201.) Geb. 8.—

3. Gewerberecht

Gaststättengesetz vom 28. April 1930 mit den Durchführungs- und Ausführungsverordnungen des Reiches und Preußens. Kommentar von W. Huyke. Neue Aufl. in Vorbereitung. (Guttentagsche Sammlung Deutscher Reichsgesetze Nr. 176.)

Gewerbeordnung für das Deutsche Reich nebst Gaststättengesetz, Kinderschutzgesetz und Hausarbeitsgesetz. Mit Einleitung von A. Elster. Neue Aufl. von G. Erdmann in Vorbereitung. (Guttentagsche Sammlung von Textausgaben ohne Anmerkungen mit Sachregister.)

Pfandleihrecht, Das deutsche — —. Kommentar zum preußischen Pfandleihgesetz unter Berücksichtigung der außerpreußischen Gesetze. Von G. Lenzen. Oktav. XXVI, 266 Seiten. 1929. 20.—

Recht der Reklame, Das — —. Von Dr. F. Wolff, RA und Notar zu Berlin und Dr. K.-A. Crisolli, Ger. Ass. zu Berlin. Oktav. XX, 403 u. 54 Seiten. 1929. 9.—, geb. 10.—

Rechtliche Stellung der Geheimmittel und ähnliche Arzneimittel, Die — —. Von Dr. W. Stader. Oktav. 116 Seiten. 1929. (Stilkes Rechtsbibl. Nr. 89.) Geb. 3.15

4. Geistig-gewerblicher Rechtsschutz

Behandlung der literarisch-musikalischen Werke nach geltendem Recht. Von C. Petzl. Oktav. 61 Seiten. 1911. (Schweitzer.) 1.40

Beiträge zum Patentrecht. Von W. Dunkhase, Geh. Reg. Rat. 6 Hefte. Oktav.

Heft 1: Die Patentfähige Erfindung und das Erfinderrecht unter besonderer Berücksichtigung des Unionsprioritätsrechts. 2. Aufl. 148 Seiten. 1913. 3.—

Heft 2: Die Neuheit der Erfindung nach Patent- und Gebrauchsmusterrecht. 53 Seiten. 1913. 1.50

Heft 3: Die Prüfung der Erfindung auf Patentfähigkeit. 49 Seiten. 1913. 1.50

Heft 4: Der Patentschutz. 97 Seiten. 1914. 3.—
Heft 5: Das Patenterteilungsverfahren und das Patentamt. 152 Seiten. 1914. 4.—
Heft 6: Nichtigkeitsverfahren, Zwangslizenz und Zurücknahme des Patents. 51 Seiten. 1914. 1.50

Berner Übereinkunft über Internationales Urheberrecht, Die — —. Von H. Dungs. Oktav. 75 Seiten. 1910. (Guttentagsche Sammlung Deutscher Reichsgesetze Nr. 95.) Geb. —.90

Eigenbild im Recht, Das — —. Von Dr. J. Kohler, o. Prof. a. d. Univers. Berlin. Oktav. 66 Seiten. 1903. 2.—

Filmgewerbe, Verträge im — —. Insbesondere die Filmpacht, die Filmlizenz und der Filmserienvertrag. Von O. Böhm. Oktav. VII, 79 Seiten. 1919. 2.50

Geheimnis und Erfindungsbesitz. Von Dr. J. L. Seligsohn, RA i. Berlin. Oktav. 147 Seiten. 1921. 3.—

Gesetz zum Schutz der Warenbezeichnungen. Von Dr. A. Seligsohn, Just. Rat. 3. Aufl., bearb. in Gemeinschaft mit M. Seligsohn, RA und Notar i. Berlin. Oktav. 416 Seiten. 1925. 15.—, geb. 16.50

Gutachten der fünf preußischen Sachverständigenkammern für Urheberrecht. Eine Auswahl, bearb. und herausgeg. von E. Wollenberg. Oktav. VIII, 210 Seiten. 1936. 5.—

Patent, Der einheitliche Schutzgegenstand des — — s. Prüfung, Umgrenzung und Auslegung der Erfindungstragweite nach dem neuen Patentgesetz. Von Dr. jur. S. von der Trenck, RA a. Kammergericht. Oktav. XII, 260 Seiten. 1936. 12.—, geb. 13.—

Patentanspruch, Der —. Von Dr. E. Müller, Patentanwalt i. Berlin. Oktav. 93 Seiten. 1925. 4.—

Patentgesetz nebst Ausführungsbestimmungen. Von R. Lutter, Geh. Reg. Rat, unter Mitwirkung von Dr. O. Emersleben und Dr. jur. A. Elster. 11. Aufl. in Vorbereitung. (Guttentagsche Sammlung Deutscher Reichsgesetze Nr. 22.)

Patentgesetz und Gesetz, betreffend den Schutz von Gebrauchsmustern. Erläutert. Von Dr. A. Seligsohn, Just. Rat. 7. Aufl. Mit Nachtrag. Oktav. VIII, 622 u. 8 Seiten. 1932. 22.50, geb. 24.30

Rechtsschutz, Gewerblicher — —. Von Lindenmaier. In Vorbereitung. (Leitfaden der Rechtswissenschaft.)

Rechtsstellung des Drehbuchautors, Die — —. Von Dr. jur. Chr. Andritzky. Oktav. IX, 80 Seiten. 1931. 3.50

Schutz des Urheberrechtes im deutschen Rundfunk, Der — —. Von Dr. jur., Dr. Ing. G. Reininger. Oktav. 87 Seiten. 1929. 4.—

Unlauterer Wettbewerb, Gesetz gegen den — — vom 7. Juni 1909. Kurzer Kommentar für Praxis und Studium. Von Elster. Neue Aufl. in Vorbereitung. (Guttentagsche Sammlung Deutscher Reichsgesetze Nr. 37.)

Urheber- und Erfinderrecht, Deutsches — —. Eine systematische Darstellung. 1. Abt. Allgemeiner Teil, Besonderer Teil: Urheberrecht an Schriftwerken und Tonwerken; Urheberrecht an Kunstwerken und Photographien; Geschmacksmusterrecht. Von E. Riezler, Prof. a. d. Univers. Freiburg i. Br. Gr.-Oktav. 506 Seiten. 1909. (Schweitzer.) 7.20

Urheber- und Erfinder-, Warenzeichen- und Wettbewerbsrecht. (Gewerblicher Rechtsschutz.) Von Dr. jur. A. Elster. 2., stark erweiterte und völlig umgearb. Aufl. (Mit Abdruck der Gesetzestexte.) Oktav. XII, 611 Seiten. 1928. (Lehrbücher und Grundrisse der Rechtswissenschaft Bd. VIII.) 16.20

Warenzeichengesetz vom 5. Mai 1936 nebst Pariser Verbandsübereinkunft und Madrider Abkommen, erläutert von Dr. R. Busse, Senatsrat im Reichspatentamt in Berlin. 2. Aufl. Oktav. 636 Seiten. 1939. (Stilkes Rechtsbibl. Nr. 40.) Geb. 14.—

Gewerbe- und Industrie-Kommentar (GIK). Unter besonderer Berücksichtigung der Rechtsprechung des Reichsgerichts herausgeg. von H. Koenige. Bd. III: **Warenzeichenrecht.** Kommentar von Dr. A. Hagens, Sen. Präs. Oktav. VIII, 580 Seiten. 1927. 22.—, geb. 24.—

IV. Zivilprozeß

(Freiwillige Gerichtsbarkeit, Grundbuchrecht, Konkursordnung, Zwangsvollstreckung und Kostengesetze)

Beschlagnahme von Lohn, Gehalt und Diensteinkommen, Das Recht der — —. Auf Grundlage des Reichsgesetzes vom 21. Juni 1869, der Verordnung über Lohnpfändung vom 25. Juni 1919 nebst Abänderungen und der Zivilprozeßordnung dargestellt von G. Meyer, Just. Rat, RA b. d. Landger. Berlin und Notar. Mit Nachtrag 1932. Oktav. 175 u. 3 Seiten. 1930. (Guttentagsche Sammlung Deutscher Reichsgesetze Nr. 55.) Geb. 4.—

Beweislastregeln, Die Anwendung der — — im Zivilprozeß und das qualifizierte Geständnis. Von Dr. K. Korsch. Oktav. X, 140 Seiten. 1911. 3.—

Einschränkungen der Aufrechnung und der Konfusion im Konkurs, Die — —. Von Dr. jur. H. Kunick, Ger. Refr. Oktav. 77 Seiten. 1926. 2.50

Freiwillige Gerichtsbarkeit. Von Dr. H. W. Müller, OLGRat i. Reichsjust. Ministerium. 1949. In Vorbereitung. (Leitfaden der Rechtswissenschaft Bd. 8.) ca. 4.—

Freiwillige Gerichtsbarkeit, Die Gesetze des Reiches und Preußens über die — —. Textausgabe mit Sachregister. 2. Aufl. Oktav. 115 Seiten. 1947. (Guttentagsche Sammlung von Textausgaben ohne Anmerkung und Sachregister.) 3.60

Freiwillige Gerichtsbarkeit, Die Gesetze des Reiches und Preußens über die — —. Von H. Jastrow †. 9. Aufl. in Bearbeitung. (Guttentagsche Sammlung Deutscher Reichsgesetze Nr. 46.)

Gebührenordnung für Rechtsanwälte, Die deutsche — —, nebst den landesgesetzlichen Gebühren der Rechtsanwälte. Herausgeg. von LGRat Dr. A. Friedländer u. RA Dr. M. Friedländer. 9., völlig neubearb. Aufl. des Kommentars von Walter-Joachim. Lex.-Oktav. 839 Seiten. 1932. (Schweitzer.) Geb. 32.—

Gebührenordnung für Rechtsanwälte, Tabellen zur — —, zur Reichskostenordnung in freiwilliger Gerichtsbarkeit, zum Gerichtskostengesetz und Umsatzsteuergesetz nebst ergänzenden Bestimmungen und Erläuterungen. Zusammengestellt von G. Quandt, RA i. Brandenburg a. H. 15. Aufl. Oktav. 42 Seiten. 1949. Geb. 6.—

Gerichtliche und Verwaltungs-Meteorologie. Das Wetter in der Rechtsprechung für Gerichte und Rechtsanwälte, Verwaltungen, Magistrate und Hausbesitzer, Berufsgenossenschaften und Versicherungsgesellschaften, für Gewerbe, Handel und Technik. Mit 438 Beispielen aus der Praxis. Von Prof. Dr. C. Kassner, Priv. Doz. a. d. Techn. Hochschule Berlin. Oktav. 208 Seiten. 1921. 4.—

Gerichtsentlastung und Güteverfahren im Krieg und Frieden. Von H. Cahn, RA i. Nürnberg. Oktav. 75 Seiten. 1916. 2.—

Gerichtskostengesetz, Deutsches — — nebst Gebührenordnungen für Gerichtsvollzieher und für Zeugen und Sachverständige in den neuesten Fassungen. Auf der Grundlage der Sydow-Busch'schen Textausg. neu bearb. in 11. Aufl. von Dr. L. Busch, RGRat i. R. und O. Krieg, LGDir. Mit Nachtrag. Oktav. XI, 433 u. 4 Seiten. 1928. (Guttentagsche Sammlung Deutscher Reichsgesetze Nr. 15.) Geb. 6.75

Gerichtskostengesetz, Kommentar zum — —. Von LGRat Dr. A. Friedländer u. RA Dr. M. Friedländer. Gr.-Oktav. XXXIII, 621 Seiten. 1928. (Schweitzer.) Geb. 26.50

Gerichtskostengesetz, Preußisches — — (neueste Fassung). Nach dem Tode des früheren Herausgebers Dr. P. Siméon erläutert von O. Lindemann, Geh. OJust. Rat. 8., völlig umgearb. Aufl. Oktav. 439 Seiten. 1928. (Guttentagsche Sammlung preußischer Gesetze Nr. 17.) Geb. 7.20

Gerichtsverfassung, Deutsche — — auf dem Gebiet der streitigen und freiwilligen Rechtspflege. Von W. Dittmann. Gr.-Oktav. 136 Seiten. (Cram, de Gruyter & Co. Hamburg.) 6.—

Gerichtsverfassungsgesetz mit Einführungsgesetz. Begonnen von Dr. R. Sydow. Neue Aufl. in Vorbereitung. (Guttentagsche Sammlung Deutscher Reichsgesetze Nr. 14.)

Gläubigeranfechtung außerhalb des Konkursverfahrens, Die — —. Erläuterungen des Anfechtungsgesetzes mit systematischer Einführung. 2., völlig neubearb. Aufl. von Dr. jur., Dr. rer. pol. h. c. E. Jaeger, Prof. der Rechte zu Leipzig. Gr.-Oktav. VIII, 387 Seiten. 1938. Geb. 23.—

Grundbuchordnung in der Fassung der Bekanntmachung vom 5. August 1935. Mit Anmerkungen und einer Zusammenstellung der Reichsausführungsbestimmungen und der wichtigsten in Reichs-, Zonen-, und Landes-Gesetzen, -Verordnungen und -Verfügungen enthaltenen Vorschriften über die Grundbuchverfassung und das Grundbuchverfahren. Von Dr. P. Thieme, Sen. Präs. i. Celle. 3., neubearb. Aufl. Oktav. 356 Seiten. 1949. Halbleinen 19.—

Mit Sonderanhang für: Groß-Berlin und die Länder der sowjetischen Besatzungszone. Von Dr. K. Schwarze. 22.—

— — das Land Bayern. Von F. Reichhelm. 20.50

— — das französisch und amerikanisch besetzte Gebiet Württembergs. Von Prof. Dr. Baur. 22.—

— — das Land Hessen. Von Dr. jur. H. Eise. 24.—

— — das Land Bremen. Von Dr. H. L. Schüter. 21.50

(Stilkes Rechtsbibl. Nr. 80.)

Grundbuchordnung für das Deutsche Reich nebst den Ausführungsbestimmungen. Kommentar von W. Hesse in Verbindung mit E. Saage und N. Fischer. Neue Aufl. in Vorbereitung. (Guttentagsche Sammlung Deutscher Reichsgesetze Nr. 42.)

Grundbuchordnung, Kommentar zur — — unter besonderer Berücksichtigung der in Preußen und Bayern weitergeltenden landesrechtlichen Bestimmungen. Von G. Meikel. 4., neubearb. Aufl. von RRat Dr. W. Imhof. Gr.-Oktav. 1310 Seiten. 1940. (Schweitzer.) Geb. 53.—. In Lieferungen: Lfg. 1: 3.60; Lfg. 2: 6.—; Lfg. 3: 6.—; Lfg. 4: 7.20; Lfg. 5: 7.20; Lfg. 6: 20.—; Einbanddecke: 1.50

Grundbuchrecht, Das materielle und formelle deutsche — — in seiner Beziehung zum Liegenschaftskatasterdienst unter besonderer Berücksichtigung der bayerischen und rheinpfälzischen Verhältnisse. Von D. H. Richter. In Vorbereitung.

Grundbuchrecht, Zehn Lösungen aus dem — — der Staatsprüfungsaufgaben seit 1919. Von OARichter Dr. W. Kriener. Oktav. 95 Seiten. 1930. (Schweitzer.) 2.70

Grundbuchrecht, Zehn weitere Lösungen aus dem — — der Staatsprüfungsaufgaben seit 1919. Von OARichter Dr. W. Kriener. Oktav. 117 Seiten. 1934. (Schweitzer.) 2.70

Hinterlegungsordnung, Die Reichs — — vom 10. März 1937. Bearb. von Amtmann M. Bree. Oktav. 163 Seiten. 1937. (Stilkes Rechtsbibl. Nr. 164.) Mit Nachtrag. 1939. Geb. 5.20

Justizbeitreibungsordnung und Einziehung von Vermögensstrafen. Erläutert von R. Witte, Bez. Revis. b. d. Amtsger. Berlin. Oktav. 204 Seiten. 1937. (Guttentagsche Sammlung Deutscher Reichsgesetze Nr. 209.) Geb. 3.80

Konkursgläubigerrecht, Die Feststellung des — — s. KO. § 146. Von E. Bley. (Dissertation.) Oktav. VIII, 107 Seiten. 1914. 3.50

Konkursordnung, Kommentar zur — — und den Einführungsgesetzen, mit einem Anhang, enthaltend das Anfechtungsgesetz, die Vergleichsordnung, Auszüge aus den Kostengesetzen, Ausführungsgesetze und Geschäftsordnungen. Von Dr. jur., Dr. rer. pol. h. c. E. Jaeger, Prof. der Rechte zu Leipzig. 6. u. 7., neubearb. Aufl. Quart. Bd. I: (KO. §§ 1—46.) XXVIII, 828 Seiten. 1931. 49.—. Bd. II: (KO. §§ 47—244, Einführungsgesetze, Richtlinien, Nachtrag und Sachregister.) Quart. XIX, 1037 Seiten. 1933/36. 46.—

Konkursordnung, Vergleichsordnung und Anfechtungsgesetz mit Erläuterungen. Auf der Grundlage der Sydow-Busch'schen Textausg. mit Anmerkungen. 17. Aufl. von Prof. Bley in Vorbereitung. (Guttentagsche Sammlung Deutscher Reichsgesetze Nr. 13.)

Konkursrecht, Lehrbuch des — — s. Von Dr. jur., Dr. rer. pol. h. c. E. Jaeger, Prof. der Rechte zu Leipzig. 8., erw. Aufl. des Grundrisses zur Vorlesung über Konkursrecht. Quart. 255 Seiten. 1932. Geb. 13.50

Konkursrecht und Vergleichsordnung. Von Dr. H. W. Müller, OLGRat i. Reichsjust. Ministerium. 1949. In Vorbereitung. (Leitfaden der Rechtswissenschaft Bd. 10.)

Konkursrichter, Handbuch für — —. Von Senatspräs. OLGRat J. Senst. 4. Aufl., nach dem Tode des Verfassers durchges. von Dr. A. W. Müller. Gr.-Oktav. 301 Seiten. 1928. (Schweitzer.) Geb. 12.60

Kostenfestsetzungsverfahren, Das — — und die deutsche Gebührenordnung für Rechtsanwälte nebst den landesgesetzlichen Vorschriften in Preußen, Bayern, Sachsen, Württemberg, Baden und Hessen. Mit Erläuterungen. 14. Aufl. des Willenbücherschen Werkes in Gemeinschaftsarbeiten von LGDir. F. Junge, LGRat K. Breuer, RA Dr. J. A. Graf Westarp, RA Dr. J. von der Heyde, RA Dr. W. Petersen. Gr.-Oktav. VIII, 575 Seiten und 14 Seiten Tabellen. 1944. (Schweitzer.) 16.50

Kostengesetz und Gebührenordnungen der Rechtspflege. Textausgabe mit Verweisungen, Gebührentabellen und Sachregister. Herausgeg. von R. Witte, Bez. Revis. b. d. Amtsger. Berlin. Oktav. VIII, 288 Seiten. 1937. (Guttentagsche Sammlung Deutscher Reichsgesetze Nr. 204.) Geb. 3.50
Nachtrag. 14 Seiten. 1938. —.30

Kostenordnung vom 25. November 1935. Von Reichsger. Rat G. Rusche. Oktav. 300 Seiten. 1936. (Stilkes Rechtsbibl. Nr. 150.) Geb. 10.—

Kostenrechnung, ABC der — —. Teil 1: Die Gerichtskosten in familienrechtlichen Angelegenheiten, in Nachlaß- und Teilungssachen. Von H. Meyer, Bez. Revis. i. München und K. Schlegel. Just. Amtm. i. Berlin. Oktav. 261 Seiten. 1942. (Schweitzer.) 6.—

Lehrausgaben deutscher Gesetze. Herausgeg. von Dr. O. Bühler, o. ö. Prof. a. d. Univers. Münster/W. Bd. II: **Die Zivilprozeßordnung.** Sachlich geordnet, mit systematischen Paragraphenüberschriften und ausführlichem Sachregister herausgeg. von L. Rosenberg. Mit Nachtrag 1932. Oktav. XI, 564 u. 20 Seiten. 1930. Geb. 8.—

Lehrbücher des deutschen Reichsrechtes. Guttentag'sche Sammlung. Oktav.
Nr. 1: **Der Reichs-Civilprozeß.** Von H. Fitting. 12. u. 13., neu durchges. Aufl. Mit Nachtrag: Die Neuerungen der Novelle zur Civilprozeßordnung vom 1. Juni 1909. XVIII, 798 u. 53 Seiten. 1907. 5.—
Nr. 3: **Das Reichs-Konkursrecht und Konkursverfahren.** Von H. Fitting. 3., völlig neubearb. Aufl. XVI, 523 Seiten. 1904. 4.—

Lohnpfändung, Recht der — —. Dargestellt und erläutert von Dr. H. Rühling, LGRat. Oktav. 244 Seiten. 1938. (Guttentagsche Sammlung Deutscher Reichsgesetze Nr. 216.) Geb. 5.—

Mit Ergänzung: Das neue Lohnpfändungsrecht. 1941. 1.50

Offenbarungseid und Haft im Zivilprozeß. Kommentar von W. Huyke. Oktav. 173 Seiten. 1930. (Guttentagsche Sammlung Deutscher Reichsgesetze Nr. 177.) Geb. 3.60

Prozeßführung, Die — — der im ordentlichen gesetzlichen Güterstand lebenden Ehefrau. Von Dr. jur. et rer. pol. Fr. Scheppler. Oktav. 60 Seiten. 1909. (Schweitzer.) 1.30

Das Publikum im Verkehr mit dem Amtsgericht in Familien-, Erb-, Nachlaß- und Testamentsangelegenheiten, Zivilprozessen, Aufgebotsachen, Arresten und einstweiligen Verfügungen, Zwangsvollstreckungssachen. Dargestellt in etwa 180 erläuterten Musteranträgen. Von O. Scheiblich. 5. Aufl. Gr.-Oktav. 211 Seiten. 1937. (Schweitzer.) 3.50

Reichskassenordnung vom 6. August 1927 (RKO.), mit Erläuterungen von Geh. ORGRat Ministerialdirigent i. R. R. Schulze und Ministerialrat Dr. E. Wagner. Oktav. 666 Seiten. 1930. (Stilkes Rechtsbibl. Nr. 92.) Geb. 16.—

Reichskostenordnung. (Verordnung über die Kosten in Angelegenheiten der freiwilligen Gerichtsbarkeit und der Zwangsvollstreckung in das unbewegliche Vermögen.) Vom 25. November 1935. Erläutert von O. Lindemann, Geh. OPostrat. Oktav. 195 Seiten. 1936. (Guttentagsche Sammlung Deutscher Reichsgesetze Nr. 198.) Geb. 3.50

Reichszivilprozeßordnung, Die — — mit Gerichtsverfassungsgesetz und den wichtigsten Nebengesetzen. Herausgeg. von Dr. H. W. Müller. OLGRat. Textausg. 2., neubearb. Aufl. Oktav. LVI, 678 Seiten. 1949. (Schweitzer.) 12.—, geb. 13.50

Sachbericht und Gutachten. Eine Anleitung in Grundrißform. Von LGRat Dr. E. Keßler. 2., neubearb. Aufl. Gr.-Oktav. 91 Seiten. 1937. (Schweitzer.) 2.—

Sachbeweis, Der —. Von W. Polzer. Oktav. Mit zahlreichen Abbildungen. XV, 184 Seiten. 1938. (Schweitzer.) Geb. 6.40

Sachlegitimation, Die — —. Von Dr. K. Rosenthal, Hamburg. Von der rechts- und staatswissenschaftl. Fakultät d. Univers. Würzburg gekrönte Preisschrift. Gr.-Oktav. 82 Seiten. 1903. (Schweitzer.) 2.—

Schiedsrecht. (Recht des privaten Schiedsverfahrens.) Von Dr. Fr. Prager, München. Oktav. 188 Seiten. 1931. (Schweitzer.) 5.—

Schiedsverfahren nach dem deutschen Recht, Das — —. Ein Lehr- und Handbuch für Laien und Juristen. Von H. Teßmer, Syndikus. Oktav. XVI, 301 Seiten. 1915. 7.—

Staatsanwalt in Zivilsachen, Die Tätigkeit des — —. Erläutert von Dr. L. Leiß, Staatsanw. i. München. Lex.-Oktav. 146 Seiten. 1942. (Schweitzer.) 4.—

Unterlassungsklage. Eine Übersicht für den Praktiker. Von RA Dr. A. Rosenthal. Oktav. 1916. (Schweitzer.) 2.40

Vergleichsordnung vom 26. Februar 1935 mit Erläuterungen von O. Krieg, Sen. Präs. beim Kammergericht. Zugleich Nachtrag zu Sydow-Busch-Krieg, Konkursordnung (ersetzt die Seiten 573—767 der 16. Aufl.). 10., völlig neubearb. Aufl. Oktav. VIII, 319 Seiten. 1937. (Guttentagsche Sammlung Deutscher Reichsgesetze Nr. 13a.) Geb. 6.—

Wahrheitspflicht im Zivilprozeß, Die —. Ein Vortrag. Von Dr. H. Welzel, Prof. i. Göttingen. Oktav. 27 Seiten. 1935. 2.—

Wert des Streitgegenstandes in bürgerlichen Rechtsstreitigkeiten, Der — —. Von Just. Insp. Fr. X. Berger. Gr.-Oktav. 103 Seiten. 1935. (Schweitzer.) 2.60

Zivilprozesse für den Rechtsunterricht, insbesondere für die Referendarübungen. Von R. Schneider. Oktav. 119 Seiten. 1914. 2.40

Zivilprozeßordnung und Gerichtsverfassungsgesetz. Begonnen von R. Sydow. 21. Aufl. in Vorbereitung. (de Gruytersche Sammlung Deutscher Gesetze.)

Zivilprozeßrecht. Von Dr. H. W. Müller, OLGRat. 1949. In Vorbereitung. (Leitfaden der Rechtswissenschaft Bd. 7.) ca. 4.—

Zwangshypothek, Die — —. Forschungen zu ihrer Geschichte und Theorie. Von Dr. H. Schanz, o. Prof. a. d. Univers. Würzburg. Oktav. (Schweitzer.) 1. Heft: Die gerichtliche Hypothek des französischen Rechts in ihrer geschichtlichen Entwicklung und Verbreitung. 240 Seiten. 1910. (Schweitzer.) 5.80. 2. Heft: Die Zwangshypothek des deutschen Rechts in ihrer geschichtlichen Entwicklung und Verbreitung. 213 Seiten. 1933. 7.—

Zwangsversteigerung und Zwangsverwaltung vom 24. März 1897, Gesetz über die — —. Mit besonderer Berücksichtigung der bayerischen Ausführungsbestimmungen und mit Beispielen. Von Sen. Präs. A. Steiner. 5., neubearb. Aufl. Lex.-Oktav. 720 Seiten. 1935. (Schweitzer.) Geb. 33.—

Zwangsvollstreckung. Ein Lehrbuch. Von Dr. K. Blomeyer, o. Prof. i. Jena. Oktav. 187 Seiten. 1933. (Lehrbücher und Grundrisse der Rechtswissenschaft Bd. XV.) Geb. 4.50

Zwangsvollstreckung, Die Gesetzgebung, betreffend die — — in das unbewegliche Vermögen im Reiche und in Preußen. Von Dr. J. Krech und Dr. O. Fischer. Neue Aufl. in Bearbeitung. (Guttentagsche Sammlung Deutscher Reichsgesetze Nr. 43.)

Zwangsvollstreckung in Forderungen und andere Vermögensrechte. Von F. Schubert, Just. Insp. i. Freiberg i. Sa. 2., neubearb. Aufl. Oktav. 310 Seiten. 1938. Geb. 5.50
Nachtrag. 1941. —.50

Zwangsvollstreckung und Zwangsversteigerung. Von Dr. H. W. Müller, OLGRat. In Vorbereitung. (Leitfaden der Rechtswissenschaft Bd. 9.)

Zwischenurteile, Über den Einfluß der — — und des bedingten Endurteils auf nachfolgende Versäumnisurteile. Von Zeitlmann. Oktav. 88 Seiten. 1893. (Schweitzer.) 2.—

V. Strafrecht und Strafprozeß

(einschl. Kriminologie)

Abhandlungen des Kriminalistischen Instituts an der Universität Berlin. Vierte Folge. Oktav. Begründet von Dr. Fr. v. Liszt. Herausgeg. von Dr. W. Graf Gleispach und Dr. E. Kohlrausch, Professoren des Strafrechts an der Universität Berlin.
Bd. I, Heft 1: **Liberalismus und Strafrecht im 19. Jahrhundert** unter Zugrundelegung der Lehren Karl Georg v. Waechters. Von Dr. H. Dannenberg. VII, 66 Seiten. 1925. 3.—

— —, Heft 2: **Die systematische Bedeutung der adaequaten Kausalitätstheorie** für den Aufbau des Verbrechensbegriffs. Von Dr. H. Tarnowski, RA a. Kammergericht. X, 340 Seiten. 1927. 18.—

— —, Heft 3: **Der Verrat von Betriebsgeheimnissen** nach englischem und nordamerikanischem Recht. Von Dr. jur. L. Ehrlich. VII, 75 Seiten. 1930. 4.—

— —, Heft 4: **Die juristische Natur der falschen Beweisaussage.** Ein Beitrag zur Geschichte und Systematik der Eidesdelikte, zugleich zur Frage einer Beschränkung der Strafbarkeit auf erhebliche falsche Aussagen. Von Dr. St. Kuttner. VI, 76 Seiten. 1931. 6.—

Bd. II, Heft 1: **Kriminalpolitik und Strafrechtssystematik** unter besonderer Berücksichtigung des sowjetrussischen Rechts. Von Dr. W. Gallas. VII, 88 Seiten. 1931. 5.—

— —, Heft 2: **Das Bewußtsein der Rechtswidrigkeit,** entwickelt an der Lehre vom Hausfriedensbruch. Von Dr. W. Goldschmidt. IX, 51 Seiten. 1931. 4.—

— —, Heft 3: **Bewährungsfrist vor dem Urteil.** Von Dr. jur. Fr. Hoefer. 90 Seiten. 1931. 4.—

Bd. III, Heft 1: **Der moderne Täterbegriff und der deutsche Strafgesetzentwurf.** Von Dr. R. Lange, Ger. Ass. VI, 79 Seiten. 1935. 3.50

— —, Heft 2: **Schutz von Staat und Volk im englischen Recht.** Im Vergleich mit einer rechtsvergleichenden Untersuchung der Verratsverbrechen. Von Dr. E. Schinnerer. XII, 99 Seiten. 1935. 4.50

— —, Heft 3: **Beiträge zur Lehre vom Adhäsionsprozeß.** Von Dr. jur. habil. A. Schönke, Ger. Ass. i. Berlin. XIV, 179 Seiten. 1935. 6.50

— —, Heft 4: **Hegels Notstandslehre.** Von Dr. P. Bockelmann. VI, 69 Seiten. 1935. 3.—

Bd. IV, Heft 1: **Kriminalität in Stadt und Land.** Von Dr. H. Buchardt. 168 Seiten. 1936. 8.—

— —, Heft 2: **Täuschung und Rechtswidrigkeit beim Kreditbetrug.** Von Dr. P. Burchardt. VI, 59 Seiten. 1937. 3.—

— —, Heft 3: **Die Auswirkungen des wertbeziehenden Denken in der Strafrechtssystematik.** Von Dr. H. Mittasch. X, 153 Seiten. 1939. 6.—

Bd. V, Heft 1: **Die notwendige Teilnahme.** Von Dr. R. Lange, Prof. i. Jena. IV, 102 Seiten. 1940. 5.—

— —, Heft 2: **Probleme der Strafe der Brandmarkung im Lichte von rechtsvergleichenden Quellen.** Von Dr. jur. Y. Chen. 56 Seiten. 1948. 4.—

§ 193. **Beleidigung und berechtigte Interessen.** Eine Sammlung von 40 strafrechtlichen Fällen nach der Spruchpraxis des Bayer. ObLG. Von J. Kurz. Gr.-Oktav. 28 Seiten. 1909. (Schweitzer.) —.50

Blankettfälschung, Die — —. Ihre Stellung innerhalb der Urkundenfälschung. Zugleich ein Beitrag zur Strafrechtsreform. Von Dr. jur. F. Hahn, Reutlingen. Oktav. VII, 76 Seiten. 1910. 1.20

Bücherei, kleine kriminalistische, — —. Herausgeg. von Dr. jur. H. Schneickert. Oktav.

Bd. I: **Die strafrechtlichen Aufgaben der Polizei.** Für den Polizeiunterricht und die Polizeipraxis. Von Dr. jur. H. Schneickert. 182 Seiten. 1923. 2.—

Bd. II: **Beobachtungs- und Ermittlungspraxis im Polizei- und Detektivdienst.** Von L. Philipp. 181 Seiten. 1923. 2.—

Bd. III: **Falschspieler.** Formen und Technik des Spielbetruges nebst einem Anhange: Der Spielprofessor und sein angebliches sicheres System beim Spiele gegen eine öffentliche Roulettebank. Von H. v. Manteuffel. Oktav. 90 Seiten. 1923. 2.—

Bd. IV: **Kriminalistische Spurensicherung.** Sammlung dienstlicher Anweisungen und sachverständiger Ratschläge für den Dienstgebrauch und für Polizeischulen. Herausgeg. von Dr. jur. H. Schneickert. 3., verb. Aufl. Mit 2 Abb. 117 Seiten. 1944. 2.80

Bd. V: **Gerichtsärztliche Tatbestandsfeststellungen** im Dienste der Polizei. Ein Leitfaden für Polizei- und Kriminalbeamte. Von Dr. med. P. Rehfeldt, Pol. med. Rat in Köln. 133 Seiten. 1927. Geb. 3.50

Bd. VI: **Kriminologie.** Von Dr. G. Ledig, OLGRat i. Dresden. 96 Seiten. 1947. 3.—

Entwurf 1925, Der — —. Von Dr. H. B. Gerland, o. ö. Prof. a. d. Univers. Jena. Allgemeiner Teil. Kritische Bemerkungen. Oktav. 96 Seiten. 1925. 5.—

Erforschung des Sachverhalts strafbarer Handlungen, Die — —. Ein Leitfaden für Beamte der Staatsanwaltschaft und des Polizei- und Sicherheitsdienstes. Von Dr. H. Groß, o. ö. Prof. d. Strafrechts a. d. Univers. Graz. 7. Aufl., neubearb. von Reg. Rat Dr. K. Leibig. Mit zahlreichen Abb. im Text. Gr.-Oktav. VIII, 231 Seiten. 1938. (Schweitzer.) Geb. 5.60

Gefängnisarbeit, Die — —. Vortrag, gehalten am 26. Juli 1900. Von Dr. Fr. v. Liszt, o. Prof. der Rechte i. Berlin. Oktav. 20 Seiten. 1900. (Sammlung gemeinverständlicher Vorträge, herausgeg. von der Berliner Finkenschaft.) —.60

Gehirn und Veranlagung des Verbrechers. Beiträge zur Aufhebung der Todesstrafe und zur Einführung eines Verwahrgesetzes. Im Anschluß an die Besprechung interessanter Rechtsfälle. Von Prof. Dr. med. M. Flesch. Oktav. 151 Seiten. 1929. 8.—

Geldstrafengesetz, Das — — vom 6. Februar 1924 mit Begründung und Ausführungsbestimmungen. Von Dr. A. Hellwig, LGDir. i. Potsdam. 3. Aufl. Oktav. XII, 187 Seiten. 1924. (Schweitzer.) 5.40

Gesetz und Schuld im Strafrecht. Von Dr. L. v. Bar, o. Prof. der Rechte i. Göttingen. 3 Bände. Oktav.
Bd. I. Das Strafgesetz. XII, 272 Seiten. 1906. 4.—
Bd. II. Die Schuld nach dem Strafgesetze. XIX, 855 Seiten. 1907. 12.—
Bd. III. Die Befreiung von Schuld und Strafe durch das Strafgesetz. XXVII, 610 Seiten. 1909. 8.—

Handbuch der Kriminalistik. Von Prof. Dr. H. Groß, o. ö. Prof. d. Strafrechts a. d. Univers. Graz, neu bearb. und erg. von Prof. Dr. E. Seelig, Dir. d. Kriminal. Inst. d. Univers. Graz. 8. Aufl. des „Handbuchs für Untersuchungsrichter als System der Kriminalistik". Oktav. Bd. I: 443 Seiten. 1942. (Schweitzer.) 14.—, Bd. II, Lfg. 2: IV, 214 Seiten. 1944. 6.50. Weitere Lieferungen erscheinen Anfang 1950.

Handlungsbegriff in seiner Bedeutung für das Strafrechtssystem, Der — —. Zugleich ein Beitrag zur Lehre von der rechtswissenschaftlichen Systematik. Von Dr. G. Radbruch, Priv. Doz. a. d. Univers. Heidelberg. Oktav. 147 Seiten. 1903. 3.—

Handwörterbuch der Kriminologie und der anderen strafrechtlichen Hilfswissenschaften. Unter Mitberatung von C. Drucker, Graf W. Gleispach, C. Hafner, M. Hagemann, F. Hartung, E. Kohlrausch, Müller-Heß. Herausgeg. von Dr. jur. A. Elster, Berlin und H. Lingemann, LGDir. i. Köln. Bd. II: Kriminalroman — Zwangs- und Fürsorgeerziehung. Mit Gesamtregister für Bd. I und II. Quart. X, 1208 Seiten. 1936. 69.50, geb. 75.—

Irrtum und Schuldbegriff im Strafrecht. I. Teil. Von Dr. E. Kohlrausch, Prof. a. d. Univers. Berlin. Oktav. VIII, 188 Seiten. 1903. 4.50

Jugendgerichtsgesetz vom 16. Februar 1923. Von AGRat H. Francke. 2. Aufl. Oktav. 133 Seiten. 1926. (Schweitzer.) 4.—

Kriminalistik, Die Photographie in der — —. Eine Einführung in die photographischen Arbeitsmethoden der naturwissenschaftlichen Kriminaluntersuchung. Von Dr. jur., Dr.-Ing. H. Tetzner, RA a. Landger. Traunstein. Mit 51 Abb. Oktav. VIII, 152 Seiten. 1949. 10.—

Krise des Strafrechts, Die — — und ihre Überwindung im Staatsgedanken. Von W. Gallas. Berliner Antrittsvorlesung. Oktav. 18 Seiten. 1933. (Sonderabdruck aus der Zeitschrift für die gesamte Strafrechtswissenschaft, 53. Band.) 1.—

Lehrbuch der Kriminologie. Von W. Sauer, Prof. a. d. Univers. Münster. ca. 280 Seiten. 1949. In Vorbereitung. ca. 13.—

Lehrbuch des deutschen Strafrechts. Von Dr. Fr. v. Liszt, o. Prof. der Rechte i. Berlin. 27. Aufl. in Bearbeitung.

Mitteilungen der Internationalen Kriminalistischen Vereinigung. Bulletin de l'Union Internationale de Droit Pénal. Deutsch und französisch. (11. bis 21. Band im Auftrage des Gesamtvorstandes redigiert von E. Rosenfeld.) Oktav.

Bd. I: 207 Seiten. 1889. 4.—

Bd. II: IV, 236 Seiten. Mit Beilage: Erste Landesversammlung der Gruppe Deutsches Reich. Halle a. S., den 26. und 27. März 1890. (Beilageheft zu Band 10 der Zeitschrift für die gesamte Strafrechtswissenschaft.) 88 Seiten. 1891. 4.—

Bd. III: IV, 429 Seiten. (Mit Beilage: Erste Versammlung der schweizerischen Landesgruppe. Bern, den 15. Juni 1891. [Sonderabdr. aus: Zeitschrift für Schweizer Strafrecht, H. 3.] 42 Seiten. 1891.) 1892. 6.—

Bd. IV: (Deutsch) IV, 367 Seiten. 1894. 8.—. (Französisch) IV, 416 Seiten. 1894. 8.—

Bd. V: IV, 552 Seiten. 1896. 8.—

Bd. VI: V, 604 Seiten. (Mit Beilage: Vorentwurf zu einem Schweizerischen Strafgesetzbuch nach den Beschlüssen der Expertenkommission.) IX, 132 Seiten. 1897. 8.—

Bd. VII: IV, 285 Seiten. (Mit Beilage: Sammlung außerdeutscher Strafgesetzbücher Nr. 11. XXIII, 126 Seiten. 1898.) 1899. 8.—

Bd. VIII: IV, 421 Seiten. (Mit Beilage: Sammlung außerdeutscher Strafgesetzbücher Nr. 14. 53 Seiten. 1899.) 1900. 8.—

Bd. IX: IV, 408 Seiten. 1902. 8.—

Bd. X: IV, 658 Seiten. 1902. 8.—

Bd. XI: IV, 863 Seiten. (Mit 2 Beilagen: Sammlung außerdeutscher Strafgesetzbücher Nr. 18. VII, 88 Seiten. 1903. — Materialien zur Lehre von der verminderten Zurechnungsfähigkeit. Herausgeg. von A. Gottschalk. X, 123 Seiten. 1904.) 1904. 12.—

Bd. XII: IV, 503 Seiten. (Mit 3 Beilagen: Sammlung außerdeutscher Strafgesetzbücher Nr. 20. XVI, 95 Seiten. 1904 und Nr. 21. VIII, 74 Seiten. 1905. — Materialien zur Lehre von der Rehabilitation. Gesammelt und herausgeg. von E. Delaquis und J. Polec. XLVIII, 498 Seiten. 1905.) 1905. 12.—

Bd. XIII: IV, LII, 784 Seiten. (Mit Beilage: Sammlung außerdeutscher Strafgesetzbücher Nr. 22. 20 Seiten.) 1906. 12.—

Bd. XIV: LII, 702 Seiten. 1907. 12.—

Bd. XV: VI, 664 Seiten. (Mit Beilage: Sammlung außerdeutscher Strafgesetzbücher Nr. 25. 114 Seiten.) 1908. 12.—

Bd. XVI: IV, XXXVII, 534 Seiten. (Mit 2 Beilagen: Sammlung außerdeutscher Strafgesetzbücher Nr. 27. 106 Seiten. 1909 und Nr. 30. 104 Seiten. 1910.) 1909. 12.—

Bd. XVII: IV, 576 Seiten. 1910. 12.—

Bd. XVIII: IV, 650 Seiten. (Mit 2 Beilagen: Sammlung außerdeutscher Strafgesetzbücher Nr. 31. 45 Seiten und Nr. 33. 37 Seiten.) 1911. 12.—

Bd. XIX: IV, 702 Seiten. (Mit 4 Beilagen: Sammlung außerdeutscher Strafgesetzbücher Nr. 34. XIV, 107 Seiten, Nr. 35. 12 Seiten, Nr. 36. 100 Seiten und Nr. 37. 37 Seiten.) 1912. 12.—

Bd. XX: IV, LII, 584 Seiten. (Mit 5 Beilagen: Sammlung außerdeutscher Strafgesetzbücher Nr. 38. 109 Seiten, Nr. 39. 188 Seiten, Nr. 40. 165 Seiten, Nr. 41. 43 Seiten und Nr. 42. 184 Seiten.) 1913. 12.—

Bd. XXI: VI, 710 Seiten. (Mit Beilage: Sammlung außerdeutscher Strafgesetzbücher Nr. 43. 46 Seiten.) 1914. 12.—

Bd. XXII: Enthält nur Heft 3 (als Beiheft zur Zeitschrift für Strafrechtswissenschaft Bd. 43, H. 4): 18. Tagung der deutschen Landesgruppe. 1924. 3.—; und Heft 4: 19. Tagung der deutschen Landesgruppe. 1924. 8.—

Hauptregister zu Bd. I—XII. 125 Seiten. 1905. 2.50

Mitteilungen der Internationalen Kriminalistischen Vereinigung. Neue Folge. Oktav.

Bd. I: 20. Tagung der deutschen Landesgruppe gemeinsam mit der Österreichischen Kriminalistischen Vereinigung zu Innsbruck vom 10.—12. September 1925. Im Auftrage des Vorstandes herausgeg. von E. M. Foltin. 256 Seiten. 1926. 14.—

Bd. II: 21. Tagung der deutschen Landesgruppe zu Bonn vom 9.—11. September 1926. Im Auftrage des Vorstandes herausgeg. von E. M. Foltin. 226 Seiten. 1927. 12.—

Bd. III: 22. Tagung der deutschen Landesgruppe zu Karlsruhe vom 11.—13. September 1927. XXIII, 224 Seiten. 1928. 13.—

Bd. IV: 23. Tagung der deutschen Landesgruppe zu Breslau am 24. u. 25. Mai 1929. XXIII, 211 Seiten. 1930. 7.—

Bd. V: 24. Tagung der deutschen Landesgruppe zu Essen am 28. u. 29. Mai 1931. XIII, 210 Seiten. 1931. 9.—

Bd. VI: 25. Tagung der deutschen Landesgruppe zu Frankfurt a. M. am 12. u. 13. September 1932. 219 Seiten. 1933. 8.—

Münzverbrechen und ihre Bekämpfung. Von RegRat Tartaruga, Ob. Pol. Rat. a. D. Lex.-Oktav. 53 Seiten. 1926. (Schweitzer.) 1.40

Nebenklage des Reichsstrafprozesses, Die — —. Ein Beitrag zu der Lehre von den Rechten des Verletzten im Strafverfahren. Von E. H. Rosenfeld. Oktav. VI, 212 Seiten. 1900. 4.—

Polizeihund als Gehilfe der Strafrechtsorgane, Der — —. Ein Hilfsbuch für Staaatsanwälte, Untersuchungsrichter, Verteidiger, Polizeibehörden usw. Von Dr. Th. Zell. Mit Abb. der gebräuchlichsten Polizeihunde. Oktav. 164 Seiten. 1909. 2.—

Reichsstrafprozeßrecht, Deutsches — — mit Einschluß des Strafgerichtsverfassungsrechts. Von E. Beling. Oktav. 568 Seiten. 1928. (Lehrbücher und Grundrisse der Rechtswissenschaft Bd. XVII.) 13.50

Sammlung außerdeutscher Strafgesetzbücher in deutscher Übersetzung. Herausgeg. von den Schriftleitungen der Zeitschrift für die gesamte Strafrechtswissenschaft und der Mitteilungen der Internationalen Kriminalistischen Vereinigung. Oktav.

Nr. 7: Das Strafgesetzbuch für das Großfürstentum Finnland vom 19. Dezember 1889 nebst Verordnung über die Strafvollstreckung. Übersetzt von J. Oehgvist. 85 Seiten. 1891. 2.—

Nr. 8: Das Mexikanische Strafgesetzbuch vom 7. Dezember 1871, gültig für den Bundesdistrikt und das Territorium Nieder-Kalifornien bezüglich der gemeinen Vergehen und für die ganze Republik bezüglich der Vergehen gegen den Bund. 188 Seiten. 1894. 3.50

Nr. 11: Entwurf eines allgemeinen Bürgerlichen Gesetzbuches für das Königreich Norwegen. Übersetzt von E. Rosenfeld und A. Urbye. XXIII, 126 Seiten. 1898. 4.—

Nr. 12: Das bulgarische Strafgesetzbuch vom 2. Februar 1896. 76 Seiten. 1897. 2.50

Nr. 14: Vorentwurf zu einem Strafgesetzbuch für das Kaiserlich japanische Reich. Übersetzt von A. Okada. 53 Seiten. 1899. 1.50

Nr. 15: Strafgesetzbuch der Republik Chile. Amtl. Ausg. Übersetzt von A. Hartwig. VIII, 109 Seiten. 1900. 3.—

Nr. 16: Allgemeines Bürgerliches Strafgesetzbuch für das Königreich Dänemark vom 10. Februar 1866 sowie Gesetz, betreffend die Behandlung einiger im allgemeinen bürgerlichen Strafgesetzbuch behandelter Verbrechen und Gesetz über Gewalt gegen schuldlose Personen vom 11. Mai 1897. Übersetzt von H. Bittl. 60 Seiten. 1901. 1.60

Nr. 17: Die bulgarische Strafprozeßordnung vom 3. April 1897. Übersetzt von A. Teichmann. 86 Seiten. 1902. 2.25

Nr. 18: Die norwegische Strafgesetzgebung des Jahres 1902. 1. Militärstrafgesetzbuch vom 22. Mai 1902. 2. Gesetz über das gerichtliche Verfahren in Militärstrafsachen vom 22. Mai 1902. 3. Gesetz vom 22. Mai 1902, enthaltend Änderungen im Gesetz über das gerichtliche Verfahren in Strafsachen vom 1. Juli 1887 (samt den seitherigen Änderungen). Übersetzt von A. Teichmann. 88 Seiten. 1903. 2.50

Nr. 19: Das Portugiesische Strafgesetzbuch. Übersetzt von F. Zander. XII, 120 Seiten. 1903. 3.—

Nr. 21: Die Ottomanische Strafprozeßordnung, veröffentlicht auf Jrade vom 5. Redscheb 1296 (25. Juni 1879). Übersetzt von W. Padel. VIII, 74 Seiten. 1905. 2.50

Nr. 22: Dänemark. 1. Interimistisches Gesetz Nr. 129 vom 1. April 1905 betr. Änderungen der Strafgesetze (Prügelgesetz). 2. Verordnung betr. Körperstrafe und Vollziehung. 3. Bekanntmachung Nr. 140 vom 6. September 1915 betr. die Durchführung der im interimistischen Gesetze vom 1. April enthaltenen Bestimmungen, daß Gefängnisstrafe bei gewöhnlicher Kost mit Arbeitszwang verbunden ist. 20 Seiten. 1906. —.60

Nr. 23: Strafgesetzbuch für das Kaiserlich japanische Reich vom 23. April 1907. Übersetzt von S. Oba. 47 Seiten. 1908. 1.50

Nr. 26: Spanisches Strafgesetzbuch. Vom 17. Juni 1870. Übersetzt von A. Hartwig. XIII, 127 Seiten. 1909. 3.—

Nr. 27: Neueste englische Kriminalpolitik. 1. Children Act, 1908. 2. Prevention of Crime Act, 1908. 3. Probation of Offenders Act, 1907. Übersetzt von E. Rosenfeld. 106 Seiten. 1909. 2.—

Nr. 31: Japanisches Militärstrafgesetzbuch vom 9. April 1908. Japanische Militärstrafgerichtsordnung vom 19. Oktober 1898. Übersetzt von R. Fujisawa. 45 Seiten. 1911. 1.20

Nr. 32: Vorentwurf zu einem Strafgesetzbuch für das Königreich Serbien. Nach der amtlichen Ausgabe übersetzt und herausgeg. von Z. Topalovits und H. Landsberg. 83 Seiten. 1911. 2.—

Nr. 33: Das Alkoholgesetz in Chile vom 18. Januar 1902. Übersetzt von A. Hartwig. 37 Seiten. 1912. 1.—

Nr. 34: Das Türkische Strafgesetzbuch vom 28. Zilhidje 1274 (9. August 1858) mit Novelle vom 6. Djemazi-ül-achyr 1329 (1. April 1911) und den wichtigsten Strafnebengesetzen. Übersetzt mit Einleitung und Anmerkungen von E. Nord. XIV, 107 Seiten. 1912. 3.50

Nr. 35: Englisches Spionagegesetz vom Jahre 1911. 12 Seiten. 1912. —.80

Nr. 36: Das Gerichtsverfassungsgesetz und die Strafprozeßordnung von Japan. Mit Anhang: Gesetz über die Gefangenenanstalten. Übersetzt und mit Anmerkungen versehen von M. Yamaoka und O. Kerry. 100 Seiten. 1912. 3.—

Nr. 37: a) Das belgische Kinderschutzgesetz vom 15. Mai 1912. b) Französisches Gesetz betr. Jugendgerichte und Schutzaufsicht vom 22. Juli 1912. Übersetzt von Rosenfeld. c) Entwurf eines deutschen Gesetzes über das Verfahren gegen Jugendliche. 37 Seiten. 1912. 1.—

Nr. 38: Das polizeiliche Strafverfahren in Ungarn. Übersetzt von G. von Szöllösy. 109 Seiten. 1912. 3.—

Nr. 39: Regierungsentwurf eines Österreichischen Strafgesetzbuches und einer Abänderung der Strafprozeßordnung (1912). 188 Seiten. 1913. 4.50

Nr. 40: Das Russische Militärstrafrecht. Übersetzt und bearbeitet von Klibanski. 165 Seiten. 1913. 3.50

Nr. 41: Ungarisches Jugendgerichtsgesetz vom Jahre 1913. Mit einem Vorwort von R. Vambéry. 41 Seiten. 1913. 1.—

Nr. 42: Die Strafprozeßordnung des Königreichs Italien vom 27. Februar 1913, nebst dem Einführungsgesetze dazu. Mit Anhang: Gesetz des Königreichs Italien betreffend die Irrenhäuser und die Irren vom 14. Februar 1904. Übersetzt und mit Anmerkungen versehen von G. Erich. 184 Seiten. 1913. 4.50

Nr. 43: Das englische Gesetz betr. die Fürsorge und Verwahrung geistig Minderwertiger. Übersetzt von E. Behrend. 46 Seiten. 1914. 1.20

Nr. 44: Japanische Strafgesetze. 1. Schwurgerichtsverordnung vom 18. April 1923 und strafrechtliche Nebengesetze. Übersetzt von H. Kusano, L. Sugiura und F. Bartelt. 2. Strafvollzugsgesetz vom 28. März 1908 nebst Ausführungsverordnung vom 16. Juni 1908. Übersetzt von T. Tokiwa und W. Gentz. Mit 6 Abb. 55 Seiten. 1927. 3.—

Nr. 45: Die Auslieferungsgesetze Norwegens, Schwedens und Finnlands. Mit einer systematischen Darstellung der Grundzüge des nordischen Auslieferungsrechts im Hinblick auf den Erlaß eines deutschen Auslieferungsgesetzes. Von E. Wolgast. VIII, 487 Seiten. 1928. 20.—

Nr. 46: Das Türkische Strafgesetzbuch vom 1. März 1926. Gesetz Nr. 765 (Türkisches Gesetzblatt Nr. 320 vom 13. März 1926). Ausführungsgesetz zum türkischen Strafgesetzbuch vom 26. April 1926. Übersetzt von K. Ziemke. 138 Seiten. 1927. 5.—

Nr. 47: Entwurf eines griechischen Strafgesetzbuches. Übersetzt und eingeleitet von D. G. Venturas. 123 Seiten. 1928. 7.—

Nr. 48: Italienischer Vorentwurf zu einem neuen Strafgesetzbuch (Progetto di un nuovo codice penale). Übersetzt von K. Bunge. XXXII, 224 Seiten. 1928. 10.—

Nr. 49: Strafgesetzbuch (U golownyi Kodex) der Russischen Sozialistischen Föderation Sowjet-Republik (R.S.F.S.R.) vom 22. November 1926 mit den Änderungen bis zum 1. August 1930. Übersetzt von W. Gallas. 1931. 4.—

Nr. 50: Das italienische Strafgesetzbuch vom 19. Oktober 1930. Übersetzt von Dr. K. Bunge. 227 Seiten. 1933. 7.—

Nr. 51: Das italienische Jugendgerichtsgesetz vom 20. Juli 1934 mit Erläuterungen und einem geschichtlichen Überblick über das italienische Jugendstrafrecht. Von Dr. E. Pritsch. 51 Seiten. 1935. 2.—

Nr. 52: R. Sieverts. Das englische Jugendwohlfahrts- und Jugendgerichtsgesetz vom 13. April 1933. (Children and Young Persons Act, 1933) (23 Geo. 5. Ch. 12). Unter Mitwirkung von Dr. jur. E. Hennings übersetzt, mit einer Einleitung und Anmerkungen versehen von Dr. jur. E. Sieverts. 116 Seiten. 1938. 7.—

Nr. 53: G. von Leask. Das australische Strafrecht, dargestellt von RA Leask, Sydney. Übersetzt von Dr. M. von Gottstein. VI, 203 Seiten. 1939. 8.—

Nr. 54: Das Rumänische Strafgesetzbuch. Carol II. vom 18. März 1936 mit den Abänderungsgesetzen vom 8. April 1936, 22. Dezember 1936, 22. Januar 1938, 24. September 1938 und 7. Oktober 1939. In deutscher Übertragung mit einer rechtsgeschichtlichen Einführung und rechtsvergleichenden Texthinweisen. 224 Seiten. 1942. 12.—

In Vorbereitung: Criminal Iustice Bill. Übersetzt von H. Sieverts.

Schwurgerichte, Erläuterungen der bayerischen Verordnung über die Wiedereinführung der — —. Von E. Brandstetter. In Vorbereitung.

Strafgesetzbuch mit Erläuterungen nebst den wichtigsten Nebengesetzen und einem Anhang über Strafprozeßrecht, Wirtschafts- und Jugendstrafrecht. Zum Gebrauch für Polizei-, Kriminal- und Gendarmeriebeamte. Von LGRat Dr. W. Petters. 20., vollk. neubearb. u. verm. Aufl. Oktav. 1949. In Vorbereitung. (Schweitzer.) ca. 7.20

Strafgesetzbuch, Deutsches — — mit Nebengesetzen. Textausgabe mit Erläuterung der Änderungen. 2. Aufl., besorgt von Dr. R. Lange. Oktav. 168 Seiten. 1949. (Guttentagsche Sammlung von Textausgaben ohne Anmerkungen mit Sachregister.) 6.—

Strafgesetzbuch für das Deutsche Reich mit Nebengesetzen. Von Dr. E. Kohlrausch. 39./40. Aufl. besorgt von Dr. R. Lange, Prof. der Rechte a. d. freien Univers. Berlin. In Vorbereitung. (Guttentagsche Sammlung Deutscher Reichsgesetze Nr. 2.) Geb. ca. 25.—

Strafgesetzreform, Prinzipien einer — —. 1. Die soziale Aufgabe der Strafe. Das Strafensystem. Von J. C. W. Thyrén. Oktav. 200 Seiten. 1910. 5.—

Strafprozeß. Von K. Schäfer. In Vorbereitung. (Leitfaden der Rechtswissenschaft.)

Strafprozeß und Strafrecht, Die Eidesreform in — —. Von M. Boehringer. Oktav. 203 Seiten. 1931. 10.—

Strafprozeßfälle mit Lösungen, Praktische — —. Von LGRat Dr. W. Petters. 5., vollk. umgearb. Aufl. (Petters, Strafrecht und Strafprozeß, Bd. II.) Oktav. XIV, 156 Seiten. (Schweitzer.) 8.—

Strafprozeßordnung für das Deutsche Reich, Die — — vom 22. März 1924 nebst dem Gerichtsverfassungsgesetz und den Gesetzen vom 24. November und 6. Dezember 1933. Kommentar. Von E. Löwe, A. Hellweg und W. Rosenberg. 19., völlig umgearb. Aufl. von H. Gündel, F. Hartung, H. Lingemann und E. Niethammer. Oktav. XII, 1545 Seiten. 1934. 58.—, geb. 63.—

Strafprozeßordnung und Gerichtsverfassungsgesetz. 25. Aufl., besorgt von Dr. R. Lange, Prof. der Rechte a. d. freien Univers. Berlin. In Vorbereitung. (Guttentagsche Sammlung Deutscher Reichsgesetze Nr. 12.)

Strafprozeßordnung und Gerichtsverfassungsgesetz. Textausgabe. Neue Aufl. in Vorbereitung. (Guttentagsche Sammlung von Textausgaben ohne Anmerkungen mit Sachregister.)

Strafprozeßrecht, Zehn Lösungen aus dem — — der Bayerischen Staatsprüfungs-Aufgaben. Von LGDir. F. Gerlach. 1921—1926. Oktav. 101 Seiten. 1931. (Schweitzer.) 2.70

Texte der Aufgaben. Oktav. 72 Seiten. 1931. 1.30

Strafrecht. Von K. Schäfer. In Vorbereitung. (Leitfaden der Rechtswissenschaft.)

Strafrecht, Das deutsche — — in seinen Grundzügen. Von Dr. H. Welzel, Prof. i. Göttingen. 2. Aufl. Oktav. 296 Seiten. 1949. Geb. 14.—

Strafrecht, Deutsches — —. Allgemeiner Teil. Von A. Köhler. Oktav. VIII, 723 Seiten. 1917. 11.50

Strafrecht. Grundriß zu Vorlesungen und Leitfaden zum Studium. Von Prof. Dr. F. van Calker. 4. Aufl. Lex.-Oktav. 199 Seiten. 1933. (Schweitzer.) Geb. 7.40

Strafrechtliche Arbeitsmethode de lege ferenda. Von Dr. L. Zimmerl, Priv. Doz. Oktav. 354 Seiten. 1931. 12.—

Strafrechtliche Aufsätze und Vorträge. Von Dr. Fr. v. Liszt, o. Prof. der Rechte i. Berlin. 2 Bände. Oktav. Bd. I: 1875—1891. 560 Seiten. Bd. II: 1892—1904. 519 Seiten. 1905. 20.—

Strafrechtliche Fälle für Übungen an Universitäten und bei Justizbehörden. Von R. Frank. 9., durchges. Aufl. 56 Seiten. 1933. 1.50

Strafrechtsfälle, Praktische — — mit Lösungen. Von LGRat Dr. W. Petters. 9., vollk. umgearb. u. verm. Aufl. (Petters, Strafrecht und Strafprozeß, Bd. I.) Oktav. 523 Seiten. 1949. (Schweitzer.) 20.—

Strafrechtslehre, Allgemeine — —. 2., völlig neue Aufl. **der Grundlagen des Strafrechts.** Mit Leitsätzen zur Anfertigung von Übungsarbeiten und Urteilen. Von W. Sauer, Prof. a. d. Univers. Münster. Oktav. XII, 264 Seiten. 1949. Halbleinen 14.—

Strafrecht und Strafverfahren. Eine Sammlung der wichtigsten Gesetze des Strafrechts und des Strafverfahrens mit Erläuterungen. Für den Praktiker zum Handgebrauche begründet von Dr. Dalcke, weil. Gen. Staatsanw., Geh. Just.Rat. 35., neubearb. Aufl. besorgt von LGDir. Dr. E. Fuhrmann und OLGRat Dr. K. Schäfer. In Vorbereitung. (Schweitzer.) ca. 35.—

Strafvollstreckung, Die — —. Durchführung der Vollstreckung gerichtlicher Strafen mit Beispielen. Von A. Roeschel, Just. Insp., und E. Blaese. Oktav. 280 Seiten. 1944. 7.50

Strafvollstreckung, Die — —. Ein Handbuch für bayerische Strafvollstreckungsbehörden. Von H. Stoiber, II. Staatsanw. b. Landger. München I. 2. Aufl. Lex.-Oktav. 226 Seiten. 1930. (Schweitzer.) Geb. 4.30

Strafvollzug, Persönlichkeitsforschung und Differenzierung im — —. Von W. Petrzilka. Oktav. 184 Seiten. 1930. (Cram, de Gruyter & Co. Hamburg.) 7.20

System und Praxis der Daktyloskopie und der sonstigen technischen Methoden der Kriminalpolizei. Von R. Heindl. 3., neubearb. und verm. Aufl. Mit 21 Bildertafeln und 905 Abb. im Text. Oktav. VIII, 779 Seiten. 1927. 36.—, geb. 40.—

Todesstrafe, Die — —. Ein Gutachten. Von M. Liepmann. Oktav. 220 Seiten. 1912. 4.—

Typen der Kriminellen, Die — —. Von Prof. Dr. E. Seelig und AGRat Dr. K. Weindler. Oktav. 194 Seiten. 1949. (Schweitzer.) (Grazer Kriminologische Schriften. Herausgeg. vom Kriminol. Inst. d. Univers. Graz.) 9.60

Übungen, Strafrechtliche — —. Siebzig Rechtsfälle und siebzig lehrmäßige Aufgaben. Von Prof. Dr. h. c. E. Niethammer, Reichsger. Rat a. D. Oktav. 76 Seiten. 1948. 3.50

Veruntreuung an vertretbaren Sachen, Die — —. Von Dr. W. Graf Gleispach, o. Prof. der Rechte i. Freiburg. Oktav. 205 Seiten. 1905. 4.—

Wirtschaftsstrafverordnungen. Erläutert von Dr. E. Fuhrmann, LGDir. i. Berlin. Oktav. IX, 203 Seiten. 1943. (Schweitzer.) 5.—

Zeitschrift für die gesamte Strafrechtswissenschaft. Gegründet von Dr. Fr. v. Liszt und A. Dochow. Oktav. Von den bisher erschienenen 62 Bänden sind aus Restbeständen noch einzelne Bände cplt. lieferbar. Neuerscheinen wird vorbereitet.

VI. Öffentliches Recht

1. Staats- und Völkerrecht, ausländisches Recht

Bankaufsichtsgesetze der Welt, Die — — in deutscher Sprache. Im Auftrage des Deutschen Instituts für Bankwissenschaft und Bankwesen gesammelt von Dr. jur. J. C. D. Zahn, RA i. Berlin. Gr.-Oktav. XXX, 819 Seiten. 1937. Geb. 30.—

Beiträge zum ausländischen und internationalen Privatrecht. Herausgeg. in Gemeinschaft mit E. Heymann, M. Pagenstecher, F. Schlegelberger, H. Titze, M. Wolff. Von E. Rabel. (Institut für ausländisches und internationales Privatrecht.) Oktav.

Heft 1: **Vertraglicher Schutz gegen Schwankungen des Geldwertes.** (Goldklauseln und andere Abreden zur Minderung des Valutarisikos.) Von Dr. A. Nußbaum, Prof. a. d. Univers. Berlin. 85 Seiten. 1928. 5.—

Heft 2: **Die Haftung des Verkäufers einer fremden beweglichen Sache in den Vereinigten Staaten** von Amerika in Vergleichung mit dem deutschen bürgerlichen Recht. Von Dr. J. Wolff. 84 Seiten. 1930. 4.—

Heft 3: Die **Bereicherungshaftung im anglo-amerikanischen Rechtskreis** in Vergleichung mit dem deutschen bürgerlichen Recht. Von Dr. W. Friedmann. 148 Seiten. 1930. 7.—

Heft 4: **Die Wirkungen der Wechselerklärungen** im internationalen Privatrecht. Von Dr. L. Raiser, Ass. a. Inst. f. ausl. u. int. Priv. Recht. 124 Seiten. 1931. 9.—

Heft 5: **Die Struktur des vertraglichen Schuldverhältnisses im angloamerikanischen Recht.** Von Dr. M. Reinstein. 256 Seiten. 1932. 15.30

Heft 6: **Die Fahrlässigkeit im nordamerikanischen Deliktsrecht** unter vergleichender Berücksichtigung des englischen und des deutschen Rechts. Von Dr. F. Keßler. 187 Seiten. 1932. 9.—

Heft 7: **Zessionsrecht.** 1. Teil. Von Dr. K. Arndt, Ger. Ass. 175 Seiten. 1932. 6.—

Heft 8: **Der Rechtserwerb vom Nichtberechtigten an beweglichen Sachen und Inhaberpapieren** im deutschen internationalen Privatrecht. Von Dr. K. Duden, Ass. a. Inst. f. ausl. u. int. Priv. Recht. 137 Seiten. 1934. 5.—

Heft 9: **Vertragsansprüche Dritter im französischen Recht** unter Vergleichung mit dem deutschen Recht dargestellt an Hand der Fälle der action directe. Von Dr. E. Wahl. IX, 227 Seiten. 1935. 9.—

Heft 10: **Die Ultra-Vires-Lehre im englischen Privatrecht.** Von Dr. C. Schlink, Ger. Ass. XVI, 183 Seiten. 1935. 6.—

Heft 11: **Beiträge zum Problem der internationalen Doppelbesteuerung.** Die Begriffsbildung im internationalen Steuerrecht. Von Dr. W. Wengler, Ass. a. Inst. f. ausl. u. int. Priv. Recht. XIV, 198 Seiten. 1935. 6.—

Heft 12: **Das englische Konkursrecht.** Von Dr. F. Eckstein. XV, 351 Seiten. 1935. 10.—

Heft 13: **Probleme der Aufrechnung:** Gegenseitigkeit und Liquidität rechtsvergleichend dargestellt. Von Dr. G. Kegel, Ass. a. Kaiser Wilh.-Inst. f. ausl. u. intern. Priv. Recht. XI, 225 Seiten. 1938. 7.—

Heft 14: **Studien zur Bedingungslehre.** 1. Teil: Über bedingte Verpflichtungsgeschäfte. Von Dr. A. Blomeyer, Ger. Ass. II, 120 Seiten. 1938. 4.—

Heft 15: **Studien zur Bedingungslehre.** 2. Teil: Über bedingte Verfügungsgeschäfte. Von Dr. A. Blomeyer. 165 Seiten. 1939. 5.—

Heft 16: **Vormund und Mündel im englischen Recht,** verglichen mit französischem und deutschem Recht. Von Dr. H. Abderhalden. VI, 197 Seiten. 1939. 6.—

Heft 18: **Der Neubürger im internationalen Privatrecht.** Fortwirkungen früheren Statuts bei Wechsel der maßgebenden Rechtsordnung. Von Dr. M. Ferid, Staatsanw. u. Priv. Doz. i. München. 1. Teil: Allgemeine Grundlagen. 113 Seiten. 1949. 6.80

Heft 19: **Vorkriegsverträge in Friedensverträgen.** Von Dr. E. Wolff, Präs. d. Obersten Ger. Hofes f. d. brit. Zone. XII, 196 Seiten. 1949. 8.80

Heft 20: **Internationales Zivilprozeßrecht.** Von E. Riezler. VIII, 710 Seiten. 1949. 30.—

Ab Heft 18 in Gemeinschaft mit Verlag J. B. C. Mohr (Paul Siebeck), Tübingen.

Beiträge zum ausländischen öffentlichen Recht und Völkerrecht. Herausgeg. in Gemeinschaft mit Fr. Glum, L. Kaas, E. Kaufmann, E. Schmitz, R. Smend, H. Triepel. Von V. Bruns. (Institut für ausländisches öffentliches Recht und Völkerrecht.) Oktav.

Heft 1: **Staatsrecht und Politik.** Rede beim Antritt des Rektorats der Friedrich-Wilhelm-Universität zu Berlin am 15. Oktober 1926. Von H. Triepel. 40 Seiten. 1927. 2.—

Heft 2: **Volksentscheid und Volksbegehren.** Ein Beitrag zur Auslegung der Weimarer Verfassung und zur Lehre von der unmittelbaren Demokratie. Von Dr. C. Schmitt, o. ö. Prof. der Rechte a. d. Univers. Bonn. 54 Seiten. 1927. 2.60

Heft 3: **Der Aufbau des britischen Reiches.** (Der Verhandlungsbericht der Reichskonferenz von 1926.) Eingeleitet und herausgeg. von Dr. K. Heck, Ger. Ass. 152 Seiten. 1927. 6.—

Heft 4: **Die Souveränität.** Ein Beitrag zur Theorie des Staats- und Völkerrechts. Von Dr. H. Heller, a. o. Prof. a. d. Univers. Berlin. 177 Seiten. 1927. 8.50

Heft 5: **Die Missionsfreiheit nach den Bestimmungen des geltenden Völkerrechts.** Von Dr. Th. Grentrup. 112 Seiten. 1927. 5.50

Heft 6: **Das Minoritätenproblem und seine Literatur.** Kritische Einführung in die Quellen und die Literatur der europäischen Nationalitätenfrage der Nachkriegszeit unter besonderer Berücksichtigung des völkerrechtlichen Minderheitenschutzes. Allgemeiner Teil. Von J. Robinson, RA in Kaunas. 165 Seiten. 1928. 9.—

Heft 7: **Der Reichssparkommissar.** Von Dr. K. Bilfinger o. ö. Prof. der Rechte a. d. Univers. Halle. 68 Seiten. 1928. 3.60

Heft 8: **Die völkerrechtliche Stellung der fremden Truppen im Saargebiet.** Von Dr. H. M. Bumiller. 156 Seiten. 1928. 9.—

Heft 9: **Das Recht des Ausnahmezustandes im Auslande.** (Frankreich, Belgien, Niederlande, Italien, England, Irland.) Bearb. i. Inst. f. ausl. öffentl. Recht u. Völkerrecht. 295 Seiten. 1928. 14.—

Heft 10: **Die Beziehungen zwischen dem Parlament und den Gerichten in England.** Eine rechtsvergleichende Studie. Von Dr. H. B. Gerland, o. ö. Prof. a. d. Univers. Jena. 137 Seiten. 1928. 8.—

Heft 11: **Zu den Problemen des fascistischen Verfassungsrechts.** Von Dr. G. Leibholz, Prof. a. d. Univers. Greifswald. 112 Seiten. 1928. 5.—

Heft 12: **Der deutsche und der französische Reichswirtschaftsrat.** Ein Beitrag zu dem Problem der Repräsentation der Wirtschaft im Staat. Von Dr. Fr. Glum. 188 Seiten. 1929. 9.—

Heft 13: **Das Wesen der Repräsentation unter besonderer Berücksichtigung des Repräsentativsystems.** Ein Beitrag zur allgemeinen Staats- und Verfassungslehre. Von Dr. G. Leibholz, Prof. a. d. Univers. Greifswald. 214 Seiten. 1929. 14.—

Heft 14: **Die Rechtsstellung der russischen Handelsvertretungen.** Von B. Schenk Graf von Stauffenberg, Prof. a. d. Univers. Greifswald. 94 Seiten. 1930. 6.—

Heft 15: Die Verfassungswandlung. Von Dr. Hsü Dau-Lin. 182 Seiten. 1932. 5.40

Heft 16: **Das deutsche Vorkriegsvermögen in Rußland** und der deutsche Entschädigungsvorbehalt. Von Dr. C. Menzel, AGRat i. Altona. IV, 236 Seiten. 1931. 9.—

Heft 17: Zur Problematik des Volkswillens. Von Dr. E. Kaufmann. 19 Seiten. 1931. 1.50

Heft 18: **Das parlamentarische Wahlrecht.** Ein Handbuch über die Bildung der gesetzgebenden Körperschaften in Europa. Von Dr. K. Braunias. Bd. I: Das Wahlrecht in den einzelnen Staaten. XVIII, 640 Seiten. 1932. 22.50, geb. 24.30

Heft 18a: **Das parlamentarische Wahlrecht.** Bd. II: Allgemeiner Teil. XII, 320 Seiten. 1932. 15.—, geb. 17.—

Beschränkung der deutschen Gerichtsbarkeit, Die — —. Die Gesetzgebung der Besatzungsmächte, insbesondere Gesetze Nr. 2 und Nr. 52 und Befehl 124 nebst Ausführungsbestimmungen. Zusammengestellt und erläutert. Von Dr. G. Nehlert, LGRat. Oktav. 136 Seiten. 1948. (Guttentagsche Sammlung Deutscher Reichsgesetze Nr. 233.) 5.—

Börsengesetzgebung, Die — — der Vereinigten Staaten. Sonderdruck aus dem „Bank-Archiv", Zeitschrift für Bank- und Börsenwesen 37./38. Jhrg. Von Dr. H. Trumpler. 90 Seiten. 1938. 2.50

Demokratie und Verfassungsreform. Wege zum Ausbau der Legislative und zur Stabilisierung der Exekutive in der Reichsverfassung vom 11. August 1919. Von H. Graf v. Schmettow. Oktav. 103 Seiten. 1925. 2.50

Deutsches Internationales Privatrecht, Die Grundlagen des — —. Von Dr. G. Melchior, Den Haag. Oktav. XXXI, 558 Seiten. 1932. 24.—

Englische Gerichtsverfassung, Die — —. Von Dr. H. B. Gerland, o. ö. Prof. a. d. Univers. Jena. Eine systematische Darstellung. 2 Halbbände. Oktav. 1. Halbband: XVI, 612 Seiten. 2. Halbband: 407 Seiten. 1910. 40.—

Englischer Strafprozeß des 13. Jahrhunderts, Studien und Skizzen zum — —. Von Dr. K. Güterbock, Geh. Just. Rat, Prof. der Rechte zu Königsberg. Oktav. 83 Seiten. 1914. 2.50

Entscheidungen des Oberprisengerichts in Berlin. Herausgeg. im Auftr. des Reichsjustizministeriums. Oktav. Bd. I: XVII, 444 Seiten. 1918. 14.—. Bd. II: XV, 338 Seiten. 1921. 10.—

Haager Abkommen über Internationales Privatrecht, Sechs — —. Von H. Dungs. Oktav. 116 Seiten. 1910. (Guttentagsche Sammlung Deutscher Reichsgesetze Nr. 98.) Geb. 1.35

Internationales Privatrecht nach dem Einführungsgesetz zum Bürgerlichen Gesetzbuch. Von Dr. H. Habicht, aus dem Nachlaß herausgeg. von M. Greiff. Oktav. VI, 254 Seiten. 1907. 6.—

Internationale Schiedssprechung. Eine Sammlung der für das Deutsche Reich verbindlichen Verträge und Vertragsbestimmungen, die sich auf internationale Gerichtsbarkeit, Schiedsgerichtsbarkeit sowie Vergleichsverfahren beziehen, nebst den dazugehörigen deutschen Regierungsdenkschriften. Herausgeg. und eingeleitet von H. Kraus. Oktav. XXXVI, 348 Seiten. 1929. (Guttentagsche Sammlung Deutscher Reichsgesetze Nr. 174.) Geb. 9.—

Minderheitsregierung in Großbritannien. Verfassungsrechtliche Untersuchungen zur neuesten Entwicklung des britischen Parlamentarismus. Von RA Dr. K. Loewenstein, München. Gr.-Oktav. III, 72 Seiten. 1925. (Schweitzer.) 3.—

Monroedoctrin in ihren Beziehungen zur amerikanischen Diplomatie und zum Völkerrecht, Die — —. Von Dr. jur. H. Kraus. Oktav. 480 Seiten. 1913. 9.—

Musta' min, Der — —. Ein Beitrag zum internationalen Privat- und Völkerrecht des islamischen Gesetzes. Von Dr. J. Hatschek, o. Prof. der Rechte a. d. Univers. Göttingen. Mit 7 Tafeln. Oktav. 108 Seiten. 1920. 5.—

Pariser Völkerbundsakte, Die — — nebst den Urkunden über die Pariser Verhandlungen, dem Haager Schiedsgerichtsabkommen usw. Mit einer historischen Einleitung versehen und erläutert. Von H. Wehberg. 2. Aufl. der „Abkommen der Haager Friedenskonferenz". Oktav. 175 Seiten. 1919. (Guttentagsche Sammlung Deutscher Reichsgesetze Nr. 99.) 4.—

Parlamentsrecht des Deutschen Reiches, Das — —. Von Dr. J. Hatschek, o. Prof. der Rechte a. d. Univers. Göttingen. Im Auftrage des deutschen Reichstages dargestellt. 1. Teil. Quart. XI, 628 Seiten. 1915. 16.—

Preußisches Verfassungsrecht, Das — —. Auf der Grundlage der Verfassung des Freistaats Preußen systematisch dargestellt. Von Dr. F. Stier-Somlo, Prof. des öffentl. Rechts. Oktav. VII, 173 Seiten. 1922. 3.30

Rechtsverhältnisse bei verschiedenen Völkern der Erde, Die — —. Ein Beitrag zur vergleichenden Ethnologie. Von A. Bastian. Oktav. LXXX, 435 Seiten. 1872. 8.—

Reichsrecht, Die abstrakte Forderung nach deutschem — —. Von L. Brütt. Oktav. 320 Seiten. 1908. 7.—

Reichs- und Staatsangehörigkeitsgesetz vom 22. Juli 1913 unter besonderer Berücksichtigung der bayerischen Verhältnisse. Erläutert von MinRat J. Woeber. 5. Aufl., bearbeitet von ORRat K. A. Fischer. Oktav. 272 Seiten. 1932. (Schweitzers braune Handausgabe.) 4.50

Reichs- und Staatsangehörigkeitsgesetz vom 22. Juli 1913. Erläutert mit Benutzung amtlicher Quellen und unter vergleichender Berücksichtigung der ausländischen Gesetzgebung. Von Dr. W. Cahn, Kais. Geh. Legat. Rat z. D. Oktav. XVII, 608 Seiten. 1914. 13.50, geb. 16.—

Rheinlandabkommen, Das — — sowie die Verordnungen der Interalliierten Rheinlandkommission. Dreisprachige Textausgabe mit Erläuterungen. Von H. Vogels und Dr. W. Vogels, Reg. Räte b. Reichskommissar f. d. bes. rhein. Gebiete in Koblenz. 2 Bände. Oktav. Bd. I: 144 Seiten. 1920. 4.50. Bd. II: Die Verordnungen 12—82 und die Anweisungen 8—12. 248 Seiten. 1921. 7.50

Staatsbankerott und internationales Recht. Von der Bluntschli-Stiftung gekrönte Preisschrift. Mit Anhang: Die Organisation der intern. Kontrolle der griechischen Staatsfinanzen. Von Dr. R. Pflug, München. Lex.-Oktav. 101 Seiten. 1898. (Schweitzer.) 4.50

Staatstheorien der französischen Nationalversammlung von 1789, Die — —, ihre Grundlagen in der Staatslehre der Aufklärungszeit und in den englischen und amerikanischen Verfassungsgedanken. Von Dr. R. Redslob, o. Prof. der öffentl. Rechte a. d. Univers. Rostock. Oktav. 368 Seiten. 1912. 10.—

Verfassung des Deutschen Reiches, Die — — vom 11. August 1919 mit den wichtigsten Nebengesetzen. Mit Einleitung. 3. Aufl. Oktav. 104 Seiten. 1931. (Guttentagsche Sammlung von Textausgaben ohne Anmerkungen und Sachregister.) —.90

Verfassung des Deutschen Reiches. Erläutert von RRat Dr. L. Gebhard. Gr.-Oktav. 622 Seiten. 1932. (Schweitzer.) Geb. 24.70

Verfassung des Deutschen Reichs vom 11. August 1919, Die — —. Ein systematischer Überblick. Von Dr. F. Stier-Somlo, Prof. des öffentl. Rechts. 3., erg. u. wesentl. veränd. Aufl. Oktav. VIII, 238 Seiten. 1925. 7.—

Verfassung und Verwaltung des Deutschen Reiches nebst den wichtigen Nebengesetzen. Von Dr. jur. M. Gebhardt, Ger. Ass. a. D. Ein Hilfsbuch für die Examina in Justiz und Verwaltung sowie für die Doktorprüfung. Oktav. X, 506 Seiten. 1912. 7.—

Verfassung der Vereinigten Staaten von Nordamerika, Die — —. „Was war, was ist — was wird?“ Von James M. Beck. Nach der 9., im Jahre 1925 erschienenen, mit einer Einführung von Calvin Coolidge versehenen Ausg., in genehmigter Übersetzung herausgeg. von A. Friedmann. Mit einer Einleitung von W. Simons. Mit 2 Abb. Oktav. XVI, 438 Seiten. 1928. 8.—

Verfassungsentwicklung von Algerien, Die — —. Mit einem Anhang: Gesetzestexte und Entwürfe. Von H. Gmelin. Quart. XXXIX, 453 u. IV, 115 Seiten. Mit 1 Karte im Text. 1911. (Aus: Abhandlungen des Hamburgischen Kolonial-Instituts.) (Cram, de Gruyter & Co. Hamburg.) 18.—

Verfassungsrecht, Bayerisches — —. Von Dr. H. Nawiasky. Gr.-Oktav. XXIII, 558 Seiten. 1923. (Schweitzer.) 12.80, geb. 14.80

Veröffentlichungen der Vereinigung der deutschen Staatsrechtslehrer. Oktav.

Heft 1: **Der deutsche Förderalismus.** Die Diktatur des Reichspräsidenten. Referate von G. Anschütz, K. Bilfinger, C. Schmitt und E. Jacobi. Verhandlungen der Tagung der Deutschen Staatsrechtslehrer zu Jena am 14. und 15. April 1924. Mit Eröffnungsansprache und einer Zusammenfassung der Diskussionsreden. 146 Seiten. 1924. 5.—

Heft 2: **Der Schutz des öffentlichen Rechts.** Die neueste Entwicklung des Gemeindeverfassungsrechts. Referate von W. Jellinek, G. Lassar, F. Stier-Somlo, L. von Köhler, H. Helfritz. Verhandlungen der Tagung der Deutschen Staatsrechtslehrer zu Leipzig am 10. und 11. März 1925. Mit Eröffnungs- und Begrüßungsansprachen sowie einer Zusammenfassung der Diskussionsreden. 265 Seiten. 1925. 12.—

Heft 3: **Die Gleichheit vor dem Gesetz im Sinne des Art. 109 der Reichsverfassung.** Der Einfluß des Steuerrechts auf die Begriffsbildung des öffentlichen Rechts. Berichte von E. Kaufmann, H. Nawiasky, A. Hensel und O. Bühler. Verhandlungen der Tagung der Deutschen Staatsrechtslehrer zu Münster i. W. am 29. und 30. März 1926. Mit einem Auszug aus der Aussprache. 140 Seiten. 1927. 7.—

Heft 4: **Das Recht der freien Meinungsäußerung.** Der Begriff des Gesetzes in der Reichsverfassung. Berichte von K. Rothenbücher, R. Smend, H. Heller und M. Wenzel. Verhandlungen der Tagung der Deutschen Staatsrechtslehrer zu München am 24. und 25. März 1927. Mit einem Auszug aus der Aussprache. 215 Seiten. 1928. 10.—

Heft 5: **Wesen und Entwicklung der Staatsgerichtsbarkeit.** Überprüfung von Verwaltungsakten durch die ordentlichen Gerichte. Berichte von H. Triepel, H. Kelsen, M. Layer und E. von Hippel. Verhandlungen der Tagung der Deutschen Staatsrechtslehrer zu Wien am 23. und 24. April 1928. Mit einem Auszug aus der Aussprache. 238 Seiten. 1929. 12.—

Heft 6: **Bundesstaatliche und gliedstaatliche Rechtsordnung.** Verwaltungsrecht der öffentlichen Anstalt. Berichte von F. Fleiner, J. Lukas, L. Richter und A. Köttgen. Verhandlungen der Tagung der Deutschen Staatsrechtslehrer zu Frankfurt a. M. am 25. und 26. April 1929. Mit einem Auszug aus der Aussprache. 166 Seiten. 1929. 9.—

Heft 7: **Entwicklung und Reform des Beamtenrechts.** Die Reform des Wahlrechts. Berichte von H. Gerber, A. Merkl, H. Pohl und G. Leibholz. Verhandlungen der Tagung der Deutschen Staatsrechtslehrer zu Halle am 28. und 29. Oktober 1931. Mit einem Auszug aus der Aussprache. III, 212 Seiten. 1932. 10.80

Völkerrecht, Das — — ein Pseudorecht. Von St. E. Edmunds. Autorisierte Übersetzung des amerikanischen Werkes The Lawless Law of Nations (1925) von C. Bruns. Oktav. VII, 465 Seiten. 1933. 6.—

Völkerrecht, Das Problem des — — s. Eine Studie über den Fortschritt der Nationen zu einem universellen Staatensystem, das die Geltung des Völkerrechts verbürgt. Entworfen unter Verwertung der theoretischen und diplomatischen Versuche, die seit dem römischen Weltreich des Mittelalters und bis zu den Haager Konferenzen unternommen sind, und vornehmlich gegründet auf die Entwicklungsgeschichte der Schweizer Eidgenossenschaft. Von Dr. R. Redslob, o. Prof. der öffentl. Rechte a. d. Univers. Rostock. Oktav. VI, 392 Seiten. 1917. 10.—

Völkerrecht, Lehrbuch des — — s. Von D. Anzilotti. Bd. I: Einführung — Allgemeine Lehren. Vom Verfasser durchgesehene und autorisierte Übertragung nach der 3., erw. und revidierten italienischen Aufl. Von C. Bruns und K. Schmid. Oktav. XII, 429 Seiten. 1929. 17.—, geb. 18.—

Wahlgesetz, Kommentar zum — — und zur Wahlordnung im deutschen Kaiserreich. Von Dr. J. Hatschek, o. Prof. der Rechte a. d. Univers. Göttingen. Oktav. 414 Seiten. 1920. 8.—

Wörterbuch des Völkerrechts. Begonnen von Prof. Dr. J. Hatschek, Göttingen, fortgesetzt von Dr. K. Strupp, Frankfurt/M. 3 Bände. Oktav.
Bd. I: Aachen — Lynchfall. VI, 860 Seiten. 1924.
Bd. II: Maas — Utschiali. 779 Seiten. 1925.
Bd. III: Vasallenstaaten — Zwangsversicherung. Mit Anhang: Abessinien — Weltgerichtshof, Sachverzeichnis mit Mitarbeiterregister. 1316 Seiten. 1929. Neue Auflage in Vorbereitung.

Zeitschrift für ausländisches öffentliches Recht und Völkerrecht. Herausgeg. in Gemeinschaft mit E. Kaufmann, R. Smend, H. Triepel, L. Kaas, F. Glum von V. Bruns. (Institut für ausländisches öffentliches Recht und Völkerrecht.) Quart. Aus Restbeständen sind noch einzelne Hefte der Bände 1—12 lieferbar. Auf Wunsch nähere Angaben.

2. Verwaltungsrecht

Aufenthalts- und Freizügigkeitsgesetz. Mit Vollziehungsvorschriften und den einschlägigen Gesetzen (z. B.: Zigeunergesetz). Von MinRat Dr. G. Ziegler. 4. Aufl. Oktav. 210 Seiten. 1930. (Schweitzers braune Handausgabe.) Geb. 6.90

Bauordnung, Die bayerische — —. Von Bez. Amtm. G. Heilmann u. K. Weinisch. 3. Aufl. Oktav. 708 Seiten. 1931. (Schweitzers braune Handausgabe.) Geb. 12.60

Baupolizeigesetze, Die preußischen — — nebst den sonstigen einschlägigen Reichs- und Landesgesetzen erläutert von H. Heine. Oktav. 404 Seiten. 1928. (Guttentagsche Sammlung preußischer Gesetze Nr. 64.) Geb. 7.20

Baupolizeirecht, Münchener — —. Die Münchener Bauordnung und die Münchener Staffelbauordnung. Mit Erläuterungen und Abdruck der einschlägigen Bestimmungen. Von Dr. K. Helmreich, Dr. F. Schels, Dr. A. Steinhauser. Oktav. 550 Seiten. 1927. (Schweitzer.) Geb. 16.—

Beamtengesetz. Von MinRat G. Ziegler. (Sonderdruck aus: Sammlung in der Praxis oft angewandter Verwaltungsgesetze und Verordnungen.) Oktav. 60 Seiten. 1927. (Schweitzer.) 1.40

Bergbau und Grundbesitz nach preußischem Recht unter Berücksichtigung der übrigen deutschen Berggesetze. Von W. Westhoff, Just. Rat, RA und Notar zu Dortmund. 2 Bände. Oktav. Bd. I: Der Bergschaden. XXII, 407 Seiten. 1904. Geb. 9.—. Bd. II: Die Grundabtretung. Die öffentlichen Verkehrsanstalten. XXVI, 437 Seiten. 1906. Geb. 9.50

Berggesetz, Allgemeines — — für die preußischen Staaten mit Kommentar. Von Dr. jur. H. Brassert. 2. Aufl., bearb. von H. Gottschalk. Oktav. XXIX, 1291 Seiten. 1914. 27.—

Berggesetz, Bayerisches —. 3. Aufl., bearb. von ORRat L. Nothaas u. RRat H. Miesbach. Oktav. 988 Seiten. 1927. (Schweitzers braune Handausgabe.) Geb. 25.60

Berggesetz, Preußisches Allgemeines — — nebst Nebengesetzen und wichtigen den Bergbau betreffenden Bestimmungen mit Erläuterungen. Von Dr. jur. H. Ebel, OBergrat. 5. Aufl. XVI, 692 Seiten. 1944. (Guttentagsche Sammlung preußischer Gesetze Nr. 12.) 25.—

Bergrecht, Grundzüge des — — s. Von C. Voelkel. Oktav. 3. Aufl. in Vorbereitung.

Bergrecht, Lehrbuch des preußischen — — s mit Berücksichtigung der übrigen deutschen Bergrechte. Von Dr. R. Klostermann, OBergrat. Oktav. XII, 499 Seiten. 1871. 8.—

Bergschäden, Die Entschädigung für — —. Zugleich ein Beitrag zur Lehre vom Schadenersatz. Von Dr. E. Holländer, Ger. Ass. Oktav. 204 Seiten. 1903. 5.—

Bergwesen. Von MinRat G. Ziegler. (Sonderdruck aus: Sammlung in der Praxis oft angewandter Verwaltungsgesetze und Verordnungen.) Oktav. 60 Seiten. 1927. (Schweitzer.) —.90

Berlin, Gesetz über die Bildung der neuen Stadtgemeinde — —. Vom 27. April 1920. Bearbeitet von P. Wölbling. Mag. Rat der Stadt Berlin. 2. Aufl. mit dem Gesetz zur Änderung des Gesetzes vom 7. Oktober 1920, den Ausführungsbestimmungen und dem Ortsgesetz für die Durchführung der Verhältniswahl. Mit 1 Karte. Oktav. 140 Seiten. 1921. (Guttentagsche Sammlung preußischer Gesetze Nr. 59.) Geb. 1.25

Berliner Stadtrecht. Ein Handbuch des Verwaltungsrechts der Stadt Berlin. Von P. Wölbling, Mag. Rat Oktav. IX, 251 Seiten. 1911. 5.—, geb. 5.75

Berufsbeamtentum, Das — — im neuen demokratischen Staat. Eine staatsrechtliche Studie von Dr. C. Heyland, o. Prof. des öffentl. Rechts i. Gießen. Oktav. 156 Seiten. 1949. 6.—

Besoldung der Kommunalbeamten in Preußen, Die — — unter Berücksichtigung der 24. Ergänzung zum Reichsbesoldungsgesetz und des Deutschen Beamtengesetzes. Bearbeitet von Gerichtsass. a. D. H. Schönebeck unter Mitwirkung von Ministerialdirigent H. Seel und MinRat Dr. U. Krauthausen. Oktav. 212 Seiten. 1937. (Stilke.) Geb. 6.60

Besoldungsgesetz, Preußisches — —. Kommentar. Mit Gehaltstafeln. Von MinRat Dr. H. Erythropel †. 5. Aufl., neubearb. von MinRat O. König. Oktav. X, 564 Seiten. 1932. (Schweitzer.) Geb. 14.80

Denkschriftenband zur Begründung des Entwurfs eines Gesetzes betreffend Änderungen im Finanzwesen. (Zusammengestellt vom Reichsschatzamt.) 4 Teile in 5 Bänden. Quart. 1908. 9.—

Teil 1: Das Finanzwesen der öffentlichen Körperschaften Deutschlands. V, 857 Seiten.

Teil 2: Die Finanzen von Frankreich, Großbritannien und Irland, Italien, Japan, Österreich-Ungarn, Rußland, der Schweiz, den Vereinigten Staaten von Amerika. VI, 442 Seiten.

Teil 3: Materialien zur Beurteilung der Wohlstandsentwicklung Deutschlands im letzten Menschenalter. 132 Seiten.

Teil 4: Materialien zur Beurteilung der Zusammenhänge zwischen dem öffentlichen Schuldenwesen und dem Kapitalmarkte. III, 287 Seiten. Zusammenfassung, Sachregister, Zusätze und Berichtigungen zu Teil 1—4. Mit graphischen Darstellungen und Erläuterungen. XXXII, 34, 6 Seiten.

Dienstordnung, Die allgemeine — — für die bayerischen Staatsbehörden vom 12. Januar 1933. Handausgabe mit Anmerkungen und Sachverzeichnis. Von MinRat Dr. Joh. R. v. Schelhorn. Oktav. 160 Seiten. 1933. (Schweitzer.) 4.50

Disziplinargesetz, Das preußische — — für die nichtrichterlichen Beamten nebst dem Disziplinargesetze für die Privatdozenten. Erläutert und mit den ergänzenden Gesetzesbestimmungen, zumal der Strafprozeß- und Zivilprozeßordnung, versehen von Dr. jur. E. v. Dultzig, Reg. Rat a. D. Oktav. XIV, 364 Seiten. 1914. (Guttentagsche Sammlung preußischer Gesetze Nr. 51.) Geb. 3.80

Eisenbahnverkehrsordnung, Die — — vom 16. Mai 1928 mit Allgemeinen Ausführungsbestimmungen sowie dem Internationalen Übereinkommen über den Eisenbahnfrachtverkehr vom 30. Mai 1925 und dem Internationalen Übereinkommen über den Eisenbahn-Personen- und -Gepäckverkehr vom 12. Juni 1925. Nach dem Tode von Blume herausgeg. mit Anmerkungen von Dr. jur., Dr. rer. pol. h. c. W. Weirauch. 8. Aufl. in Vorbereitung. (Guttentagsche Sammlung Deutscher Reichsgesetze Nr. 91.)

Entschädigungspflicht des Staates für Eingriffe in das private Flußeigentum nach bayerischem Recht. Von Dr. A. Arnold. Gr.-Oktav. 36 Seiten. 1931. (Schweitzer.) 1.80

Fischereigesetz, Bayerisches — — vom 15. August 1908 mit der Landesfischereiordnung vom 23. März 1909 und allen Vollzugsvorschriften. Von Staatsrat J. Bleyer. 5. Aufl. Oktav. 438 Seiten. 1934. (Schweitzers braune Handausgabe.) Geb. 10.80

Fischereigesetz, Das preußische — — vom 11. Mai 1916 in der geltenden Fassung. Erläutert von A. Born. Oktav. 428 Seiten. 1928. (Guttentagsche Sammlung preußischer Gesetze Nr. 62.) Geb. 6.75

Flurbereinigungsgesetz, Bayerisches — — vom 5. August 1922 nach der Fassung vom 11. Februar 1932. Für die Praxis erläutert von MinRat Dr. G. Seubelt. 2., neubearb. Aufl. Oktav. 438 Seiten. 1934. (Schweitzers braune Handausgabe.) Geb. 5.—

Forstgesetz, Das bayerische — —. Kommentar. Mit den Vollzugsvorschriften, dem Aufforstungsgesetz und dem Pfälzischen Forststrafgesetz. Von Dr. W. Wonhas. Gr.-Oktav. 545 Seiten. 1931. (Schweitzer.) 25.—

Gemeindebetriebe, Zum Recht der — —. Öffentlich und privatrechtlich betriebene Gemeindeanstalten und Einrichtungen. Von O. Sperlich, Kiel. (Sonderabdruck aus: Annalen des Deutschen Reichs 1931.) Gr.-Oktav. 100 Seiten. 1931. (Schweitzer.) 4.—

Geschlechtskrankheiten, Gesetz zur Bekämpfung der — —. Erläutert von LGDir. Dr. A. Hellwig. Oktav. 500 Seiten. 1928. (Schweitzers braune Handausgabe.) Geb. 10.30

Gesetzgebung über die allgemeine Landesverwaltung, Die — — und über die Zuständigkeit der Verwaltungs- und Verwaltungsgerichtsbehörden. Bearbeitet von Dr. K. Friedrichs, Just. Rat. 3., durchges. Aufl. Mit Nachtrag 1932. Oktav. XXIII; 295 u. 18 Seiten. 1927. (Guttentagsche Sammlung preußischer Gesetze Nr. 42.) Geb. 4.50

Gesundheitswesen, Die reichs- und landesrechtlichen Bestimmungen auf dem Gebiete des — — s. Zusammengestellt von Dr. jur. et rer. pol. W. Voß, Pol. Verw. Rechtsrat. Oktav. 608 Seiten. 1929. (Guttentagsche Sammlung Deutscher Reichsgesetze Nr. 172.) Geb. 9.90

Höchstpreis, Der — —. Eine systematische Untersuchung auf Grund der Erfahrungen der deutschen Kriegswirtschaft. Von Reg. Rat Dr. E. Stern. Oktav. VIII, 305 Seiten. 1923. (Schweitzer.) 9.—

Irrengesetzgebung in Deutschland, Die — —, nebst einer vergleichenden Darstellung des Irrenwesens in Europa. (Für Ärzte, Juristen und gebildete Laien.) Von Prof. Dr. E. Rittershaus. Oktav. VI, 261 Seiten. 1927. 12.—

Jahrbuch der Entscheidungen für Bau- und Grundstücksrecht. 1937. Von C. Saß. Oktav. VIII, 192 Seiten. 1937. (Schweitzer.) 3.50
— —. 1938. 200 Seiten. 1938. 4.—

Jugendamt als Gemeindewaisenrat, Das — —. Von P. Niestroj. Oktav. 91 Seiten. 1932. 3.—

Justizbauverwaltung, Die preußische — — unter Benutzung amtlichen Materials dargestellt unter Mitwirkung von E. Paterna und P. Regener. Von E. Friedrichs. Oktav. VII, 384 Seiten. 1929. Geb. 18.—

Kriminalpolizeidienst, Handbuch für den praktischen — —. Ein Lehrbuch. Von W. Polzer. Gr.-Oktav. 273 Seiten. 1922. (Schweitzer.) 2.50

Kurtaxe, Die — —. Betrachtungen über ihre rechtliche Natur. Von Dr. J. Kohler, o. Prof. a. d. Univers. Berlin. Oktav. 48 Seiten. 1902. 1.—

Landeskulturbehörden, Gesetz über die — — nebst den für das Verfahren der Landeskulturbehörden geltenden Vorschriften des Landesverwaltungsgesetzes und den Ausführungsvorschriften des Ministers für Landwirtschaft, Domänen und Forsten. Von W. Holzapfel. Oktav. 176 Seiten. 1920. (Guttentagsche Sammlung preußischer Gesetze Nr. 57.) Geb. 1.80

Lastenausgleich, Der — —. Soforthilfegesetz. Sammlung und Kommentierung sämtlicher Gesetze und Verordnungen sowie der laufenden Rechtsprechung auf dem Gebiete der Soforthilfe und des Lastenausgleichs. Teil I: Wortlaut der Gesetze und Verordnungen. Teil II: Kommentierung. Herausgeg. und erläutert von Dr. P. Binder, Staatssekr. a. D.; Dipl.-Kfm. Dr. J. Drexl, MinRat; Dipl.-Kfm. Dr. W. Wehe, Wirtschaftspr.; A. Seweloh, Reichsrichter a. D. des vorm. Reichsfinanzhofs; Dr. L. Zimmerle, Reg. Dir. Din A 5. 984 Seiten in loser Blattform. 1949. (Guttentagsche Sammlung Deutscher Reichsgesetze Nr. 235.) Halbleinen 38.—

Leichen- und Begräbnispolizei in Bayern nebst Dienstvorschrift für den Leichenbeschauer. Von L. A. Grill. 3. Aufl. Oktav. 128 Seiten. 1925. (Schweitzer.) 4.—

Maß- und Gewichtsgesetz vom 13. Dezember 1935 in der Fassung vom 18. Mai 1936. Zusammengestellt von RA Dr. A. Dahm. Oktav. 204 Seiten. 1937. (Stilkes Rechtsbibl. Nr. 162.) Geb. 5.50

Oberbergpolizeiliche Vorschriften, Die — — für Bayern. Textausgabe mit Anmerkungen und Sachregister. 4. Aufl. Oktav. 71 Seiten. 1927. (Schweitzer.) 1.10

Ödlandgesetz, Bayerisches — — mit den Ausführungsbestimmungen. Erläutert von MinRat Dr. O. Woerner. Oktav. 266 Seiten. 1925. (Schweitzers braune Handausgabe.) Geb. 5.90

Öffentliches Sachen-Recht, Hauptprobleme des — —. Eine Studie zur Methodik und Dogmatik des deutschen Verwaltungsrecht. Von Dr. Th. Maunz, Priv. Doz. a. d. Univers. München. Gr.-Oktav. XVI, 316 Seiten. 1933. (Schweitzer.) 9.—

Pflegekind, Das — —. Von P. Niestroj. Oktav. 99 Seiten. 1932. 3.—

Preußische Verwaltung, Handwörterbuch der — —. Von Bitter. 3., vollst. umgearb. Aufl. Unter Mitwirkung zahlreicher hoher Reichs- und Preußischer Staatsbeamten herausgeg. von Dr. B. Drews, Staatsminister a. D. und Dr. Fr. Hoffmann, wirkl. Geh. OReg. Rat i. Berlin. 2 Bände. Quart. 1928. Bd. I: Abbaugerechtigkeiten-Kyffhäuserbund. VIII, 1134 Seiten. Bd. II: Lackfabriken-Zwischenkredit. VII, 1220 Seiten. (Verlag von: Walter de Gruyter & Co., Berlin; Carl Heymanns Verlag, Berlin; Roßberg'sche Verlagsbuchh., Leipzig.) 30.—, geb. 36.—

Rechnungslegungsordnung für das Reich vom 3. Juni 1929 (RRO.), mit Erläuterungen von Geh. ORGRat Ministerialdirigent i. R. R. Schulze und MinRat Dr. E. Wagner, 2., durchges. u. erw. Aufl. Oktav. XVI, 666 Seiten. 1941. (Stilkes Rechtsbibl. Nr. 100.) Geb. 16.20

Recht der pfälzischen Pfarrpfründestiftung beider Konfessionen, Das — —. Von W. Gruber. Gr.-Oktav. 199 Seiten. 1913. (Schweitzer.) 4.50

Rechtskartei, Neue — — für Berlin und Brandenburg, enthaltend sämtliche Rechtsvorschriften der Alliierten, des Magistrats Berlin und der Provinzialverwaltung Brandenburg. Von Dr. E. Kohlrausch, o. Prof. a. d. Univers. Berlin und Dr. E. Koffka, RAnwältin i. Berlin. Oktav. 1946. Loseblattausgabe. 30.—

I. Nachtrag. Enthält Ergänzungen zu Teil I Berliner Recht. 1947. 12.—

II. Nachtrag. Brandenburgisches Recht. 1948. ca. 800 Seiten. 30.—

Reichsbewertungsgesetz und Bodenschätzungsgesetz. Textausgabe mit Einführung und Erläuterungen. Von M. Renzi, MinRat i. Preuß. Finanzministerium. Oktav. VII, 194 Seiten. 1935. (Guttentagsche Sammlung Deutscher Reichsgesetze Nr. 190c.) 2.80
Nachtrag zu Nr. 190 c (Reichsbewertungsgesetz, Bodenschätzungsgesetz, erläutert von M. Renzi) enthaltend Durchführungsbestimmungen usw. zu beiden Gesetzen. Oktav. VIII, 167 Seiten. 1935. (Guttentagsche Sammlung Deutscher Reichsgesetze Nr. 190c II.) 2.—

Rückerstattung feststellbarer Vermögensgegenstände in der amerikanischen Besatzungszone. Militärregierungsgesetz Nr. 59 vom 10. November 1947, mit Ausführungsvorschriften. Erläutert. Von R. Frhr. v. Godin, RA i. München und H. Frhr. v. Godin, RA i. München. Oktav. VIII, 319 Seiten. 1948. (Guttentagsche Sammlung Deutscher Reichsgesetze Nr. 232.) 12.—

Sammlung in der Praxis oft angewandter Verwaltungsgesetze und Verordnungen. Von G. Ziegler, MinRat i. Bayer. Staatsministerium f. soziale Fürsorge.

Bd. I: Reichsgesetze und Verordnungen. 5. Aufl. Oktav. XVI, 771 Seiten. 1927. (Schweitzer.) Geb. 17.—

Bd. II: Bayerische Gesetze und Verordnungen. Oktav. II, 1072 Seiten. 1927. Geb. 20.25

Nachtrag: 120 Seiten. 1928. 2.40

Schornsteinfegerwesen, Die reichsgesetzliche Regelung des — —. Von A. K. Maier. Oktav. 20 Seiten. 1936. (Schweitzer.) —.30

Schulwesen in Bayern, Das höhere — —. Eine kurze Darstellung für die Bedürfnisse des Verwaltungsbeamten. Von Dr. W. Wonhas. Lex.-Oktav. 43 Seiten. 1936. (Schweitzer.) —.60

Signalementslehre. Handbuch der Personalbeschreibung und -feststellung für den Polizeiunterricht, den Erkennungs- und Fahndungsdienst. Mit zahlreichen Illustrationen. Von Dr. H. Schneickert. 3. Aufl. Oktav. 241 Seiten. 1937. (Schweitzer.) Geb. 5.40

Soforthilfe, Die — —. Die Leistungen auf Grund des Soforthilfegesetzes. Auszug aus dem Kommentarwerk „Der Lastenausgleich". Abteilung II B — Gesetz zur Milderung dringender sozialer Notstände (Zweiter Teil). Herausgeg. und erläutert von Dr. P. Binder, Staatssekr. a. D.; Dipl.-Kfm. Dr. J. Drexl, MinRat; Dipl.-Kfm. Dr. W. Wehe, Wirtschaftspr.; A. Seweloh, Reichsrichter a. D. des vorm. Reichsfinanzhofs; Dr. L. Zimmerle, Reg. Dir. Din A 5. 218 Seiten. 1949. 12.—

Straßenbaulasten, Die Heranziehung der Anlieger zu den —, auf Grund des § 15 des Fluchtliniengesetzes vom 2. Juli 1875 in Entscheidung, Kostenberechnung und bildlicher Darstellung. Von C. Saß, Gemeindebaurat. Mit einem Plan. Oktav. 102 Seiten. 1913. 4.50

Straßen- und Baufluchtengesetz. Gesetz, betreffend die Anlegung von Straßen und Plätzen in Städten und ländlichen Ortschaften. Vom 2. Juli 1875. Kommentar. (Vormals von R. Friedrichs). Von H. v. Strauß und Torney und C. Saß. 7., neubearb. Aufl. unter Berücksichtigung des Wohnungsgesetzes usw. von O. Meyer. Oktav. 367 Seiten. 1934. Geb. 12.—

Straßenverkehrsrecht (Reichsgesetz über den Verkehr mit Kraftfahrzeugen) mit den einschlägigen Nebenbestimmungen, insbesondere der **Reichsstraßen-Verkehrsordnung** und einem technischen Leitfaden mit Abbildungen, von Geh. RGRat Ministerialdirigent Dr. F. Müller. 16., umgearb. Aufl. Mit zahlreichen, z. T. farbigen Abbildungen. Gr.-Oktav. XVI, 1132 Seiten. 1949. (Stilkes Rechtsbibl. Nr. 44.) Geb. 56.—

Telegraphenwege-Gesetz, Das — —. Vom 18. Dezember 1899 nebst der Ausführungsanweisung vom 26. Januar 1900. Von C. Wolf, Postrefr. a. d. Kaiserl. OPostdir. i. Köln. Oktav. 99 Seiten. 1916. (Guttentagsche Sammlung Deutscher Reichsgesetze Nr. 120.) Geb. —.90

Verkehrssicherheit der Reichswasserstraßen, Die Haftung für die — —. (Öffentlichen Binnenwasserstraßen.) Zugleich eine Untersuchung zur Frage der rechtlichen Natur des Eigentums des Deutschen Reichs an seinen Wasserstraßen. Von Dr. jur. M. Kaczmarzyk. Oktav. XIX, 197 Seiten. 1936. 9.—, geb. 10.50

Verkehrsunfälle, Die polizeiliche Untersuchung von — — n. Von M. Julier. 2. Aufl. Oktav. Mit 25 Abb. u. 15 Skizzen. 200 Seiten. 1949. (Schweitzer.) Halbleinen 10.—

Vermögens- und Haushaltsrecht, Das neue — — der deutschen Gemeinden. Systematische Darstellung. Von Dr. H. Stenger. 2. Aufl. Oktav. XI, 409 Seiten. 1939. (Schweitzer.) 11.50

Verwaltungsgesetzbuch für Preußen. Systematische Zusammenstellung der wichtigsten Verwaltungsgesetze und Verordnungen. Für Praxis und Unterrichtszwecke bearbeitet. Von H. Reichelt. Quart. VII, 1302 Seiten. 1914. Geb. 7.60

Verwaltungsrecht. Grundriß. Von Dr. E. Frhr. v. Turegg, LGDir. In Vorbereitung. (Lehrbücher und Grundrisse der Rechtswissenschaft Bd. XIX.) ca. 18.—

Verwaltungsrecht. Leitfaden. Von Dr. jur. habil. E. Frhr. v. Turegg, LGDir. Oktav. 141 Seiten. 1949. (Leitfaden der Rechtswissenschaft Bd. 11.) 7.—

Verwaltungsrecht, Grundriß des bayerischen — — s unter Berücksichtigung des Reichsrechts. Von Dr. K. Helmreich. Gr.-Oktav. 247 Seiten. 1928. (Schweitzer.) 7.20

Verwaltungsstreitverfahren. Von MinRat G. Ziegler. (Sonderdruck aus: Sammlung in der Praxis oft angewandter Verwaltungsgesetze und Verordnungen.) Oktav. 27 Seiten. 1927. (Schweitzer.) —.55

Verwaltungsstreitverfahren, Das — —. Praktisches Handbuch auf wissenschaftlicher Grundlage bearbeitet. Von F. Kunze, wirkl. geh. ORRat. Oktav. XV, 625 Seiten. 1908. 12.—

Volksschullehrergesetz. Von MinRat G. Ziegler. (Sonderdruck aus: Sammlung in der Praxis oft angewandter Verwaltungsgesetze und Verordnungen.) Oktav. 29 Seiten. 1927. (Schweitzer.) —.55

Wasserrecht. Von MinRat G. Ziegler. (Sonderdruck aus: Sammlung in der Praxis oft angewandter Verwaltungsgesetze und Verordnungen.) Oktav. 39 Seiten. 1927. (Schweitzer.) —.70

Wasser- und Bodenverbandrecht. Erläutert von Dr. A. Bochalli, Reg. Präs. a. D. i. Münster/W. und K. Linckelmann, RA i. Hannover. 2., verm. und verb. Aufl. des Kommentars zum Wasserverbandgesetz und zur 1. Wasserverbandverordnung von Dr. Bochalli. (Guttentagsche Sammlung Deutscher Reichsgesetze Nr. 212.) 386 Seiten. 1949. 10.—

Wildschadengesetz, Das — —. Vom 11. Juli 1891. Von Dr. A. Holtgreven, OLGPräs. und Dr. Th. Wolff, OLGRat. 4., verm. und verb. Aufl. VIII, 216 Seiten. 1902. 4.—

Zeitschrift für Bergrecht. Bis zu seinem Tode herausgeg. von Dr. jur. H. Brassert. Redigiert und herausgeg. von den rechtskundigen Ministerialräten der Bergabteilung des Preußischen Ministeriums für Handel und Gewerbe. Oktav. Von den Bänden 1—78 sind noch Restbestände lieferbar. Auf Wunsch nähere Angaben. Neuerscheinen wird vorbereitet.

3. Steuerrecht

Biersteuergesetz, Das — — vom 26. Juli 1918 mit Durchführungsbestimmungen. Nebengesetzen und Erläuterungen. Von Zapf-Siegert. 3. Aufl., bearb. von MinRat Siegert. Oktav. VI, 429 Seiten. 1931. (Schweitzer.) Geb. 15.—

Bürgersteuergesetz, Das — — vom 16. Oktober 1934 in der Fassung des Änderungsgesetzes vom 16. Oktober 1935 mit der Durchführungsverordnung und den Verwaltungsvorschriften nebst der Saarland-Bürgersteuerverordnung vom 28. Oktober 1935. Für die Praxis erläutert von Dr. H. Schick, Reg. Ass. a. Finanzamt Kaiserslautern. Oktav. 133 Seiten. 1936. (Stilkes Rechtsbibl. Nr. 146.) Geb. 3.20

Einkommensteuergesetz vom 27. Februar 1939 in der Fassung des Gesetzes Nr. 12 der Alliierten Kontrollbehörde (Kontrollrat) vom 11. Februar 1946 und des Gesetzes Nr. 12 vom 19. Dezember 1947. Textausgabe mit kurzen Erläuterungen. Von Dr. H. Wagelaar, Wirtschaftsprüfer. 2. Aufl. Oktav. 303 Seiten. 1948. (Guttentagsche Sammlung Deutscher Reichsgesetze Nr. 228.) 4.50

Gewerbesteuergesetz vom 1. Oktober 1936. Mit Durchführungs-VO. und Richtlinien. Erläutert von ORRat Dr. M. Metz. Oktav. 396 Seiten. 1937. (Schweitzers braune Handausgabe.) Geb. 7.50

Gewerbesteuergesetz (GewStG.) vom 1. Dezember 1936 nebst Einführungsgesetz (EinfGRealStG) vom 1. Dezember 1936 und Durchführungsvorschriften. Von ORGRat E. Kaemmel und RGRat W. Schmiedeke. Oktav. 325 Seiten. 1937. (Stilkes Rechtsbibl. Nr. 166.) Geb. 8.50

Gewerbesteuergesetz vom 1. Dezember 1936 (RGBl. I S. 979). Textausgabe mit kurzen Erläuterungen. Von Dr. H. Wagelaar, Wirtschaftsprüfer. Oktav. 256 Seiten. 1947. (Guttentagsche Sammlung Deutscher Reichsgesetze Nr. 231.) 6.—

Grunderwerbssteuergesetz vom 12. September 1919 (RGBl. S. 1617) in der Fassung des Gesetzes vom 11. März 1927 (RGBl. I S. 72) nebst Einleitung, Sachregister und Ausführungsbestimmungen und den einschlägigen Vorschriften des Finanzausgleichs-Steuermilderungsgesetzes und Steuerstrafrechts für die Praxis erläutert. Von Dr. E. Hagelberg und Dr. L. Krämer, RAnwälte i. Berlin. 2., völl. umgearb. und erw. Aufl. Oktav. 355 Seiten. 1928. Geb. 15.—

Grundsteuergesetz vom 1. Dezember 1936 mit Durchführungsbestimmungen. Durch eine ausführliche Einführung erläuterte Textausgabe von E. Dziegalowski, MinRat i. R. Oktav. VIII, 416 Seiten. 1937. (Guttentagsche Sammlung Deutscher Reichsgesetze Nr. 206.) Geb. 7.—
Nachtrag. 72 Seiten. 1938. 1.—

Grundsteuergesetz mit Durchführungsverordnung und den wichtigsten einschlägigen Erlassen. Von ORRat Dr. M. Metz. Oktav. 318 Seiten. 1938. (Schweitzers braune Handausgabe.) Geb. 7.—
Nachtrag. 47 Seiten. 1938. —.80

Kapitalverkehrsteuergesetz vom 16. Oktober 1934 nebst den zu dem Gesetz erlassenen Durchführungsbestimmungen und den sonstigen Vorschriften über die Kapitalverkehrsteuer. Erläutert durch Dr. B. Keßler, ORGRat. Oktav. XVI, 352 Seiten. 1935. (Guttentagsche Sammlung Deutscher Reichsgesetze Nr. 193.) Geb. 7.—

Körperschaftssteuergesetz vom 16. Oktober 1934 in der Fassung des Gesetzes Nr. 12 der Alliierten Kontrollbehörde (Kontrollrat) vom 11. Februar 1946. Textausgabe mit kurzen Erläuterungen. Von Dr. H. Wagelaar, Wirtschaftsprüfer. Oktav. 212 Seiten. 1947. (Guttentagsche Sammlung Deutscher Reichsgesetze Nr. 229.) 7.50

Lohnsteuer, Das Recht der — —. Von Dr. W. Spohr. Oktav. 256 Seiten. 1936. (Stilkes Rechtsbibl. Nr. 151.) Geb. 7.50

Preußische Gemeindesteuern (Rechtsmittel und Rechtsprechung.) Von W. Theisen, Reg. Rat. Oktav. 160 Seiten. 1926. 6.—, geb. 7.20

Reichsabgabenordnung vom 22. Mai 1931. Textausgabe mit kurzen Erläuterungen. Von Dr. H. Wagelaar, Wirtschaftsprüfer. Oktav. 256 Seiten. 1949. (Guttentagsche Sammlung Deutscher Reichsgesetze Nr. 236.) Geb. 7.50

Stempelsteuergesetz, Das — — vom 31. Juli 1895 nebst Ausführungsbestimmungen, dem Erbschaftssteuer-, Wechselstempelsteuer- und Reichsstempelgesetz. Kommentar für den praktischen Gebrauch. Von H. Hummel, wirkl. Ger. OFinanzrat und F. Specht, Reichsger. Rat. Oktav. XXIII, 1392 Seiten. 1906. 30.—

Steuerersparungen, Steuererleichterungen und Härteverfahren im deutschen Steuerrecht. Von Dr. J. Hein. Oktav. 148 Seiten. 1933. (Stilkes Rechtsbibl. Nr. 132.) Geb. 3.50

Steuergesetz, Religionsgesellschaftliches — —. Von MinRat G. Ziegler. (Sonderdruck aus: Sammlung in der Praxis oft angewandter Verwaltungsgesetze und Verordnungen.) Oktav. 6 Seiten. 1927. (Schweitzer.) —.25

Umsatzsteuergesetz vom 16. Oktober 1934 nebst Durchführungsbestimmungen. Mit systematischer Einführung und Erläuterungen versehen von H. Hog. Oktav. VIII, 211 Seiten. 1935. (Guttentagsche Sammlung Deutscher Reichsgesetze Nr. 190d.) 2.50

Urkundensteuergesetz (UrkStG) vom 5. Mai 1936. Bearbeitet von Reichsgerichtsrat G. Rusche und Amts- und Landrichter Dr. Rensch. Oktav. 260 Seiten. 1936. (Stilkes Rechtsbibl. Nr. 154.) Geb. 8.—

Vermögensteuergesetz vom 16. Oktober 1934 und **Erbschaftssteuergesetz** in der Fassung des Gesetzes zur Änderung des Erbschaftssteuergesetzes vom 16. Oktober 1934. Mit systematischer Einführung versehen und erläutert von R. Arens. Oktav. VII, 203 Seiten. 1935. (Guttentagsche Sammlung Deutscher Reichsgesetze Nr. 190 b.) 2.80

Vermögensteuergesetz. Von A. Lüke. In Vorbereitung.

Versicherungssteuergesetz. Erläuterungsbuch (unter Berücksichtigung des Versicherungsrechts). Gesetzestext, Durchführungsbestimmungen von Dr. M. Wunschel, ORGRat und R. Kostboth, Amtsrat i. Reichsfinanzministerium. Oktav. XI, 376 Seiten. 1937. (Guttentagsche Sammlung Deutscher Reichsgesetze Nr. 208.) Geb. 9.—

Wandergewerbesteuergesetz vom 10. Dezember 1937. Unter besonderer Berücksichtigung der gewerbepolizeilichen Vorschriften und Entscheidungen der Länder Preußen und Bayern, in Ansehung des Landes Bayern gleichzeitig. 3. Aufl. Erläutert von ORRat L. Jacob. Oktav. 218 Seiten. 1938. (Schweitzers braune Handausgabe.) Geb. 6.—

Wechselsteuergesetz vom 2. September 1935 mit Nebenbestimmungen. Zusammengestellt von RegOberinsp. F. Fricke. Oktav. 59 Seiten. 1935. (Stilkes Rechtsbibl. Nr. 143.) 1.20

Wechselsteuergesetz vom 2. September 1935 nebst dem Wechselgesetz vom 21. Juni 1933, den Durchführungsbestimmungen zum Wechselsteuergesetz vom 2. September 1935 und den sonstigen Vorschriften, die bei der Anwendung des Wechselsteuergesetzes in Betracht kommen. Für die Praxis erläutert von Dr. B. Keßler, ORGRat. Oktav. 152 Seiten. 1935. (Guttentagsche Sammlung Deutscher Reichsgesetze Nr. 197.) 3.—

Wertzuwachssteuerrecht nach der preußischen Mustersteuerordnung und der Berliner Steuerordnung. Von Dr. E. Hagelberg und Dr. L. Krämer, RAnwälte i. Berlin. Kommentar. Oktav. XXIV, 252 Seiten. 1930. 12.—, geb. 13.50

4. Kirchenrecht

Kirchengesetz, Das preußische — —, betreffend Abänderungen der kirchenpolitischen Gesetze vom 21. Mai 1886. Von Dr. P. Hinschius, o. Prof. der Rechte a. d. Univers. Berlin. Oktav. XI, 115 Seiten. 1886. 3.—

Kirchengesetz, Das preußische — —, betreffend Abänderungen der kirchenpolitischen Gesetze vom 29. April 1887. Von Dr. P. Hinschius, o. Prof. der Rechte a. d. Univers. Berlin. Nachtragsheft zu der Ausgabe des preußischen Kirchengesetzes vom 21. Mai 1886. Von Dr. P. Hinschius, o. Prof. der Rechte a. d. Univers. Berlin. Oktav. VII, 37 Seiten. 1887. —.50

Kirchengesetze, Die preußischen — — der Jahre 1874 und 1875 nebst dem Reichsgesetze vom 4. Mai 1874. Herausgeg. mit Einleitung und Kommentar. Von Dr. P. Hinschius, o. Prof. der Rechte a. d. Univers. Berlin. Oktav. XXVIII, 229 Seiten. 1875. 5.—

Kirchengesetze des Jahres 1873, Die preußischen — —. Herausgeg. mit Einleitung und Kommentar. Von Dr. P. Hinschius, o. Prof. der Rechte a. d. Univers. Berlin. Oktav. XLVIII, 212 Seiten. 1873. 5.50

Kirchenrecht, Das — — der Katholiken und Protestanten in Deutschland. Von Dr. P. Hinschius, o. Prof. der Rechte a. d. Univers. Berlin. Oktav. Band I—VI: System des katholischen Kirchenrechts mit besonderer Rücksicht auf Deutschland.
Bd. I: 2 Hälften. XIV, 639 Seiten. 1869. 10.—
Bd. II: 2 Hälften. X, 714 Seiten. 1878. 10.—
Bd. III: VIII, 853 Seiten. 1883. 26.—
Bd. IV: Mit alphabetischem Sachregister zu Bd. I—IV. X, 925 Seiten. 1888. 30.—
Bd. V: XII, 978 Seiten. 1895. 31.—
Bd. VI: 1. Abt. VIII, 425 Seiten. 1897. 14.—

Recht und Kirche. Betrachtungen zur Lehre von der Gemeinschaft und der Möglichkeit eines Kirchenrechtes. Von D. Dr. R. Stammler, Prof. a. d. Univers. Berlin. Oktav. 120 Seiten. 1919. 2.—, geb. 3.—

Staat und Kirche in Bayern. System des bayerischen Staatskirchenrechts. Bd. I, Lfg. 1. Von Hz. W. L. Doering. Gr.-Oktav. 187 Seiten. 1928. (Schweitzer.) 5.—

VII. Volkswirtschaftslehre

Abnehmender Bodenertrag, Das Gesetz des — — seit J. von Liebig. Eine dogmengesch. Untersuchung von Dr. J. Eßlen. Lex.-Oktav. 298 Seiten. 1905. (Schweitzer.) 7.20

Baukredit, Der — —. Von Dipl. Ing. Dr. K. F. Stöhr. Gr.-Oktav. 172 Seiten. 1921. (Schweitzer.) 3.20

Deutsches Bankwesen, Das — —. Von Dr. J. Löhr. Dir. d. bayer. Handelsbank i. München. Gr.-Oktav. 178 Seiten. 1921. (Schweitzer.) 2.50

Dumping, Das — —. Preisunterbietungen im Welthandel. Von Dr. D. Perl. Gr.-Oktav. VIII, 139 Seiten. 1921. (Schweitzer.) 3.30

Einführung in die Politik. Von Prof. Dr. F. van Calker. Oktav. 188 Seiten. 1927. (Schweitzer.) Geb. 5.80

Geldwirtschaft, Die deutsche — —. Von Dr. F. Federau. Oktav. 95 Seiten. 1949. 4.—

Juristische Natur der Kontingente. (Beteiligungsziffern). Von Dr. R. Beer. Oktav. VIII, 79 Seiten. 1927. (Schweitzer.) 3.60

Orient — Export, Der — —. Von W. K. Kubić. Oktav. 140 Seiten. 1918. (Schweitzer.) 3.10

Rücktritt vom Kartell. Von Dr. K. Schröter, München. Oktav. 117 Seiten. 1927. (Schweitzer.) 4.50

Tauschsozialismus und Freigeld. Eine dogmengesch. krit. Untersuchung zur Freigeldlehre. Von Dr. W. Wegelin, St. Gallen. Gr.-Oktav. 126 Seiten. 1921. (Schweitzer.) 3.10

Treuhandwesen in der deutschen Volkswirtschaft, Das — —. Von Syndikus Dr. O. Hintner, Nürnberg. Lex.-Oktav. 182 Seiten. 1926. (Schweitzer.) 7.20

Wiederaufbau in Theorie und Praxis, Grundlagen und Gedanken über den — —. Von C. Saß. In Vorbereitung.

VIII. Entscheidungs-Sammlungen, Zeitschriften

Aufsichtsamt für das Versicherungswesen Groß-Berlin. Veröffentlichungen. 1. Jahrgang. Heft 1. 1948. 6.—. 2. Jahrgang. Heft 1. 1949. 3.80. — —. Heft 2. 1949. 3.60. — —. Heft 3. 1949. 4.—. Erscheinungsweise: Nach Bedarf, Preis je nach Umfang.

Entscheidungen des Oberprisengerichts in Berlin. Herausgeg. im Auftr. des Reichsjustizministeriums. Oktav. Bd. I: XVII, 444 Seiten. 1918. 14.—. Bd. II: XV, 338 Seiten. 1921. 10.—

Entscheidungen des Obersten Gerichtshofes für die Britische Zone. Herausgeg. von den Mitgliedern des Gerichtshofes und der Staatsanwaltschaft.
Entscheidungen des Obersten Gerichtshofes für die Britische Zone in **Zivilsachen.** Bezugspreis für die Heftausgabe (5 Hefte) pro Band 8.—, für die Bandausgabe pro Band geb. 10.—
Entscheidungen des Obersten Gerichtshofes für die Britische Zone in **Strafsachen.** Bezugspreis für die Heftausgabe (5 Hefte) pro Band 8.—, für die Bandausgabe pro Band geb. 10.—
Bisher liegen vor: Zivilsachen. Bd. I, Heft 1—5; Bd. II, Heft 1—3.
Strafsachen. Bd. I, Heft 1—5; Bd. II, Heft 1.
Einbanddecken für den cplt. Band 1.20.

Entscheidungen des Reichsarbeitsgerichts. Herausgeg. von den Mitgliedern des Gerichtshofes. Oktav. Einzelne, der bisher erschienenen 27 Bände, sind aus Restbeständen noch lieferbar. Auf Wunsch nähere Angaben.

Entscheidungen des Reichsgerichts. Herausgeg. von den Mitgliedern des Gerichtshofes und der Reichsanwaltschaft. Oktav. 2 Sammlungen.
1. Entscheidungen des Reichsgerichts **in Zivilsachen.** Zur Vervollständigung dieser amtlichen Sammlung sind noch Restbestände vorhanden. Je 7.—, geb. 9.—. Für die Registerbände bestehen besondere Preise.
2. Entscheidungen des Reichsgerichts **in Strafsachen.** Restbestände noch lieferbar. Je 7.—, geb. 9.—. Für die Registerbände bestehen besondere Preise. Auf Wunsch nähere Angaben.

Entscheidungen des Reichsgerichts, die grundlegenden — — und des Reichsmilitärgerichts auf dem Gebiete des Strafrechts. Für das Studium und die Praxis bearbeitet. Von Dr. M. Apt. Oktav.
Bd. I: Strafrecht. 3. Aufl. Von Dr. M. Apt und Dr. E. Beling. VII, 376 Seiten. 1903.
Bd. II: Das Rheinische Civilrecht. Von Dr. O. Francken. X, 193 Seiten. 1893.
Bd. III: Strafprozeß. Von C. Jacusiel. VIII, 235 Seiten. 1893.
3 Bände cplt. 14.—, geb. 17.—

Entscheidungen des Reichsgerichts in Zivilsachen. Gekürzte Ausgabe der amtlichen Sammlung. Eine Auswahl der für die jetzigen Rechtsverhältnisse noch wichtigen Entscheidungen aus den Bänden 1—171. Nach Fachgebieten zusammengestellt und mit einem chronologischen Register versehen. Herausgeg. von Prof. Dr. Auerbach, RA i. Berlin; Dr. Eylau, Präs. d. Patentamtes i. Berlin; Graf RAnwältin i. Berlin; Dr. Knoll, Ministerialdir. i. Berlin; Kummerow, RA i. Berlin; Reuß, RA i. Berlin; Dr. W. Schmidt, RA i. Düsseldorf; Dr. Swarzenski, LGDir. i. Berlin; Dr. Vahldieck, RA i. Berlin. Etwa 30 Bände.
Geb. je etwa 10.— bis 12.—

Entscheidungen des Reichsgerichts in Strafsachen. Gekürzte Ausgabe der amtlichen Sammlung. In Vorbereitung.

Juristische Rundschau. Mit Beiblatt: Mitteilungen aus der Berliner Justiz und Rechtsanwaltschaft. Herausgeg. von Dr. S. Loewenthal, Chefpräs. des Landger. Berlin, Dr. K. Wergin, Präs. der Rechtsanw. Kammer Berlin, R. Frhr. v. Godin, RA i. München, Prof. Dr. E. Reimer, Präs. d. Deutschen Patentamtes i. München, Dr. E. Wolff, Präs. des Obersten Ger. Hofes f. d. Brit. Zone i. Köln und Dr. W. Schmidt, RA i. Düsseldorf. Ab Juli 1949 2mal monatlich. Je Heft 32 Seiten. Vierteljährl. 9.— Einzelne Hefte der Jahrgänge 1925—1945, cplt. Jahrgänge und einzelne Hefte der ab 1. Juli 1947 wiedererschienenen Zeitschrift, sind aus Restbeständen noch lieferbar. Einbanddecken für die Jahrgänge 1947 und 1948. 1.25

Kritische Vierteljahresschrift für Gesetzgebung und Rechtswissenschaft. Herausgeg. von E. Mezger, K. Blomeyer, J. Heckel, A. Hueck, E. Riezler, M. San Nicolò, Ch. Frhr. v. Schwerin, Professoren d. Münchener Juristenfakultät. Gr.-Oktav. Ab 1912 neue Folge. Der Band zu je 4 Heften. Bd. 14—18 je 8.—; Bd. 19 10.—; Bd. 20 16.—; Bd. 21 24.—; Bd. 22 32.50; Bd. 23 27.—; Bd. 24 31.—; Bd. 25 29.—; Bd. 26—32 je 28.—. (Schweitzer.)

Rechtsprechung der Oberlandesgerichte auf dem Gebiete des Zivilrechts. Herausgeg. von B. Mugdan und R. Falkmann. Oktav.
1.—42. Band. (Bd. 35, 36, 38, 40, 42 vergriffen) 1900—1922. Je 4.50, geb. 6.—
43. Band. 1924. 7.50, geb. 9.—
44.—46. Band. (Bd. 45 nur H. 2—9 vorhanden) 1925—1928. Je 8.—, geb. 9.50
(Fortsetzung s. Rechtsprechung, Höchstrichterliche.)

Rechtsprechung, Höchstrichterliche — — auf dem Gebiete des Strafrechts. Geleitet und herausgeg. von A. Feisenberger. Sonderbeilage der Zeitschrift für die gesamte Strafrechtswissenschaft. Oktav. 1.—3. Jahrgang. 1925—1927. Je 12.—, geb. 13.50
(Fortsetzung s. Rechtsprechung, Höchstrichterliche.)

Rechtsprechung, Höchstrichterliche — —. Vereinigte Entscheidungs-Sammlung der bisherigen Zeitschriften: Rechtsprechung der Oberlandesgerichte in Zivilsachen, Höchstrichterliche Rechtsprechung in Strafsachen und Die Rechtsprechung, Beilage der Juristischen Rundschau. Herausgeg. von E. Friedrichs und A. Feisenberger. Von den Jahrgängen 1—18 (1942) sind aus Restbeständen noch cplte. Jahrgänge und einzelne Hefte lieferbar. Ab 1943 verschmolzen mit der Zeitschrift „Das Deutsche Recht". Preisangaben auf Wunsch.

Reichsgerichtsentscheidungen in kurzen Auszügen. Oktav. 2 Sammlungen.

— — in Zivilsachen und **— — in Strafsachen.** Von beiden Sammlungen sind aus Restbeständen noch cplte. Bände lieferbar. Auf Wunsch nähere Angaben. (Schweitzer.)

Veröffentlichungen des Reichsaufsichtsamts für Privatversicherung. s. Abschn. III, 1 (S. 20).

Zeitschrift für Ausländisches und Internationales Privatrecht. Herausgeg. in Gemeinschaft mit E. Heymann, H. Titze, M. Wolff, M. Pagenstecher, F. Schlegelberger und H. Lewald von E. Rabel. (Institut für ausländisches und internationales Privatrecht.) Quart. Aus Restbeständen sind noch einzelne Hefte der Jahrgänge 1—14 einschl. der Sonderhefte lieferbar. Auf Wunsch nähere Angaben. Wiedererschienen mit dem 15. Jhrg. 1949. H. 1. Begründet von E. Rabel. Herausgeg. vom Kaiser

Wilhelm-Institut für ausländisches und internationales Privatrecht. Dir.: H. Dölle. Erscheinungsweise: Vierteljährlich in Heften von 150 bis 170 Seiten. Abonnementspreis pro Heft 12.—, Einzelheftpreis 14.50. Berechnung erfolgt, auch gegenüber Abonnenten, heftweise. Im Gemeinschaftsverlag mit J. C. B. Mohr (Paul Siebeck) Tübingen.

Zeitschrift für ausländisches öffentliches Recht und Völkerrecht. Herausgeg. in Gemeinschaft mit E. Kaufmann, R. Smend, H. Triepel, L. Kaas, F. Glum von V. Bruns. (Institut für ausländisches öffentliches Recht und Völkerrecht.) Quart. Aus Restbeständen sind noch einzelne Hefte der Bände 1—12 lieferbar. Auf Wunsch nähere Angaben.

Zeitschrift für Bergrecht. Bis zu seinem Tode herausgeg. von Dr. jur. H. Brassert. Redigiert und herausgeg. von den rechtskundigen Ministerialräten der Bergabteilung des Preußischen Ministeriums für Handel und Gewerbe. Oktav. Von den Bänden 1—78 sind noch Restbestände lieferbar. Auf Wunsch nähere Angaben. Neuerscheinen wird vorbereitet.

Zeitschrift für die gesamte Strafrechtswissenschaft. Gegründet von Dr. Fr. v. Liszt und A. Dochow. Oktav. Von den bisher erschienenen 62 Bänden sind aus Restbeständen noch einzelne Bände cplt. lieferbar. Neuerscheinen wird vorbereitet.

IX. Verschiedenes

Justizstaatsdienst, Fünf Aufgaben der Prüfungen für den mittleren — — mit Lösungen aus dem Grundbuch-, Familien-, Erb- und Vollstreckungsrecht. Von OARichter Dr. W. Kriener. Oktav. 91 Seiten. 1933. (Schweitzer.) 2.60

Pandektenübungen, Praktische — — für Anfänger zum akademischen Gebrauch und zum Selbststudium. Von D. Dr. R. Stammler, Prof. a. d. Univers. Berlin. Oktav. X, 536 Seiten. 1896. 7.50, geb. 8.60

Rechtsfälle, Kinkels — — mit Lösungen. Bearb. von Dr. W. E. Kinkel. Oktav. (Schweitzer.)
Bd. I: **Arbeitsrecht.** 124 Seiten. 1936. 2.80
Bd. II: **Bauernrecht.** 85 Seiten. 1938. 2.60
Bd. III: **Bürgerliches Recht.** 101 Seiten. 1939. 2.80

Texte, Juristische — —, für Vorlesungen und Übungen. Herausgeg. von F. Schulz und Cl. Frhr. v. Schwerin. Oktav.
1. Texte zu Übungen im römischen Privatrecht I. Ausgewählt von F. Schulz. 32 Seiten. 1925. 1.40
2. Quellen zur Geschichte der Eheschließung I. Ausgewählt von Cl. Frhr. v. Schwerin. 1925. 3.20
3. Die Epitome Ulpiani des Codex Vaticanus Reginae 1128. Herausgeg. von F. Schulz. XII, 62 Seiten. 1926. 3.20
4. Quellen zur Geschichte der Eheschließung II. Ausgewählt von Cl. Frhr. v. Schwerin. 60 Seiten. 1930. 3.50

Zivilrechtspraktikum. Zum Selbststudium und zum Lehrgebrauche. Von R. Schück. 4., verm. Aufl. herausgeg. von G. Schreiber. Oktav. 160 Seiten. 1930. Geb. 6.—

Lösungen zu dem von R. Schück herausgegebenen Zivilrechtspraktikum. Nach dem Bürgerlichen Gesetzbuch bearb. für Studierende und Referendare. Von H. von der Mosel, RA i. Dresden. 5. Aufl. Oktav. 235 Seiten. 1931. 6.—, geb. 6.50

(T 9) Gustav Hagen, Trebbin, Berliner Str. 49 A 354. 10700. 3. 50. 722/25/50